北京丰台年鉴

2019

北京市丰台区地方志编纂委员会

中华书局

2019

图书在版编目（CIP）数据

北京丰台年鉴．2019/北京市丰台区地方志编纂委员会编．-- 北京：中华书局，2019.8
ISBN 978-7-101-14036-1

Ⅰ.①北… Ⅱ.①北… Ⅲ.①丰台区—2019—年鉴 Ⅳ.①Z521.3

中国版本图书馆 CIP 数据核字（2019）第 156193 号

责任编辑：朱 慧

北京丰台年鉴 2019
北京市丰台区地方志编纂委员会编
*
中 华 书 局 出 版
（北京市丰台区太平桥西里 38 号 100073）
http://www.zhbc.com.cn
E-mail:zhbc@zhbc.com.cn
廊坊市金虹宇印务有限公司印刷
*
787×1092 1/16 27.5 印张 32 插页 680 千字
2019 年 12 月第 1 版 2019 年 12 月第 1 次印刷
印数：1000 册 定价：200.00 元

ISBN 978-7-101-14036-1

北京市丰台区地方志编纂委员会

《北京丰台年鉴》编辑部

编 辑 说 明

一、《北京丰台年鉴》是一部综合性资料性工具书和史料文献。在丰台区委、区政府领导下，由区地方志编纂委员会主持编纂。

二、本年鉴以马克思列宁主义、毛泽东思想、邓小平理论、“三个代表”重要思想、科学发展观和习近平新时代中国特色社会主义思想为指导，全面贯彻党的十九大精神，坚持实事求是的原则，与时俱进，开拓创新，科学地反映客观情况。

三、本年鉴从2002年开始，逐年编辑出版。当年出版的年鉴全面汇集上一年度丰台区各项事业、行业等诸方面新发生的重大事件、新情况和重要的文献信息，为各级领导提供可资参考的依据，为各个行业提供有价值的资料，为各方面人士了解、熟悉和研究丰台提供最新信息。

四、本年鉴以详记区属各系统、各单位为主，略记驻区部分中央、市属单位的情况。

五、本年鉴采用文章、条目等体裁，以条目为主，用规范的语体文、记述体直陈其事，文字力求言简意赅。

六、本年鉴文字内容设有特载、区情概况、大事记、中国共产党丰台区委员会、北京市丰台区人民代表大会常务委员会、北京市丰台区人民政府、政协北京市丰台区委员会、民主党派、人民团体、法治、军事、农村经济和农业、工业、商贸服务业、科技·高新技术产业、综合经济管理、财政税务审计、金融、城乡建设和管理、交通邮电、文化教育、体育卫生、社会、街乡（镇）、人物、统计资料、附录等一级栏目，一级栏目下设二级栏目，二级栏目下设分目，分目下设条目。

七、本年鉴收有2018年内丰台区党、政、军、民主党派、团体、街乡（镇）、部分企业负责人名录及驻区部分单位负责人名录，所列职务均以2018年内任职为限，其中有任免情况的分别予以说明，同时收有获得国家（中央部委）、市奖励与荣誉称号的单位和个人名单和获得高级职称的人员名单。

八、本年鉴选入的文章、条目均由各部门、各单位确定专人撰写，并经主管负责人审核。统计资料由区统计局提供，照片由各单位提供。

九、本年鉴反映2018年1月1日至12月31日期间的情况，文内一般直书月、日，不再写年份。

十、本年鉴由区地方志办公室《北京丰台年鉴》编辑部负责编辑、文字加工和版面设计。在编辑出版过程中得到了全区各单位及各方面的大力支持和热情帮助，在此一并表示感谢。由于编辑水平所限，疏漏和不足之处恳请读者批评指正。

11 月 9 日，最高人民法院司法案例研究院第十一期“案例大讲坛”在丰台区花乡黄土岗村举行

11 月 17 日，丰台区第三次律师代表大会在丽维赛德酒店召开

11月29日，丰台人民检察院联合北京南站地区管委会开展“送法进南站 共建平安和谐首都”普法宣传活动

12月6日，全区领导干部警示教育大会在区委党校召开

12月13日，丰台区青年联合会第六届委员会第一次全体会议开幕

2月5日，丰台区工商联在集美广场举办“真情融化冰雪　爱心援助牧民”爱心羊认购活动

2月26日，丰台区丽泽金融商务区F-05地块项目

4月17日，丰台区工商联联合税务局举办非公经济税务沙龙

4月24日，马家堡街道举办社区大集活动

6月14日，北京三兴汽车有限公司轻型高机动应急救援车系列装备展示

7月27日，丰台区2018消夏美食节在万丰小吃城启动

8月2日，航天科技集团公司与北京市电加工研究所共建"特种加工技术联合实验室"协议签约暨揭牌仪式

8月17日，"丰台区存量房交易服务预约及咨询系统"上线运行，在全市率先实现二手房交易业务网上预约办理

8月24日，丰台区召开南苑乡成寿寺村集体租赁住房项目开工动员大会

9月18日，北京静态交通丰台有限公司成立

9月19日，长辛店镇举办大枣节文艺汇演

9月27日，丰台区电子商务专业委员会成立大会在丰台区政府新闻发布厅召开

9月28日，由中国航天科技集团研制的长征五号火箭遥三火箭通过全箭产品总装质量验收和全箭测试开工评审

10月12日，第六届丰台区惠民文化消费季在北京世界花卉大观园开幕

10月24日，卢沟桥街道商会成立

文化建设

2月5日，“六个卢沟”群众文化活动中卢沟桥街道舞蹈队表演舞蹈《采薇》

3月28日，丰台区名校长（园长）工作室启动

4月20日，方庄地区第十届文化体育节“百姓周末大舞台”开幕

4月28日，新村街道举办第二届亲子阅读启动仪式

5月19日，第六届空竹比赛在卢沟桥乡小屯村天元公园举行

6月7日，丰台区职工第35届“五月的鲜花”文艺汇演在中国戏曲学院举行

6月9日，北京园博园彩色跑活动

6月30日，第五届中国杯插花花艺大赛预选赛华北赛区（北京）在丰台花乡草桥插花艺术博物馆举行

7月5日，丰台区融媒体中心揭牌启动仪式

7月13日，丰台区非遗“飞叉表演”亮相南苑乡民俗文化节

7月19日，丰台区女教师合唱团荣获首都职工合唱比赛一等奖

8月7日，微电影《槐树花开》开机仪式在南苑举行

8月8日，太平桥街道在冰之宝滑冰馆举办“悦动莲花 相约2022”全民健身冰雪活动基地启动仪式

8月15日，丰台区科普之夏活动在丰台花园开幕

8月19日，卢沟桥乡举办周末百姓大舞台舞蹈大赛

8 月 31 日，人大附中丰台学校新校区

9 月 15 日，北京园博园醒狮跑活动启动仪式

9 月 19 日，长辛店地区在二七体育场举办“融合杯”第一届全民运动会

9 月 24 日，北京园博园举办中秋音乐会

9 月 27 日，丰台区在太平桥地区举办科普日活动

10月1日，北京园博园举办中国戏曲文化周活动

10月13日，东铁匠营街道全民运动会暨首届社工运动会在成寿寺小学举行

11月20日，马家堡、西罗园、右安门群众文化节开幕

11月23日，丰台区融媒体融合报道调度平台成立运行

11月30日，丰台区第二家青少年法治教育实践基地挂牌

12月7日，南苑乡举行文化中心图书室成立仪式

12月10日，市民音乐厅走进新村新年音乐会

4月27日，丰台区残疾人联合会第七次代表大会在北京双拥大厦开幕

5月4日，丰台区工商联联合区人力社保局、区总工会及有关街道社区在集美广场举办民营企业招聘月活动

5 月 12 日，晓月诗社与北京天合朗诵艺术团在区老干部活动中心举办纪念马克思诞辰 200 周年原创诗歌作品诵读会

5 月 16 日，方庄地区举行养老驿站建成仪式

5 月 23 日，方庄地区办事处与丰台邮政创建“社区之家”示范点揭牌仪式

6月28日，北京市第九届残疾人职业技能竞赛茶艺师初赛（丰台赛区）在马连道茶社举行

8月15日，丰台区首个果蔬自动售卖机在花乡白盆窑天兴家园社区“落户”

8月24日，丰台区第二次全国残疾预防日主题活动暨丰台区残疾预防宣传周启动仪式在恒泰广场举行

9月6日，东高地养老驿站开业

9月17日，纪念改革开放40周年“美丽丰台——百米书法长卷”笔会在汽车博物馆举行

10月4日，丰台区总工会组织劳模赴北京南站开展帮扶旅客活动

10月13日，右安门地区举办“重阳节菊花香音乐响，两河缘一家亲同欢庆”京台视频连线活动

10月16日，区委老干部局举办离退休干部庆祝改革开放40周年喜迎重阳节活动

10月26日，区委党校第四期机关、事业单位新录用人员培训班结业式

11月5日，丰台区首个共有产权房项目槐新雅筑完成摇号工作

11月26日，北京市首个智能社区警务室——丰台科技园区派出所智能社区警务室正式启用

11月28日，卢沟桥街道望园社区养老服务驿站开业

12 月 12 日，丰台区举行新型人民防空专业队伍组建暨授旗仪式

12 月 26 日，2018 年首都职工志愿服务工作总结表彰会暨丰台职工志愿服务岗授牌仪式在区总工会召开

2月16日除夕夜，丰台环卫工人在园博园周边清扫烟花爆竹残屑

5月15日，西罗园辖区凉水河两岸风景

7月17日，丰台西站值班员雨中准确链接制动软管

8月31日，分钟寺平原造林地块

9月18日，嘉囿城市公园初建成全景

11月27日，在“我家街巷最好看”推选活动中花乡草桥镇国寺北街荣获“北京最美街巷”称号

目　　录

特　　载

区情概况

大事记

中国共产党丰台区委员会

北京市丰台区人民代表大会常务委员会

北京市丰台区人民政府

政协北京市丰台区委员会

民主党派

人民团体

军　　事

农村经济和农业

工　业

商贸　服务业

科技·高新技术产业

综合经济管理

财政　税务　审计

金　融

城乡建设和管理

交通　邮政

文化 教育

体育　卫生

街乡(镇)

人　物

统计资料

附　录

索　引

特 载

在区委十二届八次全会上的工作报告和讲话
在第一次全体会议上的工作报告

2019 年 1 月 3 日

汪先永

这次全会的主要任务是：以习近平新时代中国特色社会主义思想为指导，贯彻落实中央经济工作会议精神和市委十二届七次全会各项部署要求，贯彻落实市委市政府对丰台区工作的指示要求，总结 2018 年工作，部署 2019 年任务。

一、2018 年工作总结

区委常委会坚持以习近平新时代中国特色社会主义思想为指导，认真贯彻落实党的十九大精神，深入贯彻习近平总书记对北京重要讲话精神，围绕加强“四个中心”功能建设、提高“四个服务”水平，认真贯彻落实北京城市总体规划，坚定不移推动非首都功能疏解，更好地服务保障首都功能，推进城市南部地区加快发展行动计划，先后召开 48 次区委常委会议并主持召开两次区委全会，对各方面工作作出安排部署，统筹推进改革发展稳定和全面从严治党各项工作。

——坚持规划引领，加强区委对规划建设工作的领导，高标准编制了分区规划草案。同步开展 22 项专项规划研究，为全区控制性详细规划编制提供了依据。发布实施《丰台区城乡街巷设计导则》。

在市委市政府的领导下，为把南中轴建设成为“生态轴、文化轴、发展轴”，开展了南中轴及南苑 - 大红门地区规划设计国际方案征集工作和方案综合工作，确定了以文化、国际交往和国际商务为主的功能定位，提出了“北城南苑”的空间布局，在中心城区建设大尺度绿色生态空间。按照“丽泽要成为第二金融街”的目标，对丽泽金融商务区规划方案进行了优化升级。

——把疏解整治促提升作为解决丰台发展问题的金钥匙，圆满完成专项行动年度任务。全年疏解提升区域性市场 26 家，调整退出一般制造业企业 33 家，拆除违法建设 221 万平方米，整治群租房 1662 处，提前完成地下空间挂账整治任务。市级量化考核涉及我区的 18 项任务中，5 项完成量居全市第一。坚持以功能疏解带动人口调控，严格落实人口调控责任制，常住人口保持下降。

南苑 - 大红门地区疏解整治促提升工作取得历史性突破。成立了党政主要领导直接负责、常委和副区长一线办公的指挥调度体系。持续深化市场疏解，加强动态管控，开展综合治理。原 45 家上账市场拆除关停率由73%提升到82%，全年疏解商户4900余户、从业人员1.3万人。拆除区域内违法建设76万平方米，清理“住改商”650处，整治仓储、物流点位87处。加强与河北沧州等承接地对接协作，成立北京丰台－沧州大红门市场服务中心，帮助1.6万家商户京外“二次创业”，推动大红门品牌京外发展。

利用疏解腾退空间，大尺度绿化，建设百姓家门口的公园绿地和便民服务设施。先行启动了南苑森林湿地公园的拆迁、腾退、绿化等前期工作，拆除地上物113万平方米，腾退土地2500亩，累计实现绿化9700亩。建成嘉囿城市休闲公园等群众家门口的公园30个，公园绿地500米服务半径覆盖率达到81%。利用腾退地下空间，探索智能仓储等便民利用模式。新建规范便民商业网点133个，基本便民服务功能实现社区全覆盖，“五分钟便民蔬菜零售网络体系”覆盖率达到80%。镇国寺北街成为中心城区首个生活性服务业示范街区。

——利用中车北京二七机车有限公司疏解腾退的老厂区，建设国家冰雪运动训练科研基地。成立了区级服务保障工作指挥部，主动对接国家体育总局、中国中车等单位，做好基础设施、环境提升等22项重点服务保障任务。目前重点场馆已进入主体施工阶段。

积极响应国家“三亿人上冰雪”政策，研究制定《丰台区冰雪运动发展规划》，组织开展了第三届欢乐冰雪季、冰雪大篷车进基层等冰雪活动250余场，推动冰雪运动进校园、进社区。

——加强党对经济工作的领导，经济运行平稳向好。地区生产总值预计实现1550亿元，增长6.5%；一般公共预算收入实现121.6亿元，增长7.5%；外贸进出口总额预计达到1300亿元，增长26%。第三产业增加值占比达到80%以上，科技、金融、信息、商务等服务业对经济增长贡献率达到70%以上。万元地区生产总值能耗、水耗预计分别下降3.8%、8.5%。

优化调整了丽泽金融商务区工作体制机制，深化发展战略研究。实现44万平方米空间投入使用，积极探索精准供地模式，中证机构间报价系统股份有限公司落户丽泽，留区税收预计增长60%。

中关村丰台园坚持创新驱动，不断优化产业结构。预计总收入增长8%，留区税收增长10%，地均产出率、人均产出率分列中关村示范区第二和第三位，轨道交通、军民融合两大产业集群产值均超过千亿元。

积极优化营商环境，制定了丰台区改革优化营商环境政策二十条，新引进亿元以上规模企业124家，走访服务企业450家次，完成了国务院营商环境督查迎检工作，我区“一窗办理”不动产登记服务的做法，获国务院通报表扬。

有效防范金融风险，推进互联网金融整治，加大对金融诈骗、非法集资等违法行为的打击力度。加强政府债务管理，严控新增债务，做好隐性债务风险管控工作。

——把改善环境作为民生最大公约数，召开环境建设和精神文明建设四级干部千人大会，把压力传导到最基层，地区环境面貌明显提升。

落实蓝天保卫战行动计划，围绕重型柴油车、扬尘、挥发性有机物等重点领域，实施精细化监管治理，全年细颗粒物（PM2.5）累计浓度为53微克/立方米，下降14.5%。深化落实“河长制”，完成了蟒牛河、九子河市级黑臭水体治理工作，全区水质监测考核断面全部达标。

推进北京南站地区综合治理和美化亮化工作，群众乘车难、打车难、交通拥堵等问题得到有效缓解，周边环境得到明显改善。

实施新一轮百万亩造林绿化工程，完成造林绿化4000亩。

新生违法建设实现动态清零，浅山区违

法建设基本完成整改。大棚类设施农业项目全部落实整改，并通过市级验收。

——围绕“七有”“五性”要求，扎实做好民生保障各领域工作。公布21个街道乡镇群众服务24小时热线电话，进一步畅通群众反映问题的渠道。

拓宽群众就业渠道，全年新增城镇就业4.3万人，城镇登记失业率1.44%，控制在较低水平。居民人均可支配收入预计达到6万元，增长7.5%，高于经济增速。

扩大教育资源供给，新增优质学位4610个，人大附中丰台学校、丰台二中改扩建以及十二中钱学森学校投入使用，北师大四附中改扩建工程实现开工。校外培训机构治理获教育部通报表扬。

保障北京天坛医院新院区顺利开诊，完成北京口腔医院的选址和地上物拆迁工作，丰台医院提质改建工程实现开工建设，推广社区“智慧家医”模式。

推进5个街道乡镇养老照料中心和20个社区养老服务驿站的建设工作，累计开展养老“连心通”服务5.2万人次，开展全市首个由政府购买服务、为失能失智老人照料者提供“喘息服务”的试点工作。为老旧小区加装电梯134部，占全市新增电梯的55%。完成丰台区防空防灾指挥中心建设。

加快推进棚户区改造工程，完成搬迁9529户。加快保障性住房建设，新开工7400余套，竣工1.2万套。落实集体土地建设租赁房政策，南苑乡成寿寺村集体土地租赁房项目，成为全市首个实现开工的项目。在丽泽金融商务区、中关村丰台园周边建设、筹集人才公租房1800多套。

推进轨道交通建设，地铁新机场线、16号线、房山线北延及19号线一期全部站点进场施工，8号线三期开通试运营。

——持续加强文化建设，开展《丰台史话》编纂工作，完成西山－永定河文化带丰台区五年行动计划和长辛店老镇文物保护规划的编制工作。推进卢沟桥国家文化公园规划研究，开展了《卢沟桥（宛平城）文物保护规划》修订编制工作，完成卢沟桥保护工程修缮项目主体工程。开展了金中都城墙遗迹考古勘探工作，实施莲花池公园环境整治和绿化提升。深入挖掘南中轴南苑地区历史文化内涵，举办了南苑秋风历史文化展。成功举办“2018中国戏曲文化周”，吸引20余万群众参与。

推动首都公共文化服务示范区创建工作，补足文化设施短板，新增文体活动场所161个。把文化、体育方面的财政资金直接下沉到街道乡镇、社区村，开展各类文化惠民活动5300余场次，举办丰台区第七届全民运动会等体育活动230余场次。参加北京市第十届民族传统体育运动会，取得金牌榜第三名的好成绩。

——维护地区安全稳定，圆满完成“中非合作论坛”北京峰会、纪念全民族抗战爆发81周年等重大活动的安保维稳和服务保障工作。

制定《关于进一步提升群众安全感的工作措施》，组织开展治安秩序、环境秩序、交通秩序“三大秩序”整治，推进扫黑除恶专项斗争，加快“雪亮工程”建设，刑事案件、刑事警情持续下降，群众安全感满意度明显提升。

落实安全生产责任制，推进城市安全隐患治理三年行动，拆除彩钢板房82万平方米，完成玉泉营111文化产业园市级重大安全隐患整治工作。落实全市“区域协作、基地保障、全程监管”工作要求，加强对食品药品生产、流通各环节的监督检查。

——深入推进精准扶贫工作，结对帮扶的林西县成为内蒙古自治区首个脱贫的国家级贫困县。与受援地区开展高层互访交流活动9次，投入帮扶资金1.35亿元，选派干部、人才78人，助力受援地区1.3万人实现脱贫。发挥新发地、岳各庄等农副产品市场优势，与受援地开展特色农副产品产销对接、合作帮销。组织21个街道乡镇与受援地贫困乡镇开展“手拉手”结对帮扶，进一步深化精准扶贫工作。与房山区签署生态保护和绿色发展结对协作框架协议，在低收入农户帮扶、环境治理等领域推动生态涵养区建设。安置远郊区农村劳动力就业2100人。

——全面从严治党不断深入。

加强政治建设。严格执行中央和市委关于加强和维护党中央集中统一领导的规定，认真落实深入推进全面从严治党实施办法，教育引导全区各级党组织和党员干部树立“四个意识”，自觉做到“三个一”和“四个决不允许”，坚决维护习近平总书记党中央的核心、全党的核心地位，坚决维护党中央权威和集中统一领导，为党中央站好岗、放好哨、服好务。

加强思想建设。把习近平新时代中国特色社会主义思想和党的十九大精神作为中心内容，组织重温党章及习近平总书记视察北京重要讲话精神专题学习交流，全年区委常委会、理论中心组集体学习45次。开展专题读书活动，引导全区党员读原著、学原文、悟原理，做到融会贯通、学以致用。分层分类强化理论武装，组织全区重点培训班次42期，培训6800余人次。举办“十进”宣讲千余场，为区域发展提供了思想保障和精神动力。

压实管党治党主体责任。加强对区人大常委会、政府、政协、法院、检察院党组的领导，召开全区政协党建工作会，全年区委常委会研究党建类议题162个，占比63%。健全党建考核综合评价体系，提升了党建工作规范化水平。组建区融媒体中心，壮大主流媒体声音。成立区委网信办，进一步强化阵地管控和舆情应对，筑牢了区域意识形态安全防线。

提振党员干部精气神。坚持正确选人用人导向，突出政治标准、专业能力和实干精神，从基层一线提拔任职的干部占到80%。把百余名敢担当、有知识、有潜力的年轻干部放到急难险重的基层一线培养锻炼。坚持事业为上、人事相宜，推动能者上、平者让、庸者下成为常态。围绕南苑－大红门地区疏整促、北京南站地区综合治理等重点工作，调好班子、配好干部。

提升基层党组织组织力。坚持党建引领，稳步推进“街乡吹哨、部门报到”改革，建立服务群众响应机制，实现了统筹领导、制度机制、人员力量、平台建设、综合保障“五到位”，深入推进党组织和在职党员“双报到”“双服务”工作，着力解决基层治理难题。方庄地区“掌上四合院”、太平桥街道社区响应机制等做法得到市有关部门认可。建立党员区领导联系重难点社区村制度，逐村听取村“两委”换届汇报，严把资格条件关，加强分析研判，拓宽选人渠道，优化社区村干部队伍结构，推动社区村“两委”换届工作，选出一批能干的优秀带头人。学习贯彻《中国共产党支部工作条例（试行）》，全面推进党支部规范化建设，基层党组织政治功能不断增强。

持续深化纪律作风建设。加强对纪检监察工作的领导，带头遵守政治纪律和政治规矩，深入贯彻落实中央八项规定精神，集中整治官僚主义和形式主义。召开全区警示教育大会，开展“送纪律下基层”主题教育活动，每季度研究分析全区党风廉政建设形势，及时协调解决重要工作、重点环节、重要案件中遇到的重大问题。强化政治巡察工作，加强一线巡察力量，对29个单位开展全面巡察，有效发挥巡察“利剑”作用。加强对精准脱贫、污染防治等民生领域的监督检查，对64个行政村开展专项审计，持续开展作风建设专项治理行动，查处“为官不为、为官乱为”案件118起。深化运用监督执纪“四种形态”，严肃查处群众身边不正之风和腐败问题，全年立案220起，给予党纪政务处分170人，移送司法机关31人，进一步净化了党内政治生态。

支持人大、政协围绕中心工作建言献策、开展监督，重视、支持法院、检察院司法体制改革工作。坚持“党建引领统战、统战服务党建”总体思路，推广马家堡街道时代风帆商务楼宇工作经验，落实中央宗教工作督查要求，进一步完善“大统战”工作格局。时代风帆商务楼宇党委，被中央统战部列为全国新的社会阶层人士统战工作实践创新基地。编制完成丰台区机构改革方案，并报送市委审批。加强党管武装工作，认真做好部队停止有偿服务试点工作，得到中央军委停偿办充分肯定。发挥工青妇等群团组织作用，凝聚发展合力。

过去的一年，是继往开来、开拓进取、开启丰台发展新篇章的一年。一年来，我们坚持规划引领，认真落实北京城市总体规划，进一步谋划了新时代丰台区发展的宏伟蓝图；一年来，我们不断攻坚克难，扎实推进疏解整治促提升、环境建设、民生保障等各项重点工作，经济社会发展水平进一步提升；一年来，我们全面落实新时代党的建设总要求，持续推进全面从严治党向纵深发展，党的创造力、凝聚力、战斗力不断增强；一年来，党员干部群众凝心聚力、团结奋斗，丰台的知名度和美誉度不断提升，丰台区正在以崭新的形象在新时代扬帆起航。

这些成绩的取得，得益于市委市政府的坚强领导，得益于全体党员干部群众的团结拼搏，得益于驻区单位和社会各界的参与支持。在此，我代表区委常委会，向辛勤奋战在丰台区各个领域、各条战线上的全体同志，以及关心、支持、参与丰台区建设发展的各界人士，表示崇高的敬意和衷心的感谢！

二、当前工作面临的形势

（一）面临的发展机遇

我国仍处于并将长期处于重要战略机遇期，丰台区面临难得的良好发展机遇。随着新版城市总规把丰台区提升为首都中心城区，作为发展中的大区，在首都“一核一主一副、两轴多点一区”的城市布局中，丰台区既是“一主”，又占“一轴”，是“四个中心”功能的集中承载地区，是建设国际一流的和谐宜居之都的关键地区，主要职能是服务保障首都功能，加强“四个中心”功能建设，履行“四个服务”职责。丰台区的规划建设发展已经融入首都大格局。

随着北京城南发展驶入“快车道”，丰台区服务保障首都功能将进一步加强，生态环境、基础设施和公共服务水平将进一步提升，重点功能区建设将进一步提速。

丰台区发展空间广阔，后发优势明显；高科技企业和专业人才集聚，科技研发实力雄厚；历史文化悠久，生态资源丰富。更重要的是，我们锻造了一支团结奋进、担当作为、勇于争先的干部队伍，精神面貌焕然一新，干事创业热情高涨。

（二）面临的挑战

当前我国经济运行稳中有变、变中有忧，外部环境复杂严峻。这些问题是前进中的问题，既有短期的也有长期的，既有周期性的也有结构性的。要增强忧患意识，抓住主要矛盾，有针对性地予以解决。

从丰台区自身情况看，还存在一些问题和矛盾，疏解整治促提升任务依然艰巨繁重；重点功能区发展质量还需要提高；基础设施和公共服务还存在短板；环境建设管理和生态环境保护还需要加强；全面从严治党还需要持续深化。这些问题，都需要在下一步工作中重点解决。

（三）市委市政府为丰台发展指明了方向

作为中心城区，丰台区的发展建设受到了市委市政府高度重视。2018年11月19日，市委市政府主要领导到丰台区调研时，明确提出了“丰台区要上台阶”的指示要求，为丰台区未来发展指明了方向。全区上下要抓住丰台区难得的历史性发展机遇，把握丰台发展时区，统一思想，真抓实干，推动丰台区工作上台阶。

三、2019年工作任务

2019年，全区上下要坚持以习近平新时代中国特色社会主义思想为指导，深入贯彻习近平总书记对北京重要讲话精神，全面落实中央经济工作会议精神和市委十二届七次全会精神，坚持稳中求进工作总基调，坚持新发展理念，加强“四个中心”功能建设、提高“四个服务”水平，抓好“三件大事”，打好三大攻坚战，统筹做好改革发展稳定和改善民生各项工作，不断把全面从严治党引向深入，推进丰台区各项工作上台阶，以优异的成绩迎接中华人民共和国成立70周年。

建议2019年主要发展指标为：地区生产总值增速预期目标为6%－6.5%，一般公共预算收入增长5%左右，居民人均可支配收入增速与经济增速同步，万元地区生产总值能耗、水耗等指标达到市级要求。

（一）落实城市总规和丰台分区规划，做好重点地区规划

在北京城市总体规划中，对丰台区的功能定位是：首都高品质生活服务供给的重要保障区，首都商务新区，科技创新和金融服务的融合发展区，高水平对外综合交通枢纽，历史文化和绿色生态引领的新型城镇化发展区。

在分区规划中，确定丰台区的空间布局是：“一轴、两带、四区、多点”。“一轴”，即南中轴丰台段。“两带”，即永定河文化带和生态融合发展带。“四区”，即中关村丰台科技园区、丽泽金融商务区、首都商务新区、卢沟桥国家文化公园。“多点”，包括交通枢纽、生活保障和人文生态三大类城市功能节点地区。

在分区规划中，确定丰台区的发展目标是：新时代首都功能拓展的中心城区、首都高品质生活宜居示范城区、彰显新发展理念的绿色生态花园城区、具有国际竞争力的智能制造创新区、具有全球影响力的金融发展新区、具有国际化水平的首都商务新区。

加快制定控制性详细规划和街区设计导则，把政治、经济、文化、生态、基础设施、公共服务等功能落在规划图斑上。

加强区级对农村集体土地和房屋的管控。把农村发展各项工作统筹到服务保障首都功能、城市化进程中谋划和推进。加强对农村集体土地和房屋的监管，依法保障农民合法权益，凡是利用农村集体土地和房屋进行出让、出租、对外合作的事项，必须经乡镇政府审核同意后，报区政府审议。统筹利用全区产业用地指标，主要放在重点功能区。

做好南中轴及南苑－大红门地区的规划建设。南中轴贯通丰台南北，是丰台最宝贵的发展资源。做好南中轴及南苑－大红门地区的规划建设，是摆在区委区政府面前的头等大事，也是完善首都城市格局、推动南北均衡发展、提升首都服务保障功能的重要举措。从时间观上看，我们处在新时代，从空间观上看，我们在中心城区、在中轴线上，做好这一地区的规划建设，对于谱写新时代中心城区新篇章，具有历史性的意义，也蕴含着难得的发展机遇，对于城市南部地区发展还起到引领作用。

在功能定位上，把南中轴及南苑－大红门地区规划建设成为“新时代大国文化自信的彰显区、首都核心功能的新兴承载区、北京南部地区加快发展的引领区、生态文明时代宜居城市的示范区”。在空间布局上，构筑“北城南苑”的格局，“北城”是指，在南三环以南、南四环以北的大红门地区，规划建设首都商务新区；“南苑”是指，在南四环以南、南五环以北区域内，规划建设16000亩的南苑森林湿地公园，把公园建设成“首都南部结构性生态绿肺、享誉世界的千年历史名苑”。围绕南苑机场搬迁，做好战略留白，为未来国际交往功能规划布局预留空间。

加快编制南苑－大红门地区的街区、地块层面控制性详细规划和城市设计导则，划分实施单元，逐一明确功能定位，启动交通和市政基础设施建设。深化南苑森林湿地公园方案设计，研究开发运营模式，以新机场高速以东、南苑路以西、通久路以南、南苑西路以北的区域为启动区，启动公园建设，新增、改造、提升绿化面积1500亩。

从8个方面对丽泽金融商务区规划设计方案进行优化：优化规划设计原则，严控建筑高度在200米以内；对地下空间进行一体化综合开发利用；注重历史、文化、生态要素的融合。推动丽泽金融商务区与金融街轨道交通直连。高水平开展丽泽城市航站楼国际方案征集。取消丽泽路高架。将金中都南路的主干道功能南移至万泉寺路，提升绿地可达性。完善教育、医疗、文化、商务等配套服务设施的布局。通过长租房、酒店、公寓等多种形式实现职住平衡。践行海绵城市理念，将丰草河蓄滞洪区与生态景观结合布置。

优化中关村丰台园规划布局，完善园区产业、交通、生态、配套服务等要素布局，把中关村丰台园西区的建设指标，向中关村丰台园东区、丽泽金融商务区、首都商务新区调整。

统筹谋划卢沟桥国家文化公园规划建设。《国家“十三五”时期文化发展改革规划纲要》提出，要依托卢沟桥等重大历史文化遗产，规划建设国家文化公园，形成中华文化重要标识。要以当前分区规划编制为契机，结合北京市西山永定河文化带保护发展规划的编制实施，以弘扬自强不息、不屈不挠的民族精神和抗战精神为主题，以“一核、三区”为主要框架，做好卢沟桥国家文化公园规划设计，推动文化与旅游融合发展，辐射带动河西地区发展。

“一核”，即：卢沟桥－宛平城－中国人民抗日战争纪念馆。突出国家抗战纪念活动承载地的政治功能，严控开发建设，做好文物保护区的腾退和修缮，开展综合整治。

“三区”，即：长辛店片区、二七厂片区、园博园片区。毛泽东同志曾指出，“中国工人运动还是从长辛店铁路工厂开始的”，明确了长辛店工人运动的历史地位。长辛店片区要做好有机更新，加大红色文化和历史资源的挖掘、整合和宣传力度。二七厂片区要以国家冰雪运动训练科研基地建设为契机，妥善保护、合理利用工业遗产。园博园片区要用好空间资源，继续办好中国戏曲文化周。

（二）把疏解整治促提升作为解决丰台发展问题的金钥匙，坚定有序疏解非首都功能

打好疏解整治促提升组合拳，拆除违法建设不少于213万平方米，实现“散乱污”企业、群租房、地下空间清理整治动态清零，推进基本无违建街道（乡镇）、无违建社区（村）创建。

用好疏解腾退空间，推进区属国有企业商业网点腾退提升，增加便民服务设施，实现“五分钟便民蔬菜零售网络体系”覆盖率100%。编制丰台区生活性服务业设施规划，优化商业业态布局，继续开展市级生活性服务业示范街区创建工作，满足群众多样性便利性消费需求。坚持“花园城市”理念，继续实施新一轮百万亩造林绿化工程，把绿色休闲与文化、体育、便民服务有机结合，建设百姓家门口的绿色休闲空间。

持续深化南苑－大红门地区疏整促工作。准确把握疏整促工作的阶段性特征，随着南苑－大红门地区区域性批发市场疏解工作的深入推进，下一步，把工作重心由过去单纯的市场疏解，向产业全链条系统疏解转

变，向清理零星、残余、隐蔽的批发现象转变，更加注重疏解、整治、提升的系统性，注重与规划衔接，更加注重规范性。按照坚定有序、稳中求进、依法办事、促进产权方发挥主体作用的原则，规范提升现有市场，严控新增，严管存量。强化区域综合整治，持续开展大货车路侧交易、“住改商”及仓储物流专项整治。大力度拆除违建，留白增绿，美化提升地区环境。坚持规划引领，研究大红门地区产业发展方向和支持 政策，加快疏解腾退空间再利用。加强与承接地的沟通对接，有序有力有温度地做好外迁商户“二次创业”的服务保障工作，推动大红门品牌京外拓展。

（三）推进高质量发展

深化首都商务新区规划设计，编制好控制性详细规划和城市设计导则。以凉水河沿线、福海公园、大红门公园等区域为重点，划定起步区，启动疏解、腾退、拆违、绿化等各项前期工作，为规划实施和项目落地奠定基础。

编制丽泽金融商务区控制性详细规划和城市设计导则。围绕即将投入使用的丽泽SOHO、中华联合保险、平安金融中心等8个项目，高标准开展招商引资工作，积极引进持牌金融机构，推动国家级、市级以及外资重大金融项目落地，重点建设专业性市场、发展专业性金融机构、提供专业性金融服务，支持人民银行发展法定数字货币产业。加快国家金融信息大厦、中国证券大厦等在建项目建设进度。加快北区征地拆迁工作，优化地区交通组织，推动丽泽城市航站楼规划建设，做好市政道路、地下交通环廊、变电站等基础设施建设。加强与金融街对接合作，启动跨区界5条道路建设，推进丽泽金融商务区与金融街一体化发展。

创新中关村丰台园发展模式，深化“投、融、建、管”于一体的研发用地自建自持模式，做大做强园区平台公司，制定园区产业准入目录，统筹剩余空间的招商引资。围绕全市发展高精尖产业系列政策，出台轨道交通和军民融合的产业专项政策，制定 支持高精尖产业和科技创新的特色政策，支持现有企业做大做强。结合分区规划调整，盘活土地存量，健全企业退出机制，实现低效企业腾笼换鸟，提高地均、人均产出率。

（四）推动服务保障首都功能的重大项目建设

保障国家冰雪运动训练科研基地按期投入使用，整治周边环境，提升周边基础设施和配套服务。

加快推进丽泽城市航站楼、地铁新机场线、新机场快速路等新机场配套基础设施建设，做好相关征地拆迁工作，保障地铁新机场线一期开通运营。

推进丰台火车站建设，做好北京南站、北京西站周边地区环境综合治理，对北京南站及其周边、南站至南三环范围内的铁路沿线，实施城市景观和亮化提升工程。

推进基础设施补齐短板，做好地铁16号线、19号线一期、14号线中段、房山线北延等轨道交通建设。开工建设万寿路南延等8条城市道路。实现河西再生水厂二期投入运营、河西第三水厂主体工程完工，推进河西第二水厂、丽泽220千伏输变电工程等项目建设。

（五）加强文化建设

把社会主义核心价值观融入国民教育和法治建设，继续开展好“北京榜样·最美丰台人”“身边好人”等群众性精神文明创建活动。巩固文明城区创建成果，运用“首都文明示范区”创建经验，做好“全国文明城区”争创工作。支持国防与军队改革，做好军政军民团结工作，争创全国双拥模范城“七连冠”。

加快金中都城墙遗迹保护规划的修订和报审，开展金中都城墙遗迹本体保护工作，结合丽泽金融商务区规划建设，加快推进金中都遗址公园规划建设前期工作。实施莲花池公园整体改造提升工程。

深入挖掘南中轴地区辽金元明清五朝“皇家苑囿”等历史文化，结合南苑森林湿地公园建设，逐步恢复该地区生态涵养功能，再现“南苑秋风”历史文化景观。

加强公共文化建设，合理布局文化馆、图书馆、博物馆、方志馆、美术馆等文化设施，完善基层文化设施配套。深化文化馆、图书馆总分馆制改革。实施文化惠民工程，以新中国成立70周年庆祝活动为主题，开展形式多样的文化活动。

（六）切实改善民生

制定出台稳定就业政策，推行“一企一策”就业创业服务机制，拓宽居民劳动收入和财产性收入渠道，增加居民收入。继续做好经济薄弱村的精准帮扶工作，促进农民增收。

深入落实立德树人根本任务，建立健全德育工作机制，完善师德考核、评价和激励机制，提升育人质量。深化教师管理综合改革，完善教师待遇保障机制。加快北师大实验中学丰台学校、北大附小丰台学校、十一中堂实验学校、北京教育学院丰台分院附属实验学校的建设，有效增加教育供给。

服务保障好北京天坛医院运营和北京口腔医院迁建，加快推进丰台医院提质改建、丰台中西医结合医院二期工程项目建设。扎实推进分级诊疗制度建设，充分利用天坛医院优质医疗资源，探索建立紧密型医联体。推进社区“智慧家医”工作，落实家庭医生签约服务。开展全民健身活动，做好专业体育人才引进和培育，提升体育综合实力。

深化居家和社区养老服务改革试点工作，继续推广养老服务“连心通”工程和“喘息服务”，拓展服务内容，为具备条件的老旧小区加装电梯。

继续实施蓝天保卫战三年行动计划，完善大气环境精细化监管体系，持续改善大气质量。打好碧水攻坚战，深化落实“河长制”，加快实施永定河丰台段等河道水生态修复工程，做好凉水河、小龙河两侧景观提升，抓好黑臭水体治理。加强新机场快速路、南中轴沿线等重点地区的环境建设，做好航天一院、航天三院等重点企业周边环境综合治理。加快实施大灰厂、庄户、西王佐美丽乡村建设，完成其他村庄美丽乡村规划实施方案编制。落实“街巷长制”，提升城市精细化管理水平，加强街面道路保洁、背街小巷整治、外立面修缮、阳台美化绿化等工作。

完善租购并举的住房体系，加快推进共有产权住房和集体土地租赁房建设工作，推动草桥村等5个集体土地租赁房项目建设，实现开工3730套。加快保障性住房建设，开工建设各类保障性住房5000套，竣工6000套。

（七）维护地区安全稳定

围绕新中国成立70周年庆祝活动，深入开展维护首都政治安全、扫黑除恶、重点领域防控等专项行动，全力做好安保维稳和服务保障工作，切实做到“三个不能”，即：不能犯政治性错误，社会面不能出事，舆情不能冒泡；实现“五个不发生”，即：不发生危害国家安全和社会稳定的重大政治事件，不发生重大暴力恐怖事件，不发生大规模聚集和重大个人极端事件，不发生重大恶性刑事案件和重大公共安全事件，不发生重大舆情事件。

坚持安全发展理念，严格落实安全生产责任制，实施城市安全隐患治理三年行动计划，继续开展彩钢板房清拆专项行动，加强安全社区建设，加强“三合一”、高风险群租房等消防隐患整治，加大对建筑施工、交通运输、食品药品等重点领域的隐患排查治理力度，持续压减各类事故。

坚持和发展“枫桥经验”，强化社会矛

盾风险预测预警预防，加强人民调解、行政调解、司法调解的衔接联动，解决关系群众切身利益的问题。落实信访工作责任制，妥善处置好群体访、重复访等问题，依法解决群众合理诉求。加大社会矛盾纠纷排查调处，继续开展互联网金融整治，落实各项稳控措施。

（八）做好扶贫协作和支援合作工作

聚焦精准扶贫，进一步深化携手奔小康各项工作。继续发挥我区农副产品全产业链帮扶优势，助力受援地区如期打赢脱贫攻坚战。

落实与房山区推动生态涵养区建设结对协作，在生态建设和保护、绿色发展、公共服务、低收入帮扶等方面开展合作，开展跨区域河道治理。

（九）加强对全面深化改革的领导

把区委全面深化改革领导小组调整为区委全面深化改革委员会，充分发挥议事协调作用，进一步完善体制机制。

探索建立减量发展机制，实施城乡建设用地供应增减挂钩，推动减量发展，推进长辛店镇统筹利用集体产业用地试点工作。

认真执行丰台区改革优化营商环境政策二十条，落实发展扶持资金、购租房补贴、企业高管奖励等优惠政策，加快网上政务大厅建设。建立优化营商环境绩效考核机制，聘请第三方机构开展营商环境监测和检查。

稳步推进区级机构改革，进一步优化职能配置、创新体制机制、合理划分事权、理顺权责关系，构建体系完备、科学规范、运转高效的职能体系。深化综合行政执法改革，清理事业单位承担的行政职能，精简议事协调机构，完善人大、政协专委会和群团组织机构设置。

深入落实党建引领“吹哨报到”，坚持民有所呼、我有所应，推动街道部门综合设置改革，做实综合执法平台，规范整合基层治理力量，及时处理市民热线和媒体报道中反映的各类问题，解决基层治理中服务群众“最后一公里”问题。

四、全面加强党的建设

做好2019年工作，必须坚持全面从严治党，切实把党的领导体现到丰台区工作的全过程和各方面，为全区工作上台阶提供坚强保证。

（一）坚持以党的政治建设为统领

按照“看北京首先要从政治上看”的要求，推动各级党组织和全区党员干部牢固树立“四个意识”，坚定“四个自信”，严守政治纪律和政治规矩，自觉践行“两个维护”。尊崇党章，健全完善和严格落实民主集中制各项制度，严格执行重大问题请示报告制度，严肃认真开展党内政治生活，培育发展积极健康的党内政治文化，营造风清气正的良好政治生态。

（二）坚持以习近平新时代中国特色社会主义思想武装头脑

全体党员干部、各级党委（党组）理论学习中心组要把学习习近平新时代中国特色社会主义思想作为重中之重，发挥区委以上率下作用，持续推进区领导带头上讲台机制。把信仰、信念、信心作为党员干部教育的重要内容，构建区级、委办局、街道乡镇、社区村一体的学习和宣讲工作体系，改进学习方式、提升教育效果。按照中央和市委部署，在全体党员中开展“不忘初心、牢记使命”主题教育，推进“两学一做”教育常态化制度化。

（三）落实管党治党政治责任

牢固树立抓好党建是最大政绩的理念，区委常委会要带头落实全面从严治党主体责任，加强对人大常委会、政府、政协、法院和检察院党组的领导，定期听取各重点领域党建工作汇报，发挥党建工作领导小组作用，加强党建工作的统筹领导。做好新中国成立70周年庆祝活动的相关宣传报道，健全网络意识形态日常管控机制，巩固壮大主流思想舆论。进一步落实《中国共产党统一战线工作条例》，深化统战工作基层示范点培育建设，重视民族宗教工作，凝聚促进发展的强大合力。

（四）切实加强干部队伍建设

丰台区工作要上台阶，干部的素质能力和精神状态要先上台阶。要认真贯彻新时代党的组织路线，扎实做好干部的培育、选拔、管理、使用，建设高素质专业化干部队伍。增强忧患意识，在疏整促专项行动、重点功能区建设、环境建设等重点工作和基层一线，培养年轻干部。拓宽选人视野，公正选人用人，选拔政治过硬、业务精通、履职尽责的干部。激励干部团结奋斗、改革创新、担当作为。发挥区委党校主阵地作用，开展专业化、精准化教育培训。坚持“好干部是选出来的，更是管出来的”，强化干部日常监管和约束，严格落实提醒函询诫勉等制度，推动干部能上能下落到实处。

（五）着力提升基层党建工作质量

高标准完成社区村“两委”换届，抓好乡风文明建设，发挥村规民约作用，提升农村治理水平。建立党员广泛联系群众制度，实现农村党员联系农户全覆盖、社区党员联系困难家庭全覆盖。认真执行党支部工作条例，抓好党支部规范化建设，全面落实好“三会一课”、组织生活会等工作制度。聚焦重大项目、重点任务，设立党员攻坚队、党员示范岗，发挥先锋模范作用。继续推广时代风帆商务楼宇工作经验，推动楼宇党建、企业党建、社区党建融合发展，促进全区基层党建工作水平整体提升。

（六）持之以恒正风肃纪

强化政治监督，加强对贯彻落实党中央重大决策部署和市委要求执行情况的监督检查，认真整治形式主义、官僚主义。坚持把整治群众身边腐败和作风问题作为重中之重，驰而不息落实中央八项规定精神，严肃查处“四风”问题。聚焦扶贫、民生领域和黑恶势力“保护伞”等，严格执纪执法。综合运用派驻“探头”、巡察“利剑”、基层“触角”开展监督，扩大舆论监督、群众监督的渠道。注重运用“四种形态”严格执纪，持续保持反腐败高压态势。

（七）始终保持担当作为、团结奋斗的精神状态

市委市政府对丰台区提出了上台阶的工作要求，是对丰台区各级党员干部的极大鼓舞和殷切期望。各级领导干部要带头履职尽责，带头勇于担当，带头攻坚克难。全区党员干部要把心思集中在想事上，把本领体现在干事上，把目标聚焦在成事上，昂扬向上、奋发有为，以一流的标准、一流的作风、一流的业绩，努力推动各项工作上台阶。

同志们，让我们更加紧密团结在以习近平同志为核心的党中央周围，以习近平新时代中国特色社会主义思想为指导，在市委市政府的坚强领导下，担当作为，团结奋斗，推进丰台区各项事业上台阶，以优异的成绩迎接中华人民共和国成立70周年。

在第二次全体会议上的讲话

2019年1月4日

2018年11月19日，蔡奇书记到丰台区调研时，提出了“丰台区要上台阶”的总体要求。这次区委全会的主题，就是贯彻落实“丰台区要上台阶”的指示要求。为进一步抓好区委全会精神的贯彻落实，下面，我再强调两方面意见。

一、重点围绕七个方面，推进丰台区工作上台阶

第一，政治站位要上台阶。

“看北京首先要从政治上看”。在首都北京工作，必须旗帜鲜明讲政治。丰台区现在是首都中心城区，不再是过去的首都功能拓展区，更不是城乡结合部，身份变了、地位提升了，站位也得站上去。要从树立“四个意识”、坚定“四个自信”、践行“两个维护”的高度出发，坚持在首都发展大局下思考问题、谋划工作。紧紧围绕首都“四个中心”功能建设，立足丰台区功能定位，认真抓好三大攻坚战、“三件大事”等各项中心工作，更好地服务保障首都功能。

这里，特别强调一下大局意识。随着丰台区功能定位的提升，市委市政府在丰台布局了越来越多服务保障首都功能的重大项目。但是，有的单位部门盯着这些项目，盘算着自己部门利益的“小九九”，想把历史遗留问题、历史包袱一块儿解决，什么都往成本里面装，总想着通过“一锤子买卖”一劳永逸。前段时间，河西地区要修水厂，市水务局很支持，还给了一些资金支持。但是，有的乡、村把拆迁成本做得特别高，导致项目推不下去。我们要看到，在河西地区建水厂，让河西人民能够喝上高品质的饮用水，它的效益、价值是无价的。我们不能因为几百万、几千万这眼前的小利益，忽略了长远的、战略性的大利益。这种“小九九”思想表面看挺好，好像是在维护集体的利益，实际上却妨碍了老百姓的长远利益，妨碍了丰台区的整体利益，妨碍了北京市作为首都的全局利益。大家要进一步提升大局意识，坚决杜绝这种错误思想。

第二，思想理论水平要上台阶。

实践需要正确的理论来指导。思想理论水平要上台阶，最重要的就是要用习近平新时代中国特色社会主义思想武装头脑、推动工作，让习近平新时代中国特色社会主义思想在丰台落地生根，形成生动实践。同时，对首都工作来说，还要深入学习贯彻习近平总书记对北京的重要讲话精神。前段时间，区四套班子，包括各乡镇街道的书记、各委办局主要领导也都列席了，理论学习中心组用了一天时间，学习习近平总书记两次视察北京的重要讲话精神，和在中央政治局常委会听取北京规划工作汇报的重要讲话精神。通过专题学习，一致认为习近平总书记的讲话博大精深、常学常新。希望大家也要把习近平总书记对北京的重要讲话作为案头卷、工具书，经常学、反复学，更好地推动工作开展。

做好工作，不仅要有科学的理论予以指导，还要掌握正确的方法论。习近平总书记指出：“辩证唯物主义是中国共产党人的世界观和方法论”。去年年底，在人民大会堂召开的庆祝改革开放40周年大会上，习近平总书记发表了重要讲话，其中就专门讲到了各级领导干部要学习掌握辩证唯物主义和历史唯物主义。全区各级党员领导干部要认真学习马克思主义哲学，结合工作实际，做到学以致用。要坚持实事求是，想事情、干工作要从实际出发，多到基层走访调研，掌握第一手情况，防止主观主义、官僚主义。昨天，我和几位区委常委同志召开了一个座谈会，找了11位基层党代表，听取了他们对区委常委会和对我本人的意见建议。会上，有的基层代表就谈到，希望区委区政府领导多到基层一线加强调研、了解情况。要坚持“重点论”和“两点论”，妥善处理好全局和局部、长远和当前、重点和非重点的关系，既要“十个指头弹钢琴”，做到统筹兼顾；又要抓住主要矛盾，实现重点突破。

第三，规划引领要上台阶。

习近平总书记指出，城市规划在城市发展中起着重要引领作用，规划科学是最大的效益，规划失误是最大的浪费，规划折腾是最大的忌讳。丰台区各项工作要上台阶，必须坚持规划引领。

要提高思想认识水平，维护规划的严肃性和权威性。过去，丰台区规划引领的作用没有充分发挥，一个很重要的原因就是对规划的认识不到位。有的地区缺少规划，该规划的没规划，导致临时抱佛脚，侵占绿地、建筑物压红线等等。有的地区不按规划实施，该建绿的没有建绿。有的地区只从自身利益出发，变着法儿地调整规划，造成规划的严肃性无从体现。在今后工作中，大家要转变观念，把规划作为丰台区未来发展的法定蓝图、作为城市发展建设的纲，持之以恒抓好落实，做到一张蓝图绘到底。

当然，规划首先要提高科学化水平。去年，对照新版城市总规，编制了丰台区分区规划草案，明确了丰台区未来的发展目标和空间布局。待市委市政府审批通过后，要高标准制定全区控制性详细规划和街区设计导则，细化落实人口规模、用地规模、建筑规模等管控要求，把政治、经济、文化、生态、基础设施、公共服务等功能落在图斑上。规划馆、博物馆、档案馆、文化活动中心、医院、学校、幼儿园，包括各级政府机关、公检法、消防等的基层站所，都要规划进去，预留出空间，这是检验这一版规划是否管用、是否科学的重要标准。

要抓紧抓实规划的落地实施。规划不能仅仅停留在纸面上，必须要落实在地块上。各项规划确定以后，各单位、各部门要对照规划，抓好各自领域、各自地区的规划落地工作。为确保规划能够落地实施，区委区政府研究制定了农村集体土地和房屋的管理意见，作为今年区里的一号文件。大家要认真学习，切实抓好贯彻落实。从今天开始，乡镇、村集体经济组织利用农村集体土地和房屋进行租赁、转让、项目建设、对外合作、抵押担保等处置事项，要经乡镇审核后报区政府审议。《丰台报》和宣传部门要广为宣传，让广大农民来监督，切实保护农民的利益。

第四，重点工作要上台阶。

一是全力做好新中国成立 70 周年庆祝活动的服务保障工作。这是今年最重要的政治任务，包括环境建设、安全稳定、群众组织等工作，这项工作区里还要专门开会进行部署。

二是扎实推进疏解整治促提升。这是解决丰台发展问题的“金钥匙”，必须紧紧抓在手上。党的十九大报告对全国的工作作了全面部署，专门讲北京的就两件事，其中一件事就是以疏解北京非首都功能为“牛鼻子”推动京津冀协同发展。2019 年，北京的大事多、喜事多，疏整促工作的窗口期短，要立足“早”字，早安排、早部署、早落实，下好先手棋，打好主动仗，稳中求进，力争 8 月底就完成任务。

三是加快重点功能区建设，推进高质量发展。

从全市情况看，丰台区的经济体量排在全市第六，总体上处在第二梯队，与朝阳、海淀等第一梯队相比，还有不小的差距。丰台作为发展中的大区，发展空间广阔，要奋起直追。各相关部门、各街道乡镇要把做好税源培育工作，作为抓经济工作的重中之重，为企业做好服务工作，进一步优化营商环境。

推动高质量发展，关键要抓好重点功能区的规划建设。中关村丰台园要围绕创新开发建设模式、优化招商引资、出台产业政策、盘活存量空间等方面，进一步提升发展水平，提高地均、人均产出。要借助航天一院、航天三院等优势产业集群的溢出效应，更好地发挥园区高科技企业的辐射带动作用。丽泽金融商务区今年工作的重点是做好招商工作，引入优质的、有税收贡献的、有发展潜力的企业和机构。首都商务新区要进一步完善规划，做好疏解、腾退、拆违、绿化等各项前期工作。要多到其他兄弟区去学习，认真学习借鉴西城区的金融产业、海淀区的科技创新产业、朝阳区的国际商务产业等成功经验。

第五，民生保障要上台阶。

习近平总书记在十九大报告中，把坚持以人民为中心，作为新时代坚持和发展中国特色社会主义的重要内容，提出要提高保障和改善民生水平，使人民获得感、幸福感、安全感更加充实、更有保障、更可持续。

对于区委区政府来说，就是要把让人民过上好日子，作为一切工作的出发点和落脚点，围绕“七有”要求和人民群众“五性”需求，从小处着眼，多做暖民心的工作，抓住群众最关心最直接最现实的利益问题，尽心尽力为群众办实事、办好事、办好身边的事，不断满足人民群众日益增长的美好生活需要。

第六，基层基础工作要上台阶。

在基层党组织建设方面，要以这次社区村“两委”换届为契机，注重建强带头人队伍，有针对性地开展全员轮训，社区村党组织书记每年至少参加一次区级以上集中培训，提升政治素养和履职能力。要以党支部规范化建设为抓手，认真落实《中国共产党支部工作条例（试行）》，更好地发挥党支部教育、管理、监督党员，以及宣传、凝聚、影响群众的作用。在服务中心工作上，要坚持以基层党建引领基层治理，围绕疏整促、民生保障等重点工作，更好发挥基层党组织攻坚克难的战斗堡垒作用，更好解决服务群众“最后一公里”问题。

在基础设施建设方面，要抓住新一轮城南行动计划的机遇，对照中心城区标准，积极争取市级支持，加大区级财政投入力度，加快推进城市路网、市政管线、水厂、电站等基础设施建设，增强城市运行和群众生活的服务保障能力。

第七，干部队伍的能力素质和精神状态要上台阶。

丰台区工作要上台阶，对干部的综合能力、专业素养提出了更高要求。疏整促、环境建设、城市管理等方面工作，需要熟悉基层情况、需要善于做群众工作、需要善于谋发展的基层干部；中关村丰台园、丽泽金融商务区、首都商务新区等重点功能区的规划建设发展，需要大批在规划、经济、科技、管理等领域有专长的专业型干部。大家要时刻保持本领不够的危机感，紧跟时代步伐，加强学习，提升能力，成为各自领域、各自工作岗位上的行家里手。

做好当前各项工作，顺利实现上台阶的目标，还需要大家进一步提振干事创业的精气神。在2019年工作中，大家要再接再厉，继续发扬担当作为、攻坚克难的优良作风，以坚如磐石的信心、只争朝夕的劲头、坚韧不拔的毅力，一步一个脚印地推动丰台区各项工作上台阶。

这里要再讲一下信心和耐心。这次全会以后，大家都增强了信心，除了信心，还要有耐心。一个人的成长、一个地区的发展，信心容易树立，但是保持耐心却不容易。大家要有长远的眼光，处理好信心、耐心和恒心的关系，摒弃急躁冒进情绪，做好长期奋斗、吃苦耐劳的思想准备，持之以恒推进各项工作。

二、统筹做好岁末年初各项工作

要关心困难群众生产生活，落实好各项帮扶措施，精心组织开展走访慰问、送温暖等活动，深入走访慰问生活困难党员、老党员、老干部和老战士。做好拖欠农民工工资问题的专项整治，让农民工能够及时足额拿到工资，政府部门的工程项目首先不能拖欠。

要保障市场供应和城市运行，确保水电气热等城市“生命线”安全有效运行。深入开展社会矛盾纠纷排查化解，强化社会面整体防控。严格落实安全生产责任制，做好火灾防控、烟花爆竹安全管理等各项工作。

要严格执行中央八项规定精神，加强监

督检查和通报曝光，确保节日期间风清气正。认真做好值守应急工作，严格落实领导干部在岗带班和外出报备制度。

要继续推进扫黑除恶专项斗争，各乡镇街道党（工）委要落实主体责任，党（工）委书记要逐一约谈村书记、社区书记，督促基层党员干部提高思想认识，做好自查自纠相关工作，严防黑恶苗头滋生。

党员干部要做好密切联系群众工作，特别是对于重点项目、重点工程，要充分发扬民主，尽可能地一家一户去听取意见。不能以少数人代表多数人，只征求村民代表、居民代表的意见。

同志们，做好2019年工作，任务艰巨，责任重大。让我们更加紧密团结在以习近平同志为核心的党中央周围，在市委市政府的坚强领导下，拼搏进取，团结奋斗，推动丰台区各项事业上台阶，谱写新时代中心城区的新篇章。

北京市丰台区人民政府工作报告

——在丰台区第十六届人民代表大会第六次会议上

2019年1月9日

丰台区区长 王力军

各位代表：

现在，我代表丰台区人民政府向大会报告工作，请予审议，并请区政协各位委员提出意见。

2018年政府工作回顾

过去的一年，在市委市政府和区委的坚强领导下，在区人大及其常委会和区政协的监督支持下，我们坚持以习近平新时代中国特色社会主义思想为指导，深入贯彻党的十九大和十九届二中、三中全会精神，深入贯彻习近平总书记对北京重要讲话精神，坚持稳中求进工作总基调，紧紧围绕首都“四个中心”功能建设、提高“四个服务”水平，认真贯彻落实北京城市总体规划，更好地服务保障首都功能，落实城市南部地区加快发展行动计划，统筹改革发展稳定各项工作。全区上下凝心聚力、开拓奋进，顺利推进“十三五”规划各项任务，取得了一批引领未来的开创性成果，破解了一批制约发展的难题，办成了一批惠及广大群众的民生实事，圆满完成了区十六届人大四次会议确定的各项目标任务。

全年预计实现地区生产总值1550亿元，增长6.5%左右；一般公共预算收入121.6亿元，增长7.5%；居民人均可支配收入增长7.5%左右，高于经济增速；万元地区生产总值能耗、水耗分别下降3.8%、8.5%；细颗粒物年均浓度下降到53微克/立方米；城乡建设用地减量3平方公里。

一年来，我们主要做了以下几方面工作：

（一）高站位细谋划，北京城市总体规划得到深入落实

分区规划取得阶段性成果。高标准编制分区规划草案，提出区域发展新目标和“一轴、两带、四区、多点”空间格局。开展海绵城市建设等22个专项规划研究，为控制性详细规划编制提供了依据。发布实施《丰台区城乡街巷设计导则》，为进一步加强精细化管理奠定了基础。

重点区域规划实现新突破。开展南中轴及南苑－大红门地区规划设计国际方案征集和综合工作，确定以文化、国际交往和国际商务为主的功能定位，提出“北城南苑”的空间布局。对标国际新兴金融功能区，优化提升丽泽金融商务区规划。启动卢沟桥国家文化公园规划研究。编制完成西山－永定河文化带丰台区五年行动计划。

（二）抓重点破难题，疏解整治促提升成效显著

专项行动任务全面完成。疏解提升区域性市场26家，退出一般制造业企业33家，拆除违法建设221万平方米，整治群租房1662处、“开墙打洞”1213处，治理地下空间162处。市级考核的18项任务中，5项完成量居全市第一。

南苑－大红门地区疏解整治促提升取得历史性突破。原45家上账市场拆除关停率由73%提升到82%，存续多年、摊位最多的大红门早市正式关停。拆除区域内违法建设76万平方米，清理“住改商”650处，整治仓储、物流点位87处。与河北沧州等地对接协作，成立北京丰台－沧州大红门市场服务中心，帮助1.6万商户“二次创业”，推动大红门品牌京外发展。

疏解腾退空间利用取得新成效。南苑森林湿地公园共拆除地上物113万平方米，腾退土地2500亩，累计实现绿化9700亩。全区实现留白增绿50.4公顷，完成新一轮百万亩造林目标任务。建成嘉囿城市休闲公园等群众家门口公园30个。党群活动中心、智能微仓储等地下空间利用形式得到居民认可。新建规范便民商业网点133个，“五分钟便民蔬菜零售网络体系”覆盖率达到80%，镇国寺北街成为中心城区首个生活性服务业示范街区。利用二七机车厂疏解腾退的老厂区，建设国家冰雪运动训练科研基地。

（三）重创新增动能，区域经济发展跨入新阶段

高精尖经济结构更加优化。科技、金融、信息、商务等服务业对经济增长贡献率达到70%以上。国家高新技术企业保有量超过1500家，增幅18%以上。技术合同成交额835亿元，增长18.5%。专利申请量9094件，增长2.6%。境内外上市企业31家、新三板挂牌企业68家。

丽泽金融商务区发展全面提速。管理体制进一步优化，产业发展、招商服务政策不断完善。预计全年留区税收增长60%。积极探索精准供地模式，中国证券机构间报价系统股份有限公司等优质金融机构落地丽泽。确定新机场城市航站楼选址。累计开复工面积282万平方米，结构封顶220万平方米，实现44万平方米空间投入使用。

中关村丰台科技园发展态势良好。新增国家级企业技术中心1家，科技孵化协同创新中心4家，院士专家工作站3家。新引进“高精尖”及规模以上企业101家。全年预计实现总收入5500亿元，增长8%；留区税收36.3亿元，增长10%；地均、劳均产出率分别居中关村示范区第二、第三位。两大千亿级产业集群优势更加突出，轨道交通产业收入占全园总量近1/3，军民融合产业收入增长超过20%。

营商环境明显改善。大力推进“放管服”改革，出台优化营商环境二十条措施。率先在全市实施微信办照和新设企业免费刻章。施工许可审批时限由15个自然日压缩至5个工作日。行政审批事项全部实现“一网通办”，62个高频事项办理“最多跑一次”。企业不动产登记“一窗办理”做法获得国务院通报表扬。建立重点企业“服务包”制度和定期沟通走访机制，帮助企业解决办公空间、人才引进、证照办理等方面的难题。成立总规模40亿元的丰台产业发展基金。全年新引进注册资本金5000万以上企业399家，增长24%。

（四）高标准严要求，城市环境面貌呈现新变化

生态环境保护持续加强。大气优良天数较上年增加24天，空气质量改善率14.5%。运用大数据进行精准管控，新增513个空气质量监测点和52个粗颗粒物监控点。加大对重型车执法处罚力度，全年检查12.65万辆，处罚1.26万辆，处罚量是上年的8倍。加大扬尘管控，治理裸地1664万平方米。落实“河长制”，推广“当班河长”模式，发现并解决水环境问题530余起。加大水事违法案件查处力度，立案179起，是上年的1.4倍。基本完成牤牛河等9条河道截污治污工程以及马草河、小清河水生态修复。市级黑臭水体全部完成治理，国家级和市级考核断面水质持续达标。

下非常之功整治环境。落实党建引领“街乡吹哨、部门报到”机制，街乡镇全部建立实体化综合执法平台。建立区政府每周调度、明察暗访、现场拉练、微信曝光、实时督办等机制，打通抓落实的“最后一公里”。创建精品示范大街30条，整治提升背街小巷66条，拆除违规牌匾1503块，改造升级公厕60座，城市街巷面貌明显改善。全年共办理群众热线诉求12.9万件，投诉总量较上年下降0.8万件，实现由增到减的拐点，我区环境建设考评全市排名大幅提升。

城乡协调发展扎实推进。优化完善绿化隔离地区规划和实施方案，推进卢沟桥乡分组团规划调整，编制完成花乡中部组团方案。全年完成供地123公顷，南苑乡成寿寺项目成为全市首个开工建设的集体土地租赁住房项目。编制完成西王佐等3个村“美丽乡村”规划和实施方案。河西地区纳入市自来水集团供水保障体系，河西第三水厂加快建设，河西再生水厂二期完成主体工程，群众用水条件将加快改善。持续推进浅山区违法占地违规建设专项治理，大棚类设施农业项目全部落实整改。

（五）惠民生保稳定，群众更好共享发展成果

社会保障更加有力。城镇新增就业4.3万人，城镇登记失业率1.44%。城乡居民基础养老金人均增长14%。持续推进空巢独居老年人“连心通”工作，累计发放腕表1.3万块、服务5.2万人次。开展由政府购买服务、为失能失智老人照料者提供“喘息服务”的试点工作。棚户区改造搬迁9529户，保障房新开工7400余套、竣工约1.2万套。老旧小区生活条件逐步改善，5个小区实施综合整治，4个小区加装电梯134部，7个小区改造供热管线46公里。

公共服务水平持续提升。扩大优质教育资源供给，新增学位4610个。实施第三期学前教育行动计划，新增及转化普惠性学前学位4092个。校外培训机构治理工作得到教育部通报表扬。整合优质医疗资源，累计布局各类型医联体14个。天坛医院实现整体搬迁并开诊运行，北京口腔医院完成选址和地上物拆迁，丰台医院启动提质改建。推广社区卫生“智慧家医”模式，基层医疗服务能力不断提升。顺利通过首都文明示范区测评复检。成功举办“2018中国戏曲文化周”，开展各类文化惠民活动5345场。新增实体书店5家、文体活动场所161个。举办第七届全民运动会等体育活动230余场，开展第三届欢乐冰雪季系列活动250余场，营造了喜迎冬奥的氛围。

出行环境显著改善。加强北京南站地区综合治理，乘车难、打车难、交通拥堵等问题得到有效缓解。轨道交通加快发展，地铁8号线三期开通运营，区域内已通车轨道交通累计达到10条、49个站点、76.5公里。城市路网不断完善，5条道路建成通车，5条道路完成大修改造，10项交通疏堵工程完成施工。新开和优化调整公交线路40条，规范和新增停车位7200个。

社会保持安全稳定。严格落实安全生产责任制，扎实开展城市安全隐患治理三年行动，拆除彩钢板房82万平方米，完成111文化产业园重大安全隐患整治。新建小型消防站11座。完成4584家单位“阳光餐饮”建设，重点食品、药品抽检合格率分别达到98.6%、99.6%。积极推进互联网金融风险专项整治。加强应急值守，防汛工作经受住强降雨考验。采取果断措施，有效防控非洲猪瘟。畅通信访渠道，初信初访办结率达到100%。深入推进平安丰台建设，开展扫黑除恶专项斗争，大力推进“雪亮工程”，刑事、治安警情实现双下降，群众安全感明显提升。

精准扶贫脱贫深度发力。投入帮扶资金共计1.35亿元，助力1.3万人实现脱贫。

实施产业扶贫项目17个。21个街乡镇与受援地区乡镇开展结对帮扶，动员百余家企业与54个贫困村签署帮扶协议。结对帮扶的林西县成为内蒙古第一个脱贫的国家级贫困县。与房山区签署结对协议，在生态涵养区建设方面开展合作，帮助安置劳动力2100人。

（六）转作风提效能，政府自身建设不断加强

牢固树立“四个意识”，坚决做到“两个维护”，落实政府系统全面从严治党责任。修订《区政府党组工作规则》《区政府工作规则》，强化科学决策，狠抓工作落实。坚持依法行政，认真学习、遵守宪法和各项法律法规，切实贯彻监察法。有序推进社区居委会和村委会换届选举工作。全面推进政务公开，自觉接受人大、政协和社会监督，办理市区两级人大代表和政协委员的建议、提案400件，办结率100%。加强审计监督，深入推进农村专项审计整改。强化党风廉政建设，严格落实中央八项规定精神，加大“四不两直”调研检查力度，坚决防止“四风”问题反弹。

一年来，我们圆满完成了中非合作论坛北京峰会、纪念全民族抗战爆发81周年等重大活动的服务保障。配合做好部队停止有偿服务工作。认真做好民族宗教、外事侨务、对台、工商联、文联、科协等工作，工会、青少年、妇女儿童、残疾人保护、红十字会等事业取得新发展。

各位代表，一年来的变化有目共睹，一年来的进步实属不易。这是市委市政府坚强领导的结果，是区委带领全区人民团结奋斗的结果，是区人大、区政协监督支持的结果。在此，我代表丰台区人民政府，向全区人民，向各位人大代表、政协委员，向各民主党派、各人民团体和各界人士，向驻区单位、驻区部队，表示崇高的敬意和衷心的感谢！

在看到成绩的同时，我们也清醒地认识到，丰台经济社会发展中还存在一些短板：一是经济总量与人均财力在中心城区相对较弱，第三产业内部结构不尽合理，外资利用率不高；二是基础设施和公共服务供给不足、配置不均，还不能有效满足群众对美好生活的新期待；三是环境面貌与优美亮丽的标准还有一定差距，城市精治共治法治水平仍需提高；四是个别干部作风不实，工作落实中推着干、绕着走现象仍然存在。针对以上问题，我们决不回避、决不遮掩，将采取有力措施加以解决。

2019年工作安排

2019年是中华人民共和国成立70周年，是决胜全面建成小康社会第一个百年奋斗目标的关键之年，伴随着中国特色社会主义进入新时代，丰台发展越来越同首都发展紧密地联系在一起。

当前，经济面临下行压力。丰台区正处于发展的关键时期，面临的情况更复杂、任务更重、难度更大。在面临挑战的同时我们更要看到前所未有的机遇：一是新版总规赋予的功能定位和分区规划确定的发展目标，将成为引领发展的强大动力。特别是南中轴承载着完善首都城市格局、引领南部地区发展、提升首都服务保障功能的重要使命。二是随着城市南部地区加快发展行动计划落地实施，丰台作为支撑首都南北均衡发展的重要区域，将承载更多首都功能，生态环境、基础设施和公共服务水平将得到大幅提升。三是区位优势更加凸显，丽泽金融商务区、中关村丰台科技园发展空间加速释放，首都商务新区、卢沟桥国家文化公园将形成新的承载空间。四是营商环境不断优化，丰台的竞争力和吸引力将持续增强。更重要的是，我们锻造了一支团结奋进、担当作为的干部队伍，精神面貌焕然一新，干事创业热情高涨。时来易失，赴机在速，面对这些重要战略机遇，我们要坚定信心，保持耐心，乘势

而上，一张蓝图绘到底！

按照市委市政府的工作要求和区委的部署，今年政府工作的总体思路是：坚持以习近平新时代中国特色社会主义思想为指导，深入贯彻党的十九大和十九届二中、三中全会精神，深入贯彻习近平总书记对北京重要讲话精神，全面落实中央经济工作会议、市委十二届七次全会精神和区委十二届八次全会要求，坚持稳中求进工作总基调，坚持新发展理念，加强“四个中心”功能建设、提高“四个服务”水平，抓好“三件大事”，打好三大攻坚战，统筹做好改革发展稳定和改善民生各项工作，不断把全面从严治党引向深入，推进丰台区各项工作上台阶，以优异成绩迎接中华人民共和国成立70周年。

全区经济社会发展的主要预期目标是：地区生产总值增长6%－6.5%，一般公共预算收入增长5%左右，城镇登记失业率控制在3%以内，居民人均可支配收入增速与经济增速同步，万元地区生产总值能耗、水耗达到市级要求，生态环境进一步改善。

今年将重点抓好以下几方面的工作：

（一）更加注重减量发展，进一步落实好北京城市总体规划

严格执行分区规划。坚持减量发展要求，按照分区规划确定的空间布局、发展目标，编制完成全区控制性详细规划。落实用地规模、建筑规模管控要求，全年实现建设用地减量4平方公里。严格执行用地和建筑规模增减挂钩，抓好腾退空间利用，稳步推进建设用地供应。严格规划刚性约束，加强监督考核问责，坚决维护总规的严肃性、权威性。

高质量规划建设南中轴及南苑－大红门地区。加快编制街区、地块层面控制性详细规划和城市设计导则，启动交通和市政基础设施建设。按照“北城南苑”的空间格局，规划建设好首都商务新区，深化南苑森林湿地公园方案设计，探索开发运营模式，新增、改造、提升绿地1500亩。

统筹推进城乡融合发展。加强城乡要素的区级统筹，严格农村集体土地、房屋管理，打破村自为营的产业发展现状，将产业建设指标向重点功能区配置，实现产业用地集约利用，促进集体经济优质发展。强化以规划实施单元为主的统筹推进机制，变项目平衡为区域统筹。加大城乡结合部改造力度，腾退建筑面积65.5万平方米，实现规划绿地82.6公顷。加快“美丽乡村”建设，实施16个村庄人居环境整治。

（二）更加注重优化提升，把“疏解整治促提升”作为解决丰台发展问题的金钥匙

纵深推进疏解整治促提升专项行动。拆除违法建设不少于213万平方米，创建3个基本无违法建设街道（乡镇），打造21个基本无违法建设社区（村）。完成3家市场疏解提升工作，退出一般制造业企业15家。完成无证无照经营、“开墙打洞”整治全部存量任务。实现“散乱污”企业、群租房、无证餐饮、违规地下空间动态清零。持续深化南苑－大红门地区疏解整治促提升工作，严控新增，严管存量，依法依规拆除违法建设，持续开展大货车路侧交易、“住改商”及仓储物流专项整治。研究大红门地区产业发展方向和支持政策。继续做好外迁商户服务。

抓好疏解腾退空间统筹利用。围绕改善生态环境、提升城市品质，完善公共服务设施，让群众有更多获得感。实施新一轮百万亩造林绿化3117亩，留白增绿58.5公顷。建成各类公园30个，打造群众身边的绿色休闲空间。继续开展市级生活性服务业示范街区创建工作，实现“五分钟便民蔬菜零售网络体系”全覆盖，新建基本便民商业网点80个，让群众在家门口、于细微处感受到生活便利。利用疏解腾退空间建设区级政务服务中心，不断完善街乡镇服务大厅规范化建设，增加群众办事的便利性。

（三）更加注重改革创新，推动经济高质量发展

努力将丽泽金融商务区打造成为重要经济增长点。高标准开展招商引资工作，积极引进持牌金融机构，推动国家级、市级、外资重大金融项目落地。优化深化控制性详细规划和城市设计导则。实现丽泽 SOHO 等 8 个项目竣工或投入使用，加快国家金融信息大厦、中国证券大厦等 7 个项目建设。做好市政道路、地下交通环廊、变电站等基础设施建设，推动 2700 亩景观绿化提升工程。加快北区征地拆迁工作。推进丽泽金融商务区与金融街一体化发展。

高水平办好中关村丰台科技园。优化发展模式，鼓励企业深度参与园区建设，探索建立园区共建共治共享的扁平化管理机制。优化园区整体规划，盘活土地存量，完善文化生活和商务服务配套设施，实现高效集约利用，提升园区宜商、宜业的环境品质。聚焦轨道交通和军民融合两大优势产业，制定支持高精尖产业和科技创新的特色政策，推动产业链高端环节集聚发展。全年实现总收入增长 8%，留区税收增长 7.5%。

持续优化营商环境。对标市级营商环境考评体系，认真执行优化营商环境二十条措施。提升政务服务水平，建设网上政务服务大厅，实现施工许可证网上审批、即时办理，推进工商税务登记、迁移手续一体化办理，进一步缩短办理时限。全面推开“证照分离”改革，稳步扩大“一区一照”登记试点范围。加大重点企业服务力度，完善“企业家早餐会”“企业服务管家”等沟通交流机制，为企业量身定制“服务包”。坚定不移支持民营企业发展，执行好减税降费政策，解决好办公空间、金融服务、人才吸引等实际问题。深化国资国企改革，组建丰台区发展投资有限公司，发挥国有资本引导作用，整合社会资本，推动区域经济发展。

（四）更加注重城市南部地区加快发展行动计划带动作用，提升服务首都功能水平

推进交通枢纽建设。推动丽泽城市航站楼规划建设。加快地铁新机场线、新机场快速路等新机场配套基础设施建设，做好征地拆迁，保障地铁新机场线一期开通运营。推进丰台火车站建设，启动周边道路改扩建工程。做好北京南站、北京西站地区综合治理，对北京南站及周边实施景观和亮化提升工程。

加快基础设施建设。协调推进地铁 16 号线、房山线北延、19 号线一期建设。开工建设万寿路南延等 8 条道路。完成角门北路等 10 条道路大修和 5 项交通疏堵工程。实现河西再生水厂二期投入运营、河西第三水厂主体工程完工，推进河西第二水厂建设。实现渗沥液处理厂二期主体工程完工。

积极做好冬奥服务保障。加强与冬奥组委工作对接。保障国家冰雪运动训练科研基地按期投入使用，启动二七机车厂东路等周边道路环境整治工程，开展九子河东路一期等道路建设，提升周边基础设施和配套服务。

（五）更加注重精细化治理，持续推动城市品质提升

不断改善生态环境。打好蓝天保卫战，完善大气环境监管体系。完成年度主要污染物总量减排目标，对重型柴油车密集点位开展全时执法监管，重拳整治扬尘和裸地，专项治理挥发性有机物，推进餐饮企业油烟净化设施升级改造，持续改善空气质量。打好碧水攻坚战，严格落实“河长制”，继续推进河道截污、治污工程，加强对重点排污企业监管，启动河道美化亮化工程，实施永定河丰台段生态修复。

巩固环境建设良好态势。针对违法建设、老旧小区管理等热点问题，持续发挥城市管理微信曝光群作用，提升解决问题的能力。整治 50 条背街小巷，建成 5 条精品示范街。规范停车管理，完成 57 条道路路侧停车电子化收费设施安装。加强新机场快速

路、南中轴沿线等重点地区环境建设，做好航天一院、航天三院等重点企业周边环境综合治理。加大垃圾分类力度，生活垃圾分类示范片区覆盖率达到60%。持续推进厕所革命，全面消除公共旱厕。

加强和创新社会治理。继续深化“街乡吹哨、部门报到”改革，完善基层治理机制，提升为民服务的能力和水平。加快信息化管理平台建设，推动城市管理领域大数据应用。及时回应群众诉求、媒体曝光和市民服务热线反映的问题，建立健全督查落实反馈机制，切实做到闻风而动、接诉即办，民有所呼、我有所应。继续加强区街两级社会组织孵化培育，建立区级社会组织库，扶持不少于40个社会组织服务项目、100个社区志愿服务组织。完成居委会、村委会换届选举工作。

（六）更加注重把文化融入城市发展，汇聚推动发展的强大精神力量

加强社会主义核心价值观建设。利用丰富的红色文化资源，开展主题教育、系列展览和文化活动，大力传承红色文化。继续开展好“北京榜样·最美丰台人”“身边好人”等群众性精神文明创建活动，推动核心价值观融入市民日常生活。巩固首都文明示范区创建成果。做好全国双拥模范城“七连冠”争创工作。

促进历史文化与城市建设相融合。统筹规划建设卢沟桥国家文化公园，按照北京市西山永定河文化带保护发展规划要求，以“一核、三区”为主要框架，推动规划设计。做好卢沟桥－宛平城重点文物保护区腾退和修缮，开展宛平城综合整治，推进长辛店老镇有机更新，妥善保护、合理利用二七机车厂工业遗产，依托园博园办好“2019中国戏曲文化周”。推进金中都－莲花池遗址保护利用，开展金中都城墙遗迹本体保护，实施莲花池公园改造提升。深入挖掘南中轴地区历史文化内涵，结合南苑森林湿地公园建设，推进生态涵养功能恢复，打造“南苑秋风”历史文化景观。

提高文化服务品质。做好文化馆、图书馆等文化设施规划。完善基层文化设施配套，建设4个基层文化活动中心。实施文化惠民工程，广泛开展各级各类文化活动不少于1600场次。继续开展第四届欢乐冰雪季、冰雪大篷车进基层等活动，营造迎冬奥良好氛围。

（七）更加注重增进民生福祉，提升人民群众获得感、幸福感、安全感

提升社会保障水平。把就业放在突出位置，加强公益性岗位储备，抓好重点群体精准就业帮扶，实现城镇新增就业2.7万人。落实国家、市级政策，及时为各类人员调整社保待遇。加快养老服务设施建设，开工建设3家照料中心、15家社区服务驿站。深化居家和社区养老服务改革试点工作，继续推进“连心通”工程和“喘息服务”工作，不断完善养老服务体系。

提升区域教育水平。落实教育优先战略，继续加大教育投入，完善教师待遇保障机制，提升教育质量。加快北师大实验中学丰台学校、北大附小丰台学校、北京十一学校中堂实验学校、北京教育学院丰台分院附属实验学校的建设，有效增加教育供给。发挥优质教育资源的辐射带动作用，确保中小学优质学位占比达到76%，新增优质普惠性学前学位1700个。

提升卫生健康水平。服务保障好北京口腔医院迁建，加快推进丰台医院提质改建。扎实推进分级诊疗制度建设，充分利用天坛医院优质医疗和学科资源，推动紧密型区域医联体建设。全面推进社区“智慧家医”工作，在全区社区卫生服务机构组建450个家庭医生团队，落实家庭医生签约服务。

提升住房保障水平。开工建设各类保障性住房5000套，竣工6000套。加快推进共有产权住房和集体土地租赁住房项目建设。

实施7个老旧小区综合整治。为老旧楼房加装电梯40部。

全力维护社会和谐稳定。围绕庆祝中华人民共和国成立70周年等重大活动，做好安保维稳和服务保障工作。完善安全生产责任体系，深入开展城市安全隐患治理三年行动，继续推进彩钢板房清拆工作，加强城乡结合部消防隐患整治。加大对建筑施工、交通运输、食品药品等重点领域的隐患排查治理力度，持续压减各类事故。完善应急体系建设，确保城市运行平稳有序。全面落实粮食安全责任制。加大金融领域风险防控。加强重大决策社会稳定风险评估，完善矛盾纠纷多元调解机制，落实信访工作责任制。严格落实反恐、防恐措施，纵深推进扫黑除恶专项斗争，依法严厉打击各类违法犯罪活动。深入实施“雪亮工程”，巩固立体化、信息化社会治安防控体系，不断增强群众安全感。

继续做好扶贫协作和支援合作工作。聚焦精准扶贫、精准脱贫，推动帮扶重心向受援地区贫困村下沉。继续发挥我区农副产品全产业链帮扶优势，助力贫困人口增收，不断提升帮扶成效。继续做好与房山区在生态涵养区建设方面的结对协作。

（八）更加注重能力建设，打造人民满意政府

强化政治建设。坚持党的领导，不断提高政治站位，牢固树立“四个意识”，坚定“四个自信”，坚决做到“两个维护”。发挥区政府党组示范作用，带头严守政治纪律和政治规矩，坚决贯彻党中央国务院、市委市政府和区委各项决策部署，确保政令畅通、令行禁止。平稳有序、规范高效推动政府系统机构改革。

加强法治建设。全面推行依法行政，认真执行区人大及其常委会的决议和决定，落实重大决策出台前向区人大常委会报告制度，支持监察机关依法独立行使监察权。进一步推进政务公开全清单管理，扩大政务开放日活动覆盖面，增进公众对政府工作的认同和支持。

提高效能建设。组织干部学习新知识和先进经验，拓宽视野，克服本领恐慌和能力不足问题，增强履职本领。加强预算管理，做好成本控制，提升财政效能。统筹规范督查检查考核工作，强化审计监督，健全政府规范高效运行机制。

深化作风建设。持之以恒落实中央八项规定精神，驰而不息整治“四风”。大力精简各种报表、会议，让基层干部有更多时间跟群众在一起。坚决纠正不作为、乱作为、慢作为。贯彻执行新修订的公务员法，关心关爱干部，进一步激励广大干部担当作为，用干部的辛苦换取群众的幸福。

各位代表，伟大梦想不是等得来、喊得来的，而是拼出来、干出来的，丰台发展怎么样，就看我们怎么干！让我们更加紧密地团结在以习近平同志为核心的党中央周围，以习近平新时代中国特色社会主义思想为指导，在市委市政府和区委的坚强领导下，担当作为，团结奋斗，推动丰台区各项事业上台阶，以优异成绩迎接中华人民共和国成立70周年！

丰台区人民代表大会常务委员会工作报告

——在丰台区第十六届人民代表大会第六次会议上

2019 年 1 月 10 日

丰台区人大常委会主任　李昌安

各位代表：

我受丰台区第十六届人民代表大会常务委员会委托，向大会报告工作，请予审议。

2018 年主要工作回顾

2018 年是改革开放 40 周年，区人大及其常委会坚持以习近平新时代中国特色社会主义思想为指引，深入学习贯彻党的十九大精神，认真落实市区委决策部署，紧紧围绕中心工作，强作风，促监督，充分履行宪法法律赋予的职责，圆满完成了区第十六届人民代表大会第四次会议确定的各项目标任务，为推动我区经济社会发展和民主法治建设提供了有力保障。

一年来，共组织召开人民代表大会 2 次；召开常委会会议 8 次，听取和审议专项报告 40 项；作出决议、决定 13 项；任免国家机关工作人员 124 人次；召开主任会议 11 次，研究议题 45 项，听取专项工作报告 5 项；配合立法调研 8 项；开展执法检查 2 项、专题询问 2 项、实地视察检查和座谈研讨 70 余次；规范性文件备案审查工作有序开展。

一、坚持党的领导，坚定正确的政治方向

常委会把坚持和依靠党的领导作为人大工作的根本原则，不断提高政治站位和政治能力，当好区委重大决策部署有效落实的实践者、推动者和保障者。

自觉践行“两个维护”。坚持把学习贯彻党的十九大精神作为贯穿全年工作的主线，深入学习研究，主动贯彻落实，努力把思想和行动统一到习近平新时代中国特色社会主义思想上，统一到党的十九大精神上，增强“四个意识”，坚定“四个自信”，做到思想上深刻认同、行动上坚定遵循。严格执行党的政治纪律和政治规矩，坚决维护习近平总书记的核心地位，坚决维护党中央权威和集中统一领导，确保了人大工作沿着正确政治方向健康发展。

坚决贯彻区委部署。常委会党组主动维护区委“总揽全局、协调各方”的作用，严格执行请示报告制度，主动将人大工作中的重大问题、重大事项、重大活动向区委请示报告，认真落实区委决策部署，做到重大决定体现区委意图、人事任免体现党管干部原则、监督重点紧贴全区中心任务，确保了人大工作始终在区委领导下推进。一年来，常委会党的建设、工作要点、讨论决定重大事项等规定事项向区委请示报告 23 件次。

充分发挥党组作用。大力加强党组自身建设，认真履行政治领导责任，充分发挥把方向、管大局、促落实的重要作用，认真贯彻落实新时代全面从严治党的新要求，着力把党的建设贯穿人大工作始终。加强党建工作，创新了“理论、网络、实践、廉政”四个课堂机制，推进了党组的政治、思想、组织、作风、纪律建设，把全面从严治党不断

引向深入，在加强党的建设中提高了人大工作的质量和成效。一年来，共召开党组（扩大）会18次，研究议题65项，其中专题研究党建工作27项。

二、聚焦改革创新，助推区域发展

常委会紧紧围绕全区改革聚焦发力，服务中心，突出重点，顺应民意，在助力发展大局中体现担当作为。

聚焦重大事项决定。认真贯彻中央和市委文件精神，制定出台《丰台区人民代表大会常务委员会讨论、决定重大事项的规定》，明确工作范围，理顺工作关系，完善工作程序，提高决策科学化、民主化、法治化水平。围绕全区发展的重大问题和人民群众普遍关心的突出问题，听取和审议区政府关于2018年民生实事项目、地方政府债务限额及区级预算调整方案报告，并依法作出决议；听取和审议区政府关于“十三五”规划纲要实施情况中期评估的报告，就部分指标调整方案作出决议，确保区委意图、法治目标、人民期盼有机统一。一年来，讨论决定重大事项3项。

聚焦区域发展规划。准确把握丰台功能定位内涵，密切关注北京城市总体规划实施和分区规划编制，将区十六届人大四次会议上12个代表团提出的13件城市规划议案，合并设立“科学合理编制分区规划，切实推动新版总规落地”议案，采取参观培训、座谈交流、实地调研等方式，开展督办活动8次，参加代表145人次，广泛征求意见建议103条。常委会听取和审议区政府关于议案办理情况的报告及《丰台区分区规划（2017－2035）（草案）》，听取区政府关于城市南部地区三年行动计划分时段落实情况报告，提出要多规合一、城乡统筹、跨区域协同发展等方面的意见建议，为加快构建新时期“一轴、两带、四区、多点”的区域空间布局，凝聚了智慧和力量。

聚焦监察体制改革。推动监察体制改革不断深化，探索常委会对区监察委员会的监督方式、内容和相关机制，听取区监察委员会关于学习贯彻《中华人民共和国监察法》工作情况的报告，区监察委员会列席常委会会议形成制度，研究区监察委员会“重大事项报告、信访案件处理、参与人大执法检查、规范性文件备案审查”工作机制，推动了人大监督从理论走向实践。

聚焦城乡统筹发展。围绕落实城市总体规划“以城带乡、城乡一体、协调发展”的要求，常委会听取和审议区政府关于丰台区城乡一体化建设情况的报告，主任会议听取区政府关于美丽乡村建设情况报告，提出要“坚持以人为本，推动统筹方案落实；发展集体经济，做强有力保障”的建议，督促有关部门推动“绿化隔离”地区、美丽乡村、新型农村社区建设、重点村和棚户区改造等工作落实。加强防范金融风险监督，对全区64个行政村债务情况进行全面摸排，提出了防控债务风险的意见建议，为全面实施乡村振兴战略奠定了基础。

三、增强监督实效，狠抓工作落实

常委会主动适应新时代新要求新变化，延伸监督触角，拓展监督渠道，抓创新，求实效。

围绕经济运行细化监督。为确保区域经济发展目标和重大任务顺利完成，常委会听取和审议国民经济和社会发展计划执行情况及计划草案、预算执行情况及预算草案等报告，审查和批准决算，听取和审议审计工作和审计整改情况报告。优化调整预算联网平台，全面对接“丰台财政管理系统”，开通人大监督模块，对财政政策制度、预算支出进度、重点支出和重大投资项目预算执行以及政府债务情况开展实时监督。严格落实《北京市丰台区预算审查监督办法》，明确区政府报告事项的内容和时限；坚持区域经济形势季度分析机制，定期进行综合研判；深入财政、审计、金融等有关部门，开展金融风险防范专题调研；借助外脑，聘请专家顾问、中介组织参与预算审查、绩效考核，形成制度、机制、调研、顾问“四个一”工作方法，强化了债务风险的监督，提高了预算监督实效。按照中央、市区委要求，研究代拟了《丰台区委关于建立区政府向区人大常委会报告国有资产管理情况制度的意见》，使人大监督工作进一步拓展和延伸。

围绕服务民生深化监督。常委会始终关注重视民生，到一线开展市容卫生、生态环境和安全稳定督导检查，听取区政府2018年“疏解整治促提升”专项行动实施计划落实情况报告，提出要注重增强群众的获得感，特别是在疏解腾退空间再利用上，加强涉及群众基本生活服务设施建设，多为群众提供绿色空间的建议。围绕学前教育开展专项视察，就区政府扩大优质教育资源提升区域教育水平、落实市安全生产第三督察组反馈意见的整改情况开展专题询问，针对需要解决的问题列出清单，以函件的形式交区政府研究解决。听取区政府关于医药分开综合改革情况报告，提出关于群众咨询、门诊挂号、阳光采购、就医流程、宣传工作等五个方面的意见建议，督促相关部门要加快实施，确保公共服务更多惠及人民群众。

围绕法治建设强化监督。常委会认真贯彻全面依法治区新要求，大力促进依法行政、公正司法。听取区政府关于“七五”普法年度工作推进情况报告，督促政府落实普法责任制，形成全社会共同参与普法宣传的良好氛围。听取和审议区法院关于“多元调解+速裁”工作情况报告，提出要提高解纷效率、促进多元调解专业化、速裁审判规范化和工作流程信息化等意见建议，不断满足人民群众便捷解决纠纷的需要。听取和审议区检察院关于开展公益诉讼工作情况报告，提出要加大宣传力度、加强沟通协调、凝聚公益保护合力等意见建议，为公益诉讼深入开展营造良好的社会环境。对《中华人民共和国基本医疗卫生与健康促进法》《北京市非物质文化遗产条例》等6部法律法规草案和北京市24部涉农地方性法规征求意见建议百余条，使立法更富实效。对《北京市消防条例》和《北京市控制吸烟条例》开展执法检查，推动有关法律法规在本区域深入贯彻实施。对区政府《关于深入推进商标法品牌战略的实施意见》等5件规范性文件进行备案审查。完善人事任免机制，规范了对拟任人员“考试、谈话、见面、报告、表决、任命、宣誓”七环节程序要求；修订完善《丰台区国家工作人员宪法宣誓实施办法》，组织新任命国家机关工作人员宪法宣誓63人次，指导法检两院新任命的43名国家工作人员进行宪法宣誓。健全信访工作接待、登记、会商、研判、批转、调查、督办、结案和汇报制度，制定《丰台区人大常委会聘用律师参与信访工作规则》，为来访群众提供法律咨询。一年来，共受理接待群众来信来访126件次，群众反映的一批问题得到依法处理和妥善解决。

四、突出主体地位，发挥人大代表作用

常委会把代表工作摆在突出位置，激励代表积极履职、主动作为、发挥作用，不断推动代表工作引向深入。

坚持不懈提升代表能力。常委会注重市、区、乡镇三级人大代表上下联动，了解民情，听取民声，反映民意。保障代表知情知政，将学习党的十九大精神、宪法法律、党的大政方针列为每次常委会第一议题，举办代表履职培训班及专题讲座，组织三级代表听取区政府2018年上半年经济社会发展情况的报告，引导代表积极参与丰台改革发展。通过以会代训、专题座谈、就落实北京城市总体规划及编制分区规划到丽泽金融商务区、中关村科技园区丰台园、南中轴及南苑—大红门、南中轴地区概念性规划国际方案征集成果展参观考察等形式，为区域发展建言献策，有效提高了代表履职能力和水平。

一年来，共开展各项代表活动 267 次，参加代表两千人次，走访接待选民上万人次。

创新实践促进代表履职。注重以落实代表联系群众制度为基础，以评选优秀代表、优秀议案建议为措施，构建了常委会统一负责、代表联络部门综合协调、各专委会与代表密切联系、人大街工委和乡镇人大主席团发挥基础作用的新格局。着力强化代表履职管理，制定《市人大丰台团代表报告履职工作方案》，组织代表报告履职情况；开展区代表届中履职报告工作，提高了代表接受选民监督的自觉性和主动性。不断丰富代表履职方式，充分发挥代表专业优势，搭建代表与政府沟通的平台，制定《丰台区人大代表对口监督小组工作制度》，建立了 23 个对口监督小组，104 名代表成为小组监督员，同时对区政府相关部门确立了 38 项监督事项，创新了代表监督实践内容，有效实施了集体监督和科学监督。一年来，代表共收集意见建议 2000 余件，已经解决 1600 余件，33 名代表被评为优秀代表，20 件议案建议被评为优秀议案建议，有效激发了代表履职热情。

从严从实督办代表建议。坚持把代表建议办理作为提高代表履职积极性和为民办实事的重要途径，进一步完善建议督办机制。对重提建议突出集体领导督办，听取专题汇报，从办理资金、时限、方式上打开突破口，推进建议办理力度。对一些涉及全局、影响较大的重点建议，常委会领导牵头督办，五个专门委员会协同参与，同时对承办建议较为集中的单位，采取视察调研、一对一、面对面交流、现场督办、执法检查、专题询问相结合等方式，确保建议领衔代表与承办单位有效沟通，使一些重提多年的建议得到解决。对拟提建议及时与财政部门和建议承办单位有效对接，提前谋划，合理安排。区十六届人大四次会议上及闭会期间提出的 186 件建议全部办结，实现了解决率和满意率双提升。

五、提高履职能力，持续加强自身建设

常委会坚持把自身建设作为基础性、经常性工作来抓，推动新时期人大工作不断发展。

注重思想政治建设。以学习贯彻党的十九大精神为重点，常委会采取主要领导专题授课、邀请专家现场辅导、职能部门答疑解惑、干部集中培训、常态化上党课、机关干部读书活动、理论中心组学习等形式，第一时间学习领会中央、市区委重要会议、重大决策以及重要讲话精神。坚决落实党中央关于深入学习宣传和贯彻实施宪法的有关精神，组织常委会组成人员、人大代表、机关干部细学宪法原文及修正案，读懂弄通宪法要义，不断增强宪法自信。

注重工作作风建设。围绕“强作风、促监督”主要工作内容，组织开展城市总体规划实施、经济运行、法治建设、城乡一体化发展等工作调研 20 余次，形成调研报告 10 余篇。携手北京联合大学共同举办新时代人民代表大会制度的理论与实践创新学术研讨会，实现学术交流和实践体会互融互通。制定常委会重点监督计划，每月督查任务完成情况，确保监督内容落到实处。充分发挥专门委员会特点优势，围绕规划编制实施、预决算审查、医疗教育、美丽乡村建设等 25 个专项，开展视察调研、执法检查和专题询问。采取定期跟踪的方式，督促有关部门做好常委会审议意见的整改落实。

注重机关党的建设。突出党建引领，强化主体责任落实，加强机关总支和支部建设，严格落实党内政治生活若干准则，执行好“三会一课”、组织生活会、党员领导干部参加双重组织生活和谈心谈话等制度。强化“党组统总支、总支抓支部、支部督小组”的党建工作体系，持续巩固“两学一做”学习教育常态化制度化成果，主动接受区纪委、区监察委第一联合派驻纪检监察组的监督。成立党建办公室，全力抓好党建的组织协调、贯彻落实和服务保障。全年共组织开展党员干部教育活动43次。

注重基层人大建设。继续贯彻落实中央、市委关于加强县乡人大工作和建设的意见，着力加强对人大街工委的领导和乡镇人大工作的指导，整体推进街道、乡镇人大工作规范务实、高效有序运行。人大各街工委、代表联组、乡镇人大积极探索闭会期间代表履职有效方式，开展一系列富有成效的特色活动。各街工委、各乡镇人大邀请区检察院走进选区与代表进行座谈，人大新村街工委建立代表为民办实事项目认领机制，人大东高地街工委、航一院代表联组建立代表集体接待选民机制，花乡人大创建三级代表“双层联动”工作模式，长辛店镇人大建立聘用常委会组成人员为特约监督员制度等等，进一步激发了基层人大工作活力。

各位代表：一年的工作实践使我们对人民代表大会制度有了更加深刻的认识。新时代坚持和完善人民代表大会制度，担负起党和人民赋予的神圣使命和职责，必须做到以下几点。

必须把坚持党的领导贯穿于人大工作全过程。常委会自觉把各项工作紧扣在贯彻落实中央、市区委重大决策部署上，厉行法治，严格履行法定职权，做该做能做的事，做有用有效的事，坚持把区委的决策部署转化为全体代表的广泛认同和自觉行动。

必须坚持围绕中心，服务大局。常委会立足北京城市总体规划赋予丰台新的功能定位，把握丰台发展时区，顺应人民群众期盼，围绕区委中心工作，科学确定工作议题，依法支持和监督行政权、监察权、审判权和检察权正确实施。

必须坚持以人民为中心，维护群众利益，保障和改善民生。常委会主动顺应人民群众对美好生活的向往，紧盯事关群众利益的急事难事，综合运用法定职权，助推补齐民生短板，促进社会公平正义。通过推动解决人民群众关心的教育、医疗、养老、环保、安全等重点难点问题，不断增强人民群众的获得感。

必须坚持代表主体作用，保障代表依法履职。充分发挥人大代表作用，是坚持和完善人民代表大会制度的重要内容。常委会不断丰富代表活动形式和内容，努力为代表执行职务创造条件，提供服务，使代表成为推动我区发展的重要力量。

各位代表，常委会工作所取得的任何成绩，离不开区委坚强有力的领导和市人大常委会的指导，离不开全体代表的共同努力，离不开“一府一委两院”、驻区单位、社会各界和全区人民的大力支持。在此，我代表区十六届人大常委会，向所有关心、支持人大工作的同志们、朋友们，表示衷心的感谢，并致以崇高的敬意！

团结凝聚智慧，发展任重道远。各位代表，虽然我们的工作取得了一定成绩，但我们也清醒地认识到，与区委的要求、代表的期盼、人民的重托，还有很大差距。主要是：对人民代表大会制度的认识还需进一步深化，监督范围还需进一步拓展，创新举措还需进一步探索，履职能力还需进一步提升等等。对此，我们将认真研究，加以改进，不断推进区人大工作的健康发展。

2019年主要工作任务

2019年是新中国成立70周年。常委会将继续坚持以习近平新时代中国特色社会主义思想为统领，在丰台区委的正确领导下，深刻领会“两个机关”建设的内涵要义，围绕“上台阶”的总要求，牢牢把握我区发展战略和目标任务，为区域各项事业发展提供坚强的民主法治保障。

一、把准人大方向，筑牢思想根基

坚持把学习党的十九大精神作为政治必修课，加大培训力度，注重学习效果，筑牢思想根基。认真贯彻中央、市区委决策部署和要求，深入开展“不忘初心、牢记使命”

主题教育，推动全体代表深入理解和把握习近平新时代中国特色社会主义思想的科学体系、精神实质和实践要求。贯彻落实市、区第五次人大工作会议精神，不断提高人大工作的科学化水平。

二、围绕中心大局，依法履行职责

按照围绕中心、服务大局、突出重点、讲求实效的工作原则，依照市区委要求和法定程序，作出相关改革事项的决定；围绕区域发展规划、疏整促专项行动、美丽乡村建设和改善保障民生等方面开展监督；听取和审议区政府关于国有资产管理情况报告；听取区监察委员会专项工作报告；听取和审议区法检两院关于“扫黑除恶”和法律监督专项工作报告；进一步推进人大预算审查监督重点向支出预算和政策拓展，把区委决策部署贯彻落实到人大工作的各个环节，维护好、服务好全区工作大局。

三、发挥代表优势，增强履职实效

继续抓好市、区、乡镇三级人大代表履职能力培训，制定培训计划，充实培训内容，不断提升人大代表的政治素质和履职能力。进一步探索代表工作新机制，有效运用互联网、信息平台等新手段，健全密切联系代表、选民和督办议案、建议的新平台，推进代表“线上线下”有机结合，用创新的思路和方法分析解决人大工作中遇到的新情况、新问题。

四、加强自身建设，提升履职能力

以“强能力、促监督”为主要工作内容，做到以习近平新时代中国特色社会主义思想武装头脑、指导实践、推动工作。注重发挥党组示范带头和引领作用，强化主体责任，履行“一岗双责”，落实常委会机构改革各项任务。持之以恒改进作风，落实中央八项规定精神。深化“三型”机关建设内涵，夯实“两个机关”的基础，进一步营造风清气正、奋发有为的干事氛围。

各位代表，同舟共济创伟业，履职为民见真情。这既是我们肩负的使命，也是我们人大工作的不懈追求。让我们更加紧密地团结在以习近平同志为核心的党中央周围，以习近平新时代中国特色社会主义思想为指导，在区委的正确领导下，不忘初心、牢记使命，充分发挥人大在推动区域发展中的独特优势，开创我区人大工作的新局面，为丰台各项事业发展上台阶贡献我们的力量！

中国人民政治协商会议 北京市丰台区第十届委员会常务委员会工作报告

——2019年1月8日在政协北京市丰台区第十届委员会第三次会议上

刘 宇

各位委员：

我代表中国人民政治协商会议北京市丰台区第十届委员会常务委员会，向大会报告工作，请予审议。

一、2018年工作回顾

2018年，区政协坚持以习近平新时代中国特色社会主义思想为指导，认真贯彻落实中共十九大精神，在中共丰台区委的领导下，坚持人民政协性质定位，坚持团结和民主两大主题，聚焦全区中心任务，发挥专门协商机构作用，认真协商议政建言，为建设和谐宜居的首都中心城区作出了积极贡献。

一年来，区政协始终坚持中国共产党对政协工作的全面领导，提高政治站位、坚守政治立场、坚定政治方向。一是坚持在区委的坚强领导下开展工作。牢固树立政治意识、大局意识、核心意识、看齐意识，定期报告区政协全体会议的组织筹备、年度协商计划完成情况等全面工作；请示报告各项重要议题协商情况、视察考察和监督情况；专题报告落实中央和市、区委重要指示和决定情况。区委高度重视政协工作，有关党政领导同志坚持出席政协全体会议、常委会议和专题协商会议，对提案、建议案等都作出了重要批示。制定实施《关于加强新时代政协党的建设工作的实施意见》，批准成立区政协机关党组，加强了政协重要活动期间党的临时组织建设，为政协开展各项工作提供了领导和组织保障。二是自觉在市政协的有力指导下履行职责。区政协进一步密切与市政协的沟通联络，在理论学习、党的建设、专委会工作以及委员队伍建设等方面积极寻求指导和帮助。积极参加市政协组织的学习研讨、工作交流和调研考察活动，把握政协工作规律，推进工作创新发展。市政协领导同志多次到区政协调研指导工作，确保了区政协履行职责的精准到位。三是有效发挥政协党组的领导核心作用。注重把方向、管大局、保落实，全面强化意识形态工作，落实党风廉政建设主体责任和监督责任，努力塑造风清气正的政治生态。组织召开区政协党的建设工作会议，明确了加强政协党的政治建设、思想建设、组织建设、作风建设、纪律建设以及制度建设方面的具体任务。引导委员切实发挥主体作用，引领党员委员积极发挥表率示范作用，初步形成了符合政协特点，能够有效履行职能的工作机制和体系。

就一年来的工作，区委书记汪先永同志批示指出：2018年，区政协围绕中心，服务大局，充分发挥协商民主的作用。政协委员积极参政议政、建言献策，提出了很多高质量的提案，为丰台区的发展和建设作出了积极贡献！对此，我们备受鼓舞。

区政协及其常委会2018年工作主要包括：

（一）加强思想理论建设，夯实共同思想政治基础。

开展主题教育。围绕“不忘合作初心、共担时代使命”主题，组织全体委员深入学习贯彻习近平新时代中国特色社会主义思想和中共十九大精神，学习习近平总书记在庆祝改革开放40周年大会上的重要讲话以及新修订的宪法和政协章程，组织党员委员和机关干部研学党章，自觉悟初心、守初心、践初心。先后召开12次专门委员会会议、9次主席会议和6次常委会会议，专题学习研讨，增强了为首都和丰台改革发展贡献力量的责任感和使命感。

开展专题研讨。围绕习近平总书记关于加强和改进人民政协工作重要思想，开展专题学习研讨活动，引导委员学原文、悟原理。相继组织了7次理论研讨会集中交流，形成了70余篇理论研究成果，共有16名委员在市政协系统研讨会上作了学习成果交流，进一步凝聚了人心、凝聚了智慧、凝聚了力量，委员“四个意识”更加自觉，“四个自信”更加坚定。

开展学习辅导。以“政协讲坛”为载体，组织对委员和机关干部的集中辅导共12次。请全国政协委员、专家学者传达全国“两会”精神；会同区委统战部共同组织专题学习会、暑期学习班，围绕社会主义民主政治建设、党风廉政建设、航天精神等内容系统学习、深度思考；请党政部门负责同志宣讲“国家监察体制改革”和“北京城市总体规划”；请委员中的专家学者介绍最新科技动态，弘扬历史文化传承，传播健康生活理念。

（二）紧扣大局协商议政，着力助推经济社会发展。

建言首都商务新区规划建设。围绕“加快推进首都商务新区规划建设，促进地区产业优化升级”议题，邀请并组织区各民主党派、工商联、无党派人士和经济科技界委员，深入开展调查研究，同区党政部门和相关方面进行了广泛协商、深度交流，在区域协同发展、新区文化建设、提高国际影响力等方面，充分达成共识，协商成果及时得到采纳和借鉴。

建言城市治理水平提升。就“深化丰台区‘疏解整治促提升’专项行动，进一步提高城市精细化管理水平”议题，区政协常务委员、城乡建设与管理委员会委员深入环境治理一线，听取群众意见、了解工作情况，通过常委会专题协商，从打好疏解整治攻坚战、提升城市治理效率、夯实城市精细化管理基础等方面提出了解决方案，为党政部门科学决策、推动工作提供了参考。

建言社会关注的热点问题。先后组织5次协商恳谈会，聚焦专项议题议政建言。就“扩大资源，优化结构，持续推进区域学前教育优质发展”议题，组织教文卫体委员会委员开展了深度调研、专题协商，从加大宣传力度、增强工作合力等方面提出了13项建议；就“开放共享学校资源，向社区提供教育服务”议题，开展调研协商，从健全完善学校资源共享机制、促进基层公共服务资源效益最大化等方面提出了建议。就“支持中小企业创新，促进科技成果转化”议题，经济科技委员会委员进行了实地调研和对口协商，从提高科技成果转化成功率、健全区域统筹协调机制等方面提出了20项建议。就“整合资源推进养老服务设施建设”议题，社会法制委员会、民族宗教和港澳台侨委员会委员，认真研究政策、协商交流，从加强养老服务体系的规划建设、完善政策保障机制、培养引进专业人才等方面提出了建议。就“防治餐饮油烟污染，改善空气质量”议题，城乡建设与管理委员会委员认真组织调研论证、协商交流，从加强污染源分析、发挥行业协会作用、加大宣传和监管力度等方面提出了建议。以上协商成果得到相关职能部门的及时回应和积极采纳。同时，通过跟踪了解，促进了“加强丰台食品安全监管”等协商成果的转化落实。

建言重点工程项目建设。一年来，区政协常委会组成人员和相关界别的委员，相继围绕丰台南中轴地区产业转型升级情况、永定河丰台段水环境修复工程、推进“一绿”地区城市化建设以及丽泽金融商务区规划建设情况开展视察监督，汇集委员意见建议40多项，为推进地区重点工程和重点项目建设提供了重要参考。

建言改善营商环境。组织首届“委员走进民营企业”活动，委员中的政府部门负责人和企业家代表与42家民营企业经营者现场互动交流，为企业送信息、送政策、送服务、送温暖，引导企业持续健康发展。

（三）高度关注民生问题，积极促进社会治理工作。

不断提高提案工作质量和实效。区政协十届二次会议以来，共收到提案225件，立案提案211件。坚持把提案作为反映民意的重要途径，面向社会征集提案线索，为委员提案提供选题参考；完善委员知情明政渠道，将委员提交提案与委员学习、调研、视察、协商紧密结合，提高了提案内容的精准度；深化多层次的办理协商，促进提办双方充分沟通，增强了提案办理的针对性；在《丰台报》开辟优秀提案专栏，扩大了提案工作的社会影响力；加大提案追踪督办力度，区领导领衔督办的党派团体提案和区政协集中督办的提案达到136件，切实提高了提案办理的实效。

充分发挥社情民意信息“直通车”作用。区政协各专门委员会围绕民生热点、难点问题，积极邀请党政部门通报情况，精心组织委员开展基层调研，支持委员通过社情民意信息建言献策。一年来，委员积极撰写社情民意信息，共汇总编辑了27期《委员话发展》社情民意信息，提交区委区政府参考。共向市政协报送了45篇社情民意信息，建言首都改革发展中的热点难点问题。社情民意信息主要涉及重点功能区建设、城市精细化管理、民生保障以及文化建设等方面，所提意见建议得到市区有关领导同志的重视和批示，区相关党政部门积极研究采纳。

认真开展民主监督活动。教育民主监督小组对我区2018年义务教育阶段小学入学、中学入学派位情况开展了现场监督，对高考、中考等升学考试开展了巡视监督；法治建设专项民主监督小组对人民法庭建设开展了民主监督；财政民主监督小组对我区优化营商环境方面开展了民主监督；市容环境民主监督小组对我区“背街小巷”改造工程开展了民主监督。受聘担任16个单位的47名特约监督员，共参与日常监督活动60余次，提出监督意见建议90余条。各项监督活动促进了党政部门工作的推进、作风的改进、效能的提升。

深入开展“爱丰台基层行”系列活动。组织委员中的书画家赴全区乡、镇和部分社区、村开展“文化下乡”活动，文化艺术界委员实地考察新农村规划建设情况，教育界别委员开展“我与丰台教育同行”活动，医药卫生界委员到基层卫生服务中心考察调研，委员中的律师、专家围绕食品药品安全开展了法治基层行活动，学习委员会和经济科技委员会委员到区联合律师楼走访调研，了解情况，听取意见，共谋发展。

认真组织“医疗支援、精准帮扶”活动。自觉履行精准扶贫社会责任，组织医药卫生界的委员专家，奔赴内蒙古兴安盟扎赉特旗开展对口支援帮扶。委员们进医院、下基层，诊疗救治患者、开展义诊咨询、主刀指导手术，共服务患者300余人，其中贫困人口142人，受到当地群众的热烈欢迎，充分展现了丰台政协委员的风采。

（四）做好团结联谊工作，广泛凝聚思想政治共识。

加强联系联络。支持民主党派和无党派

人士参加政协组织的各项学习考察、视察调研、协商议政等履职活动，定期通报区情和区政协的重要工作情况，及时交流工作、征求意见。坚持区政协主席、副主席、秘书长联系常务委员、专委会联系界别委员制度，做到了沟通思想、交换意见的常态化、无障碍、全覆盖。坚持定期走访委员及其所在单位，加强感情联络和工作交流，帮助他们协调解决困难和问题。一年来，区政协主席、副主席、秘书长带队，走访委员中的宗教界人士、高新技术企业代表、民营企业家以及作出突出贡献的专业人士共计 103 人次，增进了团结互信，密切了合作共事。

加强团结联谊。区政协领导同志对我区三座清真寺进行了斋月慰问，参加了伊斯兰教开斋节活动，对清真食品企业进行了调研走访。组织民族宗教界别委员座谈会，宣传党的民族宗教政策；组织委员参加丰台区民族团结日专场民族音乐会，推进民族团结进步创建活动；组织社会法制、民族宗教和港澳台侨两个专门委员会委员，开展了“民族团结一家亲，共建民族团结林”绿化养护活动，共建优美环境。

加强协同联动。各专门委员会积极与区党政部门开展对口协商，为更好履职奠定了基础。密切与市政协的经常性联系，协助市政协完成了“强化街道在城市治理中的基础地位，构建具有首都特点的超大城市治理体系”议题的相关调研工作；组织参加了纪念“五一口号”和醒狮越野跑活动。围绕城市规划建设和可持续发展，常委会组成人员和部分委员赴延庆区学习调研；组织无党派界别委员学习考察通州历史文化精粹和创意产业园。相继接待广东、广西、内蒙古等所属地区政协的代表到我区考察交流，增进了了解、拓宽了视野。

（五）夯实政协工作基础，着力提升履职整体水平。

制度建设有新进展。在充分调查研究、征求意见的基础上，制定实施了区政协《关于加强委员队伍建设的实施意见》《委员履职工作规则》《关于进一步加强和改进调查研究工作的实施办法》，修订了《委员考评办法》，提升了委员履职管理的制度化、规范化和科学化水平。

文史宣传工作有新拓展。在丰台政协网推出《委员风采》专栏 14 期、动态信息 123 条，并在《丰台报》进行专题报道，展示优秀委员形象、宣传政协履职成效、激发委员履职热情。积极宣传丰台文史精粹，在丰台政协网“丰台往事”专栏刊发抗战史料 24 篇。积极配合区委开展《丰台史话》编纂工作，认真收集整理区政协历史相关资料。面向全体委员，利用“慧政协”APP 推送信息 141 期、学习资料 23 期，利用微信公众号发布信息 97 期。编辑完成第二十八辑《咨议建言集》。

政协机关建设有新进步。召开机关党风廉政建设大会，实现责任制、承诺制在机关的全覆盖。加强“两学一做”学习教育常态化制度化建设，坚持问题导向，重抓作风转变，做实考核评价机制，积极选拔培养年轻干部，学习型、创新型、服务型、和谐型政协机关建设扎实推进。严格执行“三重一大”决策制度，全面落实机关党组工作职责，强化机关专业技能培训，机关工作人员的素质能力、服务水平和团结协作意识得到进一步提升。

各位委员，2018 年区政协取得的成绩，离不开中共丰台区委的正确领导、北京市政协的有力指导，离不开区人大、区政府及社会各界的大力支持，离不开政协各参加单位和广大政协委员的团结奋斗。在此，我代表常委会向所有关心支持政协工作的领导和同志们、朋友们表示衷心的感谢，并致以崇高的敬意！

回顾一年来的工作，在肯定成绩的同时，我们也应清醒地认识到工作中的差距与不足，主要是：协商议政建言的质量有待进一步提高，一些重点问题的调查研究还不够深入，民主监督和团结联谊工作需要进一步拓展，委员服务管理工作需要进一步加强，实现党的工作对政协委员全覆盖的有效办法需要进一步探索和完善。这些问题都要在今后工作中认真研究解决。

二、2019年主要任务

携手新时代，落实新部署。2019年是新中国和人民政协成立70周年，也是多党合作和政治协商制度创建70周年。我们要在中共丰台区委的领导下，围绕区委十二届八次全会确定的目标任务，始终保持奋发有为、开拓进取的精神状态，着力在完善协商制度、规范协商形式、提高协商能力、增强协商实效上下功夫，充分发挥政协作为协商民主重要渠道和专门协商机构作用，为建设和谐宜居的首都中心城区献计出力。

（一）对标首善标准，推进政协事业创新发展。践行习近平总书记关于加强和改进人民政协工作重要思想，牢记人民政协是政治组织，坚持旗帜鲜明讲政治，牢固树立“四个意识”，坚定政治站位。认真落实习近平总书记对北京重要讲话精神，用市委市政府的指示要求凝聚思想共识，坚持首善标准，在服务保障首都功能、加强“四个中心”功能建设、疏解非首都功能等中心工作中找准自身定位，发挥应有作用。稳步开展政协组织机构改革，不断推进履职方式创新、工作制度创新、联系联络机制创新、理论与实践研究创新、党的组织建设创新，以扎实的作风，良好的履职成效，推进协商民主在丰台的生动实践。

（二）聚焦发展大局，不断提高协商议政实效。始终坚持党和政府工作推进到哪里，政协工作就支持配合到哪里。自觉践行新发展理念，深刻认识和把握丰台区作为新时代首都功能拓展的中心城区、首都高品质生活宜居示范城区、彰显新发展理念的绿色生态花园城区、具有国际竞争力的智能制造创新区、具有全球影响力的金融发展新区、具有国际化水平的首都商务新区的功能定位和发展目标，综合运用全体会议、常委会议、主席会议、专题协商会议等形式，深度协商议政，为全区改革发展出实招、谋良策。紧扣区委确定的区政协2019年协商工作计划，针对功能区建设发展、优化企业营商环境、社会环境综合治理、民生保障服务等事关长远发展的重大问题开展专题协商，提出整体性、综合性的意见建议。各专门委员会要灵活运用对口协商、界别协商、提案办理协商等形式，围绕全区经济社会发展和人民群众关注的课题，组织开展形式多样的协商议政活动，提出符合客观实际和群众意愿、有操作性的对策建议。进一步促进调研协商成果的转化应用。

（三）围绕民生关切，加强和改进民主监督工作。高度关注我区发展中不平衡、不充分的问题，协助区委区政府做好抓重点、补短板、强弱项的工作。要认真贯彻落实中共中央和市、区委关于加强政协民主监督的要求，明确监督内容，创新监督形式，完善监督机制。围绕区委重大改革举措、重要政策贯彻执行情况，抓住人民群众关注的热点、难点问题，突出问题导向、目标导向，深入一线、深入基层，发现问题和不足，积极建净言、谋良策。要以提案工作为抓手，改进督办方式，加大督办力度，进一步提高提案质量、办理质量和服务质量。要以社情民意信息为载体，经常深入基层群众，听取群众的意见建议，反映群众的呼声要求。要以为民造福为目的，积极组织委员开展“爱丰台基层行”和社会公益活动，帮助群众反映和解决生产生活中的实际问题，使改革发展的成果惠及更多的市民百姓。

（四）弘扬团结民主，广泛凝聚各方智慧力量。要充分发挥政协组织的团结统战功能，在履职活动中更加广泛地凝聚发展共识、改革共识、法治共识、反腐败共识和价值观共识。支持各民主党派、工商联和无党派人士更好地在政协发挥作用，进一步完善议政会、民主党派和工商联联席会议机制，加强对统一战线内部、政协内部事务的协商，推进政协协商与政党协商联动。积极拓展工作领域，进一步加强同党外知识分子、少数民族人士、宗教界人士的团结联谊，密切与非公有制经济人士、新的社会阶层人士的联系沟通，扩大“朋友圈”，为丰台在新时代向更高目标迈进凝聚人心、凝聚智慧、凝聚力量。

（五）提升履职效能，扎实抓好自身建设。要加强常委会建设，常委会组成人员要严格修身律己、守法遵章，带头参加政协组织的学习和调研视察等活动，认真撰写提案、社情民意信息和调研视察报告，提高常委会履职水平。要更加重视委员队伍建设，按照“懂政协、会协商、善议政”的要求，加强委员履职能力的培养，为政协高效履职提供坚实保障。要加强专委会和界别活动组建设，围绕社会热点难点问题开展专题民主协商活动，努力使政协工作充满生机与活力。要强化制度建设，健全各类议事、调研、视察活动的制度规则，完善机关经常性工作制度，确保事事程序明晰、处处有章可循，不断提升机关服务能力和水平。要进一步完善现有信息宣传平台，推进信息化建设。

三、持续加强和改进人民政协工作

新时代呼唤新作为。习近平总书记指出：我们的目标越伟大，我们的愿景越光明，我们的使命越艰巨，我们的责任越重大，就越需要汇聚起全民族智慧和力量，就越需要广泛凝聚共识、不断增进团结。处在新的历史方位，人民政协重任在肩、使命光荣。我们要在中共丰台区委领导下，准确把握人民政协的性质定位，始终坚持围绕中心、服务大局，自觉做到履职为民，持续推进创新发展，努力开创政协工作的新局面。

（一）切实强化思想理论武装。坚持以习近平新时代中国特色社会主义思想武装头脑、指导实践、推动工作。把理论学习摆在更加突出的位置，完善以党组理论学习中心组学习为引领，以主席会议集体学习、常委会议专题学习、委员学习培训、报告会专题辅导为重点的学习制度体系，切实在学懂弄通做实上下功夫。要按照中共中央统一部署和市、区委安排，认真开展“不忘初心、牢记使命”主题教育，把委员学习研讨与视察考察、专题调研等结合起来，推动思想理论武装往深里走、往心里走、往实里走。

（二）全面加强政协党的建设。认真落实区委办公室印发的《关于加强新时代政协党的建设工作的实施意见》，落实区政协党的建设工作会议各项任务，完善政协党组成员联系相关界别党员委员制度、联系无党派人士界和宗教界委员制度。发挥好政协党组的领导核心作用，发挥好机关党组织以及党的临时组织的示范引领作用，发挥好政协组织中党员的先锋模范作用，实现党的组织对党员委员的全覆盖，党的工作对政协委员的全覆盖，不断提升政协党组织的凝聚力、战斗力。

（三）始终坚持工作双向发力。坚持建言资政和凝聚共识“双向发力”。建立以自我教育、自我提高为主旨的界别委员学习座谈会制度，主动提出、分析、解决问题；开展以自我教育为主旨的委员专题视察活动，通过履职实践，领悟习近平新时代中国特色社会主义思想的新境界，感受首都和丰台新发展和新成就；建立寓思想政治引领于团结民主之中的谈心谈话制度，完善走访看望委员制度、接待和处理委员来信来访制度，沟通思想、解疑释惑，促进合作共事。

（四）注重提高建言资政质量。充分发

挥各界委员的专业优势、智力优势，创新履职方式、丰富履职内容、提高理论研究水平。进一步完善委员履职考核评价体系，完善政协务虚研讨会制度、党政部门情况通报会制度，创新暑期学习班学习研讨模式，积极探索加强和改进民主监督工作的有效方法，通过提高工作质量，提高建言资政水平。

（五）持续深化作风纪律建设。要按照“守纪律、讲规矩、重品行”的要求，切实加强作风建设。遵守国家宪法法律，遵守政协章程和各项决议，遵守委员履职工作规则，自觉践行社会主义核心价值观。要着力提高调查研究质量，大力改进文风、会风，聚焦中心任务履职尽责，不断提高协商实效。要严把各项活动的政治关，把握住协商的边界、协商的程度和协商的性质，守住话题和话语的立场界限。坚持问题导向，聚焦工作短板，努力做到思想上有新的深化、认识上有新的提高、整改上有新的举措、履职质量上有新的提升，推动政协履职立得住、行得稳、过得硬。

各位委员，新时代开启新征程，新征程赋予新使命。习近平总书记指出，在国家治理体系的大棋局中，党中央是坐镇中军帐的“帅”，车马炮各展其长，一盘棋大局分明。让我们牢记总书记“一盘棋”思想，更加紧密团结在以习近平同志为核心的中共中央周围，以习近平新时代中国特色社会主义思想为指导，在中共丰台区委的领导下，不忘初心、牢记使命，开拓创新、奋发作为，不断深化协商民主在丰台的生动实践，为谱写丰台更加美好的新篇章而共同努力奋斗！

区情概况

2018年丰台区情

概况

丰台区地处北京市城区西南部，面积305.53平方千米。截至2018年底，全区常住人口210.5万人，比上年减少8.1万人。其中常住外来人口69.8万人，比上年减少5.6万人；占常住人口的比重为33.2%，比上年末下降1.3个百分点。在常住人口中，城镇人口210.1万人，占常住人口的比重为99.8%。常住人口出生率5.97‰，死亡率5.70‰，人口自然增长率0.27‰。常住人口密度为每平方千米6890人，比上年减少265人。全区户籍人口115万人，比上年增加1.1万人。

2018年，实现地区生产总值1551.1亿元，比上年增长6.4%。其中第一产业增加值0.9亿元，比上年增长19.6%；第二产业增加值309.7亿元，比上年增长5.7%；第三产业增加值1240.5亿元，比上年增长6.5%。三次产业结构为0.1：19.9：80.0。按常住人口计算，全区人均地区生产总值达到7.2万元，比上年增长12.5%。完成一般公共预算收入121.6亿元，比上年增长7.5%。其中增值税41亿元，比上年增长5.3%；企业所得税22.5亿元，比上年增长9.1%；房产税16.6亿元，比上年增长13.4%；城市维护建设税9.8亿元，比上年增长2.5%。一般公共预算支出247.8亿元，比上年增长8.9%，其中用于社会保障和就业、教育、一般公共服务、医疗卫生的支出分别比上年增长28.7%、23.7%、9.1%和4.2%。居民人均可支配收入60144元，比上年增长7.6%；居民人均消费支出40927元，比上年增长7.3%；恩格尔系数19.6%，比上年下降1个百分点。居民人均住房建筑面积30.7平方米，比上年增加1.5平方米。

2018年国民经济和社会发展

落实北京城市总体规划

编制分区规划草案，提出区域发展新目标和“一轴、两带、四区、多点”空间格局。开展海绵城市建设等22个专项规划研究。发布实施《丰台区城乡街巷设计导则》。重点区域规划实现新成果。开展南中轴及南苑—大红门地区规划设计国际方案征集和综合工作，确定以文化、国际交往和国际商务为主的功能定位，提出“北城南苑”的空间布局。优化提升丽泽金融商务区规划。启动卢沟桥国家文化公园规划研究。编制完成西山—永定河文化带丰台区五年行动计划。

疏解整治促提升

疏解提升区域性市场26家，退出一般制造业企业33家，拆除违法建设221万平方米，整治群租房1662处、“开墙打洞”1213处，治理地下空间162处。市级考核的18项任务中，5项完成量居全市第一名。南苑—大红门地区45家上账市场拆除关停率由73%提升到82%，大红门早市正式关停。

拆除区域内违法建设76万平方米，清理“住改商”650处，整治仓储、物流点位87处。成立北京丰台—沧州大红门市场服务中心，帮助1.6万商户“二次创业”。南苑森林湿地公园共拆除地上物113万平方米，腾退土地2500亩，累计实现绿化9700亩。全区实现留白增绿50.4公顷，完成新一轮百万亩造林目标任务。建成嘉囿城市休闲公园等群众家门口公园30个。利用地下空间建设党群活动中心、智能微仓储等。新建规范便民商业网点133个，“五分钟便民蔬菜零售网络体系”覆盖率达到80%。镇国寺北街成为中心城区首个生活性服务业示范街区。利用二七机车厂疏解腾退的老厂区，建设国家冰雪运动训练科研基地。

经济建设

科技、金融、信息、商务等服务业对经济增长贡献率达到70%以上。国家高新技术企业保有量超过1500家，比上年增长18%以上。技术合同成交额835亿元，比上年增长18.5%。专利申请量11423件，比上年增长2.6%。境内外上市企业31家、新三板挂牌企业68家。

丽泽金融商务区管理体制进一步优化，产业发展、招商服务政策不断完善。全年留区税收比上年增长60%。中国证券机构间报价系统股份有限公司等优质金融机构落地丽泽。确定新机场城市航站楼选址。累计开复工面积282万平方米，结构封顶220万平方米，实现44万平方米空间投入使用。

大力推进“放管服”改革，出台优化营商环境20条措施。率先在全市实施微信办照和新设企业免费刻章。施工许可审批时限由15个自然日压缩至5个工作日。行政审批事项全部实现“一网通办”，62个高频事项办理“最多跑一次”。企业不动产登记实现“一窗办理”。建立重点企业“服务包”制度和定期沟通走访机制，帮助企业解决办公空间、人才引进、证照办理等方面的难题。成立总规模40亿元的丰台产业发展基金。全年新引进注册资本金5000万以上企业399家，比上年增长24%。

城乡建设与管理

加强北京南站地区综合治理，有效缓解乘车难、打车难、交通拥堵等问题。地铁8号线三期开通运营，区域内已通车轨道交通累计达到10条49个站点76.5千米。5条道路建成通车，5条道路完成大修改造，10项交通疏堵工程完成施工。新开和优化调整公交线路40条，规范和新增停车位7200个。

大气优良天数比上年增加24天，空气质量改善率14.5%。新增513个空气质量监测点和52个粗颗粒物监控点。加大对重型车执法处罚力度，全年检查12.65万辆，处罚1.26万辆，处罚量是上年的8倍。治理裸地1664万平方米。落实“河长制”，推广“当班河长”模式，发现并解决水环境问题530余起。加大水事违法案件查处力度，立案179起，是上年的1.4倍。完成牤牛河等9条河道截污治污工程及马草河、小清河水生态修复。市级黑臭水体全部完成治理，国家级和市级考核断面水质全部达标。

落实党建引领“街乡吹哨、部门报到”机制，街乡镇全部建立实体化综合执法平台。建立区政府每周调度、明察暗访、现场拉练、微信曝光、实时督办等机制，打通抓落实的“最后一公里”。创建精品示范大街30条，整治提升背街小巷66条，拆除违规牌匾1503块，改造升级公厕60座。全年共办理群众热线诉求12.9万件，投诉总量比上年下降0.8万件，丰台区环境建设考评全市排名大幅提升。

优化完善绿化隔离地区规划和实施方案，推进卢沟桥乡分组团规划调整，编制完成花乡中部组团方案。全年完成供地123公顷，南苑乡成寿寺项目成为全市首个开工建设的集体土地租赁住房项目。编制完成西王佐等3个村“美丽乡村”规划和实施方案。

河西地区纳入市自来水集团供水保障体系，河西再生水厂二期完成主体工程。持续推进浅山区违法占地违规建设专项治理，大棚类设施农业项目全部落实整改。

全区林木绿化率为40.29%，比上年提升0.44个百分点。城市绿化覆盖率为46.88%，比上年提升0.24个百分点。人均公园绿地面积8.7平方米，比上年增加0.5平方米。

全区有密闭式清洁站236座，生活垃圾无害化处理率为100%。城市道路日清扫保洁面积2145万平方米。全区细颗粒物（PM2.5）和可吸入颗粒物（PM10）年均浓度值分别为53微克/立方米和83微克/立方米，分别比上年下降14.5%和7.8%。二氧化硫和二氧化氮年均浓度值分别为6微克/立方米和43微克/立方米，分别比上年下降33.3%和12.2%。全年能源消费总量464.01万吨标准煤，比上年增长2.33%。万元地区生产总值能耗0.2992吨标准煤，比上年下降3.8%。

科技、教育、文化、卫生、体育

中关村丰台科技园新增国家级企业技术中心1家，科技孵化协同创新中心4家，院士专家工作站3家；新引进"高精尖"及规模以上企业101家。全年实现总收入5500亿元，比上年增长8%；留区税收36.3亿元，比上年增长10%；地均、劳均产出率分别居中关村示范区第二、第三位。轨道交通产业收入占全园总量近1/3，军民融合产业收入比上年增长超过20%。全年专利申请量与授权量分别为11423件和6744件，分别比上年增长1.1%和11.1%。其中发明专利申请量与授权量分别为5438件和1834件，分别比上年增长7.2%和下降10.7%。签订各类技术合同3470项，比上年增长9.9%；技术合同成交总额835.1亿元，比上年增长18.5%。中关村丰台园投产开业企业1680家，实现总收入5500亿元，比上年增长7.8%。其中技术收入700亿元，比上年增长2.6%。全年实缴税费170亿元，比上年增长10.2%。出口总额13.5亿美元，比上年增长15.4%。

全区幼儿园入园幼儿13869人，在园幼儿42431人；小学招生12496人，在校生65112人，毕业生9095人；初中招生5419人，在校生14889人，毕业生3863人；普通高中招生2219人，在校生7254人，毕业生2306人；职业教育招生440人，在校生1753人，毕业生838人；成人教育招生378人，在校生737人，毕业生191人。构建中小学一体化的育人工作体系，实施学段德育衔接项目研究，形成"1+3"育人模式。开展家长委员会建设研究，形成协同育人模式。组织开展第三批中小学文明校园创建活动，24所学校获得北京市文明校园称号。评选中小学市级优秀班集体31个，三好学生、优秀学生干部556人，区级三好学生、品优生4446人。完成北京市学生喜爱班主任和北京市紫禁杯班主任选送工作。举办篮球、游泳、长跑、空手道等常规赛事。丰台区获批成为北京市唯一的全国青少年校园足球改革试验区，建有国家级足球特色校21所、市级足球特色校3所、区级足球特色校11所。开展冰雪进校园活动，新增2所全国青少年校园篮球特色学校，丰台区代表队获得北京市中学生田径运动会城区组团体总分第二名。实施第三期学前教育行动计划，新增及转化普惠性学前学位4092个。北京十二中高考理科平均分位列全市第十名。全区高考理科、文科本科上线率分别为87.54%、87.88%；中考500分及以上1440人，占普通高中录取人数的67.99%。

全区有公共图书馆2个，馆藏图书110万册；档案馆1个，馆藏案卷14.4万卷件；文化馆（站）20个，文化广场31个，各类群众文化团体1371个。非物质文化遗产保护项目44项，其中国家级2项。安排2900

余万元资金，改造提升四合庄村、彩虹北社区等18处基层文化设施。完成长辛店镇、西罗园街道和大红门街道综合文化中心选址及功能设计。新建小区配套文化设施移交备案1.72万平方米。全区人均公共文化设施面积0.255平方米，完成市绩效考核0.21平方米目标值。围绕金中都古都文化片区、卢沟桥—宛平城—长辛店红色文化片区、南苑历史文化片区整体概念，构建文化保护传承工作体系。坚持规划先行，体现文化资源保护与地区规划、搬迁腾退、环境整治、综合提升等有机结合，与地区发展相互促进。开展南苑地区历史文化内涵挖掘研究工作，完成《南苑地区深厚文化价值及其挖掘利用的概要性成果》《南苑地区历史文脉调查研究》，策划举办《南囿秋风—丰台“两河两城一苑”历史文化展》。完成卢沟桥乡万泉寺村A地块等10余个建设项目的文物保护意见审批，完成长辛店二七大罢工旧址等7项保护修缮工程，确定全区112处不可移动文物的管理使用责任者。以“我的丰台我的家”系列群众文化活动为载体，开展“相声乐苑”“周末大舞台”“文化四进”等各类群众文化活动活动5400余场次。举办“中国戏曲文化周”“花开丰台端午游园会”等特色品牌活动。开展“书香丰台·阅读+”全民阅读系列活动439场次，13万余人次参与；新增实体书店5家，有6家特色书店获得市级扶持资金240万元。举办各类人才培训班80余场次，8000余人次参训。打造“一街乡镇一品、一社区村一品”文化品牌。

全区共有卫生机构527个，比上年减少12个，其中医院75个。医疗机构共有床位12317张，比上年增加1763张，其中医院12067张。共有卫生技术人员22345人，比上年增加2639人，其中执业（助理）医师9158人、注册护士9185人。医疗机构共诊疗2123.6万人次，健康检查65.3万人次。累计布局各类型医联体14个。天坛医院实现整体搬迁并开诊运行，北京口腔医院完成选址和地上物拆迁，丰台医院启动提质改建。推广社区卫生“智慧家医”模式，提升基层医疗服务能力。通过首都文明示范区测评复检。

全区有体育场馆1275个，全民健身工程512个，社会体育指导员4401人。举办北京国际铁人三项赛、卢沟桥醒狮杯越野跑、全民运动会、欢乐冰雪季等赛事活动。区籍运动员在全国和市级体育比赛中共获奖牌93枚，其中金牌23枚。全面落实冰雪运动“1+7”文件，研究撰写《丰台区冰雪运动发展规划（2017—2022年）》，将冰雪运动项目融入到群众体育、竞技体育和体育产业的各个方面。全区共有冰雪特色校16所，注册冰雪项目运动员230人。组织开展丰台区第三届欢乐冰雪季系列活动，举办“冰雪大篷车”进基层活动，把冬季运动知识普及、冰雪器材展览、冬奥知识问答、简易冰场、旱地冰球和冰蹴球体验等送到商场、广场、学校、社区、村，23.2万人次直接参与。举办两期冰雪社会体育指导员培训班，累计180人参训。丰台区第一个室内冰场——北京冰之宝国际滑冰馆正式落成。场馆采用国际先进的乙二醇环保制冰技术，冰场面积1600平方米。建设完成北京市丰台区体育公共信息服务平台，推出健身场地电子地图，打造丰台“智慧体育”，推动“互联网+体育”建设。

民政、人力资源和社会保障

投入帮扶资金共计1.35亿元，助力1.3万人实现脱贫。实施产业扶贫项目17个。21个街乡镇与受援地区乡镇开展结对帮扶，动员百余家企业与54个贫困村签署帮扶协议。结对帮扶的林西县成为内蒙古自治区第一个脱贫的国家级贫困县。与房山区签署结对协议，在生态涵养区建设方面开展合作，帮助安置劳动力2100人。编制区养老服务设施规划，构建区、街、社区三级养老服务体系。区老年综合服务中心主体结构完成，建成区级养老服务指导中心，开工建设养老照料中心5个、社区养老驿站20个。全区养老照料中心数量达到28个、社区养老驿站58个，养老床位共计9525张。开展养老机构辐射居家和社区养老服务工作，由全区19家养老机构开展99个为老服务项目，累计服务量16万人次。对全区31家养老机构开展服务质量大检查。为空巢独居老人发放12664块腕表，开展党员、生活、养老、医疗、走失定位等服务，累计服务量达5.6万次。在全市率先开展由政府“买单”为失能、失智老人居家照护者提供“喘息服务”，首批筛选全区8家养老机构为400名失能失智老年人进行居家上门照护或机构托养照护。为24万困难残疾人、重度残疾人落实“两项补贴”政策，共发放资金5787万元。为165名符合条件的困境人员入住福利机构发放补贴78.2万元。精心养育85名孤残儿童，其中集中养育31名、家庭寄养54名。开展“走进校园，呵护学生健康心灵”等多种形式的困境未成年人保护活动，累计服务达近3000人次，为29名困境儿童发放基本生活费49.6万元。

城镇登记失业率为1.44%，控制在3%指标以内。城镇新增就业4.3万人。精准帮扶河西地区经济薄弱村就业。成立“河西地区就业联盟”，实施政策、项目、资金、服务、技能、生活“六助”举措，通过“人人就业”网，“百姓就业超市”和“12333”微服务平台，时时推送农村劳动力信息，实现人岗对接。促进城镇困难失业人员就业。实行分类指导和分级建册管理，开展“就业援助月”“春风行动”等活动，举办“民营企业招聘月”“政企携手促就业，冬日送岗暖人心”等专场招聘会。完成城市公共服务类岗位安置2000名北京市农村劳动力就业任务。研究制定《丰台区对内蒙古自治区赤峰市林西县就业帮扶方案》，开展对口支援地区建档立卡劳动力培训，鼓励辖区优质培训机构到对口支援地区开设分校，举办各类扶贫招聘活动，提供岗位5330个。推进博士后工作站建设，全区设站企业达到26个，在站博士后30人。开展创新人才专项引进摸底调查，组织企业认知行、职业导航课、企业进校园路演等活动。全年人才引进36人，工作居住证新办续签712人，非京生源引进286人。实现积分落户141人。城乡居民基础养老金人均比上年增长14%。棚户区改造搬迁9529户；保障房新开工7400余套，竣工约1.2万套。开展5个老旧小区综合整治，4个老旧小区加装电梯134部，7个老旧小区改造供热管线46千米。

（欧阳煜）

丰台区主要领导

区委书记	汪先永
区长	王力军
区人大常委会主任	李昌安
区政协主席	刘宇

大事记

2018年丰台区大事记

1月

8日至10日　政协北京市丰台区第十届委员会第三次会议召开。

9日至11日　丰台区第十六届人民代表大会第四次会议召开。

30日　国家工商行政管理总局商标局北京丰台商标受理窗口正式对外办公。丰台商标受理窗口受理商标注册申请和注册商标专用权质押登记申请，提供有关商标注册方面的咨询服务。

2月

1日　集超市、菜市场、早餐店为一体的丰台街道便民综合服务中心开业。

3月

26日　北京市绿色环保联盟在南苑乡成立。这是北京市首家由企业单位、社会志愿者共同组成的“绿色环保联盟”。

28日　北京市规划和国土资源管理委员会丰台分局挂牌成立。

4月

2日　北京市第十八中学教育集团“学生申诉处理委员会”成立。

12日　全国人大常委会副委员长曹建明、张春贤、沈跃跃、艾力更·依明巴海、王东明、白玛赤林，秘书长杨振武以及全国人大常委会、全国人大专门委员会部分人员，到丰台区北宫国家森林公园全国人大绿化基地参加义务植树活动。

24日　6名全国、市人大代表和政协委员到丰台区国税地税联合办税服务大厅，现场了解丰台区国税地税近年来在提升办税便利度、优化营商环境方面的工作举措，征求税收方面的工作意见和建议。

27日　首个石墨烯国际标准检测体系落户丰台园。石墨烯国际标准检测体系填补了中国石墨烯国际规范结构表征、电性能、热性能检测的空白，为中国发展石墨烯产业提供了前沿科技延伸服务的基础平台。

28日　丰台区中小学德育工作会议召开，为北京十二中蒋炎富、丽泽中学寇富弄、丰台五小郭靖华、丰台一小罗韶媛四个“优秀班主任工作室”授牌。

5月

11日　北京市首个“地理标志商标品牌指导站”在花乡世界花卉大观园挂牌成立。

13日　右安门外大街的智能充电柜正式投入使用。这个智能充电柜通过手机扫码即可为电动自行车安全充电，最大程度上消除电动自行车充电带来的消防安全隐患。

17日 丰台区新一轮百万亩平原造林工程正式启动。

31日 丰台区融媒体学院揭牌成立，并举办首批专题培训。

6月

6日 2018驻京中外知名企业投资丰台行活动在北京园博园举办。活动围绕“新时代、新丰台、新引擎”的主题，从丰台的经济高质量发展、创新的国际化视角、优质的营商环境等方面，探讨新时代丰台的发展商机。

10日 丰台区少年宫“陶工坊”正式成立。

14日 市委书记蔡奇一行到右安门金中都水关遗址，就历史文化遗产保护工作进行调研。

7月

2日 共青团北京丽泽金融商务区工作委员会成立。

5日 国家税务总局北京市丰台区税务局挂牌成立。标志着原北京市丰台区国家税务局、北京市丰台区地方税务局正式合并。

同日 丰台区融媒体中心挂牌成立。

6日 北京市首条“再生医学烧烫伤患者救治绿色通道”在南苑医院开通。当天，中国中西医结合学会烧伤专业委员会为南苑医院授予北京市首家“烧伤创疡临床（培训）基地”牌匾。

20日 丰台区教育督导委员会成立。

同日 由丰台区政府、涞源县政府、林西县政府、扎赉特旗政府主办的2018年丰台区扶贫协作地区农副产品推介活动在新发地农产品批发市场举办。此次推介活动惠及3个旗县的3320户贫困户共计8000余人。

31日 位于卢沟桥乡张仪村的“北京玉泉万家顺综合市场”正式闭市。这个市场至今经营近10年，高峰时期拥有商户500余家，年收入上亿元。

8月

13日 由区青年联合会、高雄科技大学联合举办的“同心筑梦　共融发展”两岸青年交流分享沙龙活动在首都医科大学举办。

14日 中国文联文艺研修院50余人，到中国人民抗日战争纪念馆和卢沟桥乡小井村隆韵戏迷社开展现场教学活动。

24日 南苑乡成寿寺村集体土地租赁房项目建设开工。

9月

8日 丰台区与沈阳市大东区签署战略合作协议。

9日 北京互联网法院在中关村科技园区丰台园挂牌成立。该法院集中管辖互联网购物合同纠纷、互联网著作权权属纠纷等案件。

15日 为纪念中国人民抗日战争暨世界反法西斯战争胜利73周年，第32届卢沟桥醒狮越野跑活动在北京园博园举行。

19日 北京丽泽金融商务区首发实体金融引擎暨晋商联合大厦客户签约仪式在晋商联合大厦举行。

26日 北京市首个“微信办照平台”在丰台启用。标志着北京市首个微信办照平台——“先丰e注册”正式为企业服务，实现内资有限公司设立登记“微信办照”新途径。

20日 中联华都大红门鞋城关停闭市。

10月

6日 位于丰台区南四环西路119号（南四环花乡桥东北）北京天坛医院新址试运行开诊。这是新中国成立以来北京地区首家整体搬迁的三级甲等综合医院。

10日 中共中央党史和文献研究院第七研究部人员到丰台长辛店一中就当前党史教育存在的薄弱环节及改进措施进行调研。

18日至20日 由丰台区种子协会联合中国种子贸易协会、中国种子协会蔬菜分会等单位主办的“第二十六届北京种子大会暨首届北京种业扶贫大会”在河北廊坊国际会展中心举行。大会以“振兴民族种业，助力脱贫攻坚”为主题，吸引了国内外560余家种子企业参展，交流展示优良品种8000余个。

20日至22日 第七届北京国际旅游商品及旅游装备博览会在北京国际展览馆（老馆）举办。丰台区旅游委携丰台区特色旅游企业参会，特别邀请内蒙古自治区兴安盟扎赉特旗、河北省保定市涞源县等扶贫协作地区旅游商品企业前来参展。

24日至25日 第二十二届京港洽谈会在北京国际饭店举办。丰台区借助香港在金融、商贸等现代服务业领域优势，围绕丰台区重点功能区建设及重点产业发展，结合丰台优势资源携重点项目亮相，开展项目推介、展览展示等活动。

27日 第五届中国廉政文化书画展在丰台区园博园开幕。

11月

5日 北京市公共资源交易服务丰台分平台上线运行，成为北京市推广建设区级交易平台后首个实现上线运行的区，区级水务项目作为首批工程进驻平台。

9日 最高人民法院司法案例研究院在花乡举办第十一期“案例大讲坛”活动。

23日 第十八届中国上市公司百强高峰论坛在北京召开。中关村科技园区丰台园企业中国通号以42.86亿元的利润总额和优秀业绩荣登2018中国（全球）上市公司百强企业榜，并荣获“中国创新企业奖”。

26日 丰台科技园区派出所智能社区警务室正式启用。这是北京市首个智能社区警务室。

28日 北京市文化和旅游局公布第三届阅读北京·十佳优读空间——百姓身边的基层图书室推优活动的评选结果，丰台区宛平记忆图书馆成功入选。这是丰台区首家实现与首都图书馆联网的社区级图书馆。

12月

6日 丰台区在全市率先试点“喘息服务”工作受到《人民日报》关注，在12月6日社会版给予重点报道。11月，北京市民政局发布了《关于加强老年人照顾服务完善养老体系的实施意见》，明确提出“通过购买服务方式由养老照料中心、社区养老服务驿站为老年人提供短期托养服务，为其照护者提供休整机会”。这是北京市首次明确“喘息服务”的费用由政府买单。

14日 丰台区第一家楼宇归国留学人员联谊会——时代风帆楼宇归国留学人员联谊会召开成立大会，选举产生第一届常务理事和领导班子成员。

18日 中央统战部副部长戴均良一行到丰台区时代风帆楼宇党群服务中心、时代风帆党委搜宝楼宇工作站，调研丰台区楼宇统战工作开展情况。

中国共产党丰台区委员会

概 述

2018年，区委常委会坚持以习近平新时代中国特色社会主义思想为指导，贯彻落实党的十九大精神，贯彻习近平总书记对北京重要讲话精神，围绕加强“四个中心”功能建设、提高“四个服务”水平，贯彻落实北京城市总体规划，推动非首都功能疏解，更好地服务保障首都功能，推进城市南部地区加快发展行动计划，召开48次区委常委会议并主持召开两次区委全会，对各方面工作作出安排部署，统筹推进改革发展稳定和全面从严治党各项工作。

坚持规划引领，加强区委对规划建设工作的领导，编制分区规划草案。开展专项规划研究22项，为全区控制性详细规划编制提供依据。发布实施《丰台区城乡街巷设计导则》。

为把南中轴建设成为“生态轴、文化轴、发展轴”，开展南中轴及南苑－大红门地区规划设计国际方案征集工作和方案综合工作，确定以文化、国际交往和国际商务为主的功能定位，提出“北城南苑”的空间布局，在中心城区建设大尺度绿色生态空间。按照“丽泽要成为第二金融街”的目标，对丽泽金融商务区规划方案进行优化升级。

把疏解整治促提升作为解决丰台发展问题的金钥匙，完成专项行动年度任务。全年疏解提升区域性市场26家，调整退出一般制造业企业33家，拆除违法建设221万平方米，整治群租房1662处，提前完成地下空间挂账整治任务。市级量化考核涉及的18项任务中，5项完成量居全市第一。坚持以功能疏解带动人口调控，落实人口调控责任制，常住人口保持下降。

南苑－大红门地区疏解整治促提升工作取得历史性突破。成立党政主要领导直接负责、常委和副区长一线办公的指挥调度体系。持续深化市场疏解，加强动态管控，开展综合治理。原45家上账市场拆除关停率由73%提升到82%，全年疏解商户4900余户、从业人员1.3万人。拆除区域内违法建设76万平方米，清理“住改商”650处，整治仓储、物流点位87处。加强与河北沧州等承接地对接协作，成立北京丰台－沧州大红门市场服务中心，帮助1.6万家商户京外“二次创业”，推动大红门品牌京外发展。

利用疏解腾退空间，大尺度绿化，建设百姓家门口的公园绿地和便民服务设施。先行启动南苑森林湿地公园的拆迁、腾退、绿化等前期工作，拆除地上物113万平方米，腾退土地2500亩，实现绿化9700亩。建成嘉囿城市休闲公园等群众家门口的公园30个，公园绿地500米服务半径覆盖率81%。利用腾退地下空间，探索智能仓储等便民利用模式。新建规范便民商业网点133个，基本便民服务功能实现社区全覆盖，“五分钟便民蔬菜零售网络体系”覆盖率80%。镇国寺北街成为中心城区首个生活性服务业示范街区。

利用中车北京二七机车有限公司疏解腾退的老厂区，建设国家冰雪运动训练科研基地。成立区级服务保障工作指挥部，对接国家体育总局、中国中车等单位，做好基础设施、环境提升等重点服务保障任务22项。重点场馆进入主体施工阶段。

响应国家“三亿人上冰雪”政策，研究制定《丰台区冰雪运动发展规划》，组织开展第三届欢乐冰雪季、冰雪大篷车进基层等冰雪活动250余场，推动冰雪运动进校园、进社区。

加强党对经济工作的领导，经济运行平稳向好。地区生产总值实现1551.1亿元，增长6.5%；一般公共预算收入实现121.6亿元，增长7.5%；外贸进出口总额预计达到1300亿元，增长26%。第三产业增加值占比80%以上，科技、金融、信息、商务等服务业对经济增长贡献率达到70%以上。万元地区生产总值能耗、水耗预计分别下降3.8%、8.5%。

优化调整丽泽金融商务区工作体制机制，深化发展战略研究。实现44万平方米空间投入使用，探索精准供地模式，中证机构间报价系统股份有限公司落户丽泽，留区税收预计增长60%。

中关村丰台园坚持创新驱动，不断优化产业结构。预计总收入增长8%，留区税收增长10%，地均产出率、人均产出率分列中关村示范区第二和第三位，轨道交通、军民融合两大产业集群产值均超过千亿元。

优化营商环境，制定丰台区改革优化营商环境政策20条，新引进亿元以上规模企业124家，走访服务企业450家次，完成国务院营商环境督查迎检工作，丰台区“一窗办理”不动产登记服务的做法，获国务院通报表扬。

防范金融风险，推进互联网金融整治，加大对金融诈骗、非法集资等违法行为的打击力度。加强政府债务管理，严控新增债务，做好隐性债务风险管控工作。

把改善环境作为民生最大公约数，召开环境建设和精神文明建设四级干部千人大会，把压力传导到最基层，地区环境面貌得到提升。

落实蓝天保卫战行动计划，围绕重型柴油车、扬尘、挥发性有机物等重点领域，实施精细化监管治理，全年细颗粒物（PM2.5）累计浓度为53微克每立方米，下降14.5%。深化落实“河长制”，完成蟒牛河、九子河市级黑臭水体治理工作，全区水质监测考核断面全部达标。

推进北京南站地区综合治理和美化亮化工作，群众乘车难、打车难、交通拥堵等问题得到缓解，周边环境得到改善。

实施新一轮百万亩造林绿化工程，完成造林绿化4000亩。

新生违法建设实现动态清零，浅山区违法建设完成整改。大棚类设施农业项目全部落实整改，并通过市级验收。

围绕“七有”“五性”要求，扎实做好民生保障各领域工作。公布21个街道乡镇群众服务24小时热线电话，畅通群众反映问题的渠道。

拓宽群众就业渠道，全年新增城镇就业4.3万人，城镇登记失业率1.44%，控制在较低水平。居民人均可支配收入60144元，增长7.6%，高于经济增速。

扩大教育资源供给，新增优质学位4610个，人大附中丰台学校、丰台二中改扩建以及十二中钱学森学校投入使用，北师大四附中改扩建工程实现开工。校外培训机构治理获教育部通报表扬。

保障北京天坛医院新院区顺利开诊，完成北京口腔医院的选址和地上物拆迁工作，丰台医院提质改建工程实现开工建设，推广社区“智慧家医”模式。

推进5个街道乡镇养老照料中心和20个社区养老服务驿站的建设工作，开展养老“连心通”服务5.2万人次，开展全市首个由政府购买服务、为失能失智老人照料者提供“喘息服务”的试点工作。为老旧小区加装电梯134部，占全市新增电梯的55%。完成丰台区防空防灾指挥中心建设。

推进棚户区改造工程，完成搬迁9529户。加快保障性住房建设，新开工7400余套，竣工1.2万套。落实集体土地建设租赁房政策，南苑乡成寿寺村集体土地租赁房项目，成为全市首个实现开工的项目。在丽泽金融商务区、中关村丰台园周边建设、筹集人才公租房1800多套。

推进轨道交通建设，地铁新机场线、16号线、房山线北延及19号线一期全部站点进场施工，8号线三期开通试运营。

持续加强文化建设，开展《丰台史话》编纂工作，完成西山－永定河文化带丰台区五年行动计划和长辛店老镇文物保护规划的编制工作。推进卢沟桥国家文化公园规划研究，开展《卢沟桥（宛平城）文物保护规划》修订编制工作，完成卢沟桥保护工程修缮项目主体工程。开展金中都城墙遗迹考古勘探工作，实施莲花池公园环境整治和绿化提升。挖掘南中轴南苑地区历史文化内涵，举办南苑秋风历史文化展。举办“2018中国戏曲文化周”，吸引20余万群众参与。

推动首都公共文化服务示范区创建工作，补足文化设施短板，新增文体活动场所161个。把文化、体育方面的财政资金直接下沉到街道乡镇、社区村，开展各类文化惠民活动5300余场次，举办丰台区第七届全民运动会等体育活动230余场次。参加北京市第十届民族传统体育运动会，取得金牌榜第三名的成绩。

维护地区安全稳定，完成“中非合作论坛”北京峰会、纪念全民族抗战爆发81周年等重大活动的安保维稳和服务保障工作。

制定《关于进一步提升群众安全感的工作措施》，组织开展治安秩序、环境秩序、交通秩序“三大秩序”整治，推进扫黑除恶专项斗争，加快“雪亮工程”建设，刑事案件、刑事警情持续下降，群众安全感满意度得到提升。

落实安全生产责任制，推进城市安全隐患治理三年行动，拆除彩钢板房82万平方米，完成玉泉营111文化产业园市级重大安全隐患整治工作。落实全市“区域协作、基地保障、全程监管”工作要求，加强对食品药品生产、流通各环节的监督检查。

推进精准扶贫工作，结对帮扶的林西县成为内蒙古自治区首个脱贫的国家级贫困县。与受援地区开展高层互访交流活动9次，投入帮扶资金1.35亿元，选派干部、人才78人，助力受援地区1.3万人实现脱贫。发挥新发地、岳各庄等农副产品市场优势，与受援地开展特色农副产品产销对接、合作帮销。组织21个街道乡镇与受援地贫困乡镇开展“手拉手”结对帮扶，深化精准扶贫工作。与房山区签署生态保护和绿色发展结对协作框架协议，在低收入农户帮扶、环境治理等领域推动生态涵养区建设。安置远郊区农村劳动力就业2100人。

加强政治建设。执行中央和市委关于加强和维护党中央集中统一领导的规定，落实深入推进全面从严治党实施办法，教育引导全区各级党组织和党员干部树立“四个意识”，自觉做到“三个一”和“四个决不允许”，坚决维护习近平总书记党中央的核心、全党的核心地位，坚决维护党中央权威和集中统一领导，为党中央站好岗、放好哨、服好务。

加强思想建设。把习近平新时代中国特色社会主义思想和党的十九大精神作为中心内容，组织重温党章及习近平总书记视察北京重要讲话精神专题学习交流，全年区委常委会、理论中心组集体学习45次。开展专题读书活动，引导全区党员读原著、学原文、悟原理，做到融会贯通、学以致用。分层分类强化理论武装，组织全区重点培训班次42期6800余人次。举办“十进”宣讲千余场，为区域发展提供思想保障和精神动力。

压实管党治党主体责任。加强对区人大常委会、政府、政协、法院、检察院党组的领导，召开全区政协党建工作会，全年区委常委会研究党建类议题162个，占比63%。健全党建考核综合评价体系，提升党建工作规范化水平。组建区融媒体中心，壮大主流媒体声音。成立区委网信办，强化阵地管控和舆情应对，筑牢区域意识形态安全防线。

提振党员干部精气神。坚持正确选人用人导向，突出政治标准、专业能力和实干精神，从基层一线提拔任职的干部占80%。把百余名敢担当、有知识、有潜力的年轻干部放到急难险重的基层一线培养锻炼。坚持事业为上、人事相宜，推动能者上、平者让、庸者下成为常态。围绕南苑-大红门地区疏整促、北京南站地区综合治理等重点工作，调好班子、配好干部。

提升基层党组织组织力。坚持党建引领，推进“街乡吹哨、部门报到”改革，建立服务群众响应机制，实现统筹领导、制度机制、人员力量、平台建设、综合保障“五到位”，深入推进党组织和在职党员“双报到”“双服务”工作，解决基层治理难题。方庄地区“掌上四合院”、太平桥街道社区响应机制等做法得到市有关部门认可。建立党员区领导联系重难点社区村制度，逐村听取村“两委”换届汇报，严把资格条件关，加强分析研判，拓宽选人渠道，优化社区村干部队伍结构，推动社区村“两委”换届工作，选出一批能干的优秀带头人。学习贯彻《中国共产党支部工作条例（试行）》，全面推进党支部规范化建设，基层党组织政治功能不断增强。

持续深化纪律作风建设。加强对纪检监察工作的领导，带头遵守政治纪律和政治规矩，贯彻落实中央八项规定精神，集中整治官僚主义和形式主义。召开全区警示教育大会，开展“送纪律下基层”主题教育活动，每季度研究分析全区党风廉政建设形势，协调解决重要工作、重点环节、重要案件中遇到的重大问题。强化政治巡察工作，加强一线巡察力量，对29个单位开展全面巡察，发挥巡察“利剑”作用。加强对精准脱贫、污染防治等民生领域的监督检查，对64个行政村开展专项审计，持续开展作风建设专项治理行动，查处“为官不为、为官乱为”案件118起。深化运用监督执纪“四种形态”，严肃查处群众身边不正之风和腐败问题，全年立案220起，给予党纪政务处分170人，移送司法机关31人，净化党内政治生态。

支持人大、政协围绕中心工作建言献策、开展监督，重视、支持法院、检察院司法体制改革工作。坚持“党建引领统战、统战服务党建”总体思路，推广马家堡街道时代风帆商务楼宇工作经验，落实中央宗教工作督查要求，完善“大统战”工作格局。时代风帆商务楼宇党委，被中央统战部列为全国新的社会阶层人士统战工作实践创新基地。编制完成丰台区机构改革方案，并报送市委审批。加强党管武装工作，做好部队停止有偿服务试点工作，得到中央军委停偿办肯定。发挥工青妇等群团组织作用，凝聚发展合力。

（李兵兵）

重要活动

【“街乡吹哨 部门报到”工作会召开】 3月19日，丰台区党建引领街乡管理体制机制创新实现“街乡吹哨 部门报到”工作会在区委区政府机关三层第一会议室召开。各街乡镇党（工）委汇报工作思路及进展情况，并对如何更好地落实“街乡吹哨 部门报到”工作机制提出建议。区领导交流发言。区委书记汪先永讲话。张巨明、肖辉利、高峰、吴继东、李岚、王新元、张鑫出席。

（李兵兵）

【安全生产大会召开】 4月11日，丰台区2018年安全生产大会在区委区政府机关三层报告厅召开。代区长王力军主持会议。周新春通报全区2017年安全生产工作情况，并对2018年重点工作及丰台区城市安全隐患治理三年行动进行部署。高峰通报丰台区获得北京市安全生产先进单位和先进个人称号的名单。王力军与安委会成员单位、街乡镇行政主要领导代表签订2018年《安全生产目标管理责任书》。汪先永讲话。李昌安、刘宇、张巨明、肖辉利、狄涛、吴继东、李正斌、李岚、李树元、王新元、张婕、李春滨、张鑫、连宇出席。区相关职能部门党政主要领导，各街乡镇党政主要领导、主管领导，各区直事业单位、区属企业党政主要领导参加。

（李兵兵）

【调研“河长制”责任落实情况】 4月19日，汪先永对辖区河道治理、环境整治和环境保护工作进行调研，到小龙河、马草河、旱河察看河道整治工作和“河长制”责任落实情况，到花乡镇国寺北街、草桥欣园小区察看精品大街建设、裸地整治、生活垃圾分类、旱厕升级改造等工作。高峰、李春滨、张鑫一同调研。

（李兵兵）

【环境建设及精神文明建设大会召开】 4月29日，2018年丰台区环境建设及精神文明建设大会在首都经济贸易大学琢玉讲堂召开。王力军主持会议。李春滨部署全区环境建设工作。狄涛部署全区精神文明建设工作。区城市管理委员会主任姜东升、长辛店街道工委书记芦杰作表态发言。市城市管理委员会副主任韩利、首都文明办主任滕盛萍讲话。汪先永作总结讲话。区四套班子成员、法检两长出席。区相关职能部门党政主要领导、主管领导，重点部门相关业务科室负责人，各街乡镇党政主要领导、主管领导，各区直事业单位主要领导、主管领导，各区属企业党政主要领导，部分驻区部队分管团职领导，部分驻区单位分管处级领导，部分学校、医院党政主要领导，各社区、村党组织书记参加。

（李兵兵）

【区领导率团赴林西县开展对口帮扶】 5月7日至9日，汪先永率区党政代表团赴内蒙古自治区赤峰市林西县，就进一步做好对口支援和扶贫协作工作进行沟通对接。代表团察看十二吐乡扶贫产业园、德青源金鸡产业扶贫项目有关情况，到建档立卡贫困户家中进行走访慰问，察看县贫困人口就业创业服务中心项目建设运营情况，随后在林西县委县政府召开“丰台区与林西县京蒙对口帮扶座谈会”。林西县委书记田向存主持会议。会上，丰台区农委与林西县农牧业局签署农副产品销售框架协议，丰台区城建综合开发公司与林西县五十家子镇老房身村签署“万企帮万村”结对帮扶协议。区领导张巨明、李正斌、李岚、张婕，区发改委、区农工委、区商务委、区人力社保局、团区委等相关部门主要领导一同参加。

（李兵兵）

【市领导到丰台区调研城市南部地区发展】 6月15日，市委书记蔡奇，市委副书记、市长陈吉宁围绕“优化城市空间格局，促进城市南部地区加快发展，打造首都发展新高地”到丰台区调研，察看南中轴线区域疏解整治促提升和南苑森林湿地公园规划建设进展情况、丽泽金融商务区规划建设情况，随后在丽泽金融商务区展示中心二层会议室召开座谈会。副市长张工，市委秘书长崔述强，副市长殷勇，市政府秘书长靳伟，区领导汪先永、王力军、肖辉利、吴继东、李岚、张鑫、连宇一同调研并座谈。

（李兵兵）

【举行纪念全民族抗战爆发81周年仪式】 7月7日，纪念全民族抗战爆发81周年仪式在中国人民抗日战争纪念馆举行。中共中央政治局委员、北京市委书记蔡奇主持仪式。市委副书记、市长陈吉宁，市人大常委会主任李伟，市政协主席吉林和中央有关部门、中央军委政治工作部领导出席。区领导汪先永参加。王力军、张巨明、高峰、李岚、连宇带队开展周边环境秩序维护及安全保障工作。

（李兵兵）

【调研南苑–大红门地区疏解整治促提升工作】 7月21日，汪先永、王力军先后到福成大厦调研区政务中心选址情况，到南苑–大红门地区调研疏解整治促提升工作，察看方仕国际轻纺城、正天兴市场、鸿锦酒店、久敬庄57号院等市场疏解及违法建设连片拆除情况，随后，汪先永主持召开南苑–大红门地区疏解整治促提升总指挥部会议。张巨明、肖辉利、高峰、吴继东、李岚、李春滨、连宇一同调研。

（李兵兵）

【丽泽规划方案优化升级阶段性成果汇报会召开】 7月25日，汪先永在区委区政府机关三层第一会议室主持召开丽泽规划方案优化升级阶段性成果汇报会。波士顿咨询（上海）有限公司汇报了丽泽规划方案优化升级国际咨询阶段性成果及英国伦敦金丝雀码头建设经验，北京市建筑设计研究院有限公司汇报了丽泽规划方案优化升级阶段性成果。肖辉利、吴继东、李岚、周新春出席。

（李兵兵）

【调研中关村丰台科技园优化营商环境工作】 8月29日，汪先永就优化营商环境到中关村丰台科技园调研，察看北京铁道工程机电技术研究所股份有限公司、国信优易数据有限公司、黑钻石国际传媒集团办公环境及企业发展运营情况，并与企业负责人座谈交流。张巨明、李岚一同调研并座谈。

（李兵兵）

【市领导到丰台区调研生态环境建设工作】 9月22日，市委书记蔡奇，市委副书记、市长陈吉宁围绕“大力开展造林绿化，大幅度扩大绿色生态空间”主题，到嘉囿城市休闲公园调研，并召开现场推进会。市领导李伟、吉林、张工、林克庆、崔述强、侯君舒、隋振江、卢彦，区领导汪先永、王力军、李岚、张鑫、连宇一同参加。

（李兵兵）

【中国戏曲文化周开幕式】 10月1日，2018中国戏曲文化周在北京园博园开幕。市委常委、宣传部部长杜飞进，中国文联党组成员、副主席、书记处书记李前光，文化和旅游部党组成员李世宏，国家教育咨询委员会委员陶西平出席开幕式。文化和旅游部、北京市有关部门负责人，区领导汪先永、王力军、李昌安、刘宇、张巨明、李岚、王百玲、王新元、张婕、连宇、冯晓光一同出席。

（李兵兵）

【夜查北京南站周边环境秩序】 10月8日，汪先永、王力军带队夜查北京南站周边环境秩序，在供销弘泰大厦、北京南站北广场察看北京南站周边环境秩序和治安秩序现状，并了解国庆期间车站客流和运力保障情况。肖辉利、李岚、李春滨、张鑫、连宇一同夜查。

（李兵兵）

【调研市民家门口的绿化及便民店建设工作】 10月13日，汪先永、王力军到花乡调研市民家门口的绿化及便民店建设工作，察看了草桥村镇国寺北街市民家门口的绿化、便民店建设及生活性服务业精品示范街区建设情况，白盆窑村利用疏解腾退空间开展造林绿化、建设城市休闲公园工作情况。张巨明、肖辉利、李正斌、李岚、周新春、张鑫、连宇一同调研。

（李兵兵）

【赴河北沧州洽谈对接大红门地区市场疏解工作】 10月22日，汪先永率丰台区党政代表团赴河北沧州洽谈对接大红门地区市场疏解工作，察看东塑明珠商贸城承接北京大红门服装批发市场的相关情况，考察走访沧州市规划馆、沧州市大运河生态修复与环境卫生整治工程项目展示区，并召开座谈会，听取东塑集团关于承接大红门地区外迁商户情况的汇报。沧州市委书记杨慧一同考察。沧州市领导何志伟、赵学明、刘强、李克良、贾兆军，区领导张巨明、肖辉利、李正斌、李岚及区相关部门负责人一同考察并座谈。

（李兵兵）

【调研“两委”换届工作】 11月9日，汪先永同志到联系村——长辛店镇辛庄村调研指导村“两委”换届工作，主持召开调研座谈会，与村民代表谈心谈话，了解村域发展现状以及村民思想状况，听取对于“两委”换届工作的意见建议。张巨明、李正斌一同调研并座谈。

（李兵兵）

【市领导到丰台区调研丽泽金融商务区发展建设工作】 11月19日，市委书记蔡奇，市委副书记、市长陈吉宁到丰台区调研丽泽金融商务区发展建设工作，察看了丽泽金融商务区SOHO项目建设情况，并在太平桥街道办事处召开座谈会，与朝阳、海淀、丰台、石景山四区主要负责同志座谈，研究谋划中心城区新一年工作。市领导林克庆、崔述强、隋振江，市政府秘书长靳伟，区领导汪先永、王力军、肖辉利、吴继东、李岚、周新春一同调研并座谈，张鑫、连宇一同调研。

（李兵兵）

组织工作

【概　况】 2018年，区委组织部把握区域发展的新形势对组织工作提出的新任务、新要求，贯彻新时代党的建设总要求和党的组织路线要求，履行选干部、配班子，建队伍、聚人才，抓基层、打基础的职责，开展各项工作。

（赵　鑫）

【干部选拔任用】 年内，调整处级干部339人次。其中提拔和转任重要岗位119人，平级交流94人，兼职免职等126人。提拔正处级领导干部26人、副处级领导干部32人，非领导职务干部53人。提拔女干部32人，少数民族干部5人，非中共党员干部2人。

（赵　鑫）

【教育培训】 年内，开展区级主体班次18期，举办专题班次24期，培训各类干部6000余人次。组织全区处级干部开展学习习近平新时代中国特色社会主义专题读书活动。在正、副处领导干部任职、年轻干部培训班等主体班次中，重点抓好理论教育和党性教育，强化干部专业化能力培训。挖掘区域红色资源，推进宛平城和抗日战争纪念馆现场教学基地开发。完成全区干部培训电子档案填录核对工作。

（赵　鑫）

【干部实践锻炼】 年内，坚持在重大活动、重点任务和急难险重工作中培养历练干部。对敢担当、有知识、有潜力的优秀年轻干部，安排到急难险重的基层和重点工作一线锻炼。全年选派200余名处、科级干部参与南苑－大红门地区综合整治、安全隐患整治、环境专项督察、巡视巡察等工作，选派10名干部赴青海、内蒙、河北等地挂职。

（赵　鑫）

【选拔培养年轻干部】 年内，到全区70余家单位开展年轻干部调研走访。着眼近期需求和长远战略需要，选拔储备一批优秀年轻干部。从航天一院、航天三院等驻区科研院所选拔5名专业干部到街道、产业园区、科技创新服务部门挂职。

（赵　鑫）

【干部考核】 年内，完成2017年度区委管理的处级干部考核奖励评定工作，确定优秀三等功54人、优秀嘉奖159人、称职嘉奖58人，并将考核结果作为干部选拔任用的重要依据。

（赵　鑫）

【处级领导干部兼职清理】 年内，召开处级党政领导干部兼职清理规范工作推进会，明确政策要求、清理责任、完成时限，确保清理到位。与相关责任单位沟通联系，紧跟清理进展，协调打通清理“通道”，推动兼职清理工作规范彻底。

（赵　鑫）

【村和社区“两委”换届选举】 年内，按照全市统一部署，加强党组织领导把关，突出政治标准，落实“一肩挑”要求，严把“五好、十不能”候选人资格条件，严肃换届纪律，完成全区村和社区党组织换届选举，队伍整体结构不断优化。

（赵　鑫）

【推进党建引领工作】 年内，坚持以党建为引领，以三级综合治理平台为依托，推动政策、资源、力量向基层倾斜，成立区、街乡镇、社区村三级党建工作协调委员会，整合各方资源、力量参与基层治理，解决一批群众反映强烈的实际问题，破解城市治理“最后一公里”难题。深化党组织和在职党员“双报到”工作。

（赵　鑫）

【推进支部规范化建设】 年内，以“一规一表一册一网”为载体，修订全区党支部工作规范，推动党支部工作和党员组织生活全程记实，结合区域、行业、岗位特色开展支部主题活动，开展汽车博物馆机关党建标准化试点工作，形成全方位、多层次加强党支部规范化建设的工作体系。

（赵　鑫）

【党组织整顿】 年内，开展市级软弱涣散村党组织整顿工作，由区领导挂帅，“一村一策”精准指导，落实“五个一”工作机制，安排7个职能部门结对定向帮扶，每村100万专项整顿资金，帮助村党组织办成一件群众最关心、最直接、最现实的实事。

（赵　鑫）

【推进党建信息化建设】 年内，借助现代信息技术搭建非公党建云数据平台，实现党组织对非公企业“注册登记、培育发展、迁出注销”全过程跟踪，消除党建“盲区”和“空白点”。依托“互联网+”，推广方庄地区以“掌上四合院”小技术撬动大治理的经验做法，创新党建引领社会治理新模式，实现在线议事、问题曝光、整改反馈，解决民生类诉求990件。

（赵　鑫）

【党员发展】 年内，坚持把政治标准放在首位，按照“优化结构，突出重点，提高质量”的思路，加强党员发展工作的整体调控。全年发展党员计划数中35岁占50.8%，大专以上学历占84.6%，“两新”领域占24.3%，优化党员队伍结构，推动重点领域基层组织建设。强化党员发展责任落实，对全区现任社区（村）两委委员中的党员的入党过程进行专项核查。

（赵　鑫）

【开展党内表彰激励】 年内，结合纪念建党97周年活动，为推动全区环境建设、功能疏解、棚户区改造等重点工作开展，在全区评选52个“不忘初心 担当有为”先进基层党组织和345名优秀共产党员，营造新时代新担当新作为的氛围。

（赵　鑫）

【党内帮扶慰问】 年内，加大对建国前老党员医疗补贴力度，帮扶慰问生活困难党员、建国前老党员、党务工作者1361人次。

（赵　鑫）

【补选丰台区人民政府区长】 8月8日至10日，在北京东方美高美召开丰台区第十六届人民代表大会第五次会议补选丰台区人民政府区长。会议应到代表337名，实到代表291名，区委副书记，区政府党组书记、副区长、代区长王力军全票当选丰台区人民政府区长。

（赵　鑫）

【强化党管人才】 年内，健全党管人才领导工作机制，出台《丰台区区级领导直接联系服务专家工作制度》，密切党同专家之间的联系，强化政治引领，增强党在专家群体中的影响力和号召力。组织开展“弘扬爱国奋斗精神 建功立业新时代”系列活动，加强对广大知识分子的团结凝聚，引导广大知识分子立足岗位、发挥作用。

（赵　鑫）

【人才工作平台建设】 年内，立足区域重点产业发展方向，持续推进产学研用合作平台建设，全区有院士专家工作站19家，引进院士和专家41名；推进博士后工作站建设，建立丰台博士之家，搭建在站博士后沟通交流平台，全区设站企业26个，在站博士后30人，进出站博士后65人。强化大创园、留创园工作，打造“北京IBI创业训练营”品牌活动，助力创新创业发展。

（赵　鑫）

【优化人才发展环境】 年内，加大众创空间、科技企业孵化器扶持力度，助力人才服务载体创新发展，全区有科技企业孵化器18家，众创空间27家。优化“聚才引智”服务，为企业打造政企沟通、企业互动、人才培养、专家服务、岗位信息五大平台，构建企业人才服务“绿色通道”。优化营商环境，开展“企业、人才服务月”活动，对接企业需求，协调解决实际困难和问题，加强人才公共服务保障。组织“2018北京海外高层次人才园博园长走活动”，联系、团结和凝聚首都海外优秀人才，促进国际人才和高端产业要素向丰台区集聚。

（赵　鑫）

宣传工作

【概　况】 2018年，区委宣传部以习近平新时代中国特色社会主义思想为指引，学习贯彻党的十九大精神，贯彻落实中央、市委关于宣传思想文化工作的要求部署，把握丰台发展时区，推进理论学习教育、意识形态工作责任制落实、新闻宣传和网络舆论引导、社会主义核心价值观建设、全国文化中心建设等工作，为建设和谐宜居的首都中心城区提供思想保证和精神力量。

（刘　屹）

【理论学习宣讲】 年内，以党委（党组）理论学习中心组学习为抓手，学习宣传贯彻习近平新时代中国特色社会主义思想和党的十九大精神，夯实党员干部思想基础。全年服务保障区委理论学习中心组学习27次。结合市区实际，组织领导干部围绕落实北京城市总体规划、疏解整治促提升、精准扶贫、优化营商环境等重点工作进行专题学习研讨。发挥新媒体优势，融合视频、微信公众号等载体开展学习交流，发挥理论学习中心组微信群即时通讯作用，分享交流党的创新理论，促进学习成果转化。加强对全区各级党（工）委、党组理论学习指导，开展

“理论家走基层”活动，通过理论宣讲小分队等形式，让理论宣讲工作真正沉下来、走进去。

（刘　屹）

【精神文明建设】　年内，完成首都文明示范区测评复查迎检工作，持续推进文明城区、文明村镇、文明单位、文明家庭、文明校园“五大创建”向纵深发展。打造社会主义核心价值观主题宣传示范点21个，形成宣传示范带动效应。推进“礼让斑马线”“V蓝北京”等主题实践活动，区域文明风尚建设取得新成效。开展丰台区“我与改革开放”百姓故事会系列活动，发动群众讲好丰台发展故事。用好卢沟桥－宛平城、抗日战争纪念馆等爱国主义教育基地，加强爱国主义教育、中华优秀传统文化教育、革命传统教育。完成纪念全民族抗战爆发81周年系列活动保障任务。以“不忘初心跟党走 砥砺筑梦新征程”为主题，指导各街乡镇和部分委办局围绕十九大精神开展百姓宣讲活动，团结引领广大群众听党话、跟党走，在全区掀起学习十九大精神的热潮。组建“大国工匠高凤林”先进事迹报告团，开展道德模范、最美人物、身边好人等推选学习活动，为道德榜样颁发“文明护照”，倡导“礼遇文明”社会风尚。

（刘　屹）

【新闻舆论阵地建设】　年内，围绕市委、区委中心工作，立足市区“两会”、改革开放四十年等重要时间节点，聚焦南苑－大红门地区、丽泽金融商务区、科技园区等重点功能区建设，着眼疏解整治促提升、民生改善、高质量发展等重点工作以及中国戏曲文化周等文化活动，在新华社、人民日报、中央电视台、光明日报、北京日报、北京电视台等各类媒体开展宣传报道6800余篇。成立区级融媒体中心，构建全区“一三三”融合报道工作体系，通过一个“区级融媒体中心”加南苑、丽泽、丰台科技园三个“重点区域融媒体分中心”加300个“基层新闻采集点”的模式，全方位展示全区党员干部新时代的担当作为。加快社区新闻工作室建设，动员社区群众成为新闻发声人，打通基层宣传“最后一公里”。全面整合发布终端，在“鲜度”和“温度”上下功夫，提升《丰台报》办报水平，在《丰台报》开设“街乡吹哨 部门报到”“丰台报社论”“环境建设红黑榜”等栏目，其中《紧紧抓住“牛鼻子”留白增绿南中轴——南苑乡深入推进疏整促工作纪实》《民有所呼 我有所应——办好群众身边事 当好群众贴心人》得到市委主要领导重要批示。探索构建丰台区域融媒体生态圈，实现全区“新闻＋政务，新闻＋服务”功能聚合，壮大宣传声势，讲好丰台故事。

（刘　屹）

【意识形态工作】　年内，落实《中共北京市丰台区委关于落实党委（党组）意识形态工作责任制的实施细则》，统筹全区各单位做好意识形态领域工作。落实意识形态工作责任制，加强意识形态领域引导和管理，定期召开意识形态工作联席会，会商研判风险点，把握意识形态工作主动权，维护意识形态安全稳定。按季度向区委常委会汇报全区意识形态工作情况，形成报告上报市委。将意识形态工作作为思想建设考评重要内容纳入《丰台区2018年党建工作考核综合评价细则》，将考评标准细化、量化，明确“责任链”、区分“责任田”。做好全区各单位形势政策教育和哲学社会科学报告会、研讨会、讲座、论坛审批备案。用好意识形态监管平台，为做好全区意识形态阵地管控打下基础。开展“清源”“固边”“净网”“剑网”等文化市场专项行动，提升“扫黄打非”工作效能，文化市场秩序进一步规范。

（刘　屹）

【文化事业产业发展】　年内，推进全国文化中心建设和西山永定河文化带保护发展工作。挖掘南中轴、莲花池金中都以及宛平城卢沟桥区域文化内涵，在《前线》《北京日报》等刊物推出一批主题文章。开展“南中轴历史文化资源价值挖掘与内涵提升课题”研究，为南中轴建设和发展提供历史依据和文化支撑。实施首都文化传承工程，将一批热爱首都文化并自发守护传承的普通市民扶植为文化守望人。实施丰台区传承中华优秀传统文化传承工程，设立中国手工坊、伯鸿书院等一批中华优秀传统文化传承示范点。举办2018中国戏曲文化周，国庆期间接待游客20余万人次。打造戏曲特色文化氛围，重点扶持11家群众性票房发展。组织迎新春群众文化汇演，持续办好“我们的节日”“花开丰台·端午游园会”“卢沟晓月”等系列活动。立足优化营商环境，推动文化创意产业发展，为驻区文创企业搭建交流平台，开展政策宣讲和业务培训，推进实施老旧厂房拓展文化空间课题研究，组织开展首批北京市文化创意产业园区认定申报工作。研究高层次文创人才认定标准，推动丰台区文创高层次创新创业人才评选平台建设。

（刘　屹）

【舆情信息管理】　年内，做好网上宣传报道和舆论引导，制作利于传播的音视频资源，推送至腾讯视频、喜马拉雅FM、今日头条、抖音、新华社现场云等平台，不断加大新媒体发布力度。以传统节日和重大活动为契机，全年开展网络直播活动10余场，总观看量966万人次。成立区委网信办，完善舆情应急响应工作机制，做好舆情会商工作。建立舆情专报制度，按期报送日报、月报、季报，推动网络舆情信息从发现问题到解决问题形成闭环。汇总、梳理全区政务微博、微信开通情况，部署开展区级党政机关网站基本情况调研，摸清底数，建立台账。开展全区网络安全和信息化工作培训，夯实网络安全工作基础，提高全区各单位管网用网水平。

（刘　屹）

纪检监察

【概　况】　2018年，区纪委区监委落实市纪委市监委和区委的决策部署，开展纪律检查体制改革和监察体制改革，履行监督执纪问责、监督调查处置职责，惩治腐败，纠正“四风”，各项工作取得新的进展和成效，为区域经济社会发展提供纪律保证。

（俞　杰）

【中共丰台区纪委十二届三次全会召开】　2月24日，中共丰台区纪委十二届三次全体会议召开。全会主要内容是深入学习贯彻习近平新时代中国特色社会主义思想，全面贯彻落实党的十九大精神，贯彻落实中央纪委二次全会、市纪委三次全会和区委五次全会工作部署，总结2017年纪检监察工作，部署2018年工作任务。全会审议通过区纪委常委会所作的题为《以习近平新时代中国特色社会主义思想为指导，持续推动丰台全面从严治党向纵深发展》的工作报告和《中共北京市丰台区纪律检查委员会工作规则》。全会强调，2018年是全面贯彻落实党的十九大精神的开局之年，全区纪检监察组织和纪检监察干部要忠实履行党章和宪法赋予的职责，聚焦纪检监察工作主责主业，深化监察体制改革试点工作，持之以恒正风肃纪，深入推进反腐败斗争，营造风清气正的良好政治生态，建设忠诚干净担当的纪检监察干部队伍，为建设现代化中心城区提供坚强的纪律保证。全会要求，打铁必须自身硬。要坚持把政治建设放在首位，发挥班子建设的示范带动作用，突出履职能力建设这个重点，以更高标准狠抓作风建设，坚持不懈加强廉洁建设，确保党和人民赋予的权力不被滥用、惩恶扬善的利剑永不蒙尘。全会号召，全区纪检监察组织和纪检监察干部要更加紧密团结在以习近平同志为核心的党中央周围，全面贯彻市纪委市监委和区委的部署要求，锐意进取、埋头苦干，努力开创丰台区党风廉政建设和反腐败工作新局面。

（俞　杰）

【政治建设】　年内，领导班子组织理论中心组学习18次，班子成员及中层干部开展“送纪律下基层”活动，为所在社区（村）及驻在单位讲党课34次。坚持重要问题线索处置、重大案件查办、年度重点工作推进等情况向市纪委和区委请示报告。强化对党内政治生活准则、监督条例等党内法规贯彻执行情况的监督检查，对未经上级批准擅自作出决定或违背上级决定的6名党员干部进行严肃查处，对未经审批擅自出境旅游的1名退休干部给予党纪处分，对在微信朋友圈发表不当言论的2名干部给予通报批评和组织调整。

（俞　杰）

【监察宣传】　年内，加强《中华人民共和国监察法》学习宣传，组织区监委机关中层以上领导干部带头到社区、村宣传讲解监察法30余次。打造网络宣传新平台，运用“廉洁丰台”微信微博资源，推出“监察法问答”“学习宣传践行监察法”等系列宣传专栏，制作“15组数字看监察法”等H5微信专刊；研发包含监察法知识查询在内的智能普法机器人“丰晓纪”实体版和网络版，在“廉洁丰台”微信和街乡镇对外服务大厅同时发布。

（俞　杰）

【体制机制改革】　年内，完善党风政风监督室牵头抓总、纪检监察室重点监督、派驻纪检监察组和街道（乡镇）纪检监察机构日常监督、巡察组定向监督、村（居）纪检委员延伸监督的全方位多层次联动监督体系，重新梳理全区基层党组织纪检委员设置，推行社区（村）党组织纪检委员兼任居（村）务监督委员会主任。制定党政、人大、政协机关向纪检监察机关移送问题线索办法和加强执纪审查调查工作意见。制定完善办案点管理办法、采取留置措施相关部门响应机制等配套制度，修订监督检查审查调查措施使用规定，统一相关文书格式。

（俞　杰）

【推动作风建设】　年内，成立专项检查组18个，对50个处级单位纠正“四风”问题、深化作风建设情况进行监督检查。查处形式主义、官僚主义的老问题、新表现和党员干部不作为不负责的问题，立案16件，处理16人。全年查处违反中央八项规定精神问题32起，处理32人，对11起典型案例予以通报曝光。成立廉政宣讲团，组织11名宣讲团成员，以“责任 担当 奉献”为主题，开展巡回宣讲。协助区委召开全区领导干部警示教育大会，以全区典型案例为原型制作两部警示教育片，编印警示教育漫画读本。对8801名村和社区“两委”候选人进行逐一审查，对146名候选人作出审查意见，对两起干扰换届选举正常秩序的问题线索进行立案调查。

（俞　杰）

【强化监督工作】　年内，对市纪委部署的12项年度重点监督工作任务，实施“项目化、清单化”管理。实行监督效能动态公示制度，每月对派驻（派出）监察组织开展监督工作情况张榜公示、“亮黄牌”。全年，全区纪检监察组织开展函询128人次，发出纪律检查建议及监察建议104份，发现并移送转办问题线索200条。对“街乡吹哨 部门报到”落实不力的实施“双问责”，对22起生态环境损害问题进行责任追究，对1个党组织和81名党员干部实施问责。全年运用监督执纪四种形态1114人次，其中第一种形态910人次，第二种形态133人次，第三种形态21人次，第四种形态50人次。

（俞　杰）

【惩治腐败】 年内，协调区金融办召集全区19家主要银行，构建区监委开展金融资产查询、冻结等相关工作机制。监察体制改革以来首次跨省办案，在外省市纪委监委协同下异地留置9人。聚焦群众身边的腐败问题，立案审查（调查）县处级领导干部29人，查处4名涉嫌严重违纪违法的农村基层党组织和集体经济组织负责人。全年，全区纪检监察组织共处置问题线索687件，立案220件，结案212件，给予党纪处分127人、政务处分59人，移送审查起诉31人。劝返行贿人员回国自首1人，系十九大以来全市首个成功劝返外逃人员的案例。及时阻止两名涉嫌违纪违法人员外逃。

（俞　杰）

【推进巡察工作】 年内，建立巡察组驻地信访应急处理、加强巡察反馈整改等制度，探索向社区（村）党组织延伸巡察。全年完成对17个区属单位和7个社区（村）的巡察，发现问题95个，向相关部门移交问题线索30件，立案20件。抓住巡察反馈问题整改这一关键环节，指导15家被巡察单位梳理整改思路、完善整改措施。

（俞　杰）

【监察自身建设】 年内，做好党组织、党员“双报到”工作，171名在职党员回社区（村）服务394次，参与环境卫生、社区建设，提出各类意见建议24条。采取集中培训、委托培训、精准课堂、以干代训和案例教学“五位一体”的综合培训模式，分层分类分批对纪检监察干部进行系统培训。做好干部选任工作，选任正处级干部6名，副处级干部14名；提拔晋升正科级非领导职务干部16名、副科级非领导职务干部12名；选拔任用基层正科级领导干部4名。选派33名干部到市纪委学习锻炼，抽调基层27名干部参加以干代训活动，让干部在实干中锤炼业务能力。落实市纪委“五严守、八不准”行为规范，防止以案谋私、跑风漏气，严防“灯下黑”，对反映纪检监察干部的问题线索严肃查处，全年受理问题线索10件，立案2件，给予党纪处分1人，运用第一种形态8人。

（俞　杰）

统战工作

【概　况】 2018年，统战部坚持以习近平新时代中国特色社会主义思想为指导，贯彻落实习近平总书记关于加强和改进统一战线工作的重要思想和对北京重要讲话精神，在市委的领导和区委的统一部署下，强化政治引领，凝聚思想共识；聚力区域发展、服务中心大局；聚焦重点工作，推动任务落实；不断提升能力素质，加强队伍建设。

（张　良）

【建立协商议政机制】 年内，制定《丰台区2018年政党协商计划》，就区委全会报告、政府工作报告、调整增补政协委员建议人选、民主党派重点考察调研成果及建议、2018年度经济社会发展情况等重要议题，以协商会、座谈会、通报会等形式，与区各民主党派、工商联、无党派人士进行协商。

（张　良）

【开展主题活动】 年内，举办以“不忘合作初心 继续携手前行”为主题的纪念“五一口号”发布70周年系列活动，组织统战成员赴红旗渠、西柏坡等地进行爱国主义教育，开展“新阶层 新时代 新征程”主题教育、“书香丰台”读书活动、共建和谐“侨之家”活动等。举办各类培训11次，参训800余人次。创建丰台区统战微信公众号，宣传党的方针政策、统一战线的理论和工作成果，引导统战成员进行理论政策学习。创建“心聚丰”活动品牌，通过“连新阶层之心 聚新阶层之力 成新丰台之事”的品牌打造，搭建新阶层人士交流沟通平台。举办风采展示大赛、“政企面对面”沙龙，利用短视频等网络化手段，开展宣传报道，形成联络氛围。

（张 良）

【完善调研联动机制】 年内，完善“党委出题 党派调研 多层保障 部门落实 督查反馈”的调研联动机制，年初围绕区委中心工作，与区发改委、研究室等相关单位进行沟通，各民主党派和相关团体选取首都功能疏解、金融产业、文化创意、环境改造等10个调研课题进行调查研究，统战部予以专项资金保证。

（张 良）

【精准扶贫】 年内，按照“万企帮万村”，开展精准扶贫工作，统战部、工商联召开工商联执委会，号召会员企业通过产业对接，人才引入，就业转移等方式主动认领，定点帮扶。52家企业与涞源、扎赉特旗等贫困地区的28个村确定定点帮扶意向，捐助资金100余万元。

（张 良）

【优化营商环境】 年内，搭建政企交流平台，邀请发改委解读相关政策；联合区国税局、地税局、举办以“增创营商环境优势激发企业内生动力”为主题的非公经济企业税务沙龙；组织民营企业家参加“优化营商环境大家谈”座谈会等。听取企业对优化营商环境的意见建议，改进全区营商环境。

（张 良）

【创新推动基层统战】 年内，加大楼宇党委党组织体系建设，形成4个党总支和38个党支部的组织体系，设置组织、纪检、统战等“六部一室”工作机构，组建20余人的专兼职统战队伍，让楼宇统战工作落实到岗、落实到人。坚持“主动上门拉近距离真诚服务赢得信任”的工作理念，围绕企业的需求、困难，通过协调职能部门到楼宇“坐班”等方式，为企业提供方便、快捷的服务。把联谊交友作为基层统战工作的重要内容和重要方式，通过建立楼宇商会、新联会等一批统战社团组织，吸纳代表性强、有影响力的党外优秀代表人士，联系商务楼宇中的统战成员，做大做强“朋友圈”，画大“同心圆”。研发丰台非公党建云平台，开发“时代微党建”手机APP。

（张 良）

【民族宗教工作】 年内，区委常委会研究审议宗教工作议题7次，召开民族宗教工作领导小组会9次，研究制定《关于加强和改进新形势下丰台区宗教工作的实施意见》等文件7项。区委把宗教工作纳入区委理论中心组和党员干部学习培训范畴，邀请国家宗教事务局政策法规司司长韩松，原国家宗教事务局局长叶小文进行授课，参训近400人。持续深化“四个一批”综合治理模式，健全完善“1+2+7+X”管理机制，不断细化“四统一”“五不准”工作规范，全区基督教聚会点数量由最多时的130多个，减少到79个。以排查居住点、排查工作单位、排查工作生活轨迹、排查亲属线索“四排法”推进“锡安教会”专项治理，完成61名在账信徒落地核查和教育转化。将聚会点的管控纳入社区网格化管理和综治群防群控体系，掌控讲台、人数和活动规律，实现防控到位。探索通过实现楼宇统战工作全覆盖，阻断有宗教背景的组织和个人，在楼宇内利用各种形式，将宗教向社会领域渗透。东铁匠营、马家堡、方庄等街道建立楼宇统战工作机制，宗教工作社会化管理取得新成效。

（张 良）

【党外代表队伍建设】 年内，开展全区党外科级干部大摸底，不断充实党外后备干部人才库。注重加强与驻区中央市属单位、高等院校的联系，物色党外人才。调动园区、商务楼宇等基层党组织推荐积极性，采取新的社会阶层人士个人推荐等方式拓宽发现渠道。建立完善联谊交友列名制度，区委常委和各级党委领导班子成员每人联系2名党外代表人士，统战系统处级党员领导干部每人联系5名党外代表人士。支持党派团体加强领导班子和干部队伍建设，加大中青年骨干培养力度，组织各类主题教育和参观学习活动，推荐代表参加市级统战系统组织的主体班次培训。将优秀党外科级干部放到南苑－大红门地区、丽泽金融商务区等重点工作岗位进行挂职锻炼。全年推荐市新联会理事人选5名、市党外智库人才6名、市优秀中国特色社会主义建设者3名、光彩会理事16名，区党外特约监察员11名、区青联委员40名。

（张　良）

【统战干部队伍建设】 年内，将统战工作纳入丰台区党建工作考核体系之中，考核指标按照“四纳入，三带头”的要求，明确党委的主体责任和年度重点工作，并在全区范围对考核细则进行培训，确保各级党委（党组）应知尽会。组织统战干部培训班，对统战理论、政策进行全方面培训；召开统战干部座谈会，邀请中央统战部领导与丰台区统战干部进行工作交流，学习上级统战部门的先进工作经验，解决工作中存在的困难问题；举办统战工作现场会，学习时代风帆楼宇统战工作先进经验，各示范点进行交流，相互学习。统战部与民宗办、工商联、侨联通过召开会议、开展培训和组织活动等方式，加强干部的横向交流，共同提升统战工作专业能力。

（张　良）

机构编制管理工作

【概　况】 丰台区机构编制委员会办公室（区编办）是区委机构编制委员会（区委编委）的常设办事机构，在区委编委的领导下负责本区行政管理体制和机构改革以及机构编制日常管理工作，既是区委工作机构，同时也是区政府工作机构，列入区委机构序列。2018年，围绕中心，服务大局，推进体制机制和机构编制管理各项工作的开展。

（杨　驰）

【调整丰台区机构编制委员会】 年内，区机构编制委员会更名为区委机构编制委员会，为区委议事协调机构，统筹负责全区党和国家机构职能编制工作。区委机构编制委员会主任由区委书记担任。

（杨　驰）

【推进街道管理体制改革】 年内，在卢沟桥街道、太平桥街道、方庄地区、东高地街道开展综合设置各类机构试点改革工作。印发《关于在试点街道试行北京市街道党工委和办事处职责清单的通知》，明确职责事项6部分111项；明确街道参与、协助、配合事项的主责部门，推进街道依法履职。以区委办公室、区政府办公室名义印发《关于试点街道各类机构综合设置的实施方案》，整合街道党工委、办事处内设机构，将街道内设机构综合设置为综合办公室、党群工作办公室、平安建设办公室、城市管理办公室、社区建设办公室、民生保障办公室。按规定设置纪工委（派出监察组）。试点街道所属事业单位调整设置为党建服务中心、社会保障服务中心和城市运行指挥中心。

（杨　驰）

【建立完善权责清单制度】 年内，加强权责清单动态管理，分3批调整行政职权事项102项，其中新增13项，取消12项，划转50项，变更22项，承接5项。

（杨　驰）

【推进“减证便民”】 年内，取消涉及企业和群众办事创业证明19项，12个部门暂时保留证明事项35项，公布《本市暂时保留目录中7项涉及居（村）委会开具的证明目录》；印发《关于区级相关部门进一步把减证便民改革措施落到实处的通知》《关于街道乡镇进一步把减证便民改革措施落到实处的通知》，把“减证便民”各项改革举措落实到基层一线。

（杨　驰）

【规范行政审批中介服务】　年内，清理规范中介服务事项13项，制定《北京市丰台区行政审批中介服务事项目录清单》，向社会公开。

（杨　驰）

【促进网信工作发展】　年内，整合成立中共北京市丰台区委网络安全和信息化领导小组，其办事机构为中共北京市丰台区委网络安全和信息化领导小组办公室。

（杨　驰）

【成立融媒体中心】　年内，在北京市丰台区广播电视中心加挂北京市丰台区融媒体中心牌子。

（杨　驰）

【事业单位法人管理】　年内，办理事业单位法人设立登记2家、变更登记55项、注销登记11家。督促丰台区549家事业单位法人按期开展年度报告并进行网上公示。做好事中事后监管，双随机对4家事业单位法人开展抽查。

（杨　驰）

区直机关工委工作

【概　况】　2018年，区委区直机关工委系统有基层党组织79个，其中代管机关党委6个，直管机关党委15个、党总支19个、党支部39个，党员21435人，其中代管党委党员6299人。区直机关工会所属单位48家，工会会员1626人。机关团工委所属团支部7个，团员50人。

（吴怡真）

【党建工作会召开】　4月17日，区直机关工委组织召开2018年区直机关系统党建工作会。82家基层党组织书记、副书记和负责党支部规范化建设的工作人员170余人参加会议。会上观看《2017年机关党建在行动》专题片，部署2018年党建工作，并对党支部规范化建设进行培训。会议下发《区直机关2018年党建工作要点》《2017年度基层党组织述职评议考核结果反馈》。

（吴怡真）

【支部规范化建设】　年内，按照支部规范化“五有”目标，推进支部规范化建设。完成36个机关党组织换届工作，新发展党员150名，转接党组织关系895名；用好“一规一表一册一网”，落实好“三会一课”，坚持每月一次主题党日活动、领导干部参加双重组织生活等；开展第二批6个单位党建阵地建设，所有独立办公单位建设了党员活动阵地；制发《区直机关党费管理使用办法》《关于进一步做好党费收缴工作的通知》；收缴党费2944848.84元，下发党支部活动经费和党员培训经费140.9万元，保障党员培训等支部工作的落实。

（吴怡真）

【开展“四讲四比”活动】　年内，开展“讲政治、比素质；讲责任、比担当；讲服务、比作风；讲沟通、比氛围”系列活动，评选145名“党员先锋岗”，工商分局刘若成为北京电视台访谈嘉宾；组织“讲改革故事 展机关风采”宣讲比赛，讲身边人、身边事；抓好“双报到”工作，《明确“1+4”落实双报到》被《北京机关党建》刊登；组织纪念全民族抗战爆发81周年、烈士纪念日、马克思诞辰200周年、庆祝改革开放40周年展等重大活动，近8000名党员参加。

（吴怡真）

【教育培训】 年内，坚持按需培训和分层次培训，以第八协作组为试点，开展组长单位牵头，成员单位党支部书记参加的政治业务培训；开展机关党组织书记专题培训和轮训，240余人参加；开展纪检委员、组织委员、宣传委员等党务工作者专题培训，270余人参加；与区委党校合作，完成150名入党积极分子培训；组织新党员入党宣誓和专题培训。

（吴怡真）

【创建“机关党建”微信公众号】 8月，“机关党建”微信公众号上线运行，公众号开设“身边的榜样”“机关宣讲”“党风廉政”等栏目，链接长城网和E先锋，全年推送信息21次110条，涵盖党组织活动剪影、优秀共产党员风采、支部工作法经验展示、党建协作组活动展示、理论学习提示等多个方面内容。截至年底，关注用户数3352人。

（吴怡真）

【开展调研月督导】 年内，制定《区直机关工委班子成员联系基层党组织工作制度》，8月至9月定为调研月，由班子成员带队，深入亮点单位、待提升单位和涉及机构改革单位等22家，针对性地开展督促、指导和典型挖掘，压实党建责任。

（吴怡真）

【党建创新】 年内，继续开展党建创新项目申报，通过评审，评选出30个项目，其中协作组项目6个、党组织创新项目24个，给予经费支持67.45万元，形成工商分局“榕树工作法”、区人保局“雁阵工作法”、团区委“网红计划”等特色工作案例19个，激发党建活力，打造机关党建品牌。

（吴怡真）

【党建述职评议考核】 年内，对党建评议考核方案和考评体系进行调整和完善，做到与日常管理台账结合，与班子督导调研结合，与区委党建评议考核模式结合，与现场述职和书面述职结合，现场述职单位缩小至党委、部分总支、支部。通过考核，梳理出“履职尽责不到位”“基础工作不扎实”“参加活动不积极”等党建问题15类126个，提出意见建议及整改措施118个。

（吴怡真）

【党风廉政宣传教育】 年内，开展“学条例 严纪律 敢担当”主题征文活动，精心选取25篇优秀文章汇编成册，下发系统各单位基层党组织；组织系统纪检委员到丰台人民法院旁听职务犯罪庭审活动。组织工委全体党员干部开展应知应会测试，观看《清风北京——北京市正风肃纪教育片选集》等，强化工委自身廉政教育和监督。

（吴怡真）

【举办广播体操比赛】 9月19日，区直机关工委与区体育局、区总工会联合举办主题为“凝力量 练体魄 促和谐”区直机关第九套广播体操比赛，区直机关系统51家单位43支参赛队伍900余名干部职工参加比赛。评选出一等奖5名、二等奖8名，三等奖14名。

（吴怡真）

【举办书画摄影展】 4月11日至5月11日，在园博园巧娘工作室举办主题为“文化自信强学习 凝心聚力促和谐”区直机关书画摄影展，展出作品80余幅，均来自区直机关书画摄影活动获奖作品，反映丰台经济建设新发展、生态环境建设新面貌、作风建设新变化、队伍建设新风采，弘扬社会主义核心价值观，3000余人参观学习。

（吴怡真）

精神文明建设工作

【概　况】 2018年，丰台区精神文明建设工作坚持以党的十九大精神为指导，贯彻习近平同志系列重要讲话精神和治国理政新理念新思想新战略，落实首都和区文明委工作部署，围绕培育和践行社会主义核心价值观这一根本，以创建首都文明示范区工作为主线，着眼提升市民文明素质和社会文明程度，完善区域精神文明建设同创共建的新格局、新机制，加强公民思想道德建设各项工作，深化精神文明创建各项活动，不断提升丰台区精神文明建设整体水平。

（王西军）

【“社会主义核心价值观”宣传教育】　年内，制定下发《丰台区2018年文明市民学校工作安排》，依托文明市民学校开展宣传，引导市民自觉遵规守约、践行核心价值观要求。新建社会主义核心价值观主题文化墙4处。将“我们的节日”系列活动与社会主义核心价值观宣传有机结合，弘扬传统文化，聚集正能量。统一印制元旦、春节、清明、端午、中秋、重阳宣传海报18000张，发放至街乡镇、社区村，利用宣传栏进行宣传，并组织开展群众性特色文化活动。

（王西军）

【“北京榜样·最美丰台人”选树活动】　年内，将“北京榜样”和“寻找最美丰台人”两项活动有机结合，在全区组织开展“北京榜样·最美丰台人”主题活动。全区推荐336人参评北京榜样，向市组委会推荐“北京榜样”候选人112名，其中刘宝中当选“2018北京榜样”十大年度榜样人物，董桂珍获“2018北京榜样”年度榜样提名人物，武起义、林桂英登上“2018北京榜样”月榜，虞承波、牟伟、薛秉浩、李冠弘被评为周榜样人物。印制《最美丰台人事迹汇编》2000册，作为文明市民学校教材广为传播。

（王西军）

【道德风尚教育活动】　年内，营造“学榜样我行动”的氛围，组织全区干部群众通过电视直播、重播、手机在线等方式观看“2017北京榜样”颁奖典礼，把收看颁奖典礼作为一次生动的道德风尚教育，掀起学习榜样、崇尚榜样、争当榜样的热潮。春节期间，开展“善满丰台送吉祥”活动，为道德模范、北京榜样、身边好人、最美丰台人等先进人物代表送去春节吉祥包、新年慰问信。开展“文明护照”行动，为“文明护照”持有者提供游园、观演、体检、理发等一系列免费服务，在全区形成礼遇文明的社会风尚。组织全区道德模范、北京榜样、最美丰台人中秋游园,感受传统文化、砥砺家国情怀。

（王西军）

【“卢沟晓月”中秋活动】　2018年“卢沟晓月”中秋活动以“月圆京城 情系中华”为主题，以群众游园、民俗讲解、民乐演出、礼遇模范等形式，开展群众性中秋文化活动，传递中秋节团圆、文明、和美的文化内涵，固化“卢沟晓月”中秋文化品牌。以点家灯、写家训、寄家信等形式，组织开展“卢沟晓月·点亮心愿·祝福祖国”“点亮家灯·传递祝福”和“一封家书·见字如面”等线上传播活动，参与人数36万人。组织“卢沟晓月”中秋音乐会现场网络直播，超过46万名网友全程参与。策划推出“点亮团圆灯 共祝中秋情”系列人物纪实报道，组织多波次多维度融合报道，中央、市属媒体相关报道近20条次，中央电视台连续三天在《新闻直播间》《第一时间》《朝闻天下》播出4条新闻，提升群众知晓率。

（王西军）

【学雷锋志愿服务活动】　年内，发挥先进志愿服务团队的示范引领作用，将全区的学雷锋志愿服务活动引入常态化发展，扩充优秀志愿服务队伍，做好首都志愿服务岗站和“四个一百”先进志愿服务组织的推荐工作。全区有学雷锋志愿服务示范站17个，示范岗14个，服务站131个，服务岗128个；金牌志愿服务项目11个；在全国“四个一百”先进典型推荐工作中，右安门街道翠林三里社区和东高地街道西洼地社区被评为全国“最美志愿服务社区”，汽车博物馆志愿服务队“雷锋宣讲”志愿服务项目获全国“四个一百”最佳志愿服务项目。

（王西军）

【“精神文明建设奖”推荐评选活动】 年内，按照市委宣传部、首都文明办和市人力社保局联合下发的《关于开展2017—2018年度“首都精神文明建设奖”评选活动的通知》要求，成立丰台区“首都精神文明建设奖”评选推荐工作领导小组办公室，起草下发《丰台区关于开展2017—2018年度“首都精神文明建设奖”评选活动工作方案》，对丰台区“精神文明建设奖”评选推荐工作进行部署。经过全区各系统、各单位推荐，层层筛选，社会公示，区委常委会审议，推荐高凤林等7人参评“首都精神文明建设奖”。

（王西军）

【首都文明示范区测评】 年内，按照首都文明委《2018年北京市文明城区测评检查工作方案》的通知要求，结合5月28日文明城区创建工作座谈会暨2018年文明城区测评工作培训会精神，结合当前环境整治促提升等中心工作，做好迎接首都文明区测评。测评总成绩351.12分（满分465分），在首都文明城市中排名第3位，在16个区中总分排名第12位：其中实地考察得分223.90分（满分300分），在16个区中排第13位；问卷调查得分127.21分（满分165分），在16个区中排第8位。

（王西军）

【文明街巷、文明商户考评推荐】 年内，按照《2018年城六区和通州区文明街巷文明商户创建工作实施方案》的通知要求，文明办召集区城市管理委、卫计委、商务委、园林绿化局、规土分局、工商分局、质监分局、城管执法局、食药监局、交通支队10家单位共同研讨，联合区城市管理委印发《丰台区2018年文明街巷文明商户考评工作方案》。经过街乡镇考评推荐，文明办等11家单位联合评审，社会公示，区委常委会审定，推荐文明街巷23条，文明商户36家。

（王西军）

【表彰首都精神文明创建先进单位】 年内，按照首都文明委下发的《关于表彰2015—2017年度首都精神文明创建工作先进单位的决定》要求，向区相关单位下发奖牌242块，其中首都文明示范区1块，首都文明乡镇4块，首都文明村28块，首都文明单位标兵19块，首都文明单位79块，首都文明社区88块，首都文明风景旅游区6块，首都文明校园17块。首都文明委奖励丰台区文明示范区奖金100万元，奖励各类先进单位奖金185万元，对照首都文明办奖励标准，发放至各街乡镇和各系统单位。

（王西军）

【文明旅游和诚信教育宣传】 年内，印制2018年文明旅游宣传海报41000张，发至21个街乡镇和旅游委、园林绿化局、商务委、公安分局等相关单位，国庆假日期间，在交通枢纽、旅游景点、出入境窗口、宾馆饭店、旅行社、旅游集散中心、社区、村等场所张贴。为营造“诚信做人 守信做事”的宣传氛围，购买制作宣传品3500份发至各街乡镇，引导市民诚信做人，守信做事。

（王西军）

【未成年人思想道德建设】 年内，集中组织开展“争当社区文明小使者”实践主题教育活动，全区评出“三星级”以上社区文明小使者7000余人次。运用重要节点深化“我的中国梦”主题教育实践活动。利用清明节、“六一”“七一”“十一”开展网上祭英烈、传播中华美德故事、童心向党歌咏、向国旗敬礼活动，引导未成年人学习历史、传承文化、践行和培育社会主义核心价值观。在“童心向党”活动中，丰台区选送的东铁匠营一小《歌唱二小放牛郎》《共产儿童团歌》等6个节目，获全国校园综艺类节目二等奖。完成“好少年唱响新时代”征集推广活动,征集新童谣1000余首。开展新时代"学习和争做美德少年"活动,全年推荐12名,其中2名被推荐到中央文明办。开展创新案例征集活动,向全区征集创新案例40余篇,上报首都文明办3篇,北京市第十中学《红十字志愿服务》案例获创新案例奖。开展国家大剧院"高雅艺术体验夏令营"活动。全年发放国家大剧院参观票2万余张。

（王西军）

【推进关心下一代工作】 年内，举办"我们爱诗词"主题教育活动，让经典诵读进课堂、进校园、进家庭、进社区。开展"欢乐足球在校园"活动，参加市关工委举办"小足球节"。组建"手拉手"艺术团，邀请中央芭蕾舞团的演员们给小学生们上芭蕾专业课程，部分学生受邀与中央芭蕾舞团演员同台演出。组织传统趣味体育进校园活动。

（王西军）

【参与社会治理】 年内，响应市区"街乡吹哨 部门报到"改革，参与背街小巷整治，开展环境治理、单车摆放、劝阻不文明行为等志愿活动；联合公交客三分公司，开展"携手共建美丽清洁站台"活动；指导各引导中队与社区建立文明共建关系，开展清洁环境、文明养犬、扶老助残等文明宣传和引导服务。10月，在北京南站开设公共文明引导岗位，开展秩序引导、咨询指路、排解困难等服务，营造文明、有序、安全、和谐的乘车环境。

（王西军）

【"礼让斑马线"专项行动】 2018年是礼让斑马线活动持续推进的一年。年内，全区爱心斑马线路口由5个增加到15个；联合区交通支队、公交集团客三分公司以及各街道，在建银、洋桥、方庄桥等路口，多次举办现场宣传活动，发放各类宣传品99800余件；在首都文明办组织的礼让斑马线广场舞决赛中，区文明办和区文化馆报送的节目获一等奖，和义街道报送的节目获三等奖；在"最美守护人"推选活动中，刘秀平等26名引导员被推选为"爱心斑马线最美守护人"。

（王西军）

【公共文明引导行动建设】 年内，以公交、地铁站台为主要岗位，开展秩序文明引导，宣传文明出行理念，全年评选区级"文明有礼好乘客"144名；开展文明游园、文明观赛、校园文明交通、文化换书等引导服务，引导广大市民树立公共文明意识。开展春运、暑运、全国高考、清明、国庆等重点时节和全国"两会"、中国戏曲文化周、2018年中非合作论坛北京峰会、全国广场舞集中展演等重大活动期间的文明引导保障服务，服务范围日益扩大。开展服务培训，建立完善荣誉机制。

（王西军）

【"V蓝北京"宣传】 年内，协助首都文明办在万源广场举办"V蓝北京环保嘉年华"活动，坚持开展"垃圾减分"、控制吸烟等宣传活动，组织优秀环保公益组织、绿色生活好市民等评选，引导广大市民群众自觉从我做起、从现在做起，投身"文明北京·蓝天行动"。通过各街道的申报，方庄地区"十姐妹"志愿环保队等5个志愿服务组织被评为"优秀环保公益组织"，11名市民被评为"绿色生活好市民"。

（王西军）

政策研究工作

【概　况】 2018年，政策研究工作围绕区委区政府中心工作，做好调查研究、文稿起草、深化改革等各项工作。全年开展调查研究80余次，形成各类调研报告、工作信息等30篇，完成市级重点课题2个、区级重点课题10个；起草完成《丰台区政府工作报告》等重要文稿、区委区政府主要领导重要讲话和汇报稿12篇；发挥区委改革办统筹协调作用，全年调度改革工作26次，制定出台《丰台区加强全面深化改革工作督察督办实施细则》。

（许　晨）

【调查研究】 年内，与社会智库资源合作，完成《关于南中轴（丰台）南苑－大红门地区发展的研究》《南中轴南苑－大红门地区产业转型发展研究》2个市级重点调研课题。围绕市委市政府工作、区领导关注的重点问题，形成《南苑地区吹响“片区哨”，解决跨街区城市治理难题》《丰台区关于优化营商环境有关情况的报告》等调研报告、工作信息30篇。

（许　晨）

【统筹协调改革工作】 年内，组织召开区委全面深化改革领导小组会议11次，专题会6次，审议重要改革议题53项；调度改革工作26次。制定出台《丰台区加强全面深化改革工作督察督办实施细则》，建立分级分类督察体系，推动督察规范化、制度化。形成方庄“掌上四合院”、宛平“院儿长制”等多篇改革经验，并刊登在《北京工作》《改革信息交流》等刊物。

（许　晨）

党史工作

【概　况】 2018年，丰台区党史工作落实区委区政府和市级业务主管部门的决策部署，紧扣全区中心工作和党史主要职能，推进党的建设、党史重点著作编纂、宣传教育等各项工作，发挥党史工作以史鉴今、资政育人的作用。

（欧阳煜）

【完成《丰台史话》初稿撰写】 年内，协调相关部门印发《关于做好<丰台史话>编纂工作的通知》，召开“丰台史话编纂工作部署会”，做好安排部署。加强培训指导，组织《丰台史话》编纂工作培训会，建立责任编辑与撰稿单位联系机制，开展研讨交流。年内完成《丰台史话》初稿撰写。

（欧阳煜）

【《中国共产党北京市丰台区历史》正本编纂工作审查验收】 年内，完成征求意见稿修改工作，广泛征求各委办局、街乡镇、部分离退休老领导和市委党研室意见，经过编辑部反复打磨修改，8月完成《中国共产党北京市丰台区历史》正本30余万字的初审稿，并于11月9日通过初审评议。

（欧阳煜）

【为《中国改革开放全景录（北京卷）》供稿】 年内，根据市委党研室通知要求和区委主要领导的意见，对《中国改革开放全景录（北京卷）》的编写框架进行研究，提出修改补充意见10条，经区委领导审阅后上报市委党研室。根据市委党研室安排，做好资料提供和组稿工作，整理上报“黄土岗在全市率先成立农工商公司”等典型事例7篇，“崔大庆烈士”等典型人物6篇，“严雨时”等典型故事5篇，体现丰台发展变化的图片100余张，完成《大红门地区改革发展纪实》文稿撰写并通过专家评审。同时，结合纪念改革开放40周年的时间节点，组织完成《丰台改革开放40年》编纂工作。

（欧阳煜）

【发挥以史鉴今作用】 年内，开展《丰台区历次党代会资料汇编》工作，同时借助文件、报纸、网络等载体，收集整理区四套班子的重要决策、重要会议、重要活动，以及经济建设和社会发展等方面的重要资料内容，完成《中国共产党丰台区大事记（2017

年)》编纂工作。加强党史资料征集编研工作，扩大稿源数量和质量，编辑《丰台史志》期刊2期。

（欧阳煜）

【开展“党史宣传月”活动】 年内，围绕纪念改革开放40周年、丰台解放70周年等时间节点，在全区开展纪念改革开放征文活动，收到征文158篇，并对优秀征文进行汇编成册，扩大宣传。举办史志讲堂，邀请专家学者围绕改革开放、地情文化等主题开展讲座，推进史志“六进”活动，促进了史志文化建设。联合区教委共同开展纪念丰台解放70周年红色文化宣讲进校园活动，坚持“用身边人讲丰台事”的理念，进一步充实教师和学生特约宣讲员队伍，增强红色宣讲的参与性和实效性。

（欧阳煜）

【挖掘红色文化和历史文化】 年内，配合《长辛店历史文化资源的文化内涵与时代价值》课题研究，组织撰写了《长辛店的对外交往》《长辛店的农耕文化》《长辛店人物传略》等文章。协助长辛店一中共同做好“从红楼到红楼——留法勤工俭学运动一百周年纪念”主题展览工作。按照市委党研室要求，完成《北京红色遗存》一书中涉及丰台区的革命史概述和丰台红色遗存简介撰稿任务，并提供丰台区新增的5处红色遗存材料。完成抗战口述史资料收集整理工作，对45位抗日战争亲历者的音像视频资料和口述史文字资料进行系统收集整理。

（欧阳煜）

【拓展党史宣传渠道】 年内，注重发挥丰台党史网主阵地作用，在《丰台报》设立《回顾党史 不忘初心》专栏，每月刊登丰台历史上的党史大事，并在纪念长辛店留法勤工俭学一百周年之际，联合长辛店街道、长辛店一中在《丰台报》刊载《百年留法 百年奋斗》专版，扩大党史宣传覆盖面。

（欧阳煜）

对台工作

【概　况】 北京市丰台区委台湾工作办公室、丰台区政府台湾事务办公室（简称“区台办”），是区委、区政府对台工作的职能部门，主要职责是组织、指导、管理、协调和服务全区的对台工作，负责开展涉台宣传教育、对台经济服务、对台交流交往、对台联络及协调处理涉台事务和突发事件等。2018年，区内台资企业有50余家，主要从事食品加工、餐饮、批发零售、制造维修、文化科技、医药咨询等。加入市台企协会15家，丰台分会会员30家。区内住留台胞335人，台属200余人，台生11人（小学8人、中学3人）。现居住有8位黄埔老人。

（张振明）

【研究部署对台工作】 1月，区委常委会研议对台工作，审议通过调整区委对台工作领导小组、2017年工作总结及2018年工作要点、丰台区2018—2020年京台基层交流工作纲要、2018年因公赴台交流项目计划等文件。下半年，将对台工作纳入党建工作考核，强化区委对基层开展对台工作的领导与督查。

（张振明）

【两岸交流】 年内，区台办以党的十九大精神为指导，依据《丰台区2018—2020年加强京台基层交流工作规划纲要》，继续贯彻执行市委专项工作会要求，举办“2018年丰台区首届两岸社区志工沙龙活动”“同心筑梦 共融发展”两岸青年交流分享沙龙活动、元宵重阳节视频连线、第二届海峡两岸学生棒球联赛等活动。全年办理赴台手续35件175人次，其中公职人员16件108人次，商务赴台19件67人次；接待台湾参访团7批157人；完成因公赴台交流计划项目6个；举办沙龙活动2次、视频连线3次、京台社区大讲堂3次和京台社区大舞台等活动；两岸基层新签署结对交流协议7个，签署协议54个。

（张振明）

【涉台教育】 年内，区台办与区教工委联合开展青少年涉台基地校培育发展工作。6月，长辛店学校和北京教院附属实验学校、东高地第四小学和佟麟阁中学4所学校评为区级涉台基地，10月，举办“2018年丰台区青少年涉台教育基地校交流展示会”，分享交流经验，并为4所学校授牌。全区有市级涉台教育基地4所，区级涉台教育基地13所。

（张振明）

【涉台服务】 年内，继续开展“感知新丰台 共谋新发展”台商服务日系列活动。举办“学习十九大 共赢新时代”台商服务日及涉台事务热线团拜会、“两岸一家亲 同心庆新春”台商服务日暨驻区台胞迎新春联谊、“携手谋发展 金秋共团圆”台胞中秋联谊等活动。全年受理台胞台企求助、投诉及突发事件12件，其中协查市台办转办事件5件，台商台胞求助事件4件，处理突发事件3件。协助投促局接待台商投资考察活动4次，为台胞子女办理入学手续5名。节前走访慰问驻区8位黄埔老人。

（张振明）

【指导党派开展活动】 年内，组织参观民革丰台区工委促成与北京市赵登禹学校合作共建的“真趣园”校园非遗博物馆；民革丰台区工委协办2018年京台社区“两岸一家亲 同庆迎新年”视频连线交流活动；组织丰台区民革成员参加对台干部培训班。

（张振明）

【对台工作培训】 年内，举办全区统战干部培训班、丰台区2018年对台工作负责人培训班，与区政协联合举办台海形势报告会等，区政协委员、相关委办局、街乡镇主管领导、社区村相关负责人300余人参加培训；组织街道社区对台工作干部参加市台办、市黄埔同学会培训12人次。

（张振明）

老干部工作

【概　况】 2018年，老干部工作围绕丰台区域社会经济发展中心，引导离退休干部开展正能量活动；贴近老干部队伍实际，满足老干部日益增长的美好生活需要。截至12月底，全区离休干部270人，平均年龄88.56岁，副处级以上退休干部1345人，平均年龄69.57岁。离退休干部党组织123个、老党员先锋队191支。全年举办学习培训班8期，组织离退休干部党支部书记、老党员先锋队骨干、副处级以上退休干部培训1000余人次。组织离退休干部开展“增添正能量 共筑中国梦”主题活动，老干部门球队、台球队、金秋艺术团在各级各类比赛中屡获奖项。

（高　蕾）

【贯彻落实“北京市老干部工作会议”精神】 年内，召开“丰台区2018年老干部工作会议”，贯彻落实北京市老干部工作会议精神，结合区情和老干部队伍实际，明确工作思路。制定下发《丰台区2018年老干部工作要点》，从六个方面制定22项要点，为做好全年工作提供依据和遵循。同时，引导老干部通过开展宣讲、座谈交流等多种方式进行宣传。

（高　蕾）

【思想政治建设】 年内，引导老干部树牢

“四个意识”，坚定“四个自信”，坚决做到“两个维护”，带动更多老干部党员在思想上政治上行动上与以习近平同志为核心的党中央保持高度一致。通过组织学习培训班、开展系列主题教育活动，定期举办座谈交流会、形势报告会，引导老干部学习宣传贯彻习近平新时代中国特色社会主义思想、党的十九大精神，自觉学习、融会贯通，做政治上的明白老人、社会上的有为老人、生活上的时尚老人，为党和人民的事业增添正能量。

（高 蕾）

【临时党组织管理】 年内，强化对建立临时党组织的工作管理，严格把关审批，把临时党支部书记纳入全区离退休干部党支部书记培训范围，增强政治功能。加强临时党组织建设工作的实践和探索，加强对丰台区在海南省澄迈县建立的“候鸟式”离退休干部临时党支部的工作指导与日常管理，注重总结典型做法。

（高 蕾）

【老干部文化活动】 年内，新创建老党员先锋队70余支，老党员先锋队191支；“七一”前夕，举办“不忘初心 牢记使命——丰台区离退休干部庆祝中国共产党成立97周年”文艺演出；举行庆祝改革开放40周年喜迎重阳节文艺演出；老干部金秋艺术团排练的时装秀《走进新时代》代表丰台区参加“北京市离退休干部庆祝改革开放40周年文艺演出”，时装表演《雨中情》在“鼎富人生·绝代风华”2018年第2季中老年模特大赛上获银奖，舞蹈《山笑水笑人欢笑》在北京市第十三届“舞动北京”获得一等奖；组织丰台区离退休干部“振兴杯”乒乓球和台球比赛；老干部门球队获得北京市第26届“中青杯”门球锦标赛第四名和丰台区“松鹤杯”门球赛冠军。老干部台球队在北京市第13届“迎春杯”台球单打比赛中夺取冠军和季军；老干部乒乓球队与“八一”制片厂乒乓球队开展球艺交流。

（高 蕾）

【发挥老干部骨干团队作用】 年内，老干部理论学习组召开学习党的一系列重要会议精神和庆祝改革开放40周年座谈会；老干部宣讲团开展宣讲活动42场；老干部写作组编辑发表系列文集《枫叶正红》（庆祝改革开放40周年特辑）；老干部晓月诗社开展各类主题朗诵会、诗词楹联展，诗集《卢沟吟》第20期、21期、22期被国家图书馆收藏；老干部摄影组举办庆祝改革开放40周年摄影展；老年书画研究会为劳模和村民送书画，承办丰台区纪念改革开放40周年书画展。

（高 蕾）

【老年大学建设】 年内，不断夯实一所大学+两所分校+25个社区课堂的“1+2+25”的三级老年教育体系，加强班级临时党支部建设，用实班级党建学习“微课堂”，学员思想教育和技能学习实现“双强化”。七一前夕，组织师生创作书画作品70余幅，作为特殊节日礼物送给离退休干部党支部书记。举办“真情颂党恩 共圆中国梦”工笔画展和“庆祝改革开放40周年书画展”。

（高 蕾）

【养老服务】 年内，坚持全员联系老干部制度，夯实工作人员与离休干部、离休干部原单位、离休干部助老员构建的“1+3”工作模式。春节、“七一”和国庆节走访慰问160人次。完成为北京市抗日战争时期参加革命工作的离休干部每日赠送牛奶，提高易地来京安置离休干部服务管理经费补助标准等工作。完成为离休干部报销轮椅费、为易地安置离休干部发放过节费、向去世离休干部无工作配偶发放生活补助、为退休干部发放北宫国家森林公园年票，组织离退休干部进行健康体检等工作。

（高 蕾）

【老干部工作队伍建设】 年内，组织全体党员响应“街乡吹哨 部门报到”要求到社区报到，做好与报到街道和社区的工作对接。落实“三会一课”、组织生活会、主题党日等基本制度，执行双重组织生活制度，强化责任担当。依托“一规一表一册一网”载体，打造“有队伍、有活力、有阵地、有制度、有保障”的“五有”支部。执行《党政领导干部选拔任用工作条例》，制定《中共丰台区委老干部局公务员平时考核工作实施方案》，加强对科级及以下工作人员的日常管理和监督。继续发挥“丰台老干部”微信公众号、门户网站、微博和《丰台老干部》报纸等平台的作用，加大对丰台区老干部工作的宣传力度。

（高　蕾）

党校工作

【概　况】　中共北京市丰台区委党校、北京市丰台区行政学院、北京市丰台区社会主义学院是一校两院合为一体的干部教育培训机构（简称党校），负责丰台区党政干部的任职教育及岗位培训，向民主党派人士和社会各界宣传党的主张。2018 年，党校通过完善规章制度，开展业务培训，开发创新教学模式，组织开展科研调研活动，提升教学管理培训水平，完成 61 期 13441 人次的培训任务。其中主体班次 11 期，培训学员 847 人次；其他班次 50 期，培训学员 12594 人次。获准立项科研课题 7 项，其中市级课题 4 项，区级课题 1 项，校级课题 2 项，课题研究涉及党的重要理论与实践、党员干部教育、党建工作等方面。对外发表培训信息 10 篇，分别在北京市委党校院校信息、丰台区政府网、丰台报等报刊媒体刊登，编纂完成“数说培训——2018 年培训成果汇编”。

（朱　静）

【班主任工作流程“六步法”】　年内，贯彻落实中央八项规定精神和中组部《关于在干部教育培训中进一步加强学员管理的规定》等，总结“研、教、建、导、评、访”班主任工作流程“六步法”，把精准化贯穿于学员党性教育、学习管理、组织管理和生活管理的全过程，提升学员管理工作精准化水平。

（朱　静）

【党建研究会重点课题立项】　年内，《关于丰台区在职党员回社区发挥作用机制的研究》获丰台区党建研究会重点课题立项，成为主课题，与其他委办局的四个子课题共同探索在职党员回社区发挥作用的路径与方式方法。课题成果得到区委组织部的肯定，为区委组织部开展“双报到”工作提供智力支持。

（朱　静）

【开发新课程】　年内，围绕主课以及北京市情、丰台发展时区开发《习近平新时代中国特色社会主义思想》《不忘初心 牢记使命——中国共产党筑梦历程与启示》《〈中国共产党纪律处分条例〉辅导》《〈党章修正案〉解读》《新时期意识形态工作面临的挑战与对策》《把握丰台发展时区——学习贯彻区委十二届六次全会精神》《新版北京城市规划与丰台发展时区》《改革开放 40 年的伟大成就和经验启示》等新课程，并纳入到有关主体班次和校外培训班中。

（朱　静）

【建立健全“三办三组 N 个教师工作室”工作机制】　年内，为营造干事创业的优良环境，加强全方位的统筹协调，引导干部担当作为、干事创业，凝聚形成强大的合力，提高教学、科研和管理水平，打造党校特色和优势，建立健全校委领导下的“两办三组”和 N 个教师工作室工作机制。“两办”，即党建工作领导小组办公室和党风廉政建设工作领导小组办公室。“三组”，即党校、行政学院工作组、社会主义学院工作组和综合服务保障组。N个教师工作室，即以“专业引领、交流研讨、实践探索、共同发展”为宗旨，围绕主业主课，突出党建主体地位，成立若干个以教师名字命名的工作室。首批推出党建特色的教师工作室4个。

（朱　静）

【教师工作室建设】　年内，在重点突出党校姓党，分批建设，逐步推进的原则下，综合考量党校教师队伍情况，首批设立4个教师工作室，突出党史党建主课特色。在北京市落实《国家十三五文化发展规划》关于卢沟桥国家文化主题公园建设的大背景下，结合区委书记在专题研究党校工作常委会上提出加强抗战精神教育进课堂的部署，工作室提出将研究方向聚焦于抗战精神，并向区委宣传部及市委党校报送成立抗战精神研究工作室相关信息。

（朱　静）

【专题研讨会】　6月19日，为学习贯彻习近平同志在纪念马克思诞辰200周年大会上的讲话精神，组织专职教师开展“感悟真理的力量”专题研讨会。3位老师分别围绕《〈共产党宣言〉的诞生》《马克思主义在中国的传播》《马克思主义的生命力》三部分内容串讲和研讨,实现集体备课的经验和智慧共享;就“如何看待马克思主义的真理性”,结合习总书记的讲话精神及影片《青年马克思》,交流探讨马克思主义的真理价值和时代意义。并形成通讯稿刊发在市委党校网站。

（朱　静）

【新中国成立69周年文艺汇演】　9月28日，组织开展由王佐镇佃起村党总支主办，丰台区委党校机关党总支、丰台区检察院党委、航天731医院党委等6个单位协办的“携手新征程 共筑中国梦”庆祝中华人民共和国成立69周年主题党日暨文艺汇演活动，区委党校30名党员参加活动。

（朱　静）

【科研成果交流会】　12月3日，区委党校召开学习贯彻习近平新时代中国特色社会主义思想研讨会暨2018年度科研成果交流会。经过专家的评选，《关于丰台区在职党员回社区发挥作用机制的研究》（张桂华）获得特别奖，《民营企业家精神培育路径研究——基于丰台区民营企业的调查》（徐文彩）获得一等奖，《基层廉政文化建设创新研究》（杨新武）获得二等奖，《基层落细落小落实社会主义核心价值观的经验及启示》(王芳)获得三等奖,其余课题获得优秀奖。

（朱　静）

【召开科研制度研讨会】　12月19日，区委党校召开科研制度研讨会。强化科研激励机制，提升决策咨询科研水平，科研处与教研处共同研讨科研项目管理规定、科研成果奖励暂行规定、决策咨询项目管理及奖励规定、科研项目评审委员会工作细则4项党校规章制度，对每个条款的适用范围、发挥的作用、表述的准确性从不同的视角提出建议，为科研工作的制度化、规范化，实现2019年制度强基年打下基础。

（朱　静）

信访工作

【概　况】　2018年，丰台区信访工作围绕市、区政府年度重点任务，办理信访事项，提升信访“三率”水平，开展“四大攻坚战”，即重点信访领域攻坚战、重点信访群体攻坚战、重点信访问题攻坚战、重点信访人员攻坚战，打造“阳光信访、责任信访、法治信访”，实现信访总量及涉及人次双下降和“四个不发生”。

（李　莹）

【领导干部接访】 年内，健全各级党政领导干部接待群众来访制度，抓工作落实。组织落实区级领导干部信访接待日，以《接待日报》形式向区委、区政府反映重点信访事项，推动重点案件化解。督促街道、乡（镇）、委办局主要领导定期开展接访工作，发现、解决群众的合理诉求。

（李 莹）

【信访事项办理】 年内,受理群众来信来访总量同比下降18.8%,涉及人次同比下降16.7%。其中,办理来信总量同比下降22.1%,涉及人次同比上升0.12%;受理来访总量同比下降9.5%,涉及人次同比下降33.5%。通过转办交办、跟踪督导、协调化解办结信访事项,实现初信初访办结率100%。

（李 莹）

【矛盾排查化解】 年内，组织实施各类矛盾纠纷大排查8次，通过全面排查，不留死角，抓小、抓早、抓苗头，及早化解，消除可能发生的矛盾隐患，化解率98.5%，保障地区社会安全稳定。

（李 莹）

【信访事项“三级终结”】 年内，区信访事项复查委员会受理并办结全部信访复查申请，协助市信访事项复核委员会办理信访复核事项，提交各类证据材料。通过落实信访事项复查复核程序，保障依法办理信访事项，维护信访人合法权益，实现信访事项“三级终结”。

（李 莹）

【信访“四大攻坚”战】 年内，梳理信访积案34件，逐案制定化解措施，落实责任单位和责任人，明确化解标准，发挥信访工作联席会议协调督办作用，减少信访积案。

（李 莹）

【建议征集】 年内，全部办结北京市人民建议征集办公室转送及自收人民建议征集来信，各类来信均按照工作要求转交相关部门进行办理。举办北京市人民政府特邀建议人的座谈会一次，就群众关心事件进行解答，并最终获得建议人的理解与认同。

（李 莹）

【教育培训】 年内，开展全区信访工作业务培训3次，完成副处级、正科级、副科级任职培训班，村官培训班，专职副书记培训班，农村经济组织三套班子培训班，区国资委机关和直属企业培训班及街道系统培训班的信访授课任务，参加700余人。通过信访培训，提升各级干部突发事件应对能力和信访矛盾纠纷化解能力。

（李 莹）

【信访宣传】 6月22日至7月30日，开展信访条例宣传月活动，全区21个街道、乡（镇）通过多种形式宣传信访法治化。6月22日上午，主办“坚持以人民为中心 推动法治信访建设”主题宣传日活动。区信访办、丰台街道、住建委、卫计委、司法局、民政局、房管局、环保局、食药分局、工商分局、人力社保局、城管执法局、规划国土分局等重点部门参与丰台花园主会场宣传，现场发放各类宣传品、宣传材料1500余份，接受群众咨询50余次。全区各街道乡镇设立分会场同步开展宣传活动。

（李 莹）

保密工作

【概 况】 2018年，丰台区保密局继续推进各项保密工作落实，结合国家安全日、5月保密宣传教育月、国家宪法日，持续开展“两识”教育，通过“保密委主任讲党课”和首次邀请各单位分管保密工作领导参加保密干部培训的形式提升领导干部对保密工作的责任意识；全年现场检查单位212家次，出动检查人员500余人次，发挥以查促改的作用；坚持政府信息公开保密检查和涉密载体集中销毁，协助完成电子政务内网开通，全年未出现失泄密事件。

（黄　洁）

【电邮安全专项整治】　1月，由区公安分局牵头，区保密局和区经信委联合开展机关、单位互联网电子邮件系统专项整治行动。行动制定详细工作方案，明确职责分工，通过行动，防范和杜绝机关、单位违规传递涉密信息和工作敏感信息行为，切实保障互联网电子邮件系统运行安全和数据安全。

（黄　洁）

【召开保密工作通报会】　2月24日，区保密局组织召开保密工作通报会，向全区各单位及时通报有关案例并对加强互联网、电子邮件系统保密管理和手机使用安全管理提出具体要求。要求各单位认清当前形势，经常开展保密安全教育；建立主要领导负责、分管领导主抓、具体人员落实的管理机制；加强日常检查，消除失泄密隐患。全区各单位保密干部110人参加会议。

（黄　洁）

【“两会”期间保密检查】　全国“两会”期间，区保密局对区委办、政法委等重点涉密单位、部门的要害部位开展保密检查。同时，利用检查平台对区政府各单位门户网站发布信息进行检查

（黄　洁）

【国家安全宣传教育】　年内，结合第三个全民国家安全教育日，区保密局在21个街乡镇开展保密法和实施条例的宣传活动。4月15日安全教育日，在方庄体育公园主会场，对街道公职人员、居民讲解保密的相关规定，并向方庄街道和社区干部发放《中华人民共和国保守国家秘密法》和《履行保密义务 维护国家安全》宣传册600余册。

（黄　洁）

【保密法治宣传月活动】　5月，在全区范围内开展以“履行保密义务 维护国家安全”为主题的保密法治宣传教育月活动。活动以组织一次专题学习、开展一次案例教育、进行一次保密宣传、举办一期综合培训“四个一”为载体，进行保密法治宣传教育。区保密局购置《警钟长鸣——窃密泄密案例警示教育读本》230本、《公务员保密知识读本》230本和《公民保密防谍须知》折页4800册，发放到全区112家机关单位。

（黄　洁）

【保密干部培训】　5月10日至11日，组织区委保密委扩大会议暨保密干部培训班，区委保密委委员、各单位分管保密工作领导及保密干部250余人参加会议。会议听取2017年全区保密工作总结，传达有关通报，审议通过2018年保密工作要点，部署2018年保密自查自评及专项督查工作。邀请国防大学教授以及市局领导进行授课。

（黄　洁）

【开展主题宣传活动】　5月下旬开始，历时半年，在全区范围内开展“传承红色基因 筑牢保密防线”系列宣传活动。各单位组织观看大型保密文献纪录片《胜利之盾》，结合区保密局配发的《中国共产党保密工作史》，开展保密委主任讲保密史专题党课和大讨论，并开展征文活动。七一、十一前，多家单位党组织以“不忘初心 牢记使命，发扬优良传统 筑牢保密防线”为主题，开展主题党日活动，强化保密教育。

（黄　洁）

【保密自查自评督查】　5月至10月，根据市保密局自查自评督查工作要求，对全区108家机关单位保密自查自评工作进行督查。对6家存在问题隐患的机关、单位，组织回头看。通过连续两年的督查，各单位提升了对保密工作的重视程度、对各项规章制度和要求的落实力度。

（黄　洁）

【电子政务内网开通】 年内，协助开展丰台区电子政务内网开通前的分保测评和人员培训等工作，对全区一个中心节点、若干个分节点的物理环境、软硬件设备配备、制度建设等进行全面核查。6月，通过市保密科技测评中心对电子政务内网的分级保护测评；11月，丰台区电子政务内网正式开通。

（黄　洁）

【市保密督导组检查工作】 8月7日，市保密督导组对丰台区“十三五”时期保密事业发展规划贯彻实施情况、“七五”保密法治宣传教育规划落实情况、保密自查自评督查情况进行综合检查。

（黄　洁）

【开展中非论坛北京峰会前夕检查】 9月，中非论坛北京峰会前夕，区保密局结合前期开展保密自查自评督查的结果，对10余个部门单位开展“回头看”，用检查工具对办公计算机进行全面检查，对敏感信息进行清除，确保重要会议活动期间重点部门不出问题，切实履行好相应职责。

（黄　洁）

【保密委主任讲党课】 9月27日，区委保密委主任以“不忘初心 牢记使命，扎实做好丰台保密工作”为题，讲授保密史专题党课，全区各单位保密工作主管领导、办公室主任和组织人事部门负责人200多人参加培训。党课从党的保密史、当前保密工作面临的形势、工作中存在的问题以及领导干部必须履行的保密职责和任务等方面进行深入剖析和讲解，阐明新形势下做好保密工作的重要性，强化做好保密工作的责任意识和自觉性。

（黄　洁）

【保密资质（格）抽查】 10月，根据市保密局统一部署，区保密局随机抽查10家辖区内取得保密资质（格）的单位，从保密管理体系建设运行情况、保密工作领导责任制落实情况、涉密人员管理情况、涉密载体管理情况等9个方面进行检查。其中，表现优异的6家；存在重大安全隐患，要求整改的2家。

（黄　洁）

【保密专题培训】 年内，持续在党校干部教育课程中开展保密培训，与区人力社保局、区委党校合作，完成正科级班、副科级班的保密专题讲座，培训人数200余人。组织区委办、政府办和人大、政协机关干部到北交大保密实训平台进行现场培训，130多人参加；为区规划国土分局邀请北交大保密学院的教授进行保密培训；在区民防局、花乡等单位开展保密专题讲座。

（黄　洁）

【集中销毁涉密载体】 年内，按照国家涉密载体销毁中心和市保密局的统一部署，区保密局每季度一次联系国家销毁中心到区政府机关上门回收涉密载体，全年协调销毁涉密载体29吨。

（黄　洁）

【国家级考试考务保密检查】 年内，按照国家教育考试考务安全保密有关规定中的职责分工，在辖区高考、中考、成考、自考等国家级考试期间，对区考试中心及各考点校保密室启用前的物防、技防情况和责任落实情况进行检查，对试卷的运输、交接、分发、封装等重点环节现场监督，共检查考点校20余个，无失泄密情况。

（黄　洁）

北京市丰台区人民代表大会常务委员会

概　　述

2018年,区第十六届人大常委会共组织召开人民代表大会2次;召开常委会会议8次,听取和审议专项工作报告40项;依法作出决议、决定13项;依法任免新一届国家机关工作人员124人次,组织宪法宣誓106人次;召开主任会议11次,研究议题45项,听取专项工作报告5项;配合立法调研8项;开展执法检查2项、专题询问2项、实地视察检查、座谈研讨70余次;接待群众来信来访126件次,讨论决定重大事项3项。

（张理霖）

重要会议

【区第十六届人大第四次会议】　1月8日至11日，区第十六届人民代表大会第四次会议在北京东方美高美酒店举行。应到代表338人，实到代表309人，因病因事请假29人。会议听取和审议丰台区人民政府工作报告；审议丰台区2017年国民经济和社会发展计划执行情况与2018年国民经济和社会发展计划草案的书面报告，审查和批准丰台区2017年国民经济和社会发展计划执行情况的报告与2018年国民经济和社会发展计划；审议丰台区2017年预算执行情况和2018年预算草案的书面报告，审查和批准丰台区2017年预算执行情况的报告和2018年预算；听取和审议丰台区人民代表大会常务委员会工作报告；听取和审议丰台区人民法院工作报告；听取和审议丰台区人民检察院工作报告。

（张理霖）

【区第十六届人大第五次会议】　8月9日至10日，区第十六届人民代表大会第五次会议在东方美高美酒店举行。应到代表337人，实到代表282人，因病因事请假55人。会议通报丰台区上半年经济社会发展情况，补选丰台区人民政府区长。

（张理霖）

【常委会第十一次会议】　1月18日召开。会议共进行三项议程：审议并通过关于接受杨艺文辞去北京市第十五届人民代表大会代表职务的决议；补选姜勇为北京市第十五届人民代表大会代表；决定人事任免事项。

（张理霖）

【常委会第十二次会议】　3月29日召开。会议共进行四项议程：决定人事任免事项；审议并通过《北京市丰台区第十六届人民代表大会常务委员会2018年工作要点》；听取和审议区政府关于 2018 年重要民生实事的报告，并作出决议；听取和审议《北京市丰台区人大常委会关于 2018 年代表建议、批评和意见办理工作的意见》。

（张理霖）

【常委会第十三次会议】 4 月 8 日召开。会议共进行两项议程：决定人事任免事项；集体学习新修改的宪法。

（张理霖）

【常委会第十四次会议】 5 月 29 日召开。会议共进行五项议程：决定人事任免事项；审议并通过《北京市丰台区人民代表大会常务委员会讨论、决定重大事项的规定》；审议并通过《北京市丰台区国家机关工作人员宪法宣誓实施办法》；审议并通过丰台区人大常委会代表资格审查委员会关于个别代表的代表资格的报告；审议并通过关于补选丰台区第十六届人大代表的决定。

（张理霖）

【常委会第十五次会议】 7 月 26 日召开。会议共进行十项议程：决定人事任免事项；听取和审议区政府关于丰台区城乡一体化建设情况的报告；听取区政府关于“七五”普法年度工作推进情况的报告；审议并通过丰台区第十六届人民代表大会常务委员会代表资格审查委员会关于个别代表的代表资格的报告；决定召开区第十六届人大五次会议有关事项；听取和审议区政府关于丰台区 2017 年决算草案的报告，审查和批准丰台区 2017 年决算；听取和审议区政府关于丰台区 2017 年度本级预算执行和其他财政收支情况的审计工作报告；听取和审议区政府关于丰台区 2018 年预算上半年执行情况的报告；听取和审议区政府关于丰台区 2018 年国民经济和社会发展计划上半年执行情况的报告；听取和审议区政府关于 2018 年地方政府债务限额及区级预算调整方案的报告。

（张理霖）

【常委会第十六次会议】 9 月 20 日召开。会议共进行三项议程：决定人事任免事项；听取和审议区法院关于“多元调解 + 速裁”工作情况的报告；听取和审议区检察院关于公益诉讼工作情况的报告。

（张理霖）

【常委会第十七次会议】 11 月 30 日召开。会议共进行七项议程：学习栗战书在深入学习贯彻习近平总书记关于坚持和完善人民代表大会制度的重要思想交流会上的讲话；听取和审议区政府关于“科学合理编制分区规划，切实推动新版总规落地”议案办理情况的报告；听取和审议《丰台区分区规划（2017—2035）（草案）》；听取和审议区政府关于 2018 年区人大代表建议、批评和意见办理情况的报告；听取和审议区人大常委会代表联络室关于 2018 年区人大代表建议、批评和意见督办工作情况的报告；听取和审议区政府关于“十三五”规划纲要实施情况中期评估的报告；听取区政府关于 2017 年预算执行情况和其他财政收支审计工作报告提出问题整改情况的报告。

（张理霖）

【常委会第十八次会议】 12 月 24 日召开。会议共进行八项议程：传达学习习近平总书记在庆祝改革开放 40 周年大会上的重要讲话精神；决定人事任免事项；听取和审议区政府关于 2018 年国民经济和社会发展计划执行情况与 2019 年国民经济和社会发展计划草案的报告，初步审查丰台区 2019 年国民经济和社会发展计划草案；听取和审议区政府关于 2018 年预算执行情况与 2019 年预算草案的报告，初步审查丰台区 2019 年预算草案；听取区监察委员会关于学习贯彻《中华人民共和国监察法》工作情况的报告；审议并通过区第十六届人大常委会代表资格审查委员会关于个别代表的代表资格的报告；决定召开区第十六届人大六次会议有关事项；听取部分市人大丰台团代表履职报告。

（张理霖）

【主任会第二十一次会议】 3月23日召开。会议共进行两项议程：研究决定区第十六届人大常委会第十二次会议的审议议题和开会时间；审议并通过区人大常委会2018年重点监督工作计划。

（张理霖）

【主任会第二十四次会议】 7月23日召开。会议共进行四项议程：听取区人民政府关于医药分开综合改革工作情况的报告；研究决定区十六届人大常委会第十五次会议的建议议题和开会时间；听取《丰台区十六届人大四次会议闭会期间代表提交建议情况报告》；研究决定《北京市丰台区人民代表大会代表建议办理先进单位和个人评选办法》。

（张理霖）

【主任会第二十六次会议】 10月25日召开。会议共进行六项议程：听取区政府关于美丽乡村建设情况的报告；听取区政府关于2018年“疏解整治促提升”专项行动实施计划落实情况的报告；听取区政府关于城市南部地区加快发展三年行动计划分时段落实情况的报告；研究决定区十六届人大常委会第十六次会议关于“多元调解+速裁工作情况的报告”的审议意见书；研究决定区第十六届人大常委会第十六次会议关于“公益诉讼工作情况的报告”的审议意见书；研究决定丰台区人民检察院关于落实区第十六届人大常委会第八次会议审议意见的报告。

（张理霖）

重要活动

【加强议案督办】 年内，准确把握丰台功能定位内涵，密切关注北京城市总体规划实施和分区规划编制，将区十六届人大四次会议上12个代表团提出的13件城市规划议案，合并设立“科学合理编制分区规划，切实推动新版总规落地”议案，采取参观培训、座谈交流、实地调研等方式，开展督办活动8次，参加代表145人次，广泛征求意见建议103条。常委会听取和审议区政府关于议案办理情况的报告及《丰台区分区规划（2017—2035）（草案）》，听取区政府关于城市南部地区三年行动计划分时段落实情况报告，提出要多规合一、城乡统筹、跨区域协同发展等方面的意见建议，为加快构建新时期“一轴、两带、四区、多点”的区域空间布局，凝聚智慧和力量。

（张理霖）

【督办代表建议】 年内，坚持把代表建议办理作为提高代表履行职责积极性和为民办实事的重要途径，进一步完善建议督办机制。对重要提案建议突出集体领导督办，听取专题汇报，从办理资金、时限、方式上打开突破口，推进建议办理力度。对一些涉及全局、影响较大的重点建议，常委会领导牵头督办，五个专门委员会协同参与，同时对承办建议较为集中的单位，采取视察调研、一对一、面对面交流、现场督办、执法检查、专题询问相结合等方式，确保建议领衔代表与承办单位有效沟通，使一些重要提案多年的建议得到解决。对拟提建议及时与财政部门和建议承办单位有效对接，提前谋划，合理安排。区十六届人大四次会议上及闭会期间提出的186件建议全部办结，实现解决率和满意率双提升。

（张理霖）

【加强法律监督】 年内，认真贯彻落实全面依法治区新要求，大力促进依法行政、公正司法。听取区政府关于“七五”普法年度工作推进情况报告，督促政府落实普法责任制，形成全社会共同参与普法宣传的良好氛围。听取和审议区法院关于“多元调解+速裁”工作情况报告，提出要提高化解纠纷效率、促进多元调解专业化、速裁审判规范化和工作流程信息化等意见建议，不断满足人民群众方便快捷解决纠纷的需要。听取和审议区检察院关于开展公益诉讼工作情况报告，提出要加大宣传力度、加强沟通协调、凝聚公益保护合力等意见建议，为公益诉讼深入开展营造良好的社会环境。对《中华人民共和国基本医疗卫生与健康促进法》《北京市非物质文化遗产条例》等6部法律法规草案和北京市24部涉农地方性法规征求意见建议百余条，使立法更富实效。对《北京市消防条例》和《北京市控制吸烟条例》开展执法检查，推动有关法律法规在本区域深入贯彻实施。对区政府《关于深入推进商标法品牌战略的实施意见》等5件规范性文件进行备案审查。完善人事任免机制，规范对拟任人员“考试、谈话、见面、报告、表决、任命、宣誓”七个环节程序要求；修订完善《丰台区国家工作人员宪法宣誓实施办法》，组织新任命国家机关工作人员宪法宣誓63人次，指导法院、检察院新任命的43名国家工作人员进行宪法宣誓。健全信访工作接待、登记、会商、研判、批转、调查、督办、结案和汇报制度，制定《丰台区人大常委会聘用律师参与信访工作规则》，为来访群众提供法律咨询。全年共受理接待群众来信来访126件次，群众反映的一批问题得到依法处理和妥善解决。

（张理霖）

【加强工作监督】 年内，为确保区域经济发展目标和重大任务顺利完成，常委会听取和审议国民经济和社会发展计划执行情况及计划草案、预算执行情况及预算草案等报告，审查和批准决算，听取和审议审计工作和审计整改情况报告。优化调整预算联网平台，全面对接“丰台财政管理系统”，开通人大监督模块，对财政政策制度、预算支出进度、重点支出和重大投资项目预算执行以及政府债务情况开展实时监督。严格落实《北京市丰台区预算审查监督办法》，明确区政府报告事项的内容和时限；坚持区域经济形势季度分析机制，定期进行综合研判；深入财政、审计、金融等有关部门，开展金融风险防范专题调研；聘请专家顾问、中介组织参与预算审查、绩效考核，形成制度、机制、调研、顾问“四个一”工作方法，强化债务风险的监督，提高预算监督实效。按照中央、市区委要求，研究代拟《丰台区委关于建立区政府向区人大常委会报告国有资产管理情况制度的意见》，使人大监督工作进一步拓展和延伸。

（张理霖）

【关注民生实事】 年内，关注重视民生，到一线开展市容卫生、生态环境和安全稳定督导检查，听取区政府2018年“疏解整治促提升”专项行动实施计划落实情况报告，提出要注重增强群众的获得感，特别是在疏解腾退空间再利用上，加强涉及群众基本生活服务设施建设，多为群众提供绿色空间的建议。围绕学前教育开展专项视察，就区政府扩大优质教育资源提升区域教育水平、落实市安全生产第三督察组反馈意见的整改情况开展专题询问，针对需要解决的问题列出清单，以函件的形式交区政府研究解决。听取区政府关于医药分开综合改革情况报告，提出关于群众咨询、门诊挂号、阳光采购、就医流程、宣传工作等五个方面的意见建议，督促相关部门要加快实施，确保公共服务更多惠及人民群众。

（张理霖）

【创新监督形式】 年内，针对政府的23个部门成立23个人大代表监督小组，设组长1名，共有104名代表，明确监督方式，做出监督安排，开展监督工作。自对口监督小组工作正式启动以来，各小组组长与被监督单位积极联系，根据被监督单位的工作职责、工作内容和全年工作重点，通过座谈会、实地调查、听取汇报、征求意见等形式，确定监督议题共38条，主要集中在：监督北京城市总体规划的落实，监督“疏解整治促提升”专项行动的完成情况，监督经济社会运行和企业发展情况，以及对涉及民生事业的监督。对改进部门工作，增强政府公信力和执行力方面，发挥人大的监督作用。

（张理霖）

【推动监察体制改革】　年内，推动监察体制改革不断深化，探索常委会对区监察委员会的监督方式、内容和相关机制，听取区监察委员会关于学习贯彻《中华人民共和国监察法》工作情况的报告，区监察委员会列席常委会会议形成制度，研究区监察委员会“重大事项报告、信访案件处理、参与人大执法检查、规范性文件备案审查”工作机制，推动了人大监督从理论走向实践。

（张理霖）

【加强代表培训】　年内，多次举办代表履行职责学习班，邀请区、乡镇人大代表和区人大机关全体干部参加培训。培训期间，全国人大外事委员会办公室主任尤文泽为学员讲解当前国际形势和新时代中国特色大国外交，全国人大法制工作委员会国家法室副主任王曙光就新修订的宪法内容进行辅导讲座，北京市规划和国土资源管理委员会丰台分局局长李文忠就北京市总体规划和丰台区规划情况进行介绍。通过培训，代表们对党的十九大精神和习近平新时代中国特色社会主义思想有了更加深刻的认识，全面了解了北京市和丰台区的整体发展规划，为今后依法履行职责、提升履行职责能力奠定了基础。

（张理霖）

【决定重大事项】　年内，认真贯彻落实中央和市委文件精神，制定出台《丰台区人民代表大会常务委员会讨论、决定重大事项的规定》，明确工作范围，理顺工作关系，完善工作程序，提高决策科学化、民主化、法治化水平。围绕丰台区发展的重大问题和人民群众普遍关心的突出问题，听取和审议区政府关于2018年民生实事项目、地方政府债务限额及区级预算调整方案报告，并依法作出决议；听取和审议区政府关于“十三五”规划纲要实施情况中期评估的报告，就部分指标调整方案作出决议，确保区委意图、法治目标、人民期盼有机统一，全年讨论决定重大事项3项。

（张理霖）

【加强调查研究】　年内，围绕“强作风、促监督”工作内容，组织开展城市总体规划实施、经济运行、法治建设、城乡一体化发展等工作调研20余次，形成调研报告10余篇。携手北京联合大学共同举办新时代人民代表大会制度的理论与实践创新学术研讨会，实现学术交流和实践体会互融互通。制定常委会重点监督计划，每月督查任务完成情况，确保监督内容落到实处。充分发挥专门委员会特点优势，围绕规划编制实施、预决算审查、医疗教育、美丽乡村建设等25个专项，开展视察调研、执法检查和专题询问。采取定期跟踪的方式，督促有关部门做好常委会审议意见的整改落实。

（张理霖）

【加强机关党建】　年内，突出党建引领，强化主体责任落实，加强机关总支和支部建设，严格落实党内政治生活若干准则，执行好“三会一课”、组织生活会、党员领导干部参加双重组织生活和谈心谈话等制度。强化“党组统总支、总支抓支部、支部督小组”的党建工作体系，持续巩固“两学一做”学习教育常态化制度化成果，主动接受区纪委、区监察委第一联合派驻纪检监察组的监督。成立党建办公室，全力抓好党建的组织协调、贯彻落实和服务保障。加强机关干部政治教育，以学习贯彻党的十九大精神为重点，采取主要领导专题授课、邀请专家现场辅导、职能部门答疑解惑、干部集中培训、常态化上党课、机关干部读书活动、理论中心组学习等形式，第一时间学习领会中央、市区委重要会议、重大决策以及重要讲话精神。坚决落实党中央关于深入学习宣传和贯彻实施宪法的有关精神，组织常委会组成人员、人大代表、机关干部系统学习宪法原文及修正案，确实领会宪法要义，增强宪法自信。全年共组织开展党员干部教育活动43次。

（张理霖）

【注重基层人大建设】 年内，贯彻落实中央、市委关于加强县乡人大工作和建设的意见，加强对人大街工委的领导和乡镇人大工作的指导，推进街道、乡镇人大工作规范务实、高效有序运行。人大各街工委、代表联组、乡镇人大积极探索闭会期间代表履职有效方式，开展一系列富有成效的特色活动。各街工委、各乡镇人大邀请区检察院走进选区与代表进行座谈，人大新村街工委建立代表为民办实事项目认领机制，人大东高地街工委、航一院代表联组建立代表集体接待选民机制，花乡人大创建三级代表“双层联动”工作模式，长辛店镇人大建立聘用常委会组成人员为特约监督员制度等，进一步激发基层人大工作活力。

（张理霖）

北京市丰台区人民政府

概　述

2018年，在市委市政府和区委的坚强领导下，在区人大及其常委会和区政协的监督支持下，坚持以习近平新时代中国特色社会主义思想为指导，深入贯彻党的十九大和十九届二中、三中全会精神，深入贯彻习近平总书记对北京重要讲话精神，坚持稳中求进工作总基调，围绕首都“四个中心”功能建设、提高“四个服务”水平，贯彻落实北京城市总体规划，更好地服务保障首都功能，落实城市南部地区加快发展行动计划，统筹改革发展稳定各项工作，完成区十六届人大四次会议确定的各项目标任务。

高站位细谋划，北京城市总体规划得到深入落实。高标准编制分区规划草案，提出区域发展新目标和“一轴、两带、四区、多点”空间格局。开展海绵城市建设等22个专项规划研究，为控制性详细规划编制提供依据。发布实施《丰台区城乡街巷设计导则》，为进一步加强精细化管理奠定基础。开展南中轴及南苑－大红门地区规划设计国际方案征集和综合工作，确定以文化、国际交往和国际商务为主的功能定位，提出“北城南苑”的空间布局。对标国际新兴金融功能区,优化提升丽泽金融商务区规划。启动卢沟桥国家文化公园规划研究。编制完成《西山－永定河文化带丰台区五年行动计划》。

抓重点破难题，疏解整治促提升成效显著。疏解提升区域性市场26家，退出一般制造业企业33家，拆除违法建设221万平方米，整治群租房1662处、“开墙打洞”1213处，治理地下空间162处。市级考核的18项任务中，5项完成量居全市第一。南苑－大红门地区疏解整治促提升取得历史性突破。原45家上账市场拆除关停率由73%提升到82%，存续多年、摊位最多的大红门早市正式关停。拆除区域内违法建设76万平方米，清理“住改商”650处，整治仓储、物流点位87处。与河北沧州等地对接协作，成立北京丰台－沧州大红门市场服务中心，帮助1.6万商户“二次创业”，推动大红门品牌京外发展。南苑森林湿地公园共拆除地上物113万平方米，腾退土地2500亩，实现绿化9700亩。全区实现留白增绿50.4公顷，完成新一轮百万亩造林目标任务。建成嘉囿城市休闲公园等群众家门口公园30个。党群活动中心、智能微仓储等地下空间利用形式得到居民认可。新建规范便民商业网点133个，“五分钟便民蔬菜零售网络体系”覆盖率80%，镇国寺北街成为中心城区首个生活性服务业示范街区。利用二七机车厂疏解腾退的老厂区，建设国家冰雪运动训练科研基地。

重创新增动能，区域经济发展跨入新阶段。科技、金融、信息、商务等服务业对经济增长贡献率达到70%以上。国家高新技术企业保有量超过1500家，增幅18%以上。技术合同成交额835亿元，增长18.5%。专利申请量9094件，增长2.6%。境内外上市企业31家、新三板挂牌企业68家。丽泽金融商务区发展全面提速。全年留区税收增长60%。探索精准供地模式，中国证券机构间报价系统股份有限公司等优质金融机构落地丽泽。确定新机场城市航站楼选址。开复工面积282万平方米，结构封顶220万平方米，实现44万平方米空间投入使用。中关村丰台科技园发展态势良好。新增国家级企业技术中心1家，科技孵化协同创新中心4家，院士专家工作站3家。新引进“高精尖”及规模以上企业101家。全年实现总收入5500亿元，增长8%；留区税收36.3亿元，增长10%；地均、劳均产出率分别居中关村示范区第二、第三位。两大千亿级产业集群优势更加突出，轨道交通产业收入占全国总量近1/3，军民融合产业收入增长超过20%。营商环境明显改善，推进“放管服”改革，出台优化营商环境二十条措施。率先在全市实施微信办照和新设企业免费刻章。施工许可审批时限由15个自然日压缩至5个工作日。行政审批事项全部实现“一网通办”，62个高频事项办理“最多跑一次”。企业不动产登记“一窗办理”做法获得国务院通报表扬。建立重点企业“服务包”制度和定期沟通走访机制，帮助企业解决办公空间、人才引进、证照办理等方面的难题。成立总规模40亿元的丰台产业发展基金。全年新引进注册资本金5000万元以上企业399家，增长24%。

高标准严要求，城市环境面貌呈现新变化。生态环境保护持续加强，大气优良天数较上年增加24天，空气质量改善率14.5%。运用大数据进行精准管控，新增513个空气质量监测点和52个粗颗粒物监控点。加大对重型车执法处罚力度，全年检查12.65万辆，处罚1.26万辆。加大扬尘管控，治理裸地1664万平方米。落实“河长制”，推广“当班河长”模式，发现并解决水环境问题530余起。加大水事违法案件查处力度，立案179起，是上年的1.4倍。基本完成牤牛河等9条河道截污治污工程以及马草河、小清河水生态修复。市级黑臭水体全部完成治理，国家级和市级考核断面水质持续达标。下非常之功整治环境。落实党建引领“街乡吹哨 部门报到”机制，街乡镇全部建立实体化综合执法平台。建立区政府每周调度、明察暗访、现场拉练、微信曝光、实时督办等机制，打通抓落实的“最后一公里”。创建精品示范大街30条，整治提升背街小巷66条，拆除违规牌匾1503块，改造升级公厕60座，城市街巷面貌明显改善。全年办理群众热线诉求12.9万件，投诉总量较上年下降0.8万件，实现由增到减的拐点，丰台区环境建设考评全市排名大幅提升。城乡协调发展扎实推进。优化完善绿化隔离地区规划和实施方案，推进卢沟桥乡分组团规划调整，编制完成花乡中部组团方案。全年完成供地123公顷，南苑乡成寿寺项目成为全市首个开工建设的集体土地租赁住房项目。编制完成西王佐等3个村“美丽乡村”规划和实施方案。河西地区纳入市自来水集团供水保障体系，河西第三水厂加快建设，河西再生水厂二期完成主体工程，群众用水条件将加快改善。持续推进浅山区违法占地违规建设专项治理，大棚类设施农业项目全部落实整改。

惠民生保稳定，群众更好共享发展成果。城镇新增就业4.3万人，城镇登记失业率1.44%。城乡居民基础养老金人均增长14%。持续推进空巢独居老年人“连心通”

工作，发放腕表1.3万块、服务5.2万人次。开展由政府购买服务、为失能失智老人照料者提供“喘息服务”的试点工作。棚户区改造搬迁9529户，保障房新开工7400余套、竣工约1.2万套。老旧小区生活条件逐步改善，5个小区实施综合整治，4个小区加装电梯134部，7个小区改造供热管线46公里。扩大优质教育资源供给，新增学位4610个。实施第三期学前教育行动计划，新增及转化普惠性学前学位4092个。校外培训机构治理工作得到教育部通报表扬。整合优质医疗资源，布局各类型医联体14个。天坛医院实现整体搬迁并开诊运行，北京口腔医院完成选址和地上物拆迁，丰台医院启动提质改建。推广社区卫生“智慧家医”模式，基层医疗服务能力不断提升。通过首都文明示范区测评复检。举办“2018中国戏曲文化周”，开展各类文化惠民活动5345场。新增实体书店5家、文体活动场所161个。举办第七届全民运动会等体育活动230余场，开展第三届欢乐冰雪季系列活动250余场，营造喜迎冬奥的氛围。加强北京南站地区综合治理，乘车难、打车难、交通拥堵等问题得到有效缓解。轨道交通加快发展，地铁8号线三期开通运营，区域内已通车轨道交通达10条49个站点76.5公里。城市路网不断完善，5条道路建成通车，5条道路完成大修改造，10项交通疏堵工程完成施工。新开和优化调整公交线路40条，规范和新增停车位7200个。社会保持安全稳定。落实安全生产责任制，开展城市安全隐患治理三年行动，拆除彩钢板房82万平方米，完成111文化产业园重大安全隐患整治。新建小型消防站11座。完成4584家单位“阳光餐饮”建设，重点食品、药品抽检合格率分别98.6%、99.6%。推进互联网金融风险专项整治。加强应急值守，防汛工作经受住强降雨考验。采取果断措施，有效防控非洲猪瘟。畅通信访渠道，初信初访办结率100%。深入推进平安丰台建设，开展扫黑除恶专项斗争，推进“雪亮工程”，刑事、治安警情实现双下降，群众安全感明显提升。精准扶贫脱贫深度发力。投入帮扶资金1.35亿元，助力1.3万人实现脱贫。实施产业扶贫项目17个。21个街乡镇与受援地区乡镇开展结对帮扶，动员百余家企业与54个贫困村签署帮扶协议。结对帮扶的林西县成为内蒙古第一个脱贫的国家级贫困县。与房山区签署结对协议，在生态涵养区建设方面开展合作，帮助安置劳动力2100人。

转作风提效能，政府自身建设不断加强。牢固树立“四个意识”，坚决做到“两个维护”，落实政府系统全面从严治党责任。修订《区政府党组工作规则》《区政府工作规则》，强化科学决策，狠抓工作落实。坚持依法行政，认真学习、遵守宪法和各项法律法规，切实贯彻监察法。有序推进社区居委会和村委会换届选举工作。全面推进政务公开，自觉接受人大、政协和社会监督，办理市区两级人大代表和政协委员的建议、提案400件，办结率100%。加强审计监督，推进农村专项审计整改。强化党风廉政建设，严格落实中央八项规定精神，加大“四不两直”调研检查力度，坚决防止“四风”问题反弹。

（霍海宁）

重要活动

【调研丽泽金融商务区】　4月10日，代区长王力军一行到丽泽金融商务区首创中心、丽泽金融商务区展示中心实地察看丽泽金融商务区建设、规划情况以及金融街和丽泽金融商务区一体化发展有关工作进展情况。王力军对丽泽金融商务区建设工作作出指示。

区领导肖辉利、吴继东、连宇一同调研。

（张　婧）

【检查黑车非法运营情况及环境建设】 4月15日，代区长王力军一行首先前往六里桥长途客运站，实地察看黑车非法运营清理整治情况，并听取汇报。随后到达宝能热力有限责任公司和莲花池公园，察看周边环境整治情况，并召开座谈会。区领导狄涛、李正斌、李春滨、连宇一同检查。

（张　婧）

【检查大型体育比赛活动保障及防汛工作】 4月21日，代区长王力军一行先后到光彩体育馆、大红门桥区、丽泽桥积水点和丰台体育中心，实地察看大型体育比赛活动保障有关工作，同时检查应对降雨天气的防汛措施的落实情况并慰问一线防汛工作者。区领导连宇一同调研。

（张　婧）

【夜查大气污染防治工作】 5月8日，代区长王力军一行前往丰台花园周边，了解区域交通引导、执法力量部署等大气污染防治有关措施落实情况。随后到达杜家坎收费站和新发地机动车辆联合执法检查点，检查重型柴油车管控情况。王力军肯定了前一阶段严管严控工作成果。区领导连宇一同夜查。

（张　婧）

【开展对口支援帮扶对接工作】 5月21日至23日，代区长王力军一行到治多县和治渠乡同卡村看望慰问贫困户，并调研同卡村生态畜牧业合作社，随后返回治多县召开交流对接座谈会，听取治多县脱贫攻坚进展情况，签订农副产品销售框架协议。一行参加了北京支援玉树扶贫工作推进会。青海省玉树藏族自治州人大常委会副主任欧要才仁，治多县委副书记、县长南阳一同交流。

（张　婧）

【赴中央民族大学新校区调研】 6月1日，代区长王力军一行对中央民族大学新校区在建工地进行调研考察，现场了解新校区建设有关情况，并召开座谈会。中央民族大学党委书记张京泽、校长黄泰岩介绍了中央民族大学的特色及项目建设中的需求和困难。王力军表示，中央民族大学新校区的入驻将提升丰台区文化氛围和区域形象。区政府将用最高标准为新校区的建设和发展提供服务。中央民族大学副校长石亚洲、田琳，区领导吴继东、连宇一同调研。

（张　婧）

【检查高考组织情况】 6月7日，代区长王力军来到招生考试中心，在保密室察看高考试卷保管情况，并在视频监控室察看全区考场，慰问值班的保密工作人员和公安干警。之后参加北京市高考工作电视电话会。王力军强调，各部门要落实责任，全面抓好高考组织工作；要做好服务，全方位保障高考师生和家长；要注重安全，确保全区高考的顺利平稳。随后前往北京市第十二中学进行高考巡视，通过远程电子巡查系统察看考场情况，对保密室和考务办公室进行检查，听取北京市第十二中学人才培养和分校发展的简要汇报。王力军指出，教委要注重加强十二中对全区中学的辐射带动作用，推动优秀教师和管理人才规模化输出，促进丰台教育的均衡发展。最后慰问了在一线服务的公安、交通、城管和环保工作人员，感谢大家辛苦的付出。区领导王百玲、张婕、连宇一同检查。

（张　婧）

【检查全区大棚房整改情况】 6月23日，代区长王力军带队到王佐镇南宫地热博览园现场查看大棚房整改情况，听取有关工作汇报，了解南宫地热博览园经营情况及土地利用现状，并召开座谈会。王力军指出，要认真排查违法违规占地、改变耕地性质和用途的行为，发现问题必须立即整改。区领导高峰、吴继东、连宇一同参加检查。

（张　婧）

【接听非紧急救助服务中心12345热线】 7

月10日，代区长王力军一行在非紧急救助中心综合受理调度大厅观看“听民意 解民忧”特别系列报道第四季专题片和年内群众来电基本情况和区内有关城市管理、环境秩序、疏解整治等问题的短片，并接受北京电视台关于政府服务热线“三率两度”的专题采访。随后接听群众来电，两小时内区领导及各部门负责人接听群众来电142个，城市环境建设、疏解整治促提升等问题是群众反映最多、最关心的。下午，张鑫受委托带队督导三个反馈事项的“马上就办”。三小时内，造甲村南里5号院的黑洗车场、占道停车的车辆，被迅速清理；和义东里一区的绿地私搭乱建，现场形成解决方案；卢沟桥南里46号楼附近的彩钢违建房被立即拆除。区领导周新春、李春滨、连宇一同调研。

（张　婧）

【检查防汛工作】　7月17日，代区长王力军到王佐镇西庄店村，实地察看地质灾害隐患点，并慰问疏散暂住到安全地带的村民。随后前往刘庄子铁路桥积水点，现场调度了刘庄子积水点的危房隐患应对工作。最后察看了永合庄铁路桥积水点。王力军对防汛抢险设备的准备工作表示肯定，并要求对重点积水点，派专人盯守，加强引导、防范和监督，严禁车辆及人员进入点位造成安全隐患。尽快完善积水点永久性治理方案，实施治理项目，减少隐患点位和积水点位，确保安全度汛。

（张　婧）

【签订战略合作框架协议】　9月8日，为贯彻落实国家关于新一轮东北振兴战略和东北地区与东部地区部分省市对口合作的工作部署，加强与沈阳市大东区交流合作，充分发挥各自优势，探索建立特色鲜明的跨区域产业协同发展模式，构建区域合作与互动发展的新格局，区长王力军与沈阳市大东区区委副书记、代区长李刚就合作开展协同园区建设工作、探索共建飞地经济试点园区签订战略合作框架协议。大东区副区长牟丽博，区领导肖辉利、连宇一同参加签约仪式。

（张　婧）

【调研背街小巷整治工作】　9月20日，区长王力军到北大地物美超市附近，实地察看周边背街小巷整治工作进展情况。他强调：背街小巷整治工作要按照《核心区背街小巷环境整治提升设计管理导则》要求，加快推进整治进度，并将道路微循环工作纳入整治，切实提升居民生活品质和幸福感。随后到韩庄子中路，实地察看东段和西段整治情况。王力军要求：要加大绿化面积，能绿尽绿；对商铺“门前三包”落实不到位的要严格查处；要深化“街巷长制”，发挥“小巷管家”作用，推动城市管理向街巷胡同延伸。

（张　婧）

【疏解整治促提升工作调研】　10月11日，区长王力军检查大红门地区市场关停情况和临街环境秩序，召开现场工作推进会，并提出要求，要关注市场疏解关停后的管理问题，充分应用“街乡吹哨 部门报到”管理机制，由属地政府联合公安、交通、城管等执法部门，集中力量严厉打击“马路物流市场”，出现苗头立即消灭，维护巩固“疏整促”成果。随后前往东高地街道的益丰大院，现场察看违建拆除情况，王力军指出，要从百姓实际需求出发，积极创新拆违后续利用，最大限度的绿化美化环境，提升百姓生活幸福感。最后前往花乡花卉创意园，察看创意园整体布局，了解升级改造情况，王力军强调，花乡要充分利用自身优势产业，在关停不符合规定市场的同时，加快花卉产业升级速度，将传统的散乱式摊位升级为现代新型特色物业管理，满足群众购买花卉的基本需求。区领导连宇一同调研。

（张　婧）

【水务工程和河长制工作专题调研】　11月24日，区长王力军到牤牛河河西第二水厂工程段实地察看河道治理和河长制工作落实情况，并要求：河西第二水厂建设要结合生态涵养区生态保护工作，保护好牤牛河区域自然生态环境景观。区发改委、水务、园林等相关部门要通力合作，加强规划设计，抓紧研究将牤牛河区域建设成为集自然风光、科普宣传、休闲娱乐为一体的郊野湿地公园。随后一行前往青龙湖再生水厂，现场察看水厂运营有关情况。他强调：王佐镇要切实发挥统筹作用，进一步加强精细化管理，探索出社会共治共管的模式。最后在区政府召开丰台区河长制工作会。会上，水务局、环保局等相关部门汇报了全区水域治理专项行动和落实河长制工作中存在的问题。区领导肖辉利、李春滨、连宇一同调研座谈。

（张　婧）

【赴新发地批发市场检查肉类食品供应工作】 12月5日，区长王力军赴新发地批发市场现场察看动物检疫合格证明、肉品品质合格证明、进销台账等，详细询问了检疫证明一头一票制度落实情况和猪肉销售情况。王力军强调：全区要高度重视非洲猪瘟防控，部门与属地要通力配合，加大检查力度，加强与京外生猪产地、屠宰地政府的联系，做好源头防控，并要求农委、食药、工商等部门和属地要进一步加强配合，对新发地、岳各庄等批发市场及场外猪肉门店加强监管，严格按照规程进行检查；要做好联防联控防控工作，发挥“区域协作 基地保障 全程监管”工作机制，全面落实养殖、屠宰、运输等环节车辆，人员消毒、管控等措施，严防问题猪肉进入批发市场。区领导周新春、连宇一同检查。

（张　婧）

法治政府建设

【概　况】 2018年，丰台区政府法制办公室抓好行政规范性文件合法性审查工作，共审核文件180余份，提出修改意见400余条。由区政府和政府办制定的行政规范性文件12件，向市政府法制办备案12件，向区人大备案5件。全区各单位向区政府备案的行政规范性文件14件。为区政府、相关委办局、街道办事处、行政事业单位提供法律服务2682件次，律师代理或参与行政机关诉讼和复议案件208件，审核合同2152件，参与处置涉法问题190件次。审理行政复议案件146件，审结113件。在市政府代理复议案件9件。调解终止结案21件。

（蒲昕宇）

【服务环境保障】 年内，汇编《丰台区环境执法法制研究》和《丰台区环境治理行政处罚工具书》，定向建构环境精准执法法制保障体系，创新“开创口诀式执法”“明晰图式执法”“提供借鉴式执法”3个工作法，为全区环境执法实践提供法律参考。

（蒲昕宇）

【执法指导和法律服务】 年内，在行政处罚、行政强制、行政许可等方面，对区卫计委、住建委、水务局、城管局、安监局、水务局、工商局、卢沟桥乡政府、南苑乡政府、王佐镇政府等行政执法机关，进行行政执法指导和法制培训30余次，为基层提供法律服务。

（蒲昕宇）

【服务重点工程项目建设】 年内，服务大红门－南苑地区综合整治、张仪村路东侧及张郭庄村棚户区改造等项目建设，参与研究丽泽商务区、新宫村、分钟寺村等项目的土地腾退工作，破解芳群公寓停车楼、柴芳园四区滞留户、地下空间整治、东河沿回迁房延期入住、地铁运营安全隐患整治等工作中的瓶颈问题。多次参加研讨会，并派驻业务骨干深入一线，持续跟进，聚焦项目推进过程中的涉法问题，结合丰台实际，研提法律意见。

（蒲昕宇）

【规范性文件合法性审查】 年内，加强行政规范性文件合法性审查，共审核《丰台区国有企业违规经营投资责任追究暂行办法》《丰台区建设工程施工突发事故应急预案》《丰台区生活垃圾分类实施意见》等文件160件次，提出有针对性地修改意见建议350余项目。开展专项清理生态环境保护的产权保护规范性文件，其中保留30件，废止5件。

（蒲昕宇）

【规范性文件备案和清理】 年内，按照《北京市行政规范性文件备案规定》（市政府令第268号）的要求，开展行政规范性文件备案检查工作。70个单位中，全年未对外发布行政规范性文件的单位47个，其余23个单位中，有17个单位存在应报送备案而未报送的行政规范性文件36件，其他6个单位无漏备情况。

（蒲昕宇）

【政府协议审查】 年内，审查由区政府及区属部门拟定的需区政府会议审核的重大资金支出、规范性文件、政府合同等重要文件160余件，研提意见建议400余条，规避各种法律风险。

（蒲昕宇）

【法律服务】 年内，办理服务申请2000余件，审核合同1600余件，代理需求单位参加行政复议、诉讼70余件，为重大决策和重大具体行政行为提供书面法律意见40余件。

（蒲昕宇）

【行政复议】 年内，审理行政复议案件146件，审结113件，审结率77.4%，在市政府代理复议案件9件。加大案件调解和纠错力度，调解终止结案21件，占14.4%；撤销和确认违法及责令履责18件，占12.3%。加大行政复议委员会非常任委员参与案件研究力度，提出法律意见150余条。

（蒲昕宇）

【法规规章征求意见】 年内，反馈《北京市非物质文化遗产条例》《北京市小型食品业生产经营规定》《北京市人民政府法制办公室关于征集2019年政府规章立法项目建议的函》等法律法规规章征求意见12件，提出意见30余条。

（蒲昕宇）

【依法行政】 年内，印发《丰台区2018年全面推进依法行政工作要点》，结合实际完善《2018年依法行政考核指标》，促进法治政府建设和依法行政具体指标的细化，明确全区推进依法行政工作的整体部署。

（蒲昕宇）

【依法行政培训】 年内，在区政府常务会前组织学习《中华人民共和国监察法》《中华人民共和国政府采购法实施条例》《中华人民共和国统计法实施条例》《北京市行政执法数据解读》4次。举办依法行政专题研讨班2期，受训700余人，其中处级领导干部300余人次。

（蒲昕宇）

【执法规范化建议】 年内，推广北京市行政执法信息服务平台的使用和普及，全区30个行政执法检查主体单位执法检查录入总量115996件，行政处罚案件340114件。做好岗位与执法人员关联的动态调整工作，全区执法岗位核定人数2431人（不含公安部门），完成在岗关联人员1986人（不含公安部门），在岗关联率81.69%。开展行政处罚案卷评查工作，对全区25个执法单位的58本行政处罚案卷开展评查，通过抽查、评卷、得分，形成对全区行政执法工作的动态监督和测评。

（蒲昕宇）

国有资产管理工作

【概　况】 2018年，丰台区国资委履行出资人职责，提升国资监管水平；落实区委区政府的重大决策部署和重点工作任务，完成企业重组改制等各项工作任务。98家国有及国有控股(集体)企业账面资产总额728.94亿元，同比增长0.43%；负债总额569.62亿元，同比下降6.43%；所有者权益总额159.32亿元，同比增长36.14%。企业平均资产负债率78.14%，同比下降5.74个百分点。全年实现营业总收入34.39亿元，同比下降18.37%；盈亏相抵后实现利润总额3.86亿元，同比增长25.32%。上缴各项税费总额4.75亿元，同比增长73.99%。国有资本保值增值率102.58%，实现国有资本保值增值任务。

（李鑫雅）

【优化国有资本布局】 年内，国资委系统所有涉及重组的企业，全部完成党组织隶属关系、业务管理关系调整及工商手续变更工作。12月，北京市丰台区城市建设综合开发集团有限公司和北京市丰台区综合投资集团有限公司正式挂牌成立，国资委监管企业重组改制工作全面完成。重组后，国资委监管一级企业数量从9家减少至5家。国有资产向重点功能区、城市基础设施领域、民生领域和金融服务领域聚集。组建住房保障运营公司，10亿元注册资本金全部到位。北京市丰台区综合投资集团有限公司联合北京市静态交通投资运营有限公司共同出资成立静态交通丰台公司，与市属国有企业合作，是深化国资国企改革的一项重要举措，为深化国资国企改革探索新模式。

（李鑫雅）

【重点功能区建设】 年内，城建开发作为南苑湿地公园、首都商务新区等土地一级开发项目实施主体，参与大红门地区红门鞋城、通久步云大厦的疏解工作，筹措资金5800万元；综投公司为北方世贸轻纺城疏解工作筹措资金2.5亿元。区国资中心为大红门村、造甲村和小瓦窑村旧村改造等项目提供28亿元资金支持；为白盆窑、槐新组团旧村改造等项目提供159亿元的融资担保。园博园参与承办端午游园会、中国戏曲文化周等重大活动。

（李鑫雅）

【重点项目建设】 年内，新增东方绿星森林公园等绿化项目20个，完成园博园等绿化养护项目16个。推进京开东路等13个续建和16个新建道路项目，腾退土地面积约53万平方米。推进小清河河道治理工程等水务工程建设。

（李鑫雅）

【薪酬制度改革】 年内，制定《丰台区国有企业负责人薪酬制度改革工作实施方案》，经区政府审议并下发执行，薪酬制度改革工作到位。制定出台《丰台区区属国有企业负责人薪酬管理暂行办法》《丰台区国有企业公务用车管理暂行办法》《关于规范企业负责人福利待遇等问题的通知》等文件，对于企业领导人员薪酬兑现、公车使用、福利待遇标准等做出明确的规定。坚持分类分级管理，建立与企业负责人选任方式相匹配、与企业功能定位相适应的差异化薪酬管理制度。出台《丰台区属国有企业领导人员受党纪政务处分扣减薪酬管理办法（试行）》。完善区属国有企业负责人激励约束机制。

（李鑫雅）

【公车制度改革】 年内，出台《丰台区国有企业公务用车管理暂行办法》，规范国有企业公务用车管理，确保公务用车改革成效。完成全区396辆国有企业公务用车GPS的安装工作。对超编制的60辆公车进行处置，经过挂牌拍卖，车辆成交价格比评估值增幅21%，确保国有资产处置环节不流失。

（李鑫雅）

【精准扶贫】 年内，在区国资委的倡导下，7家企事业单位按照开展“万企帮万村”精准扶贫行动的工作要求，结对内蒙林西县4个贫困村，开展扶贫工作调研和项目对接，签署日光温室暖棚等帮扶协议，确定扶贫项目内容、合作方式，预计投入帮扶资金420万元，已到位135万元。

（李鑫雅）

【疏解整治促提升】 年内，制定《丰台区国资委系统2018年推进疏解整治促提升和安全环境建设专项行动实施方案》，明确疏解整治促提升、社会治安综合治理、安全生产、生态环境建设等15项目标任务。着重清退商户、规范牌匾、拆除彩钢板、消除安全隐患，拆迁腾退房屋建筑物面积69422平方米，疏解人口5857人。引导国有商业网点向回归民生、提升社会效益、经济效益方向转型，打造培育区国企“方购”品牌，完成16个便民商业网点改造，发挥国有商业网点在疏解整治促提升过程中补短板、提品质、惠民生的引领作用。

（李鑫雅）

【国资经营预算】 年内,完成2018年国有资本收益1853.95万元的上缴入库工作,划拨20%至公共预算,剩余1483万元以资本性支出的形式拨付给综投公司,用于组建北京静态交通公司丰台公司的注册资本金。完成国有资本经营预算绩效评价及2019年预报工作。

（李鑫雅）

【安全保障】 年内，投入70万元财政专项资金，鼓励引导企业建成微型消防站、购置微型消防车和安装监控探头，完成“雪亮工程”任务及“安全生产监督管理平台动态管理系统”建设。开展715场站消除隐患专项行动，拆除彩钢板房2736平方米，完成洪泰庄出租大院1.5万多平方米屋顶彩钢板整治工作。保障国资系统“大事不出、小事也不出”的局面

（李鑫雅）

【完善监管体制】 年内，完成企业2017年度财务决算工作，对财务决算数据真实准确性开展专项审计。实现对产权登记工作动态监控，掌握和了解国有资本的分布和构成情况。开展监管企业商业网点清查工作，实地网点核实、测绘，形成专题调查报告，为空间统筹利用奠定基础。完成商业网点动态管理系统第三期升级。合并调整监事会设置，实行监事入驻企业办公，为参与重组的三家企业配备外派董事3名，监事9名，加强对企业“三重一大”及财务状况的日常监督。落实监事会工作报告制度，将定期监督与即时监督集合起来，确保被监督企业决策事项能够有效执行，做好监督工作。起草《监管企业国有经营性房屋管理办法》，为防范廉政风险奠定基础。

（李鑫雅）

【基层党组织建设】 年内，学习落实《党支部工作条例》，贯彻党支部规范化建设“B+T+X”工作体系，以“一规一表一册一网”为抓手，推进“两学一做”学习教育常态化制度化。完成机关党支部、全系统62个党组织和844名党员“双报到”工作。规范各类基本组织生活制度，落实好领导干部党建工作纪实、双重组织生活、谈心谈话等制度，开展批评与自我批评。搭建“党徽耀方购”“党员突击队”“党员服务示范岗”等一批党员教育实践平台，抓好党建工作示范点创建工作。制定《国有企业党建工作要点》和《丰台区国有企业党建工作综合考核评价实施方案》，推行基层党支部书记党建工作述职评议考核。组建新成立公司党支部，调整4家企业的党组织隶属关系和2家企业的党组织建制。按期进行任期届满党组织换届工作。指导4家软弱涣散基层党组织完成整顿转化工作。

（李鑫雅）

【执纪监督】 年内，聚焦国资国企重点工作，开展监督检查。制定《关于明确改革重组期间相关工作纪律的通知》，下发《关于对疏解整治促提升中拆迁补偿工作开展集中监督检查的通知》，对企业的内控制度、档案管理、资金使用等情况开展重点抽查，抽查项目涉及资金总额约200亿元。引导企业

通过加强日常监督，进行自查自纠，防范廉政风险，确保中心工作廉洁推进。抓住重要时间节点和管人管财管物等关键岗位，强化“八项规定”纪律红线，纠正并查处“四风”问题，对检查发现的问题进行整改和问责。

（李鑫雅）

【国资大讲堂】 年内，举办国资大讲堂四期，围绕“安全管理、资产评估、薪酬改革、国资国企发展、党的建设”等主题，邀请各领域专家结合丰台区国企实际，进行授课及相关政策解读。

（李鑫雅）

2018 年 98 家区属国有及国有控股(集体)企业财务情况 金额单位:亿元

序号	项目名称	本年累计	去年同期	同比增幅
1	资产总额	728.94	725.81	0.43%
2	负债总额	569.62	608.78	-6.43%
3	所有者权益总额	159.32	117.03	36.14%
4	营业总收入	34.39	42.13	-18.37%
5	利润总额	3.86	3.08	25.32%
6	上缴税费总额	4.75	2.73	73.99%

民族宗教工作

【概 况】 2018 年，民族宗教工作以提升民族宗教工作为主线，贯彻党的民族宗教工作方针和政策，加强和创新民族宗教事务管理，维护民族宗教领域和谐稳定。全区有 51 个少数民族，约 7.2 万人（第六次人口普查数据），人口较多的少数民族为满族、回族。宗教场所 8 个，其中天主教堂 2 个，基督教堂 2 个，清真寺 3 个，道观 1 个。

（李思颖）

【提案建议办理】 年内，办理丰台区第十届政协二次会议提案第 93 号“关于加强基督教教堂案件力度的建议”、第 44 号“关于让普查登记的不可移动文物发挥更大作用的建议”。

（李思颖）

【举办民族团结日音乐会】 5 月 6 日，联合中央音乐学院附中举办丰台区 2018 年民族团结日专场民族音乐会，进一步宣传党的民族政策，推进民族团结进步。

（李思颖）

【参加北京市第十届民族传统体育运动会】 年内，区财政投入 143 万元组织代表团参加北京第十届民族传统体育运动会，派出参赛运动员 288 人，参加 10 个竞赛项目和 2 个表演项目的比赛，获得 12 个一等奖、32 个二等奖、15 个三等奖，8 个“体育道德风尚奖”。

（李思颖）

【民族团结进步奖评选】 年内，组织开展丰台区第八届首都民族团结进步奖单位及个人的评选及申报活动，丰台区委统一战线工作部等 6 个单位获得第八届首都民族团结进步奖先进集体，11 人获得先进个人奖。

（李思颖）

【专题培训】 10 月，举办宗教理论政策培训班，主要通过案例分析讲解民族宗教工作常识及方法，全区各委办局主要领导及统战工作干部 300 余人参加培训。

（李思颖）

【开展“四进”活动】 年内，协调区财政局投资 14 万元为 8 个宗教场所统一配置国旗杆，推进宗教场所建设。向丰台堂区赠送《宗教事务条例》《中华人民共和国宪法》《反国家分裂法》《国旗法》等法规书籍320本。开展“中华传统美德与神学思想建设”专题交流活动，阐释宗教信仰如何在新时期更好地发挥正能量。

（李思颖）

外事港澳侨务工作

【概　况】 2018年，丰台区外侨办围绕北京国际交往中心建设和丰台区经济社会发展大局，统筹区域外事资源，开展外事活动。全年，办理因公出国（境）团组36批128人次，其中党政干部团组10批17人，教育系统团组24批105人次。

（高　瑞）

【举办“2018侨商北京洽谈系列活动之丰台行暨侨商沙龙怡海专场”活动】 7月9日，北京侨商会第五届理事会第三次会议在园博园丽维赛德酒店会议中心召开。理事会后，全体与会成员60余人参加由市政府侨办、丰台区政府指导，丰台区投促局、丰台区外侨办、北京侨商会联合主办的“2018侨商北京洽谈系列活动之丰台行暨侨商沙龙怡海专场”活动。

（高　瑞）

【丰台区赴美国西柯维纳市进行友好交流】 7月16日,组织丰台二中教育集团47名师生赴美国西科维纳市进行友城青少年文化交流。

（高　瑞）

【丰台区赴英国赫尔市进行友好交流】 7月17日,组织北京十中、东铁营一中31名师生赴英国赫尔市进行友城青少年文化交流。

（高　瑞）

【丰台区赴韩国首尔市进行民宿交流】 8月2日，组织首都师范大学附属云岗中学16名师生赴韩国首尔市江东区进行友城民宿交流，加深两国之间友谊。

（高　瑞）

【加纳总统第一夫人访问丰台区】 9月5日，加纳总统第一夫人丽贝卡·阿库福·阿多一行38人参观世界花卉大观园。加纳总统第一夫人是随同总统先生访华并参加“中非合作论坛北京峰会”。第一夫人表示希望在峰会期间参观北京的花卉公园，世界花卉大观园作为北京四环内最大的植物园被外交部推荐给总统第一夫人。

（高　瑞）

【乌干达总统夫人访问丰台区】 9月5日，中非合作论坛北京峰会期间，乌干达总统夫人珍妮特·穆塞韦尼女士一行11人到丰台区职业教育中心学校进行友好访问。总统夫人参观了非遗元素时尚生活商品及专业教学展示区、“课堂教学和工作室展示”区及非遗文创园区，总统夫人表示非常高兴到访学校，感谢学校的热情接待，并提出今后与该校进行教师培训合作的愿望。

（高　瑞）

【英国大伦敦纽汉市市长一行访问丰台区】 11月9日，英国大伦敦纽汉市市长一行2人访问丰台区，参观了总部基地。丰台区与英国伦敦纽汉市于2015年8月签署友好交流备忘录，建立友好关系。访问加深两区间的了解，为开展合作与交流创造条件。

（高　瑞）

【完成“中塞友谊·东方之家”庆春节演出任务】 年内，丰台区青少年赴塞尔维亚进行文化交流访问，完成“中塞友谊·东方之家”庆春节演出任务。

（高　瑞）

【比利时布兰肯堡市青少年代表团访问丰台区】 年内，接待比利时布兰肯堡市青少年代表团来区交流访问，加深相互间的了解，增进友谊。

（高　瑞）

【医疗卫生机构双语标识规范】 年内，开展医疗卫生机构双语标识规范工作，采集双语标识万余条，规范后大幅优化丰台区医疗卫生机构的涉外环境。

（高　瑞）

【开展侨爱工程温暖行动】 年内，制定《丰台区外侨办开展侨爱工程温暖行动活动方案》，为全区35位困侨发放补助123400元。

（高　瑞）

【提高政务服务水平】 年内，梳理公共服务事项7项，开通网上办事申报事项，网上办事率达到86%。进驻区级政务服务大厅，进驻率71%。

（高　瑞）

政务服务管理

【概　况】 2018年，区政务服务办贯彻落实国务院、市、区政务服务工作要求，开展三级政务服务体系标准化、便民化建设，不断完善网上政务服务大厅和统一行政审批平台功能，推进政务服务“一网、一门、一次”改革任务，持续提升区级政务服务中心管理和服务水平，营造高效快捷、惠企便民的丰台政务服务环境。

（赵　芮）

【政务服务顶层设计】 年内，出台《〈丰台区2018年政务服务管理重点工作分工方案〉的通知》（丰政办发〔2018〕33号）、《北京市丰台区人民政府办公室关于印发 < 推进全区政务服务“一张网”建设（2018—2020年）实施方案 > 的通知》（丰政办发〔2018〕30号）、《北京市丰台区人民政府关于印发 < 丰台区政务服务中心管理暂行办法 > 的通知》（丰政发〔2018〕9号），为全区政务服务规范化建设提出目标任务明确、操作管理针对性强、督查考核要点明晰的总体方案。

（赵　芮）

【政务服务规范化建设】 年内，21个街乡镇政务服务中心统一名称并挂牌“丰台区XX乡镇（街道）政务服务中心”，下辖379个村（社区）完成村居级政务服务站建设。其中62个行政村统一名称并加挂“XX乡镇XX村政务服务站”牌子，317个社区依托原有社区服务站开展政务服务相关工作。

（赵　芮）

【梳理政务服务事项】 年内，会同区政府审改办开展政务服务事项标准化梳理工作，全面清理烦扰企业和群众的各类证明以及不确定性兜底条款，实现对政务服务事项全生命周期动态管理，组织召开丰台区2018年政务服务事项标准化梳理工作部署培训会，梳理出区级政务服务事项1666项。

（赵　芮）

【推进“互联网+政务服务”】 年内，开展政务服务系统使用情况调查，摸清“网上可办”的事项底数，推动各级各部门互联网办事系统与市网上政务服务大厅进行对接，实现“一次登录，全网通办”。组织全区业务平台使用培训，建立工作群，跟进平台试用进展，按计划完成北京市统一行政审批管理平台的部署、权限分配和试运行工作，全区33个部门的376个事项已登录平台开展业务办理，依托市网上政务服务大厅开展网上申报，提高政务服务事项的网上办理率。加强北京市投资项目在线审批监管平台的综合管理和日常监测，协调推进更多事项实现网上办理，提高对接数据质量，为政务服务数据共享、业务协同奠定基础。

（赵　芮）

【推进“一网、一门、一次”改革】 年内，实现政务服务事项网上可办率100%的目标，政务服务事项进驻大厅办理率80.91%，进驻综合窗口办理率70.41%。与区财政局、区编办、区工商分局就财政费用、窗口人员配置标准、菜户营大厅窗口布局方面分别进行研讨，参考市政务服务中心、门头沟区政务服务中心窗口改造方案，起草《丰台区政务服务中心综合窗口设置工作方案（初稿）》。以办件量多少为标准编制全区政务服务高频事项清单，涉及区内办理量较高的政务服务事项200个，其中实现"最多跑一次"的高频事项62个。

（赵　芮）

【区级政务服务】　年内，中心进驻单位15家、工作人员110名和公共服务事项343个；接待办事人员45.5万人次，日均接待1818人次；受理审批申请38.2万件，日均受理1528件；完成审批申请36.4万件，日均完成1456件，办结率95.32%，同比提升1.41个百分点。新注册企业14021家，日均注册56家；新注册企业中内资企业13860家，外资企业161家。为优化营商环境，方便企业群众办事，增设自助免费打印机、复印机、饮水机，开设自助网厅，配合税务部门布置自助发票机同时配备两名技术人员进行服务指导。

（赵　芮）

【开设"新设立企业一站式办理专区"】　年内，按照国家、市相关部门对企业开办时间做了由22.5个工作日压缩至5个工作日办结的工作要求，优化空间设置"新设立企业一站式办埋专区"。将工商、税务、公安等部门的业务实现"一窗受理、后台流转，一次申报，全程办结"的政务服务新模式。在全市率先完成"优化营商环境、提高企业开办效率"改革，完成优化营商环境改革工作最重要的一环，全年专区完成企业登记注册6201家。

（赵　芮）

【优化营商环境培训】　4月，为规范窗口人员服务标准化和提高服务意识，联合丰台工商分局，组织召开丰台区优化营商环境政策培训会，驻厅工作人员100余人参加。培训会围绕北京市出台的"9+N"优化营商环境政策、窗口服务规范、工作规范进行统一培训，培训会介绍营商环境评价体系，讲解企业开办"一窗受理、5天办结"等政策精神，并对窗口易发生的问题进行重点强调，通过培训，明确窗口一线干部在服务过程中，应该怎样服务，怎样服务才是标准化、规范化，提升中心对外服务能力和水平。

（赵　芮）

【优化营商环境宣传】　年内，开展优化营商环境宣传，在大厅内制作电子屏、横幅、宣传栏20余副、印刷宣传册、宣传单3万余册（张）；通过窗口工作人员、大厅引导员面对面讲解宣传6.2万人次；通过报刊、微信公众号推广宣传信息60余条。

（赵　芮）

档案工作

【概　况】　2018年，丰台区档案局（馆）完成"十三五"时期档案事业中期评估工作；实现档案行政执法检查全覆盖；完成对区科协等5家立档单位文件材料归档范围和文书档案保管期限表的审核工作；举办"国际档案日"暨北京市第十届"档案馆日"活动；完成《丰台记忆》和《丰台区第一至第十二届党代会简介》的编辑工作；北京市档案局科研项目《区档案馆设施设备配置研究》已结题。

（张　璐）

【档案工作会】 3月7日，召开全区档案工作会。各立档单位分管领导、办公室主任、档案员共320人参加会议。会议围绕深化中办、国办《意见》和北京市两办《实施意见》的贯彻落实，对各立档单位档案管理能力、档案服务功能、档案信息化建设、档案设施配备与保障等各方面提出标准和要求，开创档案新局面。

（张　璐）

【档案法制培训】 3月8日，邀请北京市档案局法规处副处长就档案法律法规知识和档案管理中的法律风险防控，结合《档案管理违法违纪行为处分规定》进行专题讲座，全区各立档单位主管领导、办公室主任和档案员共320人参加培训。

（张　璐）

【北京市第十届档案馆日】 6月1日至15日，举办“国际档案日”暨北京市第十届“档案馆日”活动。推出《丰台城市记忆——改革开放40周年丰台城市面貌变迁展》，展览被区委组织部列入丰台区纪念中国共产党成立97周年——仪式教育和主题党日系列活动的内容之一，13万人参观展览。拓展功能空间，将青少年教育基地迁往黄土岗中学，通过《丰台区非物质文化遗产展》和《长辛店留法勤工俭学预备班史料展》，传播民族文化和红色记忆。

（张　璐）

【档案行政执法检查】 8月28日，丰台区档案局专门成立领导小组，多次进行档案行政执法实地自查，整改问题，梳理完成4大类57项187件（套）行政执法检查迎检佐证材料，形成全区档案行政执法检查自查报告，并通过北京市档案行政执法检查。

（张　璐）

【档案法制宣传】 年内，以“6·9”国际档案日活动为契机，宣传《档案管理违法违纪行为处分规定》，结合档案日常工作中容易忽视的档案违法违规行为以及责任追究相关内容，有针对性的制作漫画宣传手册和展板，向全区各立档单位发放宣传手册1万册。将漫画制成宣传展板，向全区各单位工作人员和广大群众进行专题展出，参观1000余人次。

（张　璐）

【档案管理执法检查】 年内，进行“拉网式”执法检查立档单位99家，检查率100%；对不合格单位限期整改并进行复查，执法检查情况在全区进行通报。通过执法检查，全区58家单位被评为“丰台区档案管理优秀单位”，13家单位完成重点问题整改，2家单位被严肃问责。

（张　璐）

【档案业务培训】 年内，在区委党校举办了为期一周的全区新上岗档案人员培训班，培训突出“全、新、实”的特点，内容涵盖档案工作收、管、用的各个环节，以及电子档案、档案数字化管理等档案工作新方法、新手段。新上岗的专兼职档案人员120名参加培训。

（张　璐）

【档案业务指导】 年内，对区委老干部局、区商务委、园博园等单位进行多次指导，8家单位通过北京市区机关档案工作优秀单位测评；对方庄地区办事处等7家单位进行测评满三年复查前的指导和复查；对全区各涉农单位及5个乡镇进行检查指导，并对南苑乡机关和所属行政村、社区60余人进行档案整理新方法的培训；指导11个市级重点工程注册登录北京市重点建设项目档案管理登记系统，并结合全区97个重点建设项目，制发《关于加强丰台区2018年重点建设项目档案收集归档工作的通知》；全年现场指导300余人次，线上指导800余人次。

（张　璐）

【档案征集接收】 年内，征集《单永钦书法作品集》《全国书法家百米书法长卷》以及《丰台区改革开放四十周年书画展》优秀作品76幅，录制原黄浦军校毕业生王学义老人口述史视频42分钟，征集市离休干部李奇收藏的老照片等档案资料118件。并统筹馆库空间，接收大红门疏解办1375件、原旅游委1074件档案进馆。

（张　璐）

【档案安全体系建设】 年内，落实档案馆库“八防”要求，落实库房安全检查制度，执行《档案馆调归卷制度》，全年调、还卷33509卷/件，实现零失误；投入万余元完成馆库消防器材检测更新、温湿度仪表维修及配件的购置，排除温湿度采集器、烟感系统故障，组织全体人员参加消防知识培训，不断强化档案安全意识。

（张　璐）

【“雪亮工程”建设】 年内，督促全区各立档单位落实“雪亮工程”。截至12月10日，全区99个立档单位档案库除3家无独立库房未安装外，均按要求和标准完成安装视频监控并上报备案。局（馆）“雪亮工程”工作名列全市前茅。

（张　璐）

【档案利用服务】 年内，完善查阅制度，推进档案数字化副本的利用。接待利用者5706人次，出具证明4127份，各类影像15012页，调阅案卷4936卷，电话咨询1000余人次。完成编史修志等利用查询780卷次。依托北京数字档案馆跨馆利用系统平台，完成馆藏婚姻登记档案20万条数据、90万页数字化副本的集中存储和数据共享，馆藏婚姻档案实现全市范围内异地出证服务。

（张　璐）

【档案信息化建设】 年内，按照《北京市电子文件归档与电子档案管理办法》的要求，对全部馆藏档案数字资源完成人工抽检一次，抽检率达到电子数据总量的10%。参加市档案局第三轮重要档案异地备份工作，综合备份容量约22T，备份内容包含文书档案数字化副本、照片档案数字化副本、声像档案音视频副本、档案机读目录等全部馆藏数字资源。

（张　璐）

【市级科研课题结题】 年内，局（馆）承接的北京市档案局科研项目《区档案馆设施设备配置研究》结题。课题组历经18个月，走访十余个国家综合档案馆，完成调研报告6篇，形成1.4万字的项目研究报告，为区档案馆的设施设备配置提供基础数据和决策依据。

（张　璐）

【档案鉴定开放】 年内，依法开展档案鉴定开放工作。完成开放鉴定1338卷36985件130613页，开放档案493件。对已向社会提供利用的1949年至1984年开放档案进行全面排查，排查已开放档案139610件。

（张　璐）

【室藏档案数字化】 年内，将局（馆）档案室作为基层档案室业务工作和数字化工作的示范点。历时三个半月，档案室完成文书、照片、会计等室藏档案规范整理与数字化工作，实现室藏档案现代化的管理模式。撰写《示范引领 推动丰台数字档案资源建设——丰台区档案局（馆）室藏档案数字化实践研究》一文以及制作完成室藏档案数字化推广课件，为全区基层档案室开展室藏档案数字化工作提供途径、标准和方法。

（张　璐）

【档案馆新址建设调研】 年内，开展市内和外埠国家综合档案馆实地调研，多渠道提出新馆选址可能方案；历时半年，最终确定新馆选址并通过市督查组的专项验收，形成新馆建设工作情况报告，获得市局关于核定新馆项目建设规模的批复。

（张　璐）

地方志工作

【概　况】　2018年，丰台区的地方志工作以习近平新时代中国特色社会主义思想为指导，认真贯彻党的十九大和十九届二中、三中全会精神，深入贯彻习近平总书记对北京重要讲话精神，以文化自信文化强国为己任，以《地方志工作条例》为统领，以北京市、丰台区《地方志规划纲要》为主要任务目标，依据区委、区政府2018年工作的总体要求，圆满完成全年各项地方志重点工作。到年底前二轮《北京市丰台区志(1991—2010)》通过北京市终审。完成了《北京丰台年鉴》2018卷的编辑出版工作。《中华人民共和国标准地名词典》《北京市地名志》《丰台区地名志》的编纂工作全面展开，全年完成收集整理地名二普数据资料4246个地名词条，共计143万字。完成为《北京年鉴》和《京津冀概况》提供丰台区情的撰写报送任务。

(孙红妹)

【《北京市丰台区志(1991—2010)》通过终审】 7月26日，《北京市丰台区志1991—2010》终审评议会在北京市地方志办公室召开。此次会议是市地方志办组织召开的北京市第二轮规划志书2018年第三次终审稿评议会。市地方志办主任、《北京志》执行主编陈玲主持会议。《北京志》副主编周继东、王铁鹏、顾兖州、谭烈飞、运子微参加会议，会议主要听取《北京市丰台区志》《北京市朝阳区志》等五部志书编委会办公室关于志书编纂情况的汇报以及责任审稿关于志书审查情况的汇报。会上，《北京市丰台区志》主编汇报了编纂过程及修改复审稿的情况。市志专家对终审稿进行评议并提出了修改意见和建议。终审的最后总体评议是观点正确，体例严谨，内容全面，特色鲜明，记述准确，资料翔实，表达通顺，文风端正，达到了《地方志书质量规定》的基本要求并一致通过了终审。丰台区地方志办公室主任刘怀广参加了终审会。

(孙红妹)

【推进基层修志工作】 随着丰台区的城市化进程，基层特别是乡镇村修志的意愿较强。年内，专门开展了全区史志情况调查，全面了解基层的修志需求。根据基层的需求进行走访交流，重点推进了卢沟桥乡各村村志续修工作，加强培训指导，帮助选聘主编，保证了相关工作的有序推进。同时，支持张仪村、西局村、岳各庄村的乡情村史陈列室和长辛店街道的党群活动室建设，对展板的文字和图片材料认真审核把关、帮助修改完善。

(欧阳煜)

【完成《丰台区情》撰写报送】 年内，根据市地方志办公室《北京年鉴》编写规范和要求，通过征集相关单位的工作总结和统计年报，按照综述大概况的撰写体例，完成了《北京年鉴》丰台区情部分，通过征求有关单位的意见，和报送主管区长审阅，经反复核实和修改，共形成区情稿6000字，并上报了市地方志办公室。

(孙红妹)

【组织全区年鉴业务培训】 3月29日，区地方志办公室组织了全区年鉴撰稿人业务培训。会上总结了上年的年鉴工作，从资料的收集、核实，年鉴书写规范以及照片选用标准等几个方面，讲解了各单位上报的年鉴稿中存在的突出的问题，并提出了4月底交稿的时间节点。148人参加了培训会。

(孙红妹)

【完成《京津冀概况》丰台区概况的撰写】 5月，北京市地方志办公室为深入贯彻落实《京津冀协同发展规划纲要》的具体实施，全面准确客观记述京津冀政治、经济、社会、文化和生态发展的新变化、新特色，要求全市各部门各区志办提供各行业发展和各区的区情概况，并在一个月内编写完成，同时完成永定河文化展涉及丰台区内容资料收集工作。将其作为宣传和展示丰台的难得机遇，区志办组成工作专班，明确任务分工，与区统计局、国土规划局等相关单位加强联络沟通收集资料，查找档案、书籍等，广泛收集资料，精心修改完善，经过反复核实资料和统计数据，最终按时限要求和编写规范完成了两个专项任务。《京津冀概况》丰台区概况内容涉及地理概况、历史沿革的综述情况，包括地理位置、沿革、自然资源，丰台区行政区划的变迁、人口、民族、历史文化、教育、医疗卫生、区情特色、国民经济和社会发展等共计10000余字。上报的材料所有数据资料考证准确无误，得到了市志办的好评，同时作为范本向其它单位推广。

（欧阳煜）

【市志办领导到丰台调研修志工作】　9月7日，市地方志办公室主任陈玲一行到丰台区地方志办公室调研地名志及其他地方志各项工作情况。区志办主任刘怀广汇报了丰台区地名志的编纂进展情况，也提出了修志过程中存在的资料来源不足、数据不够准确，词条内容不够规范以及“一纳入、八到位”的体制机制和机构职能等存在的问题。市志办区县指导处、研究室、北京出版集团的有关负责同志参加了座谈会。副区长张鑫参加会议并对区志办的下一步修志工作提出了具体的要求。

（孙红妹）

【丰台区地方志公共服务事项】　年内，完成了地方志公共服务事项的规划、上报以及线上运行的各项任务。通过与市地方志办公室沟通，区地方志办公室承载了本区的五项地方志工作的公共服务事项。五项服务办理事项包括以行政区域冠名的地方志组织编纂许可；为社会免费提供地方志资料；对地方志书、地方综合年鉴进行确认；对地方综合年鉴公开出版批准；对部门志、行业志、乡镇志、街道志编纂方案进行备案共五项服务事项。在专人负责的同时，与市地方志办协调统一区级地方志办的服务职能，丰台区地情资料网在区政府网站链接服务流程内容并在区政务服务事项审批平台上线为丰台区各级编纂单位和广大受众提供便捷有效的线上办理备案等服务。

（孙红妹）

【全区基层文化地情类场馆基本情况调查】年内，为落实首都城市功能定位，加强文化中心建设，通过文化共建助推基层乡村史馆建设，根据市志办要求，区志办对基层文化地情场馆进行调查摸底，调查内容涉及场馆名称、场馆面积、展陈内容、馆藏书籍资料情况以及场馆的现状和运行情况都作了调查统计，调查的同时也为未来区级史志馆的建设以及地方志资源开发利用奠定基础。

（孙红妹）

【《北京丰台年鉴》2018卷出版】　2018年度年鉴编纂工作在全面、系统记述全区经济社会发展真实情况的基础上，紧紧抓住全区经济社会发展的特点，重点反映丰台区在全面从严治党，推进党的政治建设、思想建设、组织建设、作风建设、纪律建设、制度建设和反腐败斗争取得的成果；在疏解整治促提升、重点功能区建设、构建“高精尖”经济结构、城市治理、城乡统筹等方面取得的成效；重点展现全区2017年在经济、政治、文化、社会、生态文明建设的新特点、新变化和具有年度特色的重大事件。全书在全区包括驻区供稿单位提供年鉴资料的基础上，经过区志办编辑、整理、修改、核实、总纂、校对等各个环节工作，年底前完成了印刷出版。《丰台年鉴》2018卷字数共计90万字，图片32页95张。前插页配有“数字丰台”彩图介绍，书后附有电子光盘，便于读者检索查阅资料。

（欧阳煜）

【地名志编纂工作稳步推进】 年内，区志办组织召开全区地名志培训会两次，在会上发放和讲解《丰台区地名志工作培训手册》。《中华人民共和国标准地名词典》政区聚落城镇交通部分的词目表及释文部分经过了多次认真修改整理上报市地方志办，收录词条219条，文字共计7.6万字。为《北京市地名志》政区聚落篇词目表编写完成共计5.3万字，交通设施篇词目表采集编写词条和释文177条，共计3.7万字。完成《丰台区地名志》政区聚落部分采词共计627条。

（左曙毓）

机关事务管理工作

【概　况】 2018年，丰台区机关事务管理处承担着丰台区委、区人大、区政府、区政协、区纪检委及所辖七个办公区的后勤管理和服务保障工作。主要负责机关财务，固定资产，物资设备，环境秩序，会务收发，安全保卫，机要通讯，公务用车，就餐服务，医疗保健，办公用品的采购、管理和发放，办公设施设备的配备、采购和报废，办公用房的规划建设和改造调配。

（丁　垚）

【党员“双报到”工作】 年内，落实“双报到”工作要求，完成与王佐镇西庄店村的对接报到工作，组织参加西庄店村环境卫生整治活动，30余名党员参加。81名在职党员按照要求，到所在社区报到，参加社区组织的环境卫生整治、治安巡逻、助困捐款捐物、社区党课等活动246人次。

（丁　垚）

【参加党务培训】 年内，参加党委书记培训、纪检工作培训及党务知识业务培训，选派3名党务工作者到丰台科技园区参加读书交流活动，听陕西梁家河村老支书讲党课，参加区直机关工委组织的《压力与健康》心理知识讲座等。

（丁　垚）

【组建应急救援先锋队】 10月9日，区机关事务管理处组建44人的“党员应急救援先锋队”，向党员发出《倡议书》，先锋队队员签订《承诺书》。并开展第一期外伤止血与包扎培训，第二期地震救援知识学习和基本技能培训，第三期心肺复苏知识学习和基本技能培训，44人参加培训。

（丁　垚）

【档案迎检评定】 11月，完成上级单位对丰台区机关事务管理处的档案迎检评定工作，获得北京市档案局颁发的“北京市区机关档案测评市级优秀单位”的称号。在迎检准备过程中，多次召开专、兼职档案员工作会，推进部署工作，4人参加档案局的培训，取得档案工作人员专业知识培训证书。

（丁　垚）

【审计科成立】 3月4日，区机构编制委员会办公室批复同意增设审计科，为丰台区机关事务管理处内设机构，核定财政补助事业编制4名，科级领导职数1正1副，所需编制内部调剂。主要职责为负责单位内部审计工作、研究制定内部审计制度、对单位财务收支和单位内部控制制度执行情况进行审计。

（丁　垚）

【组织参加团体活动】 9月19日，组成体操队参加由区直机关工委、区体育局和区总工会联合举办的主题为“凝力量 练体魄 促和谐”的第九套广播体操比赛，获得三等奖。9月26日，参加丰台区第七届全民运动会，获得1个一等奖，1个二等奖和1个团体三等奖。10月23日，组成2个代表队在北宫国家森林公园参加主题为“凝力量

练体魄 促和谐”的第七届全民运动会登山比赛，获得三等奖。11月10日，组织8人参加在世界公园举行的第七届全民运动会8公里接力比赛，获得二等奖。

（丁 垚）

【财务报告编制试点工作】 6月15日，根据《丰台区财政局关于开展2017年度政府财务报告编制试点工作的通知》（丰财国库〔2018〕465号）的要求规定，机关事务管理处完成29家财务统管单位2017年度政府财务报告编制工作。

（丁 垚）

【公车信息化管理平台】 年内，根据中央公车改革明确要求和市车改办专题会议精神，丰台区党政机关公务车辆执行集中统筹管理模式，机关事务管理处是车辆管理的主体责任单位，承建丰台区“公务车辆管理信息化保障平台”，负责全区党政机关公务车辆日常运行管理工作。该平台信息化建设项目6月至8月试运行，8月26日正式投入运行使用。平台主要功能包括公务车辆使用审批、车辆故障报修、单车费用核算、车辆运行监管和车辆人员基础信息以及车辆适时定位、车辆轨迹查询等功能。平台信息化系统将全区党政机关437辆公务车辆纳入系统管理，其中有实物保障车辆、应急车辆、调研车辆、老干部车辆和其他类型车辆。

（丁 垚）

【公车权属变更和调拨过户】 年内，按照区党政机关公务车辆改革要求，对全区党政机关公务车辆实行集中统筹管理模式，涉及权属变更过户的车辆409辆。3月，完成409辆公车的权属变更手续并重新更换车牌，4月，完成区政采系统车辆资产变更、加油卡及车辆ETC权属变更手续。车辆档案管理进行统一完善规范，解决个别车辆档案缺失等历史遗留问题。

（丁 垚）

【办公用房调研】 年内，为统一规范党政机关办公用房建设标准和管理保障水平，调整办公用房布局，改善基层行政单位的办公环境，对丰台区16个街道办事处的办公用房情况进行实地摸底调研。11月，对全区党政机关135家相关单位租用办公用房的情况进行统计分析。针对具体问题形成汇总报告，为科学准确提供办公用房使用意见，掌握全区党政机关办公用房使用情况，特别是租用办公用房的详细数据提供决策依据。

（丁 垚）

【餐饮服务保障】 年内，规范机关食堂自助餐形式，为8个食堂统一配备酸奶机、热饮机，设计机柜，改造水电管线，实现酸奶等饮品自助式打取，避免外带及浪费。加强餐卡管理，规范就餐秩序，完成食药局及卫计委联合进行的健康食堂验收。提高餐饮保障水平和服务质量，全年保障所辖办公区机关人员用餐110万人次。

（丁 垚）

【区重大活动用餐保障】 区两会、区全会等重大会议活动中，机关事务管理处参与餐饮服务保障工作，提前进驻会议活动场地，沟通协调伙食品种标准，排查安全隐患，协助提供服务。保障各委办局食堂会议活动用餐600余次，就餐人数8000人。

（丁 垚）

政协北京市丰台区委员会

概　　述

2018年，区政协坚持以习近平新时代中国特色社会主义思想为指导，认真贯彻落实中共十九大精神，在中共丰台区委的领导下，坚持人民政协性质定位，坚持团结和民主两大主题，聚焦全区中心任务，发挥专门协商机构作用，认真协商议政建言，为建设和谐宜居的首都中心城区作出了积极贡献。全年共召开常委会议5次、主席会议9次，立案（合并）提案211件。

（孙　鹤）

全体委员会会议

【十届二次会议】 1月8日至10日在北京东方美高美酒店召开。审议并通过了区政协十届二次会议议程；听取刘宇主席代表区政协常委会作的工作报告；听取张兆旗副主席代表区政协常委会作的关于提案工作的报告；通报关于表彰2017年度优秀委员、优秀信息委员和优秀提案委员、优秀提案集体的决定；列席了北京市丰台区十六届人大四次会议开幕会，听取并讨论了区政府工作报告及有关工作报告；听取提案委员会关于区政协十届二次会议提案情况的报告；各民主党派区工委、区工商联负责人分别作大会专题发言；审议并通过了区政协十届二次会议决议。区委书记汪先永出席并讲话，区领导冀岩、李昌安、钟百利和区委、区人大、区政府、区政协、区法院、区检察院的领导出席。

（孙　鹤）

常务委员会会议

【第五次会议】 1月10日召开。听取大会秘书长关于区政协常委会两个工作报告和区政府工作报告讨论情况的汇报、关于区政协十届二次会议进行情况的汇报；审议并通过了关于区政协十届二次会议期间提案情况的报告、区政协十届二次会议决议（草案），协商决定区政协十届二次会议如期闭幕。刘宇主持会议。

（孙　鹤）

【第六次会议】 3月27日召开。通报丰台区疏解整治促提升情况；传达学习《中国人民政治协商会议章程（修正案）》；通报区政协2018年度协商工作计划；审议并通过了区政协常委会2018年工作要点。刘宇主持会议。

（孙　鹤）

【第七次会议】　6月26日召开。通报监察体制改革相关事宜；传达学习习近平总书记关于加强和改进人民政协工作的重要思想相关内容；审议并通过了关于进一步加强和改进调查研究工作的实施办法、委员履职工作规则、关于加强委员队伍建设的实施意见。刘宇主持会议。

（孙　鹤）

【第八次会议】　9月18日召开。审议并通过了处级干部人事事宜、政协北京市丰台区委员会委员考评办法；传达学习《关于加强新时代人民政协党的建设工作的若干意见》。刘宇主持会议。

（孙　鹤）

【第九次会议】　12月20日召开。审议并通过了增补委员、补选副主席事宜；听取区委办、区政府办关于2018年提案办理情况；审议并通过了十届三次会议有关事项；通报关于表彰2018年度政协优秀委员、优秀信息委员和优秀提案委员、优秀提案集体的决定。刘宇主持会议。

（孙　鹤）

专门委员会工作

【学习委员会】　组织开展委员专题学习报告会，邀请专家学者对《新时代、新使命——2018“两会”精神与政协委员新站位》和《宪法修正案》做专题报告和解读；举办区政协暑期学习班，邀请专家学者作题为《新型政党制度与人民政协》和《中国航天发展与航天精神》的专题辅导报告；完善制度机制建设，制定《委员履职规则（试行）》等制度；牵头协调做好编印《委员风采》15期，牵头编辑完成第二十八辑《咨议建言集》；举办区政协“展委员风采，做魅力女性”主题活动；加强与界别的联系服务，组织农工党丰台区工委、致公党丰台区工委、九三学社丰台区工委开展界别联组参观北京石墨烯研究院活动；做好服务委员的综合协调事项，全年共组织17次活动或会议，委员累计参加685人次；组织委员参加区政协学习政协章程座谈会、区发改委“十三五”规划中期评估报告会、市政协《当前中美经贸关系和我国的对外开放》专题报告会、学习新时代社会主义思想视频会、醒狮杯、中国戏曲文化周开幕式等；组织各民主党派成员参观“大道同行”主题展览活动。

（孙　鹤）

【教文卫体委员会】　围绕“扩大资源，优化结构，持续推进区域学前教育优质发展”召开季度协商恳谈会；召开2018年教文卫体委员会工作对口协商会，就涉及的重点事项与政府相关部门进行对口协商；围绕“开放共享学校资源，向社区提供教育服务”开展调研协商，组织委员积极为推动丰台区学校资源共享机制的健全完善、促进基层公共服务资源效益最大化建言献策；对2017年开展的“加强丰台食品安全监管，保障百姓舌尖上的安全”专项调研成果转化情况进行了跟踪，形成专项调研成果转化及协商议题落实情况的报告；推荐委员参加区政协“整合资源推进养老服务设施建设”季度协商议题调研组的调研、座谈、协商等活动，并提出有针对性和可操作性的意见建议；对2018年义务教育阶段小学就近入学、初中派位入学计算机分配和高考、中考、夏季高中会考等考试进行现场和巡视监督；对《关于持续推进丰台区学前教育优质发展的建议》等提案进行督办，有效推动了委员意见建议的落实；组织部分委员赴丰台区5个乡镇参加文化、科技、卫生“三下乡”活动；举办文化界学习座谈活动，组织委员参观卢沟桥乡乡史馆、岳各庄村汇隆文化园，实地考察丰台区新农村发展及规划建设情况；组织药卫生界委员赴内蒙古兴安盟扎赉特旗开展“医疗支援 精准帮扶”活动，赴蒲黄榆社区卫生服务中心实地考察；组织教育界别委员开展“我与丰台教育同行”活动。

（孙　鹤）

【文史资料委员会】 组织开展“不忘合作初心 共担时代使命”主题学习活动，夯实协商议政思想政治基础，不断提高履职建言水平；组织委员针对首都商务新区建设、博物馆对接社区、公共交通出行等热点问题，积极建言献策；围绕“历史文化传承与发展”主题，组织开展“丰台地名文化”的学习活动；充分发挥政协年鉴资料的存史、资政、团结、育人作用，在丰台政协官网“丰台往事”专栏连载刊登抗战史料，有效利用媒体资源，积极宣传丰台文史精粹；积极配合《丰台史话》编纂工作，收集整理相关资料，确保了编纂工作的顺利推进；召开文史委全体委员工作会议，组织委员走访和义文化创意产业园，举行专题座谈，生动体验南中轴非首都功能疏解的鲜活事例，亲身感受产业转型升级后南中轴的巨大变化。

（孙　鹤）

【经济科技委员会】 完成“加快推进首都商务新区规划建设，促进地区产业优化升级”议政协商工作，形成《加快推进首都商务新区规划建设促进地区产业优化升级研究报告》；围绕“支持中小企业创新，促进科技成果转化”专题，研究制定工作方案并确定调研小组，召开“支持中小企业创新，促进科技成果转化”专题季度协商恳谈会，从提高科技成果转化成功率、健全区域统筹协调机制等方面提出了20项建议；组织无党派界别委员参观考察了《畿辅通会——通州历史文化展》和新华1949国际创意设计产业园；举办“数”说丰台专题讲座，提高委员参政议政质量和水平；组织区政协财政工作民主监督小组，围绕营商环境资金投入及使用情况开展民主监督；组织开展区政协第十九届企业家联谊会暨政企对接会，助力改善营商环境，解决中小微企业发展中的困难，引导民营企业负责人坚持中国共产党的领导，不断激发民营经济的创新活力，实现民营经济更大发展。

（孙　鹤）

【社会法制委员会】 召开“整合资源推进养老服务设施建设”季度协商恳谈会，组织委员围绕主题展开交流，提出意见建议；稳步推进法治建设民主监督工作，围绕“人民法庭建设”实施专项法治民主监督，组织监督组成员到丰台区人民法院“速裁庭”，考察调研“多元调解＋速裁”工作；组织委员到长辛店“二七博物馆”红色教育基地参观，强化政协委员的政治意识；以“尚德守法食品药品安全让生活更美好”为主题，举办丰台区政协2018年法治基层行活动。

（孙　鹤）

【民族宗教和港澳台侨委员会】 加强民族宗教知识学习，积极参加区委统战部宗教工作培训和市区级关于民族宗教工作的理论学习，为开展民族宗教工作奠定理论基础；组织委员参加中央音乐学院少年民族管弦乐团专场音乐会、关注自闭症儿童慈善音乐会、丰台区民族团结日专场民族音乐会和中央音乐学院附中“大提琴音乐人才教育培养”开班仪式；参观朝阳区东岳庙；参加“民族团结一家亲，共建政协民主团结林”绿化养护活动；邀请台湾问题专家作台海形势专题报告。

（孙　鹤）

【城乡建设和管理委员会】 按照市政协“强化街道在城市治理中的基础地位，构建具有首都特点的超大城市治理体系”议政性常委会专题协商工作安排，召开座谈会，形成专题报告；开展专题调研，形成《深化丰台区疏解整治促提升专项行动，进一步提高城市精细化管理水平——丰台区政协议政性常委会议议题调研报告》；召开“防治餐饮油烟污染，改善空气质量”季度协商恳谈会；组织农业界别委员与部分建管委委员到王佐镇魏各庄中心村开展2018年农业界别活动，为丰台区集体经济组织的发展建言献策。

（孙　鹤）

【提案委员会】　年内，共收到提案225件，经审查立案211件，其中党派提案11件，专委会提案2件，界别提案4件，小组提案1件，委员提案193件，已全部办复；紧紧抓住选案、立案、办案、复案（答复）、议案（评议）五个环节，开创了提案工作高质量发展的新局面；抓住“三个契机”改进提案征集办法，围绕“三及时、三到位”积极开展服务保障工作；实施提案委员会委员督办提案，对2017年度尚未落实的B类提案46件进行分类“回头追踪”，对民生保障、执法管理等提案进行联合督办；积极探索由提案者、提案承办单位、政协组织共同参与，开展对提案质量和办理质量的双向评价。

（孙　鹤）

民主党派

民革丰台区工委

【概　况】 2018年，民革丰台区工委在册党员288人，发展新党员23人，参政议政能力稳步提升。组织12名青年骨干党员参加中央社院、北京市社院组织的业务培训。34名党员担任民革北京市第十五届专委会委员。8名骨干党员承担民革北京市委专委会8个课题的调研，并执笔完成8篇调研报告。张兆旗当选北京市政协第十三届常委，马列清连任北京市十五届人大代表，张俊峰副主委被聘为北京市人民政府人民建议人，皮乐为、李杉杉、张琪、赵巍4名党员当选丰台区第六届青联委员。曹长青、项泉慧荣获2017年度丰台区人民优秀陪审员称号。

（康冬花）

【开展“主题“系列活动】 年内，组织开展中共中央发布“五一口号”70周年和纪念改革开放40周年系列主题活动。区工委领导班子成员参加区委统战部组织的走进西柏坡李家庄开展学习活动，参加市、区纪念“五一口号”座谈会。组织工委党员参加民革北京市、中央纪念中共中央“五一口号”发布70周年朗诵会，召开纪念“五一口号”发布70周年座谈会，组织观看《厉害了，我的国》、《大道之行——从“五一口号”到协商建国重要史事回顾展》，组织党员到国家博物馆参观“真理的力量”和“伟大的变革——庆祝改革开放40周年大型展览”。

（康冬花）

【调研报告】 年内，确定“推动首都商务新区建设”、“南苑森林湿地公园建设”两个调研课题，围绕两个课题调研组了解了国际国内有关城市规划和产业发展等相关资料，前往上海、无锡、天津、等地进行调研，了解三地商务新区规划发展经验以及湿地公园拆迁、建设、运维情况，在调研、考察的基础上，就调研范围的自然禀赋、发展优势、产业现状、发展思路、存在问题等进行归纳分析梳理，提出建议对策，形成《首都商务新区内符合首都功能的存量产业优化升级研究》、《把南苑生态环境打造成新时代南中轴文化发展的金名片》两项调研报告。

（康冬花）

【政协提案】 年内，在区政协十届二次会议上区工委提交了2件党派提案、14件委员个人提案，其中“把河西地区打造成都市健康休闲集中区”的提案作为大会发言、“关于在非首都功能过程中强化安全工作建设”的提案获优秀提案奖，张俊峰、蔺熠、庞忠、张楠分别获得优秀委员和信息员表彰，在区人大十六届四次会议上曹长青获得优秀人大代表。

（康冬花）

【社会服务】 6月，原民革北京市委秘书长、抗战将领后代吕植中率民革北京市委、民革丰台区工委、民革海淀区工委、佟麟阁将军外孙女、原民革重庆市委副主委熊一娣等抗战将领后代及党员专家一行20余人先后赴河北省高阳县佟麟阁纪念广场、高阳县佟麟阁小学、北京市八一学校保定分校开展“铭记历史缅怀先烈，助推京冀两地教育发展”捐赠活动，向高阳县佟麟阁小学和北京八一学校保定分校分别捐赠价值10万元的“翊空间”视频辅助远程教学设备一套、《甲骨文与汉字之美》课程一套、国学图书800套、以及由福建省惠安县民间艺人石影雕像家刘少专捐赠的佟麟阁将军石影雕像一座。6月28日,区工委又协调促成了向北京市佟麟阁中学捐赠“佟麟阁将军石影雕像”一座。

（康冬花）

【文化和自然遗产日活动】 6月9日，是中国“文化和自然遗产日”，在北京市赵登禹学校“真趣园”校园非遗博物馆举办“启航·蜕变——北京市赵登禹学校非遗课程成果展”。在展览开幕式上，北师大音像电子出版社和之文为赵登禹学校挂牌“京师之文”实验学校，进一步推动了非遗探究式课程的实践。

（康冬花）

【微信版“读书汇”成立】 9月24日，丰台区工委成立微信版“读书汇”。10月19日“读书汇”第一期在丰台民革微信群中发表，年内共发表“读书汇”5期，得到党员的广泛关注和学习。“读书汇”是落实民革中央和民革市委开展读书活动的精神体现。

（康冬花）

民盟丰台区工委

【概　况】 2018年，在民盟北京市委和中共丰台区委的正确领导下，民盟丰台区工委团结带领广大盟员，认真学习中共十九大精神、民盟十二大精神、习近平总书记在全国政协召开的民盟、致公党、无党派人士和侨联界别联组会上重要讲话精神，认真履行参政党职能，全面落实年度工作计划，政治建设、参政议政、组织发展、自身建设、社会服务等各方面工作取得了新进展。全年共发展新盟员34名，发展率7.67%，创历史新高。截至年底，丰台区盟员总数473人。新盟员平均年龄37.7岁，整体看，盟员年轻化、专业化优势凸显，盟员结构更加优化。

（李亚一）

【政协提案】 区工委年初提交的《关于推动丰台区军民融合创新发展》的提案，由区政协主席亲自督办，有效支撑了丰台区委区政府相关决策，被评为区政协2018年度优秀党派提案。曾凡荣、路亚筠等民盟籍政协委员联名提交的《关于构建丰台区食药行刑联动网络信息平台的建议》提案被评为区政协2018年度优秀界别提案。在区政协十届二次全会上，民盟丰台区工委荣获2018年度优秀提案集体称号，民盟籍政协委员共提交提案23件，高广颖、张昌斌、高旭、史文华、赵颖慧等5人获“优秀委员提案”荣誉。区工委经过充分调研论证，形成《关于提升丽泽核心竞争力、创建高质量发展示范区的建议》《关于进一步推动丰台区学前教育健康发展的建议》两份党派提案，形成《加强首都商务新区与丰台科技园区、丽泽金融商务区协同发展》、《首都商务新区与南中轴文化建设》两份课题报告。

（李亚一）

【课题调研】 年内，多次参加区委、区政协组织开展的政党协商、政治协商，在充分调研的基础上积极发表意见。为做好丽泽金融商务区提案，两次赴西城区金融街调研，并与民盟西城区工委联合举办座谈会，对课题研究提供了重要支撑，张昌斌、黄珊、乔梁、徐诗涵、赵颖慧等共同撰写完成了《关于金融街与丽泽金融商务区一体化发展的建议》调研报告。集中盟员集体智慧，就《北京市2018年政府工作报告》、《丰台区2018年政府工作报告》等重要文件草案研究提出修改完善意见。

（李亚一）

【社情民意信息工作】 年内，信息工作坚持“数量质量并重、更加注重质量”的原则，组织广大盟员积极建言献策。发表《民盟丰台2017年参政议政建言集》，编纂完成《民盟丰台2018年参政议政建言集》。召开信息工作研讨会。全年10个支部55人次共计报送信息133篇，其中李静提交的《关于加强预付卡消费领域监管的建议》获得王红副市长批示，徐诗涵、乔梁、李亚一分别撰写的3篇信息被中共北京市委统战部、北京市政协采用。张昌斌荣获民盟中央2017年度社情民意信息工作先进个人。赵欣、赵颖慧、曾凡荣被区政协评为“优秀信息委员”。科技支部、经济支部等6个支部荣获区工委2018年度社情民意信息工作先进集体。李静、张雪梅、徐诗涵等19位盟员荣获区工委2018年度社情民意信息工作先进个人。

（李亚一）

【民主监督】 民盟丰台法治建设研究会负责人张雪梅、曾凡荣、贾严、郎魁元等人对《北京市非机动车管理条例（草案）》（征求意见稿）和北京市涉农法规进行专题研究，形成两份监督性报告。张雪梅参加民盟市委组织的“疏解整治促提升”民主监督工作。担任特邀监督员、人民陪审员的张燕生、赵欢、梁大庄、黄禾、封武山等多位盟员活跃在民主监督第一线。

（李亚一）

【宣传思想工作】 年内，组织开展“不忘合作初心，继续携手前进”为主题的教育活动，坚定了广大盟员的政治信念。以纪念中共中央发布“五一口号”70周年、庆祝改革开放40周年为契机，组织多项集体活动。由冯涓涓、毕薇薇、徐诗涵、崔冉、李方圆、白金等6位盟员组成的丰台团队参加民盟北京市委纪念“五一口号”发布70周年朗诵会，抒发了爱国爱党爱盟的真挚情怀，展现了丰台盟员的风采。举办庆祝改革开放40周年座谈会，老中青三代盟员畅谈改革开放为中华民族带来的历史性变革。编制印发《民盟丰台区工委五年工作规划（2018－2022年）》。由王雷主笔、张娜参与修改的《任继愈教育思想研究》成功中标民盟中央2018年度课题。高旭、曾凡荣、李亚一分别撰写的3篇理论文章收录到《民盟北京市委2018年统战理论文集》。

（李亚一）

【丰台盟讯】 年内，编印《丰台盟讯》4期，在“思想交流专栏”、“纪念中共中央发布五一口号70周年专栏”、“庆祝改革开放四十周年专栏”刊发盟员文章21篇。积极向《北京盟讯》、《民盟北京市委统战理论研究文集》投稿，2018年盟市委网站共计刊登丰台活动报道和体会文章52篇。

（李亚一）

【社会服务】 年内，区工委组织医务一、医务二、电力医院支部的高旭、张文、张琰等人分别参与民盟市委组织的赴怀柔、内蒙古义诊活动。医务一支部张通、艾晖等人与北京博爱医院盟外专家赴内蒙古联合开展医疗对口支援活动。医务二支部在主委张文带领下，联合丰台医院、卢沟桥医院的盟外专家举行义诊咨询活动。医务一支部、北京电力医院支部的高旭、张琰等人到丰台花乡基督教堂开展义诊活动。在丰台区政协赴内蒙古开展的精准医疗扶贫活动中，高广颖副主委就新医改政策问题作了专题讲座，受到有关方面的充分肯定。中国歌剧舞剧院支部主委陶旭光在内蒙古启动百名贫困聋哑儿童单簧管听力提升训练项目，社会效益良好；为民盟中央、民盟山西省委“庆祝改革开放40

周年”主题活动助兴演出，获得书面表扬。中国歌剧舞剧院支部陶旭光、李强，北京京剧院支部白金，一同赴河北省保定市阜平县乡下演出，获得民盟西城区委书面表扬。科技支部黄辛创办的“臻美公益儿童阅读馆”重新开馆，四年的发展，阅读馆总藏书量近8000册，服务小读者家庭超过500个。

（李亚一）

【盟员任职获奖情况】 年内，张昌斌荣获2018年度民盟中央科技委先进个人。郑小丹荣获北京市优秀中国特色社会主义事业建设者，并当选丰台区青联副主席。梁大庄、黄禾被评为丰台区优秀人民陪审员。史文丽被北京市卫健委临床营养质控中心评为先进个人。王青作为第一发明人和第二发明人分别被国家知识产权局授予实用新型专利证书。张振军先后当选中央企业侨联副主席、中国侨联委员，他主编的前沿课题研究成果荣获2018年度国际宇航科学院优秀图书出版奖。在新一届民盟中央专委会委员中，张雪梅实现连任，焦建任法制委员会委员，张昌斌任科技委员会委员，赵欢任社会服务委员会委员，冯午生任社会委员会委员。张雪梅受聘为北京市人民政府人民建议征集特邀建议人。

（李亚一）

【优化组织结构】 年内，根据盟务工作发展需要，成立民盟丰台区企业家联谊会，组建文化支部，对教育一支部、教育四支部进行重组，组织结构进一步优化，一批中青年骨干盟员走上领导岗位。

（李亚一）

民建丰台区工委

【概　况】 2018年，民建丰台区工委按照参政党建设的要求，团结带领广大会员深入学习贯彻习近平新时代中国特色社会主义思想和中共十九大精神，发挥密切联系经济界的特色和优势，广泛开展凝聚政治共识、参政议政、文化建设与社会服务等工作，为促进丰台区经济社会发展做出了新的贡献。

（陈永玲）

【组织建设】 全年共有会员644名，其中男会员432名、女会员212名；共有支部17个，其中专业（行业）支部5个、综合支部6个、区域支部（铁匠营）1个、企业（单位）支部1个、老年支部3个、直属支部1个；议政、信息、文化、社会服务、企业家、法制、妇女、老年委员会共8个，各委员会人数20名左右不等。梳理完善了《中国民主建国会北京市委员会丰台区工作委员会工作制度办法》等多项管理制度。

（陈永玲）

【思想建设】 年内，组织广大会员开展中共十九大精神学习活动，收集、报送、发表各类表态信息、感想体会、活动报道等60余篇，并择优推荐给民建北京市委、丰台区委统战部。以纪念中共中央“五一口号”发布70周年为契机，组织会员开展以“不忘合作初心，继续携手前进”为主题的活动12场次，参与学习、交流200多人次。通过报告会、辅导讲座、座谈研讨、知识竞赛等形式，学习宣讲民建会章会史，了解民建先贤们的光辉历程以及民建在历史舞台上做出的杰出贡献，引导和帮助广大会员全面了解新时代党的治国理政的新理念、新思想、新战略，更加坚定了走中国特色社会主义道路的信心和决心。

（陈永玲）

【提案课题调研】 年内，为保证调研工作开展，提高议政、协商、调研质量，民建丰台区工委确立了领导班子牵头课题机制，成立了由区工委主委担任组长、分管副主委为副组长的议政课题调研工作协调小组，以确保各项工作的实施。围绕北京城市总体规划实施，以推进南北均衡发展和实施新一轮南部地区发展行动计划为契机，充分发挥民建密切联系经济界的特色和优势，就《首都商务新区新兴业态细化定位和塑造路径》（议政协商课题）、《首都中心城区农村集体经济组织的可持续发展的研究》（区统战部重点课题）、《进一步优化营商环境，促进区域经济发展》（区统战部课题）等多个课题开展调研工作，组织调研活动13次，议政委会员参加活动150人次，形成相关调研报告，并作为区两会党派发言及大会提案。

（陈永玲）

【社情民意信息】 年内，围绕北京市、丰台区政府的中心工作，就经济建设、社会发展、环境治理、民生保障、公共服务等议题及热点、难点问题积极建言献策，制定了《信息委信息报送流程》等相关制度，明确了信息工作的任务与要求、组织保障、报送流程、考评办法及奖惩制度。从开展培训、主题活动、提升信息数量和质量入手，提高广大会员通过信息撰写实现参政议政、民主监督的认识和觉悟。组织广大会员开展信息培训，截至年底，共报送信息72篇，采纳17篇。

（陈永玲）

【社会服务】 年内，社服专委会走访慰问卢沟桥地区两家特困户、北京康助护养院、老吾老养老院、幸福里养老院中心，捐助米、面、油、食品、礼品等慰问品价值近10万元；携手北京市女企业家协会、丰台区女企联、丰台区妇联、北京市朝阳区妇促会，走访慰问了丰台区600位环卫女工，捐赠物品价值12万元；为河北省涞源县塔崖驿乡中心小学捐赠礼物550份，价值20万元；义购呼伦贝尔灾区羊肉20万元；为新疆昌吉捐赠物品130箱，价值近40万元；认购“大马金粉条”11500斤，价值9.2万元；为云南昭通筹集善款9万元；为云南绣娘“深山集市”慈善义卖38万元；为河北省涞源县王安石镇银山口村捐款1万元修建白求恩石像；在内蒙古扎赉特推介会上认购10亩地，价值30万元。企业专委会走进丰台儿童福利院捐赠物品。文化支部定点帮扶孤寡老人，陪老人过生日，帮助解决生活中的困难问题。综合二支部会员赴河北灵寿县革命老区北阳沟小学开展“智教扶贫”活动，向北阳沟小学捐赠文具、电脑等学习生活用品，价值5万余元；科技支部会员关注唐县贫困山区小学，鼓励孩子“好好学习，天天向上”。

（陈永玲）

【打造社会服务工作新格局】 年内，继续推动品牌服务系列活动，探索社会服务工作新模式。组织开展“爱心扬帆”、“牵手童心炫彩六一”、“民建书法大讲堂”、“企业家联谊”等活动，打造培育一批社会服务新品牌，进一步扩大了丰台民建的自身影响力，开创了社会服务工作建设的新格局。

（陈永玲）

民进丰台区工委

【概　况】 2018年，民进丰台区工委发展新会员15名，全区15个支部共有会员398人，其中男性167名，占42%；女性231名，占58%。总会员中，退休176名，占49%；教育界258名，占76%；新闻出版23名，占6%；其他69名，占19%；高级职称人员约占三分之一。其他会员界别分布于新闻出版、科技、经济、法律、医务、文化艺术、政府机关等。

（李朝晖）

【参政议政】 年内，共撰写提案、议案5件，社情民意信息40余条，其中《提高教师待遇及编制问题的几点建议》的提案得到各级领导的重视。就工作的开展，区工委领导多次与区相关部门沟通协调，取得一定成效。选派会员参加区政协一、二、三、四室专委会的调研活动，会员们认真履行职责，积极参与，提出了许多积极建议。

（李朝晖）

【提案答复】 12月17日，区委办、区司法局相关部门的负责人专程到大成学校对区工委关于《提高教师待遇及编制问题的几点建议》进行了答复，主委徐朝辉代表民进区工委对参与提案答复的各级领导表示感谢，对答复报告表示满意。

（李朝晖）

【思想建设】 年内，区工委先后多次召开工委扩大会，通报丰台区经济发展情况、党风廉政建设情况和2018年“两会”精神，并给大家配备了相关的学习辅导材料。11月23日至24日，在房山天湖会议中心组织工委委员、支部主任、中青年骨干、参政议政积极分子召开参政议政工作会，大家积极发言，建言献策，为参加区人大代表、政协委员们提供了许多想法与思路。

（李朝晖）

【服务社会】 3月，民进丰台区工委、桥南支部联合57中初二五班捐赠代表一行20人，到北京市儿童福利院开展献爱心活动。此次活动共收到65人总计12000元捐款，为儿童福利院购买了双耳水杯、婴儿洗发沐浴露、婴儿纸尿裤、儿童学步裤等。云岗支部会员年近80岁的方春桂老师，身患癌症，但仍顽强地与病魔作斗争，并连续两年新手编织了近40件毛衣，通过十中支部援疆教师王正平转给新疆和田五中的孩子们。在方春桂老师的带领下，云岗支部和十中支部的部分会员也加入了捐助衣物的行列。6月，主委徐朝辉带领30余名会员走进河北涞水明义乡支教。7月，民进区工委副主委、区人大常委杨中春为门头沟黄台村樱桃谷微润灌溉工程捐赠人民币100万元。

（李朝晖）

农工民主党丰台区工委

【概　况】 2018年，农工民主党丰台区工委在农工党北京市委、中共丰台区委的正确领导下，围绕丰台区委、区政府的中心工作，认真履行参政党的职能，加强自身建设，积极参政议政，做实社会服务，强化民主监督，体现了农工党的党派特色，发挥了民主党派作用。全年发展新党员3名，转入党员3名，其中博士研究生1名、硕士研究生2名、大学本科生3名，现有党员307名。

（姜元进）

【举办丰台工委成立20周年纪念活动】 9月8日，区工委成立20周年纪念活动在园博园丽维赛德酒店召开，工委委员、支部委员、党员骨干100余人参加，韩秀娟主委主持并作工作报告，大会邀请丰台区委统战部部长李岚、农工北京市常务副主委李亚兰、丰台医院党委书记宋雄鹰、院长卢守华等参加并讲话。围绕本次纪念活动，先后在工委范围内开展了“我与农工”征文、制作庆祝工委成立20周年纪念画册和视频、丰台农工党口述史等活动，较为系统地回顾了丰台农工走过的二十年的历程，重点总结了近十年的工作及成绩。

（姜元进）

【成立工委秘书组】 为确保工委工作有序高效运转，10月18日成立了工委秘书组，人员组成分工：张莎娜负责外联、董培玲负责组织工作，张幼林负责社会服务、姜元进负责参政议政和思想宣传。

（姜元进）

【党员思想建设】 年内，先后组织党员观看了纪录片《厉害了，我的国》，弘扬了爱国主义精神，坚定了党员的“四个自信”。参观真理的力量——纪念马克思诞辰200周年主题展览，回顾了马克思主义的诞生过程。参观伟大的变革——庆祝改革开放40周年大型展览。4月21日，举办骨干党员培训班。12月6日至7日，组织新党员参加市委组织的培训班。

（姜元进）

【参政议政】 年内，区工委有农工党第16届中央医疗卫生工作委员会委员1名，市人大代表1名，市政协委员2名，区人大代表4名、常委2名，区政协委员17名、常委2名。在区政协会议期间，撰写并提交了2个政协委员议案：“关于促进丰台区养老护理院和护理资源建设的建议（界别提案）”、“关于做好丰台区养老护理人员培训的提案”。在市人大两会期间，撰写并提交了3个人大代表建议：“关于设立专项经费调动医务人员广泛参与医学科普教育积极性的建议”、“关于设立专项经费用于加强涉医违法犯罪普法力度的建议”、“关于增加护理院建设的专项经费投入和政策支持力度的建议”；立足本职岗位，发挥专业优势，持续关注医学科普教育、涉医违法犯罪、护理院建设等与全民健康、人口老龄化有关的议题。广泛参与人大代表的视察和调研活动，开阔了视野，促进了交流，发挥了人大代表的作用。区工委提交的《关于人工智能促进普法普及的建议》《建议虚拟货币违法交易纳入非法金融传销》《关于修订我市民办非学历教育机构设置标准的建议》《关于加强中小企业知识产权保护的建议》《加强临床基因检测项目监管和扩大临床基因检测项目的建议》等社情民意信息被各级机关采用。参与北京市人民政府办公厅印发《关于全面放开养老服务市场进一步促进养老服务业发展的实施意见》的通知（京政办发〔2017〕13号）落实情况和实施效果的第三方评估项目工作，评估报告以“优秀”结题，并获得市领导批示。作为课题组骨干成员，参与北京市城乡社区养老服务驿站运营现状的调研，对北京市498家城市和农村养老服务驿站运营现状进行了调查，完成了调研报告。

（姜元进）

【社会服务】 7月1日至4日，丰台医院支部委员神经内科专家郑华主任代表丰台政协参加内蒙古扎莱特旗做定点医疗技术帮扶，开展为期4天的查房 讲学 义诊等活动，带去了先进的理论，深受当地患者及医务人员欢迎。9月5日，在农工党北京市委秘书长江欣带领下，农工党丰台工委董培玲、李俊等多名党员参与“8+1”行动，到门头沟区青白口村开展义诊帮扶活动，为村民开展爱心义诊并捐赠了部分常用药品，累计诊疗300余人次，发放药品300余份。9月，丰台工委二支部党员潘兆山参加了丰台区卫生计生委对口支援内蒙林西县的帮扶活动，在一个月的时间里深入乡村，受到了当地百姓的一致欢迎。10月31日，在农工党北京市委牵头下，在门头沟区青白口村开展了“农工党名医工作室”启动活动，该项目是一项有针对性的精准帮扶活动，切实为当地农民群众缓解就医难问题。11月3日，由农工党丰台区工委组织的“农工情健康京郊行”义诊活动在房山区河北镇磁家务村惠景新苑社区卫生服务站举行，惠及患者100余名。

（姜元进）

九三学社丰台区工委

【概　况】 2018年，九三学社丰台区工委认真贯彻执行中共十九大、九三学社十一大精神，深刻把握习近平新时代中国特色社会主义思想内涵，认真履行职责，把握工作重点，较好的完成年度工作任务。发展新社员18人，转入3人，截至年底社员总数368人，其中高级职称占比59%、中级职称占比33%、其他占比8%，男社员占比53%、女社员占比47%。共有13个支社。

（刘 颖 郑成保）

【举办“五一口号”发布70周年纪念活动】 4月21日，九三学社北京市委“五一口号”发布70周年纪念活动启动仪式首站在丰台中国戏曲学院开幕。本次活动内容包括“五个一”：开办一次九三学社卓越功勋人物肖像展；召开一次纪念“五一口号”发布70周年座谈会；举办一场纪念“五一口号”发布70周年文艺演出；表彰一批践行多党合作事业先进集体和个人；赠送中共丰台区委一幅由社内名家共同完成，由全国政协副主席、九三学社中央副主席邵鸿亲自提写的“抉择在一起”纪念五一口号发布70周年巨画。

（刘 颖 郑成保）

【党派提案办理答复会】 10月25日，召开2018年九三学社区工委党派提案办理答复会，区政协副主席徐朝辉出席会议，区教委主任张洋、区委宣传部常务副部长韩俊伟分别就九三学社丰台区工委2018年度两个党派提案——《关于进一步完善丰台教育集群治理模式的建议》《立足丰台弘扬戏曲文化，打造丰台文化金名片》作了答复报告。区工委主任刘颖及相关领导出席答复会。区工委及与会成员对提案答复表示非常满意，并就相关内容提出了建议。徐朝辉副主席说，九三学社区工委的提案，从小角度提出大问题，切合实际，希望今后提出更多更好的建议。

（刘 颖 郑成保）

【举办2018年暑期学习班】 8月12日，举办2018年暑期学习班，社中央委员、社市委副主委、北京大学医学部主任助理吴明教授结合多年参政议政工作实践讲授了自己的经验和体会；区发改委葛亚莉围绕丰台区经济运行情况介绍了区情，为区工委调研组的调研工作进一步明确了方向；中共丰台区委统战部副部长王晓轶代表区委统战部作了开班动员。相关部门领导及学社成员100余名参加了学习班。

（刘 颖 郑成保）

【参观考察北京石墨烯研究院】 9月21日，区工委联合区政协六室组织界别联组参观考察了北京石墨烯研究院，区政协六室主任文姜丽、区委统战部党派科科长郭斯萌、区工委原主任程留恩、区工委副主任张云贵及丰台金融支社、科技园区支社、综合支社共40余人参加了活动，九三学社中央副主席、北京市委主委、北京石墨烯研究院院长刘忠范介绍了相关情况，参加考察的同志纷纷表示受益非浅，深受启发。

（刘 颖 郑成保）

【社中央组织部洪柳到丰台调研】 6月8日，社中央组织部监督委员会办公室主任洪柳到丰台区工委调研组织建设工作开展情况，区工委主任刘颖、副主任张云贵出席了座谈会。会上，刘颖介绍了区工委的基本情况以及组织建设工作的开展情况，并谈了自己工作心得，对基层组织建设工作提出了意见和建议。张云贵围绕青委会开展情况作了详细的介绍。洪柳对区工委的整体工作特别是组织建设工作给予充分肯定，并对基层组织建设工作提出指导意见。

（刘 颖 郑成保）

【郝刚荣获首届“首都医科大学优秀教育教学奖”】 1月22日，在首都医科大学一年一度的教育教学工作总结表彰会上，九三学社首医大支社社员郝刚教授荣获首届“首都医科大学优秀教育教学奖”。2017年11月，在建设高水平研究型医科大学的进程中，为培养高素质教师队伍，首都医科大学决定开展首届优秀教育教学奖评选活动，本次评选活动共奖励20人（校本部学院10人，临床学院10人），奖励金额每人10万元。该奖项主要奖励教学成绩突出的基础、临床一线教师，在全校范围内营造“认认真真讲好课，踏踏实实做学问”的浓厚育人氛围。郝刚，1997年加入九三学社，曾任首都医科大学支社委员，现为首都医科大学基础医学实验教学中心副主任，机能实验室主任、教授、博士生导师。

（刘 颖 郑成保）

致公党丰台区工委

【概 况】 2018年，致公党丰台区工委在致公党北京市委和中共丰台区委的领导下，在中共丰台区委统战部的指导帮助下，深入开展“不忘合作初心，继续携手前进”专题教育活动，认真学习贯彻习近平新时代中国特色社会主义思想和中共十九大精神，围绕丰台区经济社会发展战略布局，加强自身建设，积极履行参政党职能。区工委现有委员11名，其中主任委员1名、副主任委员3名、秘书长1名。截至年底，共有党员102人，分布于政府机关、经济、科技、法律、卫生及教育等领域，具有“侨、海”关系的党员占70%。

（闫百伟）

【开展纪念“五一”口号发布70周年活动】 4月21日，区工委第一支部、第四支部在中国华侨历史博物馆联合组织“不忘初心——纪念‘五一’口号发布70周年和司徒美堂诞辰150周年专题读书会”活动。组织党员参观了华侨历史博物馆，回顾“五一”口号发布的历史，感受“五一”口号发布的重大意义，坚定实现中华民族伟大复兴的自信心。

（闫百伟）

【组织召开微信调研研讨会】 8月7日，为完成区工委承担的市委调研课题《街区公共空间改造提升》，区工委通过微信群的形式组织大家研讨。大家围绕发展现状、存在问题、主要原因、参照标准、解决方法等方面进行了广泛的交流。这次微信研讨，梳理了课题内容，拓宽了思路，为完成调研课题奠定了良好的基础。

（闫百伟）

【党派提案答复会】 10月23日，在区党派楼302会议室，就致公党丰台区工委在区政协十届一次会议上提交的党派提案《加强物业服务社会化管理，提升社区治理水平》，与区委办、区委统战部、区政协、区委督查室、区房管局、区社会办等部门召开提案答复会，区工委副主委王诗雪、秘书长闫百伟和部分支部委员参加了答复会。会议由区委督查室主任毕博主持，区房管局副局长史卫红介绍了提案的办理和落实情况，区工委参会人员就物业企业服务管理、老旧小区物业服务如何有效完善、如何建立长效管理机制、物业纠纷如何处理等方面提出了意见和建议。

（闫百伟）

【社情民意信息】 年内，广大党员积极主动撰写社情民意信息，共上报市委24篇，其中王艳霞撰写的《群众性冰雪运动的普及提升将成为冬奥会宝贵遗产》以及《筹办2022年冬奥会、冬残奥会是我国建设体育强国的大好契机》、陈妍撰写的《关于避免因事业单位改革引发人事争议案件的建议》、王松灵撰写的《尽快落实药事服务费政策关系到广大患者的用药安全》被致公党中央采用，陈妍撰写的《关于涉老年代步车案件所反映问题的建议》获得致公党中央2017年度优秀社情民意信息并被中共中央统战部采用。此外，陈妍3篇、闫百伟1篇、毛颖梅4篇、徐薇娜1篇、刘亚婷1篇、宋煜2篇社情民意信息被致公党北京市委采用。

（闫百伟）

【2018年度党员任职信息】 年内，区工委主委王艳霞被推选为全国政协十三届委员，一支部主委毛颖梅被推选为北京市政协第十三届委员；陈妍、许良岩、宋煜、周书江分别被推举为致公党中央妇女工作委员会、法治建设委员会、理论与学习委员会及文化工作委员会委员；徐建娟被推选为丰台区青联委员。

（闫百伟）

人 民 团 体

丰台区总工会

【概　况】　2018年，丰台区总工会在区委和市总工会的坚强领导下，在区政府的大力支持下，在全区各级工会组织的共同努力下，深入学习贯彻习近平新时代中国特色社会主义思想，以深化工会改革为动力，锐意进取、真抓实干，积极拓展服务职能、转变工作作风、打造工会特色品牌，全面深入履行工会权益保障、助推创新、素质建设、帮扶助困、民主管理、志愿服务等各项职能。

（孙　霏）

【工会组织成员结构一线职工比例提高】　年内，全区总工会代表大会代表、委员、常委中，劳模先进和基层一线职工比例分别达到82.6%、58.9%和84%，工会领导机构中的职工代表比例得到提升。选举产生3名兼职副主席，工会领导班子代表性得到增强。制定《丰台区总工会干部挂职兼职工作方案》，工会干部直接联系和服务职工工作得到机制保障。

（孙　霏）

【基层工会组织建设快速发展】　年内，全区现有基层工会组织1974家，工会会员19.4万人，其中新建百人以上企业68家，累计新增工会组织101家，新增会员15632人。全年共开展职工沟通会354场，发放宣传资料9327份，咨询职工6369人，现场申请入会4484人。

（孙　霏）

【劳模人物辈出】　年内，丰台区工会组织中获得全国五一劳动奖章1人、全国工人先锋号1个、首都劳动奖章15人、首都劳动奖状3个、北京市工人先锋号6个，获评数量位居全市第二名。开展“身边的北京大工匠”学习寻访活动，通过层层选拔寻访出北京市首届十大工匠评选之一的获得者贺伯原和北京花乡花木集团总经理林巧玲等12位具有高超技艺的“能工巧匠”。

（孙　霏）

【开展“安康杯”知识竞赛】　年内，投入17万元专项资金，利用“丰台区总工会”微信公众号平台开展了“安康杯”知识有奖竞答活动，参与会员达两万余名，有效提高了职工安全健康素质和事业单位的安全管理水平。在2018年北京市“安康杯”竞赛活动中，全区获评优胜单位3家、优胜班组2个、优秀组织单位1家、优秀组织个人1名、安全卫士1名。

（孙　霏）

【组织困难帮扶活动常态化】　年内，以把握需求、精准服务为目标，实现“春送岗位、夏送清凉、金秋助学、冬送温暖”工作常态化、长效化，围绕全区各项中心工作发放价值240余万元的各类慰问物资。做好扶贫协作和支援合作工作，为扎赉特旗、涞源县等工会组织投入50余万元帮扶资金。

（孙　霏）

【拓展互助保障覆盖面】　年内，完成六项职工互助保障工作投续保金额625万元，理赔金额293.1万元，发扬职工互助互济精神，为全区大病困难职工发放应急帮扶救助金14.2万元。

（孙　霏）

【开展各类服务职工项目】　年内，持续开展“月月有活动”系列抢票项目，服务职工8万人次。12351手机APP服务职工155297人次。投入经费70万余元购买社会组织服务项目15个，服务职工6000余人次。

（孙　霏）

【维护职工劳动经济权益】　年内，推进民主管理工作的制度化、规范化建设。全年集体合同、工资专项合同建制率分别达到96.2%和95.9%，含“四必谈”内容的合同达到92%。做好工会法律服务，以“知法、懂法、守法，共谱和谐劳动乐章”为主题，在东铁匠营街道四方景园社区建立全区工会普法长廊。完善协调劳动关系三方机制，成立丰台区协调劳动关系三方委员会，全年全区总工会劳动争议调解中心成功调解案件89件，履行金额174.19万元。

（孙　霏）

【职工服务体系建设】　年内，新建职工之家58家，新建暖心驿站900家。加强对基层工会资金支持，继续做强职工书屋阵地建设，深入开展“电子职工书屋进一线”送书卡活动，全年发放电子书卡近3万张，充分满足了全区职工群众的精神文化生活需求。

（孙　霏）

【职工素质建设】　年内，搭建技能大赛、公益大讲堂、读书沙龙、职业技能“四位一体”培训平台，开展首都职工素质工程建设项目64场。实施在职职工职业发展助推计划，为185名职工发放助推资金35.6万元，助力职工提升职业技能。大力推进职工创新工作室建设，制定《丰台区总工会关于创新工作室规范管理的意见》，3家单位获评市级职工创新工作室。连续两年带领辖区企业亮相中华全国总工会举办的国际创新创业博览会，一方面以服务企业为抓手促进建会工作，另一方面在“工建服务党建”中展现工会组织的新作为。

（孙　霏）

【关爱女职工】　年内，加大投入力度为新建的“母婴关爱室”配备各类物资。全区累计建成“母婴关爱室”214家。连续两年开办暑期托管班12家，让全区双职工安心工作。

（孙　霏）

【职工文体活动】　年内，发挥丰台区职工第35届“五月的鲜花”活动品牌效应，带动40余家工会组织共同参与，覆盖职工万余人。在开展深受职工喜爱的足球、篮球、健步走等传统活动的基础上相继成立了区职工摄影学会、职工桥牌俱乐部。聚焦丰台工人俱乐部职工活动阵地作用，创新开展丰台区“快乐健身直通车”活动，为基层职工提供“菜单式”服务，惠及基层单位56家，职工5610人次。

（孙　霏）

【特色职工志愿服务】　年内，号召和发动各职工志愿服务队弘扬“身边的志愿”服务理念，开展“助力城市副中心建设”、“暖心伴考”、“为孤寡老人庆生”等多项志愿活动。在首都职工志愿服务评比中，获评“首都职工志愿服务岗”63家、“市级优秀志愿服务岗”7家，两项均位居全市首位。全区累计招募志愿者52000余名。

（孙　霏）

【启动经费管控机制】　年内，按照《北京市工会预算管理办法》的规定编制并上报丰台区总工会本级预算。严格根据市总基层工会经费使用的相关规定审批基层预算。在全市区县中率先启用工会财务集中管控和审计管理系统，实现了对基层单位工会经费收缴、管理、使用的实时监控。

（孙 霏）

共青团北京市丰台区委员会

【概 况】 共青团北京市丰台区委员会（以下简称“丰台团区委”）是负责团员青年教育、管理和服务的群众性团体。2018年，丰台团区委认真学习宣传贯彻党的十九大精神和团的十八大精神，坚持培养中国特色社会主义事业建设者和接班人的根本任务，坚持巩固和扩大党执政的青年群众基础的政治责任，坚持围绕中心、服务大局的工作主线，积极推进共青团改革，不断加强自身建设，提高丰台共青团各项工作水平。

（王 嫒）

【星光自护活动】 1月16日，丰台团区委下发《关于开展2018年“青春自护·平安春节”青少年自护教育活动的通知》，启动寒假春节期间星光自护活动，社区青年汇结合市级师资开展自护专题知识讲座31场，覆盖青少年700余名。

（王 嫒）

【团中央领导调研】 1月17日，团中央基层组织部副部长尹琥来到丰台区调研社区青年汇工作，团区委书记杨勇、丰台街道团工委负责人、社区青年汇总干事、青年汇社工共10余人参加座谈调研。会上，尹琥听取了青年汇社工针对各自青年汇活动的开展情况、参与活动的青年类型以及青年人的兴趣等情况的汇报，并就如何做好青年人思想引领工作进行了探讨。

（王 嫒）

【“三下乡”活动】 1月23日至26日，团区委开展文化、科技、卫生“三下乡”活动。活动期间，宣传金融知识，发放预防诈骗宣传折页1000余份；宣传环境保护与禁毒知识，发放环保、禁毒宣传物资2000余份；开展春节送“福”活动，发放“福”字600张。

（王 嫒）

【青年汇寒假成长营地】 1月29日至2月9日，团区委开展丰台社区青年汇儿童寒假成长营项目，吸引25名小朋友参加。营地开设赛博机器人、绘画、声乐、思想引导、消防知识讲座等多种课程，得到了小朋友的喜爱和家长的好评。

（王 嫒）

【学雷锋日活动】 3月5日，团区委参与“爱满京城”——北京市2018年学雷锋志愿服务推动日系列活动，展示丰台区共青团志愿服务走进社区推动“五大青年行动”试点工作开展情况。现场通过发放“五大青年行动”宣传折页，与志愿团体进行交流学习、项目对接以及志愿者现场招募工作。

（王 嫒）

【新青年城市体验营】 3月21日，团区委依托丰台社区青年汇，组织500余名各行各业青年，参加新青年城市体验营“不忘初心 砥砺奋进”——《厉害了 我的国》观影活动，激发青年的爱国热情与民族自豪感。

（王 嫒）

【京港中学生交流活动】 4月8日至12日，应区青年联合会邀请，香港保良局甲子何玉清中学131名师生，来京参加“携手共成长”2018京港两地中学生伙伴行动的各项活动。通过实地参观，增进香港中学生对首都北京的了解，加深了文化认同感。

（王 嫒）

【召开团员代表会议】 4月16日，召开

2018年丰台区团员代表会议，会议推选丰台区出席共青团第十八次全国代表大会候选人杨勇、赵越、王喆、刘扬4人。

（王　媛）

【残联换届志愿服务活动】　4月27日，团区委组织30名青年志愿者参与区残疾人联合会第七次代表大会志愿服务。小蜂志愿者们秉承“奉献 友爱 互助 进步”的志愿精神，展现了丰台青年朝气蓬勃、昂扬向上的精神风貌。

（王　媛）

【青年榜样宣讲活动】　5月6日，团区委邀请两名第三十二届“北京青年五四奖章”获得者走进丰台社区青年汇，开展青年榜样宣讲活动，旨在宣传当代青年典型，在广大青年中营造崇尚先进、学习先进的良好氛围。

（王　媛）

【召开丰台共青团工作会】　5月11日，召开2018年丰台共青团工作会，总结2017年工作并作2018年工作部署，下发《丰台共青团2018年工作要点》。

（王　媛）

【“绿植兑换”活动】　5月20日，团区委、东铁匠营街道红狮家园社区联合开展“把绿色带回家 让社区更美丽”——丰台青年美化家园主题活动，通过开展废旧物品兑换绿植活动，向社区居民宣传环保理念，倡导居民参与环境清洁治理，共建绿色美丽家园。

（王　媛）

【北京生态环境文化周开幕式志愿服务】　6月1日，团区委组织80余名青年志愿者，秉承“奉献 友爱 互助 进步”的志愿精神，用真诚与微笑服务600余名参与第五届北京生态环境文化周开幕式暨环保徒步大会的群众。

（王　媛）

【“一万个愿望阳光生日PA”活动】　6月10日，团区委在北京汽车博物馆为30余组精准帮扶青少年家庭举办特别生日派对活动，北京青少年发展基金会秘书长钱蓉晖、团区委书记杨勇作为志愿者，协助青少年参与活动，与青少年家庭一起共度端午佳节。

（王　媛）

【“七七”纪念活动】　7月7日，团区委组织80余名优秀青年代表参加纪念全民族抗战爆发81周年仪式。仪式结束后，青年代表参观了“伟大抗战 伟大精神——纪念全民族抗战爆发81周年主题展览”。

（王　媛）

【走进林西开展帮扶活动】　8月7日至9日，丰台共青团赴内蒙古赤峰市林西县开展帮扶工作。丰台团区委书记、丰台青联主席杨勇带领区青联委员、青年代表等一行12人走进林西，围绕扶贫助学、“万企帮万村”工作对接等内容，开展精准帮扶。杨勇同志代表丰台团区委、丰台青联向林西县50名建档立卡贫困青少年捐赠助学金5万元。10月29日至30日，继续落实丰台共青团“万企帮万村”老君沟村卫生室项目。林西县委常委、副县长、丰台团区委副书记田昊，林西团县委书记芒莱、县扶贫办副主任姜伟等参加相关活动。活动期间，丰台团区委、丰台区青年联合会与林西团县委签订《结对帮扶协议书》。

（王　媛）

【两岸青年交流活动】　8月13日下午，由丰台区青年联合会、台湾高雄科技大学联合举办的丰台区“同心筑梦 共融发展”两岸青年交流分享沙龙活动在首都医科大学成功举行。北京市台办交流二处处长金秀清，北京市青联副秘书长国潇冉，丰台区台办主任房书勇，首都医科大学团委书记尹正，北京海峡两岸社区发展研究中心副秘书长黄婉秋，高雄市青年学生文化之旅交流参访团成员，首都医科大学学生以及社区青年代表等共计70余人参加活动。

（王　媛）

【丰台青联走进扎赉特旗】　8月27日至29

日，丰台共青团、丰台区青联赴内蒙古兴安盟扎赉特旗开展对接帮扶工作。丰台团区委书记、丰台青联主席杨勇带领区青联委员一行9人首次走进扎赉特旗，围绕青少年扶贫助学、脱贫攻坚项目交流等工作内容，开展精准帮扶。兴安盟团委书记王立东，扎赉特旗旗委副书记顾卫革，旗政府副旗长魏洪玉，团旗委书记陈雪娇等参加相关活动。杨勇同志代表丰台团区委、丰台青联向扎赉特旗30名建档立卡贫困青少年捐赠助学金3万元。向扎赉特旗贫困青少年捐赠书包文具、书籍、生活用品等物资。

（王　嫒）

【组织志愿服务助力赛事和文化活动】　9月22日至23日，团区委组织近600名志愿者，圆满完成了2018北京国际铁人三项赛7个大组、58个服务岗位的志愿服务工作。10月1日至7日期间，组织350余名青年志愿者开展2018中国戏曲文化周志愿服务，助力中国戏曲文化周活动的顺利举行，累计志愿服务时长超过3000小时。

（王　嫒）

【组织为新疆和田地区捐书活动】　10月18日至31日，为落实扶贫协作和支援合作工作部署，团区委继续开展2018年第三批“好书伴成长”为新疆和田地区中小学生捐赠国语图书活动，积极发动青年力量参与，全年累计为新疆和田地区捐赠图书近50万册。

（王　嫒）

【开展“温暖衣冬”活动】　11月至12月期间，团区委依托社区青年汇共收集御寒冬衣2000余件，交由大学生利用假期返乡赠送给需要的人，为需要的人送去一份冬日温暖。

（王　嫒）

【青联足球友谊赛】　11月11日下午，丰台青联足球队与市青联足球队友谊赛在工人体育场外场举行。团市委统战部部长、市青联秘书长林宇，副部长、副秘书长国潇然，丰台团区委书记、区青联主席杨勇及60余名市、区青联委员参加活动。

（王　嫒）

【开展健康讲座】　11月21日，丰台妇幼保健院党总支书记、丰台青联委员彭飞走进卢沟桥街道，面向社区青年开展了主题为“我们的亲密关系”心理健康讲座，来自4家青年汇的50余名青年参加活动。11月23日下午，慈铭健康体检管理集团联席总裁、丰台青联委员韩圣群，带领专家团队为卢沟桥乡6家社区青年汇的52名青年开展“办公室常见病的预防与调理”主题讲座。讲座向青年普及了办公室常见病的预防与调理知识，并就青年关心和常见的就医技巧答疑解惑，受到青年们的好评和欢迎。

（王　嫒）

【开展单身青年交友活动】　11月24日，团区委举办“冬日恋歌 丰缘汇爱”单身青年交友活动，组织全区100余位青年参与活动，切实帮助青年扩大交友范围，解决婚恋需求。

（王　嫒）

【西部温暖计划治多县站捐赠活动】　11月30日至12月2日，团区委书记、丰台青联主席杨勇带队赴青海玉树州治多县开展“2018西部温暖计划治多县站”捐赠活动，并与当地中小学团队干部和创业青年进行座谈交流。治多县委副书记文雅，县委常委、统战部部长尼玛东周，县委常委、宣传部部长代吉永藏，县政协副主席、教育局局长拉西扎西及团县委副书记陈有贵等参加相关活动。活动期间，杨勇同志代表丰台团区委、丰台青联及北京乐予等慈善公益基金会向治多团县委及各中小学捐赠价值50余万元的棉衣、棉被及学习生活用品，并与治多团县委签订《结对帮扶协议书》。

（王　嫒）

【丰台青联第六届委员会第一次全体会议召开】　12月13日，北京市丰台区青年联合会第六届委员会第一次全体会议在北京双拥大厦召开。区委书记汪先永，区委副书记、区长王力军，区人大常委会主任李昌安，区政协主席刘宇，团市委副书记、市青联主席郭文杰，区委常委、组织部部长张巨明，区委常委、常务副区长肖辉利出席开幕式。青联委员、推荐单位代表以及各区青联代表300余人参加会议。

（王　嫒）

【房山区青联委员到丰台调研交流】　12月28日，房山团区委书记、区青联主席钟棉棉带领房山区青联委员一行先后来到丰台区的北京首科创融科技孵化器有限公司、丽泽SOHO及北京丽泽金融商务区展示中心进行调研交流。丰台团区委书记、区青联主席杨勇，北京丽泽金融商务区管委会相关负责同志及部分丰台区青联委员一同参加交流活动。

（王　嫒）

丰台区妇女联合会

【概　况】　2018年，在区委区政府的坚强领导和市妇联的正确指导下，丰台区各级妇女组织全面贯彻党的十八届六中全会、党的十九大精神，深入学习习近平总书记系列重要讲话精神和治国理政新思路新战略，认真落实中央和市委党的群团工作会议精神，围绕《北京市妇联改革方案》及区党代会的工作要求和总体部署，不断推动全区妇女组织工作的改革创新，动员引导妇女组织和广大妇女积极投身到丰台区经济和社会建设中来，为丰台区崛起贡献力量。

（李　震）

【召开丰台区第十三次妇女代表大会】　1月11日，丰台区第十三次妇女代表大会隆重开幕。全区各行各业、各条战线的330多名妇女代表肩负全区妇女的重托，齐聚一堂。市妇联党组书记、主席蔡淑敏，丰台区委书记汪先永，区委副书记、区长冀岩，区委副书记钟百利、区委常委、常务副区长肖辉利，区委常委、区委办公室主任李岚，区人大常委会副主任王振华，区政协副主席李秀瑛，区政协副主席、区政府办公室主任连宇等出席开幕会。应邀出席开幕会的还有区委组织部、区总工会、团区委及妇儿工委成员单位负责人等。会议审议并通过了丰台区妇联第十二届执行委员会工作报告，选举产生了67名丰台区妇联第十三届执行委员会委员。在第十三届妇女代表大会第一次执行委员会会议上，选举产生了11名执行委员会常委以及区妇联新一届领导班子，姜萍当选为新一届丰台区妇联主席。

（李　震）

【扎实做好巾帼建功工作】　年内，区妇联按照《关于开展北京市三八红旗奖章和三八红旗集体评选表彰工作的通知》要求，制定了丰台区评选推荐工作方案，推荐工作采用从基层自下而上进行组织推荐的方式，对各基层单位上报推荐材料进行汇总和初审。经过党组会研究，确定推荐罗静等20人为首都三八红旗奖章的推荐建议人选，丰台区国家税务局货物与劳务税科等10个集体为首都三八红旗集体的推荐建议对象。三八节，组织40名妇女先进代表参加市妇联举办的表彰活动。

（李　震）

【大力推动巾帼志愿者活动】　年内，引领巾帼志愿者开展了“学雷锋，爱丰台，巾帼志愿服务暖人心”系列活动。3月3日至5日，全区21个街乡镇百支巾帼志愿者队伍纷纷走上街头、深入社区，开展了丰富多彩的志愿活动。动员和组织广大巾帼志愿者参与社会安保工作；在“两会”期间，为确保辖区的安全稳定，组织巾帼志愿者在辖区内开展站岗执勤、治安巡逻活动。

（李　震）

【开展最美家庭评选活动】　年内，区妇联与区委宣传部等有关部门联合开展2018寻找“丰台最美家庭”活动，全区各级妇联组织立即行动，广大家庭积极响应，在全区掀起来了争创最美家庭的新热潮，以实际行动培育和践行社会主义核心价值观。一大批优秀典型家庭在活动中脱颖而出。经过层层推荐、家庭自荐、网上公示等环节，100户家庭获得“丰台最美家庭”的称号。丰台区推荐的22户家庭获得“首都最美家庭”称号，2户家庭获得全国最美家庭称号，2户家庭获得全国五好文明家庭。

（李　震）

【举办妇女群众喜闻乐见系列活动】　3月15日，区妇联联合区工商局开展了“品质消费、美好生活”主题系列消费维权活动，为消费者介绍消费维权知识及日用商品消费常识。3月22日，区妇联开展了“迎接世界水日 节约每一滴水”主题宣传活动，活动现场呈现了精彩的节水主题表演，并向群众发放了节水知识宣传品。10月14日，2018北京女子半程马拉松在北京园博园鸣枪开跑。本届赛事由市妇联、市体育局、区政府主办，2018年是该项赛事连续举办第三年。为赛事的成功举办，区妇联主动争取区政府领导的支持，在区政府召开了20多家单位、部门参加的协调会。磋商赛事场地、交通、消防、公安等各项筹备工作。会前多次沟通联系赛事各项准备事宜，召开重点单位现场会，为成功举办赛事奠定了基础。近6000名女性跑者参加了比赛。

（李　震）

【维护妇女权益】　年内，区妇联为加强妇女接访力度，一方面把信访接待工作作为一个窗口，对来访者进行政策法律法规知识的宣传教育，另一方面对来信来访案件进行定期、定量、定性分析，做到早发现、早化解。自2017年12至2018年11月底共接案件141件、其中来访87件、来电52件，来信2件，有家庭暴力27件，其它114件，结案率100%。

（李　震）

【广泛开展教育培训活动】　年内，区妇女儿童社会服务中心在各街乡镇开展能力素质提升培训10期，家庭成长活动10期，亲子艺术创意活动10期，受众人群900人次；开展暑期活动8期，开展家长课堂讲座6期。三八节期间组织丰台区基层妇女开展各类培训课程12期，338人参加。组织女企业家、基层女干部开展60次女性健身课程。自5月起开办刺绣班，每周一授课，20名巧娘参加培训，系统学习博绣技艺。全年共开展各类妇女儿童培训活动176场次，4551人次参加。

（李　震）

【为精准扶贫对口地区妇女送技能】　年内，区妇联对口扶贫协作地区分别是保定市涞源县、内蒙古林西县、内蒙古扎赉特旗，对口支援地区是青海省玉树州治多县。区妇联对扶贫工作高度重视，成立以党组书记、主席姜萍同志任组长的领导小组，深入贯彻精准扶贫精准脱贫基本方略，深刻领会和准确把握精神实质、丰富内涵、思想方法、实践要求，以实际行动动员和引导妇女组织和广大妇女积极投身扶贫工作。区妇联充分发挥自身优势，带动引导辖区内妇女企业，多角度为贫困地区经济建设贡献力量。区妇联为扎赉特旗、涞源县妇女送技能，培训中国结编织、手工靠垫等制作方法。向内蒙古林西县贫困100名建档立卡的贫困妇女捐赠了母亲邮包，总价值2万元。丰台区妇字号基地北京绿山谷芽菜有限责任公司，在河北涞源县丰台区对口帮扶芽苗菜精深加工项目落地一期投资2850万元，带动建档立卡贫困户和白石山整体搬迁户入股分红、安置就业、阳台种植、共计1074户。

（李　震）

【为妇女儿童办实事】　年内，为充分体现

党和政府对贫困妇女关怀，丰台区妇联开展走访慰问活动。元旦、春节两节期间，为贫困妇女和儿童送去20多万元的慰问品和慰问金。三八妇女节期间，慰问了1000余名在一线工作的女性。六一儿童节期间，慰问了7所幼儿园，为孩子们送去14万元的玩具和学习用具等儿童节礼物。开展贫困两癌妇女救助活动，为5名贫困两癌妇女发放救助金5万元。组织乳腺癌检查、宫颈癌检查。

（李　震）

【贯彻落实妇联改革方案】　年内，根据《北京市妇联改革方案》要求，区妇联拟定了《丰台区妇联改革方案》，并于2017年12月区委常委会审议通过，方案中提出的两大内容都取得了较大进展。其一，推进街乡（镇）“妇女之家”建设，加大“妇女之家”活动经费投入，按照户籍妇女人口人均5元标准纳入财政预算，可大幅提高“妇女之家”活动经费投入，已经与财政初步达成一致意见。其二，按照“通过政府购买管理服务岗位的方式，为街乡（镇）妇联配备1－2名专业社会工作者”的工作要求，经与区财政局、区委社工委、区民政局、区人保局多次沟通，区妇联申请为21个街乡（镇）妇联配备1名妇联社会工作者。这项工作也取得了突破性进展。通过对基层妇女组织经费、人员上的支持，切实增强服务妇女群众的能力。

（李　震）

丰台区工商业联合会

【概　况】　2018年，工商联在区委、区政府的正确领导和市工商联的指导下，深入学习贯彻党的十九大和习近平新时代中国特色社会主义思想，认真落实习近平总书记在民营企业座谈会上的重要讲话精神，坚持党建统领，继续开展理想信念教育实践活动，紧扣“两个健康”工作主题，围绕中心、服务大局，积极参与精准扶贫和优化营商环境，以疏解非首都功能、推动京津冀协同发展为主线，创新发展履职尽责，圆满完成各项工作任务。

（赵来福）

【加强非公经济代表人士政治引领】　年内，为提高非公经济代表人士政治素质，工商联坚持党建统领，以习近平新时代中国特色社会主义思想为指引，认真落实市委、区委关于维护党中央集中统一领导的规定，切实增强“四个意识”，坚定“四个自信”，做到“两个维护”，积极营造“亲清”政商关系，深入开展以“守法诚信、坚定信念”为重点的理想信念教育实践活动，组织观影和参观改革开放四十周年大型成就展，积极参与精准扶贫、优化营商环境和京津冀协同发展等重点工作，引导非公企业创新发展转型升级，助力疏解非首都功能。

（赵来福）

【积极开展建言献策】　年内，结合“大调研大走访”活动，坚持每周走访企业制度，全年走访会员企业120家。发挥首都经贸大学作为丰台区非公人才培养基地作用，联合完成《丰台区工商联非公企业人才管理问题的调查研究》调研报告。完成《首都商务新区产业定位及发展方式探索》政治协商课题。联合区社院完成《丰台区民营企业家精神培育研究》调研课题，协助民建区工委完成《进一步优化营商环境，促进区域经济发展》调研报告。

（赵来福）

【协助非公企业精准扶贫】　年内，积极响应中央统战部、全国工商联倡导的“万企帮万村”精准扶贫活动，按照区委、区政府总体安排，工商联成立领导小组，召开部署动员会，先后4次组织非公企业考察团赴对口帮扶地河北涞源县、内蒙扎赉特旗、林西县实地考察对接，50多家会员企业直接参与了扶贫对接，与“两县一旗”28个贫困村签署了帮扶协议，并积极开展帮扶活动。全年工商联会员企业通过不同渠道捐款捐物共计500余万元。

（赵来福）

【提升非公党建工作上水平】　年内，发展党员24名，预备党员转正16名，成立非公企业党支部1家。为提升非公党建工作水平，发挥政治引领和政治核心作用，出资2万元为所属党支部订购党报党刊，出资3万元为全体党员购置《习近平新时代中国特色社会主义思想》等学习图书500余册。组织基层党组织书记述职、专题党课，抓典型、树品牌，提升凝聚力和影响力。评选区级优秀党员1名。完成基层党组织换届18家。23家党支部被评为市工商联党建示范点、党员驿站。

（赵来福）

【扶危济困认购“爱心羊”】　年初，呼伦贝尔地区受气候影响，大批羊群面临饿死和冻死，当地工商联来电求助，为帮助牧民渡过难关，开展了“真情融化冰雪，爱心援助牧民”扶贫助困行动，50余名民营企业家完成2000余只“爱心羊”认购，价值230余万元，受到当地牧民的高度赞扬。

（赵来福）

【参与城乡环境建设】　年内，组织会员企业千禧丽源（北京）投资有限公司为卢沟桥街道靛厂新村捐助120套座椅和50个室外垃圾桶，共计20万元，用于改善小区环境。组织北京青塔大成双盈综合市场有限公司、北京圣奇律师事务所、北京富天材商贸有限公司3家会员企业，为卢沟桥街道大井社区拆违腾退空间建设街心公园，公园面积达到2280平方米，种植成树120余颗，总投资达160万元，为美丽丰台建设做出了贡献。

（赵来福）

【组织人才服务专题培训】　7月14日，与首经贸大学联合举办丰台区非公经济人才培训班，120名企业家和企业骨干代表作为首期学员参加。课程设置理想信念、企业党建、宏观经济分析、企业管理、市情区情介绍等5大模块，共计40课时。培训对于提高企业家队伍素质，加强非公有制经济人才队伍建设，起到了很好的引导作用。

（赵来福）

【举办面对面服务沙龙】　年内，为提高服务企业能力，优化营商环境，区工商联联合税务部门举办以“增创营商环境优势，激发企业内生动力”为主题的非公经济企业税务沙龙。联合律师事务所举办“强化企业信用，提高竞争实力”主题法律沙龙。近两百名企业负责人参加了活动，服务沙龙形式新颖，既有政策解读，也有现场答疑互动，受到民营企业家普遍欢迎。

（赵来福）

【会员发展上台阶】　年内，发展会员259家。其中个人会员1人，团体会员2个，企业会员256家。以组建街乡（镇）商会为契机，发展了一批企业具有一定代表性，个人综合素质较强的新会员，充实了会员队伍，为工商联整体工作开展和基层组织建设奠定了会员基础。

（赵来福）

【组织民营企业招聘活动】　年内，联合区人力社保局、区总工会在集美广场举办“精准服务促就业，汇聚人才助发展”民营企业招聘会。联合区人保局、丰台街道办事处举办“优环境、稳就业、送服务”专场招聘会。近150家会员企业参会，提供招聘岗位3000余个，参加招聘人员1000余人，达成意向300余人，发放宣传资料1400余份。

（赵来福）

【“双报到”硕果累累】　年内，积极开展“双报到”工作，充分发挥在职党员及支部作用。在职党员按照时限要求全员到居住社区报到，全年参加各类活动40余次；机关支部积极参加正阳小区环境治理，并应社区需求举办专场招聘会，解决辖区居民就业困难，受到社区党委及辖区居民好评。年底正阳北里社区党委送来“携手社区，心系百姓，构建和谐社区”锦旗。

（赵来福）

丰台区归国华侨联合会

【概　况】　丰台区归国华侨联合会（简称丰台区侨联）是中国共产党领导的由归侨、侨眷组成的人民团体，是党和政府联系广大归侨、侨眷和海外侨胞的桥梁和纽带。丰台区侨联成立于1986年，现为第六届委员会，委员27人，其中常委13人、主席1人、兼职副主席4人、秘书长1人。现有方庄、右安门、丰台、东高地、云岗、南苑、新村、东铁匠营、西罗园、大红门等10个街道侨联组织和1个教育系统侨联组织。2018年，丰台区侨联在丰台区委、区政府的领导下，在北京市侨联的指导下，深入学习贯彻党的十九大精神，以习近平新时代中国特色社会主义思想为指引，团结带领全区广大侨界人士，围绕中心，服务大局，充分发挥侨联组织独特优势，引领全区广大归侨侨眷为加快丰台首都中心城区建设贡献了侨界力量。

（王文悦）

【在侨界宣传贯彻党的十九大精神】　年内，按照学习计划和宣传方案，通过集中学习、专题讲座、交流讨论、文艺演出等形式，采用群众喜闻乐见的微博、微信公众号和微信群等传播方式，进一步学习宣传贯彻落实党的十九大精神。组织专题学习与交流活动20余场、发放学习材料2000余份。组织182名归侨侨眷观看电影《厉害了，我的国》。

（王文悦）

【关爱侨界子女】　5月31日，看望在北京八中怡海分校和北京第二实验小学怡海分校就读的华侨子女和香港学生并进行座谈，向学生们赠送爱心书包和京剧绢人等民族特色礼物。

（王文悦）

【支持海外华文教育】　年内，继续支持美国俄亥俄州多丽都中文学校华文教育工作，向该校捐赠书籍、毛笔、字帖、民族演出服装等，并为其与丰台实验小学建立姊妹校搭建平台。多丽都中文学校校长发来感谢信，并介绍了该校华文教育取得的一些成绩。

（王文悦）

【开展侨联志愿服务】　6月，组建了丰台区侨联志愿服务队和基层侨联志愿服务队，并成为北京市侨联志愿服务队理事单位。又相继组织开展了“侨法宣传”、“侨法讲座”“清扫环境”、“文艺汇演”等11个志愿服务活动。继续开展品牌活动——“侨界公益行系列活动”，组织方庄老年模特队到馨园老年公寓和泰怡春养老中心慰问演出，80余名老人观看了演出。

（王文悦）

【接待北京市侨联领导调研】　7月2日，北京市侨联副主席李冬娟到丰台区调研“做好新形势下侨联工作情况”。12月12日，北京市侨联党组书记赵宏生到丰台区调研基层侨联和“侨之家”建设工作。

（王文悦）

【录制原创歌曲】　7月，录制《天下华人团结紧》和《我们的期盼我们的梦想》两首原创歌曲，参加北京广播电视台“聚焦新时代，歌唱新北京”原创歌曲大赛。词、曲均由丰台区侨界人士创作。并以《天下华人团结紧》作为丰台区侨联合唱团团歌。既为区侨联留下文化遗产，又能广泛宣传，打造侨界文化品牌。

（王文悦）

【聘请特邀海外顾问】 8月16日，聘请澳大利亚中华海外文化艺术基金会主席、总干事长、理事等4人为丰台区侨联特邀海外顾问。加强与海外侨团交流，搭建中澳文化艺术桥梁，促进中澳两国之间教育、文化艺术多元合作。

（王文悦）

【促进京津冀协同发展】 8月22日至23日，丰台区侨联带领部分区侨联常委和拟聘请顾问20余人，对张家口空港经济开发区、崇礼冬奥场馆建设情况、侨联常委负责建设的京新高速“一带一路”公路建设项目开展调研交流。促成北京财讯传媒集团与张家口市崇礼区签署战略发展框架协议，在《Voyage新旅行》上无偿为张家口文化旅游和冬奥会方面进行价值20万元的商业专访宣传活动。两地侨联共同聘请文化传媒顾问3人、经济科技顾问2人、法律维权顾问1人、社会服务顾问2人。

（王文悦）

【学习宣传贯彻“第十次全国归侨侨眷代表大会”精神】 8月29日，组织40名归侨侨眷参加“第十次全国归侨侨眷代表大会”开幕式。9月始及时在《丰台侨讯——“十代会”专刊》中刊载党中央致词、领导讲话、《中华全国归国华侨联合会章程》修改内容等“十代会”会议精神。多次组织“十代会”精神专题学习，指导基层侨联以多种形式组织归侨侨眷学习，发放专刊800余册，在侨界掀起了学习宣传贯彻“十代会”精神的热潮。

（王文悦）

【助力扶贫攻坚】 年内，促成北京市侨联与丰台区发改委扶贫办对接，搭建侨企北京祥达瑞林农业科技有限公司与丰台区对口扶贫内蒙古地区的合作平台，在林西县投资建设万头安格斯种牛繁育基地产业园，推进了丰台区对口扶贫工作的开展。参与“京侨帮扶·双百行动”捐赠活动，助力革命老区河北省阜平县打赢脱贫攻坚战，丰台区146名归侨侨眷捐款21517元。

（王文悦）

【推进“侨之家”建设】 年内，完成丰台区11个基层侨联组织的18个“侨之家”悬挂授牌牌匾，其中教育系统侨联、方庄地区侨联、新村街道侨联怡海社区等3个“侨之家”被评为全市首批“示范侨之家”。成立“时代风帆楼宇归国留学人员联谊会”并挂牌。在丰台区11个基层侨联开展以“凝心聚力、共建温暖团结奋斗侨之家”为主题的系列活动。聘请专业社工组织提供定制服务，向基层侨联提供菜单式选项，让基层侨联充分结合地区侨界群众特点选择活动项目，项目包括手绘团扇、中医养生日常保健讲座等7类11个，700余名归侨侨眷参与了活动。

（王文悦）

【组织侨联委员异地教育学习活动】 11月16日至18日，组织部分侨联顾问、委员赴红旗渠开展爱国主义教育，学习革命传统，弘扬红旗渠精神。

（王文悦）

【加快网上侨联建设】 12月，按照北京市侨联改革方案要求，启动丰台区侨联网站升级改版工作。新版网站与微信公众号连通，可在微信公众号上浏览网站新闻。网站的可靠性、稳定性、安全性大幅增加。

（王文悦）

【真情关怀归侨侨眷】 春节前夕，对83名困侨、老归侨、侨界代表人士开展了走访慰问。年内又组织老归侨60余人到北宫森林公园春游、大兴中华耕织文化园秋游，并全程配备随队医护人员。

（王文悦）

丰台区红十字会

【概　况】　2018年，丰台区红十字会深入学习贯彻党的十九大精神，以习近平新时代中国特色社会主义思想为指引，全面落实北京城市总体规划，为首都加强“四个中心”功能建设、提高“四个服务”水平作出贡献。同时，围绕区委区政府中心工作，结合区红十字会的工作实际，以党建为引领，充分发挥红十字在党和政府人道领域联系群众的桥梁和纽带作用，为丰台的和谐稳定、社会发展贡献力量，努力提升红十字的社会影响力。

（李宏善）

【组织体系建设】　5月初，召开丰台区红十字会第五届四次理事扩大会，会议通过了丰台区红十字会2017年度工作报告和募捐款收支情况报告，部署了2018年重点工作，研究制定了《丰台区红十字会发展评价指标体系任务分解说明》，将任务层层分解，明确科室，责任到人。

（李宏善）

【对口帮扶行动】　年内，认真贯彻落实党的十九大精神和国家东西部扶贫协作战略，推动京蒙冀对口扶贫健康发展。区红十字会制定了《京蒙冀精准扶贫工作（2018年—2020年）三年规划》，与河北涞源、内蒙古扎赉特旗和林西红十字会友好协商，达成初步框架合作意向，由主要领导和主管领导分别带队前往三地开展救助慰问和工作交流，总计帮扶救助资金约17万元，帮扶物资3.1万元，救助90户贫困家庭。

（李宏善）

【开展公益救助活动】　元旦、春节之际，区红十字会开展了以“红十字博爱送万家”为主题的送温暖活动，自筹资金44万元，向全区634个家庭（或个人）发放救助金和慰问物资，共计折款53万元。9月，根据市红十字会的安排，在全区开展了红十字组织的“公益救助活动”，共救助50个家庭，发放救助金10万元。卢沟桥乡红十字会开展了“卢沟桥乡特困人群救助”项目，共救助特困家庭241人，发放救助金151.4万元。全年，在全区开展救助活动发放救助慰问款231万余元。

（李宏善）

【博爱募捐活动】　5月，为大力弘扬“人道、博爱、奉献”的红十字精神，“博爱在京城，传承在丰台”红十字募捐救助活动正式启动，将制作近10万元的宣传品发放到街乡镇各基层红十字会，从多方面加大博爱募捐宣传力度，积极营造人人献爱心的社会氛围。全年共接收社会募捐款230余万元。

（李宏善）

【应急救护培训】　年内，举办“红十字——救在身边”急救公益大课堂活动，来自丰台区职业技术学校的中西餐烹饪专业、非遗与设计专业的师生共200余人参加了急救大讲堂活动。为丰台区华信中安保安职业技能培训学校挂牌，使之成为“北京市红十字会应急救护培训基地”，成为保安从业人员学习防灾避险知识和应急救护技能的重要场所。全年组织开展社区幸福大讲堂讲座20场，开展中小学生普及讲座25场次，共计6000人受益。救护员及技能班68期，其中16学时11期，8学时36期，4学时21期，参与培训人数总计5342人取得了初级急救员证书。

（李宏善）

【造血干细胞志愿行动】　年内，制作发放150张“点滴奉献 爱唤新生”造干宣传光盘和8000份宣传折页。开展知识讲座1期、宣传活动3期、血样采集活动3期，共招募造血干细胞血样采集志愿者近100名。经过几年的努力，全区有5人配型成功，挽救了5名白血病患者的生命，发放慰问金2.6万元。承办了北京市红十字系统“人道追梦爱满京城”——2018年首都红十字志愿服务在行动启动仪式，活动现场为志愿服务队授旗，向优秀志愿者颁发证书，全体志愿者共同宣誓参与志愿服务活动，标志着全市红十字系统学雷锋活动全面启动。

（李宏善）

【红十字青少年活动】　年内、在北京十中开展了纪念第71个世界红十字日系列活动，聘请2名同学为“丰台区红十字文化小使者”，一家三代人讲述关于红十字的故事。北京十中同学和云南共建校同学讲述与红十字会的相伴成长经历以及已毕业红十字会员的志愿者之路；红十字地方教材新书发布，发布纪念活动是丰台区教育集群红十字工作模式的集中展示。成立了丰台区红十字青少年活动中心，也是北京市第一个以“红十字为主题”的青少年活动中心，可满足长辛店教育集群的5000名师生和周边社区居民应急知识的学习和应急体验活动的开展。

（李宏善）

丰台区科学技术协会

【概　况】　2018年，区科协立足“为科技工作者服务，为创新驱动发展服务，为提高全民科学素质服务，为党和政府科学决策服务”的职能定位。发挥优势、做好服务、突出特色、开拓创新，努力搭建科技工作者发挥作用的工作平台，在加强科普设施建设、科普益民惠农项目建设、青少年科技活动等工作取得长足进步。争取市级项目资金40万元支持，申报北京市基层科普行动计划项目，区级科普经费300万元用于20个社区科普设施建设。第十八届北京市青少年机器人竞赛中，区少年宫张柏青老师获得十佳机器人教练奖。

（丁洪波）

【第十八届北京青少年机器人竞赛丰台区预选赛】　1月5日，由丰台区科学技术协会、区教育委员会主办，区少年宫承办的第十八届北京青少年机器人竞赛丰台区预选赛在丰台区青少年剧场开赛，全区近20所中小学校和校外教育机构的50余支队伍、近200名中小学生汇聚一堂，共同角逐丰台区青少年机器人项目的最高荣誉。本届竞赛分为机器人综合技能比赛、机器人创意比赛、FLL机器人工程挑战赛、VEX机器人工程挑战赛、WER工程创新赛、机器人智能工程挑战赛六个项目，小学组、初中组、高中组三个组别，竞赛相关组织工作严格按照市科协规则和要求执行。北京十二中、首师大附属丽泽中学、丰台第五小学、区少年宫等多家中小学校各有斩获，获得冠（亚）军的24支出线队也将代表丰台区参加第十八届北京青少年机器人竞赛。

（丁洪波）

【送科技下乡】　1月22日至26日，区科协领导带队，开展送科技下乡活动。全体科协人员分组到南苑乡德鑫家园社区、花乡黄土岗村、卢沟桥乡大瓦窑村、长辛店镇大灰厂村和王佐镇佃起村开展科普惠农服务活动。将《身边的科学》《癌症的真相》《给孩子讲量子力学》《10种改变世界的神奇物质和它们背后的科学故事》等图书送到了5个乡镇村。向到场村民发放防雾霾口罩、《丰台区全民科学素质行动专刊》《减灾防灾科学帮你忙》书刊、《“科学”流言榜》科普扑克、环保购物袋等2万件科普物品。活动受到了群众的热烈响应，近5000名群众踊跃参与。

（丁洪波）

【第十八届北京青少年机器人竞赛】 1月31日至2月2日，区科协组队参加第十八届北京市青少年机器人竞赛丰台区选拔赛，由区少年宫、东高地青少年科技馆、北京十二中、北京十八中、丽泽中学、云岗中学、丰台一小、丰台五小、东高地一小等单位的优秀选手组成24个队，分小学、初中、高中三个组别，参加了机器人综合技能、机器人创意、FLL、VEX、WER、智能工程等全部项目的比赛。在市赛中，丰台五小代表队在FLL、智能工程项目上取得两项冠军，是历史最好成绩。北京十二中获得FLL项目一等奖。经过紧张激烈地角逐，丰台区代表队在24个项目中，获得一等奖4项，二等奖8个，三等奖12个。

（丁洪波）

【召开科普工作研讨会】 3月22日，2018年科普工作研讨会在南苑国际会展中心召开。区21个街道乡镇主管领导和负责科协工作的同志共46人参加会议。大家就做好日常科普工作、科普益民惠农、科普讲座进社区进农村、科普培训、科普宣传海报内容、科普丰台微信公众号等六个方面的问题进行了探讨。各街乡镇同志都针对各自实际和需求，提出了相关的意见和建议。针对大家提出的问题，区科协党组将专题研究，拿出解决办法，进一步满足基层科普需求。

（丁洪波）

【第38届北京市青少年科技创新大赛】 3月24日至27日，第38届北京青少年科技创新大赛在怀柔中国科学学院举行，除北京16个区参赛代表，还有来自13个国家，以及香港、澳门、台湾地区的16个代表团参赛。经过三天的比赛和专家评审，丰台区代表队参赛的6个项目和老师代表分别取得了优异的成绩，其中十二中王博雅莫若苷上调病毒载体转染抑制人胚胎神经干细胞增值能力和十八中郁子轩等三名同学以北斗技术的野外SOS求救装置两个项目获得一等奖，其他四个项目分别获得二等奖，北京市信息技术学院褚国京获得优秀科技辅导员荣誉，东高地科技馆王娟老师获得十佳科技辅导员荣誉，东高地三小刘洋老师获得十佳科技辅导员荣誉和专项奖2个。

（丁洪波）

【科普与项目申报骨干工作培训】 5月17日，丰台区科普与项目申报科普干部工作培训会在大红门国际会展中心召开，会议以授课方式进行，21个街乡镇的科普工作者318人参加。会上中国科普研究所研究员翟立原进行了题为《社区科普益民惠农－典型案例一览》的报告，从不同角度分析了基层科普应该如何进行，分享了其他城市、国家的优秀案例。北京科技报社总编辑助理田璐介绍了科普信息化工作的具体进展。

（丁洪波）

【科普之夏主场活动】 8月15日，2018年丰台区科普之夏主场活动在丰台花园拉开帷幕。本届活动紧扣“科技改变生活 创新引领未来”主题，通过集中科普展览、宣传展板、实物模型、现场演示、互动体验、娱乐游戏等方式，为公众奉上了一场丰富多彩、鲜活有趣的科技盛宴。活动由区科协主办，区科委、区卫计委、区食品药品监管局、区地震局、区气象局、丰台街道六家单位协办，同时得到了解放军302医院、丰台医院、丰台区疾病预防控制中心、北京科技报社、丰台花园等社会单位的大力支持。

针对暑期及参与人员的特征，本年度科普之夏活动继续把“一老一少”作为重点科普对象，为中老年人和青少年设置了40项贴近生活的科普知识、科技产品体验等具体项目。活动主场分为三大展区，共搭建了“综合科普展览、咨询义诊、科技活动、航空航天体验”四大版块，让公众近距离感受到科技创新成果带来的震撼力量，体验到形式多样的科普活动和精彩纷呈的互动展品，增强公众对科学进步和科技创新的体验感、获得感。活动现场，区科协为街乡（镇）、社区（村）的广大群众发放了2000张科普场馆基地门票。

（丁洪波）

【科普日主场活动】　9月27日上午，由区科协主办的丰台区2018年全国科普日主场活动在精图广场隆重举行。此次活动以“创新引领时代、智慧点亮生活”为主题，太平桥街道、区科委、区卫计委、区食品药品监管局、区地震局、区气象局、302医院、右安门医院、卫生疾控中心、右安门社区卫生服务中心等单位积极参与，同时也得到了太平桥街道工委和街道办事处的大力支持。本次活动以“科技”、“创新”为主要内容，通过集中科普展览、宣传展板、科普剧表演、科学秀表演、实物模型、现场演示、互动体验、娱乐游戏等方式，为公众奉上一场丰富多彩、鲜活有趣的科技盛宴，同时标志着2018年全国科普日丰台区主场活动正式拉开帷幕。活动现场分为2个展区，共有10余家科普机构、40余项科普项目参展。

（丁洪波）

【申报北京市科协金桥工程种子资金】　年内，区科协为北京航天试验技术研究所、北京济全生物科技有限公司、解放军307医院等三个单位的科技工作者申报北京市科协金桥工程种子资金。推荐首都医科大学2名同志参选第十五届中国青年女科学家和2018年度未来女科学家计划北京区候选人。

（丁洪波）

【推荐青年科技领军人才】　年内，为推荐青年科技领军人才入选丰台区第六届青联委员，区科协精心推选驻区航天一院、三院、中国长征火箭有限公司、首都经贸大学等科研院所和高新技术企业中政治素质、社会形象、履职能力过硬的青年人才汤墨阳、孙鑫、何晴等12人，作为区青联委员考察人选，其中，中国北方车辆研究所的陈轶杰、北京当升材料科技股份有限公司的刘大亮获得北京市优秀青年工程师标兵称号。

（丁洪波）

【为科技工作者找课堂】　年内，为科技工作者找课堂，充分发挥科技工作者的科普主力军作用。区科协秉承“科普是科技创新最好的广告”这一理念，依托市级科技工作者专家库，对接社区居民的实际需求，分别邀请首都体育学院运动科学与健康学院王安利教授讲授“健康与运动”，中国疾控中心营养与食品安全研究所主任杨月欣讲授“食品安全”和中国农业科学院蔬菜花卉研究所副研究员刘玉梅讲授“花卉种植”，受到12个社区居民群众的热烈欢迎。在落实区委宣传部幸福生活讲师团工作中，组织中科院老科普专家团5名专家为社区、村共群众上了32堂高质量的科普讲座，成为传播科技改变生活的亮丽广告，受到了社区群众的一致好评。

（丁洪波）

【开展主题科普宣传海报进橱窗活动】　年内，区科协委托北京科技报社，开展每月一主题科普宣传海报进橱窗，印刷四种规格，统一配送到街乡镇所辖社区（村）。海报主题以贴近群众必备的生活知识，如流感知识、移动支付、过敏知识、防灾减灾、婚前检查、游泳安全、颈椎病防治等。把科普传播寓教于日常生活，既做好了群众工作，又提高了群众生活品质和获得感。

（丁洪波）

【开展知名专家学者建言献策】　年内，区科协和北京科技报社联合邀请驻京各大单位、高校知名专家，同时依托区科协副主席、委员单位和市区学会的科技力量，通过创办的《丰台全民科学素质行动专刊》中开设“建言献策”和“专家看丰台”专栏，围绕区域疏解功能、产业升级改造等重难点问题，先后邀请中国航天科技集团、中国社会科学院、中国人民大学、首都经贸大学、北京林业大学的专家教授针对区域经济社会的热点、难点问题，开展建言献策活动，以科学素质专刊为载体发表《积极承接亦庄开发区外溢产业，强化重点地区交通网建设》《创新建设“太空城”，打造南中轴科技人文高地》《创新蝶变，实现南中轴转型发展新突破》等文章。发挥政协科协界别作用，撰写了《关于加强我区与大兴、房山接壤区域发展规划的建议》等提案。为区委区政府的正确决策提供科学依据，以科协服务决策部署工作的实际成效助力区域各项重点工作的顺利开展。

（丁洪波）

【开展工作调研】 10月中旬，科协党组书记、常务副主席邓继林等3人，分别到太平桥街道等街乡进行科普工作调研。听取基层对科协工作意见建议和工作落实中的困难等，并就街道相关和项目实施方做好资助项目后续活动内容统筹安排，密切沟通、抓紧落实，整体推进项目在规定时间内高质量完成等交换了意见。

（丁洪波）

【召开主席联席会】 年内，在科协委员会正式召开前，来自丰台区航天科工、铁路通信、医学科技等不同领域的科研院所、高校和驻区企业的主席、副主席齐聚一堂召开了主席联席会，邓继林同志向大家通报了委员会议程，各位兼职主席、副主席也交流了对科协工作的想法，结合各自工作情况对区科协2019年工作提出相关建议和意见，纷纷表示会结合科协的重点工作，积极建言献策，主动参与、主动支持，更好地推进科协工作，并就共同开展高端论坛等学术交流活动达成合作共识。

（丁洪波）

【召开区科协八届二次委员会】 11月30日上午，丰台区科协在大红门国际会展中心召开区科协八届二次委员会，会议听取并审议通过了区科协2018年工作报告，并对在全区科技工作者中广泛开展“弘扬爱国奋斗精神、建功立业新时代”活动作出动员倡议。会议由区科协党组书记、常务副主席邓继林主持。十三届全国政协委员、中国科学院院士、区科协主席姜杰及6名不驻会副主席出席会议，区科协八届全体委员参加会议。会上，姜杰主席代表区科协八届主席联席会作题为《切实履行“四服务”职能 努力开创科协工作新局面》的工作报告。报告围绕政治引领、托举科技人才、增强区域创新能力、提升全民科学素质、为党和政府科学决策服务五个方面，全面总结了2018年工作。聚焦新一轮城南行动计划（2018—2020年）的实施以及丰台区作为连接首都功能核心区、城市副中心、雄安新区的重要节点，区科协谋划了2019年工作思路，将做好增强人民团体政治性、建立科技工作者信息库和专家数据库、组织科技工作者建言献策、加强科普益民惠农项目建设、创新科普传播工作、加强基层科普工作者的培训等6个方面的重点工作，发挥作用，服务大局。围绕丰台区科协2018年工作报告，全体委员展开讨论交流。区委组织部、丰台区街道、马家堡街道、云岗街道、长辛店街道、汽车博物馆、赛恩传媒企业等单位先后进行发言，对科协2018年工作给予充分肯定，对科协指导和帮助基层工作表示感谢，同时对科协2019年工作提出了建议。云岗街道希望区科协能加大基层科普阵地建设，加强对基层阵地内容建设上的指导；紧紧对接居民需求，积极探索社区居民科普活动载体，提高社区居民参与率，使科普活动真正能走进社区，落到居民身边。区委组织部希望科协及在座各委员单位能立足单位实际，整合资源，为科技工作者搭建更优质的平台，凝聚广大科技工作者为丰台发展做出贡献。赛恩传媒企业表示愿意为科普传播做好服务，发挥自身在科协组织中的作用。汽车博物馆表示自己作为科普教育基地，希望能将更多科技创新成果转化为科普资源，充分发挥好科普教育作用。正值全国掀起“弘扬爱国奋斗精神、建功立业新时代”活动热潮之际，邓继林同志向与会科技工作者传达了中组部、中宣部相关通知精神，宣读了《致全区科技工作者的一封信》，号召广大科技工作者立足岗位建功立业，争做新时代中国特色社会主义的坚定信仰者、忠实实践者、开拓创新者，为区域经济社会发展和建设北京科技创新中心贡献智慧力量。

（丁洪波）

丰台区文学艺术界联合会

【概　况】 2018年，区文联认真学习贯彻党的十九大精神和习近平新时代中国特色社会主义思想，牢固树立“四个意识”，不断增强“四个自信”。以习近平总书记系列讲话精神，特别是习总书记在文艺工作座谈会上的重要讲话和在全国第十次文代会上的重要讲话为指导，在区委区政府正确领导下，贯彻落实全区宣传思想文化建设的中心工作，以党建为统领，团结和带领广大文艺工作者，广泛深入开展理论研讨、作品创作和展示工作。全年送文化下乡10余次，举办书画摄影展览2次，开展演出、笔会等活动4场次，各类征集赛事3次，组织创作了400余件各门类优秀文艺作品。

（孟　芳）

【建立和运营文联“一号一刊”】 1月起，正式建立“丰台艺术家”微信公众号，每日推送丰台文艺资讯、丰台故事、文艺家信息等。改版推出文联综合类文艺刊物——《卢沟月》双月刊。

（孟　芳）

【打造“丰台文艺大军”品牌】 1月起，与《书法报·书画天地》合作，推出《美丽丰台——丰台书画50家》专栏，每期一个版面推介丰台优秀文艺人才，努力打造在全国有影响力的“丰台文艺大军”品牌。

（孟　芳）

【组织文化下乡】 1月，组织所属协会书画家，走进南苑乡、王佐镇、花乡、卢沟桥乡和长辛店镇开展文化下乡。为村民写春联、送字画1500余幅。组织摄影家为近百户村民家庭和区内“文明护照”获得者拍摄赠送全家福照片。

（孟　芳）

【合作举办“美丽王佐”摄影展】 1月9日至22日，区文联与王佐镇共同主办，区摄影家协会承办“美丽王佐”摄影展。展览展出了近3年来摄影家对王佐进行采风拍摄的50多幅优秀作品。

（孟　芳）

【承办首都摄影家送“福”下乡活动】 2月6日，由北京市文联主办，北京摄影家协会、丰台区文联承办的“我们的中国梦—文化进万家”，宣传贯彻党的十九大精神，2018年首都摄影家送“福”下乡活动在北京市第一个农村党支部——卢沟桥乡大瓦窑村举办。市文联党组副书记杜德久，副区长张婕，市摄影家协会主席叶用才，市摄影家协会驻会副主席兼秘书长王越、卢沟桥乡党委书记李春生、乡长郭新占、区文联主席张小龙等在活动现场向村民们赠送了精心制作装裱的全家福照片。

（孟　芳）

【组织开展重点采风创作】 3月至4月，区文联领导带队区作家、摄影家协会一行到南苑乡，围绕南苑文化的挖掘与记录进行调研，并组织召开调度会对创作思路进行研讨。5月，正式启动“恢弘南中轴 千年古南苑”采风创作，组织百名艺术家深入南苑乡湿地公园建设、中顶庙等地采风写生、蹲点采访，听史志专家讲授南苑历史，文化和民俗，创作各门类文艺作品。全年，重点组织吸引广大摄影名家、骨干会员聚焦南苑等重点地区、丽泽金融商务区建设等重点工程，以及中国戏曲文化周、北京国际风筝节等大型活动，为丰台发展建设拍摄素材、留存资料，同时也创作出了一批优秀摄影作品。

（孟　芳）

【合作举办“发现北京 最美丰台”摄影赛】 5月7日，与“首开杯”赛事组委会合作举办“发现北京 最美丰台”——丰台分站摄影赛评选活动。评选出20幅“最美丰台”摄影入围作品。

（孟　芳）

【组织拍摄微电影】 6月至9月，多次组织剧本研讨与修改，合作完成南苑主题微电影《槐树花开》创作拍摄工作。《槐树花开》以南苑地区的发展变迁为背景，充分展示丰台区在城市化改造，保护历史文化古迹，恢复皇家园囿风貌以及传承红色抗战精神和中国戏曲艺术等方面的扎实工作。

（孟　芳）

【召开四届七次理事会】 7月31日，丰台区文联第四届理事会第七次（扩大）会议召开，会上讨论通过了理事会工作报告和《丰台区文联所属各文艺家协会换届工作的实施意见》，同时宣布了《关于加强换届风气监督的通知》的工作要求。40余位区文联理事和协会负责人参会。

（孟　芳）

【承办中国文联文艺研修院现场教学活动】 8月14日，中国文联文艺研修院研修班50余人到中国人民抗日战争纪念馆和卢沟桥乡小井村隆韵戏迷社开展现场教学。区文联主席张小龙以“丰台区传统戏曲文化活态传承的探索与实践”为题，介绍了丰台在传承弘扬戏曲文化过程中，努力实践创造性转化、创新性发展，持续打造戏曲文化品牌的做法。中国文联文艺研修院副院长冀彦伟，北京文联党组副书记刚杰，丰台区区长助理姜森林参加活动。

（孟　芳）

【举办纪念改革开放40周年笔会】 9月17日，纪念改革开放40周年“美丽丰台——百米书法长卷”笔会在汽车博物馆举行。区长助理姜森林，区委宣传部副部长杨晓辉，区档案局局长李建刚，区文联主席张小龙等领导和来自全国各地的200名书法家参加活动。书法家用笔墨书写时代，讴歌丰台发展变化成就，展望丰台美好未来。现场创作的“美丽丰台——百米书法长卷”被区档案局收藏。

（孟　芳）

【举办庆祝建国69周年主题展览】 9月28日至10月4日，由区委宣传部、区文学艺术界联合会、卢沟桥文化旅游区办事处共同主办的“为祖国放歌”——庆祝建国69周年暨纪念改革开放40周年丰台区书法美术摄影作品展在卢沟桥宛平城内街甲82号展厅举办。区人大副主任王百玲，区文联主席张小龙，卢沟桥文化旅游区办事处主任李卫，以及区文联各协会会员和文艺爱好者200余人参加开幕式。展出的240件优秀书画、摄影作品，以独特精湛的艺术手法展现丰台历史文化底蕴、人文自然景观和改革开放以来的发展成就。

（孟　芳）

【召开丰台区舞蹈家协会第一次会员代表大会】 12月30日至31日，丰台区舞蹈家协会第一次会员代表大会暨丰台区舞蹈家协会成立大会在万方苑国际酒店召开。会上成立了协会功能型党支部，选举产生中共北京市丰台区舞蹈家协会第一届理事会功能型党支部委员会委员。大会审议通过了章程、工作报告，选举产生丰台区舞蹈家协会第一届领导机构。著名舞蹈表演艺术家陈爱莲，北京舞蹈家协会负责人陈杨萍，北京舞蹈家协会副主席、中央民族歌舞团副团长王成刚，中央民族大学舞蹈学院副院长杨敏，丰台区人民政府副区长张婕，丰台区文联主席张小龙、秘书长韩玉莲、调研员李澎和丰台舞协代表100余人出席大会。

（孟　芳）

【原创节目获奖】 11月，区文联组织创拍的丰台原创微电影《槐树花开》获第六届亚洲微电影艺术节“金海棠奖”最佳作品奖。11月，区文联选送舞蹈《傀傀·魅影》获“纪念改革开放40周年”——2018京津冀原创优秀文艺节目展演一等奖，并参加了在北京民族宫大剧院举行的汇报演出。

（孟　芳）

【筹备协会换届】 年内，在区委区政府集中领导下，区文联开展了文联所属各文艺家协会换届筹备工作。3月，文联第2次班子会审议通过《丰台区文学艺术界联合会关于筹备开展各文艺家协会换届工作的实施意见》。7月31日，《意见》经文联第四届理事会第七次（扩大）会议讨论通过。7月至9月，开展会员情况摸底，对所属各文艺家协会进行协会会员重新登记。并在此基础上，积极做好各文艺家协会新会员发展工作。7月至10月，各文艺家协会成立协会筹备换届领导小组，分别召开理事会、换届预备会讨论换届具体事宜。8月起，区文联多次组织召开协会换届工作推进会，对换届工作提出具体要求。11月30日，区文联组织召开文联所属文艺家协会换届工作领导小组工作会。区文联主席张小龙汇报各文艺家协会换届选举筹备工作情况。张巨明、张婕、邹凌、韩骏伟、尚丽艳等同志参会。张巨明、张婕同志对协会换届提出具体要求。12月29日，区委常委会批准了张小龙同志做的《区文联所属文艺家协会换届工作情况汇报》。

（孟　芳）

【开展会员重新登记】 年内，与专业调查公司合作，完成会员重新登记工作。截止年底，共有效登记1431名会员信息。摸清了会员底数，为协会和文联换届夯实基础。

（孟　芳）

【原创文艺作品制作】 年内，编辑制作第39至44期《卢沟月》综合类文艺双月刊，“为祖国放歌”丰台区庆祝建国69周年暨纪念改革开放40周年书法美术、书法、摄影系列作品集。

（孟　芳）

【开展艺术交流与合作】 年内，组织区作家协会骨干会员赴天津宝坻区开展诗词交流，参与指导丰台区少年宫“春天送你一首歌”诗歌朗诵会。组织8名书法家参加北京世园局主办的“园艺生活好课堂”活动。

（孟　芳）

法　治

政　法

【概　况】　2018年，区委政法委坚持以习近平新时代中国特色社会主义思想为指导，在市委政法委和区委的正确领导下，充分发挥政法委牵头抓总、统筹协调、督办落实的作用，统筹全区政法系统，深入贯彻党的十九大精神，认真落实中央、市委政法工作会议精神，牢固树立“四个意识”，坚定“四个自信”，践行“两个维护”，以维护政治安全为首要任务，紧紧围绕全区中心工作，努力为丰台区的经济社会发展创造安全的政治环境、稳定的社会环境、公正的法治环境、优质的服务环境，不断增强人民群众获得感、幸福感、安全感。

（梁　超）

【完成重大活动维稳安保任务】　年内，坚持维稳第一责任，圆满完成全国“两会”、中央全会、“上合青岛峰会”、北戴河暑期办公、纪念全民族抗战爆发81周年、“中非论坛”北京峰会、改革开放40周年等重大会议活动和重要敏感时期的维稳安保任务。

（梁　超）

【强化社会矛盾摸排化解处置】　年内，深入排查挂账各类重点矛盾纠纷，围绕金融、征地拆迁、环境整治、城市建设等重点领域定期开展排查、会商，努力做到信访矛盾减存量、控增量，有效防范处置了一批群体性聚集上访问题。

（梁　超）

【推进重大决策社会稳定风险评估】　年内，围绕“疏解整治促提升”专项行动、重大建设项目、重大政策措施等重大决策事项组织开展风险评估，确保应评尽评，完成评估73项。

（梁　超）

【召开政法工作会】　4月9日，区委政法委召开2018年丰台区委政法工作会议，区委常委、政法委书记高峰，副区长、丰台公安分局局长、政法委副书记王新元，区检察院检察长叶文胜参加会议，区委政法委机关领导班子列席会议。会议由王新元同志主持，高峰同志作政法工作报告。

（梁　超）

【提升服务区域发展法治保障力度】　年内，协助相关委办局和属地街道乡镇，就涉案涉稳涉访等问题，围绕南苑—大红门地区“疏整促”、长辛店和南苑棚户区改造、金融风险防范协调、征地拆迁历史遗留问题，抽调专人成立专项维稳组，依法研究、协调、处置敏感案事件，促进法律效果、政治效果、社会效果的统一。

（梁　超）

【提高区法学会服务法治建设效能】 年内，建立健全落实《丰台区法学会党组议事规则》，召开党组会、理事会等会议17次。起草完成《北京市法制建设年度报告（2017）》丰台部分内容，参加第十三届环渤海区域法治论坛征文征集活动，开展“双百”、“法治文化基层行”、“12·4”宪法日等宣传活动；举办宪法、涉法涉诉、“乡村治理”等各类培训讲座19场次。区法学会作为全市唯一一家区级法学会被评为全国法学系统先进集体。

（梁　超）

社会治安综合治理

【概　况】 2018年，在区委、区政府的领导下，在首都综治办的指导下，丰台区深入推进更高水平的平安建设，圆满完成了一系列重点时期社会面防控任务，综治基层基础工作水平不断提高，群众安全感稳步提升。

（梁　超）

【重点时期社会面防控】 年内，全国“两会”、十九届三中全会、“上合峰会”、中非合作论坛等一系列重点时期，在全区启动社会面二级加强以上防控等级，每日启动战时会商机制，确保全区社会面安全稳定。

（梁　超）

【开展“红袖标护平安”行动】 年内，在原有治安志愿者的基础上，发动环卫工人、门店店主以及物业人员、保安等社会群体加入。坚持典型带动，在全区组织开展“最美治安志愿者”评选活动，加大群防群治队伍培训力度，提升专业素质和工作水平。

（梁　超）

【开展“四个一”宣传活动】 年内，在全区组织发放《致居民的一封信》、一张社区（村）联系卡、一份安全感宣传品和开展一次真题问卷调查，实现100%宣传到位，并建立回访机制，组织民警、党员代表、楼门组长、治安志愿者等力量持续入户走访，引导群众全面知晓、积极参与安全感调查。

（梁　超）

【召开综治委第一次全体（扩大）会议】 3月1日，召开2018年丰台区综治委第一次全体（扩大）会议，总结2017年工作，研讨2018年综治工作面临的形势、困难及解决办法。区委常委、政法委书记、综治委主任高峰，区委常委、副区长、综治委副主任吴继东，区委常委、统战部部长、区委办主任李岚，区人大常委会副主任、综治委副主任王振华，副区长、丰台公安分局局长、综治委副主任王新元，区政协副主席、综治委副主任李秀瑛出席会议。

（梁　超）

【推进“雪亮工程”建设】 年内，组建了丰台区图像信息系统建设管理领导小组，会同公安分局起草《丰台区2018—2020年“雪亮工程”建设工作实施方案》，并经区政府审议通过。充分发挥综治牵头作用，整合部门和街乡镇资源，先后10余次组织召开会议研究推进全区“雪亮工程”建设，固化了定期会商、专项检查、实地调研等工作机制。在全区整合接入社会面视频资源1000路，进一步升级优化人脸识别、车牌识别功能，并在平台上积极部署全国在逃人员、重点上访人员等数据库以及视频图像资源库，强化视频跟控、巡控、侦控工作，成功抓获多名在逃人员，切实提升了监控系统的实战效果。

（梁　超）

【开展重点地区综合整治】 年内，加强城乡结合部市级挂账重点村公共安全隐患问题综合整治，“三站三室”全部建成运行；抓好东铁匠营地区市级重点挂牌督办社会治安问题整治工作，辖区刑事案件、治安案件、城管热线举报数分别同比下降22%、21%、

41%；深化社会治安三级重点地区挂账整治，扒窃、盗窃、黄赌等警情均明显下降，全部验收达标；加大二手车市场日常管控力度，强化对可疑人员、车辆、物品的安全防范；加强铁路护路工作，发挥专职护路联防队伍巡逻防控作用，完成京津城际、京沪高铁、京广高铁莲石路段重点点位技防建设和京津城际、京沪高铁、京广高铁、丰双线4个护路联防工作站建设，不断强化辖区铁路沿线的安全保障。

（梁　超）

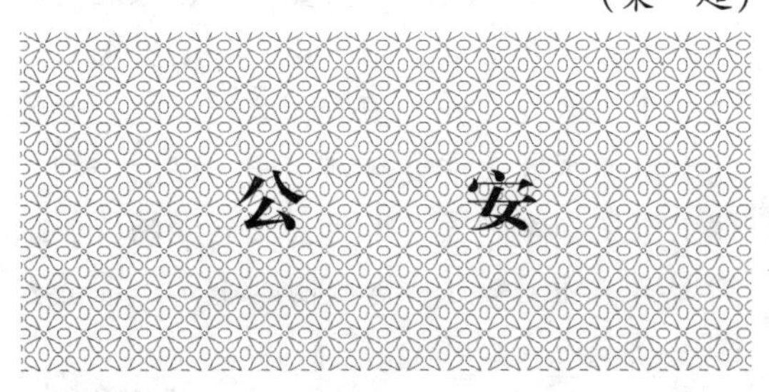

【概　况】　2018年是丰台分局砥砺奋进、创新发展的一年，也是成果丰硕、亮点纷呈的一年。全局上下在市局党委和区委、区政府的坚强领导下，以习近平新时代中国特色社会主义思想为指导，强化“四个意识”，坚持“十六字”总要求，坚持“四个第一”理念，全面深化公安改革，不断加强体制机制创新，深入推进安保警卫、反恐维稳、打防管控、规范执法、科技保障、队伍管理等措施落地落实，高标准高水平完成了护安全、促发展、惠民生等各项任务，确保了全区社会大局持续稳定。主动适应“城市常态化办会”新要求，持续改进警卫形式，警便结合、远近结合、动静结合，“全天候、全覆盖、无缝隙”做好路线警卫安保工作，确保了766起警卫勤务的绝对安全。特别是中非论坛安保期间，组建了30人的警卫专干小分队，严密外围疏导、远端过滤、区域管控等措施，确保了绝对安全。严格落实“八控”机制，加强北京南站、东庄、吕村、南苑以及南中轴路等地区阵地控制和社会面防控，妥善处置各类群体访794批27890人次，成功应对了“8·03”右安门舆情事件、“10·02”大红门涉警舆情事件等53件，坚决守住了维稳底线。坚持以人民为中心的发展理念，持续深化平安行动、扫黑除恶行动，充分发挥刑所捆绑协作合力，不断加强流动人口管理、街头巡控、社区基础工作、舆论宣传力度，合成作战、动态防控、专项打击、集中清整效果明显。命案现案破案率连续8年保持100%，八类严重、九类涉恶案件现案破案率达85.2%、79.2%，接报刑事警情、治安警情同比下降16.1%、11.3%，85个社区零发案，三季度群众安全感攀升至97.7%，达到历史最好，跃居全市第九。始终坚持反恐防恐第一要务，严格落实以“盯住人”为核心的“六住”硬措施，坚决守住了“绝不能发生暴恐活动”的底线。区反恐办实体化运行，发挥统筹牵动作用，开展明察暗访、对抗式检查513次，编制《丰台区处置恐怖袭击事件应急基本预案》《防范恐怖袭击风险评估报告》，提升反恐科学性。依托“反恐、情报、网安、技侦”合成作战机制，对涉恐线索“一条不漏、一刻不误、一查到底”，先后落地核查586条，排查人员1160名，抓获涉恐嫌疑人10名。对162名散居社区关注群体人员，落实“以房管人、落地核查、重点管控、跟进督导”，特别是对210人次新入区人员严格“四当天、五见面”，做到底数清、情况明。对管制刀具、易制爆化学品等，严格超常规管控，检查销售单位711家次，收缴枪支、枪状物29支，子弹146发。组织开展反恐宣传36次、反恐演练23次，有效提升了应急能力。坚持“民意主导、以打开路”，纵深推进扫黑除恶专项斗争、“守护·2018平安行动”等专项，全局刑事拘留3712人，治安拘留8656人，切实营造了良好治安环境。坚持专案攻坚、多警联动，快速侦破命案15起，打掉涉黑涉恶团伙17个，录入线索 100 条，两项数据位居全市第一和第二。强化刑所捆绑、便衣阵控，传统“盗抢骗”、街头扒窃破案率同比分别上升 4.7%、24.1%，电信网络诈骗案件立破比全市第一。严打毒品犯罪，破获涉毒案件 94 起，抓获吸毒人员 645 人，缴获各类毒品 24.2 公斤。破获一起跨国运贩毒品案，收缴冰毒近 7 公斤，创近年来一案缴毒量新高。强化治安乱点整治，梳理明确“打整控”点位 32 个，联合清整、收紧地皮，累计检查出租房屋、娱乐场所 21.6 万家次，查获违法犯罪人员 2551 名。强化涉黄涉赌专项打击，打团伙、打幕后、打系列，处理黄赌违法人员 2732 人，同比上升 14.4%。全面落实“两队一室”“7×24 小时”警务等模式，组织群防群治力量 8 万余名开展社区防控，全区及 13 个市区两级挂账重点地区可防性案件同比分别下降 23.5%、76.6%。打击犯罪合成作战中心建设运行、“雪亮工程”扎实推进，新建、改建高清点位 2600 个，44 个小区完成智能化改造。大视频、大数据支撑打防实战效能显著，协助破案 5000 余起，拦截疑似电信诈骗 3587 件，为人民群众挽回经济损失 4200 余万元。派出所“两队一室”“7×24 小时”警务、“办案中心＋案管组”等工作模式深入实施，“智慧社区”建设应用亮点纷呈，太平桥、科技园、新发地、丰益等地警务工作创新发展。法治公安建设多点突破，执法规范化和执法公信力稳步提升。主动投入非首都功能疏解、拆违、“街乡吹哨、部门报到”等中心工作，在 37 家市场疏解中发挥法制教育、秩序维护、巡逻防范等作用，协助完成了南苑－大红门地区市场疏解、玉泉营 111 号院隐患整治以及北京南站综合治理等工作。全面优化营商环境，削减审批事项 17 项，建成一站式政务服务综合窗口，有力服务保障了全区经济社会发展大局。全警把习近平总书记“十六字”总要求内化于心、外化于行，政治建警、从严治警、文化育警、真情待警的氛围日益浓厚，干部民警思想状态、能力素质、作风形象全面提高，23 名民警受到市局和区里表彰，全体民警未发生严重违法违纪问题，110 投诉率同比下降 25%，涌现出时代先锋、二级英模肖俊京等先进典型。

（李战文）

【强化警力调配确保勤务安全】　年内，丰台分局围绕全年各项安保工作重点，提前着手，提早谋划，对可调用警力基础摸排、精确测算。统筹全局勤务，将重大安保警力调配和日常勤务警力调动有效的衔接起来，确保各项安保任务警力调配合理。对全区重点点位周边警力集结细化工作流程，完善小规模调警预案，确保遇有突发敏感警情可以及时迅速的集结力量。全年累计勤务调配警力 9.3 万余人次。

（李战文）

【严格公务用枪管理】　年内，丰台分局进一步强化全局公务用枪管理、严密防范各类公务用枪案（事）件，在全局范围内深入开展公务用枪查隐患、改问题、修规范、保安全专项清理核对工作。对全局枪支、弹药和枪支零部件、附件等进行清理核对，对枪管员、枪械员、值守人员和配枪人员的思想、工作、身体、家庭等情况进行摸排梳理。

（李战文）

【严守“三同步”深化网络舆情导控】　年内，丰台分局按照依法处理、舆论引导、社会面管控“三同步”工作总体要求，妥善处置各类突发敏感情况 726 件，启动“7＋X”网络舆情应对工作机制 53 次，确保全区涉警舆情，整体平稳。分局全年在广播、电视、报纸发布各类宣传稿件 270 余篇，丰台警事微博平台发布信息 2896 篇、微信平台发布信息 76 篇、其中原创信息 1448 篇，累计阅读量 8000 余万次。以短视频形式发布案件信息 23 篇，播发次数 2400 余万次。

（李战文）

【厚植积淀“勤廉文化”根基底蕴】 年内，丰台分局为发挥良好的氛围环境在影响人、感召人、塑造人方面的重要作用，精心组织开展“基层民警说纪讲纪原创廉政文化作品”和“微记录——新时代首都公安纪检人微视频作品”征集活动。深入挖掘推树基层优秀纪检委员事迹，连续制作了《公安纪检委员的五个角色》等9部勤廉宣传特辑。学习贯彻新颁布的《监察法》和新修订的《纪律处分条例》，全局开展学习研讨102场次。

（李战文）

【加强执纪问责力度成效显著】 年内，丰台分局严格按照“三个百分之百”要求从严开展执纪问责。全年共核查违纪违法举报线索40件，立案9起，主动查处比例100%。全年做出党纪处理9人次、政纪处理11人次、追究领导责任4人次，队伍中没有出现违法及被判刑人员。组织开展了“执法安全和执法形象突出问题排查整治”、“强化执法理念提升执法水平”等专项活动，全年接报政风行风热线线索38件，受理110投诉18件，同比分别下降29.6%、28.0%。

（李战文）

【全力维护民警执法权威】 年内，丰台分局警务督察大队发挥维权办牵头作用，紧盯民警执法尊严维护，切实捍卫法律权威，积极开展维护民警执法尊严权益工作。在中非合作论坛安保阶段，市局维权委副主任石建华、市局维权办主任王骏到丰台镇派出所，为执法中受到侵害的打击办案队队长孙晓锋发放了维权抚助基金。全年，警务督察大队共查处侵犯民警执法权益案件122起，同比上升45.24%。针对证实为不实的110投诉件，分局维权办向市局申请予以核销，维护民警执法权益。

（李战文）

【组建基层兼职审计员队伍】 年内，丰台分局为优化基层兼职审计员配备，切实发挥“三级”审计体系效能，分局组建由党（总）支部纪检委员但任的兼职审计员队伍，通过此次调整，有效缓解了基层警力不足与强化审计监督的矛盾，进一步提升了基层审计监督的层次和力度。

（李战文）

【推动医疗服务纵深发展】 年内，丰台分局将抓好民警身心健康工作作为一项硬措施，强力推进医疗健康服务工作，最大限度推动医疗卫生服务深入基层，多渠道、多角度开展日常心理服务，探索开展战时民警健康服务站、知名专家义诊、发放爱警急救包、开通战时民警医疗绿色通道等。全年，健康体检人数3228人，组织医疗巡诊7次，举办健康讲座2场，组织心理辅导5场，为5名民警及家属开通绿色通道，为614名民警解决各类诊疗问题。

（李战文）

【校园安全防护】 年内，丰台分局会同区教委对全区中小学、幼儿园开展拉网式安全大检查，组织检查中小学校及幼儿园591所次，检查重点部位632处，发现整改各类安全隐患56处。全年出动看护警力16300余人次，车辆8000余台次。全年入校开展安全宣传183所次，开展入校法制教育授课104次，受教育学生达12万余人。

（李战文）

【黑开旅馆“铁拳”专项成效显著】 年内，丰台分局为确保行业场所的安全稳定，筑牢反恐防恐基础，治安系统以推动落实行业场所“核心”制度为抓手，以清理整治黑开违规经营行为为发力点，深入开展日租房、黑开旅馆“铁拳”治理专项行动。全年，治安系统检查中小旅馆8750余家次，发现整改问题旅馆337家，处罚77家，罚款798500元；共摸排核查黑开经营线索135条，取缔黑开旅馆32家，依法处理违法人员33人。

（李战文）

【黄赌打击对称性不断提升】 年内，丰台分局在“扫黄打非”和“治安系统集中打击坐店及站街招嫖违法犯罪”等专项行动中，坚持打防并举、以打开道，通过警情分析研判，确定打击重点，持续对站街坐店、网络招嫖、组织卖淫等涉黄违法犯罪活动，赌博机、网络赌博、聚众赌博等涉赌违法犯罪活动问题开展精确化、规模化、连续化打击行动。全年，打掉黄赌窝点581个，处理黄赌违法人员2732人，同比上升14.4%，黄赌打击对称性上升0.06个百分点。期间，先后打掉怡海花园恒泰园和长辛店石板山等2个大型赌博窝点。依托“疏解整治促提升”行动，推动政府其他行业部门，利用现行法律政策，关停疏解“七小门店”79家同比上升1.3%。

（李战文）

【深入推进扫黑除恶专项斗争】　年内，丰台分局按照“有黑扫黑、无黑除恶、无恶治乱”的思路，结合丰台区功能战略定位和公安工作实际，以市局扫黑除恶专项行动及分局自主开展的“打高发、破现案、保平安”破案攻坚会战等专项为牵动，紧盯十类黑恶势力、九类涉恶犯罪及其他易滋生黑恶势力的刑事犯罪，始终坚持“零容忍”态度，开展线索摸排、专案攻坚，对黑恶势力犯罪出重拳、下狠手，并取得了阶段性成效。全年，侦破黑社会性质组织犯罪相关案件162起、打掉团伙65个，累计抓获涉恶犯罪嫌疑人534人，其中刑事拘留343人、行政拘留188人。

（李战文）

【强化社会面公共安全视频资源管理】　年内，丰台分局充分发挥对社会面公共安全视频资源的牵头管理作用，严格落实备案、检查、处罚等环节工作，延伸扩大分局视频警务管理范围和应用触角，切实做实四级平台。强化视频资源备案登记。全年新增备案单位976家，新增备案视频资源38405路；强化四级平台日常管理。对辖区四级平台每年开展不少于两次的检查，针对检查中发现的问题，限期责令整改33家，行政处罚13家；强化三、四级平台指挥联动。对高发案区域，建立驻区指挥联动机制，由派出所视频警组指导四级平台值守人员，落实安全防范和嫌疑人布控等工作。

（李战文）

【推进“雪亮工程”建设】　年内，丰台分局以视频系统建设为出发点，以视频系统智能化应用为中心，以提升全区视频资源共享率为根本，以确保全区秩序平稳为落脚点，全面推进“雪亮工程”建设集约化、联网规范化、应用智能化等工作的开展，全年共投入资金1.6亿元。

（李战文）

【推进智慧社区建设应用】　年内，丰台分局积极推进以智慧门禁、人像比对、数字化分析研判平台为内容的智慧社区创建工作。联同区综治办、区房管局、区住建委、区经信办等部门制定下发了《丰台区推行住宅小区安全防范设施建设和使用工作意见》。全区35个智慧社区在建设试点中，累计投入1651.5万余元，安装智慧门禁892套、具备人脸识别功能的高清追踪探头170套、普通高清探头505套、车辆道闸系统31套。

（李战文）

【推行智能警务室建设】　年内，丰台分局探索推行了智能警务室值守工作，将智能警务室建设成集警务室、服务站、实验中心功能于一体的综合服务平台。科技园区派出所在社区警务室内安排机器人“大蓝”值守，实现了“机器人警察”服务办公，切实发挥机器人警察对大数据的应用和采集作用。

（李战文）

【加强人房基础信息摸排】　年内，丰台分局以人房管理为核心、以出租房屋为重点，按照“地不漏院、院不漏楼、楼不漏门、门不漏户、户不漏人”的工作原则，切实做到“进屋、见人、见物、查事、核录”的工作要求。全年各派出所共累计走访检查出租房屋21万余户、审查核录流动人口62万余人，补录出租房屋基础信息数据27万余条。

（李战文）

【突出力量前置确保消防安全】 年内，丰台消防在各重大安保期间，为实现“不冒烟、不起火”的工作目标，成立1个灭火处突总指挥部、5个前沿指挥部，前置部署63部消防车，325名执勤指战员。日常执勤战备中，完善“常态化、加强级、全要素”三种模式的力量部署，工作日早晚高峰时段部署13部消防车、65名指战员前置备勤，单车年执勤时间累计超过1300余小时。

（李战文）

【受理群众信访案件】 年内，丰台分局扎实推进信访工作开展，有效遏制信访案件多发势头。全年，受理各类信访件同比下降6.7%；重复信访问题同比下降11.6%；12345政法民生热线同比下降7.8%。共化解10年以上信访积案4件；争取维稳救助金30余万元。

（李战文）

【有效规范推进治安调解】 年内，丰台分局进一步规范分局治安调解工作，制定了《丰台分局关于进一步规范治安调解工作的意见（试行）》。分局法制支队与基层办案单位密切配合，通过动之以情、晓之以理的说服教育，高效化解了双方当事人的矛盾纠纷。全年共规范调解434起纠纷，促进了社会和谐稳定，有效提高了公民的法律意识、守法自觉性和道德水平，减轻了办案民警的工作压力，取得了良好效果。

（李战文）

【在押人员行为规范速记歌】 年内，丰台区看守所按照日常监管工作行为规范要求，将在押人员必须遵守的行为规范，进行总结与提炼，编写出了在押人员行为规范速记歌——300字的“三字经”。在押人员通过经常性朗读，在潜移默化中，强化了遵守监规的自觉性，提升了服从管理的意识。速记歌已被市局监管总队在全市监管场所推广。

（李战文）

【视频警务大队荣获“北京市工人先锋号”】

5月1日，经全国总工会评定，正式授予北京市公安局丰台分局视频警务大队“北京市工人先锋号”的荣誉称号。丰台分局抓住深化公安改革有利契机，牢固树立科技引领警务实战理念，全力打造视频天网。严格落实“抓实视频警组、抓实专业培训、抓实制度建设、抓实整体联动、抓实运行保障”五项工作措施，实现了全年视频警务大队协助其他办案单位破案数量和拘留人数均处于全市领先位置，确保分局视频警务实战化效能显著提升。

（李战文）

【召开“八·一”暨复转军人座谈会】 7月26日，丰台分局组织召开喜迎“八·一”暨复转军人座谈会，纪念中国人民解放军建军91周年。与会复转军人代表围绕“回忆从军经历，立足岗位建功”主题，结合军旅生涯和从警历程，畅谈岗位建功、圆满完成中非论坛安保的决心。与会领导为复转军人代表颁发了《毛泽东精神》《习近平语言力量》等书籍，并为从警10周年的复转军人颁发了荣誉纪念章。

（李战文）

【承办全市反恐宣传活动】 8月17日，区反恐办在丰台区园博园承办了以“全民反恐、共创平安”为主题的北京市反恐公益跑活动。全市16个区反恐办工作人员、社会各界人士及随园游客等700余名跑步爱好者参与活动。腾讯新闻等媒体对宣传活动进行了全程现场网络直播和转播，网络点击率达到8.6万次。

（李战文）

【成立二级打击犯罪合成作战中心】 8月26日，丰台分局二级打击犯罪合成作战中心正式挂牌成立。中心主要履行打击本区突出刑事犯罪的组织、指挥、协调、研判、侦查职责。截至年底，共研判流转线索903条，居全市前列；协助办案单位查询各类信息3200余次；通过合成研判工作抓获各类违法犯罪嫌疑人员206人，破案350起；通过电话拦截疑似电信网络诈骗事主3370人，劝阻及挽回经济损失3725万余元。

（李战文）

【全市监管系统业务大比武夺冠】　9月20日下午，市公安局在监管总队进行监管系统"五型监所"创建业务大比武决赛。丰台区看守所参赛队员团结一心、沉着应战、最终勇夺冠军。

（李战文）

【中国戏曲文化周活动安保】　10月1日至7日，丰台分局在丰台区园博园"2018年中国戏曲文化周活动"中按照确保安全、举办有序的工作原则，从专题研究、全面部署、组织踏勘、实地演练四个方面做好前期准备工作。"文化周活动"接待游客15万人次，分局安保工作共出动警力1190人次、保安力量4000人次。

（李战文）

【获"十佳应诉能手"第一名】　10月，市公安局法制总队组织开展法制系统"十佳应诉能手"评选活动，该活动被纳入市局警务技能大比武项目。丰台分局法制支队复议诉讼中队副中队长刘晨光荣获市局警务实战技能大比武优秀应诉能手第一名。

（李战文）

【公务用枪训练】　11月，丰台分局在解放军陆军装甲兵学院射击场组织了实弹射击训练，并结合实战特点组织民警进行了近距离对多目标横向移动射击、跪姿快速射击等训练科目，使民警熟练掌握了子弹装填、据枪瞄准以及精度射击等应用技能，参训民警实弹应用射击水平和警务实战化能力得到了明显提升。

（李战文）

【在反恐特警系统大比武中获佳绩】　11月，丰台分局反恐怖和特巡警支队参加市局反恐特警系统实战技能比武活动和第二届警体运动拓展比赛。在射击、综合体技能、警务实战、力量、健体等比赛科目中获得了4个冠军、3个亚军及1个团体第二名、1个团体第三名。

（李战文）

【出入境自助服务厅启动】　11月16日，丰台分局举行出入境自助服务厅启动仪式。出入境自助服务厅对外办公时间为每日8时至24时，全年无休，为群众提供自助取证，赴港澳、台湾自助签注业务，极大的方便了群众，提升了群众的满意度。

（李战文）

【获全市治安大比武团体第一名】　12月19日，全市治安系统大比武，丰台分局代表队经过精心备课、刻苦学习、沉着应战，在16个参赛队伍中，获得团体第一名。全年中丰台分局治安系统以新修订的《治安管理工作规范》为蓝本，通过以考促学、以学促用的方式，不断增强治安民警对新知识的学习应用。

（李战文）

【推动全警健身活动】　1月12日，丰台分局举办2018年迎新春羽毛球比赛男子团体决赛暨颁奖仪式。羽毛球比赛为分局警体健身推动月系列活动的第一项，共有局属21个单位90余名运动员参加活动。分局党委书记、局长王新元，到场为参赛队员加油助威，并为获奖单位和个人颁奖。

（李战文）

【举办"时代先锋"肖俊京事迹报告会】　12月19日下午，丰台分局在中铁建工集团报告厅举办"初心如磐 躬身前行——"时代先锋"肖俊京同志先进事迹报告会。肖俊京同志爱人许桂凤，市局、区委政法委及部分区直属机关单位领导，分局党委成员，民警和群众代表共600余人参加了报告会。

（李战文）

案例举要

【破获李某某寻衅滋事案】 1月6日，丰台分局南苑派出所接事主王某某报警称，其位于丰台区南苑槐房南路2号院的三处房屋防盗门及门两侧墙面被喷涂“还钱”字样，楼道内地面、墙面被泼洒黄色油漆。该案被确定为市级挂账案件，由分局刑侦支队会同刑侦总队及相关部门成立专案组开展工作。经工作，民警于2月27日至3月5日期间，在本市大兴区、昌平区、房山区等地，先后抓获李某某（男，1982年12月出生，北京市朝阳区人）等四名嫌疑人。5月16日，李某某等四名嫌疑人被丰台区人民检察院移送起诉。

（李战文）

【破获王某某等人运输毒品案】 1月，丰台分局经工作发现王某某有重大贩卖、运输毒品嫌疑，毒品来源于河南省。经侦查，1月13日，民警在房山区兴礼检查站，将运输冰毒准备进京贩卖的嫌疑人王某某（男，1968年8月出生，河北省滦平县人）、冯某某（男，1982年1月出生，山东省沂南县人）查获，并当场起获冰毒393.85克。经讯问王某某对购买运输毒品，冯某某贩卖毒品供认不讳。王某某、冯某某被丰台人民检察院移送起诉。

（李战文）

【破获一起11年前故意杀人案】 2007年2月17日22时许，丰台区永和庄丰台西站东侧发生一起故意杀人案。2月上旬，民警经工作锁定嫌疑人陈某某（男，1986年4月出生，河北省宁晋县人）、谷某某（男，1991年4月出生，河北省宁晋县人）有重大作案嫌疑。先后于2月28日，3月2日，在河北省石家庄市将陈某某抓获，在黑龙江省哈尔滨市将谷某某抓获。经审讯，陈某某、谷某某均对2007年杀害事主并抢走其车辆的犯罪事实供认不讳。9月11日，陈某某、谷某某被北京市人民检察院第二分院移送起诉。

（李战文）

【破获驾车碰瓷系列敲诈勒索案】 年内，本市丰台、海淀、朝阳等地区连续发生以嫌疑人驾车碰瓷敲诈勒索机动车车主的案件。丰台分局刑侦支队会同刑侦总队、十二总队等部门成立专案组开展工作。经工作，于3月20日在房山区、朝阳区先后抓获狄某某（男，1988年2月出生，北京市房山区人）等5名嫌疑人，破获案件50余起。6月23日，狄某某等5名嫌疑人被丰台区人民检察院移送起诉。

（李战文）

【破获中联硅谷公司王某等人非法吸收公众存款案】 5月22日，丰台分局马家堡派出所接王某某报警称，其投资中联硅谷公司理财项目被骗。民警赶赴现场，抓获中联硅谷公司丰台区角门西营销点负责人王某（男，1974年3月出生，河北省张家口市人）等12名犯罪嫌疑人。经查，该公司自2014年7月，以投资大型批发物流、生物科技等项目为名，向不特定人群招募投资人，涉案金额3亿余元。6月21日，王某等3名嫌疑人被丰台区人民检察院批准逮捕。

（李战文）

【破获系列强奸、抢夺、盗窃案】 6月3日、5日，在丰台区丰台花园附近连续发生两起针对骑共享单车女性进行抢夺的案件。接案后，丰台分局刑侦支队会同刑侦总队成立专案组开展工作。经工作，于6月7日在丰台区六里桥福家康招待所内将嫌疑人蔡某（男，1984年9月出生，河北省高碑店市人）抓获，破获抢夺、盗窃、强奸等案件共6起。7月13日，蔡某被丰台区人民检察院批准逮捕 。

（李战文）

【破获聚梦利公司集资诈骗案】 2017年10

月20日，齐某某等人报案称被北京聚梦利管理咨询有限公司诈骗。经查，2016年10月，该公司刘某某等人通过“聚梦利”投资平台，以捏造借款人、借款项目、抵押物为手段，以年化收益率7%-12%为诱饵，骗取投资人资金并大肆挥霍。经工作，6月6日，民警先后在丰台区、朝阳区抓获嫌疑人刘某某（男，1972年6月出生，河北省盐山县人）、王某某（男，1981年2月出生，河北省邱县人）、蒋某某（男，1980年11月出生，河北省邯郸市人）。此案涉及投资群众178名，涉案金额2500余万元。7月13日，刘某某、王某某、蒋某某被丰台区人民检察院批准逮捕。

（李战文）

【破获跨省系列入室盗窃案】 2017年以来，本市东、南四环及顺义、昌平、密云等部分中高档小区，连续发生以技术开锁为手段的入室盗窃案件。丰台分局刑侦支队会同刑侦总队、十二总队等相关单位成立专案组开展工作。经工作，于6月29日在丰台区太平桥西里将犯罪嫌疑人孙某（男，1979年3月出生，河北省张家口市桥东区人）、王某某（男，1978年8月出生，黑龙江省鹤岗市兴安区人）抓获，共破获北京、河北等地区案件54起。10月25日，王某某、孙某被丰台区人民检察院移送起诉。

（李战文）

【破获方某某销售假冒注册商标商品案】 9月29日，丰台分局接丰台区食药监局流转案件线索，在丰台区马连道高楼村49号百业商务会馆D座103号，将涉嫌销售假冒注册商标商品的嫌疑人方某某（男，1991年6月出生，江西省余干县人）抓获。现场起获大量假冒“全聚德”注册商标的商品，总金额人民币40余万元。方某某涉嫌销售假冒注册商标的商品罪，被丰台区人民检察院批准逮捕。

（李战文）

【破获黄某等人销售假冒注册商标商品案】

12月26日，解某举报称，在丰台区方仕国际黄金珠宝城3层北京友邦嘉禾科技有限公司内，有人销售假冒的苹果手机配件。接报后，丰台分局民警赶赴现场，抓获曹某（男，1990年6月出生，湖北省老河口市人）、黄某某（男，1986年3月出生，湖北省孝昌市人）、方某某（男，1992年3月出生，湖北省孝昌市人）等10名犯罪嫌疑人，并从店内起获标有苹果品牌的手机配件共计1038件，价值30余万元。12月28日，曹某、黄某某、方某某等10名犯罪嫌疑人被丰台分局刑事拘留。

（李战文）

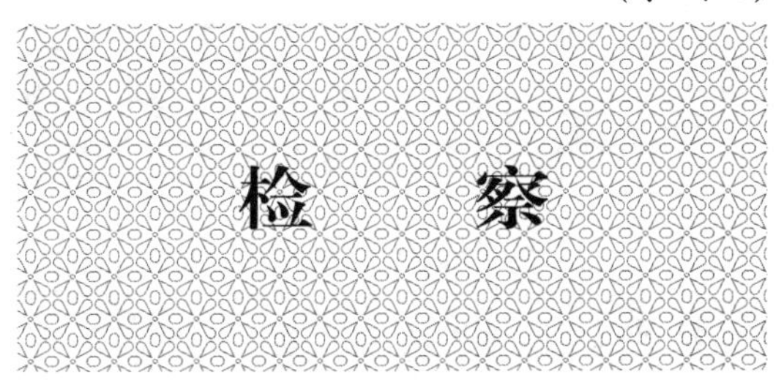

【概　况】 2018年，丰台区检察院严格履行检察职能，切实维护社会公平正义。严格检察监督，全年监督公安机关立案27件27人，监督撤案32件32人；加强对其他违法侦查活动的监督，发出书面纠正违法通知书8件，口头纠违21次，建议行政执法机关向公安机关移送线索19件36人；同步审查法院一审判决1469件1723人，提请抗诉4件；坚持教育挽救方针，强化未成年人犯罪司法保护，为33名未成年犯罪嫌疑人申请法律援助，附条件不起诉监督考察13人，开展法治教育活动17次，受教育人数达4000余人；加强行政执行检察监督，坚持把行政非诉执行作为行政诉讼监督线索排查重点和突破口。严密司法审查，受理审查逮捕案件1384件1767人，批准逮捕795件1028人；开展羁押必要性审查案件240件240人，发出变更强制措施建议52件52人。

严肃国家追诉，受理审查起诉案件1809件2352人，提起公诉919件1192人，不起诉案件数较上半年上升67.5%。

（王凯伦）

【严厉打击各类严重刑事犯罪】　年内，深化平安北京、平安丰台建设，依法起诉危害公共安全犯罪案件204件205人，聚众斗殴、寻衅滋事犯罪128件204人，妥善办理了北京市人民检察院督办的50余人聚众扰乱公共场所秩序“7·24善心汇”案件。加大对暴力犯罪、侵财犯罪以及“黄赌毒”犯罪打击力度，起诉故意伤害、强奸、绑架等暴力犯罪197件220人，“两抢一盗”犯罪353件417人，“黄赌毒”犯罪85件113人；追捕犯罪嫌疑人10人，追诉24人，追加认定犯罪事实案件39件，维护了社会安全稳定，进一步提高了人民群众幸福感、安全感。

（张倩）

【开展“扫黑除恶”专项斗争】　年内，坚持“有黑打黑、无黑除恶、无恶治乱”，办理涉恶案件37件116人，已起诉10件32人；办理涉乱案件201件356人，已起诉178件299人。强化组织领导，成立区检察院“扫黑除恶”专项斗争工作领导小组，督促工作落实。定期向区委政法委汇报工作和重大案件办理进度；与区法院、区公安分局召开联席会议，建立案件线索移交、重大敏感案件会商协调等机制，强化打击合力。对“扫黑除恶”案件实行挂账督办，严格审查，加强案件会商，保证了案件及时高效办理。

（王凯伦）

【接待涉检信访】　年内，高度重视息诉罢访，积极化解社会矛盾，受理各类案件线索184件，接待律师3474人次；针对当前非法集资犯罪易发多发特点，接待群众来院集体访980余人次，本着“依法接访，为群众排忧解难”的原则，妥善处理了易水奇石案、同创万利案等来院集体访。结合司法办案，针对近年来群体性信访、集体上访呈现出来的维权组织新特点，积极向上级院报送检察信息、提出意见建议，被中央办公厅采用，受到中央领导重视。

（王凯伦）

【开展普法和法治宣传教育】　年内，落实市委“疏解整治促提升、法律十进‘七五’行”主题法治宣传活动，根据北京市人民检察院部署，开展法治宣传教育“十进百家、千人普法”主题活动，举办普法和法治宣传教育活动20余场次；推进法治宣传“十进”，先后到丰台区第二小学开展法治安全知识讲座；到时代风帆等商务楼宇开展“弘扬宪法精神、送法进商务楼宇”主题法治宣传；与北京南站地区管委会联合开展“送法进南站，共建平安和谐首都”等普法宣传活动。

（王凯伦）

【打造非法集资犯罪预防立体宣传模式】
年内，检察院通过传统纸质媒体、微信公众号、微动漫、网络直播、电视公益广告等多种渠道进行非法集资犯罪预防宣传，实现了宣传途径全渠道。创新宣传方式，与北京市公交集团合作，在全市700余条线路、万余辆公交移动电视上，持续一个月滚动播放本院制作的《非法集资现形记》等宣传短片，受众人群达1.8亿人次，实现了检察院在移动传媒公益广告方面宣传渠道的新突破。印发纸质宣传材料千余份，向全区各大社区进行发放，并利用《丰台报》媒介整版报道、宣传非法集资犯罪预防活动，扩大宣传影响力。创新新媒体传播方法，通过网络直播平台，两次直播在时代风帆大厦、丰台区职业中心学校进行的防范非法集资讲座，累计观看量达89万余人次；制作了“识破非法集资画皮”系列短片5部，借助微信公众号对外播放，提升群众预防、辨别、抵制集资诈骗的能力。

（张　倩）

【召开党风廉政建设工作会议】 3月12日，检察院召开队伍建设暨党风廉政建设工作会议。会上，检察院党组书记、检察长叶文胜与党组成员代表，党组成员与部门负责人代表分别签订了《党建工作责任书》、《党风廉政建设责任书》。政治处主任陈锋和纪检组长王清会分别就检察院队伍建设和党风廉政建设作了工作报告。会上，叶文胜检察长明确了检察院2018年的工作思路：坚持从严治党；将学习贯彻《新时代检察机关创新发展总体纲要》作为检察院当前和今后一个时期的重点工作；加强检察机关人才建设；加强制度建设。

（王凯伦）

【举办春季健步走大会】 4月27日，检察院与北京市人民检察院在北京园博园共同承办“北京市检察机关2018年落实首都强检战略主题展览暨春季徒步大会”，检察院150余名检察干警踊跃参与此次志愿者服务中，被编成14个小组，分别从事领导服务、开幕式代表队引导、摄影组、代表队签到、6个认证处服务以及沿途指引等各项服务，做好财物配备，防暑用水、食物供给基本预算和医护安保支援应急预案，确保人员、物资补给的及时性和机动性，全方位保障参赛选手、各检察院代表队能享受安全、快乐、充实的健步走活动。

（王凯伦）

【公益诉讼助力环境整治】 5月，区检察院依法向丰台区宛平城地区街道办事处、区城市管理委员会、区城市管理综合行政执法监察局等单位发出行政公益诉讼诉前检察建议，督促其全面履职，有效保护丰台区生态环境。后检察院收到诉前检察建议整改情况回函，启动渣土山及附近建筑垃圾的清理整治工作。对渣土山进行严密覆盖，确保无扬尘污染，加强巡视和看管；组织人力、物力开展建筑垃圾和生活垃圾清运工作，设置围挡防止遗撒、倾倒垃圾，加强日常巡查力度；申报渣土山修建成山体公园并作为晓月苑环境提升二期工程。

（张　倩）

【借助无人机调查取证】 5月11日，检察院就办理的一起涉嫌非法占地公益诉讼案件，联合北京检察科技信息研究基地在全国首次借助无人机搭载倾斜摄影技术开展行政公益诉讼案件调查取证工作。调查取证工作凸显了现代高科技对办理公益诉讼案件的积极作用，同时也为在受控空域内运用无人机依法开展调查取证工作进行了有效探索和尝试，同时也积累了宝贵经验。

（张　倩）

【召开专题座谈会】 7月9日，北京市检察院检察长敬大力一行到区检察院调研推进落实市院“调整内设机构分工优化职能配置”情况，召开专题座谈会。敬大力充分肯定了区检察院对“调整内设机构分工优化职能配置”相关工作的积极落实，并对下一步工作提出三项具体要求：要统一思想，未雨绸缪，从实践中探索丰台经验；要兴利除弊，将“捕诉合一”与强制措施司法化审查相结合，发挥好强制措施司法化审查的职能作用；要加强调研，探索“捕诉合一”工作模式，研究办案遇到的实际问题。

（王凯伦）

【高检院听取网络餐饮行政公益诉讼案件办理情况】 9月7日，检察院案件承办检察官就检察院办理的全市首例网络餐饮食品安全行政公益诉讼案的情况向高检院公益诉讼检察厅进行了详细汇报，并就有关办案经验及案件办理过程中所发现的问题进行介绍。在听取汇报后，高检院公益诉讼检察厅对检察院该起案件的办理工作给予了肯定，并对此类相关案件的延伸办理进行指导。高检院公益诉讼检察厅指出，开展“保障千家万户舌尖上的安全”检察公益诉讼专项监督活动是助推“健康中国”战略，充分发挥检察机关在食品安全领域公益诉讼检察职能的一项重要举措。聚焦网络餐饮领域这一新生事物，开展网络食品安全专项监督活动，针对网络订餐平台对餐饮服务提供者的违法行为缺乏有效监管的情形，积极履职，取得了良好的社会效果，为检察机关办理食药领域公益诉讼案件提供经验与借鉴。

（张　倩）

【打击非法使用童工推动区域整治】　9月，检察院办理的索某某、刘某某过失致人死亡、污染环境一案被依法提起公诉。经查，此案涉及非法使用童工问题，检察院高度重视，及时向区环保局就环境监管死角问题开展法律监督，并向区人力社保局发出检察建议，督促其对辖区内雇佣童工等违法犯罪问题进行清查、整改。检察院检察官与区人力资源和社会保障局劳动保障监察队进行沟通、走访，促使区人力社保局启动8月6日至9月7日为期一个月的“关于开展整治非法使用童工打击违法犯罪专项行动”。经工作部署，丰台区劳动保障监察队组织全区21个街乡镇开展专项行动，对辖区内劳动密集型行业、小微企业开展了地毯式专项排查，对可能使用童工的砂石厂、“散乱污”小企业、建设施工工地、餐饮、加工制造等劳动密集型企业和保安、保洁、绿化、维修行业进行重点关注及整治。

（张　倩）

【开展“携手农商 法制护航”主题宣传活动】　10月16日，检察院联合区法宣办、区法院、北京农商银行丰台支行开展“携手农商 法制护航”丰台区优化营商环境、防范金融风险主题宣传活动启动仪式。本次活动旨在让法律知识在金融、银行等重点领域及时有效传播，突出金融风险防范在金融工作中的一线地位，集中丰台区多部门力量，打造体系化、常态化的宣传阵地。

（王凯伦）

【开展“送法进南站，共建平安和谐首都”普法宣传活动】　11月29日，检察院联合北京南站地区管委会联合开展“送法进南站 共建平安和谐首都”普法宣传活动，着力打造全市交通枢纽法治宣传工作品牌，以此次普法活动为标志，检察院“十进百家、千人普法”专项活动正式拉开序幕，专项活动领导小组组长、检察院党组成员、副检察长常青与北京南站地区管委会常务副主任纪亚辉签订了《法治宣传共建协议》。

（张　倩）

【参加公检法联席会】　12月19日，检察院扫黑办主任、副检察长陈锋和院领导小组成员、副检察长李毅荣带队参加区级挂账督办案件定性及办案质量问题分析会。会上，区公安分局扫黑办负责人就公安机关内部上报涉黑涉恶案件的具体程序、区级督办案件被统计挂账的原因等方面进行解释说明。区法院副院长刘彤燕就起诉到法院的区级督办案件情况做介绍。检察院区级挂账督办案件的承办人针对具体案情逐一介绍、汇报检察系统内部分析定性意见，与区公安、区法院共同研究案件定性、办理等问题，经研究讨论，三机关对上述案件有关情况达成共识。此外，公检法三机关认为对于“仙人跳”、“套路贷”以及招工诈骗等特殊类型犯罪，应予以高度关注，检察院副检察长陈锋、李毅荣表示，针对特殊类型犯罪，应深挖彻查其中潜在的涉黑涉恶犯罪线索，以点带面扩大打击“战果”，并建议对于涉黑涉恶案件必要时由检察机关提前介入、引导侦查活动。

（张　倩）

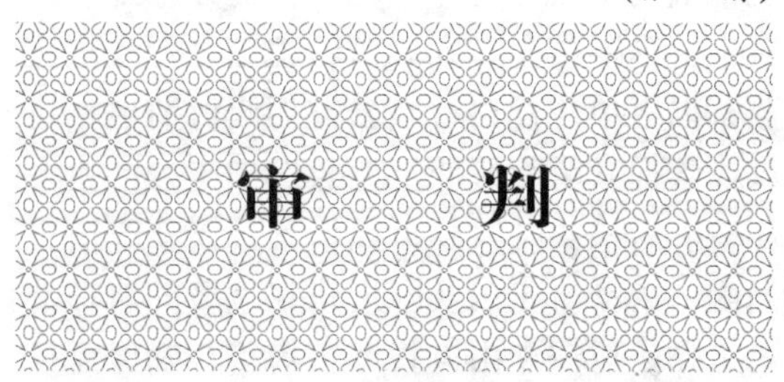

审　判

【概　况】　2018年，丰台区法院工作的总体思路是以习近平新时代中国特色社会主义思想为指导，深入学习贯彻党的十九大和十九届二中、三中全会精神，坚持以党建固本、改革强基、人才兴院、文化强院为牵引，主动适应社会主要矛盾变化对法院工作的新要求，主动对接人民群众最关心最直接的司法需求，主动服务区域经济社会发展大局，主动推进司法改革的系统性和有效性，打造一支觉悟高、专业强、懂群众、接地气的高素质法官队伍，建设一个现代化运行支撑、人力资源充分调剂、法官职业化健康成长的大区强院，努力让人民群众在每一个司法案件中感受到公平正义。全年收案57314件、结案57916件，结案率91.8%，分别同比上升13%、11.9%和1.8%，法官人均结案、全员人均结案分别同比增长85.4%、15.9%，未结案下降10.4%。其中，审结各类刑事案件1470件，判处罪犯1788人，分别同比下降15.6%和14.1%。审结民商事案件41，861件，同比上升14.7%。审结行政案件693件，同比上升33%。执结案件13840件，执行到位27.3亿元，分别同比上升6.9%和150.4%。区法院主动应对审判执行任务压力，狠抓执法办案第一要务，认真履行审判职责，依法妥善审结了一批社会关注度高、关乎区域建设发展的重大案件，加强了涉民生案件的审理和执行工作；妥善化解行政争议，依法保护行政相对人合法权益，监督促进政府依法履职；推进执行机制改革，强化执行规范化，着力破解执行难，有效维护了当事人合法权益，促进了区域和谐稳定。始终围绕区域重点工作提供精准法律服务，深入开展扫黑除恶专项斗争，依法服务疏解整治专项行动，有效防范化解金融风险，营造了良好法治营商环境。全面推进司法改革，严格落实司法责任制，全面推开团队化建设，完善院庭长行权机制；深化刑事诉讼制度改革，强化控辩平等、当庭举证质证，确保庭审实质化落到实处；升级“一轴多翼”纠纷化解大平台，打通纠纷化解最后一公里，促进矛盾纠纷多元化解，努力优化社会综合治理；推进网上立案常态化、诉讼服务精细化、司法救助规范化、送达服务智能化，全面提升司法为民水平。打造过硬法院队伍，压实管党治党政治责任，加大执纪问责力度，全面加强党风廉政建设；大力实施人才职业发展工程，建立三级人才库，优化队伍管理；全面加强司法能力建设，坚持关爱干警办实事制度，营造良好工作氛围，激发队伍活力。干警齐心协力、迎难而上、顽强拼搏，全院集体和个人获得全国、市级荣誉103项，荣获首届“全国法院审判管理优秀业务单位”“全国人民调解工作先进单位”“北京市先进法院”等称号，涌现出“全国知识产权审判工作先进个人”“全国维护国防利益和军人军属合法权益工作先进个人”“北京市人民调解工作先进个人”等先进典型。司法宣传工作受到最高法院通报表扬，司法研究课题获评最高法院优秀调研课题，案例教学成果受邀在全国法院法官培训班上展示，中标市高院专题类案研讨数量居全市法院之首。人民调解员受到司法部通报表扬。10名干警被市高院评为模范法官、先进法官和先进工作者，8名干警受聘为北京市法官兼职教师。

（张燕玲）

【依法惩治刑事犯罪】　年内，妥善审结市委政法委高度关注的具有重大聚集隐患的王某某等人故意伤害案，首次适用技侦证据庭外核实制度，审结一起反侦察手段极强的团伙盗窃案，切实增强群众安全感。严惩污染环境犯罪。审结涉“大灰厂88号院”等污染环境犯罪3件，坚决守护“绿水青山”。严惩腐败犯罪。妥善审理区监察委移送的涉马家堡煤库违法建设、涉市级机关工作人员系列“窝案”等职务犯罪，推动反腐败斗争深入开展。全年共受理各类刑事案件1457件，审结1470件，判处罪犯1788人。严惩扰乱社会公共秩序类犯罪。妥善处理中央高度关注的“善心汇”45名成员涉嫌聚众扰乱社会秩序罪案，审结市委政法委督办的吴某某伙同多人、多次利用“快闪”方式寻衅滋事等案件303件，严厉打击在重点地区、重要节点非法聚集、恶意制造政治影响等犯罪行为。严惩危害群众生命财产安全类犯罪。审结抢劫、聚众斗殴、敲诈勒索等暴力犯罪73件，判处34人五年以上有期徒刑。

（张燕玲）

【依法妥善审理民商事案件】 年内，坚持实地勘察、部门联动、教育引导多管齐下，严格证据审查，严密防范套取拆迁利益行为。审结劳动争议和劳务合同类案件2021件，依法平衡用工单位与劳动者的合法权益。元旦前，快速审结一批涉30名外地农民工的恶意欠薪案，帮助农民工追回“血汗钱”66万元。审结婚姻家庭类案件2772件，注重对尚未破裂婚姻和问题家庭的救治。在一起因父母离异导致儿童失学，祖父母申请撤销父母监护权的案件中，依法另行指定监护人。宣判当天，法官陪同涉案儿童成功办理入学登记。《法治进行时》等媒体全面报道，收到良好社会反响。全年共受理民商事案件41194件，审结41861件。审结析产、继承类案件1946件。

（张燕玲）

【妥善化解行政争议】 全年共受理行政案件682件，审结693件。监督促进政府依法履职。全年行政机关负责人出庭应诉率66.2%，同比上升20个百分点。审结徐某诉市交通委小客车更新指标审核案，推动市交通委及时升级指标信息系统。依法保护行政相对人合法权益。加大协调力度，首次在涉登记之诉中一并解决民事争议，依法促进房屋登记、征收补偿、社会保障等涉民生案件实质性化解130件，同比增长20.4%。稳妥处理重大敏感案件。严格落实“三同步”工作要求，审结社会高度关注的涉“西宸原著”与“玉璞家园”小区隔离墙限期拆除、“动批”疏解闭市信息公开等一批大要案。审理的大昌三昶（上海）商贸公司行政处罚案入选最高法院首批九个“行政诉讼附带审查规范性文件”典型案例。

（张燕玲）

【全力决胜“基本解决执行难”】 年内，在全市法院率先开展“决胜执行难”全媒体网络直播，1200万网友在线观看执行搜查行动，得到最高法院周强院长批示肯定。执结的全国首例万吨粮食异地执行案，入选改革开放四十周年重大司法案例。推动全区形成“党委牵头、法院主责、政府支持、基层协助”的综合治理执行难工作大格局。联合公安机关对长期下落不明的被执行人采取临控措施，集中开展夜间执行、假期执行等专项行动，加大强制措施适用力度，严惩拒执犯罪，形成打击抗拒执行、规避执行的强大声势。全年公开失信被执行人信息2135人次，限制消费9913人次，1600余人主动履行了义务；拘留、罚款116人次，同比上升56%；对涉嫌拒执罪的自诉被告人倪某依法逮捕，宣判前倪某主动履行了执行义务。在全市法院率先对首执和终本案件进行分类管理，实现案件执行启动、财产查控、综合协调的统一调度，执行质效明显提升，“基本解决执行难”核心指标全部达到最高法院和市高院要求。全年共受理执行案件13929件，执结13840件，执行到位27.3亿元。

（张燕玲）

【深入开展扫黑除恶专项斗争】 年内，受理市委政法委督办的恶势力团伙犯罪11件、审结6件，审理涉乱犯罪170余件，对10人判处十年以上有期徒刑，对120余人判处罚金，坚决斩断犯罪产业链、关系链和利益链，有力震慑黑恶势力。搭建公检法一体作战大平台，提请区委政法委建立公检法联席会制度，推动公检法统一案件标识，形成“黑、恶、乱、保护伞”四套案件台账，共享信息及时联动，确保打好主动仗、整体仗、合成仗。深挖彻查涉黑涉恶线索，对所有在审案件逐一过筛见底，与区公安分局建立线索直通机制，及时摸排并移送线索56条，切实以案查乱、以乱查恶、以恶追黑。聚焦“八黑”等犯罪，向10余家单位发送司法建议督促整改，对辖区党员干部、企业职工等近千人开展预防职务犯罪专题培训，增强基层组织免疫力。扫黑除恶工作得到市高院充分肯定，并在全市法院做经验介绍。

（张燕玲）

【圆满完成涉军停偿审判任务】 年内，坚持“军队资产受保护，群众利益不受损”，如期完成涉军停偿审判任务。以部分调解部分履行、部分查清部分判决、紧急情况先予执行等方式，依法如期办结涉军停偿案件121件，案件数量排名全市法院第二。通过司法确认及时将一起可能引发群体性纠纷的重大敏感案件妥善化解在诉前。1名法官被评为全国“维护国防利益和军人军属合法权益工作先进个人。

（张燕玲）

【信息报送刊载量再创佳绩】 年内，法院积极主动报送信息、撰写数量多、信息质量好，取得全市中基层法院第三，基层法院第二的优秀成绩。其中最高院采用3篇，市高院领导批示10篇，批示充分肯定了丰台法院年度内在审判执行、服务区域发展、诉讼服务、党建等方面取得的成绩。其中，最高人民法院简报·信息专刊采用《北京市丰台法院大力加强信访化解工作取得良好效果》《北京市丰台法院分析涉行政滥诉案件四个特点》2篇，最高人民法院·高法信息采用《从审判实践看毒品犯罪呈现的新特点》1篇。1月16日，市高院党组书记、院长杨万明在丰台法院报送的信息《丰台法院2017年执法办案实现三升一降一归零》上批示：“前年年底我去丰台法院慰问加班干警时，张雯院长汇报看到了实现良性循环的希望，去年的执法办案绩效表明，已成为现实，来之不易，值得认真总结。希望丰台法院深化司法改革，加强党建队建，促进审判执行工作高质量、高水平发展”；1月22日，他在丰台法院报送的信息《丰台区委书记汪先永到区法院调研》上批示：“张雯同志：感谢先永书记对法院工作的关心、支持。按先永书记要求，进一步做好各项工作”；2月21日，在丰台法院报送的信息《丰台法院诉前化解疏解整治案件成效明显》上批示：“疏解整治中的案件，最适合通过多元调解办法解决。丰台法院的经验充分证明了这一点。希望各院注重总结诉前和诉中调解化解矛盾纠纷的经验，力争在审理疏解整治所涉案件过程中，审判能力和司法水平也同步提升”；3月23日，在丰台法院报送的信息《丰台法院四位一体全方位规范终本案件管理》上批示：“请杨越同志阅。”3月30日，市高院党组副书记、副院长吉罗洪批示：“丰台法院这项管理措施很有针对性，对于解决终本案件管理方面存在的问题，弥补短板将发挥重要作用。望各法院根据本院具体情况予以借鉴，为确保打赢执行难这场硬仗奠定坚实的基础。”8月2日，市高院代院长寇昉在丰台法院报送的信息《丰台法院多措并举决胜“基本解决执行难”》上批示：“好”；8月22日，他在丰台法院报送的信息《丰台法院处理一起当事人威胁法官人身安全事件》上批示：“请丰台法院做好预案，保障法官人身安全”；8月31日，在丰台法院报送的信息《丰台法院建立“四联促四力”人民调解党建工作机制》上批示：“请司改办总结研究”；9月13日，在丰台法院报送的信息《丰台法院“一站式送达服务”促进送达工作提速增效》上批示：“请司改办研究”；12月29日，在丰台法院报送的信息《丰台法院完善工作机制强化矛盾多元化解》上批示：“请司改办、研究室研究丰台点站式调解工作。”

（张燕玲）

【完善“多元调解＋速裁”工作机制】 年内，建成以诉调对接中心为轴，以三类15个调解组织233名调解员为翼的“一轴多翼”诉调对接大平台，着力为群众提供多元化、一站式解纷服务。全年化解22.4%的民商事纠纷，91.5%的案件实现免费化解，82%的案件当日调解、当日履行，切实减轻当事人诉累。率先向社会公开招录调解力量，择优录用27名人民调解员，将有相应专业背景或工作特长的人民调解员分别与相应庭室对接，做到调解员在各审判庭的全覆盖、专业调解力量与专业审判团队的紧密对接。引入知产、医疗、涉军等领域的11家专业性行业性调解组织的53名调解员，建立了“专对专”工作机制，化解疑难复杂案件。在全市率先引入律师调解，从丰台区1000多名执业律师中精选律师调解员，建成了一支125名精英律师组成的专业调解队伍，与法官合力化解疑难复杂案件。在多元调解基础上，法院将人民调解员直接编入速裁团队，专门负责审理简易民商事案件，形成了“多元调解＋速裁”工作机制。法官与调解员共同创新“立体叠加式工作法”，调解员与法官助理庭前调解、法官庭上集中审理类案、司法确认并行推开。成立程序流转中心。组建诉调对接、保全、鉴定、外出送达（取证）4个工作组，借助信息化手段，集约处理全庭事务性工作，让程序流转“再提速”。成熟“两中心两标准”团队运行模式。审判事务上以法官为中心，清晰团队成员职责；程序推进上以高级助理为中心，负责扫清诉讼程序障碍、衔接多元调解、制作文书模板；管理流程上以时限节点为标准，将审判工作精准分步，全程定时定责定人；化解方法上以案件性质为标准，确定个案要素审理，串案集约处理，群体纠纷个案突破、一并化解的处理方式，确保团队运行高效，案件化解高效。速裁法官人均结案1599件，47%的案件7日内审结，服判息诉率99.9%。

（张燕玲）

【创立“点站式”调解新模式】 年内，设立“7日调解”工作站，派驻专门调解员对接街道基层调委会，建立矛盾排查、联合调解、跟踪回访的“一点一驻”零距离调处机制，将大量纠纷消弭在诉前。设立巡回司法确认点，由专门诉调对接团队与街乡镇调委会对接，设立专门的司法确认快速申请窗口，开通立案、审查、开庭绿色渠道，将诉调对接工作融入区域大调解格局，引导矛盾就地化解。打造立体调解网，在全部站点接入网上预约立案、在线调解等平台，实现调解、立案、司法确认智慧型调解模式。“点站式”机制运行以来，受理申请司法确认案件112件，同比增长3倍，确认有效26件，92%的案件当日确认，23%的案件当日调确，吸附化解各类矛盾纠纷1944件，妥善处理了3086户居民燃气中断等涉众纠纷，1起在线调解纠纷被评为“北京法院多元调解十大典型性案例”。

（张燕玲）

【成立涉“疏整促”案件专家调解团队】 年内，丰台区疏解整治占全市任务总量的三分之一，因疏解整治引发的房屋腾退、租赁合同、分家析产、继承案件大幅增加。为进一步挖掘多元调解工作潜力，发挥社会调解力量在化解涉“疏整促”案件方面的优势，法院从现有的人民调解、行业调解、律师调解员队伍中，挑选21名熟知区情民意、调解经验丰富、专业知识过硬的调解员，成立“专家调解团队”，主要负责调解涉“疏整促”的疑难复杂、专业性较强的各类案件，示范引领全区矛盾纠纷化解工作，助力拆迁拆违、环境治理、棚户区改造等工作深入推进，更好地服务区域经济社会发展。

（张燕玲）

【创新“一站式送达服务”工作模式】 年内，法院以集约化送达工作为突破口，精准对接市高院“集约送达一体化平台”，实现送达工作线上线下全流程智能化操作，形成了送达人员团队化、送达流程一体化、线上操作智能化的全新送达工作格局，打造法官“一键点击”，送达工作一站式完成的工作模式。全年民商事案件公告送达7303次，100%线上完成，位居全市法院第一；电话送达13453次，线上申请邮寄送达66647件，占全院同期邮寄送达总量的80%，位居全市法院第一；电子送达8876件，占全市法院电子送达总量的25%以上；外出送达1520次；窗口预约送达595次。上述六种集约化送达方式为法官、书记员减轻60%以上的送达事务性工作。研发送达辅助系统，打造“一站式送达服务”线上操作平台。在市高院“集约送达一体化平台”基础上，延伸开发了司法送达平台和直接送达APP，实现送达方式线上申请、送达流程线上操作的“全覆盖”。司法送达平台嵌入电话送达功能，可在线保留电话记录和通话录音，实现“说到即送到”的同步送达。升级邮寄送达方式，由外包人员同时在线接收全院邮寄送达申请，集约批量处理邮单打印等全部事务性工作，彻底将邮寄送达的事务性工作与法官、与庭室剥离。直接送达APP通过电子地图形式，可实现自动规划全部送达线路，可视化分配送达任务，拍摄、录像送达情况一案一留痕，及时监督、掌握送达人员的送达任务完成情况等，最大化调用送达资源、规范送达工作、提高送达效率；引入“智能云柜”，打造“一站式送达服务”材料收转平台。在审判楼层引入法官“云柜”和当事人“云柜”，通过“人机对话”方式，实现材料收转的“超时空”。法官、当事人根据“云柜”提示，将诉讼材料放入“云柜”，“云柜”自动生成验证码推送至外包服务人员手机，外包服务人员持特定证件到“云柜”进行身份验证后，根据验证码取出材料，收到“云柜”自动生成的需邮寄送达、外出送达或转交法官、转交当事人等诉讼材料清单及送达任务指令，核对无误后，外包人员开展相应的送达工作；外包人员通过“云柜”向当事人或法官送达诉讼材料时，“云柜”自动推送验证码到收件人手机，收件人经身份验证后领取诉讼材料，形成诉讼材料流转“闭环”式运作，彻底让法官收转诉讼材料不跑腿、当事人少跑腿；成立四团队、两中心，打造“一站式送达服务”实体运行平台。16名外包服务人员与2名法官助理，组建了2人任务交接、5人电话电子送达、5人邮寄送达、6人外出送达四个团队，成立案件流转中心和集中送达中心，分别用于前三个团队集约办公和外出送达团队单独办公，空间上实现送达流程的团队化、可视化、一体化操作。任务交接团队，主要负责从“云柜”揽收送达材料，核对送达任务和送达材料的基本信息，确认无误后，当日转交电话电子送达团队。电话电子送达团队，先电话送达，告知当事人基本送达内容，复核送达地址，同时推广电子送达和窗口预约送达；当事人同意电话送达的，详细告知当事人送达内容，当即完成送达；当事人同意电子送达的，有电子卷宗的直接在线完成电子送达，未形成电子卷宗的，外包人员通过高拍仪上传诉讼材料，当日完成电子送达；当事人同意窗口预约送达的，外包人员当日将送达材料放入当事人“云柜”；当事人要求邮寄送达的，当日移交邮寄送达团队。邮寄送达团队，2日内完成送达任务，送达失败的，外包人员将材料退回法官，法官视情况处理。外出送达团队，由4名外包人员和2名法官助理组成2个送达小组，线上接收院本部外出送达申请，依托送达APP接收具体送达任务，2日内完成送达；内部引导+外部借力，打造“一站式送达服务”综合保障平台。对内，以点带面，通过线上公告送达，积极向法官、书记员推广“集约送达一体化平台”，转变工作理念，改变工作习惯。邀请市高院诉服办对全体法官、书记员开展公告送达平台使用培训，由资深法官对2名人民法院新闻传媒总社派驻的工作人员，围绕系统使用、公告稿的审核、公告费的收取等进行了2个月的系统培训，确保公告送达工作对接顺畅。对外，大力推广电子送达，与丰台区律协签订了电子送达确认协议，向律协下属的全部律所推介电子送达，与全区115家律所的近千名律师签订送达地址确认书；积极引导涉案公司机构使用电子送达，对全院送达工作量排名前十的公司，召集其诉讼代理人开展微信送达培训；引入1名市高院微信送达系统开发公司的技术人员，在立案大厅开展为期1个月的宣传指导工作，大力推广引导当事人选择微信送达。

（张燕玲）

【打造功能齐备的法律援助工作站】 年内，法院以值班律师站为基础，打造功能齐备的法律援助工作站，为值班律师会见被告人、查阅案卷、出具法律意见等提供办公场所，充分保障律师的执业权利。为被告人提供全天候的法律帮助服务，确保律师帮助在审判阶段全程覆盖。积极对接丰台区司法局，定期对法律援助律师开展有针对性的业务能力培训，提高律师对刑事案件工作流程和业务内容的理解应用能力，避免法律援助流于形式化，充分保障被告人获得辩护的权利。

（张燕玲）

【最高法院院长周强调研“多元调解＋速裁”工作情况】 4月19日，最高法院党组书记、院长周强到丰台法院调研。市委常委、政法委书记张延昆，最高法院党组成员、副院长张述元，审委会专职委员刘贵祥，市高院党组书记、院长杨万明，丰台区委书记汪先永陪同。最高法院办公厅主任于厚森、执行局局长孟祥、研究室主任颜茂昆、办公厅副主任孙晓勇，市委政法委副书记鲁为，市高院党组成员、副院长吉罗洪、安凤德、马强，市高院办公室主任刘玉民，丰台区委常委、区委政法委书记高峰，丰台法院党组书记、院长张雯，全体党组成员参加调研。周强听取了法院“五升一降一归零”审判工作情况，观看了“全国法院首例万吨小麦异地执行案”纪实短片，考察了“一轴多翼”多元化解平台、“七日调解室”、速裁案件流转中心，旁听了速裁案件庭审，详细了解了诉调对接大楼建设情况、“速递公正 裁暖人心”的工作成效，以及在强化繁简分流格局、深化审判团队运行、决战决胜执行难等方面的工作。同时，慰问了京豫执行团队，接受了执行团队赠送的执行麦粒。调研中，周强对丰台法院坚持司改方向，突出破局导向，着力搭建法院现代化运行格局，积极参与基层社会治理等工作给予充分肯定，高度评价“三五五”速裁工作模式，诉调对接深度融合，人力资源充分调配，以及整个队伍展现出的精神面貌和工作活力。周强指出，要充分发挥审判职能作用，切实提升法院参与社会治理的能力水平，有效促进矛盾纠纷在基层得到实质性化解。要发扬基层首创精神，形成有效的经验做法，着力破解改革推进中遇到的实践难题。他强调，要坚决贯彻落实党的十八届四中全会关于切实解决执行难的要求，全面贯彻党的十九大和十九届一中、二中、三中全会精神，按照上级法院部署，坚决打赢“基本解决执行难”这场硬仗。

（张燕玲）

【与最高法院检察院办联合开展主题党日活动】 6月，最高法院办公厅院长办党小组、最高检察院办公厅一支部一行15人到丰台法院联合开展“不忘职业初心、牢记法治使命、维护司法权威”主题党日活动。最高法院办公厅副主任陈志远、院长办主任余茂玉、最高检察院办公厅综合处处长余双彪、调研处处长胡光阳、丰台法院部分党组成员、法官代表等参加座谈。最高法院、最高检察院一行参观了立案大厅、“7日调解室”、执行指挥中心、速裁文化长廊和案件流转中心，了解了网上立案系统，“一轴多翼”多元化解平台，立案诉服大厅和诉调对接大楼建设，执行团队化、信息化建设，“三五五”速裁工作模式、科技法庭建设及庭审语音识别系统运用等情况，观摩了速裁案件庭审。座谈中，丰台法院介绍了将党建引领与基层审判、司法改革、法官养成紧密结合，用党建凝聚队伍力量、筑牢发展基础的工作理念，以及在党建引领下，深入推进案件繁简分流、开展团队化建设、推出 768 人才计划、同步推进廉政建设等工作情况。余双彪表示，丰台法院“速递公正 裁暖人心”的速裁工作理念，为人民群众提供“既有速度又有温度”的司法服务，体现了强烈的为民情怀与担当。陈志远表示，丰台法院坚持问题导向，实干破题，司法改革、繁简分流、解决执行难和党建工作成效显著。在广大基层干警的努力下，两院报告每年均获得高票通过。今天的活动，进一步深化了对基层工作的认识，更增强了事业心和责任感。

（张燕玲）

【市高院寇昉同志到丰台法院慰问一线干警】 9 月 28 日，市高院党组书记、代院长昉到丰台法院看望慰问干警。市高院办公室主任刘玉民陪同，丰台法院党组书记、院长张雯等参加调研。寇昉到丽泽审判区亲切慰问执行干警，仔细察看执行局的办公环境和基础建设，详细了解执行团队建设、终本案件管理、执行信息化保障等决战决胜“基本解决执行难”工作情况，询问干警工作和生活上的困难需求。他表示，丰台法院始终把“基本解决执行难”作为重大政治责任扛在肩上，坚持在党的绝对领导下，以人民为中心开展工作，执结了一批有影响力的案件，彰显了首都法院决战决胜“基本解决执行难”的坚强信心。他强调，丰台法院执行工作基础扎实，关键时刻见到了成效，要及时总结经验，把“基本解决执行难”变为工作常态。他表示，丰台法院通过“基本解决执行难”锻造了一支政治坚定、素质优良、作风过硬的队伍，看到干警们笃定自信的精神面貌，很受感染和鼓舞，希望执行干警继续勇毅笃行，攻坚克难，用实际行动向党和人民兑现“基本解决执行难”的庄严承诺。在右安门法庭，寇昉视察了立案点、审判法庭、“7 日调解室”和办公区，深入了解法院搭建繁简分流审判新格局、全面加强人民法庭建设、主动参与基层社会治理，以及人民法庭发展纳入区域发展规划等情况，仔细询问了“一轴多翼”多元调解大平台运行、信息化建设应用、专家型法官培养等工作，充分肯定了法院在加强党建引领、深化司法改革、服务保障大局、强化司法为民等方面的工作成效。他指出，人民法庭是法院联系人民群众最密切的桥梁纽带，“以人民为中心”第一站就体现在人民法庭的工作上，法庭干警必须牢固树立司法为民的意识和强烈的职业尊荣感，展现人民法院的良好形象。寇昉强调，丰台法院要进一步提高政治站位，主动延伸审判职能，为区域发展提供更加坚强有力的司法保障；进一步深化司法改革，优化司法资源配置，加强信息化建设，充分释放审判生产力，不断提高审判质效；进一步践行以人民为中心的工作理念，深化司法为民工作，及时回应人民群众的新期待新要求，努力让人民群众在每一个司法案件中感受到公平正义。

（张燕玲）

【市委政法委、市高院领导到右安门法庭督查法庭建设情况】 6 月 15 日，市委政法委秘书长李中水，市高院党组成员、副院长安凤德，市高院司法行政装备管理处处长谭宝民，市高院司改办主任赵瑞罡，市委办公厅、市委政法委、市发改委、市财政局、市规划国土委、市经信委等部门负责同志到右安门人民法庭，现场督查法庭建设情况，并召开协调会。大兴、房山、门头沟区委政法委及丰台法院相关领导及部门负责人参加了协调会。李中水秘书长一行实地参观了右安门法庭，了解了法庭基础设施建设情况及法庭收结案情况。区委政法委常务副书记郗俊生及区法院有关负责同志分别汇报了丰台法院的基本建设情况和人民法庭的建设需求、推进进度、存在困难等情况。大兴、房山、门头沟区委政法委相关领导分别汇报了本区法庭建设情况。市委办公厅、市发改委、市财政局、市规划国土委、市经信委等部门相关负责同志与参会人员相互交流，梳理了人民法庭建设在审批、选址、建设等各环节存在的问题，并表示尽快研究解决相关问题和困难，全力以赴支持人民法庭建设。安凤德副院长表示各区要立足实际，压实责任，明确政策，强化统筹，努力形成工作机制，保证人民法庭建设工作按照要求有序推进。李中水秘书长就进一步推进人民法庭建设工作提出三点要求：提高思想认识，加强工作力度。进一步增强推进人民法庭建设的责任感和紧迫感，把人民法庭建设摆到全局工作的突出位置，抓紧抓好法庭建设；明确工作思路，强化沟通协调。要拓宽法庭选址、建设思路，明确“租”与“建”关系，吃透文件精神，加强市区之间沟通协调，找准政策结合点，切实解决人民法庭建设存在的突出问题；落实主体责任，主动担当作为。各区委政法委书记、法院院长要切实履行第一责任，各司其职、不等不靠，主动争取支持，加快工作节奏，严格按照全市人民法庭建设推进现场会的工作部署，按时保质保量完成建设任务。

（张燕玲）

【出台司法保障相关文件获区委书记汪先永批示肯定】　8月28日，法院出台《中共丰台法院党组关于为丰台区建设和谐宜居首都中心城区提供司法保障的实施意见》，《意见》共15条，涵盖五方面内容：明确司法保障总体要求。法院依靠区委统一领导，依法履行职责，不断提升服务保障“疏解整治促提升”专项行动的司法水平，推动丰台区南中轴及南苑－大红门地区、丽泽金融商务区、南苑森林湿地公园等重点项目建设落地，为新时代中心城区建设发展提供更加坚强有力的司法保障；深化“疏解整治促提升”司法保障工作。党组成员包片服务疏解整治区域，主动对接当地党委，主动参与重大项目重大政策前期研判，向相关部门及时反馈法律风险、法律建议，从源头减少矛盾纠纷。对有明确法律规定的案件，依法快立快审快执；对法律规定模糊案件，充分借助多元调解力量化解；对特殊类型的疑难复杂案件，依托区法学会法院法学研究会深入研讨，最大限度找到政策和法律的结合点，依法实现矛盾实质性解决。人民法庭与辖区党委、基层单位联动，主动深入疏整促等重点区域，合力排查、化解矛盾风险，做好基层稳控工作；优化营商环境服务丰台科技园区优质发展。以尊重契约自由为原则，依法制裁违约失信行为，不断优化营商环境，吸引企业落户丰台。商事审判团队主动深入科技园区，与驻区企业建立“一团队一企业”对接机制，定点定期开展调研座谈、巡回审判、专项培训等活动，及时掌握企业司法需求，提供精准有效的司法服务。适时发布企业法律风险防控白皮书，帮助企业在设立、运营、终止、诉讼等环节规范管理，提高防范商业风险的能力；依托金融审判推动丽泽金融商务区高质量发展。依法严格规制高利贷行为，有效控制实体经济融资成本，规范民间融资秩序；严格审查金融创新活动，对涉嫌以互联网金融名义从事违法犯罪行为的，及时移送公安机关，合力做好风险防范。强化与区金融办、驻区金融机构的对接，加强对金融案件的分析研判，定期通报涉金融风险防范与金融安全的重要案件情况；对发现的金融监管问题及时发送司法建议，促进相关单位及时弥补金融监管漏洞，规范金融秩序；加强对金融新业态、新模式、新领域相关法律问题的共同研判，提高防范金融风险的前瞻性。五是延伸职能助力环境治理攻坚战。审判团队深入南苑森林湿地公园专题调研，全面了解规划建设情况，通过提示法律风险或派驻调解员介入等方式，提前吸附化解矛盾纠纷，为南苑森林湿地公园建设扫除障碍。建立健全公益诉讼协作机制，依法支持检察院、环保、国土等部门提起公益诉讼，尤其是涉南苑森林湿地公园建设相关案件，充分彰显法院在城市公园建设中的司法保障作用。审判中发现破坏生态环境行为涉嫌犯罪、违反行政法规、部门规章的，移送公安、国土、环保等部门，形成环境治理合力；以就地开庭、当庭宣判为原则，依法严厉打击破坏生态环境类犯罪，形成依法从重从快严厉打击的态势。《意见》出台后得到区委书记汪先永批示肯定，批示指出："丰台法院在围绕中心、服务大局、厉行法治、保障善治等方面，发挥了重要作用，成绩明显，表示感谢！请继续努力！"随后，区委全文转发该《意见》，要求全区认真贯彻执行。

（张燕玲）

【汪先永、高峰到法院调研指导工作】 1月15日，区委书记汪先永，区委常委、政法委书记高峰到法院调研指导工作。汪先永书记一行观看了专题汇报片《丰台法院助力"疏解整治促提升"》，了解了法院围绕"疏解整治促提升"等区域重点工作提供司法保障的情况。党组书记、院长张雯介绍了法院人员构成、机构设置、案件类型特点等情况，汇报了法院以党建为统领，强化班子建设、队伍建设，提升审判质效，促进司法改革，推动典型选树的具体情况及目前在法庭建设、解决司法辅助人员缺口等方面存在的困难。汪先永书记肯定了法院工作，就进一步完善法院工作提出三点意见：将学习十九大精神与法院各项工作结合起来，不断提高政治站位，扎实履行审判职责，把法院工作置于区域中心工作中去思考、谋划和推进，为丰台区首都中心城区建设作出新贡献；落实十九大关于干部队伍建设的重要精神，坚持正确选人用人导向，抓好干部队伍建设，突出政治标准，严格贯彻党管干部原则，强化队伍管理监督，锻造高素质专业化干部队伍；加强对党员的思想引领，健全队伍培养机制，不断涵养法官队伍，强化培育不同梯次、有影响力的先进典型，扩大先进典型示范效应，激活队伍内生动力。

（张燕玲）

【市扫黑除恶专项斗争督查小组到法院专项督查】 5月29日，市扫黑除恶专项斗争督查小组成员、二中院刑一庭庭长张素莲作为第五督查组代表到法院开展督查。法院从组织部署、案件排查审理、团队建设、机制建立等方面汇报了扫黑除恶专项斗争的部署推进情况。张素莲检查了扫黑除恶专项斗争实施方案的出台、机构设置和案件台账建立等情况，她对法院扫黑除恶专项斗争开展情况给予肯定，并表示，法院扫黑除恶专项斗争组织部署到位、方案明确、机构健全、台账清晰，基础工作开展扎实。希望能够进一步加大对刑事审判部门人员、物质等各方面的保障力度，按照工作计划扎实推进扫黑除恶专项工作。法院表示将严格按照中央、市区委各项要求，充分发挥审判职能，严格依法办理案件，积极参与社会综合治理，切实打好扫黑除恶主动仗、攻坚仗、整体仗。

（张燕玲）

【组织召开丰台区首次公检法扫黑办联席会议】 7月10日，法院组织召开首次丰台区公检法扫黑办联席会议，三机关扫黑办负责人及联络员参加。会上，三机关扫黑办负责人互相介绍了各自单位黑、恶、乱三类案件的研判标准及程序，联络员解读了各自单位黑、恶、乱三类案件的筛查、统计、上报、跟踪、协调的具体做法，参会人员对黑、恶、乱、保护伞四类案件移送、对接流程进行讨论，探讨对相关案件统一移送标识的可行性。会议最后，法院就《丰台区扫黑除恶专项斗争“1+3”联动协作机制》征求了与会人员意见。

（张燕玲）

【召开“乡村治理”专题研讨会】 4月20日，丰台区法学会法院法学研究会召开“乡村治理”专题研讨会。区委政法委、区农委、区综治办等7个部门，卢沟桥、南苑、王佐等16个街乡镇，及专家学者、律师代表28人应邀参会。会议围绕乡村治理中存在的乡村基层设施落后、自治能力不足、产业振兴乏力、拆迁腾退工作开展难、维稳压力大等问题，与会人员就解决相关问题达成四点共识：建立各部门定期联席会议制度和联动工作机制；发挥人民调解的先天优势，有效化解各类纠纷；进一步延伸法庭职能，加大各部门普法宣传力度；平衡好村民自治与法律治理的关系。

（张燕玲）

【开展服务区域发展系列研讨活动】 年内，为更好的服务区域发展，为区域重点工作推进、重点功能区建设、重大专项活动开展等提供司法保障，自觉将法院工作融入全区经济社会发展大局之中，全年联合区住建委、区卫计委、区食药监局、区环保局、区城管执法监察局、区人保局、区法制办等10余个部门开展服务区域发展系列研讨活动15次，区相关部门主要领导、负责人参加了研讨。系列研讨活动共解决涉征收拆迁、食品安全、环保、棚户区改造、政府信息公开、规范行政执法等问题30余个，推动影响区域发展的复杂问题化解在源头。同时，针对相关部门提出的定期培训授课、庭审观摩、咨询平台搭建、信息共享机制建立等多项法律服务需求，法院将尽可能为相关部门提供多层次多形式的支持和帮助，为区域经济社会发展和法治政府建设添砖加瓦。

（张燕玲）

【举行特邀监督员座谈会】 1月25日，法院召开特邀监督员座谈会，就各项工作和特邀监督员活动安排征求意见建议。区人大常委会委员、区十六届人大法制委员会副主任委员陈运柏等9名特邀监督员代表参加。会上，法院负责同志介绍了2017年总体工作情况和2018年主要工作计划，通报了2017年党风廉政建设、反腐败工作情况，介绍了特邀监督员的下一步活动安排。特邀监督员代表充分肯定了法院全面从严治党、团队化建设等工作，并对法院关爱干警、司法宣传等工作建言献策。法院同志表示将结合代表意见不断改进，以深化司法改革为抓手，对标对表区域发展需求，不断提高司法服务水平，努力满足人民群众对公平正义的新期待，主动接受特邀监督员监督，为监督员开展工作提供更好的服务保障，同时希望各位监督员一如既往地关心支持法院工作。

（张燕玲）

【举办“法治宣传站及巡回审判点”授牌仪式】 3月14日，法院花乡法庭联合北京市旧机动车交易市场共同举办“法治宣传站及巡回审判点”授牌仪式。花乡法庭负责人、旧机动车交易市场领导首先进行了座谈。法院在市场内设立巡回审判点，审判团队进市场开展巡回审判，实现送达、勘验、调查、调解、开庭一站式解决，在做好巡回审判的同时，将巡回审判点变成法治宣传站。通过法治课堂、线上线下风险提示、发放宣传资料等形式，加强对市场内商户及消费者的法律、风险提示，进而从源头减少纠纷，化解矛盾。座谈中，双方就巡回审判点及法治宣传站设立的机制、职能等进行了充分沟通。座谈会后，双方主要领导共同出席了授牌仪式。

（张燕玲）

【召开两起破产清算案件债权人会议】 3月27日，法院组织召开北京银泰鸿业高尔夫球场投资管理有限公司、北京银泰鸿业体育发展有限公司两起破产清算案件债权人会议，100余户债权人和管理人代表、债务人共同参加会议。会议审查了破产企业的债权，对管理人提交的工作报告、破产财产管理方案等进行了讨论表决，管理人代表回答了债权人的询问。会后，法院将按照中共中央深入推进供给侧结构性改革，积极稳妥处置“僵尸企业”的总体要求，依法推进破产清算案件的审理进程，做好资产处置工作，确保债权人和债务人利益最大化。

（张燕玲）

【与区国资委就破产案件审理工作召开座谈会】　年内，与区国资委就推进北京有色金属机械厂破产案件审理工作召开座谈会3次。区国资委、区国资委推改办、法院领导，及该案原、现破产管理人参加会议。因该厂经营期间涉及非法集资、一房两卖、土地登记权属缺失等多重问题，破产清算工作推进困难，多次更换破产管理人均未见实质进展。经过座谈，与会人员针对案件审理推进中存在的难点问题达成多项共识。建立常态化的“府院破产统一协调机制”。及时向区委、区政府报送审理情况，争取支持、稳步推进。加强与国资委推改办配合力度，统筹破产、清算相关工作，协力解决该案涉及的职工安置和权益保障问题；分门别类确立处置原则。对经过诉讼认定属于债务人的财产，应及时确认处理，对于所有权尚存争议的财产，应明确争议焦点，逐步解决；加大专业化审判力度。成立由三名员额法官组成的专门合议庭审理，并通过法官会议等形式加大研讨力度；探索破产管理人选任新模式。将律师事务所、区有关部门引入破产管理人组成之中，由国资委和法院共同监督协调破产管理人工作交接，强化破产管理人履职，提高破产管理工作的质量和效率。

（张燕玲）

【开展“防范化解金融风险”专题座谈】　6月13日，法院与区金融服务办公室就防范化解金融风险开展专题座谈。区金融办及法院相关领导参加。区金融办介绍了其职能定位、机构设置、主要工作、人员配备等情况，阐述了防范化解金融风险、打击处置非法集资、金融安全宣传等相关工作开展情况。法院介绍了审理的金融案件的主要类型、特点和趋势。双方就涉金融企业资格审查等实务问题进行了交流，并达成三点共识：建立信息共享通道，对各自工作中发现典型化、类型化问题及时沟通，对区域热点问题及疑难业务问题开展研讨分析，妥善解决刑事、行政、民事的交叉问题；合作开展相应宣传活动，拓宽宣传渠道和方式；开展联合党建活动，以防范和化解金融风险为出发点和落脚点，以党建为引领，陆续开展新颖活泼的党建活动，通过支部共建实现合作共赢。

（张燕玲）

【举行诉调对接机制签约仪式】　4月25日，法院与北京市保护知识产权举报投诉服务中心（以下简称北京12330）举行诉调对接工作机制签约仪式。双方相关领导及与知识产权相关九家行业协会调解员代表参加签约仪式。会上，法院介绍了“一轴多翼”多元化解平台的运作情况、诉调对接中心建设情况及知产审判工作情况，希望双方通过双方合作，充分发挥行业调解组织的专业优势，构建“专业调解＋专业审判”工作模式，加强在专业技术咨询、信息共享等方面的合作，推动诉调对接机制向专业化、纵深化发展。北京12330介绍了北京市知识产权纠纷多元调解工作的开展情况，以及9家知识产权纠纷人民调解委员会，积极参与诉前、诉中调解工作的情况，希望双方加强专家咨询、调解培训、专业研讨等方面的合作。最后，双方代表签订了合作协议。

（张燕玲）

【打造“云端上的知产”线上宣传平台】　4月26日，法院打造“云端上的知产”线上宣传平台，法院10余名干警出镜拍摄微视频、录制微访谈，在微信公众号、官方微博发布，以轻松简明的方式宣传知识产权法律、案例等内容，通过评论区互动，提升社会公众知识产权保护意识和维权意识，从源头预防侵权行为发生。第一期“知识产权在身边”发布后，微信平台阅读量突破2000+，微博阅读量突破6000+，取得良好宣传效果。

（张燕玲）

【妥善执结一起全国人大代表关注案件】 年内，法院顺利执结一起由全国人大代表通过最高法院逐级督办的租赁合同纠纷执行案件。案件执结后，被执行人送来锦旗，称赞执行法官“攻克难案，为民解忧”，取得良好社会效果。承办法官及时向人大代表进行了反馈，得到全国人大代表的认可。该案系一起租赁合同纠纷，被执行人北京某汽车租赁有限公司、梁某应返还申请执行人黄某奥迪A6L轿车一辆并按月支付其车辆使用费。因被执行人无财产可供执行且车辆下落不明，双方当事人多次协商无果。案件一时陷入僵局，该案受到全国人大代表关注。为妥善执结该案，法院积极协调公安部门，运用“临控”等措施，查找被执行人下落；积极与拘留所沟通协调，规范简化流程，及时采取拘留强制措施，以法律强制性对被执行人形成震慑。拘留期间，法官与被执行人及其家属反复沟通联系，说明利害关系。经法官协调，双方同意将车辆折合为案款40余万元并于当日汇入法院账户。至此，该起受全国人大代表关注案件得以顺利执结。

（张燕玲）

【开展集中夜间执行行动全力攻克执行难】 5月24日，法院集中开展以查人找物为目标的夜间执行行动，法院26名执行干警、12名法警共出动10辆警车兵分三路奔赴执行现场，法制晚报、北京晚报、新京报等多家媒体全程跟踪报道。当晚共有38名干警参加夜执行动，法警队、司法宣传科等多个职能部门全力配合，行动从晚上6点45分持续至次日凌晨2点，3个执行小组行进183公里，共对9起案件中的被执行人予以查找，送达法律文书10余次，拘传4人，拘留3人，罚款2人，扣押车辆1部，成功执结案件2起，执行到位26.7万元，达到了“执行一户、震慑一片、教育一方”的执行效果。

（张燕玲）

【“决胜执行难”全媒体直播法院执行局搜查行动】 6月5日，法院对某被执行人的实际经营场所展开搜查，此次行动在最高人民法院执行局、最高人民法院新闻局、北京市高级人民法院联合举办的“决胜执行难”全媒体直播活动中全程直播。3名全国人大代表参与、监督、见证本次执行活动。人民日报、新华社、中央广播电视总台等40多家媒体共同参与，1200多万网友在线观看。本次搜查对象为一起租赁合同纠纷的被执行人，该被执行人租用高档写字楼却拒不履行生效法律文书，其法定代表人经多次传唤拒不到庭，法院决定对其经营场所展开搜查。到达执行现场后，高院指挥中心下达行动命令，控制组第一时间控制现场，执行法官表明身份后宣读搜查令，执行干警随即展开搜查，对搜查出的公章、营业执照及与其他公司的交易凭证等予以查封、扣押。全国人大代表表示，本次搜查组织严密、规范高效，体现了法院重拳出击、打击老赖的决心，有利于凝聚理解、尊重、协助执行的广泛共识。最高法院党组书记、院长周强对本次直播行动作出批示：很有震撼力，效果明显。要认真总结经验，越做越好。在6月20日至21日召开的全国高级法院院长会上，周强院长专门点名表扬了法院“决胜执行难”全媒体直播活动。

（张燕玲）

【召开“引入社会力量助力破解执行难”新闻通报会】 12月26日，法院召开引入社会力量助力破解执行难新闻通报会。市、区人大代表，人保财险北京分公司及法院相关领导参会。人民政协报、民主与法制周刊、法制晚报等多家媒体现场报道。法院通报了在“用两到三年基本解决执行难”进程中引入社会力量助力破解执行难的机制，介绍了在强化执行联动机制构建同频共振格局、主动整合优势资源织密信用惩戒网络、广泛发动社会参与破解查人找物难题、多维引入社会力量优化司法拍卖模式、综合统筹媒体发声营造良好舆论氛围等方面取得的成绩，解读了“执行＋保险”框架合作协议内容及保全责任保险、执行悬赏保险、执行救助保险的运行机制和制度价值。双方签署了“执行＋保险”框架合作协议及首单“执行无忧”悬赏保险。市、区两级人大代表指出三险联动为“基本解决执行难”注入了新鲜力量、撬动了社会资源，能够有效化解执行不能风险，维护当事人胜诉权益，是破解执行难的新思路、化解执行不能的有益良方，希望法院继续扎实工作、创新举措，确保“执行＋保险”的机制落地开花。

（张燕玲）

【邀请人大代表参加“优化营商环境”主题联络活动】　7月31日，法院举办“优化营商环境”代表委员进法院系列活动，田春艳、李勇两位全国人大代表，李密等10位市代表和1名区代表，丰台工商分局稽查大队相关同志应邀参加。代表们观摩了一起涉世界知名奢侈品牌“Cartier”（卡地亚）商标的商标侵权案件庭审。庭后，法院召开了征求人大代表意见建议座谈会。丰台工商分局稽查大队汇报了工商分局严厉打击商标侵权，维护知识产权，优化营商环境的情况。法院汇报了通过审判保护知识产权的情况、建立“府院联合”机制高效推进破产案件审理的情况以及通过商事案件繁简分流、强化商事规则意识、调研走访辖区企业、深化司法公开等举措服务营商环境的整体情况。与会人大代表一致认为，北京法院为保护知识产权、优化营商环境做了很多努力，成效突出、值得肯定。代表们希望加大宣传和“以案普法”力度，提升产权保护意识，适时发布优化营商环境主题的审判白皮书，争取大众理解支持，并表示会继续关注支持法院工作，助力法院发展。法院党组书记、院长张雯表示，将认真落实意见建议，继续履行审判职能，为优化营商环境、助力品牌保护提供更加坚实的司法保障。

（张燕玲）

【最高人民法院诉前财产保全司法解释征求意见座谈会召开】　9月18日，最高人民法院听取北京法院对《最高人民法院关于办理诉前财产保全案件适用法律若干问题的解释（征求意见稿）》的意见建议座谈会在区法院召开。最高法院立案庭法官李盛烨，市高级法院立案庭庭长杨艳，市高院、一中院、四中院、朝阳法院、海淀法院、房山法院及法院立案庭部分领导参会。会上，最高法院介绍了司法解释的起草背景和调研目的，参会法院分别介绍了各院办理诉前财产保全案件的基本情况，结合审判实务中诉前保全的程序设计、诉前与诉中保全程序的衔接与落地、征求意见稿中涉及的“情况紧急”等重点问题，从价值理念、体系结构、文字表述和社会效果等方面，逐条发表了意见建议，并深入交流讨论。法院提出的明确诉前财产保全受理、保函担保等审查标准，细化诉前保全与诉中保全各项工作的衔接，根据诉前保全裁定结果设计合理的复议程序等观点，得到了与会法官的高度认可。最高法院充分肯定了此次调研座谈会的成效，希望大家为司法解释的进一步完善继续提供宝贵意见。市高院表示，北京法院立案部门一定高度重视和支持诉前财产保全立法完善、制度健全及规范落实等各项工作，促进诉前财产保全工作水平进一步提升。

（张燕玲）

【举办代表委员进法院系列活动】 10月30日，法院举办“司法改革背景下纠纷解决及审判格局新变化”代表委员进法院系列活动，全国人大代表李勇、市人大代表马列清、市政协委员李硕等10位人大代表和政协委员应邀参加活动。代表、委员们一行参观了法院立案诉服大厅和调解室，实地观摩了当事人网上立案和网上调解等工作。在征求意见座谈会上，法院介绍了司法改革背景下法院在繁简分流机制改革、司法责任制落实和基本解决执行难等方面的工作情况，并围绕创新“多元调解+速裁”工作机制、创新审判团队建设、创新执行机制改革及创新信息化建设等方面，系统介绍了在司法改革背景下纠纷解决及审判格局的新变化。代表、委员们表示，“多元调解+速裁”工作切实满足了基层人民群众实际需求，高效解决了群众身边的烦心事；以法官为中心的审判团队建设激发了队伍内生动力，实现了“1+1>2”的效果；在基本解决执行难中，增强了执行强制性，提升了执行规范化、信息化，执行攻坚成效明显；信息化建设与法院工作深度融合，提升了审判质效和司法为民水平。代表、委员们指出，丰台法院司法改革推进有力、扎实规范、勇于创新，释放了改革红利，切实增强了人民群众的司法获得感，体现了人民法院在新时代的新担当、新作为。同时建议，进一步发挥法院主导作用，加强对基层调解组织的指导和培训，努力让更多矛盾吸附在源头、化解在基层；进一步深化繁简分流工作机制，完善简案速审、普案快审、难案精审的精细化管理，通过多层级的精准分流，最大限度在前端筛除简单纠纷，使专业法官更有精力聚焦和钻研具有社会影响力的大要案，打造更多引领社会价值观的经典案例；不断总结固化执行工作经验，争取更多部门支持，在更大范围内凝聚解决执行难的强大合力，进一步推动形成解决执行难的长效机制；进一步创新信息化建设，借鉴不同行业不同领域有益经验，有效吸收应用于司法工作，共享“互联网+”建设成果。代表、委员们还对司法公开、普法宣传、人民陪审等工作提出了意见建议。

（张燕玲）

【协办“重庆万州公交车坠江事故”类案研讨会】 11月9日，由最高法院司法案例研究院主办、法院协办的第十一期“案例大讲坛”——“重庆万州公交车坠江事故”类案研讨会在丰台区花乡政府召开。研讨会由最高法院大法官胡云腾主持，最高法院、最高检察院、国家法官学院、最高法院司法案例研究院、最高法院大数据研究院相关负责人，花乡相关领导、专家学者、代表委员及法院干警代表共100余人参加。研讨会以“重庆万州公交车坠江事故”等系列典型案件为样本，研讨对正在驾驶公交车的司机实施违法犯罪行为如何认定法律责任，如何预防、规制以及立法完善等问题。法院结合具体刑事案例、侵权案件，围绕“乘客是否必然构成以危险方法危害公共安全罪”、民事赔偿责任承担、完善公交行业管理等方面提出了意见建议。胡云腾及与会人员对法院的发言给予了充分肯定和高度评价，认为三位法官反映的审判问题、提出的处理意见具有很强的实践意义，极富理论研究价值，为解决类案贡献了基层智慧。研讨会历时4个多小时，为类案审判提供了有益裁判指南。

（张燕玲）

【召开《法官法(修订草案)》调研座谈会】 11月15日，全国人大常委会法律工作委员会就法官法修订草案到丰台法院开展专题调研座谈。全国人大常委会委员、法工委原副主任王超英，法工委、市人大法制办、市高院、二中院、东城法院、西城法院及法院相关领导参加。会上，王超英介绍了《法官法(修订草案)》的修订情况。丰台法院有关负责人介绍了“以法官为核心，以团队有效运行和人才职业成长为带动，强化法官职业保障”全面落实司法责任制的实践探索和基层经验，并就法官逐级遴选、法官权益保护、法官评价等方面提出意见建议。与会人员就法官入额、法官退出序列、法官培养、法官轮岗、法官遴选、建立预备法官制度、权益保护等方面修法建议展开了热烈讨论。王超英表示，通过座谈收集到了大量宝贵意见，特别是基层法院法官的意见、建议，收获颇丰。调研组把有关意见向法工委进行汇报，做好《法官法》修订工作。希望法官能够更多地关注全国人大法工委的工作，积极献言献策。

（张燕玲）

【北京法院审判团队建设系列推介新闻发布会召开】　9月11日，北京市高级人民法院北京法院审判团队建设系列推进会——新型审判团队建设情况新闻发布会在丰台法院召开。会上，向社会发布了法院在新型审判团队建设中的新成效。发布会由市高院新闻办主任赵岩主持，北京高院司法改革办公室李晓参加。《中国审判》杂志社、法制网、《民主与法制》周刊、北京晚报等媒体参加了发布会。中国法院网、北京法院网对发布会进行全程图文直播。法院通报了新型审判团队建设情况，介绍了以法官为中心，以“孵化器培育优秀法官”为指引，组建“孵化器”团队、速裁团队、专业团队和院庭长办案团队等多类别审判团队情况。三个新型审判团队在发布会上做了全方位展示，金融审判团队、速裁审判团队、终本案件管理团队分别从金融团队如何提升团队专业化水平、速裁团队的工作机制和方法、终本案件管理团队的成效等方面介绍了法院新型审判团队建设工作的具体举措和经验成效。李晓表示，丰台法院是北京城区传统大法院，在案件体量、人员结构、机构设置等方面具有典型性。在新型审判团队建设过程中，法院紧贴实际、突出特色，形成了内容丰富、效果明显、配套全面的积极经验，为深化司法体制综合配套改革奠定了基础。

（张燕玲）

【北京法院走进基层法院第三场巡回宣讲会】　10月22日，北京市高级人民法院在丰台法院举办北京法院“新时代 新担当 新作为——努力让人民群众在每一个司法案件中感受到公平正义”走进基层法院第三场巡回宣讲会。区法院党组书记、院长张雯，市高院组宣处副处长吴勇辉，区委政法委副书记郗俊生，团区委、区妇联、区司法局、区直机关工委、区总工会等领导以及全国、市、区人大代表，区政协委员、特邀监督员等参加活动。6名宣讲团成员声情并茂，讲述了审执工作、司法改革和党建队建工作的感人故事，共同交流工作中的经历和感悟，展现了北法人在平凡岗位上的不凡业绩，推动了习近平新时代中国特色社会主义思想在干警中入脑入心。吴勇辉同志讲到，此次宣讲会深刻诠释了北京法院在学习贯彻新思想过程中形成的生动实践和最新成果，希望能够促进丰台法院的干警们凝心聚力，为首都司法审判事业贡献更大力量。郗俊生同志就学习贯彻习近平新时代中国特色社会主义思想提出三点意见：要坚持首善标准，把握时代机遇，心怀法治梦想；要秉持踏实作风，发扬拼搏精神，再上百尺竿头；要服务大局发展，优化提升功能，勇建国际一流。

（张燕玲）

【走进八家法院讲述执行故事获好评】　近日，丰台法院在北京法院“新时代新担当新作为——努力让人民群众在每一个司法案件中感受到公平正义”主题宣讲中，以《三路居村105号》为题，先后赴通州法院、房山法院、互联网法院等八家法院进行巡回宣讲，宣讲结合发生在法院执行局办公地点三路居村105号的真实故事，讲述执行法官在“基本解决执行难”中的智慧与担当，事例典型、发人深省，获得广泛好评。在总结会上，市高院党组成员、政治部主任刘毅亲自为丰台法院颁发“最受欢迎奖”奖杯。

（张燕玲）

【《诉调对接问题研究》课题获最高法院验收】 年内，最高人民法院发布2016年度司法研究重大课题情况通报，丰台法院参与的《诉调对接问题研究》调研课题顺利结项并获评优秀调研课题。调研课题历时两年完成，旨在完善国家诉调对接的理论基础，明确诉调对接的内涵和外延，厘清实践发展困境，深入发掘原因，探索优化路径，为国家建立一个合理、高效、公平的纠纷解决机制提出了可行性建议。

（张燕玲）

【入选最高法院行政诉讼附带审查规范性文件典型案例】 年内，最高人民法院首次发布第一批九个行政诉讼附带审查规范性文件典型案例，丰台法院审理的大昌三昶（上海）商贸有限公司（以下简称“大昌公司”）诉丰台区食品药品监督管理局（以下简称“区食药局”）行政处罚案成功入选，成为北京法院唯一入选案例。2015年，区食药局对大昌公司作出行政处罚，认为其作为经销商的某食品营养成分表中的中英文数值不一致，不符合《食品安全国家标准预包装食品营养标签通则》（以下简称《通则》）3.2项规定，违反了《食品安全法》的相关规定。大昌公司认为《通则》3.2项违背了《食品安全法》的立法目的，超越了食品安全的适用范围以及食品安全的定义范畴，请求法院撤销区食药局作出的行政处罚决定，同时对《通则》3.2项附带进行合法性审查。法院经审理认为《通则》3.2项的规定与《食品安全法》立法目的并不相悖，没有违反上位法规定，区食药局以此做出的被诉处罚决定书事实清楚、适用法律法规正确，程序合法，判决驳回大昌公司所有诉讼请求。本案典型意义在于，强调了行政诉讼附带审查规范性文件的合法性审查原则，明确了规范性文件不存在违法情形时应当在裁判理由中予以认可的裁判原则，因此得以入选最高法院第一批典型案例，为全国法院审理类案提供有益参考。

（张燕玲）

【成功疏解南苑乡马村两个库房院】 年内，丰台法院成功处理涉非首都功能疏解的48起南苑乡马村两个库房院房屋租赁合同纠纷案件，取得良好社会效果。48起案件中原告系承租库房的业主，疏解撤场后库房出租人一直未退租金。因双方未签订正式租赁合同，原告持不同收款人签字的收据起诉，导致每起案件均列四位被告，部分案件列有第三人，法律关系复杂，送达困难。该案原告曾多次报警，部分原告申请了财产保全，双方矛盾激化，较为敏感。收案后，承办法官组织干警多次突击送达，成功完成了送达工作。针对被告是浙江人的情况，特委托兼任浙江省多个地区商会的法律顾问的律师调解员从中调解。调解中，承办法官采取分批次、分情况、逐个击破的方式打开调解僵局。在承办法官和律师的努力下，双方最终达成了“退五个月租金的七折”的一致意见，被告当庭履行，原告撤诉。受本次调解影响，剩余47起案件原告同意按照之前的调解方案进行调解，并当场履行。至此，48起案件全部成功被化解。

（张燕玲）

【法院三名干警参与大红门、久敬庄地区疏解整治工作获好评】 年内，为配合大红门、久敬庄地区疏解整治工作，法院三名干警全程参与清退工作，负责清退中出现的法律问题咨询及指引，推动了红门鞋城、通久步云大厦两个大型商场560余户商户顺利疏解。期间，三名干警主要工作为：一是针对法律问题提出专业解决建议，并对可能出现的疑难情况作出预判，从源头上做好法律风险防控。二是对跟商户的签约工作给予具体指导，现场解答法律问题，提示法律风险，减少可能出现的诉讼风险。三是对法律文件提出修改建议，包括各类情况表述、委托书规范表达等。三名干警认真的工作态度、精湛的业务素养得到了工作组的认可和好评，街道专门向法院寄来感谢信，对干警为该地区疏解整治工作顺利推进提供有力司法保障表示感谢。

（张燕玲）

【花乡法庭与花乡司法所联合共建“花乡法治空间站”】　花乡法庭与花乡司法所联合创建“花乡法治空间站”。空间站以花乡法庭为点，向外辐射三个团队，每个团队定点服务五个乡村和一至两个社区，与乡村、社区联络员直接对接，打造花乡地区法治联络网。一是“线下＋线上”法治宣传。“线下”，法官走出去，深入乡村、社区、街道，以巡回审判等方式，对群众开展普法宣传和法治教育；群众走进来，旁听民事案件。“线上”，制作普法微课堂、普法小视频等，利用网络和微信等信息平台传播法律常识。同时，利用公共场所电子显示屏、多媒体告示牌等设施，将群众关心的法律热点问题、法律法规政策解读投放其中，营造乐于学法、主动守法的良好氛围。二是“菜单式＋个性化”业务培训。对人民调解员进行“一月一主题，一周一推送”菜单式培训；针对人民调解员自身特点和不同需求，定期开展业务理论与实务知识个性化培训。三是“庭外＋庭内”法治沟通。庭外，与辖区各村、各街道、各社区、各单位指定的对接联络员随时开展业务沟通交流，为法院查人找物、调查取证、了解当地相关拆迁政策等提供帮助。庭内，建立“民间调解—法院审判”协调联动机制，法庭将审判实践中的法律知识热点、难点问题及时汇总，与各部门调解员互通有无，共同提升理论和业务知识水平；各部门调解员开展调解工作时，亦根据法官提示审理该类案件需核实情况要点，详细制作调解笔录、总结归纳争议焦点，形成民间高效调解与法院高效审判相互促进的良好局面。

（张燕玲）

【协助公安机关成功抓捕涉嫌诈骗犯罪嫌疑人】　年内，丰台法院协助公安机关在科技园审判区成功抓捕一名公安机关网上通缉涉嫌诈骗的犯罪嫌疑人。犯罪嫌疑人系科技园法庭审理的一起民间借贷纠纷的原告，区公安机关得知该情况后，及时与法院取得联系，了解案件审理情况。法院在综合考量审判秩序维持、民事案件审理、保密措施确定等的基础上，与公安机关共同商议抓捕时机，制定抓捕计划，积极推进案件审理，在查清案件事实、准确适用法律的情况下及时作出判决。并于宣判当天，与公安机关密切配合，成功逮捕犯罪嫌疑人，审判工作未受任何影响。

（张燕玲）

【在全国法院法官培训师资研修班进行案例教学交流】　年内，国家法官学院举办全国法院法官培训师资研修班，来自全国各地的100余名法官培训工作者针对案例教学法开展了授课、研讨和演练。北京高院以丰台法院提供的案例教学课件——“如何做好法官庭审小助手”为实例，组织学员开展生动的案例教学实战演练，受到参训学员一致好评。教学成果曾在北京法院“2018年书记员示范培训班”上演练，高水平的展示了一场商事案件的庭审现场，以轻松活泼的方式展现了庭审流程，梳理了书记员在通知当事人、庭前会议和庭审环节的主要职责，通过增加戏剧冲突、现场提问、评选优秀学员等方式，强化授课效果，鼓舞学员学习热情。

（张燕玲）

【与多所高校签署战略合作共建协议】　年内，与中国人民大学、中央财经大学、首都经济贸易大学等6所高校法学院建立了合作共建关系，通过设立必修课、引入实习生助理等方式，依托各自资源，培养法律适用能力强、实践经验丰富的法律专业人才。全年累计为高校讲授法律实践课 74 人次，8 人担任硕士论文答辩专家评委。其中，院领导 2 人，员额法官 50 人、法官助理 25 人。8 人被聘请为北京法官兼职教师，11 人被聘请为硕士研究生校外导师，达到了涵养法官队伍、培育法治精英的预期目标。合作共建主要做法有：建立“丰法高校共建师资库”微信群，不定期发布高校课程征集通知，干警通过民主自荐、公平竞争认领授课机会。发布“精品课程征集通知”，干警主动申报讲授的法律实践课题目和形式，制作授课专题向高校推荐。法院制作的“涉房地产类”“特殊侵权类”案件审理课程被中国人民大学法学院采用；根据高校法律实践授课需求，与合作高校制定实践教学方案。按照北京航天航空大学提出的非法本法律硕士法学基础薄弱问题、北京工商大学反映的法学理论课与司法实践脱节问题，法院开设了“司法的过程”研究生必修课、启动了“理论与实践同步课程”项目，提升学生法律思维，强化法律实践能力；建立专人联络机制，随时交流需求、反馈问题。建立定期会商机制，每季度专题研讨教学实践中问题，提升工作水平。建立定向反馈机制，定期向高校党委和党组汇报合作成果，以常态化反馈评估机制精心打磨课程，优化课程深度、广度；法院 30 余名干警的课程被推荐到上级法院、其他机关单位进行讲授。40 余名干警的授课讲稿被推荐到各类期刊发表，20 余名干警授课讲稿被用于普法宣传。由于授课表现突出，一名法官应邀参加北京金融纠纷多元化调解机制研究报告专家论证会。一名法官助理受邀参加中国法学会法律文书学研究会 2018 年学术年会，并担任“司法大数据与法律文书说理改革”单元的点评嘉宾。

（张燕玲）

【启动“768 人才职业发展工程”】　5 月 11 日，法院启动“768 人才职业发展工程”，通过 7 项保障机制、6 个专项活动、8 个政策支持，科学规划法官成长路径，助力优秀法官养成。7 项保障机制：深化审判团队建设、员额法官逐步培养、法官助理分级培养、人员定期岗位交流、司法行政人员发展、人才梯次储备、立体多元菜单式培训。6 个专项活动：“五个一”专项活动、“标杆团队”争创活动、案件质量评查活动、择优推荐北京市审判业务专家评选、择优推荐参加北京法院优秀裁判文书百佳奖评选、组织干警参加全国及北京市学术论文讨论会。8 项政策支持：等级按期晋升与择优选升、转任党政机关、上级法院遴选、短期岗位交流、与高校合作共建、媒体支持、信息化支撑、典型选树保障。

（张燕玲）

【举办丰法沙龙】　年内，为贯彻新时代党的组织路线，建设忠诚干净担当的高素质干部队伍，让干警以交流、互动的方式进行思想碰撞、提高司法实务水平，促进研学相长，围绕“专家型法官培养大家谈”“如何做好法官助手”开展丰法沙龙两期，市高院、海淀法院等单位领导担任点评嘉宾。10 名干警作为主讲人围绕主题发言，法院近 200 名干警代表参加。在“专家型法官培养大家谈”沙龙中，主讲人讲述了人才发现和培养的方法，专家型法官应具备的能力、培养方式及实现路径，768 人才职业发展工程等内容。在“如何做好法官助手”沙龙中，主讲人介绍了法官助理的职业定位、具备的能力、工作方法，优秀助理的标准及实现路径等内容。点评嘉宾对主讲人的发言给予了充分肯定，并结合自身实际，分享了在人才培养及做好法官助理工作的经验。

（张燕玲）

【两大党建项目中标区直机关工委党建创新项目】　年内，法院“七月丰法”红色党建文化月品牌、执行局党总支“精细化党建促规范化执行”党建项目，中标 2018 年度丰台区区直机关工委党建创新项目，并于年底成功结项。

（张燕玲）

【建立“四联促四力”人民调解党建工作机制】 年内，法院建立“四联促四力”人民调解党建工作机制，探索开放式的党员教育和融合式的组织发展模式，构建凝心聚力、互促共进的党建工作格局，深入推进人民法院引领、推动、保障下的人民调解工作健康可持续发展。做法是联建临时党小组，提升基层组织力。在全市法院率先成立首个人民调解员党小组即“7日调解室”党小组，并在六个人民法庭成立“7日调解室分工作室”党小组，所有党小组成员纳入两个临时党小组管理。建立党小组任务清单，内容涵盖学习教育、思想汇报、组织生活等各方面；联创基层党建项目，激发创新活力。推出“7日调解矛盾化解最后一公里”党建创新项目，“7日调解室”调解员带头进社区，通过“站点网”方式，将优质调解服务送到群众身边。设立“7日调解”工作站，派驻专门调解员对接卢沟桥等街道基层调委会，建立矛盾排查、联合调解、跟踪回访的“一点一驻”零距离调处机制，将大量纠纷消化在诉前。设立巡回司法确认点，由专门诉调对接团队与街乡镇调委会对接，设立专门的司法确认快速申请窗口，开通立案、审查、开庭绿色渠道，将诉调对接工作融入区域大调解格局，引导矛盾就地化解。项目的开展得到了卢沟桥街道37个社区人民调解员的积极响应，形成了队伍内外联动、共同关心、参与、支持多元调解的生动局面，妥善化解了一批起诉开发商赔偿迟延办理产权证的涉众型纠纷1086件、涉大红门地区疏解整治房屋租赁合同纠纷40余起、涉安全隐患大排查纠纷31起；联合开展特色党建活动，提升攻坚战斗力。立案庭、速裁庭党支部与“7日调解”党小组联合开展“党旗在心中、调解争上游”“调解之星”竞赛等特色活动。同时，以“一件典型的人民调解成功案例”“一个有效的人民调解实战技巧”和“一份优秀的人民调解协议书”为抓手，及时总结活动中发现的优秀案例、调解经验等成果，形成可复制可推广的经验，不断提高纠纷化解成效；联通党建活动平台，融合队伍文化向心力。将院内党建文化平台向人民调解员全面开放打通，积极邀请人民调解员参加全院“七一表彰”等系列党建文化活动，让人民调解员充分融入丰法文化、融入“七月丰法”党建品牌创建，在潜移默化中铸就人民调解员队伍的昂扬斗志和忠诚品格。

（张燕玲）

【举办党组织书记暨党务工作者培训班】 9月5日至7日，9月13日至14日，针对法院党建巡查发现的普遍问题和突出问题，法院举办“不忘初心 牢记使命”党组织书记暨党务工作者培训班。培训班将党务知识与实务工作有机结合，安排了专题讲座、“丰法精神”微党课论坛、实地参观、组织生活模拟演练等多样内容。在授课环节，北京市委党校党史党建教研部主任秦德占以“基层党组织建设与工作创新”为主题，从基层党组织与基层党建概述、基层党建面临的挑战与问题，新时代基层党建的着力点三个方面进行了授课。北京市委党校党建研究基地研究员杨云成老师以“学习党规党纪 增强规矩意识”为主题，解读了《中国共产党纪律处分条例》的修订背景和基本内容。北京市委党校党建研究基地研究员孙宁老师以“新时代催生新课题 新指南开启新征程——学习贯彻党的十九大精神”为主题，从新时代、新变化、新指南、新征程、新要求五个方面梳理了中国共产党历史发展的脉络，系统、全面、深入的讲解了党的十九大报告。在党支部会议模拟演练环节，6个临时党支部分别围绕“组织生活会”“党支部换届选举”“党支部大会接收预备党员”等3个具有代表性的常见主题，把支部会议搬到课堂，现场演练。区委组织部有关同志对模拟情况进行现场点评并以“基层党建工作概述——基层党建的基本原理及重点任务解读”为主题开展了讲座，从中国共产党的构成，党的基层组织体系，基层党组织的地位、功能和作用，当前基层党建工作的重点任务4个方面，系统梳理了当前基层党建的重点工作。在“丰法精神”微党课论坛环节，六个临时党支部分别推选代表围绕“丰法精神”进行党课宣讲。党组成员、政治处主任林云总结了本次培训取得了三点收获：强化了基层党组织负责人和党务工作者抓党建的责任和担当意识；帮助参训人员提高了履职尽责抓党建的能力和本领；从“丰法精神”的挖掘提炼中汲取了精神养分。希望参训学员能够把学习内容融入工作，把学习热情辐射到党组织每一个人，更加自觉地履行好党建工作职责。

（张燕玲）

【开展年度党建巡查、廉政巡查】 年内，为进一步学习贯彻党的十九大精神，深化全面从严治党，推动党中央、最高院、市委、市高院和区委重大决策、重要工作部署在法院全面落实，法院特制定《北京市丰台区人民法院2018年度党建巡查、廉政巡查工作方案》。巡查领导小组由8人组成，负责巡查工作的统筹和部署，巡查领导小组下设巡查小组，负责开展具体巡查工作。巡查从7月2日开始至9月14日结束，分回头看、自查自纠、巡查实施、撰写报告、反馈整改五个阶段进行，共对8个党支部开展巡查，巡查累计与80名干警广泛开展个别谈话，发放150余份支部与党员民主测评表，查阅自查材料70余页，调阅有关手册、文件资料40余本。梳理出支部管理、队伍建设、党建工作、廉政工作、司法业务等方面问题30余条，征求各支部意见、建议共计18条。对于上述问题，巡查小组提出了具体的整改意见。党组书记、院长张雯对该次巡查工作进行了充分肯定，并提出五项要求：聚焦弱项短板。在加强领导干部“一岗双责”、落实全面从严治党责任方面再下功夫，以《中国共产党支部工作条例（试行）》发布为契机，强化培训；紧抓整改落实。被巡查党支部的问题要逐个与主管院长再对表，及时向各被巡查支部进行问题反馈，便于各被巡查支部抓好整改落实；重视意见建议。针对巡查中发现的党建知识专门培训等建设性意见，应高度关注，作为党组下一阶段工作的重点方向；科学评价干部。在干部选拔、使用、培育、管理方面，被巡查支部要进一步强化组织建设，切实落实党管干部的工作要求；重视成果转化。对巡查中形成的经验成果应及时向区纪委、高院纪检部门汇报，进一步深挖巡查工作的做法，将“双巡查”打造成丰台法院的亮点工作。

（张燕玲）

【建立党建“双联系”制度】 年内，法院结合党建工作实际和审判工作需要，建立党建“双联系”制度，构建上下联动“一条线”、多方协作“一盘棋”的党建工作新格局。“对内，全体党组成员、执行局局长、审委会专职委员、调研员、机关党委委员、职能部门负责人除参加组织关系所在的党支部、党小组的组织生活外，每人至少定点联系一个党支部、两至三个党小组，共联系24个党支部、63个党小组，实现党支部、党小组联系指导的全覆盖。对外，党组定点联系辖区内重点区域、重点单位党组织，共联系16个街乡镇，主动与当地党委、相关部门负责人联络；支部定点联系辖区内关联单位党组织；普通党员联系服务报到社区党组织。突出领导干部政治引领作用，定期参与定点联系党支部、党小组的组织生活会，言传身教引导干警提升政治站位，通过听取全年工作计划和总结、走访交流、列席会议等方式，指导、督促党支部和党小组职能发挥，帮助所联系党组织分析查找存在问题及原因，及时提出有针对性、可操作性的指导意见或建议，推动解决基层党建工作“最后一公里”难题。全面对接区域工作，党组联系辖区内重点单位、支部联系辖区关联单位、党员“双报到”联系社区，依托法院法学研究会，针对区域重点工作开展研讨会商；参与重大工程前期研判，反馈法律风险、提供法律建议、研究疑难问题；在金融、互联网、扫黑除恶专项斗争等领域建立联席制度，形成执法打击合力；召开新闻发布会，向区域发布重大典型案例，定期向辖区联系的党组织开展法律咨询，指导企业和群众提升法律意识和依法维权能力；对重大敏感案事件，严格落实“三同步”，争取多方支持，防止发生影响区域安全稳定事件；与联系单位开展联合党日、联合普法、联合培训等活动。多措并举达到服务“疏解整治促提升”专项行动，优化区域营商环境，引导规范合融秩序，共同防范重大风险，依法保障改善民生的目的。

（张燕玲）

【向青海省玉树州治多县人民法院捐赠法律图书】　年内，为认真落实中央、最高院有关援藏援疆援青工作会议精神和北京市援藏援疆援青工作部署，协助西藏、新疆、青海三地法院司法能力提升，带动三地法院审判事业全面进步。法院主动承担责任和义务，与治多县人民法院建立对接援建，捐赠法律图书 172 本。治多县法院负责人表示，这批图书来的很及时，图书内容新而全，贴近审判实际，能对工作起到很大作用，感谢丰台法院的援建情谊，通过此项工作的开展，对治多县法院审判事业和文化建设发展起到了极大的促进作用。

（张燕玲）

【服务保障第十三次上合组织成员国最高法院院长会议】　5 月 25 日，第十三次上海合作组织成员国最高法院院长会议圆满落幕，法院 5 名干警圆满完成了会议的服务保障工作。本次会议的服务保障工作历时 2 个多月，期间，法院干警按照市高院的培训计划接受了英语、会议议程、工作纪律、工作职责、安全保障、应急处置等方面的培训，会议期间，他们坚守工作岗位，严格执行保密纪律，以高度的政治责任感和饱满的服务热情圆满完成了本次会议的翻译、接待、联络工作，展示了基层法院干警的优秀风采，为本次大会的圆满举办贡献了力量。

（张燕玲）

案例举要

【北京市首例行政诉讼一并解决民事争议案】

原告周某某原系涉案 1101 号房屋的所有权人，其子周某在其不知情的情况下擅自将 1101 号房屋的所有权变更至自己名下，并与案外人朱某某签定借款协议及《主债权及不动产抵押合同（不动产登记专用）》，约定朱某某向周某出借 55 万元，周某以 1101 号房屋作抵押。2015 年 12 月，二人共同向市住建委申请办理抵押权设立登记。当月，朱某某获得不动产权登记证明。2017 年 1 月，原告以北京市规划和国土资源管理委员会为被告，向法院提起行政诉讼，请求撤销市住建委颁给周某的房屋所有权证。2017 年 5 月，因司法鉴定结论认定 1101 号房屋所有权转移登记档案中的所有的签字与样本中的签名非一人所签，法院判决撤销了颁给周某的房屋所有权证，判决书于 2017 年 6 月发生法律效力。2018 年 7 月，原告以北京市规划和国土资源管理委员会为被告，再次向法院提起行政诉讼，请求撤销市住建委颁发给抵押权人朱某某的不动产权登记证明，并要求在行政诉讼案件中一并审理相关民事争议，确认周某与朱某某签订的抵押合同无效。案件审理期间，合议庭进行合议，达成了为各方当事人组织调解，实质化解争议的裁判思路。2018年12月，经合议庭成员调解，各方当事人就周昱煜借款的履行及抵押登记注销等问题达成一致，签订和解协议，原告申请撤回起诉。

（张燕玲）

【心理学审判团队成功化解一起五年内九次提起诉讼并长期信访的生命权、健康权、身体权纠纷案件】 法院心理学审判团队法官运用四项心理学技术，成功化解了一起五年内九次提起诉讼并长期信访的案件。该案系一起生命权、健康权、身体权纠纷，2013年7月21日，原告乘坐602路公交车时被车门夹伤右肩，原告从2014年7月起，先后9次在法院起诉公交公司，要求被告赔偿医疗费、护理费、营养费等，并长期信访。收案后，心理学团队迅速制定专门的内外兼攻心理学应对战术，综合运用心理学中首因效应、倾听技术、积极关注、借助第三方力量四项心理学技术，重建当事人生活信心，赢得原告信任，找到调解突破口，最终促成双方达成一致意见，被告当场交付赔偿款，原告庭后专门送来感谢信，感谢法官的真诚付出。

（张燕玲）

【适用技侦证据庭外核实机制审理李某某盗窃案件】 2017年11月18日22时许，被告人李某某在本市丰台区太子峪灶台鱼饭店附近路边，从刘某某停放在此处的别克GL8汽车后背箱内，窃取被害人刘某某的“Stefano Ricci”牌手包4个、现金人民币5000余元及1000美元，窃取被害人李某的“Richard Mille”牌手表1块。经鉴定被盗手表、手包共计价值人民币736000元。2017年11月28日20时许，被告人李某某伙同他人在丰台区王佐镇佃起村淮阳村商务酒店停车场内，从王某某停放在此处的黑色奥迪A8汽车后备箱内，窃取被害人王某某画作8幅、贵州迎宾酒2瓶。经鉴定被盗画作共计价值人民币8000元。该案中，以被告人李某某为首的盗窃团伙具有极强反侦查意识，作案时驾驶套牌车辆，佩戴口罩和手套，躲避监控视频，且使用特殊开锁工具运用错位开启原理，在不损坏锁具结构的情况下盗窃车内财物，现场未留下被告人的DNA、指纹等客观证据。侦查机关通过技术侦查手段，锁定并抓获了犯罪嫌疑人。2018年6月12日，北京市丰台区检察院向法院提起公诉，指控李某某犯盗窃罪。法院在审理中，为查明案件事实，采取庭外核实技侦证据的方式，由侦查人员到庭详细描述锁定、控制、抓获被告人过程，播放案发时监控录像，充分证明被告人在案发时间和地点出现过。同时，核实了技侦证据的来源和真实性，询问了相关细节问题，确保“被告人”与“赃物”充分连接，形成完整的证据链条。最终，法院认定被告人李某某犯盗窃罪，判处有期徒刑十一年，剥夺政治权利二年，并处罚金人民币一万一千元。一审宣判后，李某某提出上诉，2018年10月17日北京市第二中级人民法院维持原判，终审生效。此案是新刑事诉讼法修改后法院首例适用技侦证据庭外核实机制审理的案件。在该案件中，法院探索建立庭外技侦证据核实程序协调机制，畅通机制、减少环节，指引技侦部门有针对性地调取证据，恰当地进行证据转化，推动技侦证据材料在庭审中有效运用，有力打击犯罪，具有典型意义。

（张燕玲）

【全市首例非法经营“烟弹”刑事案件】 2018年1月至8月，被告人王某在未取得烟草专卖品零售许可证的情况下，在丰台区多处购买Marlboro（万宝路）、Heets品牌IQOS类型加热不燃烧烟草制品（俗称“烟弹”）及中华等品牌成品卷烟，并通过微信或百度贴吧等途径，加价对外出售，销售金额共计人民币4.8万余元。同年8月31日，丰台公安分局看丹派出所民警将王某查获，当场起获各种卷烟共计32种236条，价值共计人民币3.3万余元。同年11月12日，北京市丰台区检察院向法院提起公诉，指控被告人王某犯非法经营罪。法院经审理认为，被告人王某违反国家规定，未经许可经营法律规定的烟草专卖品，扰乱市场秩序，情节严重，其行为已构成非法经营罪，依法判处被告人王某有期徒刑六个月，缓刑一年，并处罚金人民币三万元。一审宣判后，王某表示服从判决，未上诉，现该案已经生效。此案是北京市首例因销售加热不燃烧烟草制品构成犯罪的刑事案件。目前国内没有公司生产、销售此加热不燃烧烟草制品，此类制品在法律上的属性还有争议。此案是全市首例明确加热不燃烧烟草制品法律属性为烟草专卖品的案件，具有典型性和代表性。

（张燕玲）

【吴某某伙同多人、多次利用快闪方式寻衅滋事案】　2014年1月4日，被告人吴某某伙同他人在北京市西城区月坛北街庆丰包子铺门前，非法聚集拍照制造影响。2014年9月30日，被告人吴某某伙同数十人，在北京市大兴区黄村镇团河农场东侧华荣加油站附近、大兴区西红门镇团河南村东北老猎人饭店门前，非法聚集拍照制造影响。上述两次聚集均造成周边公共场所秩序混乱，境外网站博讯网刊发文章及图片报道此次活动。2017年2月25日，被告人非法前往北京市丰台区长辛店吕村东山坡处参加非法聚集活动，并将活动照片上传至境外网站博讯网。后被告人吴某某于2017年3月1日被北京市公安局丰台分局云岗派出所民警抓获。2017年11月3日，北京市丰台区检察院向法院提起公诉，指控被告人吴某某犯寻衅滋事罪。法院经审理认为，被告人吴某某伙同他人在公共场所起哄闹事，造成公共场所秩序的严重混乱，已经构成寻衅滋事罪，依法判处被告人吴某某犯寻衅滋事罪，判处有期徒刑二年，现该案已生效。该案被告人吴某某等人在公共场所多次以“快闪”等方式聚集制造影响，严重影响了公共场所秩序，是市政法委、市高院督办的重要刑事案件，社会影响大，敏感性强，具有典型性和代表性。

（张燕玲）

【小区隔离护栏限期拆除决定案】　2017年4月13日，被告丰台城管执法局检查发现，龙湖公司在北京市丰台区西三环南路西侧西宸原著小区（商品房）与玉璞家园小区（两限房）之间建设铁艺结构构筑物。经现场检查、询问得知该构筑物由龙湖公司建设，用于两个小区的分区管理，未经规划部门许可。2017年6月5日，北京市规划和国土资源管理委员会出具函件认定涉案铁艺结构构筑物未依法取得建设工程规划许可证。2017年6月8日，丰台城管执法局作出限期拆除决定，责令龙湖公司于2017年6月17日17时前自行拆除违法建设并接受复查。2017年8月3日，西宸原著小区业主郭某、汪某不服限期拆除决定，向丰台区政府申请行政复议，丰台区政府复议维持。郭某、汪某遂向法院起诉要求撤销限期拆除决定。法院经审理认为，被诉限拆决定所处理的铁艺结构构筑物问题，涉及小区业主的共有利益。郭某、汪某所有房屋专有部分面积未占所在小区建筑物总面积半数以上，户数也未占总户数半数以上，其起诉时不符合当时有关业主行使共有利益权利的规定要求，亦不符合《最高人民法院关于适用〈中华人民共和国行政诉讼法〉的解释》所设定的起诉条件。2018年7月24日，法院裁定驳回二原告的起诉。原告上诉至二中院，二审裁定驳回上诉，维持一审裁定，原裁定生效。该案系全市首例涉及普通商品房与限价商品房之间围栏拆除纠纷的行政案件，关系到全市该类案件的裁判标准的确定，具有典型性和参考性。此外，案件牵涉利益广泛，全程受到多家媒体关注报道，处理不好易引发群体性事件。

（张燕玲）

【"疏解整治促提升"专项行动引发的政府信息公开案】 2018年4月13日,原告周某向原北京市商务委员会(其相关职能现由北京市商务局承担)申请公开万容天地服装批发市场疏解闭市(疏解北京非首都功能)的具体行政措施、政府文件及法律依据的信息,原北京市商务委员会对其信息公开申请予以受理,并作出政府信息公开告知书,告知周某其申请获取的"具体行政措施""法律依据"等信息不属于政府信息公开申请范围,建议通过有关渠道或向其他有关部门了解咨询,申请公开的"政府文件"可登陆"首都之窗"门户网站—"政府文件"栏目查看。周某对告知书不服,申请行政复议,北京市人民政府作出行政复议决定,维持原北京市商务委员会作出的政府信息公开告知书。周某仍不服,向法院提起行政诉讼,请求确认原北京市商务委员会作出的政府信息公开告知书违法,撤销北京市人民政府作出的行政复议决定书。法院经审理认为,被告北京市商务局在法定期限内作出政府信息公开告知书,对原告申请公开的信息进行了答复,并依法向原告送达,可以认定其已经履行了告知义务。涉案政府信息公开告知书认定事实清楚,适用法律正确,程序合法。北京市人民政府在收到原告的行政复议申请后,履行了受理、答复通知、复议审查等程序,于法定期限内作出行政复议决定书并依法送达原告,符合法律规定,遂判决驳回原告的诉讼请求。一审判决后,原告周某未提起上诉,现该案已生效。此案涉及"动物园地区批发市场"之"万容天地服装批发市场"疏解相关工作,是北京市"疏解整治促提升"专项行动中出现的典型案例。

（张燕玲）

【全市首例涉VR技术全景图著作权侵权案件】 原告北京全景客信息技术有限公司诉称，其公司专业从事移动互联网和虚拟现实技术的研发应用，拥有专业的720度三维全景拍摄技术，在VR全景行业处于领先地位。《自然博物馆》系列VR全景摄影作品由原告创作完成，并已在北京市版权局进行了版权登记。被告同创蓝天投资管理（北京）有限公司是域名为kuleiman.com网站的主办单位。原告发现被告未经原告许可，在其网站中使用原告享有权利的上述10幅VR全景摄影作品，构成对原告著作权的侵犯，故诉至法院，要求被告停止侵权并赔偿损失。被告则以网站仅发挥平台作用，涉侵权VR全景摄影作品均为网友上传，其不应承担侵权责任等为由进行了抗辩。案件审理中，基于对相关技术问题和VR全景行业的充分了解，主审法官通过运用当庭勘验、作品比对等方法使被告充分了解原告的技术类证据，进一步明晰案件事实和矛盾争点。通过承办法官的有效引导，原被告当事人对于案件有了更加清晰的认识。庭审结束后，被告主动提出愿与原告和解。经法官耐心细致地调解，双方最终达成调解协议。至此，该案得到圆满解决。此案是北京市首例涉VR技术全景图著作权侵权案件。涉VR技术全景图的著作权保护问题是当今社会信息技术发展带来的产物，具有典型时代特征，对于VR技术全景图的作品类型、侵权行为认定标准等新类型问题均无定论，尚有待探讨。本案的圆满解决为该类案件的处理提供了有益借鉴。

（张燕玲）

【清华大学诉辰联公司不正当竞争纠纷案】 原告清华大学作为全国高等学府，其名称及"清华"的简称为公众所熟知。2017年7月12日，北京市工商行政管理局丰台区分局发现被告辰联（北京）知识产权代理有限公司在其网站www.cl010.com中使用了"百万学子清华梦 清华教育类商标注册找辰联知识产权"、清华大学图文组合商标等宣传标语。此外，在网站www.0771cl.com的"商标注册案例""专利注册案例"项下，分别有将清华大学宣传为公司商标注册及专利注册客户的宣传内容，明确标注有"百万学子

清华梦 清华教育类商标注册找辰联知识产权”“清华大学研发实力雄厚 发明专利申请辰联知识产权来申请”等信息，该网站公布的信息与 www.cl010.com 网站公布的公司信息、宣传信息以及网页所显示的整体结构、框架等信息一致，且 www.0771cl.com 网站显示有“辰联（北京）知识产权代理有限公司版权所有，欢迎登录辰联知识产权网 http：//www.cl010.com 咨询我们”等内容。另查，www.0771cl.com 网站的主办单位广西辰联商务秘书有限公司与辰联公司具有关联关系。清华大学主张，辰联公司使用“清华大学”的名称进行宣传，导致消费者误认为清华大学与辰联公司之间存在委托办理商标和专利代理等服务的特定关系，损害了清华大学的合法权益，构成虚假宣传的不正当竞争，故诉至法院请求判令辰联公司停止不正当竞争行为，赔偿清华大学经济损失 20 万元及合理开支 5.1 万元。法院经审理认为，清华大学是从事教学科研工作的事业法人，其虽然不在市场上直接从事商品或服务经营，但通过附属企业的经营活动间接从市场上获利，与辰联公司在经营范围上存在一定重合，因此应认定清华大学与辰联公司存在竞争关系。庭审中，清华公司与辰联公司均认可双方没有就清华大学商标注册进行过合作，辰联公司却在其自身 www.cl010.com 网站中将清华大学宣传为委托自己进行商标注册的客户，明确标注“百万学子清华梦 清华教育类商标注册找辰联知识产权”等信息，明显属于引人误解的虚假宣传，构成对清华大学的不正当竞争，应当承担停止侵权及赔偿损失的法律责任。此外，鉴于 www.0771cl.com 网站中公布的公司信息、宣传信息以及网页所显示的整体结构、框架等均与辰联公司自身网站 www.cl010.com 所显示的信息一致，且 www.0771cl.com 网站显示有“辰联（北京）知识产权代理有限公司版权所有，欢迎登录辰联知识产权网 http：//www.cl010.com 咨询我们”等内容，加之 www.0771cl.com 网站的主办单位广西辰联商务秘书有限公司与辰联公司具有关联关系，据此可以合理推断，www.0771cl.com 网站上的相关信息系辰联公司发布或经其授意发布，故辰联公司应对该网站发布的信息承担责任。在清华大学未就商标注册及专利注册事宜与辰联公司进行过合作的情况下，辰联公司在 www.0771cl.com 网站使用“清华大学”等标识将清华大学宣传为委托自己进行商标注册及专利注册”的客户，明显属于引人误解的虚假宣传，构成对清华大学的不正当竞争。综上所述，辰联公司在上述两网站发布被诉信息的行为构成虚假宣传的不正当竞争，应当承担停止侵权及赔偿损失的法律责任，故据此判决辰联公司赔偿原告清华大学经济损失 10 万元及合理支出 5.1 万元。该案已生效。本案系在网站发布虚假宣传信息，以此攀附知名品牌良好社会声誉并以此获得不正当利益的典型案件。本案裁判对此种傍名牌、搭便车的商业模式予以严厉打击，有助于维护市场秩序，引导企业尊重其他主体的品牌和商誉，做有责任心、肯担当的自律企业。此外，本案对准确认定虚假宣传行为，包括在自有网站和关联公司网站进行虚假宣传以及责任承担范围的界定具有一定指导意义。

（张燕玲）

【全市首例涉奢侈品珠宝品牌商标侵权案】 地亚国际有限公司（CARTIER INTERNATIONAL AG）（以下简称卡地亚公司）是第 202386 号、第 7155424 号“Cartier”、第 G892848 号“Ⓠ”注册商标的商标权人。上述商标核定使用商品均为第 14 类，包括“珠宝、项链（首饰）、戒指（首饰）、手镯（首饰）”等。2016 年 8 月 23 日，北京市工商行政管理局丰台分局在被告北京金惠振兴商贸中心（以下简称振兴商贸中心）位于北京市丰台区万丰路 305 号（亿潼隆购物中心一层中岛

0507）的店铺中查获假冒“Cartier”、“⦸”注册商标的手镯、戒指共计三件，经北京市工商行政管理局丰台分局调查后认定，被告的上述销售行为侵犯了原告的注册商标专用权，依法没收上述产品并罚款5万元。原告认为，被告未经许可销售侵犯其注册商标专用权商品的行为给其造成经济损失，依法应承担相应的侵权责任，故诉至法院。法院经审理认为，丰台工商局作出的行政处罚决定书已认定振兴商贸中心在被控侵权商品中使用的标识与第202386号“Cartier”商标相同，涉案被控侵权商品属于侵犯第202386号注册商标专用权商品，丰台工商局已对此进行行政处罚。此外，在振兴商贸中心销售的涉案侵权商品中均使用有“Cartier”标识与“⦸”标识，且涉案侵权商品与第202386号、第7155424号、第G892848号商标核定使用系同一种商品，振兴商贸中心在其经营店铺中销售涉案侵权商品，故其行为侵犯了卡地亚公司第202386号、第7155424号、第G892848号注册商标专用权，应当承担停止侵权、赔偿损失的侵权责任。对于赔偿损失的数额，鉴于卡地亚公司未举证证明其因涉案侵权行为所受到的损失及振兴商贸中心因侵权所获的利益，其所提赔偿经济损失的数额过高，不再全额支持。法院综合考虑涉案注册商标的知名度、振兴商贸中心的侵权行为的性质、过错程度、侵权商品价格等因素，对赔偿数额酌情予以确定。关于合理费用，卡地亚公司主张的律师费过高，综合考虑案件的难易程度、律师工作量等因素，酌情予以支持。2018年11月22日，法院判决振兴商贸中心停止侵权，并赔偿卡地亚公司经济损失4万元、合理开支1万元。一审宣判后，当事人双方均未提起上诉，该案生效。此案是北京市首例涉奢侈品珠宝品牌商标侵权案。涉奢侈品珠宝品牌商标保护问题是当今人民生活水平不断提高的司法余波，具有新时代的典型性，也是奢饰品消费人群广泛关注的热点问题。该案的处理，对于奢侈品珠宝商标侵权行为的认定，合法来源抗辩等问题具有较好的示范作用。同时，该案是涉行政处罚的商标侵权纠纷的典型案件，是法院与丰台工商分局“知识产权行政执法与民事审判联动机制”的有效落实。

（张燕玲）

【广安置业群体买卖合同纠纷】 该案被告广安置业系房产销售公司，上千名购房人陆续与其签订房屋买卖合同，约定被告在购房人办理入住手续后850日内将不动产权证书交付购房人，但被告逾期未能办理，购房人诉至法院，要求房产公司支付迟延交付不动产权证书的违约金。考虑该群体案件涉及人数较多，处理不当易引发群体性纠纷。法院综合当事人情况、案件复杂程度、社会接受度等因素，特推出“四步联动工作法”化解该批案件。一是对案件合理筛选推进先期调解，通过电话调解、当面调解等方式，先期促成70余起案件成功调解。二是调解不成的案件，快速开庭审理明确诉讼争点，通过批量送达、统一交换证据、集中审理、明晰争点后，再次征询当事人意见，同意调解的再行调解，调解成功的，当日出具调解书，经过快审快调，成功调解600余起案件。三是及时宣判，合理引导诉讼预期。经开庭审理且调解不成的案件，及时宣判，并做好判后答疑工作，共对30余起案件进行宣判。宣判后，双方当事人均服判息诉。四是调判执结合扩大调解效果。督促当事人及时履行先期调解协议和生效判决，生效文书履行后，调解员通过前期调解和宣判案例，引导存在观望心理的当事人合理调整诉讼预期，促使剩余的347起纠纷全部达成调解。至2018年11月26日，法院将1768件广安置业系列案件全部化解完毕。在1768件案件处理中,始终将调解贯穿纠纷化解工作的始终,最大限度实现案结事了人和,取得良好效果。同时,在处理该批案件的过程中,法院形成了相对固定的工作方法,为后续类似批案的处理提供了可复制的经验,具有典型意义。

（张燕玲）

【北京市近五年首例盗窃燃气案】　2016年4月至2017年4月5日间，被告人李某某在北京市丰台区南苑槐房西路316号其经营的古槐香园烤鸭店，绕越计量装置私接燃气设备，盗窃并使用天然气，后被民警查获。经鉴定，涉案天然气价值人民币58245元。被告人李某某因涉嫌犯盗窃罪，于2017年4月6日被羁押，次日被北京市公安局丰台分局取保候审。2018年5月11日，北京市丰台区人民检察院以被告人李某某犯盗窃罪，向法院提起公诉。本院依法适用简易程序，实行独任审判，公开开庭审理了本案。在法院审理阶段，被告人李某某将被害单位经济损失人民币58245元退至法院。法院经审理认为，被告人李某某以非法占有为目的，盗窃天然气并使用，数额较大，其行为已构成盗窃罪，依法应予处罚。北京市丰台区人民检察院指控被告人李某某犯盗窃罪的事实清楚,证据确实、充分,罪名成立。鉴于被告人李某某能如实供述其主要犯罪事实,且已退赔被害单位经济损失,有认罪悔罪表现,故法院对被告人李某某予以从轻处罚并适用缓刑。2018年5月25日,法院以盗窃罪,判处被告人李某某有期徒刑二年,缓刑二年,并处罚金人民币一万元。被告人李某某表示服从判决,未上诉,该案已生效。该案是北京市近五年首例非法偷盗燃气案,具有典型意义。

（张燕玲）

司法行政

【概　况】　2018年，丰台区司法局设置10个内设机构，即办公室、法制科、法制宣传教育科、基层工作科、法律援助工作指导科、公证工作管理科、律师工作管理科、社区矫正和帮教安置工作指导科、行政财务科、政工科。下设3个事业单位，即丰台区法律援助中心、北京市丰台区阳光中途之家和北京市首佳公证处。辖区内现有21个司法所。全局现有公务员123名，事业单位工作人员26名，工勤人员3名。2018年，丰台区司法局坚持围绕中心、服务大局，充分发挥司法行政职能作用，为全区的经济社会发展提供强有力的法治保障。全年开展司法鉴定分级管理，区司法局配合北京市司法局落实市区两级司法行政机关指导和管理司法鉴定工作职责。丰台区司法局获评首都文明单位；北京市司法行政系统新闻宣传工作先进单位；丰台区诉前人民调解委员会被司法部评为全国人民调解工作先进集体；花乡司法所被评为北京市“十佳司法所”；10名同志分别获评北京市十佳司法所长、第十届北京市“人民满意的政法干警”争创奖、北京市司法行政系统新闻宣传工作先进个人、首都司法行政系统“法治好青年”、北京市“疏解整治促提升专项行动”先进个人、丰台区优秀共产党员等多项市、区级荣誉称号。

（许圣婴）

【两名律师分获“律师楷模”和“提名奖”】　2月11日,“2017北京榜样·寻找律师楷模”主题活动揭晓仪式在北京电视台演播厅隆重举行。丰台区司法局推荐的候选人时福茂律师荣获十大“律师楷模”称号,常卫东律师荣获“律师楷模提名奖”称号。

（许圣婴）

【举办送法进监狱活动】　4月25日，区司法局到北京市监狱开展“送法进监狱”活动，由法律援助律师对在押罪犯进行《宪法修正案》宣讲。

（许圣婴）

【丰台区律师行业党委成立】　5月8日，

经丰台区司法局机关党委批复同意，将中共北京市丰台区律师协会委员会，更名为中共北京市丰台区律师行业委员会（简称丰台区律师行业党委），中共北京市丰台区律师协会委员会所辖21个律所联合党支部改隶到丰台区律师行业党委，受丰台区律师行业党委领导。

（许圣婴）

【举办法援助残专项活动】 5月11日，丰台区法律援助中心联合马家堡街道司法所，开展主题为“携手同行 共奔小康”的法律援助助残专项活动，共计200余人参加了本次活动。

（许圣婴）

【举办第八届司法行政开放日活动】 6月23日，区司法局在律师楼主会场及各街乡镇司法所分会场联合举办以“司法行政在身边－公共法律服务伴你行”为主题的司法行政开放日活动。活动通过搭建与市民沟通互动的平台，集中宣传司法行政工作职能特点、服务大局民生工作成果举措，促进社会各界和广大市民加深对司法行政工作的了解。

（许圣婴）

【丰台区“法治文化孵化站”建立】 6月15日，丰台区“法治文化孵化站”揭牌仪式在京辰瑞达商务楼宇举行。为了进一步推进法治文化建设，探索法治宣传的新载体、新思路、新途径，区法宣办结合“法律进商务楼宇”和非公企业党建工作，在卢沟桥乡文创企业聚集的京辰瑞达商务楼宇，开辟普法阵地“法治文化孵化站”，形成双对接工作模式，构建网络服务平台，成立法治创意组，以不断提升法治宣传教育的生动性、覆盖面和影响力。

（许圣婴）

【与清园监狱开展共建活动】 6月22日和7月12日，区法律援助中心工作人员两次到清园监狱开展宪法专题讲座，解答服刑人员法律咨询，并为监狱服刑人员送去“法律援助知识手册”。通过“阳光普法”之法律援助系列活动的开展，协助监狱部门进一步做好监管安全新形势下的监狱工作，为监狱部门继续实现监管安全“四无”目标贡献司法行政法律援助的力量。

（许圣婴）

【6·26国际禁毒主题宣传活动】 6月26日，丰台区“6·26”国际禁毒主题宣传活动在丰台区青少年剧场举行。本次活动由丰台区法宣办、区禁毒办、区公安分局主办，北京市第二中级人民法院、北京市人民检察院、北京市人民检察院第二分院、丰台区司法局、北京市天康戒毒康复所、西罗园街道、丰台街道协办。区委常委、政法委书记高峰，市法宣办副主任、市司法局副局长孙超美，副区长、区公安分局党委书记、局长王新元出席会议，分别对禁毒工作的开展提出指导意见。全体参会人员在“健康人生、绿色无毒、全民禁毒、我在行动”的签名墙上签署承诺。与会领导为丰台禁毒劝导队、西罗园禁毒志愿者、北京市第二中级人民法院禁毒宣传队、北京市人民检察院禁毒宣传队、北京市人民检察院第二分院禁毒宣传队授予旗帜，并为禁毒志愿者发放慰问品。

（许圣婴）

【领导干部学习宣传宪法专题讲座】 7月19日，丰台区举办领导干部学习宣传宪法专题知识讲座。中国人民大学法学院教授、博士生导师王旭应邀作了题为《宪法修改与全面推进依法治国》的讲座，全区80余家单位法制及宣传部门干部200余人参加了培训会。此次专题讲座旨在让全区广大干部能够更加充分地认识宪法修改的重大意义，推动全区干部带头恪守宪法原则、弘扬宪法精神、履行宪法使命，不断提高全区广大干部运用法治思维和法治方式解决问题的能力水平，充分发挥法治对全区经济社会发展的保障作用。

（许圣婴）

【举办军人军属专项维权活动】 7月30日至8月3日，区司法局法律援助系统开展以“公共法律服务进军营”为主题的军人军属法律援助维权服务活动。在全区各街乡镇、社区发动、组织宣传活动44场，开展法援讲座23场，发放宣传材料1万余份，扩大了法律援助在军营的知晓率和影响力，提升了军人军属法律援助维权服务工作水平。

（许圣婴）

【举行丰台区2018年法治文艺汇演】 8月17日，“同心共筑中国梦 法治文艺京城行”丰台区2018年法治文艺汇演成功举行。由区法治宣传教育领导小组办公室、区委宣传部、区精神文明办、区文化委、区司法局共同主办，区文化馆协办，以创作法治文艺作品的形式，对全区法治建设各条战线工作者、志愿者感人事迹和先进行为进行深情演绎，展示全区近年来法治建设工作成就和发展成果。优秀节目视频在“丰台普法”微信公众号进行为期7天的投票活动，活动期间，访问量22507人，共有12575人次投票，转发量8000余人次，点赞及留言数达400人次，受到广泛好评。此次法治文艺汇演实现了全区375个社区（村）全覆盖，让群众在视听盛宴中充分体验法治文化，推动全区法治文化品牌建设，形成各普法责任制单位共同参与法治宣传的局面。

（许圣婴）

【丰台区防范金融风险 优化营商环境主题宣传活动启动】 10月15日，由区法治宣传教育领导小组办公室、区人民检察院、区人民法院、区司法局、北京农商银行丰台支行联合举办的丰台区“防范金融风险 优化营商环境”主题宣传活动在北京农商银行丰台支行启动，由此开启丰台区法治宣传教育活动中政府多部门联合与金融服务机构规模化、体系化、常态化普法合作，凝心聚力为百姓和企业搭建金融风险屏障。

（许圣婴）

【丰台区第三次律师代表大会召开】 11月17日至18日，丰台区第三次律师代表大会在丽维赛德酒店隆重召开。大会总结了第二届代表大会以来丰台区律师行业发展情况，选举产生新一届理事会、监事会和领导班子成员。区委常委、区委统战部部长、区委办主任李岚，市司法局副局级领导王群，区委政法委常务副书记、综治办主任郗俊生，市司法局律师管理综合处处长、市律协秘书长萧骊珠，区司法局全体班子成员等领导出席，全区律师代表、特邀代表等共计100余人参加大会。会议听取、讨论并通过了第二届区律协理事会工作报告、监事会工作报告、财务收支情况报告和协会章程修订草案，选举出第三届北京市丰台区律师协会会长1名、副会长4名、监事长1名、理事15名、监事5名，形成了以佟丽华为会长、王集金为监事长的新一届律协班子。

（许圣婴）

【丰台区“12·4”国家宪法日活动】 11月30日，丰台区举办了“12·4”国家宪法日活动暨丰台区青少年法治教育基地挂牌仪式。此次活动以“尊崇宪法、学习宪法、遵守宪法、维护宪法、运用宪法”为主题，由区法治宣传教育领导小组办公室、区委教育工作委员会、区教育委员会、区司法局主办，北京教育学院附属丰台实验学校分校、北京教育音像报刊总社承办，北京教育学院支持。来自北京市教委，北京教育学院，区人大、区政协、区检察院、区法院、团区委、学校所处街道乡镇的领导，丰台区教育系统法治工作领导小组成员单位代表、学校法治联络员代表、卢沟桥教育集群的师生和家长代表，以及卢沟桥街道社区居民代表共计300余人参加活动。此次活动在丰台教委微信平台进行同步直播，全区268所中小学校师生通过在线观看活动直播接受普法教育。

（许圣婴）

【开展“宪法宣传周”律师集体宣誓活动】 12月2日，区律协在北京圣地苑宾馆组织开展“宪法宣传周”律师集体宣誓活动。区律协全体班子成员、理事、监事、律师代表、部分律所主任和新执业律师等共计百余人，面向国旗庄严宣誓。区律师协会会长佟丽华寄语全区律师，要牢记誓词，自觉践行誓词，将誓词作为指引律师执业活动的行为准则，依法、诚信执业，恪守职业道德和执业纪律。

（许圣婴）

【北京通达法正司法鉴定中心党支部成立】 12月13日，北京通达法正司法鉴定中心召开党支部成立大会。这是2018年司法鉴定分级管理以来，丰台区司法鉴定机构成立的首个党支部。

（许圣婴）

【丰台新一届律师协会第一次大会召开】 12月23日，召开丰台区律协换届后第一次大会，会议主题为“丰台区律师协会服务民营经济动员暨第三届丰台律协专门工作委员会、业务研究会成立大会”。区委常委、区政法委书记高峰，北京市律师协会会长高子程，区人大常委会副主任王振华，区政协社会法制委员会主任王卫军，区司法局副局长王志群、崔林等领导参加，区律师协会新一届班子成员以及专门委员会、业务研究会负责人和委员近300名律师参加会议。会议宣布了新一届律师协会专门委员会设置及负责人组成情况、业务研究会的设置及负责人组建情况、建立丰台区律师协会服务民营经济法律服务团的决定等。新一届丰台律协会长佟丽华律师做了动员讲话，讲到：要打造有规矩、有本事、有温度、有效率、充满正能量、服务区域经济发展的律师协会。

（许圣婴）

【举办第一届司法行政开放日活动】 12月3日，区司法局举办以“弘扬宪法精神，走进司法行政”为主题的司法行政开放日活动。活动通过集中宣传司法行政职能，提升司法行政工作的社会认知度和群众满意度，同时重点融入宪法知识宣传，进一步增强广大群众的宪法意识。

（许圣婴）

军　　事

人民武装

【概　况】　2018年，区人民武装部（以下简称区人武部）在卫戍区和区委、区政府的正确领导下，坚持以强军目标为统领，按照“举旗铸魂、聚焦打赢、厉行法治、强基固本、创新推动、坚强班子”的思路抓建设谋发展，着力在练兵备战、全面从严治军、深化改革、加强党的建设上下功夫见成效，整体建设全面发展良好。卫戍区首长到区武装部检查指导给予了高度评价。花乡六圈村民兵营被评为“优秀基层建设先进单位”。政治工作科被北京市委、市政府评为“首都民族团结先进集体”，人武部被卫戍区评委“安全管理达标单位”、“停偿工作先进单位”。

（石海峰）

【党管武装制度落实】　8月，协调召开区委常委议军会议，分析全区党管武装工作形势，研究部署支持国防建设、服务驻区部队、落实拥军优属政策等各项举措。协调召开党管武装会，3名乡镇（街道）党委书记进行述职，区人武部党委第一书记、区委书记汪先永参加会议并讲话。坚持完善目标考评体系，把党管武装工作纳入乡镇、街道（地区）党政班子和领导干部综合考核指标体系，与其他工作同部署、同检查、同考核、同奖惩，压实基层党委的政治责任，有力推动了党管武装工作在基层的有效落实。

（石海峰）

【战备训练工作扎实推进】　年内，坚持把练兵备战工作作为当前最紧迫的任务紧抓不放。落实民兵调整改革要求，压缩基干民兵规模，整合规范民兵队伍，组建区级民兵应急分队，配齐民兵装备器材，统一规范民兵营连部和民兵之家建设标准。逐步形成以应急队伍为主体、专业队伍为骨干、特殊队伍为补充的新型基干民兵力量体系。围绕任务使命，科学制定方案、加强训练演练。在非首都功能疏解、首都文明示范区创建、生态环境建设等重点工作中，发挥了生力军和突击队作用。特别是在全国“两会”、“一带一路”高峰论坛、中非合作论坛峰会期间，累计出动民兵7644人次，圆满完成安保执勤任务，有力维护了社会稳定。7—9月，先后五次组织民兵应急分队进行了应急拉动演练；10月，组织800名基干民兵完成轻武器实弹射击以及50人的民兵高炮骨干集训。

（石海峰）

【夏秋季兵员征集】　1月，区人武部在丰台实验学校开展兵役登记启动仪式，截至6月底全区完成兵役登记3554人，登记率100%。及时协调各委办局研究义务兵优抚安置政策，出台了《关于提高和完善丰台区征兵政策实施办法》，加大了经费保障和优抚力度。制定了《丰台区征兵工作绩效考评实施细则》，纳入乡镇、街道（地区）党政班子和领导干部综合考核指标体系。探索“抓住三类群体，实施精准宣传”的方法路子，采取领导进高校、大学生和业务骨干走军营、社区建征兵站等形式搞好宣传动员，调动广大适龄青年参军热情，圆满完成了年度兵员征集任务，大学生征集比例达到70%以上。

（石海峰）

【抓好双拥共建服务驻区部队】 年内，全面停止有偿服务工作开展以来，区人武部既担负着北京市部队的试点任务，同时担负着驻区部队停偿军地协调工作。面对特殊要求和困难，协调区委、区政府先后20余次召开推进会，组织研究解决办法，重点项目现场督办。区法院开辟绿色通道、缩短诉讼周期，为停偿工作提供了坚强的司法保障，截止6月底，驻区部队停偿项目，如期关停。积极为驻区部队协调解决后路、后代、后院等难点问题，帮助20名随军家属就业，为138名随军家属发放自主就业扶助金500多万元；为133名军人子女协调到优质学校就读。深入抓好军事设施保护工作，多次协调各委办局召开协调对接会，圆满完成审核划定军事设施保护区域工作。

（石海峰）

【机关正规化建设】 年内，认真贯彻“依法治军、从严治军”要求，常态化开展“学法规、用法规、守法规”活动和法治军营创建活动，全面提升区人武部正规化建设标准。投入6万元升级改造车辆电动道闸和门禁系统，解决了车牌识别不敏感，营房人员出入杂乱的问题。通过“四委”联动机制，坚持落实每季安全形势分析、每月安全教育、每月隐患排查等制度，突出对机要保密室、文印室、消防设施、装备仓库等5类重点要害部位以及重要时节、重点人员的安全防范。采取常态化安全巡查、“打钩式”安全检查等措施，加强对武器弹药、人员车辆、涉密载体、对外交往等方面的督导检查，认真抓好“田明建案件警示日”、“驾驶员警示日”等教育活动，不断提高人员管理、车辆驾驶、安全保密等重点目标的管理标准，及时整改消除安全隐患20余处。办公车辆连续五年实现无违章抄告，连续37年实现“双无”。

（石海峰）

消防安全工作

【概　况】 2018年，是全面贯彻落实党的十九大精神的开局之年，全年全区共发生火灾259起，直接财产损失145.3万元，过火面积487.8平方米，死亡2人。同比直接财产损失下降了50%，过火面积下降了68%，死亡人数下降了50%。全年共接警5454起，出动消防车11370辆次，消防人员68220人次，抢救被困人员230人，疏散人员889人，抢救财产价值119.2万元。累计检查社会单位30408家，发现火灾隐患或违法行为58023处，督促整改火灾隐患57760处，下发责令改正通知书15560份，下发行政处罚决定书720份，下发临时查封决定书605份，责令“三停”单位177家，罚款1226.55万元，拘留84人，各项执法指标均位居全市前列。支队不断完善方庄特勤中队核生化处置专业队建设，累计出动车辆100余车次、警力700余人次，承担并出色完成了全国“两会”、天津达沃斯论坛、中非合作论坛等重大安保中的检查任务。“中非合作论坛北京峰会”期间，为实现“不冒烟、不起火”的工作目标，成立1个灭火处突总指挥部、5个前沿指挥部，前置部署63部消防车，325名执勤指战员。依托右安门中队、北大地中队及周边中队实名制组建60人维稳处突力量，落实24小时电台值守，定人、定岗、定车、定集结地，随时做好应急处突准备。协调挖掘机8台，铲车11台，洒水车160台参与社会面应急处置备勤。日常执勤战备中，严格执行上级执勤战备的相关要求不打折扣，严格落实总队动态执勤工作部署，不断优化力量布点，完善“常态化、加强级、全要素”三种模式的力量部署，工作日早晚高峰时段部署13部消防车、65名指战员前置备勤，单车年执勤时间累计超过1300余小时。

（王　蕊）

【落实消防安全责任制】　年内，区委书记汪先永亲自督办彩钢板隐患整治工作，区长王力军、副区长王新元、周新春等区领导先后30余次带队检查指导消防工作。逐级签订消防工作责任状，提请区委区政府召开专题会5次，组织召开防火委联席会11次，撰写区级消防安全形势分析报告2份，指导街乡镇完成本级消防安全形势分析报告21份。着重做好“四类”群体约谈，“两级”管理人培训，累计约谈、培训2000余人次，切实培养了一批消防安全“明白人”。研究制定《消防安全网格化管理工作指导手册》等文件，做实全区21个大网格（街乡镇）、400个中网格（社区、村）和3626个小网格（楼院村组、社会单位、街巷点位），整合网格力量5325人，逐一明确网格负责区域、管理人员、调度方式，将社会面网格化火灾防控管理抓实、抓细。全年拆除彩钢板建筑80.45万平方米。

（王　蕊）

【推进消防基础设施大建设】　年内，以推进市政府第133次常务会精神贯彻落实为抓手，加快消防基础设施建设。完成丽泽消防站建设，支队指挥中心及马家堡特勤消防站完成内部装修。按照集成房屋形式建成投入使用小型消防站11座，全区灭火救援力量部局更加合理。同时，对辖区整体水源情况进行了实地踏勘调研，形成整体规划方案上报区政府，在长辛店镇建成消防水鹤4座、消防水池2座。

（王　蕊）

【消防宣传品牌化】　年内，不断拓宽消防安全宣传、教育和培训的新渠道，打造“平安丰台”消防宣传的新名片。推动政府投入120万元专项资金，通过政府购买服务模式开展全民大培训867场次，培训13万人。以“119宣传月”启动仪式为载体，指导开展形式多样的消防演练和以“文物古建、人员密集场所、村民自建房、家庭火灾、消防产品”为主题的消防宣传活动，开展各类消防安全演练72次，消防队参观体验23次，张贴宣传海报2000余张，张贴横幅500余条，发放宣传材料10000余份。组织消防队站开放日124次，指导网格长、楼院长、社区消防宣传大使开展消防宣传活动178次，开展消防安全主题讲座84场次，开展消防安全演练96次，在户外大屏以及社区屏幕上播放公益宣传片3000余次，刊发内外宣稿件1687篇。

（王　蕊）

【完善经费保障机制】　年内，最大限度发挥经费使用效益。争取经费1.53亿元，比上年增长88.29%。积极与总队后勤部、区财政局沟通，申请到加班补贴、执勤补助和清商补助等共计1564.086万元，指战员福利待遇水平得到进一步提升。全面开展固定资产清查和停止对外有偿服务工作，清退大红门中队旁中石油加油站对外有偿服务项目，资产有效利用率明显提升。

（王　蕊）

【全力做好灭火救援准备】　年内，针对辖区标志性建筑、抵离京场所、老旧平房区及“高、低、大、化”、“老、幼、古、标”等场所，推行拉网式、会诊式灭火救援熟悉调研,累计开展支队级调研演练56次,中队级调研演练2050余次,修订灭火救援预案800余份,改进灭火救援操法7个。大力开展各类型专业队伍(地震救援队、石油化工专业队、高层建筑灭火救援专业队等)建设,不定期开展应急拉动和集结演练,实地检验队伍的调度指挥、反应集结、应急救援等,确保队伍时刻处于最优的状态。新增政府专职消防员220名,累计达300名,灭火救援力量进一步壮大。

（王　蕊）

【全面提升队伍实战能力】　年内，结合全年战训工作计划，深入推进“课程表”工程、“小轮转”培训等。重点针对总队汇编的九个实战操法开展训练，增加并丰富了整建制训练科目和各实战类科目的训练时间和内容，按照“改进战术、提升业务、培育作风、锤炼血性”四步走的练兵步骤，切实提升了快速高效处置能力。积极组织开展机关人员体技能训练，通过视频巡查和实地抽查的方式，严格落实“421”考核机制，定期对日常训练工作进行考核检查，确保实战化训练工作落到实处。依托典型火灾事故案例，召开战评会12次，系统总结灾害事故类型，倒推执勤战备和实战化训练中存在的薄弱环节和突出问题。承担并圆满完成在石景山举行的全国安全宣传咨询日活动中的消防反恐处突演习，得到国务委员王勇、应急管理部黄明书记、北京市市长陈吉宁等领导的高度肯定。

（王　蕊）

人民防空

【概　况】　2018年，丰台区民防工作深入学习贯彻党的十九大精神，以习近平新时代中国特色社会主义思想为指引，紧扣十三五规划任务，以党建工作为统领，以加强机关作风建设为抓手，以落实年度重点任务为牵引，着力加强指挥通信基础建设，加大“准军事化”训练演练，大力开展人防工程清理整治和安全管理，巩固民防法制建设，持续推进防空防灾公共安全宣传，531工程建成竣工，人防工程综合整治超额完成任务，战时防空、平时服务、应急支援的能力不断增强。

（许晓宁）

【区防空防灾指挥所投入使用】　年内，完成220型短波电台移机安装、北斗系统调试工作、人防指挥网的测试和迁移工作，功能完备、技术先进、稳定可靠、安全保密的丰台区防空防灾指挥所建成并投入使用，现代化程度居全市区级指挥场所之首。

（许晓宁）

【信息化项目谋篇布局】　年内，积极协调区城指中心，完成16处街乡镇指挥所建设。完成2018年度10处11个摄像头的高点监控建设工作，实现11路图像信号与市、区两级人防指挥所的互联互通，并共享到区雪亮工程图像平台。做好2019年信息化项目建设统筹规划，完成2019年10处高点监控建设项目申报。

（许晓宁）

【城市人民防空袭斗争能力不断强化】　年内，印发《北京市丰台区人民防空专业队伍整组训练工作方案》，召开新型人民防空专业队伍组建暨授旗大会，伪装防护、信息防护、心理防护三支新型人防专业队伍正式成立。贯彻落实《北京市丰台区人民防空袭方案》，完成区级人民防空专业队的整组，协调各级人民防空专业队伍开展不同形式的训练演练，人民防空应急能力水平不断提高。

（许晓宁）

【警报试鸣任务完成】　年内，召开防空警报试鸣部署会暨警报维护管理人员培训班进行指导培训。建成防空警报控制分中心。对全区 102 台警报器进行全面测试检修，完成两次加电测试，更换控制终端 28 套、后备电源 15 台。9 月 15 日，区五环路外 19 台防空警报同时遥控鸣响，音响信号正常，鸣响率 100%。

（许晓宁）

【人民防空袭室内推演】 年内，参与北京市人民防空袭室内推演暨人民防空机关综合训练培训，多轮讨论推演内容和流程，熟练操作人防指挥信息系统 2.0 版。制定《丰台区人民防空袭室内推演暨人民防空机关综合训练工作方案》，全员参加了北京市人民防空袭室内推演暨人民防空机关综合训练，顺利完成推演任务，受到市局领导的表扬。

（许晓宁）

【民防系统训练演练】 年内，制定《2018 年丰台区民防训练计划》。坚持通信保障训练常态化，每月参加市民防局组织的通信训练。参加“京津冀三地人防无线通信协同训练”、“全市指挥通信车驻训暨岗位练兵竞赛”、“市民防系统 2018 年度通信业务日常训练”和“京津冀人防跨区联合支援通信演练”，在通信技能竞赛中取得好成绩。组织学习指挥系统、信息传输系统等十一大系统的内容，共开展培训 105 小时、408 人次，为做好“531”工程保障工作奠定坚实基础。

（许晓宁）

【应急通信救援保障】 年内，严格落实战备值班和应急值守制度，重点完成了春节、“两会”、“五一”和“十一”等重大节日以及大红门鞋城、星河苑嘉囿城市休闲公园、卢沟桥宛平城应急通信保障任务。

（许晓宁）

【人防工程综合整治】 年内，利用安全生产“三大行动”有利时机，借势提前开展 2018 至 2020 年人防工程综合整治。主动与街乡对接，加快推进清整。积极协调，争取市级部门支持解决重难点问题。充分发挥“街乡吹哨，部门报到”工作机制，对于社会单位违规使用联合执法予以清退。完成了人防工程综合整治风险评估。关停人防工程 117 处，超额 50%完成任务。

（许晓宁）

【提升利用取得进展】 年内，探索利用人防工程建设“社区安全巡防站”、铁路护路站、菜站、网购终端配送站等，开展好试点工作。提供 100 处人防工程作为公益化利用，完成新增人防工程停车位 2219 个，超额 106%完成年度折子工作任务。

（许晓宁）

【防汛工作深入扎实】 年内，组织汛前演练，开展防汛检查，重点核查了人防工程 50 余处。成立 2 支 42 人的抢险队伍，聘请专业抢险队伍 1 支 30 人。汛期，共备勤值班 9 次，450 人次；防汛安全隐患检查 1800 处、出动人员 369 人次，填埋 2 处塌陷，人防工程安全度汛。

（许晓宁）

【安全管理平稳可控】 年内，检查人防工程 27600 处次，处理举报 442 起。安全员队伍规范化建设考评取得 966 分的出色成绩。制定《丰台区人防工程安全隐患治理三年行动分方案》。协调消除人防工程内 17 处接入燃气的隐患。制定《2018 年丰台区民防局“安全生产月”活动方案》，开展以“生命至上安全发展”为主题的“安全生产月”活动，发放宣传资料千份，宣传用品 2000 余份。

（许晓宁）

【维护维修进展顺利】 年内，完成 70 处人防工程维护维修，建筑面积约 7 万平方米，对 2019 年将维护维修的 440 处人防工程进行完好性评估。开展单位人防工程维护维修工作，对单位人防工程产权人、管理使用人等进行培训，在全市人防系统尚属首次。

（许晓宁）

【行政许可严格规范】 年内，落实市区有关优化营商环境要求，实现所有政务服务项目一窗受理，网上办理。做好建设标准审查下放的准备工作，实现接得住、办得好的目标。完成竣工验收备案人防工程29处，建筑面积26万平方米。人防工程使用许可99处，面积575425.74平方米。完成1处人防工程改造行政许可，5处建设项目修建人民防空防护工程标准审查行政许可。

（许晓宁）

【完善矛盾纠纷排查机制】 年内，健全“来电来访登记”、“群众来信”、“政风在线”、“信访件办理”、“矛盾纠纷台帐”等登记制度，全年共受理96005工单424件、信访系统5件、政风在线2件、市民防局转来信件7件、群众来电反映情况32起，办结率达100%。第三、四季度“三率两度”考评工作全区名列前茅。

（许晓宁）

【制度体系不断健全】 年内，制定《丰台区民防局2018年行政执法工作措施》《丰台区民防局行政复议、行政应诉工作实施办法》。抓好《丰台区民防局依法行政责任制度》《丰台区民防局合同管理办法》落实，申请法律服务事项3项，法律事项研讨5次，合同审核服务97次，文件审核服务1次。

（许晓宁）

【法制意识持续强化】 年内，民防局理论中心组学法5次。组织进行岗前培训和执法证考试，7名同志取得执法资格。组织全区民防干部进行两期依法行政培训。完成A类执法岗执法检查录入2991人次，行政处罚10起，罚款7.42万元，全市民防系统排名第三。

（许晓宁）

【重点时日宣传有节奏】 年内，组织“国际民防日”、“5·12防灾减灾日”、“全民国防教育日”、“新中国人民防空创立日”系列宣传活动。走进学校、社区，通过丰富多彩的形式，开展主题宣传及警报试鸣疏散演练，受教学生和群众5000余人次。发放宣传用品万余份，发放民防知识、法律法规宣传资料手册8000余份。

（许晓宁）

【多样性宣传有亮点】 年内，组织丰台区民防志愿者近130人开展应急救援培训。与《民防时空》栏目组共同拍摄宣传视频16个。免费开放右安门宣教基地开展观看人防知识宣传片、图书阅览、社区舞蹈排练、练习乐器等活动。《民防法治宣传动画片》荣获北京市法治动漫微电影征集展映活动动画类三等奖。与“丰台有线”合作，共播出主题宣传活动5次。门户网站更新发布消息及工作动态400余条；丰台民防安全卫士微博更新发布和转发信息共1200条。微信“北京丰台民防”发布信息50余条。

（许晓宁）

【“五进入”落实有特色】 年内，分别联合右安门、新村、丰台等街道及蓝天救援队开展“民防桥——公共安全进万家”、“大手拉小手 民防进社区”、“中国梦·民防情”、“多彩翠一 共同参与 携手民防 扬帆起航”及家庭急救知识培训等丰富多彩的主题活动。通过微信关注、答题、转发、点赞的方式抽取100个家庭发放防空防灾应急包。联合教委、北京四中璞瑅学校、十八中分校进行教师培训及防灾减灾应急疏散演练活动。完成进“五进入”培训100场，培训全区街乡镇及防空和防灾减灾规范化建设的社区民防志愿者900余人次。

（许晓宁）

【规范化社区建设有成效】 年内，为加强社区防空和防灾减灾规范化建设，充分发挥好社区在防空和防灾减灾方面的职能作用打牢工作基础，全区召开2018年防空和防灾减灾规范化建设社区会议，部署《2018年社区防空和防灾减灾规范化建设实施方案》。

到社区实地调研，安装民防知识宣传栏60个，民防指示标识牌2381块。建成50个规范化社区，完成民防知识及应急技能培训100场。

（许晓宁）

【开展各类学习教育活动】 年内，党组中心组理论学习12次，组织不同层次的学习19次，党建及民防知识测试4次，发放相关学习书籍400余册。各党支部利用“三会一课”、“主题党日”活动等组织载体，开展“不忘初心、牢记使命”主题教育活动，通过每月一次的主题党日活动，进一步增强全体党员干部的党性修养。

（许晓宁）

【完善组织建设】 年内，扎实开展党组织和在职党员回社区“双报到”工作，做好“四个一”，做到“三个到位”，发挥“四个作用”。全体党员签订承诺书56份，回居住地社区报到并参加社区活动140余人次。组织召开支部规范化建设推进工作会，持续推进“七个”规范化建设。完成了党总支和三个党支部的换届选举工作，保障了党建工作有序展开。强化党员队伍的后备力量，吸收3名同志成为预备党员，1名同志转为正式党员。完成5名科级干部，1名新录用公务员转正工作。接收3名军转干部充实干部队伍。

（许晓宁）

【顺利完成新址办公区搬迁】 9月28日，区民防局机关及信息中心顺利迁址至丰台区南四环西路188号十六区10号楼，机关办公环境得到改善。同时，区政府电子政务内网系统建成启用，为加强531工程管理和运维打下坚实基础。

（许晓宁）

农村经济和农业

农村经济

【概　况】　2018年，丰台农村地区辖三乡两镇一地区、64个行政村、70个集体经济组织。其中，卢沟桥、花乡、南苑三乡及下属45个行政村位于河东地区，长辛店、王佐两镇和宛平城地区及下属19个行政村位于河西地区。全区集体土地面积150.48平方公里，占总面积（305.53平方公里）的49.25%，其中农用地75.15平方公里。农用地中，耕地3.12万亩，基本农田6003亩，基本菜田最低保有量800亩。全区农业人口8.41万人。年内，全区实现农林牧渔业总产值2.2亿元，比上年增长6.3%。其中，林业产值1.4亿元，增长45.1%；农业产值5780.2万元，下降34.6%。全区蔬菜产量1509.1吨，比上年下降48.4%。禽蛋产量343吨，增长0.3%。牛奶产量21吨，下降41.7%。生猪出栏620头，下降47.4%。有10家无公害认证企业，认证面积107.6公顷，认证产品76个。有9家农业标准化备案基地，其中6家为市优级标准化蔬菜生产基地。全年全区农业观光园共接待262.9万人次，比上年下降0.8%，实现总收入1.9亿元，增长18.9%。全年蔬菜播种面积1425亩，2011年已退出小麦种植。

（刘艳艳）

【农村社会保障】　年内，实施统一的城乡医疗保险制度，部分经济实力较强的村对新农合报销范围外的医疗费用进行二次报销。城乡居民养老保险、最低保障以及临时救助范围和标准城乡并轨，城乡居民养老保险制度实现全覆盖，农民参保率保持在96%以上，续保率保持在98%以上。各村均建立了退休老人退休金发放制度。

（刘艳艳）

【发展农村产业项目】　年内，推进乡镇固定资产建安投资项目两个，其中续建项目1个为北京新发地批发市场升级改造项目。新建项目1个为丰台区南苑乡石榴庄集体产业项目。推进休闲农业产业发展，开展“郭庄子农时荟”和“太平丰年．怪村农民丰收节”活动。

（刘艳艳）

【农村地区疏解】　年内，拆除违法建设168万平方米（全区221万平方米，农村地区占全区的76%），留白增绿已完成绿化土地面积44.18公顷（全区45.93公顷，农村地区占全区的96.2%），城乡结合部拆迁腾退面积482.67万平方米（农村地区占全区的100%），城乡结合部绿化面积146.76万平方米（农村地区占全区的100%），散乱污企业治理专项行动涉及企业21家（全区

30家，农村地区占全区的70%），疏解区域性市场14家（全区26家，农村地区占全区的53.8%）。

（刘艳艳）

【第二十六届北京种子大会暨首届北京种业扶贫大会】 年内，组织第二十六届北京种子大会暨首届北京种业扶贫大会，搭建种业扶贫攻坚平台，近百家知名种子企业与扶贫协作地区签订67个价值450余万元的种子捐赠协议以及5个农业技术服务协议，签约7个实体产业项目，预计实现产值6.35亿元。

（刘艳艳）

【美丽乡村工作】 年内，启动实施大灰厂、庄户、西王佐3个村美丽乡村建设，完成村庄规划和建设实施方案编制；建立农村地区基础设施台账，公厕、绿化等7项基础设施纳入财政保障，年投入经费1.5亿余元，初步建立“五有”长效管护机制。

（刘艳艳）

【一道绿隔建设】 年内，本区“一绿”地区涉及卢沟桥乡、花乡、南苑乡，为完成“一绿地区”城市化建设，将上述地区的51个行政村统筹推进。通过城市化工作已完成6个村撤村转居（马家堡、花园、成寿寺、精图、三路居、四合庄），剩余45个行政村，其中卢沟桥乡19个、花乡14个、南苑乡12个。累计腾退宅基地757.67万平方米，占总建筑规模的93.32%；40个村实现回迁上楼，23个村3.5万人整建制农转居。

（刘艳艳）

【二道绿隔建设】 年内，“二绿”农村地区涉及长辛店镇、王佐镇、宛平城地区办事处19个行政村，总面积139.38平方公里，其中集体土地94.07平方公里。截止年底，“二绿”地区腾退宅基地156.16万平方米，占总建筑规模的39.24%；竣工回迁房132.16万平方米，占规划建设规模的30.49%；实现土地入市建筑规模319.28万平方米，占规划上市土地的46.72%。

（刘艳艳）

【建设美丽宜居乡村】 年内，印发《丰台区关于实施乡村振兴战略的措施》，制定《丰台区实施乡村振兴战略推进美丽乡村建设及人居环境整治专项行动方案（2018－2020年）》，将全部20个具有村庄形态村纳入美丽乡村建设。完成3个市级年度创建任务村规划、实施方案编制，建立健全农村地区基础设施长效管护机制和基础设施台账，全年农村地区基础设施运维投入经费1.58亿元。

（刘艳艳）

【新型农民培养】 年内，开展新型农民培养4441人，其中引导性培训2018人、职业技能培养1115人、特种作业637人、中层管理671人。

（刘艳艳）

农村经济管理

【概况】 2018年，农村集体经济实现总收入127.6亿元，比上年同期减少19.3亿元，下降13.1%。其中：实现主营业务收入98亿元，同比下降18.4%。全区农村集体经济各产业所占比重变动不大。在三大产业中，第一、二、三产业分别实现收入0.7亿元、13.3亿元、84亿元；第二产业因受市场影响，收入共减少3.7亿元；第三产业受房地产行业影响，收入减少18.3亿元。第一、二、三产业实现收入占主营业务收入的比重分别为0.7%、13.6%、85.7%，与上年相比，第一产业所占比重基本持平，第二产业和第三产业所占比重分别下降和上升0.5个百分点。各乡镇总收入增长继续呈现两极分化，卢沟桥乡、南苑乡、王佐镇总收入降幅均超过10%；花乡、长辛店镇总收入增速均在10%以上。卢沟桥乡全年总收入下降幅度较大，减少19.5亿元，下降33.5%，主要原因是万泉寺村房地产收入减少近20亿元及拆迁补偿收入减少2亿多元。南苑乡因乡级企业永联房地产开发有限公司房地产项目销售面积减少，收入减少5.2亿元，全乡总收入减少3.7亿元，下降10.9%。王佐镇因受镇级企业水利管理服务站全年工程量减少的影响，全镇总收入减少1.75亿元，下降16.1%。花乡在新发地村、草桥村、榆树庄村等村收入增加的拉动下，全乡总收入增加5.5亿元，增长14.1%。长辛店镇总收入增加5346万元，增长16.8%，主要原因是东河沿村收到拆迁款，收入增加9000多万元。年内，全区农村集体经济利润实现大幅增长，共实现利润近5.5亿元，比上年同期增加1.6亿元，增长42.5%。全区利润增幅较大的主要原因是花乡和南苑乡全年利润增长迅速，分别实现利润6.6亿元、3.9亿元，分别增加利润1.4亿元、1.9亿元。农村集体应交税费为9.8亿元，比上年同期增加0.2亿元，增长2.1%。其中增值税为2.3亿元，因房地产收入减少增值税降幅较大，比上年同期减少0.9亿元，下降28.6%。农村经济第一、二、三产业分别完成税金0.05亿元、0.5亿元、9.3亿元，分别占税金总额的比重为0.5%、5.2%、94.3%。全区农民人均所得为32946元，比上年同期增加3273元，增长11%，

（尹　璐）

【**农村集体资产运营**】年内，农村集体资产总额1586亿元，比上年同期增加25.9亿元，同比增长1.7%。其中：乡级集体资产总额121亿元，比上年同期增加15.8亿元，增长15%，占全区农村资产的7.6%；村级集体资产总额为1465亿元，比上年同期增加10亿元，同比增长0.7%，在农村集体资产中占有绝对比重，占92.4%。农村集体所有者权益为490亿元，比上年同期增加99亿元，同比增长25.4%。其中：乡级集体所有者权益为44亿元，比上年同期增加9.8亿元，同比增长28.4%；村级集体所有者权益为446亿元，比上年同期增加89.4亿元，同比增长25.1%。年内农村集体资产总额在亿元以上的村有66个，占全区69个集体经济组织的95.7%；资产总额超过10亿元的村有41个，比上年增加3个；资产总额在亿元以下的村有3个，比上年减少1个。农村集体所有者权益在亿元以上的村有44个，占全区69个集体经济组织的63.8%，其中所有者权益在10亿元以上的村有14个，比上年增加1个。全区农民人均所有者权益为32.2万元，比上年增加6.7万元，增长26.2%。

（尹　璐）

【**农村劳动力就业**】年内，全区农村劳动力总数为75746人，因部分村民转居以及达到本村退休年龄办理退休，比上年同期减少1904人。就业劳动力为70436人，就业率为93%，与上年基本持平。未就业劳动力为5310人，未就业率为7%。在本地就业的有50244人，占就业劳动力的71.3%，集体安置仍是农村劳动力就业的主要途径。第一、二、三产业的劳动力人数分别为4242人、4627人、61567人，占就业劳动力总数的比重分别为6%、6.6%、87.4%，第三产业就业所占比重与上年相比提高1.4个百分点。

（尹　璐）

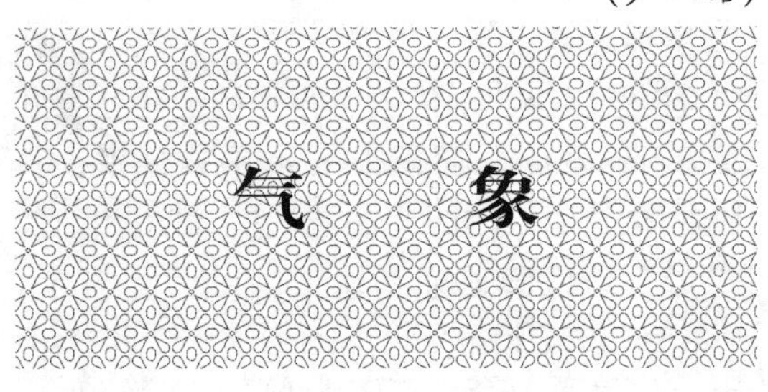

气　象

【**概　况**】　2018年，发布《36小时天气预

报》366期、《天气情况》74期、《旬月天气预报》47期、《天气专报》（未来5天天气预报）365期、《环境气象快报》49期、《气候预测》1期、《重要天气报告》13期、《雨情信息》233期等决策气象服务材料，发布预警信息101期，短信发布预报预警256万人次，通过"丰台气象"政务微博发布预报预警信息466条，"丰台气象"微信公众号4月26日正式上线，推送预报预警信息61期。

（汤稚音）

【大型活动气象服务保障】　年内，完成2018年北京戏曲文化周、北京国际风筝节、园博园"彩色跑"、"醒狮杯"越野跑、2018年北京国际铁人三项赛、"卢沟晓月"中秋·赏月、北京市全民族抗战爆发81周年等多项重大活动的气象服务保障工作，累积提供重大活动专项气象服务材料60余期、现场气象服务5次、服务短信1000余条。

（汤稚音）

【气候评价】　本年度年平均气温为13.9℃，比常年平均值（12.7℃）偏高1.2℃。年极端最高气温41.2℃（6月29日），年极端最低气温－13.3℃（1月23日）。1月、3月至9月、11月平均气温比常年偏高，其中3月、6月、8月比常年明显偏高（分别偏高2.1℃、2.3℃、3.1℃）；2月和12月平均气温接近常年平均值；10月平均气温与常年平均值持平。全年极端最高气温大于等于35℃的天数为30天（常年为8.7天）。全年降水量为434.6毫米，比常年（537.4毫米）偏少19%，比上年(650.5毫米）偏少33%。1月至3月、5月、6月、8月至12月降水比常年同期偏少，其中1月、2月无降水；4月、7月降水比常年同期偏多，其中4月明显偏多（偏多136%）。主汛期6－8月降水为328.6毫米，比常年同期（383.8毫米）偏少14%。全年本站降水日数（日降水量大于等于0.1毫米的日数）为65天，日最大降水量为86.9毫米（7月16日）。

（王桂枝）

【灾害性天气】　年内，发生的气象灾害主要有短时暴雨、大风、冰雹等。其中短时暴雨灾害16起，损失约98万元；大风灾害17起，损失约48万元；冰雹灾害3起，损失约3.5万元。

（王桂枝）

【依法行政和社会管理】　年内，开展执法检查126次，其中防雷安全执法检查92次，施放气球安全执法检查27次，气象信息发布和传播执法3次，联合执法行动4次。对现场执法检查过程中发现的违规现象办理行政处罚案件5件，其中1件使用无资质单位施放系留气球、4件违反雷电防护安全法规的违法行为进行行政处罚，罚款10000元。办理易燃易爆场所的防雷装置设计审核行政许可11件、防雷装置竣工验收许可3件、施放气球活动行政许可6件，完成2件新建建设工程避免危害气象探测环境行政许可的初审工作，许可办理结果在网上予以公示。

（汤稚音）

【气象科普与法制宣传】　年内，以气象科普知识、气象法律法规、气象防灾减灾常识为重点宣传内容，通过"3·23"世界气象日和"5·12"全国防灾减灾日、科技宣传周、"全国科普日"、"安全生产月咨询日"组织开展主题活动及现场宣传，在电视台节目、报刊、微博、微信、今日头条等公共媒体开展气象知识和气象法律法规的宣传与解读，在执法过程中发放宣传材料，制作《气象法课堂》宣传短片，向街道赠送科普材料开展气象科普和法制宣传，切实提高全社会气象法制意识、防灾减灾意识和自救互救能力。

（汤稚音）

工　业

区属工业

丰台区经济和信息化委员会

【概　况】 2018年，全区123家规模以上工业企业实现工业总产值297.71亿元，同比增长0.5%，完成全年任务的101.6%。工业总产值居全市第11位，增速居第8位。在4个城市功能拓展区中，丰台区工业总产值居第3位，高于石景山区（240.31亿元）；增速居第3位，低于朝阳区和海淀区。实现工业销售产值293.09亿元，同比下降2.5%，其中实现内销产值282.75亿元，同比下降2.9%；实现出口交货值10.34亿元，同比增长9.9%。现代制造业企业实现工业总产值152.23亿元，同比下降4.8%。高技术产业实现工业总产值105.02亿元，同比上升17.8%。

（王　雪）

【落实党风廉政建设责任制】 年内，召开党风廉政建设工作大会1次，季度形势分析会4次，梳理部门年度主体责任清单及党风廉政建设责任书，制作《一张图让您看懂区经信委党风廉政建设主体责任清单（2018年度）》，并组织签订党风廉政建设责任书25份。梳理了《党风廉政建设履责清单》，要求相关责任人定期做好党风廉政建设工作，并做好全程履责记实。

（王　雪）

【落实民主集中制】 年内，修订党组议事决策规则，按照《中国共产党员党组工作条例（试行）》文件精神，明确了决策事项范围。严格落实财务支出制度，所有大额资金（3万元及以上）支出均经党组会审议；修订了“三重一大”决策制度实施细则，建立项目进展情况和资金使用情况不定期汇报机制，明确了督查要求，加大了督办检查力度，强化了“三重一大”制度执行力。

（王　雪）

【疏解退出一般制造业企业】 年内，疏解退出北京亚新科天纬油泵油嘴股份有限公司等33家一般制造业企业，完成全年任务量的110%。涉及土地面积约43.6万平方米，建筑面积约19.6万平方米，人口约2461人。

（王　雪）

【推进环境整治工作】 年内，按照“三类违法行为、两类企业”的要求，累计完成涉污“散乱污”企业“动态清零”30家。完成8次空气污染预警任务，累计开展空气预警检查40天，出动88人次。

（王　雪）

【指导企业安全生产】 年内，完成19家工业企业安全生产标准化三级达标创建工作,超额完成年度任务的170%。积极参加安全生产宣传月活动,发放各类宣传品2000余份,开展安全生产宣传指导93家次,举办“安全知识培训会”6期,培训企业977家次。

(王 雪)

【强化政策宣讲和培训】 年内,邀请市级相关部门开展高精尖产业政策宣讲,解读北京市高精尖“10+3”系列政策,引导企业向高精尖方向发展。举办小微企业金融知识普及教育、项目申报、融资政策培训班,共1000多人参加培训,以解决企业在创立、发展和转型升级中遇到的各种问题,助推企业快速成长。

(王 雪)

【推荐企业优秀高精尖人才】 年内,推荐丰台区北方车辆研究所等企业优秀人员申报第十三批“北京市有突出贡献的科学、技术、管理人才”。初步审核交控科技等公司共计20人的人才引进需求,缓解企业人才紧缺问题。

(王 雪)

【助力企业向高精尖方向发展】 年内,推荐凯普林光电申报第三批制造业单项冠军培育企业。推荐特瓦特、北方华德成功申报2018年两化融合管理体系试点企业;推荐航天斯达申报2018年度北京高精尖产业设计中心。推动全路通等4家企业认定为市级企业技术中心,兑现奖励资金200万元。截至年底,丰台区共有国家级企业技术中心8家,市级企业技术中心61家。

(王 雪)

【聚焦解决企业融资痛点】 年内,大力推进“助保贷”创新融资产品,为17家科技型企业发放贷款合计2.3亿元。积极推荐航天三院等企业申请市级高精尖专项和中小企业专项资金约3000万元。科学使用区级专项资金,支持二七1897等18家企业,共计718.1万元。

(王 雪)

【进一步夯实基础设施建设】 年内,完成“全区政务一张网”建设,敷设光缆800余公里,连通900余家区属单位,实现委办局、街乡镇、社区村、队站所三级政务光网全覆盖。建成统一政务云数据中心,承载了全区40个委办局的业务系统。完成丰台区大数据汇聚平台基本框架的搭建,实现与市级平台的联通。

(王 雪)

【有效落实市级重点工作部署】 年内,完成《丰台区大数据行动计划(2018－2020年)》编制。完成全区46家单位信息化工作调研,编制政务资源目录。加快社会信用体系建设,实现全区52家单位行政许可和行政处罚全量公示。推动软件正版化工作,完成全区110家单位14000余台计算机检查,正版软件安装率达到100%。

(王 雪)

【全力支撑区级重点工作】 年内,搭建“一个平台+一个腕表+一个APP”模式的养老技术体系,为“连心通”项目13054位老人提供精准服务,服务工单总量近2万单;完成“街乡吹哨部门报道三级联动综合治理信息平台”建设,实现系统全流程监测、时间全过程记载、人员多方位管理;配合推进区“雪亮工程”和区公共视频图像资源整合及视频专网建设工作;搭建丰台区城市管理台账数字化系统,实现底数清晰、数据随时可用。

(王 雪)

驻区工业

首都航天机械有限公司

【概 况】 2018年,首都航天机械有限公司研制的火箭实现多次成功发射,其中长征十一号遥三运载火箭的成功发射,开启商业发射模式,实现航天技术商业化应用;北斗导航系统第五组卫星的成功发射,标志着北斗系统开启了新的篇章。顺利通过两化融合管理体系监督审核、职业安全及环境管理体系现场监督审核。首次参展2018中国增材制造大会。举行公司更名、“特种加工技术联合实验室”揭牌仪式。荣获国防科技工业企业管理创新成果一等奖、全国六西格玛和精益管理项目发表赛最高奖。连续15年荣获“中国机械500强”称号。

（魏晓欣）

【高凤林获评“北京榜样”年度人物】 1月3日,北京电视台举行2017年度“北京榜样”颁奖典礼,公司员工高凤林获评2017年度“北京榜样”十大人物,并作为代表上台接受颁奖。著名表演艺术家田华老师为高凤林颁奖。公司党委书记李军出席颁奖典礼。“北京榜样”大型主题活动由中共北京市委宣传部、首都文明办主办,北京广播电视台、北京人民广播电台、北京电视台联合承办,旨在选树一批“崇德向善 奋发向上”的榜样人物,充分发挥榜样的引领和示范效应,汇聚正能量,形成良好的舆论氛围、文化氛围、社会氛围。高凤林扎根航天一线37年,攻克了型号发动机系统焊接技术世界级难关,为北斗导航、嫦娥探月、载人航天等国家重点工程做出了突出贡献。高凤林在2017年7月当选“北京榜样”周榜样人物,同月当选月榜样人物,最终经过专家组投票及网络投票脱颖而出,成为2017年度“北京榜样”年度人物。

（魏晓欣）

【获得“清洁生产审核”验收通过奖牌】 1月17日,公司“清洁生产审核”项目被授予北京市“清洁生产审核”验收奖牌。北京市经信委绿色制造与节能环保部门为公司颁奖。2016年公司被列为指定开展清洁生产审核单位以来,围绕重点污染的生产环节、能源资源消耗环节开展了评估、对标审查、达标评定和改造方案实施工作。经过近两年的努力,公司通过了北京市经信委、环保局及专家组的现场验收和复评,并于2017年11月正式通过北京市清洁生产审核验收,成为当年为数不多的通过审核单位。

（魏晓欣）

【长征十一号遥三箭发射圆满成功】 1月19日12时12分40秒,长征十一号遥三运载火箭在酒泉卫星发射中心升空,火箭飞行750秒,将“吉林一号”视频07星与08星两颗主星及四颗搭载星送入535公里高度的太阳同步轨道,以“一箭六星”方式圆满完成了飞行任务。此次发射任务是长征十一号火箭首次纯商业发射,也是考核火箭最大载荷、最低发射条件发射。遥三火箭发射成功标志着长征十一号火箭正式开启商业发射模式,实现了航天技术商业化应用,有力助推了中国商业航天的发展。

（魏晓欣）

【通过两化融合管理体系监督审核】 1月30日至31日,两化融合管理体系评定机构国家工业信息安全发展研究中心(工信部电子一所)评估审核组,对公司开展了为期两天的两化融合管理体系年度监督审核,对两化融合管理体系保持、改进和运行进行了全面审查。公司以“零不符合”的成绩,顺利通过两化融合管理体系年度监督审核。

（魏晓欣）

【举行公司更名揭牌仪式】 3月19日,公司举行了更名揭牌仪式,由马惠廷总经理与李军书记共同揭牌,全体公司领导参加了揭牌活动。根据国家有关中央企业公司制改制工作要求,经中国航天科技集团公司批复同意,公司完成了公司制改制,并于2017年12月19日在北京市工商行政管理局丰台分局办理了工商变更手续,企业名称由“首都航天机械公司”变更为“首都航天机械有限公司”,公司住所、法定代表人、经营范围均不变。

（魏晓欣）

【与英国谢菲尔德大学交流经验】 4月11

日，航天部一院副院长王国庆、公司副总经理王庆及其他研究所等相关领导与英国谢菲尔德大学进行座谈。双方围绕如何更好地适应工业 4.0 带来的挑战、促进先进技术发展等问题进行了交流，为院及公司未来发展提供了思路。交流过程中，双方就如何开展合作、经费支持情况、合作要求及标准等内容进行了深入探讨，以期寻找合作机会，更好地促进先进制造技术发展。

（魏晓欣）

【荣获国防科技工业企业管理创新成果一等奖】 4 月 12 日，2018 年国防科技工业企业管理创新会议在京召开，公司《基于两化融合的航天数字化生产线构建与实践》管理创新成果荣获 2017 年度国防科技工业企业管理创新成果一等奖。本管理创新成果是在国家深度推进两化融合和军民融合的形势下，针对航天产品“多型号并举、小批量定制化、研制与批产并存”的生产特点和制造过程质量保证与控制的要求，基于工业以太网的车间物联网，通过构建单元级、加工系统级和生产线级信息物理系统等方法实现生产线运行信息化、生产组织柔性化、加工过程透明化、资源配置高效化。同时，提升型号研制与批产快速转换能力，提升产品混线生产管理能力和制造执行能力。国防科技工业企业管理创新成果由中国国防工业企业协会主办，旨在推动国防科工企业改革创新、提质增效、转型升级，提升国防科技企业管理水平，发挥优秀成果的示范和带动作用，该成果奖项属部委级。此次获奖是继 2011、2012、2013、2016 年后第五次荣获国防科技工业企业管理创新成果奖励的殊荣，也是公司第 2 次获该管理创新成果一等奖。

（魏晓欣）

【首次参展 2018 中国增材制造大会】 7 月 26 日至 28 日，2018 中国增材制造大会暨展览会在杭州国际展览中心召开。公司增材制造中心首次以参展商的身份在展会中亮相，公司副总经理丁鹏飞带队参展。原航空航天工业部部长林宗棠、杭州萧山区区长王敏亲临展台指导。在展会中，公司对激光选区熔化增材制造、激光熔化沉积增材制造、电弧熔丝增材制造、电子束熔丝增材制造及增材制造后处理技术等五个板块进行展示。通过大量的产品、检测结果和仿真分析的展出，展现了公司强大完整的增材制造能力，得到业内同行的一致认可。中国兵器科学研究院、中国航天科技集团第五研究院、中国航空工业集团沈阳发动机设计研究所等单位均表达合作意向。

（魏晓欣）

【成功发射北斗导航系统第五组卫星】 7 月 29 日，长征三号乙遥四十九火箭/远征一号遥八上面级发射升空，采用“一箭双星”直接入轨方式成功将北斗导航系统第 5 组 2 颗组网卫星送入预定轨道，圆满完成发射任务。此次发射的双星是北斗系统从最简系统迈向基本系统的首组卫星，其发射成功标志着北斗系统开启了新的篇章。

（魏晓欣）

【举行“特种加工技术联合实验室”揭牌仪式】 8 月 2 日，与北京市电加工研究所共建“特种加工技术联合实验室”协议签约暨揭牌仪式在公司举行。副总经理丁鹏飞、副总师陈济轮，北京市科学技术研究院副院长邵锦文、副总工鲍矛、处长黄劲松，北京市电加工研究所书记赵鸿宇、副所长郭建梅等领导出席了签约仪式。共建“特种加工技术联合实验室”的好处，一是有利于公司掌握新的先进特种加工技术，提升航天新型号研制快速响应能力；二是可促进北京市电加工研究所先进特种加工装备与技术在航天领域的转化应用；三是可促进建立以航天需求为导向的军民融合产、研、用协同创新实验室，满足航天新技术增长需求，解决新型号重大技术难题，共同促进特种加工装备与技术实现新的飞跃。

（魏晓欣）

【荣获“第三届全国质量创新大赛”两项荣誉】 8月27日至30日，中国质量协会举办第三届全国质量创新大赛，公司《火箭燃料贮箱封箱环缝搅拌摩擦焊接内撑系统》荣获QIC－I级，《某狭长合金壳体组件协同制造全流程优化》荣获QIC－Ⅱ级。这是公司第一次参与此项赛事。大赛的举办，旨在大力实施创新驱动发展战略，提高创新质量、鼓励创新成果，提升中国企业及创新成果的国际声誉。

（魏晓欣）

【中央军委装备发展部工程总师到公司调研检查】 8月29日，中央军委装备发展部工程总师杨长风一行到公司调研检查阀门产品和生产现场，集团公司航天标准化院院长卿寿松、一院副院长唐一华、六院副院长李斌、十一所（京）所长岳文龙、公司副总经理丁鹏飞等陪同。在阀门装配工段现场，杨长风查看了阀门生产情况和部分产品实物，仔细询问了产品的生产过程，听取了产品生产质量情况汇报，并对照现场图纸，详细了解了阀门产品的构造、机理。现场技术人员对产品可能出现问题的模式和产品结构关键部位等内容进行了介绍。

（魏晓欣）

【通过职业安全、环境管理体系现场监督审核】 8月27日至31日，北京军友诚信质量认证有限公司8名专家组成的审核组对公司职业健康安全管理体系、环境管理体系进行了现场监督审核，审核组认为公司高度重视职业健康安全管理体系、环境管理体系的建立、持续与改进，并实施了全面的体系运行控制、监视测量、纠正和预防管理工作，各项措施运行正常、有效，达到了规范标准。

（魏晓欣）

【荣获全国六西格玛和精益管理项目发表赛最高奖】 9月10日至15日，由中国质量协会举办的2018年全国六西格玛和精益管理项目发表赛与研修大会在大连举行，公司《提高小导管三维数字化弯制合格率》和《提高某型号火箭氢氧发动机装配效率》项目分别被评为全国六西格玛和精益管理项目最高奖——示范级技术成果奖。

（魏晓欣）

【参展2018中国国际工业博览会】 9月19日至23日，2018中国国际工业博览会（简称“工博会”）在上海国家会展中心举行。展会上，公司重点展示了MOM制造运行平台、ICS工业控制平台、楔形螺纹紧固件、硬质合金刀量具、无人自动存取回转支撑式立体停车装备等具有代表性的军民融合项目，多家公司对参展项目表达出强烈兴趣，其中有几项基本达成合作意向。

（魏晓欣）

【成功发射遥感三十二号01组卫星】 10月9日10时43分，在酒泉卫星发射中心，长征二号丙遥三十八/远征一号S火箭采用一箭双星方式发射遥感三十二号01组卫星取得圆满成功。本次发射是远征一号S上面级首次飞行，是长征二号丙系列火箭第52次进行宇航发射任务，是中国航天长征系列火箭第286次执行发射任务。远征一号S上面级是上面级家族的新成员，用于和长征二号丙运载火箭组合以一箭双星直接入轨方式发射卫星等有效载荷，是中国着力打造的一款低成本常规液体推进剂商用上面级。

（魏晓欣）

【员工在第八届全国数控技能大赛中勇创佳绩】 10月14日，2018年中国技能大赛暨第八届全国数控技能大赛在北京亦创国际会展中心举行，公司4名员工作为北京队队员参赛并全部获奖，其中关进良、刘建国荣获数控机床装调维修工两个一等奖，并获得“全国技术能手”称号，康耀邦获得加工中心操作工（五轴）二等奖，田金常获得数控车工三等奖。全国数控技能大赛是国家级一类大赛，由人社部、教育部、科学技术部、中华全国总工会、中国机械工业联合会联合主办，2004年首次举办，每两年举办一届。本届大赛以“弘扬工匠精神，对接世界标准”为主题，赛时4天，共有来自全国29个省级代表队的687名选手参加决赛。

（魏晓欣）

【高凤林当选中华全国总工会兼职副主席】

10月25日，中华全国总工会选举产生第十七届执行委员会，执委会第一次会议选举王东明为主席，李玉赋等15人为副主席。其中，公司员工高凤林光荣当选全总兼职副主席。集团公司董事长吴燕生第一时间致电公司党委及本人表示热烈祝贺。院长郝照平、院党委书记李明华也第一时间表示了祝贺。高凤林是公司特种熔融焊接工，全国劳动模范、全国道德模范、央视新闻《大国工匠》开篇第一人。工作38年以来，高凤林攻克难关200多项，著有论文30多篇，获得过多项国家级荣誉。他一次次攻克了型号发动机系统焊接技术世界级难关，为北斗导航、嫦娥探月、载人航天等国家重点工程的顺利实施以及长征五号运载火箭研制做出了突出贡献。

（魏晓欣）

【长征二号丙遥二十二火箭发射取得圆满成功】　10月29日8时43分，在酒泉卫星发射中心，长征二号丙遥二十二火箭发射中法海洋卫星及搭载的7颗小卫星取得圆满成功。中法海洋卫星发射任务为国际合作项目，此次发射也是长二丙火箭〇五批投产的最后一发火箭。历时13年，本次任务也是长征二号丙型号2018年收官之战。

（魏晓欣）

【成功中标海尔热水器外壳项目】　10月29日，子公司北京长征火箭装备科技有限公司（简称“北京装备公司”）中标海尔智慧电器公司电热水器外壳自动成型线项目，成功拓展热水器自动成型生产线业务。此次中标海尔热水器外壳自动成型线项目，打破了国外技术垄断，推动了技术创新，进一步完善了钣金线发展战略的业务布局。

（魏晓欣）

【工艺项目荣获德国纽伦堡国际发明展金奖】

11月1日至5日，在德国举行的第70届纽伦堡国际发明展会上，公司曲面壁板网格铣削工艺项目参展并被评为金奖。此次参展项目是由公司8人团队共同开发的，该曲面壁板网格铣削工艺是在通用五轴数控机床上，采用空间曲面装夹技术和可交互控制在位测厚与自适应铣削技术，使壁厚控制精度提高5倍以上，从而达到同级别壁厚控制精度的专用设备的价格大约是本工艺成本的100倍。本发明可应用在航空、航天、民用、国防等薄壁网格产品制造领域。纽伦堡国际发明展览会是是世界上最负盛名，历史最悠久和评奖最严格的展会之一，至今已有70年的历史。2014年，公司首次参加纽伦堡国际发明展，高凤林获得了三项金奖。

（魏晓欣）

【公司表面处理中心建设项目通过现场竣工验收】　11月13日，公司表面处理中心建设项目顺利通过由国防科工局组织的项目现场竣工验收。表面处理中心建设项目于2010年批复初步设计并开始实施，2017年11月完成建设。通过项目建设，新增了工艺设备112台（套），新建了303号表面处理厂房，形成了电镀、电铸、化铣、氧化、酸洗等种类齐全的表面处理能力，为公司科研生产任务的完成提供了强有力的支撑。

（魏晓欣）

【3名员工在全国智能制造应用技术技能大赛中获二等奖】　11月14日至18日，由公司3名员工组成的参赛团队荣获2018年中国技能大赛——第二届全国智能制造应用技术技能大赛“切削加工智能制造单元安装与调试”赛项二等奖。全国智能制造应用技术技能大赛是国家级一类大赛，由人社部、中华全国总工会、中国机械工业联合会共同举办，是代表中国智能制造行业最高水准的职

业技能竞赛。本届大赛以“新时代、新技能、新梦想”为主题，以“弘扬工匠精神、对接世赛标准、打造智造精品”为宗旨，具有“技术内涵深、难度系数大、考核要求高”等特点，共有来自全国27个省级赛区的196支参赛队伍、588名选手参加总决赛。

（魏晓欣）

【2018年上面级发射任务圆满收官】 11月19日，长征三号乙遥五十三/远征一号遥十二运载火箭在西昌卫星发射中心点火升空，采用“一箭双星”直接入轨方式成功将中国北斗全球卫星导航系统2颗组网卫星送入预定轨道，圆满完成发射任务。此次成功发射，标志着中国圆满完成了北斗全球卫星导航系统基本系统的组网部署，迈出中国北斗从国内走向国际、从区域走向全球的关键一步；也标志着2018年上面级发射任务圆满收官。

（魏晓欣）

【通信技术试验卫星三号发射取得圆满成功】 12月25日0时53分，长征三号丙遥十七运载火箭发射通信技术试验卫星三号获得圆满成功。本次发射任务是2018年长征三号甲系列火箭14次发射任务的最后一发，也是公司23次宇航发射任务的收官之战。

（魏晓欣）

【连续荣获“中国机械500强”称号】 年内，公司连续第15年荣获“中国机械500强”荣誉称号，名列第272位。评选活动由中国机械工业企业管理协会主办，突出呈现三个特点:一是新入围企业的数量较历年有所增多;二是重复入围企业的名次变动幅度较大;三是上市公司所占比例明显增加。

（魏晓欣）

【航天首台机器人搅拌摩擦焊系统完成安装调试】 12月7日，公司完成了机器人搅拌摩擦焊系统的安装调试。机器人搅拌摩擦焊系统由公司自主研制，是航天领域首台自主研制的机器人搅拌摩擦焊系统。该系统通过重载机器人与先进的焊接主轴装备的系统集成，可显著提升焊接作业柔性,实现空间复杂轨迹的焊接,有效提升焊接自动化程度和生产效率。该系统将有效提升公司搅拌摩擦焊技术能力,拓宽搅拌摩擦焊技术应用范围。

（魏晓欣）

中车北京二七车辆有限公司

【概　况】 2018年，公司本部在册人数1080人，其中教授级高级工程师8人、副高级专业技术职称64人、中级专业技术职称98人、高级技师56人、技师资格97人。公司总资产44965万元，负债35644万元，所有者权益9321万元，流动资产8356.7万元，长期股权投资2073.8万元。固定资产净值612万元,主要由土地、房屋建筑物、住宅区公共设施设备组成。全年实现主营业务收入260万元,实现归属母公司净利润49万元。

（李　峰）

【规划发展】 年内，落实习近平总书记视察中车集团所作的重要指示，研究确定公司退出制造业，发展与科技创新相关、符合北京市规划的服务业。对转型升级方案人员安置预算、资金平衡进行了重新测算，明确了公司转型升级目标。2月8日将《中车北京二七车辆有限公司转型升级总体方案》（二七辆〔2018〕11号）上报中车集团，12月28日，中车集团下发《关于二七车辆、二七机车公司（厂）未来发展初步定位的通知》（中车集团战略〔2018〕465号），明确了公司初步定位为现代服务业务经营公司，盘活利用部分现有厂区土地进行转型升级，建设并打造集创新、投资、服务功能于一体的“中车北京二七双创园（北区）”（暂定名），重点发展园区服务、产业孵化、电商信息数据、环保装备产业产权交易四大业务板块。积极与中车置业、宝湾物流、物流规划院、启迪控股等合作单位沟通协调公司转型升级诉求。4月，与中车置业讨论规划初稿，并与清华启迪控股进行了三方座谈沟通。9月，结合转型及压缩管理层级、减少法人户数工作的要求，赴中车置业，对公司转型总体方案、合作模式、资金需求等内容进行沟通，并积极配合中车置业完善转型方案。10月，同中车置业共同研讨与国管局三方合作框架协议内容。积极对接政府部门，寻求政策支持。11月，与丰台区经信委、长辛店街道对接二七车辆公司、丰华实公司退出制造业补贴申请相关事宜，提供相关资料。与中关村科技园区管委会对接公司土地、楼宇等基本情况，完成园区企业平台基础数据上报。

（李　峰）

【改革改制】 根据《关于落实国务院国资委二七机车公司“处僵治困”现场督导会议工作分工安排的通知》精神，5月25日上报中车《南车二七（北京）车辆厂有限公司吸收合并中车北京二七车辆有限公司方案》。6月7日上报中车《南车二七（北京）车辆厂有限公司关于北京长铁车辆有限公司股权公开出售的请示》（二七辆厂〔2018〕32号），7月23日获得中车批复同意。根据《关于<二七车辆公司压缩管理层级减少法人户数工作方案的请示>的批复》（中车股份投资〔2016〕334号）文件要求，2018年底丰华实公司注销。

（李　峰）

【经营管理】 年内，紧扣“提高品质、降本节支”经营主线，从调整机制、强化管理、节支降本、深化转型四个方面，拓宽公司全年的经营工作路径，坚持创新驱动，狠抓内部管理，持续深化改革，推进转型升级。克服了人员大幅变动、资金严重短缺等困难，在圆满完成公司业务转移、人员安置等中心工作的同时，超额完成中车集团下达的各项指标。

（李　峰）

【生产运营】 为促进企业转型，打造现代服务型企业，制定下发《规章制度废改立工作方案》（二七辆运营〔2018〕7号），全面启动规章制度体系再造工作。围绕企业转型发展目标，重点聚焦规划控制、财务控制、风险控制、资源配置、运营管理和党建纪检监察等六项核心职能作用的发挥，构建与公司转型发展规划相匹配的组织机构。开拓新业务，与清华大学、北京交通大学、国家发改委中国投资协会新兴产业中心、中国北方车辆研究所、中青旅控股股份有限公司、中信商业管理有限公司等数十家大学企业进行项目接洽研讨，形成专业调研报告数十篇，寻求契合二七双创园的项目。盘活既有实验室资源，与北京交通大学开展实验技术服务项目并实现营业收入；提供技术转让服务，与中车石家庄公司、沈阳公司、西安公司、重庆长征重工有限责任公司分别签订产品技术转让合同7份。

（李　峰）

【基建与技改】 年内，全面启动职工家属区“三供一业”分离移交工作，2017年与北京市丰台供暖所签订供暖分离移交协议，后续移交2587户，2018年移交工作全面完成；5月，与北京市自来水集团有限责任公司签订供水分离移交协议，供水移交3482户，并完成供水设施资产的移交，相关供水改造项目进入收尾阶段；8月，与国家电网北京市电力公司签订供电分离移交协议，移交4065户，并完成供电设施资产的移交，相关供电改造项目正在进行；12月，与北京房地集团签订物业管理分离移交协议，移交户数3690户，依据移交协议对改造方案作进一步优化。

（李　峰）

中车北京二七机车有限公司

【概　况】 中车北京二七机车有限公司

（以下简称二七机车公司）隶属于中国中车集团有限公司，前身是始建于1897年的邮传部卢保铁路卢沟桥机厂。百年“二七”，历经风雨洗礼，孕育了北京近代工业产业，是在中国共产党领导下“二七”工人运动的主要策源地，新中国第一台内燃机车从这里诞生。2018年之前，二七机车公司主要经营的项目是：制造、加工铁路及城市轨道交通运输设备、电子设备、机械电器设备；开发、设计、制造、修理、销售铁路及城市轨道交通运输设备、电子设备、机械电器设备；技术咨询、技术服务、技术进出口、代理进出口、货物出口、供暖服务；仓储服务；施工总承包；专业承包；劳务分包；机械设备租赁等。2018年，按照国家疏解非首都功能工作及中车集团公司发展战略和业务重组规划的相关要求，二七机车公司全面退出制造业，正式由中车股份转入中车集团。二七机车公司现有员工844人,下属参控股公司4家,分别为北京中车长客二七轨道装备有限公司、天津二七康库得曲轴有限公司、北京中车二七重型机械有限公司以及北京中车二七达诺巴特机床制造有限公司。

（周燕平）

【规划发展】　年内，公司实现营业收入43238万元，利润总额－170227万元。“中车二七机车厂1897”科技文化创新城方面：启动区开发建设大体完成，与合作方签订厂房租赁面积1.2万平方米，实现收入320万元。国家冰雪运动训练科研基地方面：集团公司与国家体育总局就国家冰雪运动训练科研基地项目签订合作框架协议，明确利用二七机车公司厂区内现有厂房设施，改造为国家冰雪运动训练科研基地。国家体育总局下达了体经字〔2018〕462号《关于中车北京二七机车有限公司国家冰雪训练科研基地改建项目可行性研究报告的批复》，初步批复建设面积约14万平方米，投资约7亿元。国家体育总局冬季运动管理中心、北京体育大学与二七机车公司签订项目共建协议。窦店制造产业园方面：项目累计完成总投资15.4亿元，调试联合厂房、组装联合厂房、零部件加工厂房、涂装加工厂房、钢结构厂房、备料厂房等六大厂房均已完成封闭，锅炉房、水泵房、开闭站等配套设施完成施工。

（周燕平）

【改革改制】　年内，二七机车公司结合中车集团发展战略，深入贯彻中车产能整合、业务优化的战略部署，积极推动制造业疏解，实现停产退出现有制造业务，研发技术、市场份额与售后服务由中车股份下属相关子公司承接，剩余业务以及所属控股、参股公司的其它业务，随股权转让到中车集团。与各承接方签订了业务转移相关协议，完成制造业务板块的业务转移工作。根据国家、北京市相关法律法规以及中国中车《关于推动中车北京二七机车有限公司业务重组工作的指导意见》（中车股份重组办〔2017〕323号）、《中国中车集团公司劳动用工管理办法》（中车集团劳资〔2016〕181号）、《中国中车股份有限公司员工分流安置工作指导意见》（中车股份劳〔2017〕175号）精神，结合二七机车公司未来产业定位和发展战略，制定疏解非首都功能员工分流安置方案，办理协解员工1030人，办理内部退养员工234人，选择待岗员工410人，其中中层管理干部48人；完成处置的设备固定资产合计601项，金额7591.91万元。

（周燕平）

【经营管理】　年内，开展费用支出清理，杜绝一切非必要开支，对必须支出的费用控制支出规模，严禁铺张浪费。差旅费较上年同期降低81%，业务招待费同比降低75%。制定“两金”压控专项整治措施，应收账款和存货压减责任层层落实，截止年底，两金占用为65515万元，较年初97383万元降低了31868万元，降幅33%；应收帐款较年初减少16101万元，降低32%；存货较年初减少20579万元，降低38%。合理调整回款奖励制度，累计回款2.9634亿元，应收账款清理效果明显；积极联系各供应商沟通协调办理退货、合同终止、销售配件等核款2216.24万元；配合集团协调与各子公司签订资产转移协议，核款合计9231.19万元，存货资产处置工作进展顺利。在产业疏解转型的特殊时期，严格按照"分级管理、分线负责"的原则，落实安全生产主体责任制，无死亡、无新增现岗职业病、轻伤率≤1.9‰、无重大盗窃案件和重大火灾事故，各项指标控制在合理范围内。高度重视环保工作，对二七机车公司退出制造业后遗留的废油污泥等有害固废，督促责任单位进行妥善处置，污染物排放控制在中车指标范围内，全年综合能耗低于2700吨标煤，较上年下降1200吨标煤左右。"三供一业"移交方面，按照集团公司要求完成供水、供暖、供电和物业管理分离移交协议的签订工作，其具体工作也同时展开。

（周燕平）

【人力资源管理】　年内，根据北京市疏解非首都功能的工作要求和中车集团产业转移的决策部署，结合公司业务转型实际情况，以及年龄结构、学历结构和技能等级情况，开展人员分类、数据测算和方案制订工作，通过与集团人力资源部的数次沟通和方案的反复修改，最终确定了人员分流安置方案。在分流安置工作过程中，进行了风险排查，对2016年协解、内退人员和劳务派遣人员出现的问题，协同工会与相关人员进行沟通，并联络北京市总工会和区人保局寻求解决途径。同时，积极联系地方政府，中车内部、外部企业为二七机车公司人员提供相应岗位，截至年底，共联系中车外企业90余家、中车集团内公司20余家组织招聘工作20余场，安置人员595人。组织开展2018年度专业技术职务任职资格评审工作，公司各单位累计申报人数96人，其中申报正高级、副高级33人、中级49人、初级14人，已全部完成职称评审。结合社会用工需求和员工技能情况开展针对性培训，提升员工转岗适应能力，为员工再就业把方向、选路径、解难题。

（周燕平）

【基本建设和技术改造】　国家冰雪运动训练科研基地方面：集团公司与国家体育总局就国家冰雪运动训练科研基地项目签订合作框架协议，明确利用二七机车公司厂区内现有厂房设施，改造为国家冰雪运动训练科研基地。完成备料厂房、重锻厂房、15吨锅炉房及周边区域、金构大养联合厂房等4座主要厂房和若干平房的腾退工作，合计面积约3.4万平方米。窦店制造产业园方面：项目累计完成总投资15.4亿元，调试联合厂房、组装联合厂房、零部件加工厂房、涂装加工厂房、钢结构厂房、备料厂房等六大厂房均完成封闭，锅炉房、水泵房、开闭站等配套设施完成施工。

（周燕平）

【企业文化建设】　年内，注重意识形态管控，对内宣传确保新闻发布信息准确、内容积极向上，对外宣传确保无负面新闻，并加强对各类微信群的监管，发现不良现象及时正确引导。综合运用传统媒介和新媒体平台做好党建与企业文化宣传报道工作，较上年年底，《百年二七》微信公众号新增关注人数246人，关注人数总计5495人，全年共发布81条微信。二七机车公司宣传片《师傅》登上央视十套《讲述》栏目，《北方工人运动的摇篮》被北京日报、人民网、党建网等十余家媒体转载报道，《百年汽笛的回响》登上工人日报，《镌刻在丰碑上的缅怀》、《人民功臣梁维铭》等十余篇文章多次登上中车报、中车微信。《百年二七 最后的机车》和CCTV-2《工业旅游 钢筋铁骨的软实力》获得8000的关注度，整年的点击率106038余次，点赞率1683余次，留言条数170余条，引起了员工的情感共鸣，扩大了公众号的影响力。二七机车公司获得“2015—2017年度首都精神文明单位”称号。成功举办第三届国企开放日活动，为企业文化建设起到了积极作用。

（周燕平）

【党群工作】　年内，贯彻落实《关于新形势下党内政治生活的若干准则》，增强党内政治生活的政治性、时代性、原则性和战斗性。针对巡视查找出的94项问题，制定130项整改措施，并将责任落实到部门，明确责任人，按照规范要求严格进行整改。强化党员思想政治教育，组织党员干部深入学习党章党规和习近平总书记系列重要讲话精神，学习习近平总书记视察中车的重要指示精神。加强党员队伍建设，发展新党员11名，转正26名。依托“六送三关注”办法，开展夏送清凉、学子圆梦、劳模表彰、员工慰问（含困难、单亲、售后、大病）、女职工体检和特殊疾病保险续保等关乎员工切身利益的活动。认真开展效能监察和监督监察工作，组织8个相关单位对发生业务往来情况进行认真核查，对招投标开标环节进行全过程监督。及时对二七机车公司全面资产清查工作进行监督监察。针对资产处置工作，专门制定了资产处置管理办法，成立了定价专项工作组，纪委全程参与，对项目的定价过程，招标过程，比价比选过程等廉洁风险点进行严格监督。

（周燕平）

北京京丰燃气发电有限责任公司

【概　况】　2018年，京丰公司以“改革创新、融合发展、转型升级、提质增效”为主线，全面推行“五精”管理，创建“三基九力”团队理念，顺利完成集团公司下达的考核指标和公司的各项生产经营任务。全年未发生人身伤亡事故、有人员责任的重大设备事故、重大火灾事故，安全生产实现“十无”，生产经营继续保持良好态势。

（胡岩毅）

【创新管理再获殊荣】　1月，在中国设备管理协会主办的“第三届全国设备管理创新成果大会”上，京丰公司“基于精益思想的燃气轮机检修项目管理”项目荣获设备管理创新成果三等奖。此次获奖项目是基于京丰公司拥有的专业化燃机检修团队。京丰公司自2005年燃机建成投产以来，积极探索F级燃机自主检修之路，勇于尝试，厚积薄发，认真学习实践日本三菱公司在电力设备检修方面的精益思想，逐渐总结提炼出一套燃气轮机检修项目的精益检修管理体系，并形成了作为燃机检修项目的纲领性文件，统一指导各检修项目开展精益检修，确保各检修项目在精益检修推进方式和目标上的系统性和一致性。经过多年的发展，京丰公司成为国内唯一一家具备自主完成M701F燃机C/T/M全口径检修的燃气发电企业，至今已成功完成了F级大型燃机自主检修18台次，创建了优质的市场品牌，赢得了三菱公司及其国内合资公司以及国内燃机专业检修市场的高度认可。

（胡岩毅）

【荣获首都文明单位称号】　5月，京丰公司获得了“首都文明单位”荣誉奖牌，被首都文明建设委员会评为2015—2017年度首都精神文明创建工作先进单位，这也是公司连续16年获此殊荣。在精神文明建设中，京丰公司以培育和践行社会主义核心价值观为重要内容，丰富创新载体，坚持长抓不懈，不断提升文明单位创建水平。通过开展最美京丰人宣讲等活动培育践行社会主义核心价值观和企业精神；通过大力开展安全文化、学习文化和廉洁文化等创建活动，提升了企业文化建设水平；通过加强节能减排工作、开展志愿者活动和各类爱心活动，增强了履行社会责任的意识和能力。

（胡岩毅）

【两项实用新型专利获国家授权】　8月，京丰公司“一种卧式起重缓降器”、“一种吊车起重缓降器”两项发明专利成功通过国家知识产权局审查，获得国家授权。这是公司在自主知识产权保护方面取得的又一喜人成果。近年来，公司高度重视员工智慧成果的提炼和应用，鼓励、引导员工参与技术革新，群策群力攻关难点问题。建立了一整套技术创新机制，内容涵盖项目立项、资金保障、项目实施、验收以及评比表彰等多方面，充分调动了各级人员开展科技工作的积极性和主动性。截至2018年底，公司共获得13项国家专利授权，其中防冰除湿系统两项专利为燃机电厂进气防冰除湿系统改造提供了示范指导作用。各项科技成果的应用提升了企业的安全效益。

（胡岩毅）

【成功运用发电机免抽转子机器人检测技术】8月，京丰公司1号机组C级检修成功运用发电机免抽转子机器人检测技术，也是国内同型号燃气机组首次运用智能机器人技术。此项检测技术的应用，降低了维护检修成本，实现了免抽转子检查发电机膛内工况的目的，为公司智能检修的探索迈出了坚实的一步。

（胡岩毅）

【荣获全国电力行业QC成果一等奖】　11月，中国水利电力质量管理协会举办全国电力行业QC成果展示会，京丰公司QC项目《降低发电机组主机热工测点故障次数》从供电、发电、施工、设计、修造等653家企业的QC成果中脱颖而出，荣获了全国一等奖。多年来，京丰公司高度重视QC小组活动的管理和体系建设，QC小组成果多次获得奖励，形成年年有QC成果获国家级荣誉的良好局面，充分展现了公司在质量管理和技术创新上的先进水平。QC小组活动的开展，提升了公司全体员工的质量意识和质量管理观念，提高了企业员工的整体素质，培养了一批质量管理及创新人才，对公司综合管理水平的提升起到了推动作用。

（胡岩毅）

北京三兴汽车有限公司

【概　况】　2018年，北京三兴汽车有限公司紧紧围绕“十三五”发展规划目标，认真贯彻落实国资委及集团公司关于提质增效有关工作要求，结合公司发展实际，以提升运营水平为主线，以解决企业管理中存在的突出问题和薄弱环节为重点，聚焦短板，强化责任追究，及时跟踪评价，有效提升了公司的经济运行质量和效益，经营状况逐步向好，实现营业收入2.43亿元，实现利润308.26万元。创新管理机制，实施成本买断及目标成本考核，产品产量同比提高26.61%，销量同比提高49.75%。修订完善了《企业管理制度汇编》、《岗位基本职责》、《保密管理制度汇编》等规章制度。公司相继通过二级保密资质、装备承制资格续审、扩项审查等工作项目。20000L、无人割草机等新研产品样车制作及投标准备工作有序推进。

（陈　静）

【外商考察】　5月29日，塞尔维亚FAP公司总经理兰科·武科维奇、市场及进出口负责人佐兰·基亚茨、Vatrosprem公司德拉吉萨·马林科维奇一行到公司考察交流。

（陈　静）

【领导调研】　6月14日，国家应急管理部副部长、国家安全生产应急救援指挥中心主任孙华山一行到公司调研，调研中认真听取了“轻型高机动”应急救援系列——整体自装卸运输车、托盘化系列方舱、运净水车、炊事车、宿营车等军用品牌，以及消防系列和高原房车系列车辆装备的功能介绍和在抢险救灾中的实际应用情况，对公司在应急救援产品领域的贡献表示赞许。

（陈 静）

【重点研发】 7月28日，在昆明组织召开的“十三五”国家重点研发计划“高原高寒地区灾害现场安置装备关键技术与装备研究及应用示范”项目推进会上，公司承接了“课题六——高原高寒地区灾害现场安置装备关键技术与装备研究及应用示范”的研制工作项目。

（陈 静）

【召开领导班子巡视整改专题民主生活会】 9月5日，召开领导班子巡视整改专题民主生活会，深入查找公司领导班子及班子成员在发挥党的领导作用、党的组织建设、全面从严治党、公司管控、巡视整改等五个方面存在的问题，通过对照检查、开展批评和自我批评，提高了思想认识，增强了管党治党责任，提升了公司的治理效能。

（陈 静）

【市级职工创新工作室】 9月，由北京市总工会、北京市科学技术委员会联合认定的2017年度市级（示范型）职工创新工作室暨首都职工自主创新成果发布，公司闫成文工作室被认定为“市级职工创新工作室”。闫成文工作室自2010年创建以来，切实发挥引领示范作用，把握技术创新主旋律，不断加强自身建设，充分发挥技术人员和技能人才优势，深入开展技能培训、技术创新、成果转化等活动，解决了企业生产经营管理中的技术难题，促进了企业技术进步和技能人才建设，2013年荣获新兴重工集团“优秀科技成果二等奖”、总后“科学技术进步二等奖”，2014年荣获新兴际华集团“科学技术进步一等奖”，2016年荣获新兴际华集团“科学技术进步二等奖”，2016年北京市知识产权局授予北京三兴汽车有限公司“北京市专利示范单位”，2017年北京市经信委授予北京三兴汽车有限公司“市级两化融合管理体系贯标试点”单位，为推动“大众创业、万众创新”和落实北京“四个中心”建设做出了重大贡献。

（陈 静）

【“三供一业”移交】 为落实党的十八届三中全会关于国企国资改革、集中精力发展主业的统一要求，10月，公司职工家属区“三供一业”交由北京房地集团有限公司管理，正式实施市场化物业服务工作。

（陈 静）

【出席全国工会十七大代表大会】 10月22日，中国工会第十七次全国代表大会在人民大会堂开幕，公司首席技师、结构卧罐车间主任关新民作为中央企业职工代表出席盛会。当选中国工会十七大代表并出席大会，不仅是一种政治荣誉，更承载着广大职工的重托和厚望。

（陈 静）

北京市赛欧工贸有限公司

【概 况】 2018年，赛欧公司以北京市供销合作社“做强做优首都供销社”战略目标为引领，以做好巡视整改工作为契机，解放思想、攻坚克难、开拓创新，较好地完成年度工作任务，实现平稳有序的发展。全年实现营业收入13384.36万元，同比增长10.83%；实现综合经济效益8571.51万元（其中利润6371.51万元、资产占用费2200万元），同比增长9.14%，上缴国家利税2587.32万元。截至年底，全系统共有在职职工125人，退休退职人员1843人。

（马 兰）

【迎接各级领导参观考察交流】 1月25日，燕山工委办事处考察团一行到赛欧孵化中心参观交流。4月13日，世欣东方领导一行莅临赛欧孵化中心参观指导。5月7日，杭州市供销社监事会主任许华忠携杭州市区、县供销社相关负责人等一行8人到赛欧公司考察交流持有型物业发展模式。6月7

日，供销合作社领导干部管理提升能力高级研修班学员参观考察赛欧科园科技孵化中心。

（马　兰）

【召开第六届董事会】　3月28日，召开第六届董事会、监事会第一次会议，会议选举陈思勇为董事会董事长、王永杰为监事会主席；聘任张一帆为北京市赛欧工贸有限公司总经理（法定代表人）；聘任邓继超、王彪为北京市赛欧工贸有限公司副总经理；聘任李丹丹为公司董事会秘书；审议并通过修改《北京市赛欧工贸有限公司章程》的议案。12月24日，召开第六届董事会第三次会议，审议并通过关于修改《北京市赛欧工贸有限公司章程》的议案；根据《关于王海轮、张艳秋同志职务任免的通知》（京供发〔2018〕154号）文件精神，选举王海轮担任北京市赛欧工贸有限公司董事长，同意聘任张艳秋为北京市赛欧工贸有限公司副总经理；审议并通过《北京市赛欧工贸有限公司公司董事会议事规则》。

（马　兰）

【为丰台区中小企业发展提供助力】　9月13日，为增进平台网络成员间的联系与沟通，促进资源对接与服务协同，赛欧孵化中心作为北京市中小企业公共服务平台的联网窗口、合作机构，参加交流沙龙第十四期"走进纳什空间活动"，赴北京纳什空间——北辰总部参观交流，并聆听了市中小企业孵化行业优秀企业的案例分享。9月20日，为促进中小企业创新创业发展，打造"双创"服务生态圈，落实国家"一带一路"、京津冀协同发展等重大战略，由丰台区经信委和丰台区中小企业服务中心主办，北京明说管理咨询有限公司及赛欧孵化中心承办的2018年丰台区中小企业创新创业系列培训第五期"中小企业互联网化战略实施的困惑与政策培训班"在公司13层大会议室举行。12月13日，为了更好地服务园区企业，助力企业快速成长，赛欧孵化中心作为示范服务工作站在赛欧5F咖啡厅开展企业服务对接活动，科技部火炬中心的专家于智超老师分别为总部基地商务服务公司和北京中安瑞力科技有限公司开展了一对一服务。

（马　兰）

【举办知识产权宣传活动】　4月25日，"12330赛欧工作站"在赛欧国家级众创空间举办以"商标品牌战略"为主题的沙龙活动，活动邀请了知识产权领域方面的专家刘俊龙老师进行分享，十余家企业30位知识产权工作负责人参会。12月5日，为全面贯彻落实《国家知识产权局关于举办2018年第十二届中国专利周的通知》（国知发管函字〔2018〕237号）的各项部署，更好地服务入驻企业，"12330赛欧工作站"在北京市知识产权局及"12330丰台分中心"的带领下进行"专利周"知识产权宣传咨询活动，全方位帮助企业通过加强知识产权管理提高竞争力。

（马　兰）

【开展安全知识竞赛活动】　10月11日，为认真贯彻落实北京市总工会、北京市安全生产监督管理局下发的《关于开展2018年度"安康杯"竞赛活动的通知》精神，以"安全连着你我他、一岗双责靠大家"为主题，在中核路1号楼13层多功能厅举行"2018年安全知识竞赛活动"。

（马　兰）

【开展企业融资对接活动】　8月14日，赛欧孵化中心联合京信供销基金、北京创业投资协会、允中创业等多家机构在5F咖啡厅举办企业融资对接会。此次对接会推出的路演企业包括三家赛欧入孵企业和一家外部企业，共有三家投资机构听取了路演，各方就商业模式、行业热点、团队背景以及估值依据等内容进行了深度沟通交流。

（马　兰）

商贸 服务业

商业贸易

【概 况】 2018年，丰台区商务委员会以“提质增效、创新驱动、为民便民”为主线，统筹推进疏功能、稳增长、促改革、调结构、惠民生等各项工作，取得较好进展。全年实现总消费2138亿元，增长7%，其中社会消费品零售额1170.8亿元，同比增长3.2%，总量居全市第三位，增速居城六区第一。服务消费完成967.2亿元，增长12%。

（牛格非 李 蕊）

【规划政策】 年内，制定并印发《丰台区加快蔬菜零售网络建设工作方案》，织密“五分钟”蔬菜零售网络体系；制定并印发《丰台区生活性服务业设施规划》，将便民商业业态配置细化到街乡镇。

（张会利 牛格非）

【调整疏解非首都功能】 年内，完成26家市场调整疏解工作，其中拆除2家、清退转型15家、升级改造9家，涉及建筑面积16.77万平方米、摊位数4381个、人口9898人。

（张会利 牛格非）

【生活服务业品质提升】 年内，新建和规范提升便民网点133个，连锁化率达到42%，实现基本便民服务功能社区100%覆盖。市区级网点建设资金全年总计投入2284万元。推荐丰台区49家品牌企业入选北京市生活性服务业品牌连锁企业资源库。小象生鲜、盒马鲜生等新零售业态加快在丰台区布局。实时更新丰台区便民商业网点电子地图，便民服务一目了然、一键可查。

（李 蕊）

【生活性服务业示范街区建设】 年内，花乡草桥镇国寺北街建成北京中心城区首个生活性服务业示范街区。形成了“8＋N”全业态体系，周边居民足不出街区，即可享受多业态、全方位、零距离的“一街式”便民服务。

（李 蕊）

【“五分钟”蔬菜零售网络体系建设】 年内，新建及规范蔬菜零售网点61个，全区蔬菜零售网点达到764个，平均每个社区2.2个，蔬菜零售网点连锁化率达到44%。

（张会利）

【促消活动】 开展“京味大年乐购月、品质消费在丰台”、“首届丰台跨境商品消费体验月”等品牌促消费活动，在品牌、时尚、特色等消费领域培育新增长点。

（李 蕊）

【行业管理】 年内，完成31家典当、29家拍卖企业年审材料上报。新增拍卖行企业9家，变更13家。新增典当行企业5家，变更12家。接受相关咨询3000余人次。完成65家加油站年检初审上报、1家加油站暂停歇业上报、6家证书变更。完善对蔬菜等生活必需品市场供应及价格监测，增加零售终端供应量，启动联合保供行动，落实产销合作协议，保障市场供应。开展肉菜追溯体系建设，全年完成790家，累计完成1524家，实现重点商超、餐饮、菜市场“来源可追溯、去向可查证、责任可追究”。有序落实粮食安全区长责任制。

（李 蕊）

【行业监管】 年内，进行商务安全生产检查2048家，共出动执法人员6144人次，发现问题458余起，均已现场整改，约谈130家。其中日常安全生产检查1048家，商业预付卡、家政服务、促销、美容美发、汽车销售、食盐等专项执法检查1000家，一般处罚7家，已结案交费6家，简易处罚122件。组织开展全区双打联合执法检查5次，涉及企业13家，上报双打信息49篇，被市级和全国网站采用8篇、专报采用1篇。

（李学兵 李 蕊）

【消费扶贫】 年内，与河北涞源县、内蒙古赤峰市林西县和兴安盟扎赉特旗建立扶贫协作对接机制，共建共赢协同发展。在新发地市场开展二县一旗农副产品推介活动，惠及3个旗县3320户贫困户8000余人。组织林西县、扎赉特旗特色农产品认购会，建立扶贫协作地区农产品微信认购群，在新发地、岳各庄市场设立特色产品展销专区，进市场、进超市、进餐饮，销售总额达1.77亿元，有效拓展了扶贫地区农产品进京销售渠道，丰富了京城百姓餐桌。

（张会利）

【电子商务】 促进“互联网+商务”深度融合，引导值得买、仁和药房网、叮当智慧药房等特色企业发展，促进商业实体企业与电子商务平台融合发展，培育出“始之生活、嗨啦社区”等具有区域特色的社区商业e中心。加快国家电商基地示范体系建设，以“走进新时代、发展来丰台”为主题，组织参加第五届京交会电子商务大会。

（杨 磊）

【总部经济】 年内，丰台区3家企业入选北京市总部经济中介机构库，225家企业入选2018年度北京市总部企业库。推动丰台园总部经济集聚区发展，园区总部企业数量占全区总部企业总量的比例达到66%。

（陈 涛）

【优化商务领域营商环境】 开展商务系统营商环境政策宣传,分类别向重点企业宣传9+N系列政策、工作开展情况及典型案例。精准开展深度服务,制定商务领域重点企业联系服务方案,主动走访重点企业。落实“放管服”改革,试点外资企业领取备案回执“马上办”,实现外贸经营权备案等十五证合一,完善外资企业“双积分”信用监管模式。

（陈 涛 李 蕊）

北京丰贸投资经营管理有限公司

【概 况】 2018年,丰贸公司克服疏解、拆迁等不利影响,结合公司实际,开拓创新工作思路,转变经营理念,企业整体经济运行较为平稳,实现营业收入13029.57万元,较上年增加0.87%;实现利润总额2782万元,较上年减少6.23%;实际缴纳各项税费3974.92万元,较上年增长10%;上交国有资本金377.77万元,较上年增加77.57%。

（冯 巍）

【领导班子调整配备】 7月20日，张达就任丰贸公司党委书记、董事长。11月22日，金立新任党委副书记，孙树国任纪委书记，郑建新、梁志强、左中柱任副总经理。调整中层干部任职9人次。

（冯 巍）

【企业重组调整】 年内，按期完成京都公司无偿划转、修理公司托管工作。同步完成党组织接转、公司制改制、资产及财务对接等工作，结合丰贸公司规章制度对两家企业各项制度进行了修改完善。

（冯 巍）

【内部整合】 年内，盛丰顺业、兴源天成与丰贸公司总部三家机关人员合署办公。根据公司发展需求对部门重新进行了设置、人员进行了调配，撤销六里桥和南苑经营部，分别并入北大地经营部、南苑鸿业分公司；统一了在职职工的薪酬结构。

（冯 巍）

【便民工程】 年内，建成16处社区便民菜站和3处一站式便民服务综合体。改建木樨园便民停车场9000平方米，为周边百姓提供216个停车位。

（冯 巍）

【网点清理拆除】 年内，清理拆除彩钢板4500平方米、违章建筑1500平方米，关停资产1000平方米。南苑棚户区改造，拆除经营性资产土地9700平方米，建筑物6500平方米。东铁营棚户区改造，拆除万利特南窑3号建筑32000平方米。丰台医院提质改建项目，拆除建筑1158.2平方米。

（冯 巍）

【安全生产】 年内，制定、修订安全管理制度、安全管理工作方案10余项。签订安全生产重点任务责任状16份，经理、部室主任安全责任书34份。投入28.1万元为14处网点安装安全远程视频监控系统。投入619万元，维修资产65处。组织安全生产应急演练3次，完成64处挂账隐患“回头看”核查工作。全年无重大安全事故发生。

（冯 巍）

【财务管理】 年内，降低涉税风险，及时理清涉税房产信息。加强预算管理，形成“年初—年中—年底”三个重要时间节点的预算管理模式。制订《审计中发现问题限期整改清单》《审计情况反馈表》等规章制度，加强审计整改反馈工作。

（冯 巍）

【后勤保障】 年内，完成69辆公务车辆信息化终端定位设备的安装，报废不达标车12辆，拍卖超标车12辆。引入外部公司对食堂进行运营管理。完成公司骨干网络升级。

（冯 巍）

【党建工作】 制定《党建工作责任制实施办法》《落实党风廉政建设主体责任清单》，修订《“三重一大”决策制度》《党委会议事规则》。签订《党建工作责任书》《意识形态责任书》18份。注销并调整六里桥等3个基层党支部。完成10个基层党支部换届选举。推进东铁营经营部、庆合分公司、右安门工商联党支部党建阵地标准化建设。完成右安门工商联党支部“软弱涣散”整改摘帽工作。实现党员E先锋使用和“党组织、党员双报到”全覆盖。参与区委组织部“不忘初心，牢记使命”主题微视频征集活动，拍摄题为《产业提升与便民服务同行》的微视频。代表丰台区国资委接受北京市委组织部党建工作检查。

（冯 巍）

【党风廉政建设】 年内，逐级签订《党风廉政建设责任书》、《党风廉政建设保证书》176份。重点监督检查拆迁中涉及“三重一大”事项。配合区纪委驻国资委纪监组对公司三个项目、六个网点拆迁补偿工作的检查，切实抓好党风廉政建设。

（冯 巍）

【工会工作】 制定《关于职工慰问工作的实施办法》，组织职工参加丰台区第七届全民运动会。完成《劳动午报》企业专版宣传。举办迎新春趣味运动会、新春联欢会、踏青秋游、“一平米健身”等文体活动。

（冯 巍）

【精准扶贫】 年内，与内蒙古林西县统部镇统部村签订精准扶贫项目合作协议，投入70万元为该村建设温室蔬菜大棚，助力受帮扶村和贫困人口按计划脱贫出列。

（冯 巍）

丰台区国有资本经营管理中心

【概 况】 丰台区国有资本经营管理中心

（以下简称国资中心）成立于2010年6月，是根据丰政发〔2010〕15号批复同意注册的全民所有制企业，是继北京市及朝阳、海淀、顺义三个区县先期试点之后又一家经市政府批准组建的投融资平台，注册资金81.4亿元人民币，主要从事融资担保、投资、资产管理三块业务；下设四部一室，下属二级企业12家。2015年3月中心成立党支部，2016年5月成立工会。中心主体信用评级为AA+，是区内唯一一家有主体信用评级且评级最高的国有非上市公开企业。从成立以来，中心发行了20亿元企业债、30亿元中票、15亿元短融，设立了12亿元棚改基金，累计融资80多亿元，累计支持棚改及旧村改造、园区建设、非首都功能疏解等区重点工程项目200多亿元，累计为区重点工程项目融资提供400多亿元担保，围绕区委区政府重点工作较好地发挥了金融服务职能。

（国 帅）

【强化党组织政治核心作用】 年内，落实全面从严治党主体责任和监督责任，严格执行“三重一大”决策制度。结合企业实际，分别在区国资中心及实际管理的二级企业设立党小组，加强党组织及党员的日常管理。

（国 帅）

【整治“四风”方面突出问题】 认真学习贯彻落实习近平总书记关于进一步纠正“四风”、加强作风建设的重要指示精神，制定纠正“四风”、加强作风建设实施方案；积极配合上级部门的审计和检查，对存在的问题及时制定整改措施，做到能立行立改的就即刻整改，其他问题均明确了完成时限，对把握不准的问题及时请示上级有关部门，确保“四风”问题彻底遏制。

（国 帅）

【配合专项审计】 在完成年度决算报表审计的基础上，配合区国资委及其委托的会计师事务所完成2017年度国资委监管企业决算数据真实准确性专项审计，促进了中心内控制度的建设，完善了内部审批流程，保障了中心的规范运营。

（国 帅）

【落实重组改制工作】 年内，根据区委区政府《关于印发〈丰台区国资委监管企业调整重组方案〉的通知》和区国资委“以国资中心为主体，打造区域金融服务集团”的定位，以及“进一步完善监管机制，防范重大金融风险”的要求，国资中心高度重视，积极有序推进，重新梳理并提出决策模式的方案，内控制度不断完善加强。同时，根据新城市总体规划对丰台区的新定位，结合丰台区实际，在深入开展调研学习的基础上，研拟了《关于以区国资中心为基础做大做强丰台区投融资平台的工作方案》并报区政府。

（国 帅）

【支持丽泽商务区建设】 年内，因丽泽控股公司资金接续出现困难，丽泽管委及丽泽控股商请区国资中心新注册发行中票，借予丽泽控股用于偿还其到期债务。为支持丽泽金融商务区建设、避免债务违约引发区域系统性金融风险，区国资中心启动了新注册发行5亿元中票的相关工作。在时间紧、任务急的情况下，在自身赶超进度的同时，全力协调出资企业及各中介机构，以远少于正常工作周期的时间完成了注册相关工作。

（国 帅）

【加强债券存续期管理】 年内，扎实做好委贷资金回收和担保责任解除工作，全力保障资金安全，全年按期收回委托贷款18.6亿元，解除担保责任36.2亿元。顺利完成20亿元企业债到期兑付。在资本市场资金紧张的大环境下，克服困难，为确保万无一失制定了还款资金筹划方案。通过协调几家使用借款的项目主体，按时收回16.1亿元委托贷款，得以按期足额兑付20亿元企业债。严格按照监管要求，及时进行财务信息、经营信息的公开披露。

（国　帅）

【为区内重大项目提供融资担保】　年内，累计为白盆窑旧村改造项目、槐新组团项目、小瓦窑村旧村改造项目等提供159亿元融资担保。同时加强保后管理，严防业务风险。

（国　帅）

【为中小企业融资担保服务】　年内，区国资中心直接管理的二级企业诚信佳担保公司新增融资性企业担保户数81户，个人经营性贷款业务60笔，新增对外担保金额8.17亿元，同比增长87.9%，完成全年计划的181.6%，其中丰台企业户数58户，占比71.6%，在重点服务丰台本地、业务高速增长同时，实现全年零代偿。

（国　帅）

北京市丰台区烟草专卖局(公司)

【概　况】　2018年，丰台烟草专卖局（以下简称丰台烟草）共销售卷烟7.85万箱，含税销售额25.85亿元，实现利税5.78亿元，单箱销售额32950元，单箱值同比增长2.31%。持续开展卷烟市场秩序整治，破获多起违法销售卷烟案件，卷烟销售市场整体表现良好。

（张铁玲）

【指导农村中小客户卷烟经营】　1月17日，为持续提升辖区卷烟销售结构，客户经理以农村中小零售客户为重点挖潜对象，指导农村中小零售客户经营上水平。

（张铁玲）

【春节送温暖活动喜获锦旗】　2月6日，丰台辖区卷烟零售客户蔡文杰夫妇将写有“走进残疾人家庭，送来春天般的温暖”的锦旗赠送给丰台烟草，对丰台烟草长期以来的关怀和帮助表示感谢。

（张铁玲）

【召开自律互助小组联合成立大会】　6月8日，丰台区自律互助小组联合成立大会在丰台烟草召开，辖区80名自律小组零售客户参加会议。截至年底，丰台辖区共成立123个自律互助小组，覆盖986名卷烟零售客户，占全区正常经营户比例37.89%。

（张铁玲）

【向零售客户发放规范经营告知书】　11月中下旬，为维护丰台卷烟市场的稳定，规范辖区零售客户的卷烟经营行为，丰台烟草制定并发放了《北京市丰台烟草公司实施货源调控措施告知书》。

（张铁玲）

【组织客户参观北京卷烟厂】　12月6日，为深入推动“工商零”协作共赢，强化品牌培育工作，丰台烟草组织60名零售客户赴北京卷烟厂参观，“工商零”三方就新品卷烟市场表现、货源投放策略、消费信息反馈等问题进行深入交流。

（张铁玲）

【持续开展“千中户工程”】　年内，持续开展以扶持中小客户为宗旨的“千中户工程”，全年共扶持710个“千中户”，领导班子带队完成500户验收。已验收的500个“千中户”全年累计购进量增幅35.07%，月户均盈利增幅37.32%，辖区中档客户在承载销量、提升获利方面取得实效，区域市场“橄榄形”结构基本形成。

（张铁玲）

【“智能终端”系统应用】　年内，丰台辖区内共有500个卷烟零售客户安装使用“云POS”系统，其中三星标准户（全卷烟扫码户）137户，占全市三星客户的比例为61%。

（张铁玲）

【落实规范经营】　年内，严格落实《中国烟草总公司北京市公司违法违规经营零售户货源供应管控办法（试行）》和《北京市丰台区卷烟零售市场诚信经营调控规则》，对辖区216个卷烟零售客户实施降档处理，通过加大货源调控力度，控制零售客户违法违规经营风险。

（张铁玲）

【文明吸烟环境建设稳步推进】 年内，着力推进文明吸烟环境建设，联合丰台区文明办、区城管委等部门完成首批200个文明吸烟筒的布点、安装工作，安置在丰台区政府、各街道及相关单位。

（张铁玲）

【查获多起涉烟违法案件】 元旦期间，全体专卖执法人员共查获涉烟违法案件12起，其中“双五”案件5起；查获各类违法卷烟共计49.2万支，其中真烟12.8万支，假私烟36.4万支。

（闫　卡）

【破获“1·10”国标网络案件】 1月10日，丰台区局联合东城、顺义、房山、门头沟区局成功破获“1·10”国标网络案件。共查获违法卷烟116.04万支，总案值136.2万元，刑拘5人，批捕3人。此案有两个特点：一是首例根据零盒价签确定涉案金额的案件，二是首次使用“三年两次三万”的条款定义非法经营罪。

（闫　卡）

【破获“1·14”国标网络案】 1月14日，丰台区局联合朝阳、石景山、东城、门头沟、大兴、通州、西城区局成功破获“1·14”国标网络案件。共查获各类高档违法卷烟黄鹤楼(1916)、中华(硬)、黄金叶(天叶)等共计89.24万支,案值101.8万元,捣毁卷烟窝点5个,查扣涉案车辆4台,抓获涉案人员5人,批捕1人,判刑2人。

（闫　卡）

【联合执法打击涉烟违法案件获锦旗】 4月2日，丰台公安分局云岗派出所向丰台烟草赠送锦旗，上书“恪尽职守 奋勇缉私 精诚协作 共创佳绩”，以此表彰丰台烟草在2018年的第一季度打击辖区内涉烟违法案件中做出的努力，同时也是对两个单位间执法协作默契的充分肯定。

（闫　卡）

【破获“7·12”假烟国标网络案件】 7月12日，丰台、东城、朝阳、海淀、昌平、平谷、怀柔区局在市局稽查总队的协调部署和公安部门的配合下，联合破获“7·12”销售违法卷烟网络案件。此案由各区局根据属地管辖原则分别立案，共查获违法卷烟89.38万支，总案值107.8万元；捣毁窝点4个，查扣涉案车辆4台；抓获涉案人员9人，刑拘6人，批捕3人。

（闫　卡）

【开展违法户停业整顿工作】 7月，以治理违法违规大户为契机，全面开展责令违法户停业整顿工作，开展违法违规户停业整顿的行政许可工作。共对18户违法户下达了《烟草专卖许可证告知书》、《责令暂停从事烟草专卖业务、进行整顿的决定》等相关文书，并进行系统录入。

（闫　卡）

【开展两节联合执法专项行动】 9月20日至21日，丰台烟草联合铁路公安、管委会、工商、城管等部门开展了为期两天的集中整治行动，对两大火车站的候车室、储运室和外围区域的64个零售户及无证户进行清理整治。共立案9起，查获各类违法卷烟10.94万支，非渠道卷烟7.64万支，假私卷烟3.3万支。其中1起案件由工商部门进行立案处罚。

（闫　卡）

【“中秋”节前破获大案】 9月21日，丰台烟草执法人员在辖区石榴园北里一库房内和涉案车辆内当场查获违法卷烟南京（炫赫门）、ESSE（CHANGE 4mg）等43个品种52.52万支，涉案金额39万余元。其中，国产真烟9.36万支，假私烟43.16万支，查扣涉案车辆3台，捣毁窝点1个，抓获犯罪嫌疑2人，其中刑拘1人。

（闫　卡）

【破获“10·21”国标网络案件】 10月21日，丰台烟草联合东城、通州、朝阳、石景山、门头沟、房山、密云区局破获“10·21”国标网络案件，捣毁卷烟窝点6个，查扣涉案车辆4台，查获违法卷烟168.12万支，案值119.76万元，抓获涉案人员4人，逮捕2人，判刑1人，且为全市首例成功追刑的加热不燃烧烟草制品案件。

（闫 卡）

【错时开展涉烟市场集中整治行动】 10月28日，对辖区新发地中央市场进行突击检查。此次行动参与执法人员23人次，出动检查车辆10台次，检查零售户13户，立案5起，其中“双五”案件2起，共查获违法卷烟22.78万支，总案值约12万余元。

（闫 卡）

【破获“11·09”国标网络案件】 11月9日，丰台烟草联合海淀、通州、东城、平谷、西城、顺义区局以及河北省香河县烟草专卖局破获一起真品卷烟国标网络案件，共捣毁窝点3个，查扣涉案车辆2台，查获违法卷烟74.2万支，案值148.03万元，抓获涉案人员9人，刑事拘留7人，逮捕2人，判刑1人。

（闫 卡）

【加热不燃烧烟草制品案件成功追刑】 11月19日，丰台烟草办理的“10·21”走私烟网络案件主犯王某，因非法经营加热不燃烧烟草制品构成非法经营罪，被丰台区人民法院判处有期徒刑六个月，缓刑一年，罚金人民币3万元。此案是北京市首例成功追刑的加热不燃烧烟草制品案件，开创了全市对非法经营加热不燃烧烟草制品案件判例的先河。

（闫 卡）

【开展“3·15”法制宣传活动】 3月15日，丰台烟草联合辖区工商、消协等部门以“3·15”消费者权益保护日为契机，围绕“创建放心消费环境，共享首都美好生活”这一主题开展了普法宣传活动。

（赵 璠）

【开展“新零售与烟草行业”专题培训】 8月3日，丰台烟草邀请尼尔森公司专业讲师对营销人员开展“新零售与烟草行业”专题培训，探索烟草行业线上、线下相融合的“新零售”模式。

（张铁玲）

外经外贸

【利用外资】 年内，全区新设外商投资企业38家，同比增长40.7%。新增合同外资129107万美元，同比增长34倍。实际外资1455万美元，同比下降85.8%。

（陈 涛）

【对外贸易】 年内，全区进出口总额完成1318.8亿元，同比增长26.59%，其中出口313.1亿元，同比增长23.5%；进口1005.7亿元，同比增长27.5%。

（陈 涛）

【外向型经济扶持】 积极落实国家及北京市外贸稳增长措施，25家企业获得外贸出口奖励1600万元，32家企业获得中小开项目补助265万元，联合中信保为50家企业免费办理短期出口信用保险。

（陈 涛）

【服务业扩大开放】 积极推动“丽泽城市候机楼”、“北京国家数字出版基地试点外商投资音像制品制作”、“丽泽金融商务区”服务业开放示范园区创建等试点任务落实。精准对接企业需求，积极争取服务业外籍人才出入境“新十条”政策落地。

（陈 涛）

投资促进

【概　况】　2018年，全区投资促进工作以引进“高精尖”项目为抓手，突出精准招商、改进服务方式、创新招商手段，围绕重点产业，抢抓重大项目，主动服务，稳中求进，各项工作取得一定实效。聚焦高新技术、新兴金融、文化创意等重点产业，成功促成新兴际华应急产业、国中康健、龙鹤航空、北京静态交通丰台投资运营、盖德健康产业等一批大型国企新兴业务版块、北京市重点项目以及台资项目落地。全年新引进注册资本5000万以上规模、创新企业399家，同比增长24%，完成年度目标任务的147%，注册资本540亿元，其中亿元以上企业147家，占新引进规模企业总数的37%。

（秦　凡）

【拓展招商渠道】　年内，与波士顿咨询、仲量联行等13家意向中介机构探讨初步合作路径，探索中介招商渠道。与爱尔兰大使馆、中国美国商会、欧盟中小企业中心等外国驻华使馆与境外商协会建立联系，拓展国际化招商渠道。利用市投资促进局、市贸易促进会及商会团体平台，对有意向合作的企业主动对接洽谈，通过“中美金融圆桌会议”向20多家外资金融机构推介丽泽，与标普、穆迪等世界评级机构深入交流。与上海、湖北等15家境内驻京商协会建立工作联系，积极寻求合作契合点。

（秦　凡）

【推介活动】　年内，参加京港会、京洽会、厦洽会等大型招商活动，着力推介丰台区投资环境及政策，积极对接行业龙头等优质企业。借力高端平台，围绕重点产业、区域和项目，主办多家世界500强参加的投资北京丰台行、2018侨商北京洽谈系列招商活动5场、国内外重要论坛4场、楼宇联盟高精尖产业系列活动4期，累计3000余人次投资人参加活动。

（秦　凡）

【招商服务】　年内，实施由区委区政府主要领导牵头的重点企业精准服务专项行动，共完成联系企业345家次，走访重点企业253家，收集并解决企业提出的意见及建议60余条，有32家异地纳税企业实现迁税办理。建立对企业常态化的“访送包扶”服务包制度，坚持区长“访”企业、亲情卡“送”企业、处级领导“包”企业、一企一策“扶”企业，通过“服务包”解决企业发展难题，区领导对重点企业“一对一”开展走访48家，为52家企业送上“亲情卡”，解决企业业务拓展、综合奖励政策、工商税务业务办理、人才服务等多方面需求30余条。进一步发挥投资促进局窗口职能，在区政务服务大厅设立“投促局”专窗，指派注册专员为企业提供工商登记注册咨询和指导办理业务，接待咨询人数1100人次，协助企业办理事项136项。

（秦　凡）

【楼宇招商】　年内，完成规范丰台区品牌商务楼宇产业促进联盟准入机制，完善相关的制度和联席会机制，吸纳首汇广场、西国贸为新成员纳入楼宇联盟，楼宇联盟成员单位共计22家。举办2018年楼宇联盟高精尖产业系列活动四场，活动主题涉及人工智能、智能硬件、金融+科技、公益法律服务等领域，累计1200余人次参加。完成《丰台区品牌商务楼宇项目册》印制，全面收集整理丰台区品牌商务楼宇信息，包括地理位置、交通情况、经营管理、租赁现状等，多渠道宣传推介楼宇，服务楼宇招商。

（秦　凡）

【举办“营商环境软实力进阶”培训班】 9月12日至13日，区委组织部、区投资促进局共同在首都经济贸易大学举办丰台区“营商环境软实力进阶”培训班，来自丰台区各委办局、乡镇、农村集体经济组织、区属重点企业的负责人，以及重点楼宇运营方、孵化器联盟、众创空间运营商约300人参加。本次培训以“优化营商环境”为主题，聘请资深教授、科研机构专家、知名咨询公司资深顾问，围绕“营商环境指标改善的相机思考、微观组织内部软实力、关键人才培养”等内容进行授课，旨在进一步提高丰台区招商人员的专业化水平，全面提升丰台区招商引资工作精细化水平，实施精准招商，更大力度推动区域发展。

（秦　凡）

【2018驻京中外知名企业投资丰台行活动】 6月6日，2018驻京中外知名企业投资丰台行活动在北京园博园丽维赛德酒店举行，北京市投资促进局局长周旭、副巡视员张彤，区长王力军、常务副区长肖辉利等出席活动并致辞。活动围绕“新时代、新丰台、新引擎”的主题，从丰台区的经济高质量发展、创新的国际化视角、优质的营商环境等方面，探讨新时代丰台的发展商机。此次活动吸引花旗银行（中国）有限公司、正大集团、高通无线通信技术（中国）有限公司、汇丰银行（中国）有限公司、施耐德电气（中国）、ABB（中国）有限公司等30余家世界500强企业（知名跨国公司），北京外商投资协会、中国香港商会等驻京知名商会协会代表，投资专家顾问及媒体记者等100余人参加。通过此次活动，让更多的跨国公司深入了解丰台区的相关政策、投资环境和市场前景，深入挖掘合作机会，为跨国企业在丰台投资兴业营造良好的发展氛围。

（秦　凡）

【2018侨商沙龙活动】 7月6日，由北京市人民政府侨务办公室和丰台区人民政府指导，丰台区投资促进局、丰台区外事侨务办公室、北京侨商会主办，怡海集团承办的侨商北京洽谈系列活动走进丰台暨2018侨商沙龙活动在北京园博园丽维赛德酒店举行。市政府侨办主任刘春锋、副主任贺淑晶，区长王力军、副区长周新春，北京侨商会会长、中国紫檀博物馆馆长陈丽华夫妇、常务副会长王琳达女士，国家发改委外经所国际贸易研究室主任王海峰等出席活动并致辞。活动吸引了富华国际集团、美国世纪发展集团、怡海集团、美国高通、亚马逊、环球凯歌国际传媒集团、英蓝国际等知名企业代表100余人参加。通过本次活动让更多的侨商企业深入了解丰台区的相关政策、投资环境和市场机遇，深入挖掘合作机会，为侨商企业在丰台区投资兴业营造良好的发展氛围。

（秦　凡）

【中央企业第六届混改工作暨第四届投资研讨会】 9月20日，丰台区投资促进局与中国企业改革与发展研究会、北京九汇华纳财务等机构在北京共同举办“中央企业第六届混改工作暨第四届投资研讨会”，会议吸引了国务院国资委研究中心、国资产权交易协会、中国海洋航空集团有限公司、中国技术进出口集团有限公司、清华控股有限公司、中国电力国际有限公司等央企以及负责“双百行动”和相关业务的负责人、行业研究专家约500人参加。会议期间，丰台区进行中场形象展示，并在场外设立“投资丰台”专区，展现区域发展优势及重点功能区等，通过与参会央企代表面对面的交流，推介丰台区优质的投资环境。

（秦　凡）

【北京·香港经济合作研讨洽谈会】 10月24日至25日，第二十二届北京·香港经济合作研讨洽谈会在北京国际饭店召开，区长王力军、副区长周新春出席活动并与港资企业进行会晤。丰台区围绕重点功能区建设及重点产业发展开展项目推介、展览展示等活动。本次京港会丰台区有27个招商项目纳入本届京港洽谈会整体项目推介，涉及总投资逾千亿元。

（秦　凡）

【第十届投资北京洽谈会】　11月15日，第十届投资北京洽谈会在北京歌华开元大酒店召开，以“优化提升营商环境，促进首都经济高质量发展”为主题，来自央企、跨国公司、高科技民企、创新型企业等500余名中外知名企业家参会，副区长韩嵩出席。借助本次京洽会丰台区就区域营商环境进行广泛宣传，在专场政策咨询和项目洽谈中，丽泽金融商务区、南中轴地区规划发展情况颇受企业关注。

（秦　凡）

服　务　业

丰台区餐饮住宿服务行业协会

【概　况】　2018年，区餐饮住宿服务行业协会在区商务局的正确指导下，积极发挥枢纽型社会组织优势，带领区内餐饮、住宿、美容美发、沐浴、摄影、洗染五大生活服务业的会员企业积极开展各类促销活动，践行社会公益事业，特别是在丰台区年度对口扶贫工作中积极创新，带动会员企业消费扶贫，圆满完成年度工作任务。

（孙　玮）

【“大马金粉条”特色农产品推介活动】　5月18日，在玉明珠国际商务会馆举行“对口帮扶内蒙古林西县‘大马金粉条’特色农产品品牌推介会暨会员企业认购仪式”。来自区内的餐饮、商超、大型批发市场、电商平台70余家企业参加，同时还有北京烹饪协会、市女企业家协会、区慈善协会代表，以及区委统战部、区工商联、区商务委、团区委、区青联相关部门的领导共100余人参加本次公益活动。此次推介会九家会员企业首批认购“大马金粉条”5100斤，部分餐饮企业现场认购5000斤，促成大马金粉条厂与丰台区内部分餐饮企业、商超达成长期定点采购意向。

（孙　玮）

【举办2018·丰台消夏美食节】　7月27日，由区商务委员会支持、区餐饮住宿服务行业协会主办、丰台旅游联盟协办的“巧舌寻味，情满盛夏——2018·丰台消夏美食节”开幕式在万丰小吃城成功举办。来自北京市餐饮行业协会、北京烹饪协会，大兴、顺义、朝阳等行政区的兄弟协会，以及协会会员企业、旅游联盟成员企业代表共70余人参加了本次活动。活动中，协会倡议区内各餐饮门店，为在酷暑中工作在一线岗位上的环卫、交管、市政维修、排水等部门的基层员工奉献爱心，熬制并免费提供防暑降温饮品——绿豆汤、酸梅汤等；号召区内餐饮企业充分发挥行业特点和行业优势，尽自身可能地回馈社会、服务于民，践行社会公益；设置了“传统美食文化从娃娃抓起”的环节，邀请现场的小朋友参与传统小吃的学习和制作，传承我国博大精深的中华传统美食文化。

（孙　玮）

【内蒙古扎赉特旗优质农副产品推介活动】　为全面落实北京——内蒙古扶贫协作三年行动框架协议，10月26日，区餐饮住宿服务行业协会、丰台旅游联盟在公园158国际婚礼基地举办“我从草原来之‘寻味扎赉特’——丰台区对口扶贫内蒙古扎赉特旗优质农副产品推介活动”。本次活动得到了丰台区统战部、区发改委、区商务委、区旅游委的指导和支持，除了区内餐饮、旅游、商超连锁、蔬菜流通、农产品批发市场、农产品电商企业的代表之外，有来自区妇联、区工商联、民建丰台区工委、北京市女企业家协会、各区县兄弟协会的企业代表，扎赉特旗政府主管部门领导、行业协会领导、特色农副产品企业代表200余人参加了本次推介活动。扎赉特旗拥有非常丰富的旅游、农牧、养殖、种植资源，当地的大米、沙棘黑木耳、草原乌鸡、牛羊肉等品质上乘，价格实在，在北京市场有着很强的竞争力和优势，只是因为距离远、交通和物流体系的不完善，才未能走出扎旗、走出内蒙。因此，丰台餐饮住宿服务行业协会、丰台旅游联盟积极响应政府号召，发挥行业桥梁和纽带作用，搭建了两地对接、合作的平台，组织了本次盛大的推介活动。

（孙　玮）

丰台区维修服务行业协会

【概　况】　丰台区维修服务行业协会会员单位主要由从事家用电器、电子产品、计算机及办公设备、空调制冷设备、通讯终端设备、开修锁具等商品的安装、维修和售后服务工作的企业和个体经营者组成。协会第六届会长兼法人代表由本区民营企业家——中锁企业管理（北京）有限责任公司总经理刘纯仁担任，协会理事会组成人员7名。截至2018年底，拥有会员单位43家，从业人员217人，按经济性质划分，有限责任公司32家，占会员总数的74.4%；个体工商户11家，占会员总数的25.6%。

（梁生荣）

【协会换届】　年内，召开了第六届会员代表大会，选举产生了新一届理事会、监事会，理事会、监事会分别选举产生了新一届会长、副会长、秘书长、监事长。完成了社团法定代表人及社团法人登记证书的变更工件。

（梁生荣）

【社会组织脱钩】　年内，完成与主管上级区商务委员会的脱钩工作，完成本会第五届会长离任审计工作。

（梁生荣）

【行业规范】　年内，开展了《开修锁服务规范》行业自律活动，对参加社区维修服务的40名锁具修理工进行了培训，颁发了职业资格证书和胸卡，基本实现了锁具修理服务上门全区覆盖。会员单位未发生消费者投诉案例。

（梁生荣）

【技术培训交流】　年内，组织会员单位的中高级锁具维修工进行技术培训、中央空调维修人员听取故障维修技术讲座、锁具修理工职业道德和法规培训、锁具维修技术人员进行交流，提高了行业人员的技术水平、职业道德和法制观念。

（梁生荣）

【社区维修服务】　年内，继续开展社区维修服务“一刻钟”工作，采用“五统一”的工作模式（统一电话或网上预约接活派单，维修单位就近服务；统一技术人员培训上岗；统一工装胸卡；统一质量标准和收费标准；统一受理解决投诉），服务更加规范，全年完成上门服务10200人次，维修各类物品10198件，免费为孤寡老人、特困群体维修服务29户，投诉率为零。基本做到“一刻钟”内到位上门维修，特殊情况预约按时上门维修。

（梁生荣）

【开展公益活动】　年内，组织会员单位开展社区义务维修咨询日活动，共发放宣传资料1000份，为社区居民免工时费义务维修100户，向社区居民宣传门锁安全防盗知识，受益人群900户左右，受到辖区街道办事处以及广大社区居民的好评。

（梁生荣）

【重新办理会费收据】　年内，按照市民政局和市财政局的统一要求，协会收取会费的收据统一从区财政局领取,不在从市民政局审核领取。完成原收据在市民政局的审核验收工作,完成在丰台区财政局的申报登记审批事项。

（梁生荣）

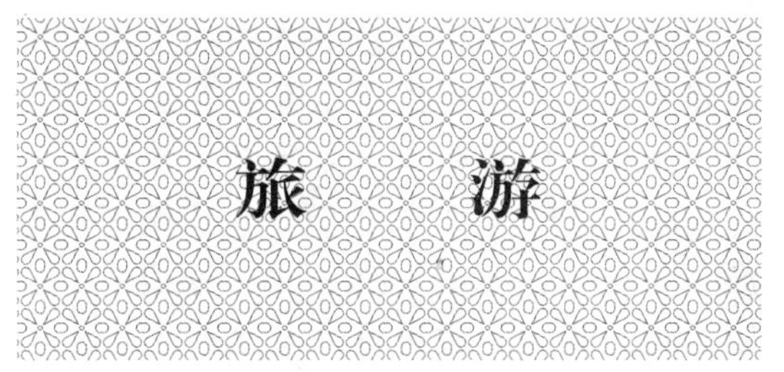

旅　游

【概　况】　2018年，是全面深化改革、实现转型发展的攻坚之年。丰台区旅游委紧紧围绕年度各项重点工作任务，主动作为，各项工作取得较好发展，旅游产业运行平稳，全年接待游客1725.6万人，同比增长5.6%；实现营业收入314.2亿元，同比增长12.5%。有旅游企业1246家（北京市旅游委、北京市统计局公布数据），包括住宿业580家、旅行社365家、A级旅游景区13家、旅游新业态4家。开展“花开丰台”端午文化游园会、2018北京国际铁人三项赛、中国戏曲文化周等重大活动旅游服务保障工作。完成丰台旅游市场课题调研。年内丰台区旅游市场秩序良好，未发生重大旅游安全事故、旅游突发事件和重大投诉案例。

（陶早斌　齐洪志）

【编制《南苑万亩湿地公园旅游配套服务设施规划》】　年内，完成《南苑万亩湿地公园旅游配套服务设施规划》编制工作。该规划对南苑万亩森林湿地公园现状及存在问题进行了分析，对公园的旅游配套服务设施的功能定位、建设目标以及发展思路给予准确把握，并与最新的国家5A级景区创建标准进行了对标分析，为南苑万亩森林湿地公园功能定位、空间布局和后续旅游配套服务设施建设提供了重要参考。

（刘迦慧）

【完成《西山永定河文化带旅游课题研究报告》】　年内，完成《西山永定河文化带旅游课题研究报告》，该报告系统梳理了丰台区西山永定河文化带的资源状况，从政策研究、产业融合、投资运营等角度凝练梳理项目，为西山永定河文化带及周边旅游发展提供指导依据。

（刘迦慧）

【完成《丰台区“十三五”时期旅游业发展规划中期评估报告》】　年内，对丰台区“十三五”时期旅游规划的落实情况进行了分析研究，评估了有关指标完成情况，结合北京市三个文化带建设规划和首都商务新区建设规划，对丰台区“十三五”旅游发展规划有关指标进行了更新和调整，完成《丰台区“十三五”时期旅游业发展规划中期评估报告》。

（刘迦慧）

【组织申报2018年北京市旅游产业资金】　年内，组织辖区内符合条件的企业申报北京市旅游委2018年旅游产业资金。2018年申报的旅游项目包括王佐特色小镇旅游配套服务设施项目、青龙湖公园旅游配套设施项目、北京汽车博物馆游客服务设备设施项目、北京汽车博物馆文化科技旅游创新应用项目、北京园博园电瓶车采买项目、北京园博园北京园一级路改造项目等六个旅游产业项目。王佐特色小镇旅游配套服务设施项目最终通过北京市旅游委专家评审，获得北京市旅游产业发展引导资金支持325.11万元。

（刘迦慧）

【2018到北京丰台过大年旅游节庆活动】　2月8日至3月2日，开展以“乐游丰台过大年”为主题的“2018到北京丰台过大年”旅游节庆活动，涵盖冰雪、温泉、灯会、游园、美食、采摘等多项内容。

（施宇龙）

【2018丰台春季旅游节庆活动】　3月25日至5月15日，开展以“以十里春风尽享丰台之旅”为主题的2018丰台春季旅游节庆

活动。活动启动仪式在长辛店麦秀生态休闲农场举办，活动期间，全区十余家单位推出涵盖踏青、赏花、休闲、观光、特色餐饮等多种形式的春季旅游产品。

（施宇龙）

【2018丰台旅游消夏季旅游节庆活动】　7月8日至8月31日，开展“2018丰台旅游消夏季”节庆活动，活动启动仪式在欢乐水魔方嬉水乐园举行，活动期间，全区十余家单位推出涵盖登山、游园、戏水、亲子等多种形式的夏季旅游产品。

（施宇龙）

【2018丰台金秋旅游季旅游节庆活动】　9月15日至11月30日，开展以“金秋旅游欢聚丰台”为主题的“2018丰台金秋旅游季”节庆活动，活动启动仪式在北京世界公园举行，活动期间，全区十余家单位推出涵盖观光、赏花、休闲、文化、美食等多种形式的秋季旅游产品。

（施宇龙）

【2018丰台冬季欢乐游旅游节庆活动】　12月21日，推出以“戏冰雪 泡温泉 逛灯展品美食”为主题的“2018丰台冬季欢乐游”旅游节庆活动，涵盖冰雪、温泉、花灯、美食等多种内容。

（施宇龙）

【旅游宣传推荐活动】　年内，在“发现新丰台”微信、微博、今日头条等平台共发送图文信息4008篇，阅读量3778397人次，粉丝量573480人次，3月入驻由中央级媒体与地方旅游委首度联合推出的国内第一个官方旅游咨询自媒体平台——环游号。印制丰台旅游指南、图游丰台、系列宣传折页等宣传品10万余份，并在全区12家星级、特色酒店及旅游交易会中投放。完成265张旅游元素图片资料征集入库。完成38期丰台旅游专题电视节目“周末去哪儿”的拍摄制作并在北京市公交车的电视上线播出。

（施宇龙）

【展会营销活动】　5月8日，组织辖区内会员旅游企业赴上海参加2018中国会议与商务旅行论坛暨交易会，展会期间相关单位与20多家旅游企业达成合作意向。6月15日，组织辖区内旅游企业参加由北京市旅游发展委员会主办的2018北京国际旅游博览会，展会期间相关单位与40多家旅游企业达成合作意向。10月20日，组织辖区内旅游企业参加由北京市旅游发展委员会主办的第七届北京国际旅游商品及旅游装备博览会，会上，丰台区旅游委荣获优秀组织单位奖，区内旅游商品企业北京博霖贺隅国际文化发展有限公司推送的产品《卢沟晓月灯》荣获优秀旅游商品奖。11月16日，赴上海参加由国家文化和旅游部主办的2018中国国际旅游交易会。

（施宇龙）

【旅游商品体系建设】　2月，以卢沟桥文化元素为主题，完成“丰台礼物”旅游商品策划。5月，区内旅游商品企业国立书画文化发展有限公司设计的不锈钢珐琅彩蛋形杯系列获得2018中国旅游商品大赛银奖。

（施宇龙）

【与天津市西青区旅游局签订合作备忘录】　8月31日，组织辖区内20家旅游景区和旅行社负责人参加“2018民俗西青北京丰台旅游推介会”，会上与天津市西青区旅游局签订了区域旅游合作备忘录。

（施宇龙）

【旅游扶贫协作和支援合作】　年内，先后与河北省涞源县旅游发展委员会、内蒙古兴安盟扎赉特旗旅游局、内蒙古赤峰市林西县人民政府、青海省玉树自治州治多县人民政府签订了旅游扶贫协作和支援合作协议。联合扶贫协作地区推出夏季、秋季、冬季旅游系列活动，并通过市、区级媒体平台，进行50余次宣传报道。6月，邀请河北省涞源县旅游企业参加2018北京国际旅游博览会，展会期间与60多家企业达成业务合作意向，成功签约

31家。10月，邀请涞源县和内蒙古扎赉特旗旅游商品企业参展第七届北京国际旅游商品及旅游装备博览会，扎赉特旗林源黑木耳专业合作社联合社推送的产品《林源黑木耳》荣获组委会颁发的“优秀旅游商品奖”。利用“发现新丰台”新媒体平台定期发布旅游宣传信息，对扶贫协作地区旅游资源和产品进行宣传推广，全年累计发布信息291篇。

（施宇龙）

【旅游咨询服务逐步完善】 年内，全区提供旅游咨询服务共计18.5万人次，其中电话咨询15.4万次，咨询站、咨询活动接待游客咨询3.1万人次，发放各类旅游咨询材料4.2万份，旅游纪念品1.2万余份。旅游咨询服务方式由节庆假日现场咨询活动向在线咨询、社区服务、文明出行宣讲等方式转变。提升咨询站服务接待能力，梳理保留4家区内精品旅游咨询服务站。

（方　晓）

【开展旅游咨询进社区活动】 年内，开展“2018年丰台旅游咨询进社区”系列活动，活动采用举办讲座以及现场旅游咨询相结合的方式，在40个社区为居民普及旅游法及旅游出行的相关注意事项，解答居民在旅游出行中的困惑；向居民发放普及宣传资料及纪念品，并提供旅游咨询服务。活动期间共举办讲座40场，参与人数5300余人次，接受咨询11500余人次，发放宣传资料23000余份，受到了社区居民的普遍欢迎。

（方　晓）

【发放京郊旅游手册和红色旅游手册】 年内，向辖区内21个街道和乡镇发放了红色旅游图册和乡村旅游书刊，图册、折页、手册共计4105份，书籍3732册。红色旅游和乡村旅游系列丛书的发放，扩大了京津冀地区红色旅游的宣传推广力度，有利市民了解北京的乡村旅游和特色业态发展，更好地选择旅游去处。

（刘迦慧）

【丰台区旅游开放单位】 年内，按照北京市旅游委的要求，经复核，丰台区内中国戏曲学院、中国评剧大剧院、中华（北京）航天博物馆、北京市交通运行监测调度中心、汽车博物馆等5家单位纳入北京地区旅游开放单位，在每年旅游开放日对外接受预约参观。

（刘迦慧）

【获评北京市老年旅游接待基地达标单位】

年内，按照《老年旅游接待基地服务规范》，经北京市老龄产业协会旅游专业委员会现场评定审核，10月16日，北京南宫泉怡园度假村被评为北京市老年旅游接待基地达标单位。

（齐洪志）

【中国园林博物馆获批4A级旅游景区】 年内，按照《旅游景区质量等级划分与评定》《旅游景区管理规范》等相关的标准要求，丰台区旅游委指导园林博物馆开展A级旅游景区创建工作，经北京市旅游景区质量等级评定委员会评定小组现场验收审核，中国园林博物馆达到国家AAAA级景区质量等级标准要求，11月被批准为4A级旅游景区。

（齐洪志）

【四家旅游新业态通过北京市旅游委复核】 年内，按照乡村旅游国际驿站、乡村酒店、休闲农庄、养生山吧、生态渔家、山水人家、采摘篱园、民族风范八种类型特色业态评定标准，丰台区共有四家旅游新业态通过北京市旅游委复核，分别是南宫乡村酒店、长辛店绿野田园采摘篱园、豪特湾度假村养生山吧、紫谷伊甸园休闲农庄。

（陶早斌）

世界公园

【概　况】 2018年，是世界公园开拓新思路、谋求新发展、取得新成效的一年，新的领导班子明确了“唯有驱动创新、独辟蹊径，才能让世界公园重新焕发活力”的工作思路和方法。针对旅游市场的发展趋势和世界公园的经营现状，对如何摆脱公园自身发展中的瓶颈，如何在经营管理中取得新的突破，确定了新的发展思路，明确了新的发展方向，制定了新的发展目标，各项管理工作更加精细、精准。全年实现门票和其他收入6500多万元，比上年增长10%，实现收支基本持平。

（李　岩）

【新项目落户公园】　年内，以“一带一路”为主题赋予园林新的内涵，是世界公园新的创意。春季引进国泰郁金香，推出“郁金香文化节”，植入格林童话元素，设计主题故事，使创意园林充满传奇色彩。夏、秋两季推出“梦幻世界灯光秀”，3200只灯花点亮夜空中的园林，富有梦幻色彩。新设置了“环球美食广场”、“莫斯科西餐小屋”，增加了自动售卖专柜、旅行社老年婚纱摄影、玫瑰园露天婚礼等项目。开展社会大课堂定向猎狐主题活动，完善景区数字化建设，实现了景区的数字化管理。推出梦幻电光歌舞秀、非遗打铁花、奇幻花灯秀、郁金香花仙子迎宾等新的特色活动，丰富了文化演艺内容，提升了文化园林的品味，增添了大众对文化旅游的满意度，增强了世界公园的竞争力和影响力。

（李　岩）

【新演艺增添新色彩】　演艺是世界公园最具特色的旅游产品，年内进一步扩大和升级演艺规模，推出十大演艺产品，形成了人无我有、人有我精、人精我绝的文化产品，世界公园的文化内涵更丰富、更多彩。

（李　岩）

【新设施营造新生活】　年内，对园区的基础设施进行了升级改造，将荷兰风车改造成酒吧，使之更加符合游客需求。修改完善儿童城，引进喜闻乐见的动漫卡通人物造型，彩绘了动漫墙，添加了游艺设施，使儿童城更具体验性、知识性、趣味性、观赏性。智慧工程多头并进，实现无线wifi全园覆盖；建设电子票服务区，引进电子票售卖机；停车场引进数字化管理，提高了通行效率。

（李　岩）

【新营销带来新效果】　年内，同近百家旅行社建立了联系，与京津冀“一卡通”、锦绣江山、艾玩儿及亲子年票等旅游年卡开展合作；利用网络营销的优势，与美团网等几家票商及后台售票机构签约，在整体旅游市场不景气、团体票销售下滑的背景下，创造了不俗的网络销售业绩。

（李　岩）

【抓管理保安全】　年内，围绕公园经营管理工作，抓安全、查隐患、排险情、定措施，开展系列安全保障工作，未发生一起安全责任事故。组织员工听取安全知识讲座、观看安全视频、模拟消防实战演练等活动，提高了全体员工的安全意识和专业技能，保障了园区各项工作的正常运营。

（李　岩）

【员工福利保障】　年内，发挥工会组织作用，开展两节送温暖和对困难职工帮扶活动，组织员工进行体检，为全体会员、女会员分别办理了住院医疗保险和女工保险。

（李　岩）

园　博　园

【概　况】　2018年，园博园管理中心（以下简称管理中心）党组认真贯彻落实北京城市总体规划的有关要求，统筹推进各项运营管理工作，较好地完成了年度工作任务，为园博园持续发展奠定了良好基础。全年接待游客120万人次，接待现场咨询10000余次，电话咨询6000余次。开展问卷调查，调查结果显示，游客对园博园的总体满意率为87.8%，综合满意度为89.47分。完成2件人大建议案的办理工作，办结率和满意率均为100%。档案工作在全市档案检查评比中荣获市级先进单位。

（李　媛）

【党建工作】　年内，管理中心党组牢固树立“四个意识”，始终把全面从严治党主体责任扛在肩上、抓在手上，制定个性化责任清单，层层签订党风廉政建设责任书32份，形成一级抓一级、层层抓落实的党建工作格局。认真学习习近平新时代中国特色社会主义思想，提高全体人员的思想觉悟和理论水平。制定管理中心2018年意识形态工作实施方案，逐级签订意识形态责任书，建立意识形态工作台账，充分利用党建阵地、电子屏、官网、微信公众号等各种宣传平台，牢牢把握意识形态工作的主导权。制定中心“四风”问题自查自纠工作方案并下发各部门严格执行。紧盯元旦、春节、端午、中秋等重要时间节点，以及戏曲文化周、彩色跑、泡泡跑等重大活动，通过会议、短信等方式，加强提醒警示教育，严防“四风”问题发生。组织党员干部深入学习《廉洁自律准则》和新修订的《中国共产党纪律处分条例》，开展专题学习、知识测试、“廉洁从政务实担当”专题研讨、“学深悟透见行动，对标看齐找差距”专题民主生活会和解读新《纪律处分条例》专题党课，全面强化和引导党员干部树立遵规守纪意识。

（李　媛）

【巡察整改工作】　6月上旬至7月下旬，区委第一巡察组对管理中心党组进行了巡察，全面客观地指出了6个方面存在的18项问题。为此管理中心党组将落实整改任务作为重要政治任务来抓，全面认真落实整改。围绕巡察反馈意见，制定整改措施，明确责任领导、责任部门、责任人和完成时限。建立周督办制度、实行销号管理，对按时保质保量完成的整改任务及时销账，做到整改结束一件及时销账一件。坚持挂图公示，制作并张贴巡察整改进度表，随时公示整改完成情况，督促整改落实到位。以巡察整改为抓手，把巡察整改与推动规范化管理结合起来，共修订和新制定规章制度21项，促进管理能力的提升。经过整改，中心党建工作明显加强、作风建设明显提升、内部管理更加规范，巡察成效显著。

（李　媛）

【挖掘文化提升园博影响力】　年内，注重将中国传统文化、园林文化、建筑文化、生态文化、科技文化等多元素文化相融合，积极推进青少年足球基地建设项目、国际体育交往中心项目落户园博园，全年举办戏曲文化周、端午游园会、中秋文化活动、彩色跑、铁人三项赛等重大活动31次，科普教育5期，官网、微信、微博推送园林“花卉文化”、“科普文化”等信息900余条，微信粉丝量增长20%，大幅提升了游客的参与度，有效扩大了园博影响力。

（李　媛）

【抓生态建设提升景观品质】　年内，制定“保护绿色资源，提升公园品质”专项行动工作方案，主要包括补植增绿护绿、清理卫生死角、开展“厕所革命”、排查安全隐患、规范服务、志愿服务、完善设施、科普教育、整治违法侵占行为等。累计补植乔木204株、花灌木35570株、草坪22600平方米，布置摆放时令花卉130万盆，完成牡丹园二期施工。分两批对园内22条游园路进行改建，制作安装植物标识牌3000块，其他指示牌1000余块，提升了游客游览的舒适度和爱护自然的意识。

（李　媛）

【加强基础维护确保园区平稳运行】　规范巡查、检修工作，全年共开展小型维修3000多项，完成9号服务区外立面维修、广东园夜景照明提升、园区污水处理站更换滤料等73项大中型维修维护工作，确保了园区各项基础配套设施的平稳运行。扎实做好防汛工作，汛前做足准备，检修、保养防汛设施设备，检查、清点防汛物资，排查清理疏通排水系统；汛期严防死守，投入人员400余人次，开展雨季抢险和防汛演练30次，确保了全园安全度汛。做好环境卫生保障工作，全年开展各项卫生检查100余次，发现并整改问题300余处，投入保洁人员2万多人次，保洁车辆5000余台次，有效提升了园博园环境卫生品质。

（李　媛）

【扎实推进安全生产体系建设】 年内，修订完善了《北京园博园管理中心安全生产“党政同责、一岗双责”暂行规定》，层层签订安全管理责任书。开展创建“北京园博园管理中心安全生产等级评定B级”工作，修订完善《安全生产事故隐患排查治理办法》、《房屋管理办法》、《防范恐怖主义工作方案》等一系列规章制度，做好安全隐患排查整改工作，全年未发生安全生产事故。

（李　媛）

科技·高新技术产业

科技工作

【概　况】　2018年，丰台区技术合同成交额860.5亿元，超额完成市绩效考核800亿元任务，位居全市第三。年度专利申请9094件，发明专利申请3768件，同比分别增长2%和5%；专利授权5232件，发明专利授权1424件，同比分别增长18%，全区PCT申请75件，每万人发明专利拥有量实际达43件。年内向全区71个企业项目，投放科技资金7000多万元，带动企业自主资金投入2亿元。

（赵　军）

【获国家科学技术奖】　年内，4家单位及2位个人分获2017年度国家技术发明奖一等奖1项、二等奖1项，2017年度国家科学技术进步奖二等奖3项。其中，李兰柱（航天材料及工艺研究所）参与的“高性能碳纤维复合材料构件高质高效加工技术与装备”项目获得2017年度国家技术发明奖一等奖，罗世魁（北京空间机电研究所）参与的“大型高稳定轻量化C/SiC整体结构成套制备技术及空间遥感应用”项目获得2017年度国家技术发明奖二等奖，中食净化科技（北京）股份有限公司参与的“食品和饮水安全快速检测、评估和控制技术创新及应用”项目，中国运载火箭技术研究院参与的“新一代运载火箭力学试验与发射测试厂房建造关键技术”项目，中国康复研究中心及国家电网公司北京电力医院共同参与的“神经根型颈椎病中医综合方案与手法评价系统”项目均获得2017年度国家科学技术进步奖二等奖。

（赵　军）

【获北京市科学技术奖】　年内，丰台区195项成果获2017年北京市科学技术奖，其中一等奖22项，二等奖51项，三等奖122项。本年度丰台区共有12个项目10家单位获奖，包括一等奖1项，二等奖2项，三等奖9项。其中，中国人民解放军军事医学科学院微生物流行病研究所开展的“新发自然疫源性疾病的监测与溯源研究”项目获得2017年度北京市科学技术奖一等奖，北京当升材料科技股份有限公司开展的“新型高能量密度动力锂电池正极镍钴锰酸锂的产品技术开发与应用”项目获得2017年度北京市科学技术奖二等奖。北京海鑫科金高科技股份有限公司开展的的“智能化现场勘查平台的研发与应用”项目，北京朗森基科技发展有限公司参与的“超宽带雷达探测仪的研发与应用”项目，北京榆构有限公司参与的“钢筋套筒灌浆连接产品与应用系列标准研制”项目，中国建筑一局（集团）有限公司参与的“大型电子厂房高效施工关键技术研究与应用”项目，北京全路通通信信号研究设计院集团有限公司参与的“城市轨道交通建设安全监控应急指挥中心研究及应用”项目，华电重工股份有限公司开展的“新一代四卷筒抓斗卸船机研发及应用”项目，首都医科大学附属北京佑安医院开展的“自身免疫肝病自身抗原抗体研究及其临床应用”项目、参与的“噬血细胞综合征快速诊断体系和挽救治疗技术的建立及推广应用”项目、参与的“提高肝移植救治肝衰竭疗效的关键技术集成创新”项目分别获得2017年度北京市科学技术奖三等奖。

（赵　军）

【开展智慧气象科普宣传活动】　3月23日，是第58个世界气象日。区科技馆、区气象局在长安新城小学、青塔东里社区开展主题为“智慧气象”科普宣传活动。活动突出云计算、物联网、移动互联、大数据、智能等新技术应用于气象业务、气象服务、气象管理过程中的重要作用。活动为社区、学校赠送科普图书300册，免费发放科普宣传材料近千余份，受众群体千人。

（赵　军）

【“中西星空漫游”系列科普活动】　年内，丰台区科技馆承担的市科普项目暨2018“中西星空漫游”系列科普活动在北京十二中科丰校区报告厅正式启动。区科技馆特邀北京天文馆科普专家寇文老师，为全校师生们开展了主题为“美丽的星空”天文科普讲座。活动通过天文科普知识讲座、天文科普展览巡回展示、天文科普DIY课程和野外观星等，旨在培养青少年的动手能力，思维能力和学习兴趣，激发他们对中西天文知识和天文仪器的认知，了解中西星空的文化背景及相关知识。

（赵　军）

【知识产权保护深入双创载体】　年内，丰台12330分中心按照市、区两级工作部署，围绕“倡导创新文化，尊重知识产权”的主题，在4月27日开展知识产权宣传活动。活动结合2018年世界知识产权日主题——“变革的动力：女性参与创新创造”，邀请女性创新创业代表分享在知识产权保护下的创新创业过程，邀请女性知识产权专家进行科技企业《知识产权规范管理主题》讲座，市12330联络员详尽介绍了知识产权保护工作流程及内容。

（赵　军）

【开展“星空漫游”暑期观星科普培训活动】　7月7日至8日，在北京市延庆区华海田园天文农庄为北京市十二中学生及天文爱好者67人，准备了多形式、多内容的“星空漫游”暑期观星科普培训活动。本次培训内容丰富，涉及天文基础知识、天文望远镜操作技能培训、天文观测培训、天文摄影培训等。

（赵　军）

【暑期科普体验周活动】　7月14日至20日，举办以“体验科技、创新未来”为主题的第五届中小学生科普体验周活动。活动分为13个区域、近百个展项。每个展项都可以动手操作、体验。清华大学带来的空气洗手最不可思议，“空气洗手，可能吗?”。光曲演示和VR体验运用最新的科普展示手段，让同学们在虚拟的世界尽享高科技带来的饕餮盛宴。活动共接待中小学生和家长2670人次。

（赵　军）

【获批设立知识产权保护公益图书角】　10月15日，北京12330双创知识产权保护沙龙暨第三批知识产权保护公益图书角赠书仪式举行。丰台12330联系点北京竹海科技企业孵化器获批成为第三批设立公益图书角单位。截至年底，丰台12330服务队伍中已有4个工作站，2个联系点获批设立知识产权保护公益图书角，共获赠《知识产权百题问答》《创业知识产权宝典》以及重点产业的知识产权保护指南等书籍资料累计近千余份。

(赵　军)

【助力第十二届中国专利周活动】 年内，2018年第十二届中国专利周期间，丰台12330联系点京辰瑞达孵化器于12月3日在大厦一层及B1路演大厅举办“加强知识产权保护，助力企业创新”活动，活动通过现场咨询、发放专利宣传资料等形式开展宣传，增进企业对知识产权保护状况的了解，加强企业知识产权意识，营造企业重视知识产权保护的良好氛围。

(赵　军)

中关村科技园区丰台园

【概　况】 2018年，实现留区税收36.3亿元，同比增长10%。全年实现总收入5500亿元，同比增长7.8%，居示范区第三位，劳均产出率为270.6万元/人，居示范区第三位；地均产出率为235.2亿元/平方公里，居示范区第二位。年内新增国家级企业技术中心1家；新增4家丰台科技孵化协同创新中心丰台园分中心；新增企业创新簇10家，院士专家工作站3家。推荐上报20个创业孵化能力提升项目和3个文化科技产业园建设项目，新增7家有特色的创业服务机构，争取中关村现代服务业试点资金3306万元。近200家企业获得创新能力专项资金、高精尖产业培育项目资金支持超过亿元。

(魏立亮)

【航天数维获“2017年中国无人机创新十强”】 1月6日，主题为“聚焦无人机安全管控，引领智能产业变革”的第三届无人机百人会在深圳召开，来自全国的无人机专家学者、创新精英等近200名代表就无人机飞行政策管理、工业级无人机发展现状、技术发展趋势分析、应用创新、知识产权及国外市场、无人机+云大数据及应用等进行探讨交流。会上首次发布《中国无人机行业发展报告》、《无人机与机器人》权威文献。经组委会对中国无人机企业的研发创新能力的全面评估，现场揭晓中国无人机创新十强榜单，丰台园企业——航天数维高新技术股份有限公司荣誉上榜，该公司是国内工业级无人机领域的精英企业，是高端无人机产品的制造者。

(魏立亮)

【天健源达获国家科技进步二等奖】 1月8日，中共中央、国务院在北京举行国家科学技术奖励大会。丰台园企业北京天健源达科技有限公司“金卫工程军字3号－军队卫生信息资源开发关键技术与应用”获得国家科学技术进步二等奖。天健源达科技是中国大陆从事医疗信息系统开发研制的专业化龙头企业，为数字化医院建设和区域卫生信息化建设提供软件产品、系统整合和运营服务，并基于数字化医院和区域卫生信息化提供移动医疗服务整体解决方案。天健源达数字化医院核心产品已应用于全国1000余家医院，其中HIS、PACS/RIS、EMR、医院集成平台、体检信息系统、病理信息系统、手术麻醉/重症监护信息系统等系列产品均居于国内领先水平。

(魏立亮)

【中国人工智能学会会员服务中心入驻华夏幸福创新中心】 1月20日，“中国人工智能学会会员服务中心”(简称“CAAI会员服务中心”)揭牌仪式在丰台园华夏幸福创新中心举行。中国人工智能学会理事长、中国工程院院士李德毅，中国人工智能学会常务理事、中国工程院院士桂卫华，IBM全球副总裁、IBM大中华区首席技术官、IBM中国研究院院长沈晓卫，华夏幸福基业股份有限公司副总裁顾强等共同揭牌，正式宣告

CAAI会员服务中心入驻华夏幸福创新中心。

（魏立亮）

【中科宇杰获2017新时代创新品牌奖】 1月27日，以“新起点·新征程·新蓝图”为主题的第五届（2017）中国企业家发展年会暨中国品牌企业盛典在三亚举行，全国近千名优秀企业家，50位主板上市公司董事长，中国著名企业家王石和全国政协委员、民主党派人士出席。丰台园企业——北京中科宇杰节电设备有限公司受邀并荣获“2017新时代创新品牌奖”，中科宇杰董事长郝泽忠被组委会授予“2017年度新锐人物奖”。北京中科宇杰节电设备有限公司是丰台园高新技术企业，也是中国节电细分行业在上股交第一家挂牌企业。

（魏立亮）

【首个石墨烯国际标准检测体系落户丰台园】 4月27日，石墨烯国际标准检测体系一期工程在中关村丰台园石墨烯国际合作中心完成预定目标，填补国家石墨烯国际规范结构表征、电性能、热性能检测的空白。石墨烯国际标准检测一期工程通过引进消化吸收转化NPL石墨烯标准检测技术体系，参与了首个石墨烯国际标准与规范的验证比对，获得国家CMA资质，承担了国家质量基础（NQI）示范应用项目。

（魏立亮）

【区科技周军民融合成果展暨对接会在丰台园举办】 5月22日，2018年丰台区科技周主场活动——军民融合成果展、军民融合对接会在华夏幸福创新中心召开，活动由丰台园管委、丰台区科委、区委宣传部、区科协等联合主办，北斗航天、富盛科技、国卫星通、海丰通航航天一院、三院等30多家丰台区军民融合企业、驻区军工科研院所以及保利国防科技研究中心军民融合处、中国兵器工业新技术推广研究所、军科院协同创新院、北京市协作中心军民融合处、中关村管委军民融合处的有关领导参加活动对接会通过主题报告、对接交流、展览展示等多种形式，搭建军民融合发展渠道和平台，畅通军民融合企业与军工部门的沟通渠道，对接丰台区军民融合企业需求。

（魏立亮）

【“丰台创新中心”项目获得LEED－CS铂金级预认证】 4月，丰台园东区三期在建项目“丰台创新中心”（1516－35、1516－36地块项目）9号楼获得全球认可的绿色建筑认证LEED－CS铂金级预认证并获得证书。“LEED认证体系”由美国绿色建筑委员会（USGBC）制定，在全球各类建筑环保评估、绿色建筑评估以及建筑可持续性评估标准中，被认为是最完善、最有影响力的评估标准。铂金级认证是LEED认证中最高级、最难获得的，被誉为绿色建筑界的“奥斯卡奖”，LEED－CS认证铂金级在中国已认证的项目有21家，北京已认证的项目有5家，“丰台创新中心”是丰台区第一个、也是唯一一个获得LEED－CS认证的企业。

（魏立亮）

【多家企业入围2018北京民营企业百强榜】 10月19日，2018北京民营企业百强发布会在雁栖湖国际会展中心召开，北京市工商联发布首份“北京民营企业百强”、“北京民营企业科技创新百强”、“北京民营企业社会责任百强”和“北京民营企业文化产业百强”榜单，丰台园企业北京建龙重工集团有限公司、泛华建设集团有限公司、北京海震铁路装备投资有限公司、阔扬科技集团有限公司入选2018年北京民营企业百强名单，北京海鑫科金高科技股份有限公司、北京动力源科技股份有限公司、北京鼎汉技术股份有限公司、北京谊安医疗系统股份有限公司、易尚明天科技股份有限公司、北京双旗世纪科技有限公司、北京铁道工程机电技术研究所股份有限公司入选2018北京民营企业科技创新百强榜单，依文服饰股份有限公司、泛华建设集团有限公司入选2018北京民营企业社会责任百强榜单。

（魏立亮）

【第二届 3D 打印产业创新发展论坛】 12 月 21 日，第二届 3D 打印产业创新发展论坛暨「2018 增材制造全球创新大赛」颁奖典礼在总部基地玛雅岛酒店隆重举行，活动由北京市科学技术委员会、北京市丰台区人民政府主办，北京市丰台区科学技术委员会、中关村科技园区丰台园管理委员会、北京丰台科技园建设发展有限公司、中关村科技园区丰台园 3D 打印数字维创中心承办，包括参赛团队、企业、政府部门在内的约 200 人参加活动。

（魏立亮）

【获北京市科学技术奖】 年内，丰台园 10 家企业主导和参与的项目荣获 2018 年北京市科学技术奖项，其中交控科技股份有限公司的“城市轨道交通自主化全自动运行系统关键技术及工程示范”获一等奖，北京全路通信信号研究设计院集团有限公司、通号城市轨道交通技术有限公司合作项目“全套自主化城轨列车自动控制系统（CBTC）在地铁的研发及应用”获二等奖，北京吉视汇通科技有限责任公司、北京当升材料科技股份有限公司等 7 家企业参与的项目获三等奖。

（魏立亮）

【获 2018 年度国家科学技术奖】 年内，丰台园 3 家企业参与的项目获得国家科学技术奖，其中北京汉能华科技股份有限公司参与的“风电装备变转速稀疏诊断技术”项目、北京海鑫科金高科技股份有限公司参与的“大人群指掌纹高精度识别技术及应用”获得国家技术发明奖二等奖；北京中机联供非晶科技股份有限公司参与的“国产非晶带材在电力系统中的应用开发及工程化”项目获得国家科学技术进步奖二等奖。

（魏立亮）

【北京互联网法院落户丰台园】 9 月 17 日，北京互联网法院在中关村丰台园挂牌成立，北京铁路运输法院同时撤销。登录北京互联网法院电子诉讼平台，即可足不出户网上打官司。。新成立的北京互联网法院为基层法院，集中管辖北京市辖区内应当由基层人民法院受理的第一审特定类型互联网案件，包括互联网购物、服务合同纠纷；互联网金融借款、小额借款合同纠纷、互联网著作权权属和侵权纠纷；互联网域名纠纷；互联网侵权责任纠纷；互联网购物产品责任纠纷；检察机关提起的涉互联网公益诉讼案件；因对互联网进行行政管理引发的行政纠纷；上级人民法院指定管辖的其他互联网民事、行政案件。

（魏立亮）

冶金自动化研究设计院

【概　况】 2018 年，获得“煤炭清洁高效利用和新型节能 技术”国家重点研发计划项目的“工业流程用高效电机系统”课题和“兆瓦级超高速高效异步电机系统”课题；获得工信部 2 项智能制造综合标准化与新模式应用项目“新冶钢特种高 温合金材料智能制造新模式应用”和“面向流程行业工业知识 软件化关键技术标准研制及验证平台建设”；获得“天津市智能 制造专项资金项目”的“先进研发生产设备实施智能化改造”项目和“机器人换人工程”项目；获得 2 项北京市丰台区创新基 金项目。两项自然基金项目“撞击密度和子空间聚类在 AGC 伺服缸 功能精度诊断中的应用”及“撞击密度和子空间聚类在 AGC 伺 服缸功能精度诊断中的应用”通过项目验收。国家重点实验室以河冶项目为示范。获得 4 项推 广应用（沙钢、盐湖、新冶钢、韶钢）；

国家工程实验室新签钢铁主流程用工业机器人20台（套），占钢铁行业主流程需求量的9%。全年申请专利51项（其中发明专利33项），获得专利授权17项（其中发明专利8项），获得软件著作权12项。

（孔　菲）

【开拓新行业新业务】　年内，实施工程量1.3亿元。重点项目有：玻利维亚乌尤尼35万吨/年钾盐项目：负责整体项目自动化、计算机及视频监视系统的设计、编程和调试工作。江阴兴澄特钢智能机器人高温贴标系统：采用机器人自动贴标，通过对数字标签自动识别，将板坯生产信息、物流信息、钢种批号等信息完整储存，提高产品质量可追溯性。

（孔　菲）

【学术交流】　年内，组织召开学术会议4次，参会600人次，组织宝武、河钢、山钢、东大等行业专家编写“钢铁智能制造体系架构”。应用专委会还被中国自动化学会评为“2018年度先进集体”。

（孔　菲）

综合经济管理

发展改革综合管理

【概　况】　2018年，制定并下发《丰台区2018年经济社会重点指标任务分解方案》，确定全年发展指标和重点任务并组织实施。全年实现地区生产总值1551.1亿元，同比增长6.4%；第三产业增加值比重80%。一般公共预算收入达到121.6亿元，同比增长7.5%。社会消费品零售额1170.8亿元，同比增长3.2%。全社会固定资产投资达到750.6亿元，同比下降23.7%；建安投资实现211.1亿元，同比下降18.8%。万元地区生产总值能耗下降3.8%。全年争取市政府固定资产投资计划共支持丰台区建设资金8.07亿元，安排三批区级资金23.3亿元。年内开展68家重点用能单位能源管理负责人备案及能源利用状况报告审核，督促56家重点排放单位开展2018年碳排放权交易履约工作。开展全方位扶贫，安排帮扶资金1.35亿元，探索形成"1+4+N"的工作格局，助力受援地区2.8万人实现脱贫，结对帮扶的林西县成为内蒙古自治区首个脱贫的国家级贫困县，扎赉特旗通过内蒙古自治区国家级贫困县脱贫摘帽验收。

（崔倩倩）

【优化营商环境】　11月5日，在全市率先上线公共资源交易服务平台，推动全区实现统一开放、竞争有序、全程留痕、规范透明的公共资源交易环境。11月19日，国务院办公厅关于对国务院第五次大督查发现的典型经验做法给予表扬的通报（国办发〔2018〕108号）中，丰台区"一窗办理"提升企业不动产登记服务水平被列入其中。

（崔倩倩）

【新一轮城市南部地区行动计划】　年内，全面梳理未来三年计划实施基础设施项目，建立拟实施135个项目、总投资2675亿元的项目储备库。做好城南行动计划宣传培训，组织参加新闻发布会并配合拍摄两期北京电视台《锐观察》节目。

（崔倩倩）

【十三五规划中期评估】　年内，开展丰台区"十三五"规划中期评估工作。聘请专业咨询机构开展评估，在规划评估中引入公众满意度调查，回收有效问卷5500余份。组织召开专家研讨会和评估座谈会，邀请国家发改委宏观院、中国社科院等单位知名专家参与，听取专家意见。经评估，"十三五"以来，《纲要》确定的25项指标（17项约束性、8项预期性）均符合或好于预期要求，其中好于预期的达到10项，占比达到40%。153项重点任务总体进展良好，全区经济社会发展稳中有进。

（郝祺君）

【编制重点工程计划】 年内，编制年度市区重点工程计划，安排市区重点建设项目178个，支撑建安投资248.6亿元，支撑全年建安投资目标八成以上。其中，市级重点建设项目30项，计划完成投资170.9亿元，支撑建安投资58.3亿元，涉及京津冀协同发展、公共服务提升与民生保障、城市治理水平提升、“高精尖”经济结构构建四大领域；区政府投资计划项目97项，计划投资58.1亿元，支撑建安投资36.5亿元，涉及生态环境优化、基础设施完善、居民生活改善三大领域；社会投资项目51个，计划投资391.9亿元，支撑建安投资约153.8亿元，涉及“高精尖”产业、基础设施完善、生态环境优化、居民生活改善四大领域。

（崔倩倩）

【固定资产投资】 年内，办理立项审批160件，同比下降21.1%，其中审批类55件（权限内41件）、核准类105件（权限内57件）；企业投资备案153件，同比增长23.4%。全年争取市政府固定资产投资计划支持丰台区建设资金8.07亿元，涉及汛后积水点治理工程等34个项目；全年安排三批区级资金23.3亿元，涉及2018年平原地区绿化建设工程等92个项目。

（崔倩倩）

【价格管理】 年内，落实《关于整顿和规范游览参观点门票价格的通知》(发改价格〔2008〕905号),同意世界公园和花卉大观园的门票价格制定实行调节价,根据《北京市定价目录》调整丰台区政府定价项目，落实民办教育收费管理和机动车停车收费管理的新政策。编制《丰台区公平竞争审查工作联席会议制度》。落实国家和北京市降低一般工商业电价政策，超额完成重点转供电企业的政策落实督导工作；对丰台区机动车停车设施运营现状进行调研，提出政府改进管理措施。

（崔倩倩）

【节能环保】 年内，完成北京市2017年节能减碳目标责任评价考核自查和迎检工作。开展68家重点用能单位能源管理负责人备案及能源利用状况报告审核工作，督促56家重点排放单位开展2018年碳排放权交易履约工作，50家一般排放单位完成2018年碳排放核查报告工作，履约率和报告率实现100%。加强节能监察执法，开展重点用能单位节能专项监察3家。紧扣“节能降耗，保卫蓝天”的宣传主题，举办2018年节能宣传周启动仪式，召开培训会3场。

（崔倩倩）

【扶贫协作和支援合作】 年内，投入帮扶资金1.35亿元，选派干部、人才78人。发挥丰台区农副产品市场优势，通过产销对接、合作帮销等方式帮助受援地区特色农副产品在京销售1.72亿元。构建大扶贫格局，21个街乡镇、70个社区（村）、百余家企业开展结对帮扶工作，社会帮扶物资累计1400余万元。加大扶贫协作和支援合作宣传力度，被人民日报、北京日报等中央和市属媒体报道转载200余次，区属媒体刊播报道30余篇。助力受援地区2.8万人实现脱贫，结对帮扶的林西县成为内蒙古自治区首个脱贫的国家级贫困县，扎赉特旗通过内蒙古自治区国家级贫困县脱贫摘帽验收。

（陈　葳）

疏解工作

【概　况】 2018年，疏解工作按照市委市政府决策部署，把疏解整治促提升作为解决丰台发展问题的一把金钥匙，在疏解中谋发展、在调整中促提升，开启从“集聚资源求增长”到“疏解功能谋发展”的转变。坚持功能疏解带动人口调控，截至年底，常住人口210.5万人，比上年减少8.1万人，同比下降3.7%，降幅居城六区首位。

（孟凡静）

【非首都功能疏解成果】 年内，疏解市场26家，原45家上账市场拆除关停率由73%提升到82%，疏解商户4900余户、从业人员1.3万人；疏解一般制造业企业33家，整治“散乱污”企业32家。

（孟凡静）

【城市居住空间综合整治】 年内，消除因群租、散租带来的安全隐患，清理整理地下空间162处、违法群租房1662处。

（孟凡静）

【环境综合整治】 年内，治理“开墙打洞”违法行为1213处，整治占道经营重点点位159个、无证无照经营2634个；拆除违法建设211.1万平方米。

（孟凡静）

【改善人居环境】 年内，完成棚户区改造9529户，占全市完成量的28%。完成城乡结合部改造拆迁腾退482.6公顷，实施规划绿地146.8公顷。实现留白增绿45.9公顷，建成惠及5个小区、10余万群众的嘉囿公园。将零散土地用于停车场、菜篮子供给设施及公共活动中心建设，新建和规范提升蔬菜零售等7类基本便民商业网点133个，基本便民服务功能实现社区全覆盖，“五分钟便民蔬菜零售网络体系”覆盖率80%，将镇国寺北街打造成中心城区首个生活性服务业示范街区。

（孟凡静）

安全生产监督管理

【概　况】 2018年，全区共发生安全生产死亡事故71起、死亡73人。与上年同比事故减少4起，下降5.3%；死亡人数减少5人，下降6.4%。其中，生产经营性安全生产死亡事故25起、死亡27人，与上年同期（25起、死亡27人）相比，事故起数、死亡人数均持平。检查排查生产经营单位14617家，确认挂账隐患249项，完成整改249项，完成率100%，超额完成年度整改率90%的任务，安全风险云服务系统填报率100%；企业清单编制100家，完成率100%；纳入清单编制企业隐患信息系统使用率95%，占90%任务的105.6%。完成16家加油站贯标改造工作。年内出动2389人次、检查单位3798家,整改隐患2454项、下达执法文书1404份,立案处罚6起,处罚金额6.9万元,为“两会”提供安全保障。

（卢晨霖）

【危险化学品行政许可】 年内，受理企业危险化学品经营许可证行政许可59家。加油站首次申请、延期申请及变更申请换证38家，票据经营单位首次申请、变更申请加延期申请换证21家。危险化学品经营许可证注销11家。危险化学品生产经营单位事故应急预案备案79家，危险化学品重大危险源备案1家，重大危险源核销4家，第二、三类非药品类易制毒化学品经营备案5项。危险化学品改建项目安全条件、设备设施审查2家，加油站改造备案16家，其中组织专家现场审核16次。

（陈伟）

【危险化学品经营单位执法检查】 年内，检查危险化学品经营单位85家次，下达责令限期整改指令书6份、强制措施决定书1份，行政处罚11起，罚款13.4万元。查处举报投诉案件15起（其中“96005”举报投诉10起，“12350”举报投诉5起）。

（陈　勇）

【烟花爆竹零售点安全管理】 年内，设立2个烟花爆竹销售网点。各零售网点实行值班巡逻看守和销售人员24小时看守（夜间2人以上）。全区烟花爆竹零售网点烟花爆竹订货896箱，销售590箱，烟花爆竹销售同比下降94.17%。

（陈 勇）

【完成涉氨制冷企业隐患整改】 年内，北京二商健力食品科技有限公司（以下简称二商健力）、北京月盛斋清真食品有限公司（以下简称月盛斋）3家涉氨制冷企业冷库由于与周边居民区安全距离不足，列入市级挂账隐患。二商健力投入资金1500余万元，5月13日开始施工，将氨制冷改为氟制冷，9月18日完成改造，消除安全隐患。月盛斋投入资金1300余万元，5月25日开始施工，将氨制冷改为氟制冷，9月29日完成改造，消除安全隐患。区级挂账隐患北京市南三环玉泉营果菜批发中心，投入资金500余万元，于2017年11月20日开始施工，将氨制冷改为氟制冷，2018年7月30日完成改造，消除安全隐患。

（陈 勇）

【非经营性加油站专项整治】 年内，全区有非经营性加油站34家，其中撬装站26家，有埋地罐的加油站8家。委托有资质的技术服务机构对26家撬装站进行安全检查和隐患排查，已要求各单位认真组织整改。8家有埋地罐的加油站由于没有规划手续，安监局会同规土、消防、环保等部门责令停止使用。

（陈 伟）

【城市安全隐患治理三年行动】 年内，是城市安全隐患治理三年行动的第一年。检查排查生产经营单位15618家次，经过甄别、筛选，确认年度挂账隐患249项，全部按要求录入全市城市安全隐患治理信息平台，全面启动整改，按时报送进展情况及相关统计数据信息。年度上账的249项隐患全部整改销账，超额完成市安委会下达的90%的任务。区安委会办公室组织专门力量，按照不少于10%的比例，对已整改完成的隐患进行核查，共核查30家，超额完成核查任务。

（李 颖）

【安全社区】 年内，右安门街道、宛平城地区办事处通过市级安全社区评审，正式命名为安全社区。西罗园街道通过全国安全社区复评。全区共有全国安全社区1个，市级安全社区8个。全年投入30万元用于安全社区建设工作，聘请中介机构对新启动的属地进行指导，对申请验收的属地进行把关。

（李 颖）

【安全生产宣传咨询日】 6月16日上午，区安全生产监督管理局在汽车博物馆举行第17个安全生产月咨询日活动，活动主题为“生命至上 安全发展”。市区领导及30余个安委会成员单位、供电公司、北京液化气公司的下属分公司、4家保险机构、驻区重点单位和社区干部代表450余人参加。各单位发放手册、书籍、折页等纸质类宣传材料和印有安全月口号的手提袋等80余种宣传品2万余份，摆放展板65块。

（李 颖）

【护航“2018北京海外学人园博园健康长走活动”】 5月19日，丰台区委组织部、北京海外学人中心丰台分中心共同举办“2018北京海外学人园博园健康长走活动”。活动吸引近700余人报名参加，区安监局安全生产执法监察队执法二队坚持“体量轻，标准高、全覆盖’的工作标准，深入现场，对活动现场舞台及相关设施承建单位资质、特种作业人员作业资质、活动现场方案预案和施工作业现场进行审核检查，多次协调组织承办单位、承建单位和活动方就安全保障工作进行会商，要求各方携手齐力、共同抓实安全巡查机制，为活动安全有序、平稳举办打实基础。

（牛玉杰）

【保障“五月的鲜花”文艺汇演成功举办】 6月7日，丰台区职工第35届“五月的鲜花”文艺汇演在中国戏曲学院大剧场落幕。为做好本次大型文艺活动的安全保障工作，丰台区安监局安全生产执法监察队执法二队会同承办单位丰台区总工会、承建单位北京恒图畅达舞台艺术有限公司和中国戏曲学院安全负责人一起，对活动现场舞台及相关设施承建单位资质、特种作业人员资质、活动现场方案预案和施工作业现场进行了无缝隙、无死角审核检查。

（牛玉杰）

【大红门地区综合整治】 年内，按照区委、区政府《关于规范商品交易市场经营秩序，全力推进“疏解整治促提升”》的部门协同联席会议要求，6月7日下午，丰台区安监局、工商分局、商务委、公安分局等多部门到北京世纪丹陛华综合市场有限公司和北京大红门京深海鲜批发市场有限公司进行联合检查。丰台区安监局安全生产执法监察队执法三队依法行政、严格监管，对检查中发现的企业安全隐患问题采取立纠立改，对受条件限制，不能即时整改到位的，现场下达了责令整改指令书，限期进行整改。

（牛玉杰）

【助力“The Color Run”最快乐5公里北京站彩跑活动】 6月9日，2018年“The Color Run”最快乐5公里北京站彩色跑首站在园博园开跑，近3万名彩跑爱好者参与此次活动。区安监局安全生产执法监察队执法二队全程参与，科学策力，为大型彩跑活动的成功举办提供安全保障。

（牛玉杰）

【完成区党代会保障任务】 7月30日，中国共产党北京市丰台区第十二届委员会第六次全体会议在美高美召开，丰台区安全监管局安全生产执法监察队的执法队员们进行全程跟踪保障。

（牛玉杰）

【完成区第十六届人代会第五次会议安全保障任务】 8月，丰台区第十六届人民代表大会第五次会议在美高美会议中心召开。区安监局安全生产执法监察队执法二队对会议现场搭建等相关工作进行全程跟踪保障。

（牛玉杰）

【完成北京第32届卢沟桥醒狮越野跑活动保障任务】 9月15日，由政协北京市委员会、北京市体育总会、丰台区人民政府联合主办的北京第32届卢沟桥醒狮越野跑活动在北京园博园成功举行。丰台区安全生产监管局执法监察队进行全程跟进保障。

（牛玉杰）

统计工作

【概　况】 2018年，实现地区生产总值1551.1亿元，比上年增长6.4%；完成全社会固定资产投资750.6亿元，下降23.7%；实现社会消费品零售额1170.8亿元，增长3.2%；居民人均可支配收入60144元，增长7.6%。全区经济平稳健康发展，人民生活稳步提高。区政府企业服务大厅统计窗口全年共接待受理咨询办事人员16010人次，其中接待各类咨询9927人次，受理审批4191件，新增统计登记单位1892家，即办率100%，无行政投诉事件发生。

（赵国红）

【统计监测评价】 年内，开展科技园区、丽泽金融商务区和南中轴及南苑－大红门地区监测评价方案的研究，形成三大功能区监测评价制度。开展“高精尖”企业指数研究，形成丰台区“高精尖”企业指数测算报告，确定市、区两级“高精尖”企业监测名录。开展“放管服”改革、轨道交通和军民融合产业、生活性服务业、城市商业综合体等专题研究。全年共编发各类分析报告234

篇，其中区委区政府信息（专刊）刊发9篇。组织编印改革开放40周年专题分析，用数据展现经济社会发展的历史性成就。

（赵国红）

【依法统计】 年内，统计执法检查共计392起，查处各类统计违法案件174起，其中查处迟报统计资料案件114起，统计执法利剑作用更加凸显。

（赵国红）

【信息化建设】 年内，完成8个新设统计所专线铺设，全区21个街乡镇统计专网全部联通。完成《丰台区社区村统计站信息化设备管理办法》修订工作。制定《特殊重大时期网络信息安全突发事件应急预案》，针对基础网络设施、计算机终端、应用系统和信息设备的使用管理，全面开展专项安全保密隐患排查工作，落实保密规定，加强保密工作。组织开展网络信息安全培训，提升全员信息安全意识。对信息系统开展安全检测，定期检查系统功能、数据库、操作系统、中间件系统、磁盘空间等运行情况，随时监测系统健康情况。

（赵国红）

【专项调查】 年内，6次深入街乡镇与社区、派出所、城管等部门人员交流200余人次，定期反馈街乡镇调查中收集的群众意见建议7703条，组织召开街乡镇综治部门座谈会1次。重新调整调查问卷，进一步细化分析，在各季度总报告的基础上新增了21个街乡镇分报告，为街乡镇开展工作提供参考。完成北京市家庭医生签约服务调查、中小微企业调查、民生调查、小微企业融资调查等专题调查任务。

（赵国红）

【统计开放日】 9月21日，联合区委宣传部共同主办丰台区第六届政府统计开放日活动。活动以“走进四经普”为主题，旨在让社会各界亲身感受统计工作，宣传普查目的意义，介绍普查总体情况，营造人人知晓、参与、支持普查的社会氛围，与国家、北京市形成整体同步的宣传高潮，奏响开放日活动“大合唱”，为做好普查工作奠定社会基础。

（赵国红）

工商行政管理工作

【概　况】 2018年，深化放管服改革，不断优化营商环境，为社会创造效益，推动非首都功能疏解，提升服务质量，带头整治环境和大城市病治理，提升群众的满意度。开展“二十四证合一”工作，在外贸领域“十五证合一”的基础上，整合市财政局等十九个部门，实现“二十四证合一”。全区推进无证无照经营和“开墙打洞”治理等专项工作，制定《丰台区对利用“开墙打洞”房屋从事经营活动相关处理的指导意见》，年内完成整治“开墙打洞”计划内点位1100处，完成全区828条街巷无“开墙打洞”点位的工作任务。

（孙　淼）

【推动辖区市场规范化建设】 年内，结合丰台区调整疏解后市场规范化管理实际，推出《后疏解时代丰台区商品交易市场管理规范》，从资质、设施和管理三方面，为市场制定统一标准，在辖区推出精品市场，通过打造精品市场，提升市场品质，更好地服务民生；加强对旧机动车市场监管，指导机动车市场在全国率先开展机动车“支付平台先行赔付”制度，指导市场主办单位主动公示商户消费投诉信息，充分发挥信用激励与惩戒的功能。

（刘　莉）

【商标品牌指导站建设】 年内，建立“商品交易市场规范提升指导中心”，该中心与“首都商务新区商标品牌指导站”一并设立在北京新世纪时尚创意基地市场，为全区市场在登记注册、信用监管、商标品牌建设等方面提供便捷高效的咨询和受理服务；设立“地理标志商标品牌指导站”，推出“零跑路”完成商标注册，“你点我讲”大讲堂等四大核心功能，为企业提供优质服务。做好丰台区实施商标品牌战略联席会议平台建设。全年设立指导站3个，服务商标注册9件，已有地理标志商标6件，居全市首位，一对一商标品牌指导200余户次，开设“你点我讲”大讲堂6期，辐射330余户企业。

（刘　莉）

【查处虚假违法广告】 年内，制发《北京市工商行政管理局丰台分局医疗机构违法广告专项整治工作方案》、《北京市工商行政管理局丰台分局食品、药品、保健食品虚假违法广告专项整治工作方案》，围绕“多谋民生之利，多解民生之忧”的目标，全区以专项方案为抓手，靶向监管提效能，推进虚假违法广告查处工作。

（刘　莉）

【规范合同文本和条款工作】 年内，推进合同示范文本工作。完成全区推荐文本《建材买卖合同(整体衣柜)》和《皮鞋(皮具、皮护理服务收(取)凭单》调研、起草和论证工作。对已经发布的《红木家具买卖合同》、《建材买卖合同(淋浴房)》等文本丰台区推广使用情况进行调研并制定修订方案。同北京市工商市局共同完成北京市家具买卖合同》修订和《北京市家居定作合同》制订工作。

（刘　莉）

【推进非首都功能疏解向纵深发展】 年内，完成22家市场的调整疏解,涉及面积11.5万平方米,摊位约3500个。注销市场内商户5485户,吊销2103户,办理市场内案件4176件,对2016户市场主体的个案进行吊销。

（刘　莉）

【消费环境满意度持续提升】 年内，对全区300余个社区开展“放心消费在社区”宣传月活动，实现丰台区社区及周边日常消费场所放心消费宣传全覆盖。深化“丰台彩虹315”消费维权服务特色服务品牌，以“首都学雷锋志愿服务示范岗”为契机，联合团区委、区教委、区社工委、区老龄委等，开展了“情系少年消费者 培育维权小雏鹰”、“放心消费在丰台 共享首都美好生活”等系列讲座，进行多层次的消费维权志愿服务活动17场次。落实区政府“为民办实事”重点工作，组织普法宣传和消费教育讲座52场次，发放宣传材料18900册。在丰台区50家大型商超、市场完善并公示消费纠纷快速解决机制，在10个商务楼宇建立“消费调解服务站”，百姓消费维权渠道更加多样、便捷。

（刘　莉）

【提升12315热线办理满意度】 年内，发挥12315投诉举报数据的预警作用，开展投诉举报热点问题风险研判工作。编发《丰台分局投诉举报热点问题风险研判工作机制》，运用数据分析技术监测各类投诉举报风险点，筛选出高风险对象，及时通告。成立96005热线工作小组，提升区政府96005环境热线办理满意度，实现“专人承办、专人答复、专人审核、专人回访”一体化的工作流程。

（刘　莉）

质量技术监督工作

【概况】 2018年，9家企业21项标准获得市级标准制修订补助经费129万元，7家企业29项标准获得区级奖励资金700万元。

年内完成市区两级对营商环境和“放管服”工作检查以及国务院大督查等系列工作。政务服务窗口评价器满意度100%。行政许可受理、送达1364件，完成来电来人咨询4922人次，政务服务事项实现全部网上办理。全年检定计量器具33754台件。开展行政执法活动1379起，立案497起，查获涉案产品货值合计18.7万元，合计罚没款148.9万余元。

（荆元伟）

【产品质量监管】 年内，办理产品质量安全风险处置信息119件。落实缺陷产品召回监管职责，督促企业主动履行缺陷产品召回义务，办理涉嫌缺陷产品召回信息35件。

（荆元伟）

【产品质量专项执法】 年内，检查食品相关产品生产企业17家次，检查农资生产企业5家次。依法加强对电动自行车、电动自行车用蓄电池及充电器产品生产企业监管，全面排查辖区电动自行车、电动自行车用蓄电池及充电器产品生产企业情况，排查企业4家次。配合国家认监委做好电线电缆产品抽样、检测工作，抽取样品16件。开展国家有机产品认证企业、质量管理体系认证企业专项检查，检查企业7家次。持续开展消防产品、电器产品生产企业专项治理，出动执法人员92人次，对辖区内8家消防产品、38家电器产品生产企业进行专项检查。

（荆元伟）

【特种设备安全监察】 年内，检查充装企业22家次。检查电站锅炉管理单位3家次。为天坛医院新址特种设备运行做好服务保障工作。完成400余台燃气锅炉低氮燃烧改造验收工作。开展电梯检验机制改革试点工作，受理电梯自检358台。

（荆元伟）

【计量监督管理】 年内，推进邮政快递行业诚信计量工作，11家快递物流企业做出诚信计量承诺。开展辖区大型农贸市场、超市、加油站、眼镜制配等民生领域计量专项监督检查工作，维护辖区良好计量秩序。开展定量包装商品净含量计量专项“双随机”抽查，抽查米、面、调料等与百姓生活密切相关产品11批次。开展计量器具生产企业监督检查，检查计量器具制造企业5家次，核验型式批准报告12件，抽查工作计量器具47台件。做好加油站油气回收在线监控系统防爆安全验收工作，完成辖区内42家加油站的油气回收在线监控系统改造防爆验收工作。

（荆元伟）

【检验检测机构监管】 年内，督促指导辖区101家检验检测机构报送2017年度报告、开展2018年度资质认定自查以及2017年度北京地区检验检测服务业统计工作。制定2018年度检验检测机构监督管理工作方案，检查检验检测机构18家次。

（荆元伟）

【特种设备检验检测】 年内，检验电梯18245部，检验起重机311台，锅炉内检340台，锅炉外检621台，检验压力容器338台，检验厂内机动车279台。坚持“科技兴检”，实用新型专利“带保冷层液氨压力管道DR检测对比试块”获得2018年度丰台区授权专利奖励。

（荆元伟）

财政 税务 审计

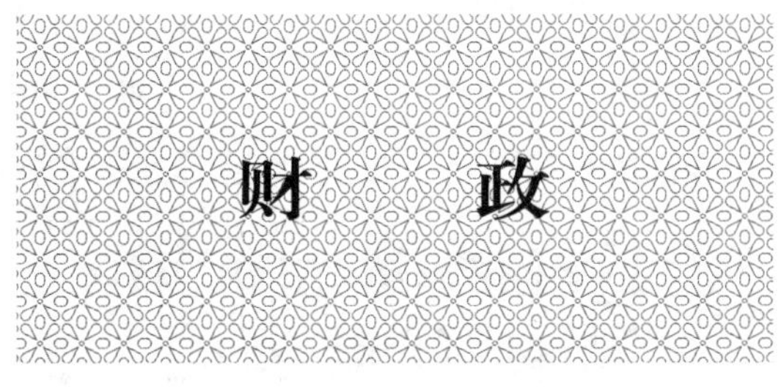

财 政

【概况】 2018年，区级一般公共预算收入完成121.6亿元，支出完成247.75亿元。全年财政存量资金累计消化100.65亿元，各项考核指标均超额完成；安排各街乡镇“街乡吹哨、部门报到”经费共计10500万元；区财政总决算连续十年获得市财政局先进单位表彰，实现区县本级预算管理全过程监控和国库集中支付电子化业务全覆盖；实现从收付实现制向双制度（收付实现制和权责发生制）核算转变；实现区人大对财政工作的全面信息化监督，落实人大预算联网监督，启动政府会计制度改革财务核算信息化建设工作。年内政府采购立项6736项，共计32.73亿元。

（马宁宁）

【一般公共预算执行】 年内，一般公共预算收入完成1,216,034万元，增长7.5%，完成调整预算1,216,000万元的100%。在收入完成1,216,034万元基础上，加上市体制返还及补助815,818万元、预算稳定调节基金调入106,111万元、国有资本经营预算调入637万元和其他资金调入1,673万元，以及动用上年结余资金162,006万元和再融资债券转贷收入84,199万元，区级收入为2,386,478万元。专项转移支付资金462,888万元，一般公共预算收入总量为2,849,366万元。全年一般公共预算支出完成2,021,456万元，完成调整预算1,964,003万元的111.2%。在支出完成2,477,544万元的基础上，加上补充预算稳定调节基金3,943万元和上解上级支出187,415万元，及结转下年的支出180,464万元，区级支出为2,668,902万元。

（马宁宁）

【政府性基金预算执行】 年内，政府性基金预算收入完成1,299,619万元，完成调整预算1,299,600万元的100%，其中国有土地使用权出让收入1,299,600万元，有彩票发行机构和彩票销售机构的业务费用收入19万元。在收入完成1,299,619万元的基础上，加上动用上年结余资金458,008万元、调入资金6,522万元，区级收入为1,764,149万元。再加上专项转移支付收入44,225万元，政府性基金预算收入总量为1,808,374万元。政府性基金预算支出完成1,499,502万元，完成调整预算1,499,502万元的100%，主要用于征地拆迁和补偿支出、土地开发支出、城市建设支出、补助被征地农民支出等。在支出完成1,499,502万元的基础上，加上解上级支出52,917万元，以及结转下年的支出211,730万元，区级支出为1,764,149万元。再加上转移支付支出 44,225 万元,政府性基金支出总量为 1,808,374 万元。

（马宁宁）

【国有资本经营预算执行】 年内，国有资本经营预算收入完成3,187 万元,全部为国有企业利润收入,完成年初预算 2,863 万元的 111.3%。主要是区国资中心等国有企业经济效益增长高于预期。在收入完成 3,187 万元的基础上,加上动用上年结余资金 1 万元,国有资本经营预算收入总量为 3,188 万元。国有资本经营预算支出完成 3,185 万元,完成年初预算 2,864 万元的 111.2%。其中资本性支出 2,548 万元,主要用于支持北京静态交通丰台有限公司增资和园区产业基地东三期产业用地开发项目,另有调出到一般公共预算 637 万元。在支出完成 3,185 万元的基础上,加上结转下年的支出 3 万元,国有资本经营预算支出总量为 3,188 万元。

（马宁宁）

【社会保障基金预算执行】 年内，社会保险基金预算收入46,987 万元,完成年初预算的 98.2%。其中,新型农村合作医疗基金预算收入 4,017 万元,城乡居民养老保险基金预算收入 42,970 万元。在收入完成 46,987 万元的基础上,加上年结余收入 111,414 万元,社会保险基金预算收入总量为 158,401 万元。社会保险基金预算支出 46,415 万元,完成年初预算的 94.3%。其中,新型农村合作医疗基金预算支出 5,800 万元,城乡居民养老保险基金预算支出 40,615 万元。在支出完成 46,415 万元的基础上,加年终结余 111,986 万元,社会保险基金预算支出总量为 158,401 万元。

（马宁宁）

【推进财政绩效评价工作】 年内，加大培训力度，培训 500 人次。推进绩效信息公开透明，自觉接受人大和社会各界监督，向人大报送 68 个项目备案。简化评估流程，重点对新出台政策和项目开展事前绩效评估，推动绩效管理“关口前移”。全年事前绩效评估项目数 53 个，比上年同期的 8 个项目，增长 6 倍；评估资金额 3.7 亿元，比上年同期的 3289 万元，增长 10 倍。

（马宁宁）

【提高财政投资评审效率】 年内，完成评审项目 369 个，送审金额 19.48 亿元，审减金额 3.01 亿元，审减比例 15.45%。创新出台《拆除违法建设类项目财政评审的指导意见》；率先采用“部门自评、财政抽查”的模式。

（马宁宁）

丰台区综合投资集团有限公司

【概　况】 2018 年，资产总额 71.89 亿元，所有者权益 32.26 亿元，负债总额 39.63 亿元，资产负债率 55.13%，完成经营收入 5.38 亿元，实现利润总额 550 万元，上缴税收4137.35 万元。公司直接对外投资 15 家企业，实现投资收益 1135 万元。12 月 21 日完成企业改制工作，由全民所有制企业改为有限责任公司，名称变更为北京市丰台区综合投资集团有限公司，年内完成工商备案。

（许　赜）

【产股权管理】 1 月 29 日，区财政以资本性支出的形式拨付 1000 万元，增加所属北京恒盛宏大道路投资有限公司注册资本金至 6000 万元，主要用于支持水务工程建设。8 月 14 日，受让北京诚信佳融资担保有限公司 0.167% 股权，占总股比 16.667%。9 月 26 日，出资 2450 万元，与北京静态交通投资公司共同组建北京静态交通丰台投资运营有限公司，占总股比 49%。

（许　赜）

【疏解整治】　年内，整治腾退群租房122处，拆除违法建设66处，建筑面积共计1.34万平方米，拆除底商牌匾19块。利用疏解整治腾退的国有企业商业网点空间，开设2家“方购便民服务店”，月客流量5.9万人。

（许　赜）

【征地拆迁】　年内，为新机场建设需要，配合中国人民解放军93704部队阵地迁建，公司作为该项目征地拆迁实施主体，用时20天完成用地范围内全部拆迁腾退工作，涉及集体企业16家，拆迁面积约7万平方米，实现土地平整20.2万平方米。地铁九号线郭公庄车辆段项目三期B地块于9月29日在市规土委网站进行建设用地使用权出让预公告，定向安置房进行验收备案工作，完成劳动力和超转人员移交2590人。11月与中经社控股有限公司签订《丽泽金融商务区E02土地开发补偿费协议》，收回土地开发补偿费5.39亿元，全面启动丽泽金融商务区B6B7地块土地一级开发结算审计工作。第九届园博会水源净化工程、园林博物馆项目二次权属审查工作全部完成，协调区相关单位，拨付绿化景观及相关设施项目征地款1.6088亿元。

（许　赜）

【基础设施建设】　年内，实现四合庄三号路、京开东路、槐房北路、长辛店北十五路、北辛庄路、芦花路、南苑西一路等7条道路建设全部完工，完成市交通委下达的考核目标；完成市政府重点工程西站南路南延全部拆迁、拆除以及树木伐移工作，完成六圈路等两条道路拆迁工作，拆迁面积约3.1万平方米，腾退土地面积约53万平方米，全年落实投资3.26亿元。水务建设累计拆迁面积1.5万平方米，累计落实投资3.37亿元。年内小清河北支沟河道治理工程主体基本完工。完成“聚焦攻坚”16个分项中的14项拆迁工作，项目累计拆迁面积约2000平方米，累计落实投资7700万元。年处理垃圾200万吨。

（许　赜）

【代建工程】　年内，丰台第二中学改扩建项目全面完工，8月交付使用；北京十中槐树岭校区新建工程已落实安置房源，正在开展拆迁腾退工作，土地权属审查手续正在办理中；北京十中晓月苑建设工程前期工作有序推进，已实现进场施工。

（许　赜）

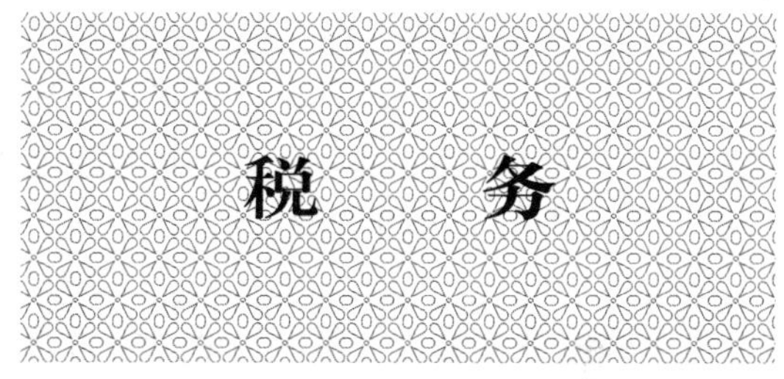

税　务

【概　况】　2018年，全区累计完成各项税费收入448.98亿元，同比增加24.35亿元，增长5.73%。其中：累计完成中央级收入216.82亿元，同比增加11.68亿元，增长5.69%；累计完成地方级收入232.16亿元，同比增加12.66亿元，增长5.77%；累计完成一般公共预算收入229.55亿元，同比增加12.42亿元，增长5.72%；累计完成区级收入108.69亿元，同比增加5.48亿元，增长5.31%。7月5日，国家税务总局北京市丰台区税务局正式挂牌成立，全局共设置38个科级单位。其中，18个内设科室，18个税务所，2个事业单位（纳税服务中心、信息中心）。内设机构主要集中在局机关办公区办公，此外老干部科、税收风险管理局、纳税服务中心、各税务所分设在其他12个办公区内。

（尹佳奇）

【落实减税降费政策】　年内，切实落实增值税减税政策，激发市场活力，服务实体经济发展，截至12月底，增值税税率下调后减税金额约为5.5亿元。落实国务院六项企业所得税减税政策，确保纳税人应享尽享政策红利，全年汇算清缴享受高新技术企业税收优惠政策共302户，减免税额7.48亿元；汇算清缴享受小型微利企业税收优惠政策共3.84万户，减免税额1.6亿元。

（尹佳奇）

【支持民营企业发展】　年内，开展“银税互动”，为220家企业提供信用贷款2.43亿元，切实解决小微企业融资难融资贵的问题。有序开展“问需求 优服务”系列活动，发放调查问卷1500份，举办民营企业座谈会15场，广泛听取民营企业意见建议。实地开展大调研、大走访活动，走访民营企业33户，现场答复解决问题73个。

（尹佳奇）

【服务区域经济发展】　年内，助力非首都功能疏解，成立联合执法工作组，累计出动联合执法人员266人次，核查补缴入库税款83.88万元。精准服务重点企业，提供数据分析、送政策上门等特色服务，协助34家重点企业顺利迁入丰台区，预计新增留区税收4亿元。加强政务信息编报，紧跟区域经济热点新闻，被市委、市政府采用20篇。加强新闻宣传力度，在主流媒体和新媒体组织刊发新闻稿件198篇。打造精品调研战略，形成调研成果17篇。

（尹佳奇）

【优化税收营商环境】　年内，在全市率先试点房地产登记“一窗办理”，办理时间缩短至60分钟，典型经验获国务院第五次大督查通报表扬。对5大类119个办税事项实现“最多跑一次”；对涉及企业的79个事项、涉及自然人的10个事项实现“全程网上办”。联合设立“企业一站式开办专区”，整合新办企业10个涉税事项，实现企业开办5天内全部办结。

（尹佳奇）

【个税改革】　年内，向市税务局报送日报52次、专报6次；向丰台区委、区政府报送工作报告8次、信息1次。对丽泽金融商务区、特色行业企业开展调研111次，走访企业170余户次。组织纳税人个税改革政策培训会212场、8.02万人次，实现三个100%宣传培训目标。设立6个临时服务场所、22个临时工位，集中办理个税改革业务。

（尹佳奇）

【纳税服务】　年内，开设10个清税注销业务专窗，采取“承诺制”容缺办理，提供“套餐式”服务。引入智能语音电话咨询系统，实时识别纳税人问题、即刻回答。推行“票e送”和邮寄送达代开发票，共“票e送”10.5万户次，开具发票1052万份，比上年同期增长150%；邮寄送达税务机关代开发票14.33万份。

（尹佳奇）

【征收管理】　年内，完成征收项目9个，审增金额9237万元，入库税款5.37亿元。强化非居民税收收入分析与监控，累计入库4.42亿元，同比增长44%。

（尹佳奇）

【法治建设】　年内，审结重大案件4件，涉及查补税款6822.44万元、罚款3719.5万元。建立重大执法决定法制审查制度，对112件合同完成合法性审核，对26件重大执法决定事项进行审查。开展普通发票、行政处罚管理等10大项督察工作，核查疑点数据数十万条。

（尹佳奇）

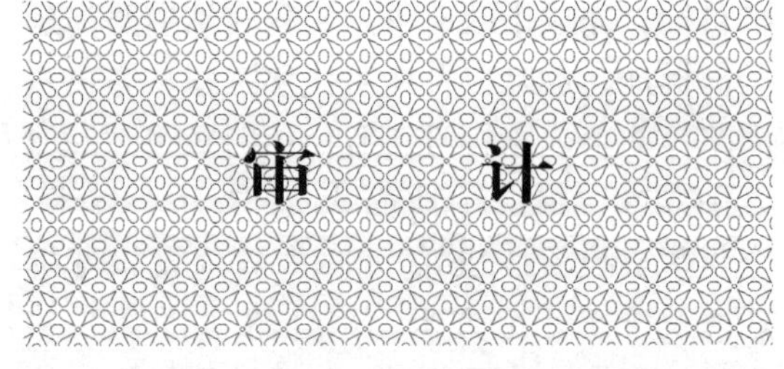

审　计

【概　况】　2018年，计划开展并完成审计项目58个，涉及资金使用单位67个，重点延伸审计下属单位30个，审计查出问题146个，涉及金额133.83亿元，其中违规问题4.05亿元，管理不规范问题129.7亿元，出具审计报告33份、审计决定8份、行政处罚决定书2份，向被审计单位提出审计建议121条，向区纪委移送违规问题线索6件，向国家税务总局丰台税务局移送问题线索1件，向区财政局移送问题线索1件。提交审计信息127篇，被批示、采用84篇；向社会公告审计结果22篇。

（张　华）

【预算执行审计】　年内，对区2017年度本级预算执行情况和18个区级部门预算执行情况进行审计，加大问题整改、处理处罚和成果转化力度。将部门预算执行审计结果全部公开。

（张　华）

【经济责任审计】　年内，对16个部门21位领导干部开展经济责任审计，在全市率先制定出《丰台区经责审计标准化定责体系》，对各项问题表现对应的党政领导干部分别应负何种责任进行明晰界定，为解决定责标准不细化、可操作性不强、来自被审计领导干部阻力和受审计干部专业水平影响等难题提供依据。

（张　华）

【专项审计调查】　年内，开展自然资源资产（水资源）专项审计调查和领导干部自然资源资产离任审计，助推生态文明建设；开展养老机构管理运营情况，促进养老机构规范管理；开展河道建设管理情况专项审计调查，促进河道有效治理与工程规范建设。

（张　华）

【国有企业审计】　年内，围绕深化国有企业改革，对丰台科技园区直属7家企业开展财务收支审计、领导干部经济责任审计，助力科技园区高速发展。

（张　华）

金　　融

金融服务

【概　况】　2018年，金融业实现留区税收11.1亿元，同比增长10.6%。丽泽金融商务区（以下简称“丽泽”）企业实现留区税收8.68亿元，同比增长59.98%。年内对9家小贷公司开展“小额贷款公司网络小贷业务专项整治工作”，对4家融资性担保公司开展融资性担保机构现场检查。打击非法集资和金融安全宣传，全年开展专题宣传活动5场，宣传讲座23场，宣传活动46场，惠及近万群众，累计发放各类宣传材料9万份。

（黄婷婷）

【举办打击非法集资活动】　3月5日，区金融办在东管头社区，举办“弘扬雷锋精神，打击非法集资”活动，活动吸引200余人参加。

（任婉莹）

【防范非法集资宣传月活动】　6月至7月，区金融办以宣传“六进”活动为依托在全区范围内开展防范非法集资宣传月活动。以大红门、卢沟桥、长辛店等街乡镇为重点，制作并向全区387个社区、行政村发放印有宣传标语的布袋、海报、抽绳包等宣传品近9万份。

（任婉莹）

【中证报价系统公司竞得丽泽地块】　7月6日，中证机构间报价系统股份有限公司和中国银河证券股份有限公司联合体竞得北京丽泽金融商务区南区F22/23地块使用权。

（吴　玄）

【中联重科产业投资基金落户丽泽】　8月3日，上市公司中联重科发起的首期规模30亿元产业投资基金落户丽泽。

（吴　玄）

【区发展投资有限公司成立】　12月29日，丰台区促进科技创新、产业转型升级及优质产业空间释放的国有投融资平台——北京市丰台区发展投资有限公司成立。

（吴　玄）

北京丽泽金融商务区

【概　况】　丽泽金融商务区地处北京西二、三环路之间，是北京市三环内最后一块成规模的开发区域，2012年12月由原市规划委批复控制性详细规划和城市设计导则，规划研究范围总用地8.09平方公里，核心区总用地2.81平方公里，用地功能包括商务办公，多功能混合以及配套居住等。核心区规划新建地上建筑规模540万平方米。2018年，丽泽全口径税收36.84亿元，同比增长55.70%；留区税收8.68亿元，同比增长59.98%。其中：金融业全口径税收24.18亿元，同比增长17.82%；留区税收5.39亿元，同比增长19.13%。截至12月底，丽泽商务区累计入驻企业473家。其中：金融类企业354家，占比74.84%，如：中国证券投资基金业协会、中国证券金融交易股份有限公司、银行业信贷资产登记流转中心有限公司、央行数字货币研究所等。丽泽控股公司的注册资本金从25亿元增至100亿元，其中实缴注册资本金从25亿元增至55亿元。

（邵　虎　金伯伟）

【二级项目建设取得新进展】　年内，开复工面积共计302万平方米，结构封顶面积248万平方米。在19个二级项目中，有3个项目、共44万平方米投入使用，分别为晋商联合大厦、长城资产、首创中心F03办公项目。

（王博东　邵　虎）

【推进市政基础设施建设】　年内，完成南区8条次干支路8.14公里、北区1条次干路1.3公里建设。地下交通环廊方面，完成南区64仓主体结构施工（南北区总仓数124仓，占比52%）。完成丽泽220千伏变电站规划调整，加快南区2座110千伏变电站（丰益变电站、万泉变电站）建设。建成智慧清洁能源系统地下能源站南区2号站，供暖面积105万平方米。

（王博东）

【征地拆迁取得新突破】　年内，完成农民宅基地腾退10宗，居民住宅协议搬迁14户，村集体产业用房拆除1.4万平方米，国企单位已搬迁1家、已签约1家，累计拆除国企单位8600平方米。

（李远飞）

【城市治理迈向精治共治法治】　年内，组织开展联合执法90余次，立案处罚155起，罚款77万元。实现区域内景观围挡全覆盖，共10余公里。在丽泽核心区、衔接二环路处、三环路沿线的重点节点，设置标志性景观小品3处。

（陈　涛）

【扶贫助学惠及百名贫困生】　年内，丽泽金融商务区管委会联合丽泽控股公司筹资8万元，赴保定市涞源县开展扶贫助学活动。涞源县南屯中心小学100名贫困学生从中受益。

（邵　虎）

中国工商银行股份有限公司北京丰台支行

【概　况】　2018年，中国工商银行股份有限公司北京丰台支行本外币总资产827.35亿元，本外币全部存款余额798.02亿元，本外币各项贷款余额214.68亿元。实现拨备前利润14.65亿元，实现中间业务收入3.93亿元。工商银行北京丰台支行共有员工641人，设有营业网点28家，离行式自助银行5家，自助机具400余台。年内无重大案件发生，实现安全稳定运营。

（孙　倩）

【融资业务】　年内，全力支持京津冀协同发展、“一带一路”等重大战略落地，密切与重点客户的战略合作关系，有效拓展优质市场。稳健发展普惠金融业务。个人贷款以住房贷款为主体、消费和经营贷款为两翼，在满足居民日益增长的各类消费需求的同时推动业务均衡发展。不良贷款率0.03%，保持了良好的资产质量。

（孙　倩）

【中间业务】 年内，主动适应市场环境和竞争形势的变化，加快经营转型步伐，促进短板业务突破升级，挖掘各产品线增收潜力。探索零售业务改革发展路径，以客户为基础，以产品为抓手，以网点为依托，以互联网金融为突破口，以客户经理队伍建设为根本，激发业务发展新活力。紧跟金融监管导向、客户需求变化和金融创新走向，提升投资管理和资产配置能力。加快推进互联网金融发展，突出创新驱动，实现互联网场景获客从无到有的突破。

（孙 倩）

中国银行股份有限公司北京丰台支行

【概 况】 2018年，中国银行股份有限公司北京丰台支行认在持续巩固传统国内、国际业务优势基础上，大力支持民营企业，推进信贷结构调整，重点关注优质高新技术企业和互联网企业，服务实体经济，全面做好普惠金融业务。支行确立以丰台区各委办局及孵化器为主的政府机构渠道，以中银国际为主的券商私募渠道等目标渠道营销客户群，与渠道开展深度的合作关系，争取获取更多优质的中小企业客户资源。

（李碧晗）

【服务文化】 年内，支行营业部成功申办中国银行业协会的全国“千佳示范单位”。以“千佳”创建为契机，支行评选出了多家服务“优秀集体”和“文明优质服务之星”，并对其优秀事迹进行宣传，树立服务榜样。

（李碧晗）

【风险内控管理】 年内，丰台支行组建专门工作小组，全范围、全业务的排查风险隐患。设立“一个中心”：即按季召开风险管控会；“两个窗口”：即按时进行风险提示及工作通报；“七支队伍”：即抓住重点条线队伍，保证业务发展合规。以金融知识普及为依托，践行社会责任。年内丰台支行广泛开展走进社区、企业、军队等21次宣传活动，自创小品《何大壮上当计》参加北京分行与中国人民银行营业管理部共同主办的“普及金融知识守住钱袋子”主题宣教活动，获得监管机构领导和广大消费者的好评。

（李碧晗）

中国农业银行股份有限公司北京丰台支行

【概 况】 2018年，中国农业银行股份有限公司北京丰台支行有在岗职工423人，内设8个职能部门，下设对外营业机构20家。年内，聚焦两户建设，支持区域经济。紧跟区内重点项目合作及项目储备，投入区域南苑棚改、丽泽金融商务区开发等重大区内项目。聚焦客户建设，优化对公开户流程，减轻企业开户压力。突出责任担当，推动普惠金融业务发展，推广微捷贷、小简贷、银承质押、信用证质押等普惠金融产品营销，支持区内小微企业发展。

（顾晓海）

【增强服务客户能力】 年内，辖内20个网点通过“智能转型促服务、产品组合促营销”等方式，加强客户服务工作。以客户需求为目标，实现客户单一产品向理财、基金、保险、贵金属等组合产品资产配置转变。围绕区内各大型市场、商圈、科技园区，成立小微企业专业团队、委派客户经理进楼盘、进中介、进企业等方式，开展个贷、小微企业贷款等资产业务的宣传推广。以掌上银行、网上银行、农银e管家、智能

POS、缴费商户、静态码等产品为依托，开展互联网金融业务进企业、进医院、进机关等金融服务活动，根据客户需求建立移动服务站，不断推动移动金融客户量质提升。

（顾晓海）

中国建设银行股份有限公司北京丰台支行

【概　况】　2018年，中国建设银行股份有限公司北京丰台支行共有员工328人，平均年龄35岁，具有大学本科学历员工193人，研究生及以上学历员工43人。下设10个部室（不含营业部），15个营业网点。年内，支行实现经济增加值7.5亿元，对公全量客户8301户。年末，本外币全口径存款时点余额549亿元；本外币各项贷款时点余额529.83亿元；十二级分类不良贷款余额1059.77万元，不良率0.02%。

（刘　琴）

【住房租赁成果突出】　年内，支行完成三个B2C项目的上线，其中航天某研究院青年公寓上线房源194套，新派公寓上线101套，怡海花园房地产开发有限公司上线31套，成功营销丰台区保障平台公司丰台区保障性住房发展有限公司在支行开立基本账户，并完成616套保障性住房的上线。

（刘　琴）

【中标丰台区国库集中支付业务代理银行项目】　年内，取得非税收入收缴业务、集中支付业务两项代理资格，继续包揽财政统发、直接支付、授权支付、非税收缴、实拨资金监管、公务卡六项财政代理业务，已实现财政业务电子化上线，

（刘　琴）

北京农商银行丰台支行

【概　况】　2018年，支行存款余额达283.69亿元，存款日均291.63亿元；贷款余额168.45亿元，贷款日均178.73亿元。实施管辖行主导营销、业务部门和网点分层营销，金融同业业务取得新突破，实现同业存放日均增加额1，047.85万元。年初成功取得区退休军人养老金发放资格。通过军休代发业务，实现公司联动营销。支行已开立民政、军休对公账户17个，对公存款余额2.96亿元，支行共代发35个军休所的军休客户8，041户，代发金额累计10.98亿元。

（周建升）

【服务助推发展】　年内，在养老卡发放工作中，丰台支行首批制卡74844张，数量位列全市第一新增金色时光存款规模2.8亿元，养老客户有效提升4，158户，养老助残提升资产量3.74亿元。顺利完成大红门、三环新城网点新址装修开业，实现支行营业部千佳创建。

（周建升）

【管理保障发展】　年内，支行先后出台修订5项制度规定，组织开展会计营运、个金、信贷、安保、服务、行政运行等各类合规检查31项，累计到网点进行现场检查督导173次。组织开展8场青年讲堂活动，500余人次参与。

（周建升）

城乡建设和管理

规划和国土资源管理

【概　况】　北京市规划和国土资源管理委员会丰台分局是北京市规划和国土资源管理委员会设在丰台区的负责本行政区域内城乡规划管理和土地、矿产资源管理的派出机构，也是丰台区政府依法履行相关职责的工作部门，2018年3月28日正式成立。主要职责：负责本行政区域内城乡规划管理和土地、矿产资源管理；重点加强推动城乡体规划与土地利用总体规划相统一、推动建设项目规划审批和土地审批职能相融合、强化城乡规划实施、加强城市设计和城市特色风貌塑造、加强城乡规划的刚性约束和土地用途管制等方面的职责；强化减量发展和规模控制、城市修补和生态修复、绿化隔离地区实施等职责；承担集体土地管理、基本农田保护、耕地保护、土地用途管制、土地开发（整理、复垦）职责，以及矿产资源（除地热外）开发、利用、保护和地质灾害防治等职责。年内，核发规划国土审批、服务类事项710件，其中包括建筑类许可101件，许可建筑规模624.11万平方米；市政道路管线类许可117件，8.02万米；建设用地规划许可44件，许可用地面积385.79公顷；规划验收97件，建筑规模333.59万平方米，规划验线26件，建筑规模185.42万平方米；办理建设项目用地预审42件，用地总规模650.15公顷；核发政府划拨批复18件，面积70.25公顷，核发国有建设用地划拨决定书19件，划拨用地28.81公顷，划拨总建筑面积61万平方米。各类规划意见书100件；设计方案审查意见42件；复函、函复等36件；拟定规划用地测量条件39件；地名命名、调整29件。办理不动产登记业务9.9万件；核发权利证书及证明7.7万件，收缴土地出让金4亿元，不动产登记费1478万元；受理信息查询10.3万卷次，实现9.6万卷档案数字化；完成489件权籍调查及权属审查。

（吴荷媛　方　明）

【土地资源概况】　丰台区位于北京市西南部，地理坐标介于北纬39°45′～39°55′，东经116°03′～116°30′之间，下辖16个街道（地区）办事处、5个乡镇，全区总面积305.53平方公里。截至2017年12月31日，按照国标《土地利用现状分类》，其中耕地2057.31公顷，占6.73%；园地726.40公顷，占2.38%；林地4203.39公顷，占13.76%；草地68.78公顷，占0.23%；城镇村及工矿用地19336.79公顷，占63.28%；交通运输用地2741.53公顷，占8.97%；水域及水利设施用地1224.10公顷，占4.01%；其他土地194.33

公顷，占0.64%。

（闫 鑫）

【信访工作】 年内，办理信访投诉请求432件次，同比上升11%。其中，来信48件次，同比上升59%；来访112批次/225人，同比上升56%；集体访6批次/191人次，基本持平；重复访58批次/73人；同比上升13%；网上信访208件次，同比下降28%。

（卢旭阳）

【信息公开】 年内，受理依申请信息公开673件，答复673件。其中同意公开487件，占72.3%，不予公开23件，占3%，非本机关12件，占1%，不存在139件，占20.6%，补正9件，占1%，告知通过其他途径办理3件，占0.4%。

（卢旭阳）

【落实北京城市总体规划】 年内，编制完成《丰台分区规划（2017年－2035年）》草案，提出区域发展新目标和“一轴、两带、四区、多点”空间格局。开展海绵城市建设等22个专项规划研究，为控制性详细规划编制提供依据。发布实施《丰台区城乡街巷设计导则》，为加强精细化管理奠定基础。

（梁景睿）

【重点区域规划】 年内，开展南中轴及南苑－大红门地区规划设计国际方案征集和综合工作，确定以文化、国际交往和国际商务为主的功能定位，提出“北城南苑”的空间布局，为把南中轴建设成为生态轴、文化轴和发展轴的要求奠定基础。对标新兴国际金融功能区，优化提升丽泽金融商务区规划。

（梁景睿）

【村庄建设发展规划】 组织编制《村庄建设发展规划》，编制完成王佐镇西王佐村、庄户村，长辛店镇大灰厂村3个村的村庄整治规划及美丽乡村建设实施方案，为后续美丽乡村建设工作提供了规划依据。

（梁景睿）

【长辛店镇集体产业用地试点】 年内，编制完成《长辛店镇统筹利用集体产业用地试点方案》。规划“拆旧区”范围占地面积约111.37公顷，腾退抵消产业建筑规模约101.65万平方米。“新建区”规划建设用地面积为24.50公顷，建筑规模为50.80万平方米。拆占比为4.546:1，拆建比为2.001:1，符合乡镇统筹利用集体产业试点政策要求。

（梁景睿）

【推进城乡一体化】 年内，推进棚改项目前期规划手续办理工作，核发张郭庄B区、张家坟A区、榆树庄村A区以及南苑村A区等棚改项目的土地储备前期整理规划条件，涉及储备整理总用地规模约172公顷，同步实施整理总用地面积约69公顷。加快推进土地入市规划条件的办理工作，核发郭公庄三期、造甲村南地块、辛庄村一期B地块、青龙湖B、C地块、大瓦窑新村一期、大瓦窑馨城、周庄子二期、首钢二通厂东区等项目的钉桩及供地规划条件，涉及总用地面积约84公顷，总建筑规模约153万平方米。

（柳丰燕）

【城乡建设用地减量】 年内，编制丰台区城乡建设用地减量规划（2016－2035年）及2018年度城乡建设用地减量实施方案，引导城乡建设用地减量，疏解整治促提升，全年城乡建设用地减量约394公顷。

（柳丰燕）

【市政工程类规划许可】 年内，核发市政交通类规划条件55件，选址意见书12件，总用地面积约68.2公顷；用地证8件，总用地面积约9.98公顷；工程证112件（其中市政建筑工程2件，建筑规模约13270平方米；道路工程26件，道路总长约11.1公里；管线工程84件，管线总长约67.2公里）。

（王亚平）

【规划土地核验】 年内，办理规划核验件

123件，建筑规模约519万平方米。其中，规划验线26件，建筑规模约185.4万平方米。规划验收97件，建筑规模约333.6万平方米。

（刘 娟）

【优化营商环境】 年内，搭建区级“多规合一”平台。通过平台申报研究项目21项，核发中国城市轨道交通运行控制系统研究与产业化中心等18个建设项目的建设工程规划许可，涉及27个《建设工程规划许可证》，总用地规模约96.58公顷，总建筑面积约187.05万平方米。办理时限由原20个工作日缩减至7个工作日，申报材料由11项减少至5项。

（方 明）

【土地征收与耕地保护】 年内，完成征地结案项目3宗，用地面积约20.5327公顷。受理征（占）地6宗，用地面积约33.4692公顷。印发《丰台区永久基本农田保护管理办法》，与三乡两镇、1个国有农场及15个村委会签订了耕地保护责任书。完成《丰台区“十三五”土地整治规划》编制工作。完成5个耕地表土剥离项目方案评审。实施土地复垦项目1个，新增耕地约56亩。

（刘玄烨）

【集体土地建设租赁住房】 年内，完成4个集体土地建设租赁住房项目的供地和农转用上报，总用地面积约16.79公顷。

（刘玄烨）

【道路名称命名、建筑物名称核准】 年内，命名道路名称小瓦窑北街等95项，调整道路起止点范围诚苑路等10项，核准建筑物名称金唐西联大厦等21项。

（张 扬）

【矿产资源概况】 全区主要矿产包括地热、矿泉水、冶金用白云岩、制灰用灰岩、水泥配料用页岩。年内，没有新增矿产地和新查明重要矿产资源储量。开发利用的矿种有矿泉水资源及地热资源2种，已开发利用矿产地22处。其中矿泉水2处，地热20处。

（林亚森）

【矿产资源管理】 年内，对全区17家地热资源和矿泉水资源开发利用单位利用情况进行调查和年检，其中地热采矿权单位14家，矿泉水采矿权单位1家，地热探矿权单位2家。

（林亚森）

【矿山治理】 年内，完成王佐镇千灵山页岩矿治理区项目、王佐镇千灵山采石场治理区项目废弃矿山生态环境修复治理，治理面积约624.65亩，共整理绿化用地11.05万平方米，种植各种乔灌木3万余株，总投资1530.53万。

（林亚森）

【地质灾害防治】 年内，编制《丰台分局地质灾害防治应急工作手册》、《一点一预案图集》，编写下发《丰台区2018地质灾害工作方案》，发放防灾、减灾宣传资料6000余份，发布各级地质灾害风险预警11次，及时转移隐患点群众300余人，全年未发生地质灾害，未出现人员伤亡事件。

（林亚森）

【不动产登记】 年内，办理不动产登记业务9.9万件，同比下降9.6%；发放权利证书及证明7.7万件，收缴土地出让金4亿元，不动产登记费1478万元；受理不动产信息查询10.3万卷次，实现档案数字化9.6万卷；受理权籍调查及权属审查业务489件。

（王振东）

【违法建设查处】 年内，行政处罚违法建设7项，涉及处罚建筑面积约8.83万平方米，收缴罚款16211万元。配合区城管部门、街乡镇认定违法建设629处，建筑面积约61.98万平方米。对经巡查举报等方式发现不属于规土部门查处的违法建设线索移送205项，建筑面积约71.85万平方米。

（周 慧）

【违法用地查处】 年内，完成违法用地违法建设重点区政府土地收益扣减工作，图斑301个，占地面积约1510.29亩，其中占耕地面积约582.98亩，占基本农田约43.28亩。包括维持原地类、新增农村道路、新增沟渠等非新增建设用地项目62个，合法用地图斑39个，违法用地图斑200个：其中重点工程、保障性住房、军事保密、历史遗留、宅基地、一事一议、公共公益等项目64个；乡村一般性违法项目136个，占地面积约450.15亩，其中占耕地面积约299.9亩，占基本农田约13.48亩，130个乡村一般性违法用地项目已整改到位，占地面积约439.88亩，占耕地约298亩，占基本农田约13.48亩，全区整改到位率97.72%。

（高 伟）

【“大棚房”清理整治】 年内，排查设施农业、种植大棚及疑似违法用地项目228宗，图斑259个，涉及单体农业大棚913栋，发现并清理整治“大棚房”问题48宗881栋，全部通过市级验收。

（高 伟）

【保障性住房用地供应】 年内，编制完成《丰台区2018年保障性安居工程用地供应计划》，累计完成保障性安居工程新增落实用地约66.88公顷，超额完成年度计划指标；累计提供保障性安居工程规模约103.6万平方米，其中，公租房约5.7万平方米，棚户区改造定向安置房约88.04万平方米，一级开发定向安置房约9.86万平方米。

（刘世波）

【土地储备开发】 年内，土地储备开发项目累计完成投资约69.21亿元，完成土地储备开发面积约90公顷，实现供地总面积约57.57公顷。

（刘世波）

【土地批后监管】 年内，对全区144宗、约669.58公顷土地开发利用情况开展了229次调查。其中市级出让土地123宗、约520公顷；市级划拨土地11宗、约143.4公顷。落实开、竣工申报制度，要求重点项目定期报送情况说明，加大监管力度，防止土地闲置，提高土地利用效率。

（孙辰莎）

住房和城乡建设

【概 况】 2018年，丰台区房地产业实现财政收入23亿元、建筑业8.5亿元、两者合计31.5亿元；分别占财政收入比重为22%、8.1%、30.1%。全区建筑工程累计开复工494项，面积2597.88万平方米，同比上年减少5.94%。其中住宅1632.32万平方米，公建879.16万平方米，装修356.99万平方米。竣工备案项目108项，建筑面积368.91万平方米，同比上年减少10.75%。全年棚户区改造和环境整治完成搬迁9529户（其中小屯西路710户，东河沿1043户，辛庄1115户，小井村1415户，长辛店2908户，南苑村1893户，万泉寺227户，南苑三期218户），完成年度搬迁任务的211.76%，拆除房屋面积约67.15万平方米，涉及人口约4.4万人，其中流动人口约2.4万人。

（高欣欣 周宏斌）

【重大项目建设】 年内，组织召开重大项目调度会16次，议题122个。重大项目按计划完成率90%，同比增长15.5%。其中，天坛医院迁建工程已竣工验收并正式开诊运行；人大附中小学部已投入使用，中学区施工完成工程量99%；中央民族大学新校区正进行结构施工，其中教学科研楼完成二次结构施工。

（刘克清 于丽萍）

【发展轨道交通】 年内，丰台区在建轨道工程为14号线中段剩余站点、16号线、房山线北延、19号线一期及新机场线，丰台段总长约36.3公里，共22个站点。其中地铁14号线中段除丽泽商务区站外，其余站点主体建设均已完成。新机场线已实现草桥站主体结构封顶。8号线三期工程于9月20日空载试运行。

（杨 宽）

【推进保障房建设】 年内，实现保障房开工7419套，约62.63万平方米，完成全年开工任务5600套的132.48%。其中包括亚林西居住区8号地公共租赁住房项目、西四环中路83号0606—0644地块R2二类居住用地项目、首钢二通厂南区棚改定向安置房及配套工程项目、卢沟桥南里456号地棚改安置房项目、长辛店E地块安置房项目、城乡一体化槐房村新宫村旧村改造二期NY—005地块R2类居住用地项目、城乡一体化槐房村新宫村旧村改造二期NY—016地块R2类居住用地项目等项目；竣工12716套，约89.25万平方米。其中包括亚林西公共租赁住房项目、夏家胡同R2类居住用地配建公共租赁住房项目、西局旧村改造项目二期、南苑1404—621地块R2类居住用地配建限价房项目、白盆窑旧村改造一期二期配建限价商品房项目、亚林西居住区一期（0501—626、627地块）配建限价商品房项目、亚林西居住区土地一级开发回迁安置房项目、成寿寺二期、石榴庄旧村改造项目自住房、白盆窑旧村改造一期二期配建自住型商品房项目，完成全年竣工任务3000套的423.87%。

（孙 旭）

【规范公共服务配套设施交用监管】 年内，审核19个项目建设方案，总建筑面积510.1万平方米。无偿接收配套设施39处28083.1平方米，包括教育配套设施2处，社区卫生服务站6处、社区居委会12处、社区服务中心7处、文体活动室（站）10处，养老设施2处。

（周 岩）

【信访工作】 年内，累计收到信访件335件，已办结信访件335件，办结率百分之百。其中按行政事项办58件，按信访事项办结277件，保障合理合法诉求依照法律规定和程序就能得到合理合法的结果。

（贾 岚）

【优化营商环境】 年内，办理社会投资项目施工许可107项，审批的194项《建筑工程施工许可证》全部实现电子证照、电子签章企业自行打印。全年共办理14项告知性备案，合计为承、发包双方减少招投标相关费用约270余万元。工程验收方面，共计5个项目顺利完成联合验收工作，9个项目通过“北京市建设工程联合验收管理平台”提出联合验收申请。

（张红波 郑 岚）

【建筑行业监管体系建设】 年内，落实建设工程质量终身责任承诺制，授权书和承诺书签订率100%。白盆窑限价房等6个项目落实小业主开放日制度，确保顺利入住。检查1124项次，实施处罚70起，罚款79.4万元。消除施工安全隐患盲区。检查1440项次，排查安全生产隐患2663条，实施处罚138起，罚款37.8万元。开展起重机械及附着式升降脚手架各类检查159项次。委托第三方检测机构共抽检起重机械218台，整机合格率为77.06%，收回起重机械使用登记标志50份，实施处罚9起，罚款6.3万元。开展合同履约专项检查，检查在施工程总包项目52项，分包项目137项，约谈总包单位、分包单位、监理单位36次，完成双随机检查24项次。检查建筑施工总承包企业183家、分包企业468家，涉及工人约3万人次，处罚建筑施工企业5家，罚款5000元。处理突发群体性事件20起，均及时解决。制定并修订5类应急工作方案，在重大节日、重要会议、防汛、空气重污染期间，检查在建工地、拆迁工地、混凝土搅拌2075项次，出动检查人员3745人次。

（杨宝文 张卫东）

【行政服务】 年内，办理房地产开发企业资质核定137件，办理21个项目手册备案初审，总建筑面积232.92万平方米。受理安全生产许可证所有事项合计66家，资质审批及即时办理业务合计403项，建造师业务2233人次。完成建筑节能设计备案60项，建筑规模212万平方米，建筑节能专项验收备案202项，建筑规模约219万平方米。完成质量监督注册193项，建筑面积总计851万平方米，安全监督备案201项。办理施工总包交易开标48项，评标64项；监理服务交易开标34项，评标51项。

（高欣欣 张 晨）

城市管理

【概 况】 2017年12月28日下午，丰台区召开城市管理体制改革工作大会，城市管理委员会正式揭牌。2018年，承办市区实事折子33项，其中市实事4项、市折子11项、区实事3项、区折子15项，蓝天保卫战18项，市区人大建议、政协提案111件；全面推行街巷长制工作并初步建立“小巷管家”队伍，组织全区2426条大街小巷选派街巷长1258名，印发《丰台区街巷长工作日志》1300本，累计安装“巷长公示牌”2077块，建立“小巷管家”志愿服务队伍，累计发布“小巷管家”志愿服务项目21个，招募“小巷管家”1814名；全年完成30条精品示范大街创建工作，完成66条背街小巷环境整治工作。拆除建筑物屋顶牌匾标识996块、拆除其它广告牌匾2530块。累计拆除建筑物屋顶牌匾标识1503块，占统计建筑物屋顶牌匾标识总数的100.9%。连续三年推进二维码管理大街建设，累计完成53条大街、4682块公共服务设施二维码铭牌制作安装工作，其中年内完成30条大街2333块。全部完成60座公厕改造升级任务，移交管理单位开放使用。新改扩建垃圾设施共7座。

（王 健）

【通信架空线入地工作】 年内，完成52条、50.8公里通信类架空线入地任务。2010—2018年全区累计完成155条道路、187.8公里通信类架空线入地任务，其中主次干道累计完成72条、128.5公里，完成率68%；支路83条、99.3公里。

（王 健）

【北宫森林公园周边环境整治】 北宫森林公园周边环境整治项目为2017年市级重点项目。该项目于2017年8月进场施工，2018年完工。完成开挖土方353立方米、外运渣土3900立方米、铺设沥青混凝土27388平方米、铺设步道砖17300平方米、粉刷外立面10213平方米、铺设路缘石1174延米、修葺挡土墙1500延米、绿化11007平方米、新建停车场2座、新建厕所2座。

（王 健）

【生活垃圾分类】 年内，创建东高地街道、云岗街道、方庄地区、和义街道、丰台街道、右安门街道、宛平地区、南苑乡8个生活垃圾分类示范片区。新购置分类垃圾桶5000余只，采购餐厨厨余垃圾收运车辆28辆，再生资源收运车辆23辆，在宛平晓月苑八里和卢沟桥张仪村保障房项目建设中，完成配建再生资源收集点两处。开展垃圾干湿分类模式。干垃圾回收量每月60吨，湿垃圾回收量每月50吨，垃圾可减量110吨/月。

（王 健）

【公共服务设施二维码安装】 年内，对右安门西滨河路、莱户营南路辅路、方庄东路、紫芳路、安乐林路、西罗园路等30条道路上的2333处公共服务设施进行体积测量、坐标、照片等数据采集工作，完成道路二维码铭牌安装。

（王　健）

【垃圾处理】　年内，丰台区循环经济产业园区（简称“园区”）共处理生活垃圾约103万吨，日均2801吨。经预处理筛分厂筛分后，43.94万吨（日均1203吨）筛上物运至鲁家山焚烧厂资源化处理；53.62万吨（日均1469吨）筛下物运至园区内残渣填埋场无害化处理；垃圾处理过程中产生渗沥液约23万吨，日均626吨，全部进入园区内渗沥液处理厂处理。处理达标后的中水17万吨，用于道路冲刷、降尘、绿化浇水。处理餐厨厨余垃圾约6.83万吨，日均约187吨。垃圾处理无害化率100%。园区全年总运营经费为38839.8645万元，垃圾处理379.84元/吨。

（王　健）

【启动首批路名牌规范整治】　年内，为引导市民出行创造条件，美化城市道路设施，启动首批路名牌规范整治。首批纳入规范整治的道路包括黄成路（南段）、怡海路、宝隆路、银地东路、银地西路等39条路，安装350面名牌，6月底完成整治工作。

（王　健）

【规范共享单车秩序】　年内，共享单车在丰台保有量从4月约40万辆到12月6.5万辆，7个月清理约34万辆共享单车。在区轨道交通站点、北京南站及天坛医院等区域安装了多功能蓝牙嗅探电子围栏监测系统，将数据接入市级共享自行车监管平台，监测及控制共享自行车总量，对车辆在禁停区域违规停放、在限定停放数量区域超量投放等突发情况进行预警，全年完成74套电子围栏设备安装和启用工作。

（王　健）

【完成道路大修工程项目】　年内，皮革路、望园路、玉林东路、望园北路、城南街5条道路是2018年区政府实事、折子工程之一。5条道路完成验收工作，共计铺设沥青约35000平方米、整修步道约7000平方米，提前完成本年度实事、折子任务。

（王　健）

【天坛医院周边道路通车】　7月6日上午，天坛医院配套的四合庄三号路、康庄北路正式通车。

（王　健）

【马家堡西路32号院北侧路竣工】　10月，区城管委接到市民反映，马家堡西路32号院前道路破损严重。养护单位于10月20日进场，10月29日修缮完毕，道路施工主要内容更换道路结构、新做道路油面、整修升降加固检查井等，完成道路面积1850平方米，升降加固检查井52座。

（王　健）

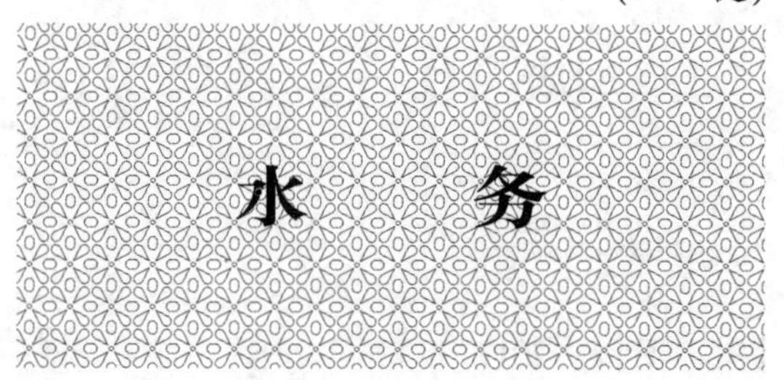

水　务

【概　况】　2018年，水务工作完成固定资产投资总额1.38亿元，全年处理供水事件109件次，现场处置12次，应急供水1056车次。受理水环境涉水诉求1495件，比上年下降21.9%。办理市区决策督查85项，上报信息4525条，比去年增加266%。承办人大建议、政协提案16件。办理各类涉水热线1200多件（次）。办理政府信息公开申请60件，行政复议3起，行政诉讼16件，民事诉讼2件，主动公开信息272条。全年完成涉水审批事项105项。开展水务安全生产大检查、安全宣传进一线活动，组织教育培训4次，参训人数300人次。组织专项检查7次，对50项水务工程进行了501次随机监督检查。2017—2018年度水利建设质量考核名列全市第二。

（朱曦妍）

【河长制工作】 年内，完善河长制五级管理组织体系，制定中小河道管护工作实施细则和责任制，修订完善10项配套制度，加强河道技术防御措施，沿河增设监控探头。编制一河一档一策，深化“当班河长”工作模式，当班河长志愿者巡河2万余次，各级河长巡河1.6万余次。

（朱曦妍）

【水环境治理与水生态建设】 年内，完成7条市级黑臭水体治理，建成区5条市级黑臭水体治理工作通过市级评价。完成非建成区九子河、蟒牛河2条黑臭水体治理年度任务。完成牤牛河、九子河等9条河道的截污治污工程，建设河道截污管线30公里，铺设污水临时收集方涵16公里，封堵非法排污口74个，治理河道上游污染点源108处。生态修复河道24公里，增加河湖生态补水1.13亿立方米，恢复水域面积50余万平方米，蓄滞雨水洪水215万立方米。

（朱曦妍）

【行政执法】 年内，执法3905次，依法封堵排污口7个，立案179件，同比增长40.32%，作出处罚总金额约2000万元。开展“清河”行动，推进河道沿线违法建设拆除工作，发现并解决各类水环境问题536起。

（朱曦妍）

【供排水管理】 年内，完成鲁家山循环经济基地供水保障工程，新建19公里管线和3座中继泵站。完成31个自备井置换和31个老旧小区内部供水管线改造。全区有1.7万人告别长期依赖自备井供水的历史，31个老旧小区内部供水实现专业化管理。完成聚焦攻坚33公里污水管网建设和82个规模化排污口治理任务，完成5.4公里雨污合流管线改造，实施晓月苑、花乡南部及农村污水处理站的升级改造工程。全区6个监测考核断面实现稳定持续达标，年度断面补偿金仅为190万元，地表水环境质量位列中心城区第三。全区处理污水2100余万立方米，污水处理率96%，实现污水全处理的目标，区域再生水利用量1100万立方米。

（朱曦妍）

【水资源管理与节水】 年内，完成全区海绵城市建设专项规划编制工作。实施2处雨洪利用工程建设，开展全区自备井全面排查登记工作，实施一井一档管理，地下水的压采成效显著，水资源税征收全年突破3500万元。全区新水用水总量为1.89亿立方米。万元GDP水耗下降率8.5%，提前实现十三五目标。为全区老旧居民小区换装节水整体马桶2500套、花洒3000套，完成100个节水型单位、15个节水型社区的创建工作。

（朱曦妍）

【防汛抗旱】 年内，组织开展防汛演练21次、防汛宣传15次、防汛培训10次。汛期加强程庄路、丰益桥等重点积滞水点的布控，出动车辆及大型抢险单元1516台次、人员1622人次。在全区重点部位安装防汛监控摄像头46个。加快6处积水点治理，丰南铁路桥积水点治理已完成。投资近500万，实施永和庄应急抢险工程，解决多年雨水、污水排放问题。清淤疏浚河道86.3公里。

（朱曦妍）

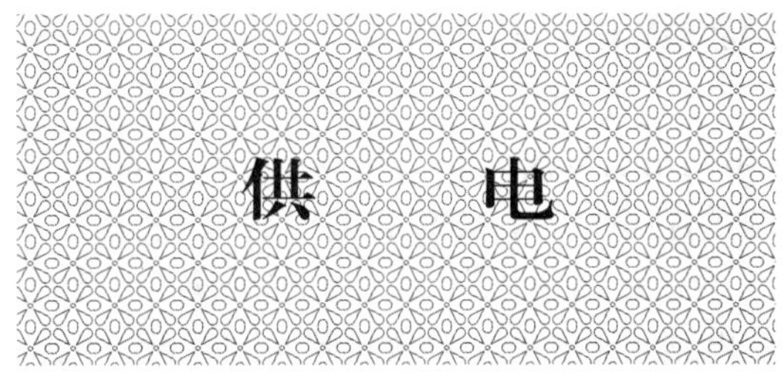

供　电

【概　况】 2018年，丰台公司负责91.77万客户的供电服务工作，共负责110千瓦变电站35座，主变82台，容量4050兆伏安；35千瓦变电站0座，主变0台，容量0兆伏安；110千瓦线路85条，长度288.2公里；35kV线路2条，长度17.9公里；10千瓦架空线路225条，长度842.01公里；10千瓦电缆线路696条，长度4391.78公里。实现全年安全生产无事故目标，累计安全生产长周期4482天。全年完成售电量87.47亿千瓦时，同比增长5.66%；完成业扩报装接电容量80.26万千伏安。供电可靠率99.9702%，电压合格率99.999%。最大负荷203.3万千瓦，同比增长5.28%。年内荣获全国文明单位，首都单位文明标兵，首都环境保护先进集体、北京市交通安全先进单位，国网北京市电力公司优化电力营商环境突出贡献单位等。

（李　放）

【电网运行与保障】　年内，联动区政府高效处理输电线下隐患，完成全国“两会”、“中非论坛”等重大活动保障任务，全年完成政治保电任务64项，保障天数255天。开展电网风险分析，科学制定电网运行方式，统筹安排停带电计划2080项，编制故障处置预案66份，组织开展应急演练43次，实施解重载工程10项，丰台电网平稳应对203.3万千瓦历史最大负荷和165.6万千瓦冬季最大负荷考验。有效管控、消除通道异物等隐患434处，加固彩钢房1.5万余平方米，输电故障同比降低30%。安装柱上断路器763台，隔离故障121次，实现配网故障率降低40.8%。

（李　放）

【电网规划与建设】　年内，推动停滞8年的岳各庄220千伏输变电工程顺利开工建设。临泓、西铁营、槐树岭等4座110千伏变电站顺利投产，有效缓解西铁匠营、大红门地区电网供电压力，改善河西区域电网薄弱的现状。完成河东地区网架结构优化等续建项目9项，有序推进电力医院改造项目和晓月苑老旧小区改造项目。自动化终端在线率稳定在98%以上，线路自动化功能和自愈功能投入率均100%，线路故障自愈实现率82.35%。

（李　放）

【用电服务】　年内，累计完成2970户低压“一站式”送电，低压居民用户平均接电时长压减至1.92天，低压非居民用户平均接电时长压减至4.32天，节省客户资金3770.06万元。深化“互联网+线上接电”服务，线上办电率达99%以上。完成“三供一业”移交户表改造5.54万具。度夏期间组织支援老旧小区内部故障抢修1254次，出动车辆1300余车次、人力2500余人次。持续优化表计采集环境，电费下发时长稳定在2.2分钟以内。召开一般工商业电价降价政策宣贯会5次，完成2.8万户次转供电电费退补工作，全年为一般工商业用户节约用能成本1.18亿元。优化电动汽车充电设施网络布局，新建公用快充桩28台、自用充电桩配电箱139台。推进“以电代气”，完成海底捞方庄店“气改电”改造，打造京城首家餐饮“气改电”示范工程。

（李　放）

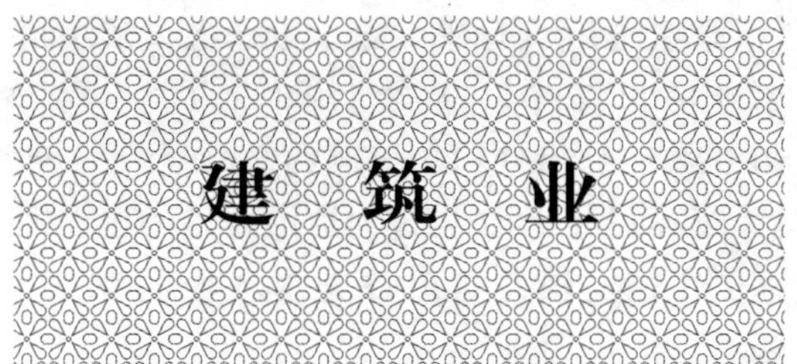

丰台区城市建设综合开发集团有限公司

【概　况】　2018年12月，原北京市丰台区城市建设综合开发公司完成改制工作，由全民所有制企业改为有限责任公司，公司名称变更为北京市丰台区城市建设综合开发集团有限公司（简称：丰开集团）。区国资委将北京市丰鑫源物资集团公司无偿划转到公司，完成重组工作。公司受托管理北京宛平房地产开发有限责任公司。年内，完成投资总额 1.03 亿元，实现开复工面积 9.75 万平方米，其中新开工 6.1 万平方米，年度结算房屋销售收入 2.18 亿元。服务管理经营总收入 8910 万元,其中物业公司收入 5331 万元,丰开孵化器收入 2662 万元,拆迁公司收入 97 万元,丰鑫源公司收入 820 万元。实现上缴税金 1.22 亿元,实现利润 722 万元。

（吴春民　姜世红）

【重点开发建设项目】 年内，长馨园保障房项目开复工面积 9.75 万平方米，其中新开工 6.1 万平方米，全部实现结构封顶。3#、6#、9#楼已通过“北京市结构长城杯”验收，两标段施工现场均通过北京市绿色安全工地的创优检查。完成棚户区改造搬迁 812 户居民的入住工作，助力长辛店棚户区改造工程建设。

（吴春民　姜世红）

【“万企帮万村”对口帮扶工作】 年内，落实“万企帮万村”行动相关工作的通知精神，与国家重点扶贫村内蒙古赤峰市林西县五十家子镇老房身村结对，开展帮扶工作。成立公司帮扶工作领导小组，制定《结对帮扶工作方案》，结合老房身村脱贫攻坚实际，出资 60 万元，助力老房身村三年精准脱贫。

（吴春民　姜世红）

【北京丰台城建物业管理有限公司】 年内，完成收入 5331 万元。完成各类维修服务共计 4000 余项。完成对角门、望园共 6 台 20 吨锅炉安装排放自动监测设备工作；在望园、角门、嘉园、富锦嘉园小区引进快递柜 9 个、安装车辆道闸系统；引进“无人超市”4 个，长馨园项目部安装电动车充电桩。承接市政府物业项目嘉园一里 13 号楼的管理工作。物业公司进入 2018－2019 年政府采购名录。

（吴春民　姜世红）

【北京市丰开拆迁服务有限公司】 年内，完成经营收入 97 万元。为确保二七厂冬奥会训练场馆项目周边道路按期交付使用，参与拆迁腾退工作。对涉及长云路与九子河东路上的镇产房屋、滞留户及无证房屋进行了腾退，协助 10 户被腾退人办理房产证明注销事宜。妥善处理涉诉涉访工作，维护社会稳定。

（吴春民　姜世红）

【丰开科技孵化器公司】 年内，完成经营收入 2662 万元，购置 24 小时无人售货机等项目，为入住企业及公司员工提供增值服务。完成望园大厦的全部招租工作。对东大街西里 9 号楼室内、室外消防进行改造。对望园东里 31 号、27－29 号地下立体停车设备进行升级改造，对丰台北路 46 号楼地下车库车场环境进行升级改造。

（吴春民　姜世红）

【北京泰达正业科技发展中心】 年内，承接富锦嘉园小区绿化养护工程绿化面积约 5 万平方米。立足“深化京蒙扶贫协作，精准助力脱贫攻坚”，与内蒙古林西县联系，实现产业扶贫，开拓种子经营和农产品深加工项目新领域。经现场考察与可研分析，落实在新林镇鹿山村和太平村种植“美珍 204”甜玉米 2000 亩的生产经营项目。

（吴春民　姜世红）

【北京市丰鑫源物资集团公司】 年内，实现收入总额 820 万元。有序推进重点项目园博养老项目。杜家坎南路 22 号养老院规划设计方案和相关手续经区规划分局等部门已审批完毕，完成交评，其他手续在陆续审批中。拆除大井东里 1 号院、华山医院，五里店运输公司、惠昌公司、园博养老院彩钢板 6333 平方米。

（吴春民　姜世红）

【托管企业——北京宛平房地产开发有限责任公司】 年内，重点对辖区内洪泰庄地区、原 715 场站及周边地区安全整治工作。

针对宛平开发“原715场站及周边”消除安全隐患工作，集团公司安排安全生产保卫部一名副主任驻场，督促、协调隐患整治的推进情况，完成洪泰庄地区、原715场站及周边地区彩钢板和违章建筑18334平方米的拆除工作。

（吴春民　姜世红）

房屋管理

【概　况】　2018年，完成老旧小区加梯206部，占全市完成量的55%。完成普通地下室清理整治45处，区内散租住人普通地下室全部整治完毕。完成以方庄芳城园三区15号楼改造成“美家美库”仓储项目为代表的47处，普通地下室再利用工作迈出实质性步伐。“一窗办理”不动产登记服务的做法，作为国务院大督查优化营商环境的典型案例在全国表彰推广，莲花池西里6号院改造模式相关做法被中央电视台、北京电视台、《人民日报》《北京日报》等多家媒体宣传报道。在全市率先建立“物业行业信用监管体系”平台，实现丰台区物业项目、物业服务企业信息大数据动态管理，初步构建以信用信息为核心的物业服务市场监管体制。全年完成执法检查1365件，人均检查124件，行政处罚288件，执法检查量、执法案卷制作水平继续保持全市行业领先地位。

（陈　露）

【房产交易信息】　年内，丰台区新增商品房网签5762套（不含保障房数值，下同），同比减少46.94%，网签面积77.49万平方米，同比减少27%。存量房网签17348套，同比增长11.41%；其中住宅16279套，同比增长14.88%，成交均价27893元/平方米，同比下降2.66%。外省个人在区内购房3251套，占全区购房总数18.74%，较上年下降2%。上线“丰台区二手房交易服务预约及咨询系统”，开通微信服务号，在全市首次实现自行成交二手房交易业务的网上预约咨询。

（陈　露）

【保障性住房管理】　年内，完成保障房资格新申请备案3672户。发放各类补贴4819.67万元，其中，公租房住房补贴约2769.71万元，市场租房补贴约1944.74万元，廉租住房补贴约105.23万元，惠及家庭35133户次。开展公租房快速配租工作，涉及房源1662套。完成“槐新雅筑”、“正商明苑”两个共有产权房项目的申购工作，涉及房源1456套。

（陈　露）

【普通地下空间综合整治】　年内，完成普通地下室整治市级挂账任务45处，其中旅馆（招待所）26处、员工宿舍19处。在此基础上，清理整治员工宿舍127处、旅馆18处，超额完成320%。积极推进普通地下室再利用工作，完成再利用地下室共47处（社区活动站32处，便民服务站2处，社区办公5处，仓储8处）。

（陈　露）

【房屋安全管理】　年内，对全区街道、乡（镇）房屋进行安全检查，城镇私房总数3079户、14371间、22.49万平方米；自管房单位共计756个，建筑面积6428.51万平方米。住宅专项维修资金审批完成共计173件，涉及51个小区，63个申请单位，资金5986.1万元。房产测绘审核工作受理共计69件，涉及286幢房屋，约420万平方米，办结60件，267幢，391万平方米。

（陈　露）

【物业管理】　年内，开展物业项目专项执法检查100余次，出动检查人员192人次，检查项目186个。向物业服务企业传达市、区各类通知 24 份，制定各类工作方案 12 个，实施物业指导培训 7 次，参与属地纠纷调处会 40 余次，召集街乡各专项工作推进会 26 次。

（陈　露）

房屋经营管理

【概　况】　2018 年，直管公房共计收缴租金 2049.52 万元，完成计划定收的 117.38%；供暖经营收入 3.37 亿元，增长 7.3%；廉租房租金收缴 129.01 万元，公租房租金收缴 1183.5 万元；各物业公司物业费收取 811.18 万元。中心总产值 12.29 亿元，净利润 3599.45 万元，较去年增长 2.41%。共投资 1460 万元用于直管公房修缮及设备大修，其中，完成大修屋面防水 2700 平方米，楼房中修 520 幢，66 万平方米。完成电梯设备大修项目 5 项，供水及消防设备大修项目 15 项。推动直管公房老旧电梯更新改造工作，98 台电梯更新改造工作全部完成。全年完成老旧小区改造项目结算工程款总额为 3.6 亿元。

（藏鸿媛）

【南苑棚户区】　年内，一期项目已签约 4296 户，签约率 94.27%；三期项目征收已签约 2733 户，占公示户数的 77.80%。E 地块总户数 37 户，已签约 17 户，剩余 20 户。B 地块已签约 460 户，剩余 220 户。南苑一期、三期分别完成重新立项的工作；二期项目正在市规土委办理竣工地价款核实手续和后续办理初始登记工作。

（藏鸿媛）

【长辛店棚户区】　年内，项目累计完成投资 46.04 亿元。签约 4654 户，签约率 91%，其中 298 户居民签订大病、残疾、低保补充协议，对 44 户住房困难家庭进行及时安置。完成选房手续 4614 户，合计选安置房 6647 套、约 48.4 万平方米。针对安置房房源缺口问题，长辛店棚户区项目部积极与区住建委等相关部门协商解决办法，截至年底，共收购安置房源共计 10956 套，已选 7267 套，剩余 3689 套。

（藏鸿媛）

【防汛工作】　年内，成立 11 支应急抢险队，出动查房人员 1687 人次，查平房 5831 间次，楼房 585 栋次。查出平房漏雨 238 间，楼房漏雨 189 处，所发现问题均及时处置。

（藏鸿媛）

【供暖服务】　年内，按期完成离心机厂宿舍锅炉房翻建工程。完成多个站点锅炉房油改气、管网改造、水泵自动变频改造、低氮改造和在线环保监测改造等工程。共 56 座燃气锅炉房，全部安全平稳运行。全年拓展供热市场面积 23.7 万平方米。

（藏鸿媛）

【工程建设】　年内，完成产值 3 亿元，新开工面积 12.13 万平方米，复工面积 37.75 万平方米。承接并启动丰台区节能综合整治太平桥西里项目、卢沟桥乡背街小巷环境整治等一批民生工程、折子工程。

（藏鸿媛）

【疏解整治】　年内，按照动态清零“发现一处清理一处的原则”要求，全年发现并清理整治违规转租转借 171 处，涉及人口 459 人，全面加强巡视和重点回访，确保已清理完毕的点位不反弹。

（藏鸿媛）

【房屋测绘及交易】　年内，完成北京军区工程环境质量监督站住宅楼等 12 个测绘项目。全年测绘面积 40.68 万平方米，完成发证测绘 3003 件；完成房改售房测绘 1218 件，测绘面积 6.12 万平方米。交易中心参与中心重点工程项目以及部分拆迁工作。做好文体路38号院房改售房工作，代办完成晓月景园不动产证335件。

（藏鸿媛）

【人防工程整顿】 年内，检查1605处，发现问题并清理整顿127处，拆除工程隔断28处，完成投资263.12万元。接管人防车库231处，接管普通人防工程643处，面积177.6万平方米；办理完成车库人防工程使用证72处，办理普通工程项目使用证12件，其中开发仓储11处。

（藏鸿媛）

房屋征收与补偿

【概 况】 2018年，全区6个棚户区改造项目涉及征收户数6300多户，征收面积73万平方米。小屯西路棚户区改造项目，完成一、二、四标段全部非住宅和716户住宅（完成率99.8%）签约补偿款发放25.29亿元。拆除房屋、违建面积3.3万平方米。东铁匠营棚户区改造项目，完成入户调查登记和评估、拆迁、测绘等服务单位的选定工作，完成自管公房确权245户和11家非住宅测绘评估工作，完成3、5、7地块预签约准备工作。分钟寺桥西北侧地区回迁安置房项目，完成495个院落的入户调查和结果公示工作，12月启动项目预签约，完成预签约567份，签约率93.1%，达到启动征收签约比例。丰台桥南棚户区改造项目，完成1125户的入户调查工作，入户率98%，完成房管中心585户公房确权工作。张仪村路东侧棚户区改造项目，完成征收补偿方案公示和房屋权属问题的梳理，完成预签约前硬件设备和软件系统搭建工作。地铁8号线（三期）实现年底前顺利通车试运营。地铁19号线、地铁16号线、地铁房山线北延和2个地铁车辆段（新宫车辆段、榆树庄车辆段）项目建设，实现丰台区域内23个在施地铁站全部进场开工。年内，轨道交通建设项目累计完成征地拆迁41.5万平方米，搬迁住宅489户，非住宅单位35个，门脸房258个，疏解人口约4500余人。其中，年内完成征地拆迁14.5万平方米，搬迁住宅55户、非住宅单位7个、门脸房38个，疏解人口约1000人。

（李 然）

【档案管理】 年内，收集整理文书档案1322件，收集整理财务档案251卷。年底，经北京市区机关档案工作测评，房屋征收事务中心档案工作被授予“市级优秀单位”称号。

（李 然）

【丰台医院提质改建项目】 年内，为完成丰台医院提质改建项目，由中心负责对丰台医院南侧门脸房实施搬迁工作。经与区属3家企业多次协商后，组织丰台医院与被搬迁企业签订《搬迁补偿协议》，11月全部完成协议履行和移交工作，完成房屋拆迁面积1158.73平方米。

（李然）

园林绿化

【概 况】 2018年，全区实有林地面积9679.18公顷，林木绿化率40.31%，森林覆盖率27.56%，城市绿化覆盖率（含水面）46.85%，人均公园绿地面积8.63平方米。年内，完成造林任务275.47公顷，超出原计划22.3%，种植各类月季9万株、地被植物30余种，使用建筑垃圾再生材料6000立方米，为全区百姓增加各类公园30个，公园绿地500米服务半径覆盖率达到81%，完成莲花池公园南部“增彩延绿”及西部拆迁区域8.6公顷绿化建设，完成长辛店镇张家坟及太子峪村彩色树种造林工程33.33公顷，王佐镇西庄店村公路河道绿化10千米，垂直绿化5710延米，种植宿根花卉1.39万株。全区有25家公园风景区，其中注册公园21家、森林公园1家、风景名胜区1家，总规划面积2447.2207公顷，实际面积1314.8007公顷。年内未发生森林火灾，林业有害生物成灾率、测报准确率、无公害防治率、敏感地区美国白蛾等食叶害虫平均寄主叶片保存率均达标。

（何思思）

【全民义务植树活动】 年内，完成全国人大第14次到丰台区进行义务植树和社会各界人士义务植树活动服务保障工作。组织各类义务植树主题活动33次，9.2万人新植树木6.8万余株，养护树木41万株，清扫绿地128万平方米。

（何思思）

【百万亩造林工程】 年内，完成平原造林166.67公顷，栽植各类乔灌木92977株，城市绿化11.73公顷，建设嘉囿城市休闲公园及南营公园、康润城市森林休闲公园、康养休闲绿地、槐房、郭公庄、郑常庄、朱南社区、南庭新苑和丽泽9处小微绿地。留白增绿专项任务50.4公顷，建成大瓦窑公园和石榴庄南垣秋实示范地块及大红门花飞蝶舞园、花乡特色花卉游园、郑常庄炫彩园、张家坟叠翠公园、长辛店城市森林公园、太子峪枫林杏苑公园绿地。屋顶绿化15处2.08公顷。

（何思思）

【花卉景观布置】 年内，对丰台区二、三、四环、重点大街、桥区、街旁绿地等进行花卉布置，栽摆花卉258.99万株，其中地栽花卉7400平方米，栽摆花卉52.94万株/盆；花箱193组，栽植花卉22.23万株/盆；立体花卉3处5组，栽植花卉183.82万株/盆。

（何思思）

【环境整治工程】 年内，完成康辛路沿线及宛平城周边环境整治，开展丰台区消除裸露土地专项行动，出台《裸露土地治理绿化技术导则》，完成89条道路行道树补植1026株，覆盖重点道路、节点树池1万余个，补植补种面积60余公顷。

（何思思）

【林地绿地养护】 年内，做好838公顷专业绿地、区管14条河道258公顷河道绿地及15公顷街道移交的自管或者无人管理附属绿地的养护和40余次重大活动环境保障工作。正式出台《丰台区生态林养护管理办法》，加强对乡镇8.6万亩林地养护工作的指导和监督。建立古树巡查机制，复壮修复古树4株，救助患疯古枣树2株。做好林木有害生物监测、检疫和除治工作，全区未发生林木有害生物灾情。

（何思思）

【行政审批】 年内，将审批办结时限由12个工作日缩短至6个工作日。受理行政审批事项106件，伐移林木、树木12019株，占用林地、绿地5公顷，其中危险树清理60件，采伐林木、树木309株。完成建设项目绿化用地审查42件，完成7个项目共40公顷绿地率复核。

（何思思）

【代征绿地收缴】 年内，完成收缴代征绿地14处21.74公顷。包括中国铁路通信信号股份有限公司中国通号轨道交通研发项目、北京市保障性住房建设投资中心丰台区西亚林公共租赁住房项目、北京天城永泰置业有限公司商业金融项目、北京天城永元置业有限公司商业金融项目、首创朝阳房地产发展有限公司商业综合项目、北京玺萌房地产开发有限公司星河城住宅小区项目、北京金缔园房地产开发有限公司居住用房项目、北京农工商联合总公司职工大学居住用房项目、北京金隅嘉业房地产开发公司居住用房项目、长城国富（北京）有限公司商业金融项目、北京旭丰置业有限公司商业金融项目、北京亚林东房地产开发有限公司亚林西居住区项目、北京亚林西房地产开发有限公司居住用房项目、北京骐骥龙腾房地产开发公司居住用地项目。

（何思思）

【行政执法】 年内，采用“以案释法”新形式开展法制宣传教育8次，受众3万余人。全年完成执法检查1975次、行政处罚37件，林业行政案件立案12起，刑事案件立案6起，各类涉林涉绿案件累计处罚2046万元。“四公开一监督”工作处理有关绿化违法行为投诉和举报4312起、参加联合执法2978次。对全区苗圃进行两次产地检疫，共检疫苗圃15家，苗木20万余株，面积2590亩。

（何思思）

【违法图斑专项整改】 年内，接收北京市园林绿化资源保护专项检查下发疑似违法图斑501个，面积403.89公顷，报市局销账（挂账）389个图斑，销账（挂账）率78%，收回林、绿地面积114.79公顷，栽植林木46456株，拆除违法建筑面积98566平方米，投入资金2508.527万元。接收国家林业和草原局下发疑似图斑72个，面积58.40公顷，已整改恢复绿化8块，面积3.1556公顷。自然保护地大检查行动摸排各类问题26项，完成整改17处，处罚企业或个人3个，罚款70.16万元，拆除违法建筑面积15.01万平方米，恢复种植面积17.1万平方米，整改率65.4%。

（何思思）

【公园管理】 年内，全区有25家公园风景区，其中注册公园21家、森林公园1家、风景名胜区1家，总规划面积2447.2207公顷，实际面积1314.8007公顷；其中8个收费公园及风景区，其余17个为免费公园（其中5个是郊野公园）。有精品公园11个，市级重点公园5个，4A级旅游景区5个，其中：21个注册公园，总规划面积2368.41公顷，实际面积1237.99公顷；1个森林公园：北宫国家森林公园（4A级景区）规划面积200公顷，实际面积100公顷；1个风景名胜区（4A级景区）：千灵山风景区，规划面积1250公顷，实际面积220公顷。年内，接待游人1873.4万人次，总收入16163万元。修订《公园文化活动管理办法》，莲花池公园、万芳亭公园、丰台花园实行免票入园。完成莲花池公园西侧环境提升4公顷、南侧“增彩延绿”“城市森林”示范项目4.8公顷；完成丰台花园、云岗森林公园环境改造提升。区属各公园开展义务植树、踏青节、彩叶节、百姓大舞台等文化活动97次。

（何思思）

【森林防火】 年内，制定《丰台区森林防火三年行动计划（2018－2020年）》。在王佐镇西庄店羊圈头与房山交界处新建森林防火瞭望塔一座，新修防火公路2.3公里，以春节、清明节为重点保障时期，组织大型森林防火宣传4次，组织扑火队培训演练4次，清理林下可燃物3500公顷，清理林区散坟周边可燃物4800座，开设防火隔离带13.8万延米，全年未发生森林火灾。

（何思思）

【绿色产业】 年内，丰台区花卉种植面积1.1万平方米，主要种植盆栽花卉，生产盆栽花卉1.0456万盆，总产值215万元。

（何思思）

【野生动植物资源保护】 年内，组织开展野生动物资源保护宣传8次，检查60余次，收缴国家级保护动物17只，解救野生鸟类600余只，销毁捕鸟工具480余件。踏查非法种植毒品原植物，铲除疑似大麻科毒品原植物 6303 株。

（何思思）

环境保护

【概　况】　2018 年，编制《丰台区生态保护专项规划（2018 年 - 2035 年）》，协同推进生态保护红线分区边界细化和勘界定标工作。印发《丰台区打赢蓝天保卫战三年行动计划》和《丰台区 2018 年水污染防治工作实施方案》，出台《2018 年丰台区各部门及街乡镇环境保护工作指导意见》和《关于进一步加强街乡镇环境保护工作的指导意见》，组织区 27 个委办局和各街乡镇设立环保机构、指定专职环保人员。全区细颗粒物年均浓度 53 微克/立方米，同比下降 14.5%；全区 1 个国家级和 5 个市级考核断面水质稳定达标，全区地表水质改善率 32.1%，位居全市前列；全年削减氮氧化物 985 吨、挥发性有机物 405 吨、化学需氧量 6.4 万吨和氨氮 6332 吨，区域环境质量持续改善。按时办结人大建议、政协提案主责 2 件、协办 3 件，满意率 100%。全年受理涉环境问题信访举报 4061 件（封），处理率 100%、按时办结率 100%、反馈率 100%。全年检查各类污染源 7351 家，处罚 488 起、罚款 4437 万元；其中按日计罚 2 起，移送公安部门 10 起、拘留 10 人。

（李　强）

【大气污染防治】　年内，全区布设空气质量监测点位 513 个，建设粗颗粒物监控点位 52 个，改造加油站在线监控设备 33 座，实时管控热点网格和重点污染源。全年整治裸地 1664 万平方米，淘汰老旧柴油货车 4525 辆，人工检查各类重型柴油车 12.965 万辆、处罚 1.26 万辆；动态清零涉及环境污染类“散乱污”企业 32 家，实施餐饮业高效油烟净化设施升级改造 450 家，拨付燃气锅炉低氮改造“以奖代补”资金 17 批 1.5 亿元；完成 2 家企业强制性、6 家企业自愿性清洁生产审核，签订 3 家企业清洁生产审核技术委托合同，从源头减少污染排放。全区细颗粒物年均浓度 53 微克/立方米，同比下降 14.5%；全年优良天数 219 天，同比增加 19 天；二氧化氮、二氧化硫、可吸入颗粒物（PM10）年均浓度分别为 6、43、83 微克/立方米，同比分别下降 33.3%、12.2%、7.8%，空气质量持续得到改善。

（李　强）

【水污染防治】　年内，印发《丰台区街乡镇（地区）地表水环境质量考核办法（试行）》，全区设定 20 条河道、47 个跨街乡镇界水体考核断面，实现水环境质量考核全覆盖，每月通报跨乡镇界补断面水质监测及补偿金测算情况，组织开展水污染防治。建立潘家庙地下水监测点位周边涉水污染源台账，改造全区 84 座加油站 330 个防渗池，监管水源防护区内 5 家重点污水排放企业，完成乡镇级饮用水水源地评估，保障饮用水安全。全年水环境区域补偿金 190 万元，同比下降 97%。

（李　强）

【土壤污染防治】　年内，印发《丰台区土壤污染防治工作 2018 年重点任务实施方案》，建立区级多部门联动监管土壤污染防治机制，现场踏勘并组织采集 13 个重点行业企业用地污染信息，完成 52 家关停企业原址用地污染筛查，动态更新疑似污染地块和污染地块名录，治理修复 1 家污染地块；开展全区乡镇级集中式饮用水源地保护区、重点监管企业和工业园区周边的土壤环境监测工作；全区全面禁用高毒、高残留农药，推进化肥、农药减量化；完善全区农药废弃包装物、废旧农膜回收工作方案。全年核发1家肉类加工、9家水处理行业的排污许可证。

（李　强）

【第二次全国污染源普查】　年内，全区组织开展第二次全国污染源普查，清查国家和市级下发的清查名录库数据7954条，确定纳入普查对象771个，其中工业企业236个、集中式污染治理设施20个、畜禽养殖户2个、入河排污口39个和生活源锅炉474家。已完成771个污染源普查的清查建库。同时，补充调查餐饮业、汽修行业，完成5693家餐饮和523家汽修企业的清查建库工作。

（李　强）

【辐射环境安全监管】　年内，检查放射源单位40家次，射线装置单位116家次，医院61家次；受理并办结辐射安全许可证申请24件、延续20件、变更40件，完成放射性同位素转让备案249件814枚；受理辐射类信访投诉件55件，按时办结率100%、反馈率100%。整改放射源和射线装置单位问题19个，处罚9件、罚款70万元，全年未发生辐射环境安全生产责任事故。

（李　强）

【环境监察】　年内，开展双随机执法抽查企业890家次，全部建立“一厂一档”。全年共出动2.25万人次，检查各类污染源7351家，处罚488起、罚款4437万元；其中，按日计罚2起，移送公安部门10起、拘留10人，位居全市前列。全年持续开展全时执法，检查各类单位2607家次，处罚30起，罚款38.06万元；组织“点穴式”执法21次，检查单位754家，发现问题74起，其中关停2起，查封1起，限期整改44起，环保处罚11起、罚款36.5万元，移交相关部门处理19起；依托卫星遥感、地面空气质量监测等数据，排查热点网格污染源点位646个，发现问题121个，问题查处率18.7%。组织开展涉大气类、涉水类、涉土壤类、固废和危废等专项执法检查，会同水务、公安等部门进行联合执法检查，及时发现并处置环境违法问题。落实“街乡吹哨、部门报到”机制，出动238次，协助解决工地扬尘、噪声扰民、餐饮油烟扰民等问题。修订空气重污染应急预案，落实“一厂一策”应急措施，启动重污染应急10次，有效减少空气重污染对群众生产生活的影响。

（李　强）

【机动车尾气排放监管】　年内，执法检查各类机动车155.83万辆，人工检查各类重型柴油车12.65万辆、处罚1.26万辆，淘汰老旧柴油货车4525辆；出台《渣土车及工地黑名单管控办法》，实行批发市场差异化停车收费政策，对使用清洁燃料车辆免收进场费用，全年查处非道路移动机械52台、罚款153.5万元，查处检测机构环保违法行为5起、罚款4万元，查处加油站及储油库各类违法行为30起、罚款40万元。

（李　强）

【环保宣传教育】　年内，持续开展环保“进机关、进学校、进社区、进企业”，会同市环保局等13家主办单位在园博园举办2018年北京“6·5”生态环境文化周暨环保徒步活动，开展“美丽丰台——我是行动者”主题宣传；联合区委组织部、区人力社保局举办两期丰台区生态文明与环境保护专题研修班，组织全区30余名街乡镇领导实地参观市环境保护检测中心；邀请北京市绿色讲师团的专家学者走进北京十二中、丽泽中学等校园，开展“生命生态生活”主题宣讲活动；与北京十八中联合举办“绿色创建—我是行动者”环保知识竞赛。让“幸福生活讲师团”走进丰台，以开展节能型机关、绿色学校、绿色社区、绿色家庭等创建行动为载体，为全区391个社区村印发《公民生态环境行为规范（试行）》宣传海报；深入六里桥长途站、新发地批发市场等企业，向车主发放《致车主一封信》《机动车防治手册》等宣传材料1.7万份。全年配合国家级媒体报道1次、市级媒体采访12次、区级媒体采访24次，利用“丰台环保直通车”微信公众号、官方微博等“两微一端”新媒体平台，发布各类微博、微信2349条，累计阅读量230余万人次。

（李　强）

环境卫生

【概　况】　2018年，完成责任范围内1189条、2325.66万平方米道路的清扫保洁及道路两侧建筑物、构筑物及地面张贴喷涂宣传品和散发的非法宣传品的清除工作。机械化清扫保洁作业面积1523.89万平方米，道路洗地作业面积1523.89万平方米，道路冲刷作业面积为1105.47平方米（占道路可冲刷面积的99%）；道路清扫保洁新工艺作业覆盖率91%。负责辖区内过街天桥90座，地下通道22座，地铁站口171座，绿地444.47万平方米，河道580.57万平方米的保洁。负责236座密闭式清洁站、343座公厕的日常管理。环卫设施全部按照标准要求进行保洁作业，运行正常。全年共清运消纳生活垃圾87.57万吨，清运粪便29.89万吨，全部实施无害化处理。

（贺　祺）

【重大活动及特殊天气保障】　年内，完成重大活动及国家、市、区各级领导调研视察期间环境卫生保障工作69次，完成包括全民族抗战爆发81周年等重大活动期间环境卫生服务保障工作。2017－2018年度启动降雪预警2次，其中1次开展扫雪铲冰作业，出动各岗位人员1912人次，出动各类车辆84台次，使用融雪剂8吨。春节期间清理烟花爆竹残屑13吨，启动空气重污染预警16次，其中：无级别预警7次；蓝色预警2次；黄色预警4次；橙色预警3次。出动作业人员118214人次，作业车辆14278车次，作业用水量213955吨（含再生水199229吨）。

（贺　祺）

【北京市行业检查成绩突出】　年内，接受北京市渣土处道路清扫保洁、小广告清除、机械化作业、行业检查，共计825次均合格，合格率为100%；密闭式清洁站市级检查41次，，合格率为100%；公共卫生间市级检查78次，合格率为100%；以上三项检查共944次，综合合格率为100%。全年环境卫生专业检查考核平均得分为100分，位列城市功能拓展区第一名。

（贺　祺）

【蓝天保卫战】　年内，按照《丰台区蓝天保卫战2018年行动计划》分解措施，对责任范围内道路实施“吸、扫、冲、收”的组合式道路清扫保洁新工艺，新工艺作业覆盖率91%以上。落实道路分级清扫保洁要求，重点道路每日机械冲洗两次以上。持续扩大再生水使用规模，辖区主干道基本实现每日再生水冲洗，日用水量达6000余吨，超额完成市、区日均用水量5000吨任务指标。不断加强机械化降尘频次、范围，重点加强云岗、丰台花园两个子站，方庄、大葆台、卢沟桥三个降尘点周边71条道路的清扫保洁和洒水降尘力度，各作业工艺24小时无缝衔接，确保道路路面保持湿润，减少道路扬尘污染。

（贺　祺）

【配合街乡拆违降尘工作】　年内，配合街乡拆违降尘等工作，做到打破属地、行业界限，主动担当，不断延伸作业范围，对“责任范围以外、可视范围以内”的大件垃圾、渣土进行清理，确保周边环境整体提升。响应“街乡吹哨，部门报到”181次；主动报到122次；出动人员20554人/次；车辆5510车/次；清理垃圾渣土1855吨、大件垃圾1954车。

（贺　祺）

【重点工程建设】　年内，环卫设施大修改造持续进行，针对环卫设施破旧老损的情况，地面、外墙、屋顶防水、排污等问题维护修缮环卫设施25座，大修改造19座。年内完成第一批彩钢夹芯板环卫设施改造72座，改造彩钢夹芯设施4123平方米。按照北京市“清洁空气行动”计划，为9处场地进行增容安装充电桩18台，均已投入使用。

（贺　祺）

【车辆及设施管理】　年内，接收新能源作业车211辆。巩固垃圾收集设施渗沥液治理成效，规范渗沥液收集排放作业规程。实施“星级公厕”管理新模式，每季度评价公厕质量级别，全年共评选出星级公厕96座。

（贺　祺）

城市防震

【概　况】　2018年，全区开展地震趋势会商76次，其中周会商52次，加密会商24次，全年本区未发生地震活动。开展地震监测设施及观测环境保护行政执法检查24次，其中日常巡检12次，重要节日及活动地震安全保障服务专项检查12次，未发现破坏地震监测设施及危害地震观测环境的行为。与北宫国家森林公园和南宫鹦鹉园签订《地震宏观观测协议》，举行“地震前兆宏观观测协作单位”授牌仪式。组织及参与地震宣传活动11场，向社会各界发放科普书物、宣传笔袋等宣传品10000余份，受众人数15000人次。全区16个街道、2个镇、3个乡，共有防震减灾助理员410人。组织一次应急救援培训，培训人次90人。

（张　璐）

【地震监测台站概况】　年内，本区建有地震监测台站27个，其中前兆监测台站8个，分综合台、形变台和流体台三大类，强震动监测台站19个。丰台区地震局台为前兆综合台，北京十中台、新村鸿业兴园台、长辛店长馨园台及东铁营顺四条37号院台4个为前兆形变台，丰台区政府南院台、丰台路口社区台及莲花池公园台3个为前兆流体台。监测仪器采用中国地震局地壳应力研究所生产的CZ－1A数字压磁应力仪DRSW－Ⅱ型地热水位气象三要素综合观测仪、WYY－1型气温气压雨量综合观测仪及北京赛斯米克地震科技发展中心生产的DXQ－1型大地倾斜仪和郑州晶微电子科技有限公司生产的GS－2000－QT二氧化碳数字化气体监测仪，观测项目主要涉及地下流体和地壳形变两大学科，有测项25个，目的是获取地震发生前的各种异常变化，通过观测资料对比分析提出地震预测意见。强震动监测台分别为南宫台、航天三院台、青龙湖台、槐树岭台、世界公园台、金家村台、右安门台、大红门台、宛平地区台、南苑乡台、长辛店台、园区公园台、大灰厂台、西罗园台、丽泽台、张仪村台、卢沟桥台、丰体台及南苑台。监测仪器采用中国地震局工程力学研究所生产的GDQJ－1A型固态地震动强度记录仪和外置的SLJ－100型三分向力平衡式加速度计，目的是获取有感地震发生时该地的三分向地震动加速度记录，给出该地地震烈度的估算值，为本市类似场地的工程抗震建设提供基础数据，为震后应急反应提供依据。

（任　静）

【行政执法检查】　年内，共开展地震监测设施及观测环境保护行政执法检查24次，其中日常巡检12次，重要节日及活动地震安全保障服务专项检查12次，未发现破坏地震监测设施及危害地震观测环境的现象。

（任 静）

【地震前兆资料处理】 年内，地震前兆资料共25个测项，2名监测预报人员每天按时观测报送数据，并进行数据入库监控和分析处理。主要涉及地壳形变、地下流体两大学科及气象三要素、降水量辅助观测。观测方式采用数字化和模拟观测，数字化观测数据通过网络自动传输至本局前兆数据库保存，模拟观测数据通过地震行业专网上报市地震局。

（任 静）

【地震趋势会商】 年内，共开展地震趋势会商76次，其中周会商52次，加密会商24次，结合地震前兆数据及地震目录资料，认真分析地震前兆异常及地震趋势变化，提出会商意见上报北京市地震局。5月和10月，根据市地震局关于召开2018年中及2019年度地震趋势会商会的通知精神，编写完成会商会报告。

（任 静）

【地震应急响应】 2月12日18时31分，河北廊坊市永清县发生4.3级地震，震源深度20千米，震中位于北纬39.37度，东经116.67度。震后，立即启动应急处置，回应社会关注。根据来电统计及震情通报，市内多区反映均有震感，本区主要涉及南苑、云岗、角门、怡海花园、五里店地区。

（任 静）

【地震活动】 年内，北京圈共发生MS1.0以上地震146次，高于上年同期的114次，MS2.0以上地震21次，高于上年同期的15次（其中发生MS3.0以上地震2次，发生MS4.0以上地震1次，未发生MS5.0以上地震），最大地震为2月12日永清MS4.2级地震。北京地区共发生MS0.0以上地震77次，高于上年的63次；MS1.0以上地震11次，低于上年的12次（其中未发生MS2.0以上地震），最大地震为7月15日北京房山MS1.9地震。本区年度内未发生地震活动。

（任 静）

【汶川地震十周年系列宣传活动】 年内，以“5.12汶川特大地震10周年”及“建设韧性城市 降低灾害风险 增强防灾意识 提升减灾能力”为主题，设计制作公益宣传广告，采取公交站台媒体及流动发布的方式，在辖区范围内租赁户外公交站台灯箱，5月6日开始开展为期1个月的公益广告宣传活动。5月7日—18日每日早、中、晚黄金时段在丰台有线电视台播放由北京市地震局制作的“韧性城市”宣传片。组织马家堡街道枫竹苑社区开展以“防灾减灾应急体验——大比武大练兵”为主题的防灾减灾宣传活动。在莲花池公园、丰台花园开展防震减灾科普知识进公园活动。联合区教委、区科委，在东高地青少年科技馆举办“韧性城市安全在我”2018年“防灾减灾日”宣传周暨丰台区中小学生防震减灾创客大赛现场竞技赛。组织各街道、乡镇开展防震减灾宣传活动20场、开展地震应急疏散演练5场。

（陈 超）

【丰台区科技周宣传活动】 5月22日，参加在北京世界花卉大观园广场主办的以“科技支撑美好生活体验”为主题的2018年丰台区科技周主场活动，通过设置咨询台、发放宣传资料等方式向参与群众宣传防震减灾科普知识。活动共发放《地震探秘101》、《防震减灾科普课堂》、宣传笔袋、宣传扑克、宣传笔及宣传资料袋2000余份。

（陈 超）

【安全生产月咨询日活动】 6月16日，参加在北京汽车博物馆西广场举办的以“生命至上，安全发展”为主题的安全生产月咨询日活动。通过设置咨询台、发放科普宣传资料等方式向广大群众宣传防震减灾知识。活动共发放《地震小博士》、《吉祥宝贝斗震魔》、《家庭避震要诀》折页、防震减灾知识小扇子、宣传扑克等3500余份。

（陈　超）

【唐山大地震42周年系列活动】　7月24日上午，组织新村街道韩庄子第二社区学生及家长代表42人到东高地青少年科技馆暨国家级防震减灾科普教育基地参观体验。当日下午，组织南苑街道槐房社区居民代表100余人观看《应对地震灾害——公众自救互救常识》宣传片。7月25日，在太平桥街道太西里社区开展“建设韧性城市，降低灾害风险，增强减灾意识，提升减灾能力”主题活动，26日至28日，在东高地青少年科技馆国家防震减灾科普教育基地举行丰台区2018年“7·28”唐山大地震纪念日防震减灾科普宣传暨丰台区中小学生防震减灾知识与技能培训活动，活动包括防震减灾科普知识及应急技能培训、地震科普小制作、南口基地废墟体验、科普知识及实操技能测试等科目。27日，在和义街道和义东里第二社区开展“科学面对地震 守护生命安全”专题科普知识讲座。

（陈　超）

【全国科普日宣传活动】　9月27日，参加在太平桥街道精图广场举办的以“创新引领时代，智慧点亮生活”为主题的2018年丰台区全国科普日主场活动，通过发放宣传资料以及现场解答等方式向参与群众宣传防震减灾科普知识。共发放《地震知识百问百答》、《常识“晓”地震》、《地震小博士》、家庭避震要诀折页以及宣传扑克等1000余份。

（陈　超）

【防震减灾科普示范学校建设】　年内，对本区4所市级防震减灾科普示范校的防震减灾科普教育工作情况开展自查。联合北京市地震局、区教委到北京市西罗园学校、长辛店中心小学开展市级示范学校复核工作。开展国家级防震减灾示范学校推申工作，北京市西罗园学校、长辛店中心小学获“国家级防震减灾科普示范学校”称号。

（陈　超）

【防震减灾培训】　10月18日，组织全区防震减灾助理员、地震监测协作单位联络员、地震应急指挥部部分成员单位人员450人开展为期1天的防震减灾培训。邀请中国地震局原副局长刘玉辰、中国地震局地震灾害防御中心科技管理处处长申文庄两位国家级地震方面的专家，分别以《我们在行动——大地震时怎么面对》、《地震应急处置与应急准备》为主题给全体人员进行授课。

（陈　超）

城市管理监察

【概　况】　2018年，是城管体制改革第一年，全年完成控违拆违、占道经营治理、大红门疏解、综合执法平台运行、环境保护等工作任务。立案查处各类违法问题4.05万件，同比上升2.03%；罚款2174.06万元，同比下降2.3%；获首都环境建设样板单位、首都文明单位、北京市第十一届全民健身体育优秀组织奖等荣誉称号；在全市城管系统综合考核中名列城六区首位、全市第三。

（方雨濛）

【拆违控违】　年内，采取“五严”措施，坚持“五必拆”原则，实行上帐销帐管理，出台拆违资金管理办法，加大培训指导和例会督办工作力度，发挥区控违拆违办组织部署、协调推进、考核督办职能作用。接市级督办案件137件，全部办结；拆除并销账既有违法建设221.2万平方米，销账率103.8%。

（方雨濛）

【占道经营整治】 年内，受理占道经营类举报1.46万件，同比下降47.28%；立案处罚1.87万起；全年159个占道经营挂帐重点点位全部销帐；2018—2020年348个占道经营重点点位完成销帐346个，完成率99.42%；全区21个街乡镇阶段性实现动态清零。

（方雨濛）

【助推南苑-大红门疏解】 年内，抽调6名科级实职干部、7名业务骨干常驻南苑-大红门现场指挥部，制定专项行动工作方案，全面开展核查，形成“一市场一档案一卷宗”；通过公开招投标确定应急拆除企业10家；按照“依法依规，平稳有序”的工作要求，南苑-大红门地区共拆除违法建设296处67.69万平方米。组织开展联合执法1283次，查处黑车黑摩的460辆、违规渣土运输车139辆、店外经营2042处，拆除违规广告牌匾977块，清理垃圾9566处2.43万吨。

（方雨濛）

【综合执法平台建设】 年内，搭建街乡镇实体化综合执法中心，组织协调5个常驻部门和10个挂牌单位开展联合执法，集中治理城市秩序乱象；菜户营桥周边、木樨园桥、角门东地铁站、南苑西路、新宫地铁站、看丹路沿线等一批环境秩序突出问题得到改善和保持。共组织“街乡吹哨”活动3.09万次，解决各类问题17.29万起。

（方雨濛）

【开展“四公开一监督”】 年内，定期召开工作例会，每月进行考核评价并撰写《四公开一监督专刊》，呈报区领导发各成员单位。承办市级监管通知单323件，反馈率100%、整改率98.31%，同比上升1.3个百分点；全年检查主要大街7380条次、重点点位7776个，向属地街乡镇政府和相关部门派发监管通知单8284件，解决各类问题8823个。

（方雨濛）

【环境执法检查】 年内，建立大气污染防治、施工工地扬尘、建筑垃圾运输泄漏遗撒和擅自进行夜间施工等执法台帐，加强执法监管，实现施工工地扬尘污染防控“六个百分之百”目标。受理施工扬尘类举报767件，处罚195起；受理道路遗撒类举报631件，处罚违规渣土运输车1263辆；处罚露天焚烧7起、露天烧烤186起。

（方雨濛）

【环境秩序治理】 年内，查处街面无照经营1.46万起，处罚3758起；规范门前三包1.85万家次，查处店外经营6195起、占道经营1544起、门前堆物堆料395起；审核上报非法小广告电话号码4036个，移送停机3700个，停机率92%；拆除违规广告牌325块、违规牌匾标识739块；清理山寨指路牌112块、临窗广告786处，拆除地桩地锁415个；开展餐厨垃圾波次执法行动，检查餐饮单位4027家次，处罚66起；检查燃气供应企业489家次、餐饮公服用户7758家次，责改410家次、立案处罚115起；检查使用气罐街面摊贩227家次、责改8家次；检查占压油气管道44起，其他燃气安全违法行为103起，消除用气场所安全隐患41起。

（方雨濛）

【开展新划转职权执法检查】 年内，针对新划转入城管部门的再生资源、生活垃圾、供电用电、管道管线、园林绿化等方面87项处罚权、5项强制权的执法工作，检查景区周边无照72起、处罚8起；规范景区周边门前三包909起，批评教育224起；检查再生资源回收站点40处、责令改正14起；立案处罚园林绿化案件1起。

（方雨濛）

【信访维稳】 年内，接待群众来访、咨询86人，办理信访件390件，办理人大建议、政协提案11件；公开政府信息137件，受理并答复政府信息公开申请18件；收到各类表扬130余次，锦旗11面。

（方雨濛）

【政务信息宣传】 年内，北京市城管执法监察局内网采用丰台区城管执法监察局政务信息206篇，市委市政府采用54篇，区政府采用75篇；在各级媒体发布新闻稿件492篇（条），其中中央级媒体发布45篇（条），市级262篇（条），区级126篇（条），新媒体59篇（条）；组织开展社会宣传暨志愿服务活动204次。

（方雨濛）

【业务培训】 年内，组织开展全体执法队员冬训，开展初任培训、科级干部培训、处级干部培训以及法制、宣传、信访等专项业务培训，累计培训1900人次。

（方雨濛）

网格化城市管理

【概　况】 2018年，丰台区网格化城市管理系统立案、转办案卷176825件，监督员参与处置各类环境问题430081件。社会服务管理系统运行事项144226件，结案率98.75%。热线服务系统受理群众咨询和诉求133327件，比上年增长0.28%，办结率100%。

（孙立明）

【城市运行指挥体系建设】 年内，推进丰台区城市运行指挥体系建设，在21个街乡镇组建城市运行指挥分中心，为各街乡配置63名事业编制和199名接线员，组织开展业务培训3次，强化联勤联动、强化联合执法，承接养老连心通工作的受理调度任务，服务保障“街巷吹哨 部门报道”工作，做到“民有所呼 我有所应”。开展党建引领网格工作，推进智能民情图建设，在47个社区（村）建成基层综合服务平台。

（孙立明）

【网格化城市管理】 年内，落实环保督查工作任务，对中央环保督察组和市环保督查组督办的1722处问题进行复查。加大新生违法建设监督力度，开展专项督查，发现上报疑似违法建设案卷19780件。开展废弃车辆、道路交通设施、汛前雨水口、开墙打洞、占道快递分拣点5项专项普查，汇总普查数据7155处。

（孙立明）

【市民热线工作】 年内，拓宽诉求受理渠道，融合96310城管热线。完善《丰台区热线服务工作绩效考评办法》，在原有办结率、反馈率和满意度基础上，增加解决率、契合度两项指标，将人民网“地方领导留言板”、区长信箱、市级重复来电台账3类重点诉求纳入绩效考评范围。全区整体按期办结率97.28%，诉求反馈率41.91%，问题解决率26.67%，办理情况契合度23.96%，群众满意度25.41%。

（孙立明）

【完善沟通联系机制】 年内，完善“微循环”沟通联系机制。梳理网格化城市管理工作流程，推动城市管理常态化、信息化，报送《微循环工作进展统计表》12期。并通过实地走访、当面沟通的方式，加快案卷转派、处理的速度，推进城市管理精细化工作。城市管理系统处理案卷159件，热线服务系统处理案卷74件。

（孙立明）

交通　邮政

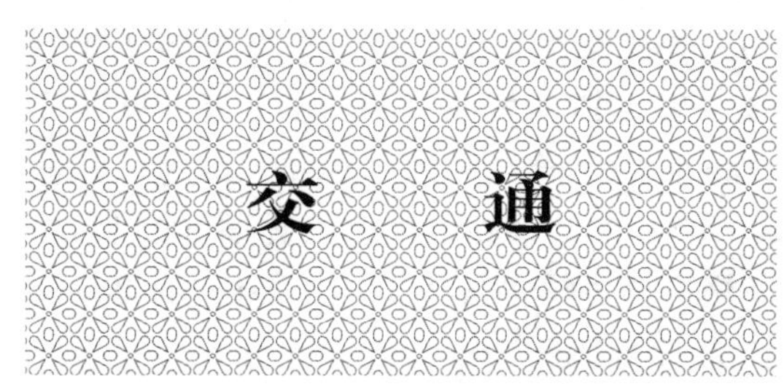

北京南站

【概　况】　北京南站，亦可称“南站”，即原永定门火车站，是北京继北京站、北京西站的第三大火车站，位于北京市崇文门永外车站路，现址为北京市丰台区永外大街12号。隶属北京铁路局管辖。2018年，北京南站发送旅客4680.1万人次，到达旅客4468.8万人次。春运期间，发送旅客448.6万人，同比增加27.9万人，增幅6.6%。暑运期间，发送旅客964.2万人次，同比增长59.1万人，增幅6.5%。全国“两会”期间顺利迎接来自上海、天津、江苏、浙江等地“两会”代表、委员，完成“元旦”“清明节”、“五一”、“十一”等假期服务保障工作。

（刘安军）

【环境秩序整治】　年内，出动执法和辅警力量31190人，出动执法车2692辆，查处违章车辆479起，现场处罚交通违法行为792起，贴条和拍摄违停3201起，拖车10辆，暂扣驾驶执照6个，处理交通事故10起；公安刑事拘留9人、治拘49人、警告48人；清理非法揽客人员681人，劝离流浪乞讨和疑似上访人员265人，劝离清理10人以上集体访1起。

（刘安军）

【服务保障】　年内，会同静态公司制定完善北京南站地区停车设施建设及综合治理方案，加强二层东、西落客区交通治理，完成东、西落客平台匝道流线改造。将东、西停车场的出租车上客口适度拓宽，在行车道上新增减速带、施划出租车停车位，新建出租车通道卫生间4个，改进更新南站标识系统，制作交通接驳导航示意图，加装液晶电视，更新、制作4块夜间公交线路信息及出站引导牌。结合旅客多元化需求，以“义工咨询”“劳模帮扶”“文明引导”“润秋服务”等“四项服务行动”为重点，设立志愿服务专门阵地，做好旅客交通咨询、引路指路、大件行李搬运、安检进站、换乘等环节的信息咨询、客流引导、秩序维护等工作，累计投入志愿者近500人次，30万人次享受服务。

（刘安军）

【安全维稳】　年内，建立健全反恐防暴工作的领导体系和组织体系，制定反恐方案及应急预案，开展安全隐患排查，启动特殊时期保障预案，提升应急处突能力。在“春暑运”、“两会”、重要节假日及中非合作论坛等重点时期，按照“绝对安全，万无一失”的标准，发挥重大活动保障工作机制的作用，完成重点时期的安全保卫工作。全年劝离流浪乞讨、上访人员3200余人次。严格落实“党政同责、一岗双责”，引进第三方公司提供安全生产服务，全面摸清辖区10家单位的安全隐患和薄弱环节，建立安全隐患台账，提供专业指导。

（刘安军）

丰台西站

【概　况】　丰台西站位于北京市丰台区西南部，为路网性特等编组站，站场为三级八场、双向纵列式、自动化驼峰。连接京广、丰沙、京原、京哈、京沪、京九、京通、丰双八条铁路干线车流，担负华北、华东、中原、东北、西北等方向的货车中转和货物集散任务，是全路重要的咽喉枢纽、主要的车辆集散地和晋、蒙煤外运的重要通道。配属调车机12台；有货检设备货车超偏载检测装置6台、货车超限检测及装载状态高清数字监视装置21套；机械动力设备13台。固定资产原值14724.32万元。2018年，日均完成办理出入车23111.3车，其中有调13403.9车、无调9527.8车；中转时间6.12小时；停站时间22.9小时；日均装车0.6车；日均卸车9.7车；货物发送量1.02万吨，车站实现连续安全生产4839天。年内丰台西站被评为集团公司标准化建设先进单位及建功立业先进单位。

（谢鑫鑫）

【安全生产标准化建设现场会】　11月15日，车务系统下半年安全生产标准化建设现场会在丰台西站召开，集团公司副总经理荆世明、总公司调度部车务处处长孟昭明和集团公司相关处室及各站段行政正副职、标办主任共95人参加。现场听取丰台西站科技创新等5方面的标准化建设工作汇报，实地观摩该站爱国主义教育基地、驼峰解体标准化作业、峰顶平台转辙机下沉工程、行车“红光带”非正常远程应急指挥演练等。

（谢鑫鑫）

交通管理

【概况】　2018年，丰台交通支队（以下简称支队）全力开展综合执法整治行动，全年共接各类警情212924起，回访204407起，群众满意率100%；各级领导上路指挥15620人次，发布指挥调度指令12万余次；利用电视监控系统直接累计发现各类警情9138起，其中发现事故4172起、故障车1186辆、货车1237辆、摩的229起、违法停车795起；环路发现违法货车1027辆次；利用科技手段静态违章抓拍系统进行非现场执法12000笔。

（崔　妍）

【推进堵点乱点综合治理显成效】　年内，围绕全区36处堵点乱点，按照尊重规律，依法治理、远近结合，统筹兼顾、突出重点，分步实施的原则，逐一明确治理目标、制定个性化方案，实施项目化、账单化治理，实名挂账督办、阶段性治理销账，同步缓解“堵”和“乱”问题。治理工作中开展综合执法整治行动13次，实施区域单停单行、路口车道调整、设施完善等优化渠化措施8项，全部堵点乱点按期销账取得了突出效果。同时创建了北京南站地区等多处先进典型。针对北京南站周边，合理优化路口交通组织、精细优化路口车道分布、完善引导、导行线，因地制宜设置停车泊位和临时停车区，规范静态停车秩序，创建了大型场站地区综合治理典范。针对丰台五小周边，采取“学校出题、交警出招、政府出资”的工作机制，协调区政府出资对学校四环桥下的空间改造为可容纳150个车位的专用停车场，实行上下学期间免费停放，并精细组织交通流线，完善物防技防设施，大大降低了学校门前交通压力。针对春泽路，通过采取完善道路中心隔离护栏，两侧施划平行式路侧停车泊位，联合属地街道和职能部门进行联合整治等措施，增加停车资源，规范通行秩序，杜绝因停致堵的发生。

（崔　妍）

【组织开展堵点堵道的延伸治理】　年内，紧密依靠政府支持，落实属地责任，以民意为支撑，以舆情反映为导向，围绕劝阻反映强力的居住区周边静态停车问题、学校医院周边堵、乱问题，不断强化区域堵点、堵道的延伸治理。先后围绕群众关注的六里桥北里“旅游大客车占路”、丰仪路、西翠路、丽源路停车占道影响通行等，通过协调属地政府的出人出力、一区一警综合执法平台的参与，通过完善基础设施，因地制宜施划停车泊位、属地出人看守，民警执法等系列综合举措规范了动静态停车秩序。在此基础上，支队紧密依靠区政府，依托区交通委—交通支队缓堵平台，投资1500余万元完善区域堵点乱段的基础设施。针对青塔老旧小区周边，“井”字形的6条道路，先后完善标志、因地制宜施划车位、禁停标线，完善禁停标志，为下一步强化执法奠定基础；针对庄维路、丰桥路、丽槐路、马家堡路北段等“马路停车场”问题，在完善标志、边线、护栏及停车位的同时，同步启动综合治理，并纳入日常强化管理，打通了小区微循环道路。

（崔　妍）

【打造首个三甲综合医院整体搬迁缓堵示范引领区】　年内，天坛医院为北京市首个整体搬迁的三甲综合医院，结合新址周边的交通现状以及医院正式运营后周边的交通预测情况，支队以“建、管、疏”综合治理为主线，重点以解决就医车辆进出和缓解周边交通压力为目标，优化区域交通组织，提升基础设施水平，努力打造新天坛医院周边缓堵示范区和畅通先行区。在交管局的大力支持下，支队配合丰台区政府、丰台分局、天坛医院建设部门多次现场查看，研究出入口规划及内外部交通衔接问题。结合周边道路情况和地下车库设置情况，将原有八个进出口实施“限、管”措施，设置专用应急救援通道，实行运输与就医分开，人流与车流分开，门诊与住院分开，各进出口分别承担相对独立的进出需求，除在一处需求量较大的进出口位置设置灯控路口外，其余进出口均按照“右进右出”进行组织；结合周边道路现状等级及道路条件，在新天坛医院四周设置禁停区，周边道路全线施划禁停标线、设置禁停标志、机非、便道护栏。在医院北侧康辛路两侧设置停车泊位300余个，规范周边道路的通行秩序；成立专门攻关小组，将天坛医院周边作为重点进行研究，通过现场调研，先后提出南四环辅路加宽、主辅路进出口调整、沿线马家楼桥、科丰桥等大型桥区交通组织优化等意见建议报市交通委项目中心进行研究。同时医院周边樊羊路等7条道路优化提升方案逐层级进行研究，先后多次召开部门对接会、征求意见会、现场推进会、专家评审会，工作中立足于精细化服务保障，逐道路研究交通组织、交通设施、科技设备设置工作，从点滴提升交通设施和科技设备水平。累计完善标线5.5平方千米，慢行系统彩铺5.6平方千米，护栏5.1公里，便道装600根。新建信号灯2处，闯红灯设备11套，违章停车监测设备17套，微波流量监测设备4套，电视监控设备5套，使新天坛医院周边的交通设施和科技水平将得到有效提升，为营造组织优化、畅通有序、活力绿色、设施完善、管控有效的通行环境提供了有力保障；强化周边秩序清整，支队提前将该区域纳入重点点位进行清理整治。外部主动联系属地综治部门，成立综合治理小组，开展市场周边停车秩序和无牌车执法整治，内部组织社区民警和“一区一警”深入市场联合执法，重点打击机动车乱停乱放、涉牌违法、市场周边“车虫”盘踞等违法行为。同时不断扩大整治范围，针对首经贸北路、南路、芳菲路、万芳路等按照“先基础，后整治，边整治边完善”的工作机制，打造了区域交通秩序示范区。新天坛医院整体搬迁运行以来，周边交通秩序运行畅通有序，受到了各级领导的高度评价。

（崔　妍）

【统筹推动整体交通组织优化】 年内，根据区域交通特点，统筹推动整体交通组织优化。先后完成莲花池南路中口、云岗路与迎宾东路交叉口新增信号灯工作以及星河城路口、宛平桥东侧桥人行横道等优化调整工作，对西罗园路、马家堡北段等4条道路实施了单行管理措施，同步对槐房西路、张仪村路等5条道路的标线进行了复划。在此基础上借助市级三环路道路大修，对玉泉营桥外环匝道出口、内环西侧公交车道、外环刘家窑桥东西进出口、内环分钟寺桥西出口等6处疏堵进行改造，对区级益泽路、镇国寺北街大修部分点位优化调整，为事故预防奠定了良好的基础。

（崔　妍）

【净化区域交通秩序环境】 年内，支队结合全市缓堵行动计划，全面强化路面清理整治。围绕市局“守护·2018平安行动”和“百日攻坚行动”等专项行动，加强与各执法部门的协调配合，持续完善交通设施基础建设，实现动静态台账治理、宣管结合、科技执法与现场执法相结合等系列“组合拳”，不断净化交通秩序环境；不断开展静态停车秩序治理。在围绕东大街等13条严管大街以及地铁站、商场周边等违停突出点位，支队专门成立了10组民警“快速处置”整治组，采取PDA“直贴直传”的模式，重点强化夜间主路停车进行处罚。同时利用全区社会化拖车工作机制，由大队领导干部带队，对管界的京深海鲜市场、新发地、方庄南路、花乡二手车商市场等周边地区集中进行拖移。在此基础上成立15支协管员贴条组，对管界内严管大街和施画禁停标线的大街进行地毯式清理，有效的进行了巡防补短；成立货车渣土车执法专业执法队，助力全区环境环保质量提升。支队抽调7名精干警力，统一对管界内渣土车、水泥罐车实施专项执法管控，采取“先期采集证据，路面设卡阻截，工地倒查，移交综合处罚”的“四步走”工作法，将货车渣土车执法管控延伸到工地，借助“绿工组”管理平台对心存侥幸、违法上路的渣土运输车队负责人、工地甲方、总包进行约谈处罚。专职整治组，全年共查处重型柴油车违法1769起，移交区“绿工组”违规出土工地影像资料40份，对30余家工地进行了约谈，处罚源头工地、工地内违规车辆200余万元。全年支队共现场处罚38.06万笔，同比提升5.1%，其中货车处罚7.44万笔，同比提升8.4%，查处6063尾气超标1.13万笔，二轮三轮违法处罚7298笔，酒后1022笔，醉酒120笔，非机动车处罚2.4万笔。查处违章停车总量达59.8万笔，同比提升20.1%，其中民警PDA现场贴条5.1万笔，拖移机动车辆7350辆。

（崔　妍）

【严格施工监管】 年内，支队共核准许可道路施工项目300项。其中局批126项，支队审批174项。为保证施工进度和交通安全畅通，把因施工对社会交通的影响降低到最小限度。在认真调研的基础上，周密组织，精心安排，积极与施工部门进行协调，特别是在各大队的积极配合努力下，加大对施工现场及周边道路交通的疏导维护力度，对上岗人员进行专业培训。与施工单位建立“三个制度”即施工单位主要领导的定期例会制度，定期通报施工期间的内部安全制度落实情况。施工单位安全工作的内查和外查制度，采取单位内部自查与管界队日常检查相结合的方式督促各项安全措施的落实。

（崔　妍）

【严格安监执法】　年内，持续开展重点单位走访检查工作，充分运用PDA及新安监平台有效提升安监系统执法规范化水平和执法效果，全年走访企业35220家次，存在交通安全隐患并经下发《责令限期整改通知书》后逾期未改正的1218家单位，采取禁止机动车上路行驶措施。组织召开“丰台区严重交通安全隐患单位公开执法大会”12次，对辖区违法突出的72家单位给予挂“黄牌”警示。

（崔　妍）

【道路交通事故发生率有所下降】　年内，全区共发生道路交通事故238起，伤234人，死亡事故70起，死亡72人。上年同期共发生道路交通事故261起，伤249人，死亡事故69起，死亡72人，事故起数同比下降8.8%，伤人数下降6%，死亡事故起数上升1.5%，亡人数持平。全年实际亡人事故91起，死亡93人。上年实际亡人事故93起，死亡96人，同比死亡事故起数与亡人数分别下降2.2%和3.1%。

（崔　妍）

【逃逸事故侦办】　年内，共上网立案逃逸事故49起，其中亡人逃逸事故6起，侦破5起，处罚5起；伤人逃逸事故36起，已破24起，处罚完毕24起；财产损失逃逸案件7起，已破6起，处罚完毕6起。

（崔　妍）

【社会化宣传形式多样有效】　年内，支队结合年度重点工作，依托“一区一警”工作机制，充分发动属地街乡镇交通安全组织力量，全年共开展各类宣传活动840余场次，发放宣传材料42万余份，教育群众约42万余人。充分利用“线上”和“线下”两个宣传阵地，在开学前组织“平平安安进校园”系列活动启动仪式，在122第七个“全国交通安全日”发布“平安路上的丰台瞬间”，组织专业运输单位积极参与，以“润物细无声年”的方式，从细节入手，提高专业司机的交通安全意识。

（崔　妍）

【新闻宣传报道及时跟进】　年内，支队在日常交通管理工作及阶段性重点工作，邀请媒体深入一线，随警作战，及时跟进深度报道交通管理部门加强交通秩序管理、打击震慑违法行为、宣传文明出行、抵制社会交通陋习等工作。全年联合中央电视台、中央人民广播电台、中国交通频道、中国交通广播、北京电视台、搜狐网、北京日报、北京晚报及双微平台等30多家媒体刊播队伍形象类、执法类、秩序类、交通安全宣传类、便民服务类等新闻984条，实现了多渠道，多方位的新闻宣传全面覆盖。

（崔　妍）

【执法大厅对外服务】　年内，共处罚各类非现场违法行为528055笔。处理超过规定时速50%以上违法行为一般程序662起，其中暂扣驾驶证653个，吊销驾驶证9个。共收各大队转来12分暂扣驾驶证996个，发还12分暂扣驾驶证2000个。接待被套牌案件3300起，套牌立案441起，其中涉嫌套牌71起，被套牌案件370起。结案120起，接待各类疑难问题216000余起。补录非现场违法数据3404801笔，审核非现场违法数据2391055笔。办理客车通行证74张、货车通行证583张，班车证1022张，办理剧毒化学品运输证36张。

（崔　妍）

【车管对外窗口服务】　年内，车管站窗口办理驾驶证25179件，外埠进京证6201件，临时号牌50786件，残摩476件，进京证换办5301件，免检20651件，互联网绑定业务2924件，出示事故证明480份，异地验车3104件。为体现百姓利益至上的工作指导思想，全年车管站对老年人和行动不便的残疾人提供“爱心上门服务”办理残疾车证5件，共计115107件。

（崔　妍）

【推进“放管服”改革】　年内，在落实国务院“放管服”改革工作中，支队在全市的“放管服”改革工作中推出了“三个第一”：第一个设立了24小时自助服务区，协调工商银行新增4台自助终端违法处理机，推动窗口服务由“窗口办”向“自助办”转变；第一个引进志愿者服务，积极联系北京“福心公益”志愿者联合会，由志愿者在自助区域提供秩序维护、协助群众进行非现场违法办理等服务，大幅度降低窗口非现场业务办理工作量，节约了群众排队等候时间；第一个采用人脸识别系统打击“分虫”，率先尝试建设智能人脸识别布控系统，将近三年来被处理的65名“分虫”个人信息录入后台数据库，通过人脸识别，实时预警，跟踪取证，严密监控有“分虫”前科人员的动向。

（崔　妍）

【核发电动自行车临时标识】　年内，支队积极协调区政府及街乡镇在全区设立23个发放站点，严格落实“六统一、三上墙”工作标准，统一岗位工作规范。全年全区21个线上站点、2个线下站点共向群众核发临时标识77171块。

（崔　妍）

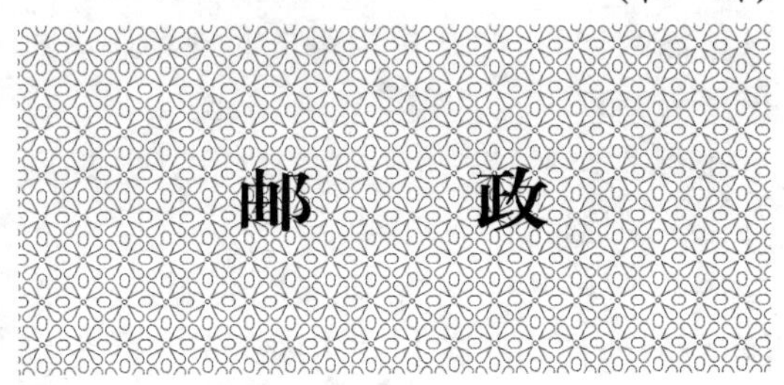

邮　政

中国邮政集团公司
北京市丰台区分公司

【概　况】　中国邮政集团公司北京市丰台区分公司是中国邮政集团公司北京市分公司下属城区分公司，承担北京市丰台区的通信服务任务，服务面积305.53平方公里，服务人口约230万人。2018年，丰台区邮政分公司下辖55个服务网点，其中，10个邮政支局、45个邮政所，下设商函分局、集邮公司、发投分局、代理业务分局、电商分销分局，机关设综合办、财务部、人力部、监安部、市场部、党建部、工会、监察室8个职能部室。9月，设立丰台区寄递事业部，经办国际和国内函件、普通包裹、快递包裹、特快专递、汇款，报刊订阅和零售、集邮业务和集邮品制作、商业信函制作、邮政贺卡、定制邮资封片、邮送广告、朋友圈广告业务、代理保险、代办电信以及金融类代办业务，邮政短信、代收代缴业务、代售机票业务、代办交管业务、自邮一族、邮乐、分销业务等。年内，丰台区邮政分公司设置镇国寺北街邮政所，开设莲香园、丰台支局、开阳里、科学城、六营门和紫芳园等邮政便民驿站，延长富丰园、新华街等5处营业网点营业时间。

（步安娜）

【创建社区之家示范点】　年内，丰台邮政与方庄地区办事处共建“社区之家”，邀请社区居民开展了中医健康咨询、邮政惠民驿站进社区、七夕社区之家党员联谊等多项活动；各邮政支局大力推进“邮乐社区 乐享生活”工作，走访推进社区合作，开展元宵节邮品展卖、政务图书及邮品销售、电商春茶品鉴会等丰富多彩的主题活动，宣传邮政业务。

（步安娜）

【成立青少年主题邮局】　4月23日，西罗园第五小学红领巾驿站主题邮局正式成立。该主题邮局隶属于西罗园邮政支局，是丰台首家青少年主题邮局。年内，西罗园邮政支局与学校共同打造适合青少年主题的特色活动，通过邮戳体验、现场邮寄、集邮知识讲座、“小小理财家”讲座等活动，引导学生逐步认知邮文化。“六一”儿童节，红领巾驿站主题邮局举行“爱心捐赠 公益诊疗”活动，并利用学校班队会活动，将邮政业务与学生书本的内容或日常生活相结合进行授课，8个班级的216名学生参与了课程。

（步安娜）

【启动邮政代办交管业务】　9月1日，公安管理部门20项“放管服”措施全面启动，其中对邮政网点代办交管业务作出明确规定，即“建立警邮合作平台，由邮政网点代办补换领驾驶证/行驶证、申请免检标志、自助处理交通违法等业务，实现就近受理、后台制证、邮寄送达”。方庄、科学城、长辛店、太平桥、望园、东高地、石榴庄、丰台等8家邮政网点办理有关互联网平台、机动车、驾驶证、交通违法处理等四大类18项交管业务服务。

（步安娜）

文化　教育

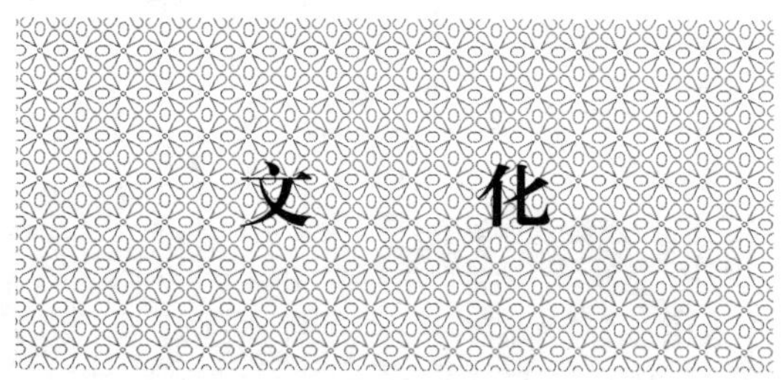

【概　况】　2018年，全区深化公共文化服务体系建设、文化遗产与文物保护传承、西山永定河文化带建设、文化市场健康发展、首都“四个文化”在丰台的落点与建设。年内，以“我的丰台我的家”系列群众文化活动为载体，开展“相声乐苑”、“周末大舞台”、“文化四进”等各类群众文化活动活动5400余场次。举办“中国戏曲文化周”、“花开丰台端午游园会”、“彩色跑”、“迎新春群众文艺汇演”等特色品牌活动。“书香丰台·阅读+”全民阅读系列活动439场次，参与活动13万余人次，新增实体书店5家，其中特色书店6家获得市级扶持资金240万元。举办各类人才培训班80余场次，参训8000余人次。繁荣基层特色，推进“一街乡镇一品、一社区村一品”文化发展。

（李建峰）

【公共文化设施建设】　年内，结合“疏整促”专项行动，筹集资金2900万元，改造提升四合庄村、彩虹北社区等18处基层文化设施，完成长辛店镇、西罗园街道和大红门街道综合文化中心选址及功能设计。新建小区配套文化设施移交备案1.72万平方米。截止年底，全区人均公共文化设施面积0.255平方米，完成市绩效考核0.21平方米目标值。

（李建峰）

【重大规划和专项计划编制】　年内，组织分区规划文化专项课题研究，梳理提炼丰台区八大文化特色格局，提出“一轴一带领三区”、“一廊融合串十景”、“文化多点连万家”的资源利用思路。研究制定西山永定河文化带保护发展丰台区五年行动计划（2018年—2022年），提出遗产保护、文化挖掘、文脉传承、生态保护、环境整治、文旅体验、产业发展等七部分56项任务。坚持“文化资源保护与地区整体发展相互促进”，组织编制《长辛店老镇文物保护规划（2018—2035）》，明确街巷风貌控制、空间环境控制、人文生态环境控制等保护措施和利用规划。

（李建峰）

【区域文物保护与修缮】　年内，开展南苑地区历史文化内涵挖掘研究工作，为南中轴南苑大红门地区及南苑森林湿地公园规划国际招标提供支撑，完成《南苑地区深厚文化价值及其挖掘利用的概要性成果》及《南苑地区历史文脉调查研究》，策划举办《南囿秋风——丰台“两河两城一苑”历史文化展》。完成卢沟桥乡万泉寺村A地块等10余个建设项目的文物保护意见审批。完成长辛店二七大罢工旧址等7项保护修缮工程。完成全区全部112处不可移动文物的管理使用责任者确权。加强卢沟桥－宛平城整体提升与保护利用。

（李建峰）

【传承弘扬优秀历史文化】 年内，促进非遗融入现代生活，认定首批区级非物质文化遗产代表性传承人33名，采取传承人进课堂、送书籍、故事会等方式，推进国家级项目“卢沟桥传说”进校园，举办“文化与自然遗产日”系列展演活动，支持丰台职业教育集团实施中轴线非遗元素手工表达项目。持续发展戏曲特色文化，协办2018中国戏曲文化周，举办“戏韵动京城——京津冀戏曲演出季”11家院团演出21场、开展“戏曲进社区村”辅导122场次。开展新春文化惠民周、清明诗会等“我们的节日”系列活动，弘扬传统节日文化。挖掘区域历史文化，出版《长辛店历史与文化》一书。创作以钱学森为题材的快板书《赤子归心》，在全市第十八届群星奖选拔中获第一名。

（李建峰）

【提升政务服务能力水平】 年内，政务服务事项网上可办率100%。审批营业性演出117台722场，受理各项行政许可550项，接待电话、现场等咨询4350余次，行政许可准确率和承诺件按时办结率100%，群众满意率100%。强化行业监管，持续开展文化企业安全及消防培训1000人次。

（李建峰）

【强化执法检查】 年内，出动执法人员4017人次、执法车辆2009台次，联合执法33次，检查各类文化经营场所1389家次、检查文保单位272处次、卫星接收使用单位35家次、检查印刷复制企业98家次、检查货运站、物流中心、报刊、图书音像批发市场、长途汽车站、火车站992家次。全年立案186件，行政处罚200件，罚款14.40万元。

（李建峰）

文化创意产业工作

【概　况】 2018年，丰台区文化创意产业保持平稳增长，重点领域增势良好。年内依托专项课题研究，建立全区老旧厂房资源台账，开展老旧厂房拓展文化空间专题研究，在实地勘测111家老旧厂房基础上，对28家有明确改造意向厂房进行重点梳理，提出老旧厂房拓展文化空间的发展路径。完成“中车二七厂1897”科技文化创新城一期3.7万平方米改造，纳入中关村丰台科技园扩区园。开展首批北京市文化创意产业园区认定工作，向市文促中心报送3家驻区文化产业园区。

（李　磊）

【丰台区特色文化空间设计征集】 年内，开展丰台区特色文化空间设计征集工作。通过实地考察、专家研讨、实景模拟以及和项目承担方、右安门街道办事处、西罗园街道办事处多次会议沟通，形成戏曲文化街和金中都历史文化街区设计方案。

（李　磊）

【举办2018丰台青年文化创新创业大赛】 5月至7月，举办2018丰台区青年文化创新创业大赛。大赛征集到75个文创项目，13个项目晋级2018北京文创大赛复赛，3个项目晋级全国总决赛。其中“拍片网”获得全国总决赛创业类三等奖、丰台区获得2018北京文化创意大赛最佳组织奖。

（李　磊）

【组织戏曲人才培养】 年内，组织区内戏曲人才培养，开展“大美国粹”戏曲互动体验培训和“戏曲文化传承”高级研修班。6月，全区66家票房的票友开展九期“大美国粹”戏曲互动体验培训，培训分为实训、观摩、演出、线上直播四部分，课程涉及化妆复试技巧、戏曲音乐演奏技法、戏曲唱腔与表演，尚派传人尚慧敏、首都京胡艺术研究会理事杜凤元等名家为票友上课，300余名票友参加培训。10月中旬，面向基层一线工作者组织“戏曲文化传承”高级研修班。课程配置以互动式、体验式学习为主，邀请到郭跃进、谢柏梁、吴文雪、李小琴等业界权威专家授课。全区部分街乡镇文化工作主管领导、文化科室及戏曲票房所在社区负责人80人参加培训。

（李　磊）

【开展“创意训练营”活动】 6月至11月，依托京辰瑞达、竹海科技、贝壳菁汇、国数基地等8家驻区文化创意产业园、孵化器资源优势，聚焦文化创意企业发展需求，开展年度丰台区文化创意企业“创意训练营”活动，举办56期，参加培训人员1000余人次。

（李　磊）

【举办2018中国戏曲文化周】 10月1日至7日在园博园举办2018中国戏曲文化周，活动围绕“中国梦·中华魂·戏曲情”的主题精心策划，花车巡游表演、园林实景演出、京剧票友大赛、戏曲电影展映、戏曲科幻秀、非遗展演、少儿亲子剧场等活动，突出传统性与戏曲剧种的覆盖面、群众性与互动参与度、传承性与青少年戏曲普及教育、创新性与传统文化多种呈现方式的探索，演出726场次，接待游客20余万人次。

（李　磊）

【举办第六届丰台区惠民文化消费季】 10月至12月，举办第六届丰台区惠民文化消费季。活动以“引领文化消费·品味魅力丰台”为主题，着重围绕“丰台特色”，紧扣区域优质文化品牌，重点推出“梨园戏韵”、“花香丰台”、“文创集市”、“设计与生活之美”、“惠民图书阅读周”等在内的9大文化消费特色主题活动，线上、线下累计参与消费活动30余万人次，直接、间接消费金额累计2207万元，投入拉动比6.2%。

（李　磊）

融媒体工作

【概　况】 2018年7月5日，丰台区融媒体中心正式挂牌成立。全年播出《丰台新闻》233期，《一周丰台综述》播出45期。电视新闻2243条（首播新闻1725条）。丰台区融媒体中心挂牌成立后，《丰台新闻》播出126期，播出电视新闻1126条，比上年同期增加近500条。上报中央台新闻节目，播出9条，北京电视台新闻节目播出32条。同比增加40%。对《丰台新闻》内容进行短视频化，在“丰台广电”和“直播丰台”微信公众号上进行传播，《丰台新闻》短视频在腾讯视频推送1396条，总浏览量190余万次，平均浏览量1361次/条，较上年分别提升578.57%和285.56%（2017年，丰台新闻短视频推送793条，总浏览量28万余次，平均浏览量353次/条），其中单条过万的41条，《北京文化创意集市活动在丰台区举办》突破“十万加”，14.29万次。

（孙敬尧）

【政务开放日宣传】 年内，丰台区融媒体中心与丰台区政府办合作开展“政府与您零距离”政务开放日宣传，探索“新闻+政务”，融合报道模式。发挥网络问政及政务发布职能，始终聚焦群众关切，持续发布40多篇（个）图文报道、电视新闻、抖音短视频等。活动期间，新媒体阅读播放量43.2万次，吸引6000余名市民关注留言。“政务开放日”报道情况被北京市政府《昨日市情》刊登。

（孙敬尧）

【特色扶贫宣传】 年内，围绕丰台特色精准扶贫工作，强化融媒体协同共建，舆论助力扶贫报道。《丰台报》、《丰台新闻》、《北京丰台》公众号设置专刊专栏，刊播发扶贫文章、电视新闻、推送图文报道等30余篇，《新华社》、《北京日报》等媒体客户端同步转载推送，累计 67 万余人次浏览关注。以“我从草原来之‘寻味扎赉特’”为主题,直播丰台区对口扶贫内蒙古扎赉特旗优质农副产品推介活动,累计 21 万余人次参与围观互动。

（孙敬尧）

【“月圆京城、情系中华”中秋活动】 年内,对“月圆京城、情系中华”活动进行融媒体传播,制作《一封家书、见字如面》和《点亮家灯》微信互动 H5 页面、短视频和图文宣传,总浏览量 277.8 万次。组织“卢沟晓月”中秋音乐会网络直播,与市民朋友互动交流,吸引 46 万网友全程参与。在中国戏曲文化周期间,拍摄短视频 100 余条,持续在“发现丰台”抖音号发布,点击量超过 25 万次。

（孙敬尧）

【成立“听丰”“看丰”“画丰”工作室】 年内，打造融媒体多元化宣传模式和平台。4 月“听丰读书会”公众号正式运营，专注音频节目创作和读书活动、讲述丰台故事等内容，浏览量 22 万余次，好友转发 4.7 万次，互动 13.6 万人次，“听丰读书会”11 月 30 日起成功登陆“中国广播”App 和 PC 端。看丰工作室网络直播活动共开展 10 余场次，其中 2018 北京国际铁人三项赛直播浏览量 12.2 万次，《月圆京城、情系中华》卢沟晓月中秋晚会直播浏览量 58.9 万次，《2018 中国戏曲文化周活动》直播浏览量 880 万次。

（孙敬尧）

【融媒体平台传播效果明显】 年内，新华客户端北京丰台频道发布文章 117 条，总阅读量超过 1000 万次；今日头条共发布文章 89 篇，总阅读量为 9 万余次；熊掌号共发布文章 469 篇，总阅读量为 2 万余次。其中，北京丰台微信公众号发布文章，阅读人数 37 万人，55 万余人次，用户增长到 12 万人。在 11 月 6 日，“北京丰台”官方微信上发布了《北京市丰台区 2018 年公开招录社会工作者公告》一文，受到读者的热烈欢迎，阅读量 6 万余次，分享 8000 余次，突破阅读量新高。丰台区融媒体中心与新华社合作，首次推出丰台百姓故事短视频《40 年！他‘镜’中的城市这等变幻》浏览量 103 万人次。

（孙敬尧）

【提升公益宣传效果】 年内，先后为区国税局、区纪委、卫计委等职能部门编排 80 余条次公益广告及公益宣传片，完成编排制作 200 余次。电视频道平均日播公益广告及宣传片 109 条次，时长近 120 分钟。创作公益广告片 10 部，主要内容包括“全民参与环境建设 美丽丰台从我做起”“共筑航天新时代”“不忘初心 牢记使命”“我们在基层一线 我们在群众身边”等。5 月，在全市几十家传播机构的评比中，获得“一类传播机构”殊荣。

（孙敬尧）

【创新培训】 年内，建立丰台融媒体学院，建立培训合作体系，与首都经贸大学文化与传播学院、中国戏曲学院合作设立区融媒体学院，累计组织融媒业务外出调研学习 130 人次，邀请央属、市属、区属新媒体单位到中心进行座谈 30 余次。请中国社会科学院、中央电视台、人民日报、北京电视台等媒体专家、资深记者对全区基层宣传骨干展开融媒体建设系列培训，助力丰台区融媒体中心建设，全年举办专题培训 7 次。

（孙敬尧）

卢沟桥文化旅游区

【概　况】 2018 年，完成全民族抗战爆发 81 周年服务保障、“卢沟晓月”中秋群众赏月服务保障、卢沟桥及宛平城文物保护等工作。全年共接待各界游客近 40 万余人次，门票收入 600 万余元。接待领导团队 79 批，共计 2896 人。其中有蔡奇、张硕辅、杜飞进等领导，有国家文物局、北京市委组织部、北京市委统战部、团市委、南京市委宣传部、高雄社区、韩国国防部长一行、柬埔寨国防部、国防大学武官等单位、团体。年内保障完成纪念全民族抗战爆发八十一周年纪念活动、中秋节期间群众赏月安全工作。中秋节当天自发来卢沟桥——宛平城赏月人数3.2万人。

（冯立华）

【卢沟桥石质文物数字化建设】 年内，通过对卢沟桥望柱、栏板、石狮、碑亭、华表等文物进行全面的数字化采集、3D模型，建立卢沟桥石质文物的360度全景可视化三维数据管理系统，完成石质文物电子数据档案存储管理、查询管理、应用管理。

（乔亚军）

【遗产日宣传活动】 6月9日，卢沟桥文化旅游区办事处与区文委在卢沟桥广场共同举办“多彩非遗，美好生活”世界自然与文化遗产日宣传活动。

（刘　飞）

【卢沟桥（宛平城）文物保护规划】 年内，编制卢沟桥（宛平城）文物保护规划，挖掘、展示卢沟桥及宛平城历史文化资源，弘扬革命传统，更好的保护文物。

（李　莹）

【红色主题活动】 年内，与区委宣传部、中国人民抗日战争纪念馆共同承办“爱我中华主题升旗仪式”；与晋察冀边区革命纪念馆共同举办“永远的抗战 不朽的丰碑”主题展；配合区文联举办“为祖国放歌——改革开放40年丰台区书画展”。4月3日在中国人民抗日战争纪念雕塑园举行“重温革命历史 缅怀革命先烈”卢沟桥文化旅游区办事处清明祭扫活动。

（刘　飞）

中国人民抗日战争纪念馆

【概　况】 2018年，抗战馆全年接待观众130万人次，免费提供讲解4004场次。接待北京市中小学生“四个一”活动人数13万人次，位居全市“四个一”场馆之首；6月7日，北京市关心下一代工作委员会在抗战馆举行“党史国史教育基地”揭牌仪式。12月26日，中共中央台办、国务院台办批准在抗战馆设立海峡两岸交流基地。7月7日上午10时，以中宣部、北京市委市政府和中央军委政治工作部名义举办纪念全民族抗战爆发81周年仪式。充分发挥国际二战博协平台优势，加强对外交流，访问白俄罗斯伟大卫国战争历史博物馆、波兰格但斯克二战博物馆并签署友好合作协议，联合10余家国际二战博协会员单位在白俄罗斯举办《东方主战场》展览，外访成果丰富，市委宣传部杜飞进部长专门批示予以肯定。在台北、上海举办台湾同胞抗日专题展览，进一步促进了两岸心灵契合。发挥中国博物馆协会纪念馆专委会优势，举办专委会年会、主任工作会、学术研讨会、弘扬抗战精神座谈会、中国革命精神学术研讨交流会等，在本馆、沈阳“九·一八”历史博物馆、重庆红岩历史博物馆等地举办抗战题材专题展览。围绕《北平文化界与抗日战争》《中国共产党与抗战文艺》等课题进行深入研究，编辑出版《抗战文物故事》《中国纪念馆珍贵文物故事》《中国纪念馆研究》等书目，为讲好抗战故事充实了内容内涵。同时，注重意识形态建设，坚决抵制历史虚无主义，联合国内外抗战类博物馆（纪念馆）联动发声，取得较好效果。

（侯　斌）

【召开全国抗战类纪念馆弘扬“抗战精神”座谈会】 1月18日，由中国博物馆协会纪念馆专业委员会、中国人民抗日战争纪念馆共同主办的全国抗战类纪念馆弘扬“抗战精神”座谈会在抗战馆召开。中宣部、国家文物局、中国博物馆协会、中共北京市委宣传部、市文物局等有关同志，中央文献研究室、中央党史研究室、中国抗日战争史学会、解放军军事科学院等专家学者以及全国27家抗战类纪念馆负责人共50余人参加座谈会。

（侯 斌）

【“全国关心下一代党史国史教育基地”揭牌仪式】 6月7日，北京市关心下一代工作委员会在抗战馆举行“党史国史教育基地”揭牌仪式。中国关工委主任顾秀莲出席仪式并讲话，中国关工委常务副主任杨志海、胡振民，中共北京市委组织部副部长张革出席揭牌仪式，北京市关工委副主任赵东鸣主持仪式。抗战馆是首批34个全国关心下一代党史国史教育基地之一。

（侯 斌）

【新华书店抗战书店落户抗战馆】 年内，抗战馆与北京新华书店连锁有限公司、北京图书大厦洽商发掘历史资料，复原革命时期延安新华书店的历史原貌，合作打造文化特色品牌抗战书店，7月1日正式营业，为本市首家博物馆里的抗战类实体书店。

（侯 斌）

【举行纪念全民族抗战爆发81周年活动】 7月7日上午10时，以中宣部、北京市委市政府、中央军委政治工作部名义，在抗战馆举行纪念全民族抗战爆发81周年仪式。中共中央政治局委员、北京市委书记蔡奇同志主持仪式。中央有关部门、北京市和中央军委政治工作部负责同志，参加过抗日战争的老战士、抗战将领亲属代表，以及首都各界群众代表等共约500人参加。仪式结束后，蔡奇等领导同志同首都各界群众代表一起向抗战英烈献花，并参观《伟大抗战 伟大精神》主题展览。当晚，由北京市委宣传部、丰台区委区政府共同主办，丰台区委宣传部和抗战馆承办的“江河铭记 时代篇章”群众性纪念活动，在卢沟桥广场举办。

（侯 斌）

【赴白俄罗斯、波兰出访】 7月23日至30日，由国际二战博物馆协会组织，协会秘书处（抗战馆）牵头，抗战馆、沈阳“九·一八”历史博物馆、盐城新四军纪念馆、台儿庄大战纪念馆、侵华日军第七三一部队罪证陈列馆、广东东江纵队纪念馆、重庆红岩革命历史博物馆、延安革命纪念馆、鄂豫皖革命纪念馆等9家国内二战类纪念馆一行17人共同赴白俄罗斯举办“东方主战场”展览、赴波兰开展合作交流。与白俄罗斯伟大卫国战争历史博物馆和波兰格但斯克二战博物馆达成学术交流、展览合作、史料支持等多项合作事宜，访问了白俄罗斯、波兰两国最重要的反映二战时期的历史纪念场馆。

（侯 斌）

【召开国际二战博物馆研讨会】 9月3日，由国际二战博物馆协会和中国人民抗日战争纪念馆共同主办的“国际二战博物馆研讨会”在抗战馆举行。北京市人大常委会原副主任、国际二战博物馆协会名誉理事长牛有成，全国政协委员、国际博物馆协会副主席、中国博物馆协会副理事长兼秘书长安来顺，中国人民抗日战争纪念馆馆长李宗远，白俄罗斯伟大卫国战争历史博物馆馆长代表、副馆长帕图席克·斯维娅特拉娜，韩国独立纪念馆馆长李俊植，波兰格但斯克二战博物馆馆长代表马克里·兹玛尼亚克，侵华日军南京大屠杀遇难同胞纪念馆馆长张建军，延安革命纪念馆馆长张建儒，伪满皇宫博物院副院长赵继敏，“九·一八”历史博物馆党委副书记史全红等多家二战类纪念馆代表齐聚一堂，共同研讨国际二战博物馆和国际二战博物馆协会的工作和发展。

（侯 斌）

【对台文化交流】 9月3日，联合吉林省档案馆、台湾抗日志士亲属协进会共同在台北举办《1895台湾大家族救亡图存特展》《铁证如山——吉林省档案馆馆藏日本侵华档案展》。台湾地区前领导人马英九参观后表示，“从1895年开始，台湾民众就奋起反抗日本侵略者，从这个意义上讲，抗日战争长达50年，台湾抗日史不应被遗忘。”11月3日，在台盟上海市委、上海市台联支持下，举办《绿水青山待我还——台胞抗日遗迹摄影上海特展》，将大部分曾在台北展出的内容再次展出。

（侯　斌）

【成立抗战精神传承志愿服务团】 9月18日，在“九·一八”事变爆发87周年之际，卢沟桥教育集群所属19所学校到抗战馆参加“四个一”活动，宣布成立抗战精神传承志愿服务团，并组织宣誓活动。市教委基教一处、市教委“四个一”活动办公室、丰台区教委有关领导为志愿服务团及所属晓月艺教队、醒狮宣教队、红领巾讲解队授旗。94岁高龄新四军老战士焦润坤带领少先队员代表向抗战英烈敬献花环，深切缅怀英烈，现场向师生讲述他和战友们英勇抗战的故事。邀请北京市五星志愿者、曾多年在抗战馆从事志愿服务的郭秀芝女士，围绕“如何做好抗战馆的志愿服务工作”，对志愿服务团师生现场进行培训；抗战馆讲解员与志愿服务团师生编组，现场组织教学和试讲；同步开设北京市中小学培育和践行社会主义核心价值观走进抗战馆主题教育活动大讲堂。

（侯　斌）

【日本创价学会代表团访问抗战馆】 9月25日，以会长原田稔为总团长的日本创价学会代表团一行117人，参谒中国人民抗日战争纪念馆并参观卢沟桥遗址，重温“日中两国时代友好”初心。抗战馆馆长李宗远会见代表团主要成员，陪同并讲解。

（侯　斌）

【举办“中国革命精神”联展】 9月27日，由中国博物馆协会纪念馆专业委员会、重庆红岩革命历史博物馆联合主办，抗战馆等全国25家革命类历史博物馆、纪念馆共同举办的《不忘初心 牢记使命——中国革命精神联展（1921—1949）》在重庆红岩革命历史博物馆红岩魂广场正式开展，在全国范围内首次对红船精神、井冈山精神、苏区精神、长征精神、延安精神、抗战精神、红岩精神、西柏坡精神等中国革命精神进行集中性、系统性展出。

（侯　斌）

【美国休斯敦犹太人大屠杀纪念馆代表团访问抗战馆】 10月10日，以凯利·苏尼加（Kelly Zuniga）馆长为团长的美国休斯敦犹太人大屠杀纪念馆代表团一行专程到抗战馆交流座谈，双方就加强两馆深层次合作、开展国际交流与传播、推动中美民间友好交流等达成诸多共识。

（侯　斌）

【诺尔曼·白求恩来华80周年纪念会】 10月30日，加拿大—中国友好协会医学代表团与北京市人民对外友好协会、白求恩精神研究会、白求恩医科大学北京校友会等单位在抗战馆举行诺尔曼·白求恩来华80周年纪念会，共同纪念诺尔曼·白求恩来华80周年，学习白求恩国际主义与共产主义精神。

（侯　斌）

【参加全国红色故事讲解员大赛】 11月27日至12月3日，抗战馆代表北京市参加由中宣部、文化和旅游部共同主办的首届全国红色故事讲解员大赛，专业讲解员杨艳喆、志愿者讲解员刘振宇分别获“金牌讲解员”“优秀讲解员”殊荣。

（侯　斌）

【举办全国革命纪念馆编研工作培训班】 12月19日至21日，由中国博物馆协会纪念馆专业委员会和抗战馆主办的全国革命纪念馆编研工作培训班在北京开班，来自全国各地35家革命类纪念馆的50余名编研工作者参加了培训班。

（侯　斌）

【何宝森先生抗战爱国题材光墨作品展】 12月13日，举行南京大屠杀死难者国家公祭同步悼念活动，同时由北京华益公益基金会主办，抗战馆支持的《翰墨铭历史 书画颂未来——何宝森先生抗战爱国题材光墨作品展》开幕，展览持续至12月27日结束。

（侯 斌）

【国台办批准设立海峡两岸交流基地】 12月26日，国台办新闻发言人马晓光发布新闻：中共中央台办、国务院台办新批准五家海峡两岸交流基地。中国人民抗日战争纪念馆位列其中。

（侯 斌）

北京汽车博物馆

【概 况】 2018年，北京汽车博物馆（丰台区规划展览馆）全年开放运行316天，实现全年重大消防事故及安全零事故。举办专题展览16项，开展各类科普活动35项687场次，组织承接文化交流活动38场，实现一、二层公共文化服务区域整体免费开放，全年累计服务社会人群75.64万人次。年内修复1966年产红旗CA770轿车及1986年产上海加长轿车；面向广大观众推出“环保洗车”、藏品车美容护理展示课程；推出“车@城@人”馆藏展，展出200余件藏品。开展持续征集活动，累积征集全球首款量产化纯电动汽车-聆风电动车、开国大将粟裕家用汽车等汽车类藏品；记录北京城市交通发展变迁公共交通老票证；汽车发动机、各个品牌车辆模型各类实物捐赠及影音资料，累计2092件。年内申报成为国家二级博物馆。

（刘静波）

【举办“雷锋，一个汽车兵的故事”主题展览】 年内，举办“雷锋，一个汽车兵的故事”主题展览，分为聆听·雷锋的故事，讲述·雷锋与汽车，遇见·身边的雷锋三个部分，强调展览的叙事性和故事性。展览形式突破传统纪念雷锋展览的模式，将图文、影片、藏品实物、藏品实车、版画、漫画以及互动体验展项进行有机结合，营造平面与立体、场景还原等设计手段展现。展览内容结合雷锋与车、雷锋与博物馆之间的关系，勾勒出一个为实现“好农民、好工人、好战士”三个梦想而奋斗的雷锋形象。观展方式采用情景剧讲述展览的形式，志愿者与雷锋进行一场穿越时空的对话，引起观众共鸣。展览接待数万人参观。

（刘静波）

【“伟大成就 历史突破——庆祝改革开放40周年专题图片展”】 年内，北京汽车博物馆与中国摄影文化协会联合举办“伟大成就 历史突破——庆祝改革开放40周年专题图片展”，经过近半年的全国征集和摄影家、摄影机构约稿，甄选出100幅全国各地具有代表意义的历史照片，以今昔对比方式，从40年大事件和社会变迁两个角度，客观而真实地记录40年的历史进程，鲜明而生动地展现40年来的历史成就，直观而深刻地反映40年的历史巨变。中央电视台第一时间、中国新闻、经济日报、工人日报、北京晚报等各大主流媒体进行新闻报道。

（刘静波）

【举办“时光交汇 美美与共——中法汽车科技与艺术交流展”】 年内，北京汽车博物馆联合上海科技馆、艺术8共同主办“时光交汇 美美与共——中法汽车科技与艺术交流展”。展览以“时间”为主题，通过“光阴之计 计时之源，钟表之秘 机械之力，汽车之旅 文明之汇”三大板块，结合多媒体、装置艺术作品、互动展项、钟表实物等内容，用独特的艺术形式向观众多维度呈现时间故事和人类对科技发展的追求。

（刘静波）

【拓展数字展览】 1月1日，馆内数字展览“汽车广告：百年汽车史的别样画卷”线上展览正式上线，展览分为三个部分，通过汽车广告这样一个独特的载体和视角，让观众观察到了汽车与汽车社会的变化和发展，更是为观众开启一扇“永不落幕”的展览之门。7月13日，推出雷锋数字展览。数字展览实现更长、更广、更深的展示及传播效果，弥补观众无法在展期内到馆参观的遗憾，是“永不落幕”的展览。

（刘静波）

【举办“一座城·一轴画——于连成书画篆刻作品展”】　年内，围绕“车城人”的主题，以车为视角，以改革开放40年来北京城市居民的交通出行变迁，以篆刻家、书画家于连城老师的作品为内容，引导观众在流转笔墨间去看历史、看科技、看人文、看城市变迁、看社会进步，在往事中回溯北京独有的城市气质与变革历史。展览打破常规单一叙事结构，设计两条故事线：一是北京·车境，以交通方式的变迁都在生动地描绘着北京城中的人与物、事与情，讲述北京的故事。二是北京·画境，于连成老师按照北京生活最深刻的记忆场景和亲历往事描绘而成。

（刘静波）

【举办“文化的印记——图片漂流摄影展”】年内，联合中国文化旅游摄影协会共同举办“文化的印记——图片漂流摄影展”。展览前期通过图片征集工作，向全国各地征集到摄影作品1.5万多张。展览现场通过摄影作者分享作品、“我在故宫修文物”的第四代钟表修复师进行相关讲座。开展仪式由凤凰网直播，有25.5万观众观看直播。新华网、人民网、中新网、搜狐、新浪、中工等多家媒体先后进行报道。

（刘静波）

【完成规划馆改造】　年内，结合南中轴规划方案，拆除沙盘控制台、丽泽展览等老旧展览设施，完成馆藏展和丰台规划展布展施工，利用区规划馆展室空间开展文创、阅读、展览、科普等相关活动。承担区重点项目“南囿秋风展”及“南中轴概念规划成果展”，多角度地展示了历史沿革、城市规划建设成果、发展成就和远景规划，累计接待观众8万余人次。

（刘静波）

教　育

【概　况】　2018年，丰台区区教委辖属教育单位283个，其中，幼儿园140所（教育部门办园28所、集体办园24所、其他部门办园22所、民办园66所），小学75所（教育部门办校70所、民办校5所），九年一贯制学校13所（教育部门办校11所、民办校1所），十二年一贯制学校4所（教育部门办校3所、民办校1所），中学30所（教育部门办校24所、民办校6所），特殊教育学校1所，中等职业学校5所，其他法人单位15个。招生34443人（幼儿园13869人、小学12496人、初中5419人、普通高中2219人、中等职业学校440人）；毕业26008人（幼儿园9906人、小学9095人、初中3863人、普通高中2306人、中等职业学校838人）；在校生131603人（幼儿园42431人、小学65112人、初中14889人、普通高中7254人、中等职业学校1753人、特殊教育学校164人）。教职工总数17776人（幼儿园6935人、小学4813人、中学5542人、中等职业学校446人、特殊教育40人），其中，高级职称1402人、中级职称4052人。北京市特级教师79人、北京市骨干教师162人、北京市学科教学带头人28人。全年教育总投入60.29亿元。中小学固定资产总值27.32亿元。乡镇成人学校1所。设立学区8个。

（陶慧贤）

【教育部、市区级领导到区国家义务教育质量监测现场】　5月24日，丰台区迎来2018年国家义务教育质量监测。中国基础教育质量监测协同创新中心党总支书记任萍、北京市人民政府教育督导室主任唐立军、北京市教育委员会委员冯洪荣、天津市督学田忠义等一行11人莅临现场，督查丰台区2018年国家义务教育质量监测数据采集工作。刘建宾主任带领丰台区巡视组分两组分别对北大附属学校、大成学校、阳春小学等8所学校进行巡视；教育部、市级巡视组到北京市第十二中科丰校区、海淀区实验小学丰台分校莲香园校区两所学校对体育监测工具及场地进行查看。

（杨雯婷）

【丰台区人民政府教育督导委员会成立】 7月20日，丰台区人民政府教育督导委员会成立大会在区政府三层报告厅举行。副区长张婕宣读《北京市丰台区人民政府办公室关于成立北京市丰台区人民政府教育督导委员会的通知》，宣布丰台区人民政府教育督导委员会正式成立。由区政府教育督导委员会聘任，从在职副校长以上学校干部中遴选一批专职挂牌责任督学，聘请人大代表、政协委员、街乡镇、教育领域、住区企业中热爱教育事业的优秀人才作为特约教育督导员。与会领导为新一届特约教育督导员和专职督学代表颁发聘书。北京市委教育工委副书记、市政府教育督导室主任唐立军，市区领导及相关委办局、各街乡镇领导，区特约教育督导员、专职督学、兼职督学代表、校长园长代表、丰台区教委科室部门负责人共160余人参加会议。

（杨雯婷）

【3所学校新学期投入使用】 9月，北京十二中钱学森学校、人大附中丰台学校投入使用，丰台第二中学改扩建顺利完成。3所学校增加优质学位4610个。北京十二中钱学森学校建设地点位于万源南里，总用地面积约44408平方米，总建筑面积约40983平方米，其中新建建筑面积36855平方米，建设内容包括教学楼、图书馆、行政楼、文体楼、食堂及宿舍等，可容纳36班完全中学；人大附中丰台学校建设地点位于王佐镇魏各庄村，总用地面积106700平方米，总建筑面积133300平方米，建设内容包括教学楼、科技楼、教学实验楼、艺术楼、体育馆、食堂及宿舍等，可容纳72班十二年一贯制；丰台第二中学改扩建工程，建设地点位于东安街头条3号，总用地面积38196平方米，总建筑面积42914平方米，其中新建建筑面积33379平方米，建设内容包括教学综合楼、文体及行政办公楼、食堂及活动空间等，可容纳48班的完全中学。

（闫子颖）

【25所幼儿园通过级类验收】 3月至10月，区教委开展幼儿园级类验收工作。通过园所自查、自主申报、视导指导、联合验收等环节，共有25所幼儿园通过级类验收，实现晋级晋类。其中，达到一级一类标准的有7所园，达到一级二类标准的有4所园，达到二级二类标准的有9所园，达到三级三类园标准的有5所园。涉及1所教办园，10所部门园，14所民办园。

（吴文静）

【辅导员获“国优”称号】 10月，丰台区少先队大队和少先队辅导员获“国优”称号。各小学参评全国少先队系统“国优”评选，北京市丰台区师范学校附属小学少先队大队、北京市丰台区丰台第五小学科丰校区大队辅导员李景怡，分别被授予全国优秀少先队集体、全国优秀少先队辅导员称号。

（李晓季）

【北京国粹艺术传承促进会戏曲进校园】 11月18日，区教委在丰台区青少年剧场举办“丰台区教委——北京国粹艺术传承促进会戏曲进校园首场演出暨合作框架协议签约仪式活动”，在活动上发布《丰台区戏曲进校园三年行动计划（2019－2021年）》（以下简称《三年行动计划》）。市委宣传部、市教委、市财政局、市文化局、市剧协领导，京剧名家、首都专业院团及高校领导、嘉宾等出席活动。北京市教委主任刘宇辉对丰台区戏曲进校园工作高度评价。此次颁布的《三年行动计划》，以立德树人为根本任务，发挥学校教育对弘扬中华优秀传统文化的阵地作用，坚持传承与发展并重，营造戏曲教育发展的良好环境，扩大戏曲教育“丰台样本”的影响力。

（武卫华）

【丰台区第一届中学生时事辩论赛决赛】 12月15日，丰台区第一届中学生时事辩论赛决赛暨表彰活动在北京市第十八中学举办。市区领导、《中学时事报》常务副主编薛丽娟及来自全区40余所中学的100余名师生代表参加活动。首都师范大学附属丽泽中学南校区和北京市第十八中学分获初、高中组冠军，北京市南苑中学、北京市第十二中学分获初、高中组亚军。

（黎　雪）

【丰台区中小学生冬奥知识区级竞赛】 12月25日、28日，丰台区体卫中心组织中小学生进行丰台区中小学生冬奥知识区级竞赛。比赛分为小学组（4—6年级）、初中组和高中组共三个组别，各组别前4名参加总决赛。媒体宣传报道将贯穿本次活动全程，报道将以知识竞赛为切入点，全面展示和汇报北京市中小学冬季项目的开展和冬奥教育的实施，进一步助推北京市中小学生冰雪运动的普及推广工作，丰台区参加此次活动的中小学生及领导、辅导教师近270人出席活动。

（李爱军）

【“郎朗钢琴教室”落户丰台】 5月，北京郎朗艺术基金会与北京教育学院丰台分院联合主办的“郎朗钢琴教室”揭牌仪式在丰台区长辛店中心小学举办。国际钢琴大师郎朗先生亲临现场为丰台区槐房小学、长辛店中心小学、北大附小丰台分校授牌，并与音乐教师、学生一起同台演出。9月，三所学校的550名学生开始钢琴学习，12月，由丰台分院主办的“丰台区‘郎朗钢琴教室’钢琴教学研讨会”在槐房小学召开。

（刘铭书）

【接收6所小区配套学校及幼儿园资料】 年内，接收6所小区配套建设的学校及幼儿园的资料。分别是珠江骏景南区配套学校1所；亚林西居住区配套幼儿园1所；合顺家园配套幼儿园1所；开关厂定向安置房配套幼儿园1所；群英幼儿园分园1所；珠江骏景北区配套幼儿园1所。

（郝文晟）

普通高等教育

【概　况】 年内，驻丰台区普通高等院校有首都经贸大学、首都医科大学、北京电子科技学院、中国戏曲学院等4所。共有在校生36915人，毕业10581人，招生11131人；有教职工45106人，专任教师6186人；留学生在校生1259人。

（杨晓靖）

首都经济贸易大学

【概　况】 2018年，首都经济贸易大学（以下简称首经贸）占地面积36万平方米，学校产权校舍建筑面积45.74万平方米。图书馆建筑面积2.84万平方米，藏书208.82万册。固定资产总值13.35亿元，其中，教学、科研仪器设备资产总值6.12亿元。全年经费收入107880.29万元，其中，国家财政补助收入85519.32万元，其他收入22360.96万元。学校信息化经费投入818.51万元，拥有计算机9461台，多媒体教室354个，信息化设备资产18299万元，网络信息点21500个，校园网出口总带宽6000Mbps，电子邮件系统用户6276个，上网课程191门。首经贸设19个教学单位，4个博士学位授权一级学科点，4个博士后科研流动站，7个硕士学位授权一级学科点，18个专业硕士学位类别（领域）授权点，45 个本科专业。首经贸拥有 1 个国家重点学科（二级），2 个省部级重点学科（一级），2 个省部级重点学科（二级），省部级设置的研究（院、所、中心、实验室）5 个。教职工 1561 人，其中，专任教师 951 人，包括教授 176 人，副教授 316 人，博士研究生导师 113 人、硕士研究生导师 494 人。首经贸在职教师中有 287 人次获得全国优秀教师、全国优秀科技工作者、国家级教学名师、国家百千万人才工程、国家高层次人才特殊支持计划（万人计划）、教育部新世纪人才支持计划、北京市“高创”教学名师、北京市教学名师等各类荣誉称号。年内毕业学生 4396 人，其中，全日制研究生 1063 人（博士生 35 人、硕士生 1028 人），普通本专科生 2468 人（本科 2358 人、专科 110 人），成人教育本专科生 865 人（本科 541 人、专科 324 人）。本科毕业生就业率 98.01%，专科生就业率 96.36%，硕士研究生就业率 99.32%，博士研究生就业率 100%。年度招生 4434 人，其中，硕博连读博士生 11 人，申请—考核制博士研究生 39 人，全日制学术硕士研究生 501 人，全日制专业硕士 718 人，非全日制专业硕士 91 人，普通本科生 2552 人，成人教育本专科 522 人（业余专升本 160 人、函授专升本 146 人，函授高起专 216）。高考北京地区一批提档线文史类 576 分、理工类 532 分。全年在校生 17576 人，其中，全日制研究生 3597 人（博士生 438 人、硕士生 3159 人），普通本科生 10324 人，成人教育本专科生 3189 人，留学生 466 人。网址：www.cueb.edu.cn。

（黄少卿）

【北京市哲学社会科学国家税收法律研究基地揭牌】 1 月 3 日，首经贸与国家法官学院共同建立的国家税收法律研究基地在首经贸正式获颁“北京市哲学社会科学国家税收法律研究基地”名牌，成为国家在税收法律研究领域第一个获批的省部级研究基地。颁牌仪式后，首经贸与国家法官学院、国家税务总局科研所分别签订了战略合作协议，举行税收法律高端论坛。最高人民法院院长周强，国家税务总局副局长孙瑞标，北京市委常委、教育工委书记林克庆，全国人大财经委副主任、首经贸教授郝如玉，首经贸党委书记冯培、校长付志峰、副校长杨开忠等出席会议。

（黄少卿）

【中欧金融与经济发展研究中心成立】 4 月 4 日，首经贸、国家金融与发展实验室、意大利罗马第二大学在首经贸共同成立中欧金融与经济发展研究中心，在中欧未来金融合作机遇等研究议题上展开合作。首经贸校长付志峰、国家金融与发展实验室副主任张晓晶以及意大利罗马第二大学副校长古斯塔沃·佩贾（Gustavo Piga）分别宣读了中心成立的决定，付志峰、张晓晶及意大利罗马第二大学经济学院院长乔瓦尼·特里亚（Giovanni Tria）代表三方签署合作协议。

（黄少卿）

【成立北京市习近平新时代中国特色社会主义思想研究中心】 5 月 9 日，北京市习近平新时代中国特色社会主义思想研究中心首都经济贸易大学研究基地（以下简称研究基地）在首经贸博远楼揭牌成立，研究方向为“习近平新时代中国特色社会主义青年思政教育理论与实践研究”及“习近平新时代中国特色社会主义经济与社会发展思想研究”。6 月 27 日召开“学习习近平总书记在纪念马克思诞辰 200 周年大会上的讲话精神暨习近平新时代中国特色社会主义思想学术研讨会”，深入研读习近平总书记系列讲话；12 月 30 日承办主题为“改革开放的逻辑：中国道路的思考与展望”纪念改革开放 40 周年学术论坛，思考并展望了中国特色社会主义道路的未来发展。

（黄少卿）

【首届自然文学研究与生态文明建设硕博论坛举行】 6 月 22 日，首经贸举办首届自然文学研究与生态文明建设硕博论坛，论坛主题为“自然与心灵的交融”，围绕地方与身体的回归、北美原住民自然思想、生态美学和土地伦理、生态批评、生态女性主义等研究主题展开，首经贸党委副书记徐芳，教育部长江学者、上海交通大学人文艺术研究院院长王宁，首经贸外国语学院自然文学研究中心学术指导程虹、副院长刘重霄，以及来自清华大学、北京外国语大学等10余所高校和学术期刊社的专家学者、硕博研究生40余人参加活动。

（黄少卿）

【与中国人民大学共建应用经济学及工商管理一级学科】 7月18日，首经贸与中国人民大学在北京市教委举行的北京高校学科共建签约仪式上签约共建应用经济学和工商管理2个一级学科，并交换学科共建方案，将在师资队伍、人才培养、科学研究等多方面开展共建工作。

（黄少卿）

【设立数据科学与大数据技术本科专业】 年内，学校申报的数据科学与大数据技术本科专业获教育部备案并审批通过。该专业学制四年，授理学学士学位，分“数据科学与大数据技术”“数据科学与大数据技术（信息技术）”2个专业方向开始本科招生。其中，数据科学与大数据技术计划招生25人，实际招生25人，最低招生分数591分；数据科学与大数据技术（信息技术）计划招生25人，实际招生25人，最低招生分数594分。

（黄少卿）

【获批国家社科基金重大项目】 年内，首经贸劳动经济学院劳动经济学国家重点学科负责人、教授童玉芬作为首席专家主持申报的“中国主要城市群人口集聚与空间格局优化研究”立项为国家社会科学基金重大项目。该项目将对城市群人口规模、年龄结构、人口素质空间变化以及城市功能结构、规模体系结构和空间结构三者结合等角度进行研究，并尝试将课题地图可视化。该项目是年度国家社会基金重大项目立项的2项人口学相关研究之一。

（黄少卿）

【首届教学卓越及教学新秀奖颁奖】 年内，首经贸颁发学校首届教学卓越奖、教学新秀奖，会计学院唐丽春、工商管理学院王振江等9名教师获教学卓越奖，工商管理学院张松波、文化与传播学院王冲、城市经济与公共管理学院李青森等9名教师获教学新秀奖。

（黄少卿）

【2名教授获聘北京市首批党外人才高端智库专家】 年内，首经贸无党派人士、教授郝如玉、张强获聘首批党外人才高端智库专家。入选的党外专家将围绕首都经济社会建设以及市委市政府亟待解决的问题，立足专业优势，通过建言专报、交流咨询等方式为北京经济社会发展献计出力。郝如玉长期从事财政税收领域相关问题研究，张强长期从事首都城乡一体化研究，均在相关领域为全国及北京市经济社会发展做出贡献。

（黄少卿）

首都医科大学

【概　况】 2018年，首都医科大学（以下简称首医）学校及附属医院总占地面积161.04万平方米、总建筑面积280.80万平方米，其中，学校占地面积23.91万平方米、建筑面积36.58万平方米。学校和附属医院固定资产总值3192791.23万元，其中，学校固定资产总值336401.40万元。学校和附属医院教科仪器设备资产值256321.13万元，其中，学校教科仪器设备资产值177330.72万元。全年教育经费投入138863.73万元，其中，国家拨款99970.99万元，自筹经费20010.71万元，科研经费18882.03万元。学校和附属医院图书馆建筑面积2.56万平方米，共藏书151.61万册，其中，学校图书馆建筑面积1.79万平方米，藏书100.60万册。学校有计算机8398台，教室132间，信息化设备资产21551.71万元，网络信息点数13242个，校园网出口总带宽4500Mbps，电子邮件系统用户数7189个，上网课程194门，电子图书255.71万册，音视频2907小时，管理信息系统数据总量10200GB。设有10个学院、1个学部和1个研究中心、1所附属卫生学校，21所临床医学院（其中19所为附属医院）以及1个预防医学教学基地，设有4个专科学院和34个专科学系。开设本科专业21个、长学制专业3个。有一级学科博士学位授权点8个和一级学科硕士学位授权点13个，按照三级学科统计，有博士学位授权点59个和硕士学位授权点77个。有博士后流动站9个，出站34人、进站72人、在站153人。有国家重点学科8个、国家重点（培育）学科2个、国家临床重点专科60个（含中医）、国家中医药管理局重点学科（培育）14个、北京市一级重点学科4个、北京市交叉重点学科1个、北京市一级重点建设学科2个，有国家临床医学研究中心6个、国家儿童医学中心1个；国家工程实验室1个，省部共建国家重点实验室培育基地1个、教育部重点实验室4个、北京实验室1个、北京市重点实验室53个；有国家工程技术研究中心1个、教育部工程研究中心4个、北京市工程技术研究中心10个、北京市高等学校工程研究中心1个、北京市哲学社会科学研究中心1个。设有国家生命科学与技术人才培养基地、卫生部全科医学培训中心、健康医疗大数据国家研究院、北京市全科医学培训中心、首都卫生管理与政策研究基地、北京神经科学研究所等。学校和附属医院共有教职员工和医务人员42791人，其中，校本部1470人、附属医院41321人；有院士7人、特聘顾问11人；正高职称2596人，其中，校本部124人、附属医院2472人；副高职称4164人，其中，校本部345人、附属医院3819人；有专任教师4816人，专任教师中教授944人，其中，校本部117人、附属医院827人，专任教师中副教授1303人，其中，校本部276人、附属医院1027人；有博士研究生导师689人、硕士研究生导师1124人；有国家杰出青年基金项目获得者10人，有“长江学者奖励计划”特聘教授5人，青年项目3人，北京学者12人；校本部和直属附属医院有国家有突出贡献专家2人、省部级有突出贡献专家20人、享受政府特殊津贴专家106人；有外籍教师9人。毕业生4969人，其中，学历教育学生中全日制研究生1340人（博士生258人、硕士生1082人），普通本专科生1688人（本科生1017人、专科生671人），成人教育1461人（本科1178人、专科生283人）；以同等学力申请博士硕士学位476人（博士生238人、硕士生242人）。招生5468人，其中，学历教育学生全日制研究生1668人（博士生413人、硕士生1255人），普通本专科生1729人（本科生1249人、专科生480人），成人教育本专科生1155人（本科生1121人、专科生34人）；以同等学力申请博士硕士学位916人（博士生535人、硕士生381人）。在校生14843人，其中，学历教育学生中全日制研究生4648人（博士生1066人、硕士生3582人），普通本专科生7074人（本科生5309人、专科生1765人），成人教育本专科生3121人（本科生2716人、专科生405人）。留学生毕业83人，招生153人，在校生700人。本专科毕业生就业率92.59%、研究生毕业率95.52%。高考北京地区本科一批理工提档线589分。网址：www.ccmu.edu.cn。

（陈飞飞）

【1个团队入选“全国高校黄大年式教师团队”】　1月3日，首医基础医学院生理学

与病理生理学教师团队入选首批“全国高校黄大年式教师团队”，团队负责人为刘慧荣教授。该团队共有教师27名，有“生理学”与“病理生理学”两个北京市重点学科。团队承担54项国家级、18项省部级科研项目；发表SCI论文151篇，累计影响因子527，出版专著5部；获授权专利8项，其中发明专利5项。团队获批973首席科学家1名，入选北京市百千万人才工程2人，“高层次人才”1人，获批创新团队3项，青年拔尖人才6人。

（陈飞飞）

【获国家科技进步二等奖】 1月8日，首医附属北京天坛医院江涛教授主持完成的“脑胶质瘤诊疗关键技术创新与推广应用”成果获2017年度国家科学技术进步二等奖。该成果制定出了国人脑胶质瘤分子分型新标准，建立脑胶质瘤个体化分子诊疗与精准化手术技术体系，大大降低术后致残率和癫痫发生率，显著提高患者生存期。相关研究成果在国内39家、国际9家研究机构、医疗机构应用，累计开展分子病理检测1万余例，获国家发明专利8项。

（陈飞飞）

【入选国家“万人计划”及中青年科技创新领军人才】 3月9日，首医4人入选第三批国家“万人计划”科技创新领军人才，分别是：附属北京口腔医院范志朋、附属北京天坛医院王伊龙、附属北京中医医院刘存志、宣武医院陈志国。9月29日，科技部公布2017年创新人才推进计划入选名单，首医3人入选中青年科技创新领军人才，分别是：宣武医院卢洁、附属北京口腔医院刘怡、中医药学院高伟。

（陈飞飞）

【新增2个本科专业和1所教学医院】 3月21日，首医申报的信息管理与信息系统、医学影像技术2个本科专业在教育部成功备案。新获批的2个专业首年招生43人。至此，首医本科专业总数21个。11月22日，“首都医科大学门头沟教学医院”授牌仪式在门头沟区政府举行，门头沟区医院正式成为首医教学医院，首医已拥有12所教学医院。

（陈飞飞）

【成立教育基金会】 6月14日，首都医科大学教育基金会获颁法人登记证书，首都医科大学教育基金会正式成立。该基金会是由首都医科大学发起、经北京市民政局批准成立的具有独立法人资格的非公募基金会，北京市教育委员会为业务主管单位。该基金会通过广泛争取海内外校友及社会各界的支持，接受捐赠、筹集资金，资助学校人才培养、教育教学、医学科研、学术交流和学校建设，奖优助学。

（陈飞飞）

【健康医疗大数据国家研究院成立】 10月12日，首都医科大学健康医疗大数据国家研究院成立仪式在首医举行。该研究院由首都医科大学与中国卫生信息与健康医疗大数据学会共同建设，中国卫生信息与健康医疗大数据学会会长金小桃和首医校长尚永丰院士共同担任院长。

（陈飞飞）

【7个学科进入ESI学科全球排名前1%】 11月15日，科睿唯安发布的数据：首医7个学科进入ESI学科全球排名前1%，分别是临床医学、神经科学与行为学、药理学与毒理学、免疫学、生物学与生物化学、分子生物学与遗传学、社会科学总论。其中，临床医学保持全球前1‰，神经科学与行为学、药理学与毒理学进入全球前5‰。首医在全球机构的总体排名居于第633位，在中国大陆入围的296个机构中排名第32位，在中国大陆独立设置医科院所入围榜单的49个机构中排在第2位。

（陈飞飞）

【打造“三大讲坛”】 年内，首医精心打造“三大讲坛”：“大家讲坛”“首医论坛”“名师讲堂”。“三大讲坛”是学校三大系列学术讲座，旨在为师生搭建广泛的学术交流平台，激发师生科研创新勇气和学术自信。“大家讲坛”面向全校师生员工，邀请国内外著名科学家，让师生深入认识办大学、做科研、抓教育的规律及其重要性；“首医论坛”面向青年教师和研究生，邀请国内一线中青年科研工作者，讲述最新医学前沿动态和科研进展情况；“名师讲堂”面向本科生和研究生，邀请名师为学生指明学术研究的道路和方向。美国哈佛大学医学院教授、著名华人科学家张毅教授，中国科学院院士、西湖大学校长施一公教授，诺贝尔奖得主 Thomas C. Südhof 教授，美国科学院院士、洛克菲勒大学 Robert Roeder 教授，美国科学院院士、加拿大多伦多大学 Tak Wah Mak 教授，“国家杰青”、“长江学者”、附属北京安贞医院杜杰教授受邀做客“三大讲坛”。

（陈飞飞）

北京电子科技学院

【概述】　2018 年，北京电子科技学院占地面积 7.87 万平方米，学校产权校舍建筑面积 7.18 万平方米。全年教育经费投入 14819.7 万元，其中，国家拨款 11976.3 万元、自筹经费 2843.4 万元。固定资产总值 6.43 亿元，其中，教学、科研仪器设备资产值 1.37 亿元。图书馆建筑面积 6680 平方米，藏书 42.18 万册，其中，纸质图书 32.88 万册、电子图书 9.3 万册。学校信息化经费投入 187.48 万元，拥有计算机 2944 台，多媒体教室座位 2200 个，信息化设备资产 1.32 亿元，网络信息点数 1260 个，校园网出口总带宽 684 Mbps，电子邮件系统用户数 3000 个，上网课程数 357 门，数字资源量 9120 GB，管理信息系统数据总量 110GB。设有 1 个校区，6 个系（部）；开设 10 个专业（本科生专业 8 个，研究生专业 2 个），覆盖 7 个学科；具有专业学位授权点 1 个。教职工 323 人，其中，专任教师 139 人，包括教授 14 人、副教授 50 人；硕士生导师 38 人；享受政府特殊津贴专家 6 人。毕业生 494 人，其中，学历教育学生中全日制研究生 45 人（专业学位硕士研究生 45 人）、普通本专科生 449 人（本科生 449 人、专科生 0 人）。招生 497 人，其中，学历教育学生中全日制研究生 58 人、普通本专科生 439 人。在校生 1945 人，其中，学历教育学生中全日制研究生 168 人、普通本专科生 1777 人。电科院网址：www.besti.edu.cn。

（颜　杨）

【正式获批硕士学位授予单位】　1 月，根据《国务院学位委员会关于下达 2017 年审核增列的博士、硕士学位授予单位及其学位授权点名单的通知》(学位〔2018〕19 号)，学院被增列为硕士学位授予单位，并获得网络空间安全一级学科、工程类别专业学位硕士授权点，学院研究生教育发展进入新阶段。

（赵明丽）

【入选教育部“全国高校黄大年式教师团队”】　1 月，学院孙宝云教授带领的“北京电子科技学院密码保密管理教师团队”入选教育部首批“全国高校黄大年式教师团队”。该团队由来自公共管理、管理科学与工程、政治学、法学、教育等学科领域的 12 名教师组成，在师德师风、教育教学、社会服务、团队建设等方面取得了突出成绩，近 5 年团队成员先后主持国家社会科学基金项目 1 项、省部级项目 13 项、高校基本科研业务费项目等 12 项，形成专著 1 部、教材 5 部、论文集 1 部，发表论文 51 篇。

（赵明丽）

【成立量子密码应用安全联合实验室】　7 月 12 日，学院与中科院国科量子通信网络有限公司在学院成立量子密码应用安全联合实验室。该实验室主要面向量子密码应用及应用过程中的安全性问题开展研究，包括量子密钥分发安全性和量子密钥应用安全两个具体研究方向。实验室的设立填补了学院基于物理原理的密码研究领域空白，有助于协同创新和相关交叉学科融合发展，完善学院密码研究体系和人才培养体系，提高研究生培养质量。

（赵明丽）

中国戏曲学院

【概　况】　2018年，中国戏曲学院占地面积86246平方米，总建筑面积95000平方米。固定资产总值79415.83万元。全年教育经费投入26864.32万元，其中，国家拨款22002.08万元、自筹经费4862.24万元。图书馆总建筑面积4797.79平方米，馆藏有纸质图书29.6105万册，中文图书29.3289万册，西文图书2816册，电子图书190.64GB，中文期刊428种，517份；外文期刊82种，83份。口总带宽10000Mbps，电子邮件系统用户3367个，上网课程6门，管理信息系统数据总量39GB。学院目前设有京剧系、表演系、导演系、音乐系、戏曲文学系、舞台美术系、新媒体艺术系、国际文化交流系、思想政治理论课教学部、体育部、继续教育部、附中等12个教学单位，有“戏剧与影视学”、“音乐与舞蹈学”和“艺术学理论”3个一级学科硕士点，有14个本科专业和27个专业方向。戏剧戏曲学为北京市重点学科，并列入北京市文化艺术人才培养基地建设项目。京剧表演专业是学院的传统优势专业，也是国家和北京市两级特色专业。教职工431人，其中，专任教师280人。专任教师中教授52人，副教授96人；硕士生导师81人。毕业生722人。其中，学历教育学生中全日制研究生95人，普通本专科生517人，成人教育本专科生110人（本科生66人、专科生44人）。招生732人，其中，学历教育学生中全日制研究生109人，普通本专科生524人、成人教育本专科生99人（本科生43人、专科生56人），非计划招生高等教育学生中在职人员攻读博士硕士学位0人。在校生2551人，其中，学历教育学生中全日制研究生301人，普通本专科生2059人，成人教育本专科生191人（本科生108人、专科生83人），非计划招生高等教育学生中在职人员攻读博士硕士学位0人。留学生毕（结）业93人，招生90人，在校93人。

学院网址：www.nacta.edu.cn。

（孙玉坤）

【科研工作】　年内，14个项目获得立项，其中国家级重大项目1项，省部级3项，其中《戏曲人才培养体系研究》获批国家社科基金艺术学重大项目；承担中宣部和国家艺术基金管理中心委托课题2项。申报并获批北京市《新增博士学位授予单位三年建设规划》；与中央民族大学建设马克思主义学院共建共享机制，着力推动思想政治理论学科建设和教学科研工作；推进与北京电影学院博士研究生的联合培养工作，完成学院博士生导师的遴选、上报；推进与北师大“戏剧与影视学”学科共建，全面提升“戏剧与影视学”学科水平和实力；完成北京市“高精尖”学科“戏曲学”的申报。

（孙玉坤）

【学科建设】　年内，组织进行博士、硕士点申报工作，硕士学位授权点评审工作顺利完成；获得第29届白玉兰戏剧表演奖·新人主角奖和新人配角奖，参加第二届紫金京昆艺术群英会；“2018青春国戏中国戏曲学院京剧系一流专业建设汇报演出”唱响长安大戏院，受邀参加第七届中国昆剧艺术节专场演出；“国戏昆大班”开班，探索新时代昆曲教育模式；举办万瑞兴先生京剧作品演唱会，充分展示了京剧演唱艺术及程派艺术教学成果。

（孙玉坤）

【开放办学】 年内，与英国奥斯特大学、日本樱美林大学以及中国香港演艺学院签署合作协议3份，接待国外访问团组4次，开展文化学术交流活动8次，因公出国境26项，涉及教育教学及学术活动项目16项，交流演出项目6项，其他项目4项。与学院开展交换生项目的海外院校共4所、与学院达成交换生项目合作意愿并即将出台项目执行细则的18所。在校留学生48人，来自美国、英国、日本等国家。学院顺利召开2018年孔院理事会，完成孔子学院中方院长的选配，孔院全年开设大学课程15门次共25个教学班682课时，注册学员450人，举办教育、文艺、文化各类活动56次，使用自编教材4部。学院积极开展与其他国家孔院的合作，外派志愿者3人赴英国北爱尔兰奥斯特大学孔院、1人至英国伦敦中医大学任职，派出暑期学生日本歌舞伎研修团18人赴日本樱美林大学孔子学院研修学习。

（孙玉坤）

【“千人计划”高级研修班】 5月，文化和旅游部戏曲艺术人才培养“千人计划”2017年高级研修班结业典礼在学院举行。编剧班有19部作品获得国家级优秀剧本创作扶持项目，30部作品获得国家级（全国性）奖项，25部作品入选国家艺术基金项目，9部作品获得省级优秀剧本创作扶持项目，62部作品获得省级奖项或学术发表。作曲班创作的剧目共有60多部，剧种涉及京剧、评剧、豫剧、越剧、秦腔、川剧、粤剧、藏戏等27个剧种。7月，2018年文化和旅游部戏曲艺术人才培养“千人计划”高级研修班开班。

（孙玉坤）

【首家海外教学实践基地落户新加坡】 5月31日，与新加坡传统艺术中心合作建立教学实践基地的签约、授牌仪式在新加坡中国文化中心举行。这是学院在海外建立的第一个教学实践基地。

（孙玉坤）

【开展“纪念田汉先生诞辰120周年”系列活动】 2018年是著名戏曲教育家、戏曲剧作家，中国戏曲学院前身——文化部戏曲改进局戏曲实验学校首任校长田汉先生诞辰120周年。年内，中国戏曲学院举办学术研讨会、纪念演出、馆藏文献专题展览等一系列活动，以表达对先贤的追思、研学与传承。

（孙玉坤）

【“2018北京·中国弓弦艺术节”】 11月18日，“2018北京·中国弓弦艺术节”在中国戏曲学院落幕。本届弓弦艺术节以“戏乐共生 源远流长”为主题，搭建集戏曲、曲艺、音乐于一体的综合性艺术平台，集中呈现中国戏曲学院师生和来自全国大江南北的戏曲剧团与非物遗传承人演奏的传统戏曲主弦音乐，以及根据戏曲、曲艺声腔曲调改编、创作的作品，同时聚集各方专家，围绕“戏乐共生”的主题，从不同方面研讨中国民族弓弦艺术的发展。

（孙玉坤）

【第九届“国戏杯”学生戏曲大赛落幕】 12月3日，第九届“国戏杯”学生戏曲大赛颁奖晚会在学院举行。本届大赛历时四个月，参赛总人数逾6000人。其中，表演类参赛作品突破700个，绘画类参赛作品1900幅，器乐类参赛曲目18个（集体）。

（孙玉坤）

体育　卫生

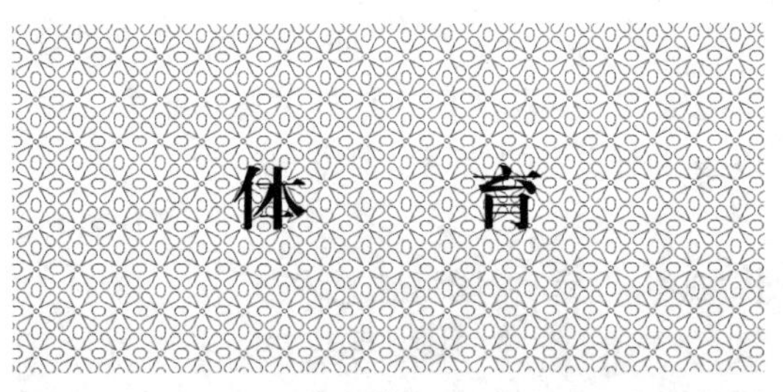

体　　育

【概　况】　2018年，丰台区争取北京市体育彩票公益金，在全区15个街道乡镇，建设全民健身专项活动场地143片，其中，利用“留白增绿”、“疏解整治促提升”腾退空间建设42片，面积23824平方米。举办丰台区第七届全民运动会开幕式及系列活动、北京第32届卢沟桥醒狮越野跑、丰台区第三届欢乐冰雪季系列活动、“健康丰台人”运动素质公开赛、创新举办“冰雪大篷车”进基层、2018北京国际铁人三项赛等赛事活动。全区全年各街乡、委办局共组织开展各类健身活动2053场次，直接参与人数超过58万人次。创建6个北京市全民健身示范街道和1个北京市体育特色乡镇。开展“快乐健身直通车”培训，通过进基层、进机关、进企业，满足广大群众科学健身需求，直接参与人数1.1万人次。完成北京市第十五届运动会参赛工作，在竞技项目比赛中，获得21金、23银、34铜的成绩。在新增设的群众项目比赛中，获得7个一等奖、6个二等奖、5个三等奖的骄人战绩，获奖总数位列全市第三。参加2018年北京市第一届冬季运动会，竞技项目获得了1金7银6铜的好成绩，位列全市奖牌总数第4，群众项目成绩列全市第三位。区内登记注册的冰雪项目运动员260人。建设北京市丰台区体育公共信息服务平台，推出健身场地电子地图，打造丰台“智慧体育”，推动“互联网+体育”建设。完成2018年行政许可审批、行政处罚、安全三级达标工作。

（赵艳涛）

【丰台区第三届欢乐冰雪季及“冰雪大篷车”进基层活动】　1月7日，丰台区第三届欢乐冰雪季启动仪式在北京万龙八易滑雪场举办，该活动历时90天，参与总人数22万人次，覆盖全区109家机关单位，21个街道、乡镇，区内共6家冰雪场地为市民提供滑雪、滑冰、冰雪嘉年华等冰雪体验服务。“冰雪大篷车”进基层系列活动，是丰台区推进冰雪运动普及的全新举措，内容囊括冬季冰雪项目宣讲及体验活动、旱地冰球、冰蹴球的体验与比赛，VR模拟滑雪体验、冰雪知识问答、冰雪运动器材展示等，活动覆盖16个街道乡镇，参与人数1万人次。

（赵艳涛）

【北京国际风筝节】　4月26日至27日，由北京市体育局、北京市体育总会、北京市人民对外友好协会、北京市丰台区人民政府共同主办，北京市风筝协会、北京市丰台区体育局、北京市丰台区体育总会、北京园博园管理中心等单位联合承办的2018年北京国际风筝节国际风筝邀请赛暨京津冀风筝联谊赛在位于丰台区永定河西岸的北京园博园举行。

（赵艳涛）

【北京市第十五届运动会】　4月至8月，丰台区参加北京市第十五届运动会。在竞技项目比赛中，派出近500人的代表团参赛，获得21金、23银、34铜的成绩。在新增设的群众项目比赛中，派出334名群众项目运动员报名参加所有项目的角逐，获7个一等奖、6个二等奖、5个三等奖，获奖总数位列全市第三。

（赵艳涛）

【区内首个室内冰场落成】　8月8日，是第十个全民健身日，丰台区第一个室内冰场——北京冰之宝国际滑冰馆正式落成。位于西三环六里桥东南侧的北京冰之宝国际滑冰馆，集“冰球+花样滑冰+短道速滑”于一体，综合型滑冰场馆。冰场面积1600平方米、滑冰面积830平方米、休闲、娱乐等。配套设施齐全，采用国际先进的乙二醇环保制冰技术。为丰台区广大冰雪运动爱好者提供更加专业的冰上活动场地和专业的冰上运动培训。

（赵艳涛）

【卢沟桥醒狮越野跑】　9月15日，为纪念中国人民抗日战争暨世界反法西斯战争胜利73周年，由政协北京市委员会、北京市体育总会、丰台区人民政府联合主办的北京第32届卢沟桥醒狮越野跑活动在北京园博园举行。北京市政协主席吉林宣布活动开始。北京市政协副主席牛青山致辞。部分抗战老战士、市区两级政协委员等社会各界人士3000余人参与越野跑，以此铭记历史，缅怀先烈。

（赵艳涛）

【北京国际铁人三项赛】　9月23日，由北京市体育局、丰台区人民政府支持，丰台区体育局主办的2018北京国际铁人三项赛在北京园博园完赛。比赛为期2天，奥运距离比赛和半程赛共吸引1920名中外运动员参加。本届比赛高手云集，其中就包括两届奥运金牌得主阿利斯泰尔·布朗利、奥运银牌和铜牌获得者乔尼·布朗利，是迄今为止参赛选手水平最高的一届赛事。

（赵艳涛）

【丰台区全民运动会开幕式】　9月26日，由区政府主办的丰台区第七届全民运动会开幕式在丰台体育中心体育场举行，8000名丰台健儿参加。四年一届的丰台区全民运动会，由全民健身成果展示、传统赛事、基层群体活动三大类系列赛事活动构成，从5月一直持续到10月。

（赵艳涛）

【北京女子半程马拉松】　10月14日，由北京市体育局、北京市妇女联合会、北京市丰台区人民政府主办，北京市体育竞赛管理中心、北京市丰台区体育局、北京市丰台区妇女联合会承办的2018北京女子半程马拉松于早8点在北京园博园台湾园广场魅力开跑。

（赵艳涛）

【北京市第一届冬季运动会】　12月，组队参加北京市第一届冬季运动会，丰台区派出91名运动员，参加花样滑冰、高山滑雪、短道速滑、冰球比赛，竞技项目获得1金7银6铜的好成绩，位列全市奖牌总数第4。组织参加北京市第一届冬季运动会群众项目比赛，获三个一等奖（冰车男子团体、冰蹴球条形场地、冰蹴球方形场地），四个三等奖（冰车女子团体、滑雪比赛单板团体、滑雪双板团体、大众趣味冰雪团体），全市排第三位。

（赵艳涛）

【优化体育市场环境】　年内，出动执法人员528人次，检查体育经营单位264家，四名专职安全员全年共检查553次，涉及体育经营单位452家。开展3次联合执法行动，配合区纪委进行1次执法检查工作。全年完成29家单位的三级达标工作，21家单位的安责险购买工作、13家行政许可工作及7家单位的行政处罚工作。

（赵艳涛）

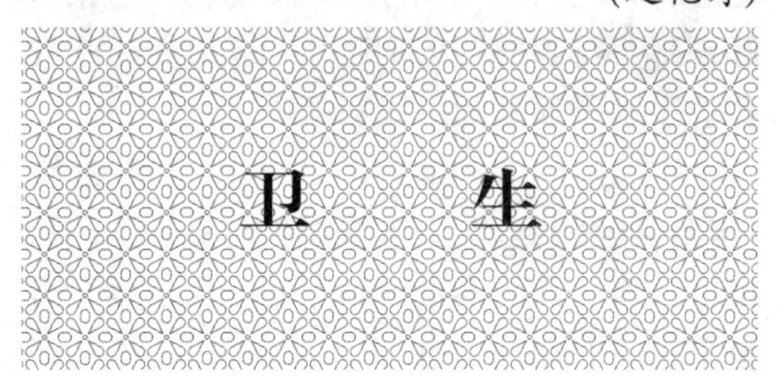

医疗卫生和计划生育

【概　况】　2018年，丰台区常住人口数210.5万人，户籍人口数114.96万人，流动人口数68.63万人。全区户籍育龄妇女238201人，其中已婚育龄妇女154690人；全区流动育龄妇女219374人，其中已婚育龄妇女167265人。办理北京市生育服务登记10387例，其中二孩3854例。全年辖区内出生10405人，出生率为9.10‰；死亡9649人，死亡率为8.43‰；人口自然增长率为0.66‰。因病死亡人数为9378人，占死亡总人数的比例为97.19%。死因顺位前十位依次为：恶性肿瘤、心脏病、脑血管病、呼吸系统疾病、内分泌，营养和代谢疾病、损伤中毒、消化系统疾病、神经系统疾病、传染病、精神障碍。丰台区户籍人口期望寿命82.55岁，男性80.21岁，女性85.01岁。全区医院门急诊接诊患者498.4万人次，较上年同期下降1.6%。社区卫生服务机构门急诊889.9万人次，环比增长10%。全年出院254019人次，住院病人手术86225人次。病床使用率78.51%，出院者平均住院12.5日。有医师9158人，护士9185人，医护比1∶1.00。全区计划生育单位38户，开展监督检查88户次；监督检查合格率100%。全区卫生系统总收入47.15亿元，其中财政拨款金额11.35亿元及业务收入35.8亿元；总支出48.19亿元。计划生育财政总投入金额4165万元。

（王　春　付雪丽）

【天坛医院新址开诊】　10月，天坛医院新址全面开诊。门急诊总量46.66万出院人数10739人次，手术量5603人次，本市就诊人员中丰台区常住人口占46.91%。

（王　春　付雪丽）

【社区卫生】　年内，丰台区规划设置社区卫生服务中心23个，已全部建成并正常运行，其中政府办14个、非政府办9个；规划设置社区卫生服务站157个，已建成157个，正常运行147个，其中政府办59个，非政府办88个。22个社区卫生服务中心及139个社区卫生服务站标准化建设已完成。全区社区卫生服务机构实际在岗人员4337人，其中卫生技术人员3385人，全科医生512人，护士1098人。年内社区卫生服务机构诊疗总量891.59万人次，门急诊量889.58万人次，出诊服务2.01万人次；家庭医生签约共80.12万人，签约率36.65%，其中重点人群签约36.04万人；对口支援方面，全区14家对口支援医院，其中三级医院9家，二级医院5家，全年支援总人数525人，总天数1795.5天，提供门诊服务3.20万人次，开展健康教育及专业讲座27场次收益553人次；双向转诊工作方面，全年上转14.36万人次，下转3625人次；至年底共建立居民个人健康档案167.13万份，建档率76.45%，其中电子健康档案164.81万份，电子健康档案建档率为75.39%。

（王　春　付雪丽）

【农村卫生】　年内，村卫生室21家，其中正常营业14家，覆盖率100%；全年诊疗量21636人次。乡村医生岗位350个，其中乡村医生203人，执业（助理）医师147人。全年为200名在岗乡村医生办理乡医继续教育IC卡，30名乡村医生通过北京市乡村全科执业助理医师资格考试并取得乡村全科执业助理医师资格。组织在岗乡医参加技能操作市级师资培训，开展全员技能操作培训和理论培训工作，177名乡村医生参加考试，通过率100%。

（王 春 付雪丽）

【传染病防治】 年内，甲类传染病无报告，乙类传染病14种3201例，死亡28例。发病率排在前三位的疾病分别是流行性感冒、其它感染性腹泻病、手足口病。其中报告手足口病2057例。结核病发病600例。艾滋病感染者及病人3082例（其中HIV感染者2139例，AIDS病例943例），2018年新增艾滋病病毒感染者及病人395例，死亡17例。人畜共患疾病发病人数5人，其中狂犬病0例、人禽流感0例、布病5例，无死亡。

（王 春 付雪丽）

【慢病防治】 年内，新建18家健康示范社区和4家健康示范餐厅食堂。免费开展心血管病高危人群筛查、癌症早诊早治、脑卒中筛查和窝沟封闭预防龋齿等民生工程，完成12979名居民的心血管病初筛调查和3028名高危对象的临床筛查，完成城市和农村癌症早诊早治筛查1834名，完成5190例脑卒中高危人群筛查和6431例肿瘤患者的社区随访，完成464名的国家骨质疏松流行病学调查任务。在全区各学校幼儿园为适龄儿童免费开展窝沟封闭1.4万颗牙和氟化泡沫5万余人次。在全区组建153个慢病患者自我管理小组，试点开展社区2型糖尿病患者有氧运动和弹力带抗阻训练运动干预活动。

（王 春 付雪丽）

【精神卫生】 年内，全区在册严重精神障碍患者7348人，报告患病率3.26‰，在册患者管理率为93.78%、在册患者规范管理率88.24%、在册患者规律服药率76.89%、在管患者病情稳定率为99.75%。精神科门诊基本药品使用补贴4520人，惠及率61.51%。

（王 春 付雪丽）

【学校卫生】 年内，完成学校卫生现场视导119所学校，完成教学环境监测56所学校，监督监测25所学校，督导落实常见病管理、视力不良和肥胖分级警示及督导共119所学校，完成行为危险因素监测7所学校，调查传染病知信行及与营养知识7所学校，用餐情况的监测与督导108所学校任务。创建学校健康食堂2所，四星级健康促进学校1所，完成新校医和全区校医的系统培训。

（王 春 付雪丽）

【计划免疫】 年内，全区建卡52189人，建卡率100%。基础免疫接种302737人次，加强免疫接种183024人次。麻疹疫苗应急接种852人，水痘疫苗应急接种57人。为766家企业、建筑工地、医疗机构等外来务工人员用工单位免费接种流脑疫苗3063人、麻疹疫苗3797人。完成学龄前流动儿童强化查漏补种51875人，无卡185人，补卡185，补卡率100%；无证24人，补证24人，补证率100%；所有疫苗预约加补种率均为100%。为60岁以上老年人接种免费流感疫苗45586人，为中小学生接种免费流感疫苗41475人。报告预防接种异常反应（AEFI）101例，报告率1.97/万，报告AEFI门诊覆盖率100%。

（王 春 付雪丽）

【职业卫生】 年内，接触职业病危害因素单位299家，劳动者总数43728人，其中接触职业病危害因素6725人。“职业病与职业卫生信息监测系统”显示，职业健康检查机构累计开展体检141户次，检查14436人次，检出职业禁忌证23人，疑似0人。新报告尘肺病14例、尘肺晋级和尘肺死亡各1例，噪声聋9例；六价铬化合物所致肺癌1例，农药中毒12例，疑似职业病6例，开展职业卫生相关知识培训6次，225家（户次）用人单位和医疗单位324人（人次）参加。年度辖区开展放射诊疗的医疗机构128

家，医用放射工作人员885人，个人剂量监测3645人次。完成2家医疗机构2人次大剂量核查。医用辐射防护监测网共计监测16家医疗机构放射设备及场所防护，检测24台放射诊疗设备和20个辐射场所防护。

（王　春　付雪丽）

【食品卫生及生活饮用水监测】　年内，完成食品中化学污染物监测260件，微生物监测190件，3家哨点医院开展食源性疾病病原学监测，全年共送检腹泻病例粪便标本499件，阳性标本121件，检出率为24.2%。诺如病毒检测129例，阳性18例，阳性率13.95%。检出单增李斯特菌感染病例4例。城市生活饮用水合格率为100%；农村饮用自备井水合格率为37.1%，主要不合格指标为硝酸盐、总硬度、溶解性总固体；农村桶装水厂处理后水，合格率为40.6%，主要不合格指标为pH、臭氧。5个综合环境整治村水质合格率100%。

（王　春　付雪丽）

【健康促进】　年内，丰台区创建健康社区189个、健康促进示范村44个、健康促进学校121个、健康促进医院13个，健康单位13个、健康餐厅22个（一个停业）、健康食堂20个、健康主题公园6个、健康步道8条、健康小屋42个、健康知识一条街3个，控烟示范单位28家，C级戒烟门诊5家。全年开展区级健康教育业务培训13次、健康素养知识竞赛1次，完成精品大课堂11场、幸福生活讲师团卫生宣教25场，带动辖区各街乡镇和医疗机构完成区政府折子工程大课堂299场、市政府折子工程社区大课堂180场，受众9.6万余人次，开展卫生日、无烟日等大型主题宣传活动11次，受众人群0.8万余人，制作并发放折页、海报、横幅、手册、草莓购物袋等健康教育宣传材料61种62200份。结合移动互联网开展在线交互式全民健康知识宣传普及活动，完成线上直播活动10场、线下活动9场，受众21.4万余人次。截止活动结束，组建战队776个，参与征文313份，完成线上注册人数约2.0万人。全年社区卫生服务机构共举办各种形式的家庭保健员培训150余次，完成1615名家庭保健员的培养工作。控烟实施处罚281户次，罚款金额197700元。

（王　春　付雪丽）

【卫生监督】　年内，丰台区共有公共场所单位2179户，监督检查11280户次，监督覆盖率98.76%，监督频次5.24，合格率94.85%。共实施行政处罚572起，罚款金额1800800元。旅店业场所户数611，已量化数572，量化比例93.62；文化娱乐场所场所户数129，已量化数113，量化比例87.6；公共浴室场所户数49，已量化数46，量化比例93.88；理发店、美容店场所户数802，已量化数725，量化比例90.4；游泳场（馆）场所户数37，已量化数34，量化比例91.89；展览馆、博物馆、美术馆、图书馆场所户数1，已量化数1，量化比例100；商场（店）、书店50，已量化数42，量化比例84；候车（机、船）场所户数4，已量化数4，量化比例100。全区有生活饮用水监督单位1174户，监督检查3285户次，监督覆盖率95.14%，监督频次2.94，合格率98.99%。实施行政处罚68起，金额239000元。丰台区有学校283所，监督1500户次，监督覆盖率100%，监督频次5.3次，学校卫生监督合格率99.93%。实施行政处罚25起。年内有放射诊疗监督单位143户，监督检查442户次，监督覆盖率100%，监督频次3.09，合格率96.8%。实施行政处罚32起，金额207000元。

（王　春　付雪丽）

【医疗卫生监督检查】　年内，辖区有医疗卫生机构499户，监督检查2688户次，医疗机构监督覆盖率99.2%，监督频次5.39，合格率99%。实施行政处罚27起，罚没金额97242元。处罚非法行医类35户次，罚没金额530104.5元，吊销医疗机构执业许可证单位2户。区内监管传染病与消毒单位503户，监督检查2164户次，监督覆盖率98.41%，监督频次4.37，合格率94.81%。实施行政处罚126起，罚款金额270000元。

（王　春　付雪丽）

【妇幼保健】　年内，区内剖宫产率为44.62%，孕产妇死亡率为0。婚前检查人数1877人、疾病检出数140人，婚检率10.60%。新生儿死亡15人、新生儿死亡率1.49‰；婴儿死亡30人、婴儿死亡率2.98‰；5岁以下儿童死亡36人、5岁以下儿童死亡率3.57‰。出生缺陷发生率为13.43‰，主要出生缺陷病种为外耳其他畸形、多指趾、先天性心脏病。0－6岁儿童108439人，系统管理率97.6%；0－6岁儿童保健覆盖106950人，覆盖率98.63%。

（王　春　付雪丽）

【计生服务】　年内，与14个职能部门签订《计划生育综合治理责任书》、与21个街、乡（镇）签订《计划生育目标管理责任书》。全区计划生育政策符合率99.72%。全年发放免费避孕药具13种，1432箱，总金额833643.87元，全区免费避孕药具免费发放网点459个，新增56个。孕前优生健康检查1563对，检出疾病人群数为1941人，疾病人群检出率65%，孕前风险评估与指导数为1941人，针对检出疾病进行指导。免费孕前优生健康检查定点医院1所。年度符合计划生育家庭奖励和扶助政策人数34258人，奖励总金额为4804.7560万元。其中，独生子女父母奖励费17752人，金额107.32万元；独生子女父母年老时一次性奖励6128人，金额612.8万元；独生子女父母一次性经济帮助181人，金额181万元。农村部分计划生育家庭奖励扶助6330人，扶助标准120元/月/人，金额911.52万元；独生子女家庭特别扶助1630人，扶助标准720元/月/人，金额1408.32万元；独生子女家庭伤残特别扶助2237人，扶助标准590元/月/人，金额1583.796万元。

（王　春　付雪丽）

【对口支援】　年内，制定《丰台区医疗健康扶贫协作和支援合作工作实施方案》，开展对口支援和城乡结对帮扶工作。与河北涞源县、内蒙林西县、扎赉特旗及青海治多县共签订37份对口支援帮扶协议，派驻医务人员59人，共诊疗患者5073人次，下乡义诊1984人次，业务培训2934人次，惠及建档立卡贫困人口2313人次。

（王　春　付雪丽）

【血液管理】　年内，区属医院全年用红细胞45676单位，血小板6736单位，成分输血率达到100%，无自体采用血。区内设置6个街头采血点，采血车3辆、方舱1个，采血屋2个。

（王　春　付雪丽）

食品药品监督管理

【概　况】　2018年，负责区内食品生产经营主体34214家，占82.5%，药品、保健食品、化妆品、医疗器械生产经营主体7269家，占17.5%。综合运用日常监督、联合检查、“双随机”抽查、“四不两直”检查等多种监管方式，检查5.2万户次主体，实现食品药品生产经营主体监督检查全覆盖。完成食品药品检测20815批次，食品合格率98.6%，药品合格率99.84%。查处食品药品制售黑窝点48处，查扣假劣产品150余吨，抓获犯罪嫌疑人59人。受理投诉举报10818件，全部按时转办，按时回复，未出现任何工作疏漏及行政复议。

（刘媛媛）

【创建食品安全示范区】　年内，建成21个“食品药品安全科普宣传站”、21个“食品安全示范区创建宣传栏”，开展宣传活动348场次，发放宣传品45万余份，张贴海报15万张，媒体发布创区相关信息273篇。建立丰台区食品药品安全义务监督员、信息员、志愿者“三员”队伍4011人，提高辖区食品药品监管工作效能。群众食品安全满意度79.7%，对创区工作知晓率83.2%，支持率97.6%。全年治理无证餐饮单位1285户。

（刘媛媛）

【“阳光餐饮”工程】　年内，完成4878户餐饮单位“阳光餐饮”工程建设，建设完成率为100%。全区中小学校、托幼机构、养老机构食堂100%实现“阳光餐饮”，900家餐饮单位完成“阳光餐饮”示范店建设。

（刘媛媛）

【行刑衔接工作】　5月8日，召开“2018年丰台区食品药品行政执法与刑事司法衔接专题工作会”，传达部署《北京市丰台区2018年联合打击食品药品安全违法犯罪工作方案》，确定“所所衔接”联系人。年内与区公安部门共同制定《打击食品药品违法行为协作工作规范》，配合公安部门办理案件62件，向公安部门移送涉嫌犯罪案件10件，联合公安部门捣毁食品药品制售黑窝点64处，抓获犯罪嫌疑人85人。

（刘媛媛）

【重大活动保障】　年内，建立会供食品安全保障工作机制，形成丰台特色的安全保障工作体系，完成全国“两会”、“2018国际夏令营”、“北京市第十届民族运动会”、中非论坛等重大活动保障，总结出重大活动会供食品安全“四五六”保障体系（即准备工作，做到“四个提前”；过程管理，确保“五个到位”；点位监督，实行“六专六档”）。全年完成大型活动保障11次，出动保障人员约5400人次，保障供应食材约2000吨，供应餐食约6.3万份，确保重大活动保障工作的万无一失。

（刘媛媛）

【违法行为查处】　年内，集中开展河豚专项检查、驴肉及其相关制品专项检查、散装白酒专项检查、冷冻食品专项整治、食品及保健食品虚假宣传专项整治、校园周边食品安全专项检查食品领域专项整治行动；有针对性地开展中药饮片、无菌和植入性医疗器械、美容美发化妆品、医疗机构制剂配制等药品化妆品医疗器械领域专项整治，结合互联网监测线索，组织开展网络订餐专项整治。查处食品药品违法案件2177件，罚没金额3440万元，查扣假劣产品150余吨。

（刘媛媛）

【非洲猪瘟疫情防控】　年内，针对全国非洲猪瘟疫情，加强生产、流通、餐饮各环节检查、检测，严格新发地、岳各庄、京深等一级肉类批发市场入市快检。深化源头管控，组织专项调研组对外埠（河北省）8家屠宰企业进行溯源检查，确保上游供应基地有效实施防疫。

（刘媛媛）

社　会

民政工作

【概　况】　2018年，丰台民政工作在区委、区政府的坚强领导和市民政局的精心指导下，坚持全面从严治党，着力保障和改善民生，不断创新社会管理，加快发展社会服务，全面提升民政服务保障水平。全年承担市政府折子工程3项、区政府折子工程7项、区委重点督查事项3项、区级为民办实事1项，各项工作任务顺利完成。

（韩丽敏）

【社会救助】　年内，城乡低保标准由家庭月人均900元调整为1000元，城乡低收入家庭认定标准从家庭月人均1410元调整为2120元。截至年底，全区城乡低保对象5262户、9304人，累计支出低保金1.17亿元；救助城乡特困供养人员122人，累计支出363.05万元；认定低收入家庭172户、358人；享受临时救助对象3152人次，累计支出657.72万元；享受城乡医疗救助7761人次，累计支出1837.69万元；享受教育救助65人次，累计支出28.9万元；享受供暖救助3680户，累计支出502.54万元。实施低保分类救助，通过收入核减、标准上浮、就业援助及救助渐退等方式，对罹患重大疾病人员、重度残疾人等困难群体，实行15%到50%的标准上浮，月救助金最高达到1500元。加大城乡医疗救助力度，低保、低收入人员个人缴费由财政全额负担；在区属丰台医院等5家公立医院实行先看病、后结算，实现区级住院押金100%减免。在全区21个街乡（镇）建立困难群众救助服务所。作为北京市核对工作试点圆满完成了投资型保险和车辆保险的预警处理任务，提升了社会救助对象精准识别能力。开展社会救助领域专项整治活动，全年处理车辆、房屋、存款预警信息700余条，撤销低保家庭300余户。

（韩丽敏）

【流浪乞讨人员救助】　年内，接待并救助流浪乞讨人员1981人，其中国际求助2人、离站1721人、就地安置33人、异地护送26人。坚持开展重点区域的上街巡视，通过增加巡视频率、拓宽巡视区域、延长巡视时间等方法加强巡视力度，切实做到“发现一人救助一人”。建立“党员应急先锋队”和“党员救助巡视队”，开展巡视40余次，妥善处置精神病人发病12起、受助人员冲突19起。

（韩丽敏）

【灾害应急】　年内，推进综合减灾示范社区创建工作，获评北京市综合减灾示范街道（乡镇）1个、国家综合减灾示范社区1个、北京市综合减灾示范社区 9 个。加强救灾物资储备库建设，采购多功能棉服 2500 件、雨衣（分体式）2000 套、雨鞋 2000 双，共支出资金 78.9 万元。全年共有救灾物资 9 类 23 种 24067 件，捐赠物资 2 类 12 种 8736 件。

（韩丽敏）

【养老机构建设】 年内，新建养老机构 3 家，新增床位 677 张；全区共有养老机构 36 家、床位 9525 张。全年审核下拨非营利性社会福利机构运营资助金共计 1749.07 万元。推进公办民营体制改革及建设，8 家公办机构民营率为 75%。对全区 31 家养老机构开展服务质量大检查，通过整改各机构基础性指标合格率达到 100%、管理服务质量类指标合格率达到 90% 以上。以右安门翠林敬老院、康助护养院两家二星级养老服务机构作为试点单位，开展养老服务标准化试点工作。推进机构星级评定，年内颐年堂养老院通过二星级评定；全区通过星级评定机构共 18 家，其中四星级 1 家、二星级 16 家、一星级 1 家。推动养老责任综合险投保工作，28 家养老机构和 2 家残疾人机构参加，养老责任综合险投保 4059 张床位、雇主责任险投保 1256 人。

（韩丽敏）

【双拥共建】 年内，全力支持保障军队改革建设，加快推进 61001 部队营区建设，解决军人家属落户难题，投入资金 1950 万元对部队出行道路进行改造，召开军地协调会为部队解决出行安全问题。开展双拥共建活动，组织军政座谈会和八一走访慰问活动。为 133 名军人子女协调解决入学问题，帮助 30 余名随军家属走上工作岗位，开展“企业认知行”就业帮扶系列活动。为 143 名随军家属发放自谋职业扶助金 534.48 万元。

（韩丽敏）

【优抚安置】 年内，开展丰台区退役士兵及其他优抚对象信息采集，为烈属、军属、退役军人家庭悬挂光荣牌，共采集 65897 人次。保障优抚对象各项权益，全年发放各类优抚资金 5099 人次、1.75 亿元。落实安置政策，加强退役士兵安置工作，全年接收退役士兵 323 人、安置转业干部 189 人、接收自主择业干部 447 人。开展退役士兵技能培训和再教育，共 17 人参加了技能培训，8 人参加了高等学校再教育。

（韩丽敏）

【军休服务】 年内，接收安置军休干部 289 人，截至年底，全区共有军休干部 12075 人，无军籍职工 3389 人。推动军休干部住房不动产登记证办理，7 月第一批 814 户不动产登记证发放到位。落实军休干部的政治待遇、生活待遇、医疗待遇，确保军休群体的安全稳定。建立功能型“中心制”管理模式，组建财务记账中心和医药费集中审核录入中心，将干休所资金核算和药费录入审核纳入集中管理。

（韩丽敏）

【基层民主建设】 开展“两委”选举调研摸底工作，对不参选村民主程序、社区居委会选举本土化指标、候选人资格“五好十不能”认定等问题多次进行研讨。指导街、乡（镇）做好选前准备工作，针对重点村、重点人、历史遗留问题建立台账，并进行分析研判。有序推进社区调整工作，经区长办公会审议，年内共新建社区 3 个、撤销社区 2 个、调整社区 5 个。完成 11 个新建社区居委会选举工作，指导卢沟桥乡、花乡、南苑乡共 7 个村进行撤村工作。

（韩丽敏）

【社区服务建设】 探索社区服务管理机制，305 个社区居委会实现市、区、街、居社区服务系统四级联网。创新社区服务供给模式，基本建成区、街（乡镇）、居（村）社区服务组织框架。分类推进社区服务社会化运营，各街道社区中心均开展至少 1 个社区服务社会化运营项目，形成完善的项目委托机制和机构委托机制。

（韩丽敏）

【社工人才培训】　开展社工职业水平证书网上登记、再登记工作，为全区589名社工进行了登记。与北京民政干部教育管理学院联合举办丰台区精准救助服务督导工作坊和丰台区社区社会工作督导工作坊，对持有中级社工证书人员进行知识、技能培训，共有420多人次参与。

（韩丽敏）

【残疾人两项补贴】　年内，共审核残疾人生活补贴申请材料723份、护理补贴1377份、居民经济核对报告437份，发放困难残疾人生活补贴61433人次、3248.56万元，发放重度残疾人护理补贴179764人次、2538.99万元。全年追缴残疾人两项补贴资金26.43万元，保证了资金发放的准确性。

（韩丽敏）

【孤残儿童养育】　推动丰台区儿福院由单一型养育向养、治、教、康相融合的复合型养育方式转变。以康复促回归，拓宽收养渠道，科学开展脑瘫患儿的治疗及康复，大力推进国内收养和涉外送养。截至年底，在院管理儿童数70名，其中院内31名、家庭寄养39名；全区共有散居孤儿29名，基本生活费每月按时发放到位。

（韩丽敏）

【未成年人保护】　健全未成年人保护工作机制，通过政府购买服务引入专业社工机构，开展小组工作、个案工作、家庭监护培训、心理健康测评等形式多样的困境未成年人保护活动，全年累计服务近3000人次。

（韩丽敏）

【地退超转人员服务管理】　年内，接收超转人员823人，收缴超转经费1.56亿元。截止年底，全区征地超转人员为9317人，其中市管人员1238人、区管人员8073人。加强超转经费的监管力度，认真执行《征地超转经费监管措施》，全年发放超转人员退休费、抚恤金、生活补助费、取暖费等共计2.87亿元；追缴生活补助费和医疗补贴53人次、7.38万元。建立超转“四类”人员信息管理长效机制，实现信息管理规范化、适时化、常态化。

（韩丽敏）

【福利彩票发行】　年内，全区共有销售网点336个，全年福利彩票销售额6.07亿元，完成目标值的103.62%，完成挑战值的96.97%，累计销售全市排名第二。建立“阳光福彩”动态分级管控体系，实现销售网点100%接入。获评“北京市十佳销售站”4个、“北京市市级优秀销售站”32个、“北京市市级优秀销售员”6个。

（韩丽敏）

【行政区划管理】　针对与周边友邻区之间存在跨界建设、管理权限不清的情况，对与大兴区、东城区和朝阳区区界的存在管辖争议地区进行测绘，出具测绘报告。推进平安边界建设，配合相关单位做好区划界线的界定工作，全年共办处行政区划界线管辖争议案件40件。

（韩丽敏）

【殡葬服务管理】　开展丰台区殡葬领域突出问题专项整治行动，会同区公安分局、物价所、工商分局等部门开展联合执法，对2家殡葬销售网点立案处罚、6家殡葬销售网点开具责令改正书，对9处散坟进行填平，联系51处散坟家属动员迁坟。年内审核发放城乡无丧葬补贴400人、共计200万元。完成清明节群众扫墓服务工作，接待扫墓群众约50.6万人，扫墓车辆约8.3万辆。

（韩丽敏）

【婚姻收养登记】　全年共办理结婚登记8857件，离婚登记5077件，补发结婚证2940件，补发离婚证578件，办理收养登记7件，解除收养登记1件，执法合格率100%。深化放管服改革，推行“三亮三创三评”创先争优活动。完善档案即时电子化项目，实现婚姻登记手续电子化。推广婚姻家庭文化，为6000余对新人举行颁证仪式，开展心理辅导和法律咨询服务。与区邮电局联合举办《大雁》邮票首发仪式暨“幸福相伴 珍爱一生”的爱情邮折发放活动。

（韩丽敏）

【社会组织发展】 年内，全区共有社会组织495家，其中社团69家，民非426家。完成社会组织行政许可事项84项，行政执法合格率100%。强化社会组织年度年检，依法依规对丰台区应检社会组织412家实施年度检查，完成年检组织388家，年检率94%。完成60家社会组织规范建设评估，持续保持五年内累计评估率100%。按照分类指导、分期分批实施原则，全面落实社会组织退出机制，推进清理整顿工作常态化、规范化、制度化。

（韩丽敏）

【慈善工作】 年内，开展慈善宣传，加强慈善组织监管，区慈善协会完成两个资格认证工作，成为丰台区首个具有两个资格的慈善组织。启动丰台区首个互联网公开募捐项目“助力坚强母亲 让爱点燃希望”，实现慈善公开募捐“零”突破。区慈善协会全年接收慈善捐赠资金480余万元。开展慈善救助工作，对110个特殊困难家庭实施专项及日常救助，对10家福利机构进行帮扶救助211.1万元，对新疆和田县、内蒙古林西县和扎赉特旗、河北涞源县、云南昭通市等地对口扶贫，助力林西县实现脱贫摘帽，全年总计支出扶贫资金151.4万元。

（韩丽敏）

【捐赠工作】 全年接受各类捐赠款2533万余元，其中定向区教委捐款2481万元，定向利智康复中心捐款34.8225万元，“春风送暖”社会捐助17.2万余元。推进规范化捐赠站点建设，全区共有385个社区（村）捐赠站点，全年接收捐赠衣物10万余件，实现了就近捐、方便捐、随时捐。持续推进“慈善超市”街乡（镇）全覆盖，年内14家慈善超市开门营业，7家在建中；依托慈善超市开展义诊、义卖、互动娱乐等活动，累计参与2500余人次。对内蒙古扎赉特旗和林西县、河北涞源县开展社会捐赠工作，累计捐助扶贫物资526万元。

（韩丽敏）

【见义勇为行为保护】 年内，依法确认见义勇为行为四起4人；全区共有见义勇为人员134人。加大见义勇为人员权益保护，努力为其在救治、抚恤和家庭生活方面解决具体困难，发放奖励金、褒扬金、慰问、补助金等共计73.42万元。

（韩丽敏）

社会建设工作

【概　况】 2018年，社会建设工作坚持“精治、共治、法治”原则，深入贯彻落实北京市社会建设工作会议和区委区政府工作部署要求，以党建引领街乡管理体制机制创新，以“街乡吹哨、部门报到”为抓手，进一步完善党委领导、政府负责、社会协同、公共参与、法治保障的社会治理体制，打造共建共治共享的社会治理格局，推动全区社会建设工作取得新成效。夯实社会领域党建基础，新建“两新”党组织63个，新增商务楼宇工作站7个。提升社会领域基础保障水平，出台《丰台区关于落实社会领域党建工作基础保障规划的实施办法》，推动政策、资金、项目等基础保障在社会领域全线下沉。强化社区自治，推进社区发现发动综合治理平台建设。加强社区精细化治理，完成示范点建设，市级“一刻钟社区服务圈”9个、市级“社区规范化”10个、“社区之家”20个。开展老旧小区综合整治试点工作，探索建立长效管理模式。加强社工队伍建设，规范调整社工资待遇。为提升社会领域志愿服务水平，在全区广泛开展社区环境建设志愿服务活动。培育发展社区社会组织，投入资金440万元，扶持社会组织服务项目53项，扶持社区志愿服务项目101个。新建11所专业社工机构，开发设计150余个服务项目。

（赵　明）

【现场研讨老旧小区综合整治办法】　1月12日，在太平桥街道太西里社区，区房管局、发改委、财政局、综治办、社会办、规划分局、公安分局、城管局、消防支队以及物业公司、产权单位、设计单位一起，现场勘查调研10栋老旧居民住宅楼，针对整治方案进行提问研讨，对2018年丰台区老旧小区综合整治工作提出三点要求：方式为项目申请制，由街道根据需求向丰台区老旧小区综合整治指挥部办公室提出申请；内容按需定制，突出自下而上，根据居民需求确定楼本体、公共区域、地下空间、停车位等区域的改造项目；工作标准高，实施“六治七补三规范”，旨在建立老旧小区管理长效机制。

（王　茜）

【召开社区建设与治理研讨会】　3月7日，召开年度社区建设与治理研讨会，会上，各街道地区办事处社区建设主管领导，针对年度拟开展创新项目和需求逐一发言，共同研究讨论“街乡吹哨、部门报到”运行办法，梳理各街道社区建设和治理工作思路，了解属地需求，为年度社区建设重点资金投入提供了依据。区社会办副主任主持会议，并对全区社区建设重点工作进行部署。

（王　茜）

【举办社区建设与治理培训班】　3月28日至29日，举办社区建设与治理培训班，解读习近平新时代中国特色社会主义思想和党的十九大关于社会建设重要论述、北京市社会建设工作要点，部署全区社区建设工作重点。期间举办了16个街道（地区）办事处主任论坛，以“谈思路、出对策、话未来”为主题研讨社区治理办法，与会主任分别从加强社区工作者队伍建设、社区服务水平提升、老旧小区服务管理、社区减负及社区信息化服务水平推进等方面展开交流与研讨。围绕社区建设与治理、社区治理创新等专题，邀请北京市社会办副主任、知名专家现场授课，进一步统一思想、理清思路，增强工作的责任感和紧迫感，提升创新社区治理的能力和水平。

（王　茜）

【开展“京台”社区大讲堂活动】　5月2日至7日，台湾高雄市三民区交流团一行24人到丰台区回访交流。5月4日下午在丰台区西罗园街道第四社区举办了主题为“交流共融、合作发展”的京台社区大讲堂活动。活动中，两岸民众相互分享了社区管理经验，参观了养老照料中心，与社区居民开展互动。三民区的安泰里和新村街道鸿业兴园社区、十美里和西罗园街道西罗园第四社区、达勇里和铁营街道木樨园第一社区、德智里和云岗街道南一社区、宝庆里和太平桥街道太平桥东里社区、宝狮里和丰台街道东大街西里社区等6对社区（里）结为友好社区。活动的开展，探讨交流了社区建设经验做法，拉近了两岸民众的距离，促进了两岸民众的相互了解，进一步诠释了“两岸一家亲”理念。

（王　茜）

【居民消费维权区域化党建联盟成立】　5月10日，丰台区首个居民消费维权区域化党建联盟成立，致力营造放心消费环境，提升居民满意度。在区委社会工委、区老龄委的共同支持下，区工商分局第七党支部与北京嘉安律师事务所党支部、右安门街道东滨河路社区党委组成共建联盟，以党建为引领，打造“区域联动，互补共建”实践平台，建立和完善居民消费维权微循环，初步形成“L + A + N”消费纠纷解决新模式。“L”即律所、法院、法律专家学者等法律援助资源（Law），“A”即联盟间交换信息的平台（Associate），N 即社区、大型商超、市场、行业协会等基层组织信息网络（Net）。“N”搜集消费投诉信息，反馈到“L”，由“L”进行快速调解，若过程中遇到违法问题则及时反馈到工商部门，由工商部门负责查处，并在社区媒体定期公示被投诉和被查处的企业信息，通过信息公示制度保证信息透明，促进居民小额消费纠纷快速解决。共建联盟成立大会上，丰台区首个彩虹消费维权服务队“夕阳红分队”同时成立，25 名分队成员全是辖区离退休的老党员，主要负责消费知识宣传、搜集维权难点和投诉事后跟踪，是共建联盟的有益补充。

（王　茜）

【市社会办领导到丰台调研】 6 月 4 日，市委社会工委、市社会办社会建设处领导一行到丰台调研“一刻钟社区服务圈”和“社区之家”建设情况，听取了有关社区负责人的工作汇报，实地查看了商品房、单位型社区、老旧小区、保障房等不同类型社区环境及公共服务设施的配套情况，详细询问了服务站运行、服务商分布签约准入、为老助残等志愿服务及社区特色服务开展情况，肯定了丰台区在配置便民服务资源、提升公共服务方面所做的努力。

（王　茜）

【召开非公企业孵化器党建工作研讨会】 6 月 25 日，召开第一次非公企业孵化器党建工作研讨会，以助推全区“两新组织”党建工作的开展。会议邀请了区科委、时代风帆楼宇党委、国家级孵化器北京京辰瑞达孵化中心、北京易正博瑞文化传播有限公司等单位党建工作负责人，就如何发挥党建引领推动非公企业孵化器创新发展，各抒己见、畅所欲言。通过交流研讨，凝聚了思想，达成了共识——坚持以创新推进全区非公企业孵化器党建工作为抓手，加强服务，大胆实践，不断提升精准、高效扶持科技创新企业的能力水平，努力开拓全区“两新组织”党建工作新局面。当前，非公企业孵化器已成为培育孵化科技创新型中小非公企业、提升区域经济的重要举措和载体。截至年底，丰台区共有非公经济机构举办的区级孵化器 12 家、市级孵化器 2 家、国家级孵化器 5 家。

（王　茜）

【全面推广社区微信群体系建设】 9 月 26 日，召开微信群体系建设现场会，推广方庄微信群的做法和经验。方庄微信群在畅通民意诉求、搭建精治共治法治平台，实现“群众线上吹哨，政府线下报到”方面进行了有益尝试，收到较好效果。会议由区委社会工委书记李振茹主持，副区长张鑫出席，区社会办、城指中心及 21 个街乡镇主管领导及科室负责人参加。会议明确，将社区微信群体系建设纳入各街乡镇“吹哨报到”工作年度考核内容，将倾听民意诉求、问题反馈与满意度情况纳入社区工作者考核指标。会议强调，微信群体系建设要解决想不想、能不能、敢不敢的问题，要充分认识到这是与群众一起发现问题、解决问题的好方法，不能等待观望，不能有畏难情绪，要全面推广；各街乡镇要看方庄找差距，结合实际因地制宜开展工作，将微信群建设成为正能量的群、组织化的群、解决问题的群、让居民满意的群。

（王　茜）

【举办社区治理工作高级研修班】 10 月 30 日至 31 日，举办社区治理工作高级研修班，21 个街乡镇社区建设主管领导及科室负责人共计 45 人参加。区委社会工委书记李振茹作开班动员和培训总结。李振茹强调，街道干部要练好内功，提升社区治理理念，增强自身本领，将学习成果及时有效转化到实践中去；工作中要加强交流，以实力增强自信，形成积极向上的集体。培训期间，邀请城乡社区参与式发展的公益机构高级培训师宋振华围绕居民自治组织的培育和可持续发展、社区冲突调解等课题进行授课，拓宽了与会干部的工作思路。

（王　茜）

【最美社工宣讲团】　11月，为进一步宣传社工理念、弘扬社工精神、扩大社工影响，开展社区工作者“大比武，大练兵”活动和寻找丰台最美社工活动。“身边榜样 群众贴心人”最美社工事迹宣讲是2018年丰台区“做群众身边事，走好新时期群众路线”系列活动的重要环节。宣讲员精心组织材料，认真配合最美社工宣传拍摄，积极宣传社会工作理念。通过有高度、有深度、暖人心、增信心的事迹宣讲，以自身行为感召群众，带动更多人关注和参与丰台区社会建设事业。

（王　茜）

【党建引领社区治理落到实处】　年内，起草《丰台区“街乡吹哨、部门报到”工作职能部门考核实施细则（试行）》，协调区经信委对接需求开发信息系统。进一步完善社区发现发动机制，提升社区问题发现、问题上报、社会动员、服务群众能力。以制度形式将调研培训交流工作常态化，及时挖掘基层鲜活事例，将宛平地区“院儿长制”、方庄地区“群众线上吹哨，部门线下报到”、南苑街道“党建引领，志愿服务做实，和谐家园建设”经验做法向全区推广。

（王　茜）

【社区工作者队伍建设】　年内，加强资金、人员、制度保障，促进提升全区社区工作者的综合素质，按照整体待遇平均水平不低于2017年社平工资100%的要求，制定丰台区社工待遇规范调整方案，并报区政府常务会议审议。根据各街道（地区）服务站缺编情况，面向社会公开招录社区工作者279名，补充基层用人需求。委托首经贸课题组开展社区工作者规范化管理项目工作，修订《社区工作者管理制度汇编》。丰台区现有社工总数4650人，平均年龄39岁，持证率39.4%，大专及以上学历占比95.5%，党员占比49.6%。

（王　茜）

【提升社区服务水平】　年内，按照增量、提质、规范相结合的原则，新建9个市级“一刻钟社区服务圈”示范点，累计建成186个，覆盖率达到94%；新建10个市级社区规范化建设示范点。承办全市“一刻钟社区服务圈”建设推进会，发布规范标识。开展资源分布专项调查，与北京邮政签订“一刻钟社区服务圈”+“邮乐社区生活”战略合作协议，将邮乐菜站、智能包裹柜等系列服务融入“一刻钟社区服务圈”。

（王　茜）

【加强社会资源开放共享】　年内，以居民需求为导向，调动辖区内机关、院校等资源广泛参与社区建设。指导街乡建立服务资源目录，建设“社区之家”试点20个。马家堡街道赵登禹中学部，针对社区居民对传统文化的学习需求，定期向周边社区居民开放教室、“真趣园”等场所，老师现场讲授非遗传统课，组织居民进行非遗制作体验活动，服务辐射周边10多个社区，丰富了居民的文化生活。同时，学校在不影响正常教学的情况下，将会议室、报告厅、操场等提供给周边社区居民使用，把学校真正打造成为居民的温暖之家。宛平记忆红色书屋打造24小时无休居民体验馆，满足居民的精神文化需求。位于东高地街道的中国航天科技集团公司第九研究院第704所第一职工活动站，向社区及周边居民开放室内外各类文娱健身场馆，使居民无偿、低偿享受高品质服务。

（王　茜）

【加强老旧小区服务精细化管理】　为确保区级老旧小区服务管理专项补助经费安全、高效、合法、合理使用，委托第三方机构对各街道资金使用情况开展绩效考评工作。各委办局高度重视绩效评价结果，为该项资金的后期使用规范管理奠定了基础。针对2018年拨付各街道（地区）办事处老旧小区专项补助资金，通过建立月报制度，定期与财政局对表进度，加强对资金使用的日常监管。会同区房管局开展老旧小区综合整治试点工作，通过实地调研、培训辅导等形式，规范试点后期长效管理模式。

（王 茜）

【加强社区公共服务设施建设】 年内，以安全为底线，以达标为目标，用好市级政策、争取区级政策改善存量，严格按照标准审核增量，通过采取新建、改扩建、购置、租赁等方式，改善社区办公和服务用房条件。新建成东高地万源南里社区、东铁营宋庄路第一社区、卢沟桥六南社区3个社区办公和服务用房项目并交付使用。加强社区租赁办公用房项目管理，对14个街道（地区）70个社区租赁项目进行审核，协调财政落实资金1089万元。按标准协调审核新建社区办公服务用房，加强与规划、建委、财政等部门协调，针对新建住宅项目配套社区办公服务用房，召开27次专题会，以现场查看、规划联审、项目移交对接等形式，确保社区用房面积达标、功能好用。针对街道社区用房装修项目，协助8个街道（地区）争取10个装修项目303.4万元，为街道社区建设提供有效的服务保障。

（王 茜）

【开展社区“两委”换届选举筹备工作】 年内，按照市委统一部署，全市社区“两委”换届选举工作8月启动12月底完成的工作任务，区委社工委坚持超前谋划，提前筹备，指导和组织全区336个社区4274名社区“两委”班子成员，完成网上填报、信息核实、结构分析等基础工作，健全了工作台账。与区委组织部、民政局、农工委等部门一起，完成16个街道5个乡镇的换届选举专题调研工作，对完成换届指标、后备队伍建设和存在困难等情况进行摸底调研，进一步掌握了全区选举情况，为社区“两委”换届选举工作奠定了基础。

（王 茜）

【提升“两个覆盖”工作水平】 年内，着力健全机制、务实举措、攻坚克难，确保全区“两个覆盖”工作量质齐升。组织召开丰台区2018年“两新”组织党建工作联席会议，总结了2017年工作，对2018年工作进行了部署，明确全区“两新组织”党建工作10项重点任务。落实月报工作制度，定期汇总数据，及时通报工作情况。全年全区“两新”组织新建党组织45个，新增党员327个。

（王 茜）

【推动街乡管理体制机制创新】 年内，牵头起草了《中共北京市丰台区委关于党建引领街乡管理体制机制创新 实现“街乡吹哨、部门报到”的实施办法》，并经区委常委会审议通过。与区法制办对接，形成全区（各街道乡镇、部门）统一的吹哨报到清单，为街乡吹哨部门报到提供依据。制定《丰台区“街乡吹哨、部门报到”工作职能部门考核实施细则（试行）》，细化了区政府相关职能部门考核项目，量化了考核标准，为进一步落实街道乡镇相关职权、调动职能部门依法履行职责的积极性主动性、促进街乡吹哨和部门报到水平双提升、解决服务群众“最后一公里”难题提供了依据和保障。

（王 茜）

【商务楼宇工作站建设】 年内，对全区商务楼宇工作站建设情况进行了摸底调研，建立健全工作台账。突出重点，完成卢沟桥乡恒泰大厦、长辛店镇渡业大厦等4个商务楼宇工作站的前期筹备、实地考察和审批工作。结合各单位实际，明确了街道、乡镇、科技园区年内新建商务楼宇工作站的指标任务，把商务楼宇工作站扩建工作列为年度工作重点，扎实推进。截止年底，全区共建商务楼宇工作站71个。

（王　茜）

【推进党建品牌和先进典型培育工作】　年内，结合建党97周年和社区党建“三级联创”活动，深入挖掘基层党组织和党员中的优秀典型，推进基层党建典型的培育工作。在七一前夕，向市委社会工委推荐市级基层先进党组织7个、优秀党建工作品牌5个、优秀共产党员8名、优秀党务工作者7名；向区委组织部推荐区级基层先进党组织18个、优秀共产党员130名。选树“时代风帆”和“日月天地”两个商务楼宇工作站，作为商务楼宇统战工作的典型，重点培育，打造品牌。向市委社会工委推荐集美集团党委、窦珍志愿服务联合会党支部等7家“两新”组织党组织，纳入市级党建创新品牌。推荐2名“两新”组织优秀党员参评“北京好人榜”，推荐2家“两新”党组织参评“北京社会好人榜”群体。挑选推荐12个优秀故事参选改革开放40周年“百姓故事”的征选。

（王　茜）

【党建信息研究工作】　年内，坚持社会领域党建信息研究向基层拓展、向企业延伸的工作思路，引导基层和非公企业党组织积极参与党建信息研究工作。精心选送党建信息员参加市级培训，以提升党建信息员队伍整体水平。加强社会领域党建工作调研，有11篇调研论文获得北京市社会领域党的建设研究年度表彰，并纳入成果汇编，入选论文数量列全市第二名。向区委组织部推荐社会领域党建研究调研报告5篇、选送基层社会领域党建研究调研报告8篇。向各媒体推荐上报党建信息26篇，在新华网、北京社会建设手机报、《丰台报》、北京丰台微信平台等媒体发表党建信息12篇。

（王　茜）

【“枢纽型”社会组织体系建设】　年内，发挥区街两级“枢纽型”社会组织作用，在社会组织孵化培育、加强社区治理、老旧小区自治、背街小巷整治、精准扶贫等领域取得新突破。开展向“枢纽型”社会组织派驻社工试点工作，以提升“枢纽型”社会组织服务管理能力。60个扶持社会组织服务项目顺利结项，共开展活动3600余场次，覆盖人群11.8万人次，发放宣传资料3万余份。53个扶持社会组织服务项目顺利实施。举办社会组织服务项目成果展示交流对接活动，搭建社会组织与街道、社区交流互动平台。

（王　茜）

【提升专业社会工作水平】　年内，新成立专业社工机构11所。开展专业社工机构规范化建设，在18个街道乡镇实施专业社会工作创新项目。针对街道、社区需求，开发设计150余个服务项目。

（王　茜）

【提升社会领域志愿服务水平】　年内，社区志愿服务站、商务楼宇志愿服务站、专业社工机构志愿服务组织实现全覆盖。在全区广泛开展社区环境建设志愿服务活动，通过“志愿北京”平台共发布环境志愿服务项目2328个，开展活动17473次，参与志愿者429823人，志愿者服务时长2007902小时。征集评选社会领域志愿服务示范项目20个，扶持社区志愿服务项目101个。

（王　茜）

人力资源和社会保障工作

【概　况】　2018年，人力社保局坚持以习近平新时代中国特色社会主义思想为指导，认真贯彻落实党的十九大精神，依靠和团结带领全局广大干部，把人民对美好生活的向往作为奋斗目标，迎难而上、锐意进取，人力社保事业取得新发展。

（李飞飞）

【城镇困难失业人员就业】　年内，对城镇困难失业人员实行分类指导和分级建册管理，开展“就业援助月”、“春风行动”等活动，举办“民营企业招聘月”、“政企携手促就业，冬日送岗暖人心”等专场招聘会，促进了失业人员再就业，完成城市公共服务类岗位安置2000名本市农村劳动力就业任务。

（李飞飞）

【对口支援地区就业扶贫】　研究制定《丰台区对内蒙古自治区赤峰市林西县就业帮扶方案》，开展对口支援地区建档立卡劳动力培训，鼓励辖区优质培训机构到对口支援地区开设分校，举办各类扶贫招聘活动，提供岗位5330个。

（李飞飞）

【创业带动就业】　落实职业资格目录清单制度，加强高技能人才队伍建设。开展享受北京市政府技师特殊津贴和北京市有突出贡献的高技能人才评选推荐工作，鼓励优质企业创建首席技师工作室。举办主题为“创想新时代，共圆中国梦”第二届“丰竹杯”青年创新创业大赛。认定北京首科创融科技孵化器公司等3家单位为“丰台区优秀创业服务机构”。推荐北京华星北斗智控技术有限公司等7个项目参加市级优秀创业项目遴选。落实区级就业创业补贴政策，协助2282人实现创业，带动就业2836人。

（李飞飞）

【扩面征缴工作】　年内，全区共有参保单位5.26万家，各项社保基金共计征缴199.32亿元，同比增长20.03%。累计支付各类保险待遇180.36亿元，同比增加12.16%。为全区4.01万名参保人员进行缴费补贴997.82万元，城乡居民养老保险续保率达到98%。

（李飞飞）

【提升社保待遇】　年内，为全区20.32万名企业退休职工和1.75万名机关事业单位退休人员调整了养老保险待遇，同时提高了2.3万名城乡居民的基础养老金、1.94万人福利养老金以及其他各类待遇。

（李飞飞）

【落实各项待遇审批】　加大退休档案预审工作力度，完成退休核准13950人，其中特殊工种提前退休2551人、因病提前退休302人。为179名城镇特困职工拨付一次性医疗救助金365万元，拨付伤残军人医疗补助金5.89万元，审批医保视同缴费参保人员1.18万人。完善工伤认定管理规范，做出工伤认定结论984件，审批工伤康复治疗73人。打造劳鉴服务品牌，共为1013名职工进行了劳动能力鉴定。

（李飞飞）

【提高经办服务水平】　构建“互联网+人社”便民服务新模式，开发移动版“网上预约平台”，研发“丰小保”智能机器人，持续开展医保经办“送香服务”，改进和应用“服务六步法”，突出群众“按需分类”个性化服务需求，推广“红、蓝、绿”定制服务。启动社保业务“线上预审”模式，实现“材料线上飞，群众跑一次”的目标。

（李飞飞）

【加强基金安全防控】　开展社会保险专项审计补缴工作，对辖区86家企业存在欠缴漏缴或缴费基数不实的现象进行专项审计，共计应补缴金额2421.44万元，补缴金额到位率87%。加大社保稽核查处力度，共处理投诉举报案件398件。加强各定点医疗机构动态监管，开展打击欺诈骗取医保基金专项行动，共拒付及追回定点医疗机构违规费用271.96万元，约谈违规就医人员549名，追回医保费用232.57万元。

（李飞飞）

【聚才引智】　推进博士后工作站建设，全区设站企业达到26个，在站博士后30人。

开展创新人才专项引进摸底调查，组织企业认知行、职业导航课、企业进校园路演等活动。全年人才引进36人，工作居住证新办续签712人，非京生源引进286人。积极稳妥推进积分落户工作，实现积分落户141人。

（李飞飞）

【推进体制机制改革】 开展公务员职务与职级并行工作，全面推行公务员平时考核，积极开发公务员平时考核信息管理系统，提升考核的时效性。加大技术人员职称改革力度，鼓励民办学校（幼儿园）教师积极参与职称评审，实行公办与民办共同参评，统一评审标准，全区127家非公办学校上千名教师享受到职称制度改革红利。

（李飞飞）

【劳动关系和谐稳定】 调整健全解决企业工资拖欠问题协调小组，完善联席会议制度。深化"两网化"平台建设，开发应用"监察通"系统，实现劳动保障监察由"网络化"向"智慧化"跨越。广泛开展劳动保障法律法规宣传活动，加大对餐饮服务、加工制造、建筑施工等劳动用工密集型企业，尤其是政府投资项目农民工工资支付情况的执法检查力度。全年共受理投诉、举报案件1400起，涉及职工3964人，追发工资1977.38万元，妥善处理集体访193起，举报投诉案件同比下降18.46%，集体访同比下降34.58%，没有发生越级上访等恶性事件，实现投诉案件数、涉及人数、拖欠工资数三下降。

（李飞飞）

【提升仲裁调解效能】 建立健全劳动争议调解处理机制，在21个街乡镇设立劳动争议调解中心，实现劳动争议调解组织全覆盖。整合立案窗口业务功能，简化办事流程，实现"一窗通办"。建立集立案登记、案件分庭、案件处理等功能为一体的仲裁管理系统。对疑难、复杂、涉及人数较多、影响较大的案件加强集体研案。全年共受理劳动争议案件6371起，同比增长28.45%；结案6355起，结案率99.75%，成功调解2672件，调解率42.05%。

（李飞飞）

【维护劳动关系稳定】 加强政府、企业和职工三方协调机制建设，积极推进集体合同与工资集体协商，提升化解重大矛盾隐患的调处能力。对辖区4000余家企业劳动合同签订续订情况进行监控，劳动合同签订率99.6%。完善农转居工作联席会议机制，对马家堡村、菜户营村、郭公庄村、大红门村等八个村建设征地农转居劳动力的保险进行补缴，共完成参保手续5288人，趸交社会保险2.8亿元。

（李飞飞）

人口管理

【概　况】 2018年，丰台分局人口基层大队在分局党委的集中统一领导下，在相关职能部门的协调配合下，以提升群众安全感、满意度为目标，紧密结合当前反恐维稳和社会治安形势，全力推动派出所基层"两队一室"改革和社区警务规范化建设、智慧社区建设、群防群治建设，开展流动人口和出租房屋服务管理、重点地区维稳、重点人员管控以及户政等工作，深化基础信息采集，确保重点人员管控到位；助推社区智慧警务工作，提升了实战效能；加大社会面掌控力度，建立精细化、勤务化的群防群治队伍；深化基层派出所"两队一室"警务机制，促使基层警务工作智能高效；落实出租房屋和流动人口管控措施，实现"人清楚、房干净"的工作要求；深化户政工作"放管服"

改革，提升了人民群众的获得感和满意度。夯实派出所防恐维稳基础工作，圆满完成全国“两会”、“中非论坛”等重大活动安保任务，全局基层基础工作提升到新的水平，实现“三升两降”的工作成效，即“零发案社区数量”、“违法人员自抓率”、“信息员奖励数量”上升，“入室盗发案数量”、“出租房屋窝住率”下降。

（周　筠）

【重点人员管理】　年内，依托“守护2018平安行动”、“三清三个一批”、“矛盾纠纷大排查”等专项工作的开展，全面深化社区隐患排查和矛盾化解工作，每月组织问题突出的派出所社区警务队队长及社区民警召开通报会商会，就工作问题进行分析，并制定整改措施。在重大安保前，召开重点人员管控会商会，就重点人员的摸排、评估、管控、化解进行会商，业切实做到“底数清、情况明”。根据各派出所的实际情况，以包片负责的方式，组织大队务骨干对局属各户籍派出所的民警进行培训，提升了社区民警的整体业务水平。为强化刑满释放人员、剥权人员的管理，会同区司法局、检察院定期深入社区进行联合督导检查，发现问题及时处理。

（周　筠）

【智慧社区警务建设】　年内，积极探索推进以智慧门禁、人像比对、数字化分析研判平台为内容的智慧社区创建工作，争取政府资金支持，建设改造试点35处。组成由区财政局、经信委、综治办、公安分局分别牵头的4个工作小组，推动全区智慧社区建设。会同区综治办、房管局、住建委、经信办等部门联合制定下发《丰台区推行住宅小区安全防范设施建设和使用工作意见》，推动区房管局将智慧社区建设纳入老旧小区改造全过程。组织召开智慧社区推进会，全区综治干部、派出所领导、社区民警共300余人现场观摩学习。组织相关科技公司共同研发，搭建区级层面智慧社区基础要素平台，同时做好人、房、图像数据的分析比对，为警务实战应用提供了数据支撑。

（周　筠）

【完善7X24小时警务室值守机制】　年内，指导各派出所将社区民警固化在社区，加强日常督导检查，确保警力与辅警在岗在位，全年接待群众12635人次、就近处警1326件、调解矛盾纠纷896件。探索推行智能警务室值守工作，将智能警务室建设成集警务室、服务站、实验中心功能于一体的综合服务平台，指导科技园区派出所在社区警务室内安排机器人“大蓝”值守，实现了“机器人警察”服务办公，充分发挥了机器人警察对大数据的应用和采集作用。积累智能警务经验，不断完善模式、拓展功能，真正将服务送到群众身边，把问题解决在家门口。

（周　筠）

【社区民警权责工作的落实】　年内，与区委组织部会商沟通，推进164名社区民警任社区党组织席位制副书记，覆盖行政社区总数的50%，增强了社区民警在社区的话语权和责任感。围绕社区基础工作七个方面内容，开展分局层面的“社区卫士”评选活动，全年共评选出42名“社区卫士”，在全局社区民警中营造了比学赶帮超的良好氛围，进一步推动了争优创先，促进了全局社区警务工作的开展。

（周　筠）

【加强人房基础信息摸排】　年内，以人房管理为核心、以出租房屋为重点，按照“地不漏院、院不漏楼、楼不漏门、门不漏户、户不漏人”的工作原则，切实做到“进屋、见人、见物、查事、核录”的工作要求。全年组织各派出所走访检查出租房屋21.1342万户、审查核录流动人口62.513万人，核对补录出租房屋基础信息数据27.8643万条，完成分局整体常量的100%，基本实现流动人口和出租房屋“底数清、情况明”。

（赵　松）

【组建专业化的群防群治队伍】　年内，与区综治办、相关委办局密切配合，组织各街道乡镇、派出所深入开展群防群治组织发动工作。完善方案预案，出台了《关于深入推进群防群治建设的工作意见》等文件。通过建立群防群治三级指导、社区民警结合两委任职等机制的有效落实，在重大安保任务期间有效组织动员85330名群防群治力量参与社会面巡逻防控，最大化发挥了工作效能。总结六里桥派出所立体化巡防体系、西局劝导队的先进经验和做法，在全区推广。整合企事业、门店等社会力量2.1万余人和5000余名环卫工人共同参与社会面防控，增强了动员的广泛性和深入性，形成了众人拾柴火焰高的综治格局。把路边店主、物业保安、保洁、环卫工人、快递员、送奶工等各个群体都组织起来，将预警触角延伸到各个角落。全年共搜集各类情报线索103802条，通过线索抓获违法犯罪人员5288人、破获案件2436起。全年奖励社会信息员426名，共发放奖励金44万余元，奖励金额同比上年上升36.7%。

（周　筠）

【强化重点房屋整治】　年内，加强与反恐、警务支援、治安等专业部门的协作配合，全年共下发11批次16594条重点房屋点位数据，用以组织派出所开展走访核实；共排查确认违法日租房点位178处，其中取缔关停121处、变更房屋性质为普通出租房屋57处，整改率为100%；依法拘留违法经营人员67人（刑拘5人、治拘62人），处罚违规房主（出租方）622人，关停取缔违法群租房1687处；关停违规入住地下空间123处，违法（违规）房屋整治效果显著。

（赵　松）

【开展户政业务工作专项培训】　年内，按照市局党委关于加强窗口服务管理和“户政工作绩效零扣分”的工作要求，组织全局各派出所政委和户政内勤民警开展了两批为期4天的户政业务培训，梳理了2018年的绩效失分点和户政工作存在的风险点和问题点，请市局人口总队户政干部讲课，有效提升了户政民警的工作水平。

（蔡　田）

【落实减证便民改革】　年内,落实减证便民、网上公安局上线工作。8月27日“网上公安局”业务上线开通,截至年底,共办理网上预约业务1000余件。9月1日港澳台居民居住证办理业务上线,业务运行通畅良好。

（蔡　田）

【打击违法人员】　年内，依托“2018·平安行动”、“三清、三个一批”等中心工作的开展，在丰台辖区内共抓获各类违法犯罪人员8042人，其中由分局自行抓获7341人，自抓率91.3%，同比上升2.6个百分点；从有明确居住点位出租房屋内抓获3047人。特别是13个两级挂账重点地区社区，实现出租房屋窝住率同比下降12.5%、涉案流动人口登记率同比上升10%，完成年度内重点地区销账摘牌任务。

（赵　松）

老龄事业

【概　况】　2018年，丰台区老龄工作，按照区委、区政府有关部署决策要求，认真贯彻落实《北京市居家养老服务条例》，深入开展全国居家和社区养老服务改革试点工作，着重发展贴近老年人需求的服务项目，大力推进街乡镇养老照料中心建设和社区养老服务驿站建设，探索实施失能失智老年人照料者“喘息服务”，推广空巢独居老年人养老服务“连心通”工作，继续开展居家养老巡视探访服务，推行“幸福居家邻里互助”志愿服务，试行开展“老年人权益风险体检”项目，开展年度“敬老月”系列活动、“老年节”主题活动、“孝星”评选命名活动，引导营造养老、孝老、敬老的社会环境，努力提升老年人的获得感、幸福感，争取更大的社会效应和满意度。

（张利军）

【居家和社区养老服务改革试点工作】 按照民政部、财政部和北京市民政局、财政局部署安排，继续开展居家和社区养老服务改革试点工作，在区委、区政府的支持、督导下，各项试点任务稳步推进，改革成效明显。开展失能老年人延续跟踪调查，动态掌握身体状况、行为能力等基础数据和服务需求的变化，为开展精准关爱服务提供依据和参考。探索失能失智老年人照护者“喘息服务”，缓解居家照护者压力，为失能失智老年人提供专业照护服务。推动新兴信息技术在养老服务领域的推广应用，拓展养老服务“连心通”工作。依托养老照料中心和社区养老服务驿站建设5个社区康复辅具共享中心，以低偿和无偿方式提供康复辅具展示、咨询、租赁等服务。开展老年人权益风险体检，在访谈老年人基础上一对一撰写专属法律风险体检报告，及早发现和预防涉老纠纷，达到深度普法与维权前置的效果。制定居家和社区养老服务质量评价标准，推进养老服务质量建设。加大政府扶持力度，鼓励社会力量支持和参与养老服务，培育具有丰台特色和影响力的服务商。加大媒体宣传力度，养老服务“连心通”、失能失智老年人照护者“喘息服务”被人民日报、新华社、中央电视台等42家媒体报道。

（张利军）

【创新打造“党建＋养老服务”】 年内，秉承党建引领智慧养老的思路，推进空巢独居老年人“连心通”工作，坚持党政牵头主导，发挥区域党建作用，深挖志愿服务潜力，整合社会服务资源，对接空巢独居老年人服务需求，不断拓展党建服务、生活服务、养老服务、医疗服务和防走失定位、紧急救助等服务，切实提升居家养老服务水平，增强党组织的凝聚力和战斗力。

（张利军）

【推进养老服务设施建设】 年内，将养老服务设施建设列入区政府实事项目和折子工程进行重点督办，通过整合利用国有企业服务网点、街道社区所属设施、疏解腾退的闲置房屋等资源，建设社区养老服务驿站20家并投入运营14家，超额完成市级任务指标（开工建设不少于20个养老服务驿站，建成并运营不少于12个养老服务驿站）。同时，开工建设5个街乡镇养老照料中心，进一步优化街乡镇养老照料中心布局，弥补了应建未建空白区域布点建设。

（张利军）

【“幸福居家 邻里互助”志愿服务】 年内，采取区级统筹、区域实施的方式，继续开展“幸福居家邻里互助”志愿服务工作，重点推广“低龄帮高龄”服务模式，通过互帮互助、以老助老的方式，充实、扩大养老服务力量。截止年底，全区已成立“低龄帮高龄”志愿服务队伍283支，开展各类志愿服务8123次，服务老年人28701人次。

（张利军）

【开展居家养老巡视探访服务】 年内，依托专业服务机构通过电话问候、上门巡防等方式，为有需求的独居、高龄以及其他困境老年人实施居家养老巡视探访服务。同时，为便于开展居家养老巡视探访服务，做到统一文书、统一着装、统一标识。截至年底，已完成4352人，开展各类服务14220人次，超额完成市级任务指标。

（张利军）

【开展养老服务队伍专业培训】 年内，委托专业培训机构开展养老服务管理、技能培训，提升养老服务队伍专业化水平，培训养老服务机构管理者480人次、失能失智老年人照护培训参与人数4000多人次。

（张利军）

【城乡老年人生活状况监测调查】 8月，完成2017年中国城乡老年人生活状况监测调查工作。按照全国老龄办抽选街道、社区和老年人名单，完成4个街道16个社区80位老人三个层次的调查问卷和网上审核，进一步摸清了城乡老年人生活状况和养老服务需求变化情况，为制定有效应对人口老龄化的政策措施提供可靠依据。

（张利军）

【落实社会保障和优待政策】 年内，落实国家和北京市各项老年人社会保障和优待政策，累计办理60周岁及以上老年人《优待证》17042个；为80周岁及以上老年人发放居家养老服务补贴7424.295万元；为90周岁及以上老年人办理高龄津贴5.3万余人次，发放金额612.78万元；为95周岁及以上的老年人办理医疗补贴578人次，补贴金额147.59万元。同时，完成60至64周岁老年人群体基本数据采集和发放养老助残卡。

（张利军）

【开展年度“孝星”命名活动】 年内，按属地管理原则，采取逐级遴选的方式，评选命名丰台区“孝星”100名。评选活动宣传通过多种渠道，采取丰富多彩的形式，宣传先进事迹，发挥示范作用，积极营造关爱老人、共建和谐的良好氛围。

（张利军）

【开展“敬老月”系列活动】 10月，开展以“营造敬老爱老社会氛围、纪念改革开放40周年”为主题的“敬老月”系列活动，动员社会各界开展政策宣讲、主题教育、走访慰问、老年维权、岗位敬老、志愿服务、经验传承等敬老助老爱老活动，为老年人送温暖、办实事、做好事、解难事，积极营造养老孝老敬老的社会氛围。

（张利军）

残疾人事业

【概　况】 2018年，区残联在编人员33人，其中行政编制8人、事业编制25人，全区持证残疾人44542人；年内，制定了丰台区《加快推进残疾人小康进程的实施方案》；完成了区残联换届选举工作；开展了巡察整改工作和“十三五”规划中期评估工作；举办了第28次“全国助残日”和第2次“全国残疾预防日”主题活动；残疾人需求动态更新43615人；承办市区实事康复项目533人；职业技能培训385人，新安置残疾人就业540人，应届残疾人大学生就业率100%；开展困难残疾人家庭居家服务600户，残疾人兜底保障落实率100%；举办了丰台区第二届残疾人飞镖赛和第二届模拟冰壶球赛；市级以上信息网络载体刊发信息65篇；区残疾人专门协会开展各类活动40次。

（闫根旺）

【区残联换届选举】 4月，区残联完成换届选举工作，代表大会有正式代表233名，202人由街道乡镇残联选举产生，31人由区政府和有关委办局推荐产生；代表中残疾人及其亲友171人，占73.4%；来自基层和一线人员149人，占63.9%；少数民族代表9人，占3.9%；第七次代表大会等额选举产生主席团委员53人，比上届委员人数减少10人；53名主席团委员中，残疾人及其亲友39名，占76.5%；七届主席团第一次会议等额选举产生，主席一人、副主席12人，主席由主管副区长担任，副主席由区残联理事长和政府办、教委、财政局、民政局、人力社保局、卫计委的主管领导，以及盲人协会、聋人协会、肢残人协会、智力残疾人及亲友会和精神残疾人及亲友会主席担任；主席团第一次会议推举产生执行理事会理事长一人，副理事长三人，其中兼职副理事长一人；主席团第一次会议通过了盲人协会、聋人协会、肢残人协会、智力残疾人及亲友会和精神残疾人及亲友会等额选举产生的各协会主席一人，副主席二人，秘书长一人的领导机构。

（闫根旺）

【区残联第七次代表大会召开】　4月27日，丰台区残疾人联合会第七次代表大会在北京双拥大厦召开，市残联党组书记郭旭升，区委书记汪先永、区政协主席刘宇、区委常委常务副区长肖辉利、区委常委组织部长张巨明、区人大副主任区总工会主席王建斌、副区长张鑫等领导及列席代表、特邀代表300多人参加开幕式，开幕式由张鑫同志主持。区委常委常务副区长肖辉利同志致开幕词，区总工会常务副主席陈威代表区群团组织致贺词，区残联党组书记理事长赵勇同志代表第六届主席团作工作报告，郭旭升、汪先永分别讲话。张巨明在闭幕式上作了讲话。会议审议通过了《集智聚力、锐意进取，努力开创丰台区残疾人事业新局面》工作报告；选举产生了区残联第七届主席团；召开了七届主席团第一次会议，张鑫副区长当选区残联第七届主席团主席，推举赵勇同志为区残联执行理事会理事长，通过了杨红、宋红梅、张爱民（兼职）为区残联执行理事会副理事长和区残疾人各专门协会领导机构的设置；推举产生了出席北京市残联第七次代表大会代表和主席团委员建议名单。

（闫根旺）

【全国助残日活动】　5月20日，是第28次全国助残日，助残日主题是“全面建成小康社会，残疾人一个也不能少”。5月19日，丰台区在北京园博园举行了助残日主题宣传暨轮椅大步走活动。残疾人代表向全区残疾人发出积极投身全面建成小康社会建设的倡议，区文委、创维集团北京分公司、北京丰顺工贸集团、北京泽信地产有限公司等爱心单位向残疾人捐赠了图书、电器和助残资金，团区委志愿者代表向全社会发出了助残倡议，区长助理牟丽博讲话。

（闫根旺）

【残联党建工作】　年内，召开2018年度党建工作暨党风廉政建设工作大会，逐级签订了党风廉政责任书；严肃党内政治生活，召开民主生活会1次，组织生活会1次；落实联系点制度，与4个村，8个社区9个温馨家园对接建立联系点；机关支部与社会组织联合支部建立共建制度，建立了流动党员名册；机关支部争先创优，创建党员先锋岗1人；开展学习教育活动14次，主题党日活动11次，警示教育8次，党组成员深入基层调研57次，在职党员“双报到”116人次。

（闫根旺）

【残联巡察整改工作】　2017年11月24日至2018年1月5日，区委第二巡察组对区残联党组进行了巡察；2018年5月30日，区委第二巡察组向区残联党组反馈了巡察意见。残联党组成立了以党组书记任组长的巡察反馈意见整改工作领导小组，同步成立了办公室负责日常整改工作。并针对反馈的5方面16个重点问题，列出整改清单，制定了《区委第二巡察组反馈意见整改方案》。

（闫根旺）

【残疾人事业十三五规划中期评估】　年内，根据丰台区残疾人事业“十三五”发展规划指标和责任分工，对主要目标实现情况、重点任务推进情况、规划实施中存在的困难问题及今后实施措施进行了整体评估，形成了中期评估报告，13项主要指标均超过计划进度要求。

（闫根旺）

【全国残疾预防日活动】　8月25日，是第二次全国残疾预防日，活动主题是“残疾预防，从我做起”。8月24日，丰台区在恒泰广场举行了第二次全国残疾预防日主题活动暨丰台区残疾预防宣传周启动仪式，中国残联康复部主任胡向阳、市残联副理事长董连民、副区长张鑫及区残工委成员单位、残疾人专门协会、助残社会组织、街乡镇残联及残疾人200多人参加活动 。

（闫根旺）

【残疾人社会保障】　年内，残疾人享受护理补贴14130人、生活补贴4678人、发放助残券7157人，残疾人个体就业保险补贴1618人、办理养老保险3506人，开展残疾人喘息式托养服务7人，居家服务600户，残疾人兜底保障落实率100%；实施公益项目资金25万元、慈善助残50户；全年走访残疾人家庭8690户、慰问残疾人8993人、发放钱物656.9万元。

（闫根旺）

【残疾人教育就业】　年内，为50名残疾儿童建立学籍，彩票公益金助学40人，捐助残疾学生和困难残疾人家庭子女上学54人；开发居家就业岗位200个，建立帮扶性就业基地8个；开展技能培训385人，新安置残疾人就业540人；审核按比例就业单位1847家，残保金征缴7.25亿；参加职康项目劳动647人；盲人按摩机构年检47家；应届残疾人大学生就业率100%。

（闫根旺）

【残疾人康复服务】　年内，承办市区实事康复项目，开展精残人日间照料80人，智残人社区融合50人，肢残人居家康复373人，盲人定向行走和生活能力训练30人；残疾儿童康复补助189人，适配人工耳蜗4人；精残人免费服药4226人，监护人补贴4990人；残联购买服务4项；落实辅具政策26991件，在“残疾人辅具进社区入家庭”工作中，丰台区辅具申请率63.79%，位居城区第一。

（闫根旺）

【残疾人组联维权】　年内，新聘专职委员23人，培训363人；家庭无障碍改造556户；开展法律讲座46场，处理残疾人信访330件；完成示范温馨家园试点3个；清理残疾人证卡注销残疾人证3人、降级1人，新办残疾人证2300人。

（闫根旺）

【残疾人文体宣传工作】　年内，举办了丰台区第二届残疾人飞镖赛和第二届模拟冰壶球赛；在市残疾人运动会等各项赛事中分获12个、8个和10个一、二、三名；区智残人旱冰队代表在全国残疾人旱地冰壶赛上进入了全国决赛；区残联在区直机关广播体操和登山比赛中分获二等奖；市级以上网络信息载体刊登丰台区残疾人工作信息65篇。

（闫根旺）

【残疾人专门协会组织活动】　年内，各专门协会开展各类活动40次，在北京市残疾人专门协会第四届“到残疾群众中去，与残疾人交朋友”主题展示交流活动中，区肢协、聋协、智协、精协报送的4个主题活动案例被评为优秀案例，区肢协主席柳春雨、区精协主席侯春华被评为优秀主席。

（闫根旺）

【残疾人需求动态更新】　年内，残疾人动态更新工作实现常态化，入户调查残疾人43615名，进度100%。其中入户采集42503人、入户率97.45%，电话调查1112人、占2.55%，需求申请人数20567人、响应人数20511人，响应率99.73%，需求申请项数50230项，响应项数50111项，响应率99.76%。

（闫根旺）

消协工作

【概　况】　2018 年，丰台消协围绕中消协“品质消费 美好生活”的年主题，引导消费者建立品质消费理念，提高消费质量和消费水准，以满足不断增长的生活需要。全年受理消费者投诉 7819 件，为消费者挽回经济损失 121 万余元，处理疑难投诉 500 余件。

（马彩莲）

【推进“放心消费”创建工作】　年内，在区工商分局“大消保”工作思路指导下，配合工商分局组织召开了丰台区创建放心消费环境推进大会和丰台区市场消费环境建设联席会，完善了“事前防范、事中发现、事后监管”的部门协作工作机制。积极配合丰台区创建北京市食品安全示范区建设，开展消费安全宣传工作。配合区工商分局开展丰台区消费调解能力提升培训班，发挥企业消费争议快速和解机制作用，提升经营主体处理、化解消费纠纷的工作能力。印制并发放“诚实守信合法经营 放心消费你我共建”经营者手册，在 50 个商场、超市、市场设立“放心消费”创建宣传展架，公示创建标语和消费纠纷快速解决机制流程。

（马彩莲）

【开展消费教育活动】　年内，围绕“品质消费 美好生活”的年主题，开展“3·15”国际消费者权益日宣传，会同区工商分局法制科、消保科、12315 中心和各消协分会组织普法活动 20 场次，开展大型咨询活动 2 场次；成立夕阳红消费维权分队和消费维权小雏鹰分队，引导老年人理性消费、中小学生科学消费，通过抓“一老一小”的消费理念，优化了普通家庭的消费结构，扩大了消费共识。

（马彩莲）

【注重消协作用宣传】　年内，就消协在保护消费者权益领域的作用进行宣传，3·15 当天的北京晚报报道了消协调解干部方正的工作事迹，市局 3·15 活动专题“热点播报”录制了区消协的一起家装纠纷调解案例，全年共录制 4 件消费案例，并通过电视和网络媒体平台予以宣传。

（马彩莲）

【快速有效应对舆情压力】　年内，参加区工商分局应对“美得你”装饰设计公司集中投诉专班工作。以区消协名义回应了中央人民广播电台天天 3·15 专栏发布的对“美得你”装饰设计公司全部停工的调查播报，并通过央广台发布消费提示，得到法律专家的肯定，通过媒体快速应对舆情压力，缓解了社会压力，为分局处理该公司的问题争取了时间。

（马彩莲）

【开展诚信服务承诺单位评比活动】　年内，对辖区内 11 家开展诚信承诺活动的企业进行日常督导检查，组织开展诚信服务承诺评比活动，要求做到经营活动中不忘初心，诚实守信，遵守法律法规及行业道德，为消费者提供质价相符的商品服务。

（马彩莲）

人民生活

【居民收入稳定增长】　2018 年，丰台区居民人均可支配收入 60144 元，比上年增加 4273 元，增长 7.6%，增速比上年下降 1.6 个百分点，低于全市增速 1.4 个百分点。其中，人均工资性收入 34716 元，比上年增加

2698 元，增长 8.4%，工资性收入对可支配收入增长的贡献率为 63.1%；人均转移净收入 14869 元，比上年增加 791 元，增长 5.6%，其中人均离退休金收入增长 9.7%；人均财产净收入 9394 元，比上年增加 580 元，增长 6.6%；人均经营净收入 1165 元，比上年增加 205 元，增长 21.3%。工资性收入和转移净收入仍然是可支配收入的主体，占比 82.4%，是拉动收入增长的重要因素。

（李　绚）

【居民消费增速提高】　2018 年，丰台区居民人均消费支出 40927 元，比上年增加 2800 元，增长 7.3%，增速比上年提高 6.5 个百分点。其中，人均食品烟酒支出 8024 元，比上年增加 164 元，增长 2.1%；人均衣着支出 2137 元，比上年减少 143 元，下降 6.3%；人均居住支出 14554 元，比上年增加 2931 元，增长 25.2%；人均生活用品及服务支出 2169 元，比上年减少 224 元，下降 9.3%；人均交通和通信支出 4869 元，比上年增加 74 元，增长 1.5%；人均教育、文化和娱乐支出 4347 元，比上年增加 34 元，增长 0.8%；人均医疗保健支出 3639 元，比上年增加 82 元，增长 2.3%；人均其他用品及服务支出 1187 元，比上年减少 119 元，下降 9.2%。

（李　绚）

街乡（镇）

丰台街道

【概　况】　丰台街道位于丰台区中部，是区委、区政府所在地。东起西三环南路和造甲街，南临丰台南路和看丹路与新村街道毗邻，西至程庄路和京山铁路线与卢沟桥乡接壤；北至丰北路和丰体南路与卢沟桥街道相连，西四环、东大街、地铁九号线、地铁十号线贯穿辖区。辖区面积9.18平方公里，设25个社区，管辖人口14.6万人，流动人口3.6万人。有回、蒙、藏等16个少数民族，信仰伊斯兰教、佛教、基督教、天主教、道教的信教士。驻辖区单位3000余家，中学6所，小学5所，少年宫1所，幼儿园10家，医院8家，卫生服务站7个，敬老院2家。清真寺1座于1895年由大井村迁驻。火车站1处建于1896年。花园1座。市级保护二级古树6棵。多年来在区政府机关行政效能建设考核评街道系统中名列前茅。

（陈　洋）

【社会综合管理】　年内，梳理地区各类不稳定因素，采取1+9超常规全天候稳控措施，启动社会面等级防控，发挥社区志愿者红袖标、商户红袖标、物业保安红袖标、巡防队员红袖标四支巡防队伍常态化作用，治安志愿者、民兵应急分队参与护桥值守、铁路巡视、反“邪教”宣传，实施“5+2”“白加黑”全天候巡逻执勤，启动社会面一级防控6次、二级防控15次，3400名各类社会志愿者参与巡逻值守20万人次，把握8名重点人员动态，做好可防性案件宣传防范。

（陈　洋）

【环境建设】　年内，建立“问题导向 一线吹哨 平台调度 多方报到”工作模式，统编“片区+科室+社区”“城管+网格”“执法平台+多方力量”三支队伍，组建精品大街提升、小广告整治、违规牌匾及“天际线”整治、规范养鸽四大专班，开展“一站式”综合执法，组织专项整治41次，取缔无照经营660起，规范店外经营420户，检查门前三包8253次、处理问题907个，拆除天际线牌匾55块3500平方米，推进“煤改电”167户，检查重型柴油车1046辆，查处尾气超标车辆192辆。依法治理“散乱污”企业，实现“动态摸排、动态清零”。销账占道经营重点点位12处，治理“开墙打洞”73家，清理整治人防工程1处，治理违法群租房82户，市场关停1个、升级改造1个，建设规范便民服务网点8处、便民菜点13处、“一站式”便民服务中心1处。组织联合执法210次，整治背街小巷环境问题557个，聘用专业保洁公司保洁清扫背街小巷435条、旱厕12个；推进四环路辅路两侧精品示范大街建设，美化提升近园路、丰华苑西街、游泳场北路、程庄路、丰西路、胜利街6条街巷。

（陈　洋）

【劳动就业】 年内，与社区签订就业工作责任书，完成13项重点指标和3项专项指标。城乡劳动力就业1042人，完成全年指标的112%；其中困难人员就业707人，完成全年指标的152%；企业建档动态保持110户，完成全年指标的122.2%；空岗信息采集3062个，完成全年指标的122.5%；实现创业174人，完成全年指标的108.8%；带动就业225人，完成全年指标的112.5%。培训失业人员近500人；办理新申请享受市区两级灵活就业社会保险补贴政策715人，其中区灵活就业76人，市灵活就业639人。核查用工单位1300家、处置讨薪突发事件2起。

（陈　洋）

【住房保障】 年内，申请保障房初审497份、申请公租房补贴资格初审96份、申请市场租房补贴初审198份；完成资格变更初审308份，完成资格终止初审109份；对锁定家庭解锁初审116份，发放备案通知单562份；市场化补贴合同新签101户、续签239户；市场化补贴复核家庭293户。

（陈　洋）

【助老服务】 年内，为特殊家庭提供日间照料、心理咨询、健康义诊等多种服务，打造居家、社区、机构“三位一体”养老综合服务平台。拓展96156便民服务平台功能，完成服务单78张、呼叫电话83个，输入各种公共服务信息1460条，举办各类家政服务81场，开办各类公益大讲堂服务8000人，各项服务6832人次，老年餐桌服务17万人次。完成空巢独居老年人养老服务“连心通”平台建设，为2878名老人配发连心通腕表，开展“送绿色 送祝福 送便捷 送安全”主题活动，提供党员服务、居家养老服务、居家生活服务和居家医疗服务。

（陈　洋）

【社会救助】 年内，审核新申请享受低保待遇29人、撤销30人；新申请享受低收入待遇31户；办理医疗救助、临时救助、重大疾病救助、贫困孕产妇医疗救助、慈善救助等630人次，其中临时救助117人，大额医疗救助34人。与内蒙扎赉特旗新林镇签订帮扶协议，提供扶贫资金50万元；为177户困难家庭发放爱心卡。

（陈　洋）

【社区建设】 年内，构建“街道—社区”两级组织和“科室包社区—社区干部包网格—楼门长包户”三级管理工作模式，开展规范化建设示范点、社区之家建设，成立楼院管理委员会、停车管理委员会等社区自治组织，开展小区停车管理、治安志愿巡逻、环境卫生维护。丰益花园通过综合服务平台，以人脸识别、手机APP形式实行智能化管理。依托街道社区体制机制改革，完善社区治理体系建设，推进民主自治协商，搭建物业、居民、产权单位议事协调平台，协助社区“发现—反映—协商—解决”问题，形成居民自我服务管理的机制。解决群众身边事，新装、更新社区监控设施154个，建立微型消防站。打造“双拥”“睦邻”“一抹绿”特色品牌楼门，推进桥南棚改进程。制定《丰台街道垃圾清运资金管理办法》《丰台街道社区环境建设综合考评实施方案》，聘请第三方专业调查公司巡查，结合“私圈绿地”“白天见绿晚上见亮”、生活餐厨垃圾分类整治、创建食品安全示范区和“阳光餐饮”工程建设，发现解决问题1025个。

（陈　洋）

【依法行政】 年内，加强燃气安全、餐厨垃圾收运、环保等领域执法，处罚燃气违法行为5起、各类餐厨垃圾违法行为14起，立案处罚施工工地16起，处罚违规渣土运输车辆40辆。依托综合执法平台，拆除违法建设58处18502平方米，腾退土地面积0.7公顷，新生违建零增长。丰台城管执法队在城管执法局千分制考核排名中占据优势地位。推进法治丰台建设，开展法治讲座30场，法治宣传40次，教育干部群众学法知法守法用法，全面强化依法行政意识。

（陈　洋）

【安全生产】 年内，加强城市三年隐患治理、桥南棚户区、烟花爆竹、预防煤气、彩钢板房、电动车零售、建筑工地、危化场所和市级挂账12处重大安全隐患排查整治，检查生产经营单位2618家次，发现安全隐患620处，下达限期整改通知书551件，整改469处，拆除社会面彩钢板房12727平方米，体制内彩钢板房1355平方米。建立微型消防站，开展消防演练和夜查行动，清除小区可燃物527.5吨，消除安全隐患203处，为11个社区50户居民清洗油烟机，配备灭火器1480套，安装充电桩5个、充电柜12组，安装独立式烟感火灾报警器7600套。配合“一区一警”治理交通拥堵，查处严重违法车辆56辆，封存车辆20辆，治理乱停放车辆50辆，清理“僵尸车”44辆，发放临时电动自行车牌照2016个。

（陈　洋）

【矛盾化解】 年内，围绕“疏解整治促提升”、桥南棚户区改造，重点解决城乡建设、拆迁安置、劳动和社会保障等领域引发的信访疑难问题，开展矛盾纠纷排查化解，推进“阳光信访”“责任信访”“法治信访”，接待信访105件258人次，信访事项按时办结率100%。依法公开工作信息、规范性文件、政府信息2088条，完成督查72项1481次，接收、处理“政风在线”38件、区人大政协提案4件、主任信箱23件。

（陈　洋）

【社会保障】 年内，新办残疾人证213张，受理无障碍改造申请47户，申请辅助器具210人，儿童康复补助14人，组织16名残疾人参加就业援助月招聘会；完成非京籍适龄儿童入学审核199人；办理一孩生育登记667个，流动人口生育服务单478个，二孩生育登记359个。完成低保复审410户696人；挂牌“退役军人事务管理中心”，开展退役军人及其他优抚对象信息采集工作，信息采集9000人。

（陈　洋）

【文体活动】 年内，组织“周末百姓大舞台”活动27场，开展五个片区五个主题的“片区展演”，组织“百姓周末大舞台”1场、文化进军营活动1次，指导社区开展文化活动392场；打造“书香街道·翰墨丰街”，组织“书香随我走·书中自风流”百姓读书会暨丰台街道图书馆开馆仪式。举办“跃动丰街”体育文化节暨丰台街道地区运动会、“丰街杯”军地篮球赛、片区运动会、定向越野、登山比赛、健步走等赛事活动；指导社区开展全民健身活动102场；组建健身队伍85个，人员2000多人，体育人口98020人，体育指导员478名，并通过市体育局全民健身示范街道的创建验收。

（陈　洋）

卢沟桥街道

【概　况】 卢沟桥街道始建于1968年，位于丰台区北部，东至丽泽桥、莲花桥一线，与太平桥街道接壤；南至丰北路及丰台西路，与丰台街道、新村街道交界；西至张仪村路，与宛平城地区相连；北至莲石路，与石景山区、海淀区毗邻。西三环、西四环、京港澳高速、莲宝路、大成路、卢沟桥路、青塔西路、丰北路等路线贯穿整个辖区。街道辖区面积 59.73 平方公里。管辖社区 37 个，其中 3000 户以上社区 17 个，与卢沟桥乡 12 个行政村相融交错，常住人口 23.3 万人，流管平台流动人口 81578 人，属于典型的城乡结合部街道。辖区内国家机关、文化、教育、商业、企业单位分布相对集中。有中央、市属单位中建一局、中铁电气化集团公司、中国电子工业出版社等 100 余家，驻有企事业单位 6900 余家。

（许承炜）

【社会综合管理】 年内，整合群防群治力量 7000 余人，织密技防、物防、人防综合防控网络，强化“十桥一线”重点盯守，建立机关、社区干部分段上岗、错峰盯守机制，协调综合执法部门日巡夜查。开展“法治卢沟”品牌创建，协调设立“司法巡回确认点”，接待群众来信、来电、来访 330 人次，领导深入现场解决问题 32 次，解决群众诉求问题 52 件，调解纠纷 254 件。

（许承炜）

【环境建设】 年内，组建社区劝导队和违建巡查队，设立集中宣传点 46 个，实施专项拆除行动 23 次，拆除违法建设 12 处 49814 平方米，新生违法建设保持“零增长”。综合治理“开墙打洞”83 家，对青塔村主路南侧彩钢板房拆后空地进行硬化，建造 500 平方米居民休闲广场；协调丰台区工商联，利用拆除卢沟桥路南侧彩钢板违建遗留空间，留白增绿打造休闲公园 2500 余平方米。

（许承炜）

【劳动就业】 年内，扩大公共职业项目培训范围，培育创业带动就业市场，实现劳动就业 1156 人、困难人员就业 791 人，创业 213 人，社区就业 943 人，创业带动就业 278 个。

（许承炜）

【住房保障】 年内，受理保障房申请 631 户，取得备案资格 413 户，开展协助调查 326 户，各类复核 924 户次，处理解锁事项 147 户次，发放各类选房通知单 436 户次。接待来访来电咨询 4300 余次。

（许承炜）

【助老服务】 年内，建设养老驿站 3 处，审核新增 60 岁老年证 14894 人次，办理 60 岁老年证 2496 张，新办理 80 岁养老卡 910 张，为 5533 名 80 岁以上养老卡充值 636.8 万元，办理 90 岁高龄津贴人员 117 人，核对发放超转生活补助 4923 人次 1167.2585 万元，调标及补发工资 426 人 43.5834 万元，慰问高龄生活困难家庭 5 户，发放慰问金及慰问品 6000 元。

（许承炜）

【社会救助】 年内，统筹民政、计生、妇联、残联、社保五大民生体系，实施专项救助、优抚、退保、老龄、超转、慰问等民生保障 6468 万元，开展“春风送暖”“冬衣送暖”“共产党员献爱心”活动捐款 181687 元，捐助衣物 161 包 3302 件，救助困难人员 378 人次 101 万元。与河北涞源县南马庄乡建立结对帮扶联系，落实扶助资金 50 万元。建立便民服务网点 14 个，引进蔬菜直通车 22 个。

（许承炜）

【社区建设】 年内，持续改善社区办公、服务、活动用房，利用“互联网 +”理念，实现微信公众平台、手机 APP 服务方式覆盖 37 个社区。强化社区“两委一站”分类指导，加强小区业委会监督指导，指导推进“规范化试点”“四权实践”“社区之家”“一刻钟便民服务圈”争创活动，保利益丰社区、假日万恒社区创建市级“一刻钟便民示范点”，扩展“议事大巴车”“智慧社区建设”“帮老扶弱代理联盟”等品牌效应。

（许承炜）

【生态环境保护】 年内，落实“街长制”“河长制”工作制度，招募“小巷管家”128 名，组织专业保洁团队对 199 条 191278 平方米背街小巷进行保洁，对凉水河鸽子市周边占道经营等点位进行专项盯守管控，街道、社区“河长”巡河540公里。完善《空气污染应急预案》，针对污染天气启动应急响应14次，协调环境综合整治226次，实施重点环境保障活动62组次，取缔散乱污企业1家，处理市容卫生类网格案卷8000余件，清运垃圾渣土杂物9500吨、生活垃圾300吨，7座自管公厕实现专业保洁。

（许承炜）

【非首都功能疏解】 年内，成立综合治理领导小组，建立处级领导包片督查组，组建专项工作组，量化任务清单13项，运用“街乡吹哨 部门报到”平台，治理取缔群租房118处，取缔无证餐饮121家、无照经营238家、一般制造业企业1家，完成区域性市场疏解提升2家，清理整治普通地下室5处。

（许承炜）

【安全管理】 年内，签订安全生产责任书1960份，更新并建立11类生产经营单位台账1960家，完善经营、生产、消防、交通、食品、药品安全、预防煤气中毒等应急预案，推进“双百工程”“小微企业”和“阳光餐饮”创建，引进专业力量，指导30家小微企业完成达标，检查危险化学品、在建工地、加油站等危险行业生产经营单位4275家次，发现安全隐患3833处，督促整改3420项，整治彩钢板房249处16998平方米，规范微型消防站10个，组织、指导应急演练718家。

（许承炜）

【劳动保障】 年内，加强劳动保障专项检查，督查用人单位2800余家，取缔非法职业中介机构6家，受理投诉、举报案件7起，追讨拖欠工资201.76万元。推进全国第四次经济普查工作，清查商户5326家。组织完成15家企业建会，办理工会会员服务卡853张，帮扶基层企业工会建立健全职工之家和职工暖心驿站60个；街道职工子女暑期托管班的特色做法，被市级经验交流会采纳并作重点讲演。

（许承炜）

【精神文明建设】 年内，通过“文明卢街”推送微信公众号201条；发送街道微博53条。组织羽毛球、台球、健步走春秋游等训练比赛活动，参加职工5000余人次。持续培育“六个卢沟”文化品牌项目，组建卢沟桥街道文体协会，推进公共文化服务示范区评估、创建，组织开展京疆文化交流暨“丝路风情”非遗文化体验活动、民乐海选等大型文化活动5场、夏日文化广场活动16场。

（许承炜）

太平桥街道

【概　况】 太平桥街道位于丰台区的中北部，地处二、三环之间，京石高速、地铁7号、9号线从辖区穿过，有北京西站、莲花池长途汽车站等交通枢纽。东与西城区接壤，北与海淀区毗邻，西南分别与卢沟桥、新村、右安门街道和南苑乡搭界，并与卢沟桥乡6个村交叉相连，是典型的城乡结合部地区，下辖16个社区，辖区面积9.81平方公里，常住人口77796人。辖区内有中通、中铁、中盐、中华书局等中央单位及市属企业29家，非公企业366家。辖区内有电力医院、三路居医院、清华大学附属丰台学校等医疗教育资源。年内，街道被评为“首都文明单位”、首都环境建设样板单位，太平桥南里社区被评为“首都绿化美化花园式社区”。

（秦建超）

【社会综合管理】 年内，建成城市运行指挥中心，统筹城市管理监控体系，将原有的城市管理网格平台、视频监控平台、网格化社会管理服务平台等多个系统，纳入指挥中心统一管理。整合10种问题发现渠道，建立值守、会商、处置、督查、分析、考核、边界线治理、沟通8项工作机制，强化问题动态分析，探索跨区域治理边界线违法建设的途径。投入近16万元为3个社区安装视频监控系统29台；投入近90万元为4个老旧小区安装智慧门禁系统。做好“中非合作论坛”北京峰会等重大活动及敏感时期的社会面防控工作，发动社会治安志愿者59502人次、专业警力6480人次、巡防队员1424人次、社会力量近10000人次。开展预防煤气中毒、非法集资、反恐、禁毒等专项检查、演练及宣传活动30余次。

（秦建超）

【环境建设】 年内，集中清理二、三环路周边“天际线”，对太平桥路两侧广告牌匾、电子屏进行集中整治。拆除太中里24号楼、莲花会馆等新生违法建设，与西城区广外街道合作拆除跨区违法建设2000平方米，新生违法建设零增长。规范“门前三包”1642次，实现环境外包专业化作业。推进生活垃圾分类工作运行，实现街道机关生活垃圾强制分类，创建垃圾分类示范社区。加大“留白增绿”力度，开展“精图小区周边绿化美化景观提升”，营造城市环境建设的统一协调氛围。开展“花园式社区”“市花月季进社区”等双争创活动。

（秦建超）

【劳动就业】 年内，两网化平台采集更新信息2876条。完成就业459人，就业率153%；城乡劳动力推荐指标160人，实现推荐就业165人，完成率103.1%。空岗信息采集指标2200个，完成2402个，完成率109.1%；职业指导指标800人，完成900人，完成率112.5%；创业项目展示2次，实现自主创业228人，带动就业237人。召开各类招聘会12场次，达成录用意向102人次。推进隐性人员就业23人。开展劳动日常巡查169次1703人；解决劳资纠纷投诉举报案5件、追讨农民工资31.972万元。

（秦建超）

【住房保障】 年内，为737户家庭办理政策房备案等相关手续。其中保障性住房新申请初审136户；市场租金补贴新申请初审7户，完成市场租房租金补贴发放资格复核16户，签订续签市场租房补贴合同21户，申请发放补贴213户次251800元；上报解锁保障房申请家庭信息27户；终止住房保障资格11户；审核保障性住房变更116户；完成59户公租房资格、租金补贴及申请家庭资产、人员生存、房产等事项核查；完成“三房轮候”家庭申请登记公租房3户；发放郭公庄家园、康润家园等公租房项目选房、入住通知单128户。

（秦建超）

【助老服务】 年内，开展“低龄帮高龄”志愿服务活动，为7个老旧小区部门楼门加装楼梯扶手和安装座椅，街道“连心通”签约老人611人，开展服务2150人次。全面启动居家养老巡视探访服务工作，149名老人建立巡视档案，每月开展走访入户和每周电话走访工作。完成1户95周岁以上老年人家庭适老化改造。

（秦建超）

【社会救助】 年内，完成1名成年孤儿落户工作，发放慰问金、租房补贴21290元；统发低保金1409867.85元、生活补贴681924.95元、护理补贴664800元；申报医疗救助110人439556.24元；申报慈善医疗救助8人3062.02元；申报大额医疗救助1人15895元；为低保人员申领燃煤自采暖经费13户13000元、申领清洁能源自采暖经费3户3879.9元；为11户25人申请临时救助36530元；申请高等教育救助1人4500元；发放1—3月份电价补贴80户5226.48元；

（秦建超）

【社区建设】　年内，完善社区经费、管理相关制度建设，在社区队伍建设中推典型树榜样，推荐丰台区优秀社工表彰1名、首都最美社工入围1人、最美社工团队1个。探索“互联网+”社区治理模式，指导社区搭建精治共治法治平台，通过微信群建设问民需、汇民智、解民忧、聚民心，做到“群众线上吹哨 政府线下报到”。

（秦建超）

【非首都功能疏解】　年内，拆除违法建设11142.57平方米；清理整治占道经营重点点位9个；整治“开墙打洞”6处，治理和保持街巷数32条；整治无照经营18处；依法治理“散乱污”企业，实现“动态摸排、动态清零”；综合整治普通地下室54处；清理整治人防工程12处；依法取缔违法群租房85户，疏解人口387人；完成太平桥路（北段）精品示范街工程。

（秦建超）

【环境保护】　年内，完善辖区14类污染源台账，建成大气粗颗粒物监测站点2处，完成16个社区PM2.5监测子站安装调试。街道PM2.5日均值为43.5微克每立方米。检查登记重型柴油车608辆。加大河湖和街巷管理力度，任命10条主要大街街长，任命22名干部担任52条背街小巷巷长，招募小巷管家74名。

（秦建超）

【矛盾化解】　年内，受理信访83件，全部如期完成答复。开展社会矛盾纠纷和重点信访人排查4次，处级领导干部接访372次，约谈约访63次，了解民情、化解矛盾85次。

（秦建超）

【安全监管】　年内，整治在账彩钢板房219处，拆除内部彩钢板42处，整治在账“三合一”建筑、高风险居住建筑台账14处。开展消防、交通等主题安全演练、宣传教育活动500余场次，受众20余万人次。加强生产经营单位日常检查，发现整改现场隐患1916处，检查企业覆盖率100%。完善安全硬件设施建设，安装电动自行车充电桩及集中充电设施；为2900户60岁以上户籍老年人安装感烟报警器；安装机非护栏5500余米、地桩180根。开展安全生产培训5轮，1名专职安全员被评选为北京市安监系统“安监卫士”。

（秦建超）

【文体活动】　年内，完成精图广场篮球场和乒乓球长廊改造工程；吸纳辖区体育资源，免费为居民提供羽毛球和冰上活动场地；投入10余万元，完善各社区图书室设施，提升全民阅读服务水平。打造“悦动莲花”主题文化体育活动品牌，组织开展“百姓大舞台”“五月的鲜花”等一系列文艺演出活动25场，开展地区全民体育节，提倡“街道牵头倡导 居民自我提升 自助互助服务”的新服务模式。

（秦建超）

【学习教育活动】　年内，通过组织专家讲座、专题研讨、参观红色教育基地等方式，开展主题学习活动百余次。以改革开放40周年为主题，组织开展征文、故事会，举办百姓宣讲系列活动，教育引导各级党组织和党员干部树立“四个意识”，做到“三个一”“四个决不允许”，坚决维护习近平总书记党中央的核心、全党的核心地位。

（秦建超）

【群团建设】　年内，发展工会会员1123人，建立独立工会组织7家，投入近70万元改造“职工之家”，协调市、区投入20余万元购置配套服务设施，挂牌成立暖心驿站38家。推进妇联组织建设，构建四级网络，15个社区完成“妇女儿童之家”创建工作。开展特色家庭系列、家风建设系列、妇女维权、走访慰问等活动。聚焦“从严治团”，加强支部组织生活标准化、制度化建设。发掘优秀青年干部，推荐1名团员作为入党积极分子加入党组织。开展“孟薇”志愿服务队品牌活动24次、“青课堂”“青公益”“青拓展”“青体验”等品牌活动50余次。

（秦建超）

新村街道

【概　况】　新村街道位于丰台区中南部，与花乡基本重叠，北至三环以内，丽泽商务区南侧铁路线，与太平桥、右安门街道相邻；最东至草桥，与马家堡街道相邻；南至京良路，与大兴区接壤；西至丰台西站，与宛平地区相邻。总面积50.28平方公里，国有土地约37平方公里。管辖8.9万户21万余人，流动人口7.4万余人。有社区34个，大学3所，普通高中1所，初中3所，小学8所，幼儿园7所，社区医疗卫生机构8个。

（徐立松）

【社会综合管理】　年内，个人出租房屋税收1322万元；清理整顿群租房247处，受理各类举报件323件，其中58件核实不属于违法群租房，整改完毕247处。加强治安巡逻志愿者队伍建设，认定星级志愿者4541人，其中四星108人，三星1173人，二星2470人，一星790人；占治安巡逻志愿者总数的99%；武装部完成民兵整组工作，年内10名青年应征入伍。

（徐立松）

【环境建设】　年内，处理首都环境建设问题和结果公示系统中案卷43件，处置率100%，区级脏乱点60处；清运反复的暴露垃圾点位、老旧小区、无物业管理、无主垃圾、废弃家具、建筑垃圾等6191车，投入金额3714600元；清理整治各类违规广告牌匾、电子显示屏675块，拆除楼顶大型户外广告15990.6平方米；组织城建、城管、工商、公安、食药等执法力量整治台账内丰台东路、丰台南路以及帝京路北侧等“开墙打洞”经营户82户；完成韩庄子中路东西段背街小巷环境整治工程，首经贸中街1号院广场改造、韩庄子中路五幼门前绿化、韩一社区108号院丰台南路华林家园环境提升工程、路面改造、丰台南路116号院排水系统改造等工程，封堵整治开墙打洞15户，拆除违法建设2649平方米，拆除并新作广告牌匾120块；建设口袋公园、街边绿地和休闲广场，恢复绿地7000平方米，改造提升6000平方米，其中中间绿化带3052平方米，为居民提供休闲花园9处，投入资金4200万元。

（徐立松）

【劳动就业】　年内，城镇登记失业率1.6%；失业人员再就业1101人，其中困难人员就业671人；企业建档动态保持户数225户；就业困难求职人员实现就业比例82.83%；采集空岗信息3104人次；实现创业164人；带动就业194人；充分就业社区占总数78%；百姓就业超市开通权限15家；推荐城乡劳动力就业402人；社区安置就业504人。为三家单位申请岗社补74394.81元；就业困难人员摸查542人；全年用工调查113家。

（徐立松）

【住房保障】　年内，受理公租房及补贴申请342户，其中公租房新申请205户，市场补贴申请96户，公租房补贴申请41户；保障房变更、终止、解锁139户，其中公租房变更38户、终止30户、解锁50户，廉租房终止1户，限价房终止8户，经适房终止12户。完成保障房复核215户，其中公租房租金补贴复核135户，市场补贴复核80户。发放选房单308户，整理档案126册。

（徐立松）

【助老服务】　年内，街道与辖区内的三家

养老机构分别签署合作协议，为辖区的老年人开展助餐、助浴、助洁等服务。全年服务317名老人。对406名老年人开展电话、入户精神慰藉等服务。完成60岁以上的低保、低收入老年人家庭适老化改造23户。为60周岁及以上优抚对象，特困、低保、低收入家庭，计生困难家庭和纯老年人家庭人群提供居家照护者喘息服务45人。完成老年人呼叫服务1899人次，其中党员服务1146人次、生活服务6人次、养老服务498人次、家医服务249人次。全年为万柳园老年驿站二层露台护栏改造、桥二社区老年活动室屋面做防水工程、万柳园冷冻厂及212号楼安装扶手、丰西驿站安装暖气、银地家园养老驿站院墙改造等共投入资金48万元。

（徐立松）

【社会救助】 年内，为低保家庭219户522人发放低保金额547502.55元。办理新申请低保25户49人，变更低保256户，复审低保299户 。医疗救助291人次306814.06元（含城市特困人员），重大疾病救助144人次456157.66元，住院押金减免45000元，大额支出28人次260007元，临时救助486人次650220元，供暖救助217户291962.58元。教育救助6人次26700元，因病致贫救助1人6886.61元。

（徐立松）

【社区建设】 年内，申报青秀城、丰西电力机、育芳园优筑、造甲村、育仁里服务圈为“一刻钟社区服务圈”，覆盖7个社区，惠及4万多名社区居民。申报芳菲路社区为“社区之家”示范点。使用老旧小区专项资金，改善老旧小区环境，投入95.5万元用于环境绿化和保护工作，安全防范方面投入38.1万元，维修维护和环境改造投入303.5万元。新成立中海九浩苑社区和银地家园第二社区，解决未纳入城乡管理地区居民“无归属”“办事难”问题。壮大社区干部队伍，招录社区工作者51名。为草桥等多个社区进行办公室装修改造，为万柳西园、三环一、三环二等社区办公用房屋面新做防水、银地社区化粪池改造等。购置办公桌椅，支出28.1万元。社区办公与服务用房租赁项目11个，支出192.6949万元。添置办公设备，购置打印机27台，共45988元；购置电脑60台，共33.6万元。

（徐立松）

【非首都功能疏解】 年内，制定《丰台区“疏解整治促提升”专项行动2018年实施计划》。拆除违法建设38817平方米；占道经营整治300余家、无照经营（包括无证餐饮）整治21家、治理开墙打洞82户；疏解一般制造业1家、治理“散乱污”企业1家、疏解区域性市场1家；清理整治地下空间10处、群租房229户。

（徐立松）

【环境保护】 年内，街道辖区PM2.5年累计浓度为55微克每立方米，完成细颗粒物（PM2.5）累计浓度任务要求；自建微观监测点位6个，配合区环保局建立市级TSP粗颗粒监测点位2个、社区监测点位34个；在重型柴油车密集点位开展重型柴油车路检。检查重型柴油车辆8953辆，处罚违法车辆1115辆22.3万元，超标车检出率12.4%。

（徐立松）

【矛盾排查化解】 年内，接待群众来电来访200余人次；处理网信74件次；纸信134件次1669人次；市信访办转访件12批79人次；区信访办转访件14批64人次；自收19批82人次。

（徐立松）

【安全生产】 年内，出动检查人员7100余人次，检查单位3366家次，发现并整改安全隐患780处，签订各项责任书5000余份。完成“百名专家服务万家企业”活动，协助专家全面开展安全指导工作，服务企业30家；组织协调辖区单位主要负责人及安全管理人员开展安全生产培训600人；完成30家小微企业安全生产标准化达标创建任务；完成14家单位的“一企一标准，一岗一清单”编制工作；在重点行业领域大力推广安责险投保工作，全年签订安全生产责任险182家；对180余家企业进行职业病危害普查；开展安全风险评估、特种作业操作证、有限空间作业及安全隐患治理三年行动等专项工作；配合市区专项工作组，完成产业园隐患问题的整改111家。

（徐立松）

【交通安全综合整治】 年内，政府出资约8万元，在便道上增设交通设施，解决由于占道乱停车造成的拥堵问题。开展社会化宣传活动58次，8月开展交通安全宣传月活动，提升地区交通文明意识，人民网进行相关报道。交通安全综合整治35次，联合丰北大队清理僵尸车115辆，贴条210多张，劝离车辆480余辆。为辖区居民办理电动自行车临时牌照。

（徐立松）

【民生保障】 年内，办理老年证1334个，80岁养老助残卡新申请438人，办理充值信息41407条，充值金额416.465万元；办理90岁以上高龄津贴新申请69人，发放高龄津贴29.8万元；办理高龄医疗补助申请10人，发放医疗补助9749.06元；办理高龄老年人特殊困难申请8人，发放高龄特困慰问金6000元及米、面、油等慰问品；评选推荐孝星10人，其中6人被评选为孝星，发放孝星奖励金6000元及纪念品；发放民政一卡通普通卡56张，优待卡728张；发放60～64岁养老助残卡5415张。超转、军、地退及优抚人员994人，其中超转777人、军退48人、地退18人、伤残军人69人、义务兵家庭50户、三属人员22人、参战人员3人、在乡复员1人，农村籍士兵6人，发放生活费及调资补发3000万余元。两节慰问各类人员197人次12.3万元。为优抚人员发放集中供热采暖补助、超转自供暖补贴35万元。为残疾人发放生活补贴293人14.60万元，发放护理补贴928人13.32万元。发放精神残疾监护人补贴356人21.06万元。

（徐立松）

【双拥共建】 “八一”建军节期间，慰问5支部队和50户义务兵家庭，发放8万元的慰问品；春节期间慰问3支部队，发放慰问金3万元；慰问百岁老人1人，发放慰问金2000元；慰问军退人员99人次，发放慰问金91700元；慰问低保人员9人，发放米面油等慰问品。

（徐立松）

【劳动监察】 年内，完成劳动保障监察员日常巡查260家，劳动保障监察协管员巡查3500多家次；新增企业47家，搬迁企业98家，地区单位总数2939家；劳动合同签订率99.5%，续订率99%；21家企业补签规范的劳动合同，补签56名员工，1家企业补办社保登记证。完成农民工工资专项执法大检查，分网格分区域走访检查单位280家，发放宣传资料2500余份，确保年前工资无拖欠；办理知青返城人员1人，上报材料合格率100%。

（徐立松）

【妇联工作】 年内，通过专题讲座、文艺演出等多种形式组织辖区妇女干部和群众学习贯彻党的十九大精神，引导辖区妇女听党话、跟党走。5月17日，开展“党建引领同心圆 凝心聚力半边天”爱国主义教育活动，50名街道妇联执委、社区妇联主席、社区女书记参加纪念活动。母亲节期间，为22位特困单亲母亲免费办理两癌险。组织开展“阅读悦成长”亲子活动，机关的41个家庭46名小朋友参与。

（徐立松）

【助残工作】 年内，辖区内享受助残服务券的残疾人436名，享受困难残疾人生活补贴复核320人，复核新增重度残疾人护理补贴31人，对909名残疾人进行护理补贴复审，为81名符合条件的残疾人审核发放各类补助。为211名残疾人发放燃油补贴55900元；为129名城镇残疾人报销76%个体保险，发放补贴1147731.8元；春节期间，走访慰问困难残疾人家庭370户，送去慰问金和慰问品折合305000元。为15名16岁以下残疾儿童办理残疾儿童康复补助287650元，为1名残疾人大学生申请助学款4500元。办理残疾人服务一卡通申请2965人，办理率99.96%。组织康复站人员进行室外康复训练8次400人次；全年安置37名残疾人就业。

（徐立松）

【社保工作】 年内，社保业务下沉工作3103笔；医保报销674笔2108249.8元；变更医院5782人次；补卡3695张；全年申请灵活就业663人；城镇居民医疗保险新参保1756人；城乡居民养老保险参保599人。

（徐立松）

【文教工作】 年内，组织165支文体队伍，3550名文体骨干，34名社区文教委员，开展文体活动650场，受众56000余人。放映电影50场次，周末大舞台演出13场次、观看6600余人次。街道综合文化中心设在三环新城六号院9号楼地下室，面积2270平方米。三个成规模文化广场分别为银地社区文化广场500平方米，富锦嘉园社区文化广场800平方米，三环新城文化广场2400平方米。100平方米以上的社区文化室28个。32个社区达到北京市“体育生活化社区”的标准。审核非京籍儿童入学630人。

（徐立松）

【提升生活性服务】 年内，新建、规范便民商业服务网点13个，便民商业网点连锁化率提升8个百分点以上。建立规范化便民网点资源台账，通过引进蔬菜直通车进社区、社区之间便民网点共享、便利店（超市）搭载蔬菜零售、早餐等多种方式，推进蔬菜零售、便利店、早餐、美容美发等7项基本便民服务在社区100%全覆盖。规范社区菜店建设，对具备条件的5个社区引进新发地菜篮子配送中心“蔬菜直通车”进社区，解决部分社区买菜难问题。2018年，基本便民服务网点421家，其中蔬菜零售网点62家。新培育1家鸿业兴园社区商业便民服务中心。

（徐立松）

【社区服务平台】 年内，“社区大课堂”开课128节，受众居民3840人。完成北京市社区管理信息系统（小红树）平台工作，上传数据合格率99%。社区服务信息网后台录入1—6月份上报社区新闻360条，96156热线接派服务单720条，热线服务完成率100%。

（徐立松）

右安门街道

【概　况】 右安门街道位于丰台区中东部，辖区东至北京南站与东城区相邻，南至京山铁路与西罗园街道相连，西至菜户营与卢沟桥乡、太平桥街道接壤，北至护城河与西城区隔河相望。街道办事处坐落在右安门外翠林小区。2018年，辖区面积4.70平方公里，主要大街14条，设16个社区。常住人口7.38万人，户籍人口5.47万人，流动人口1.73万人。驻辖区单位1448户，大学1所，中学3所，小学3所，幼儿园4所，医院3家，养老照料中心1家，养老驿站4处，老年就餐点6处。

（富　晶）

【社会综合管理】 年内，动员社区群防群治力量参与治安巡逻，完成全国“两会”、中非合作论坛北京峰会等重要时间结点的综合维稳任务；完成“8·4”曹远航、“9·3”玉东一燃气事故等突发事件的处置；组织地毯式摸排和整治6次，清理核查日租房、黑旅店54家，服务管控流浪乞讨和非访人员400余人次，曝光违规房屋中介10家，约谈违规出租中介3家、物业公司3家，房东21人。

（富 晶）

【环境建设】 年内，完成玉林西路精品示范大街建设，玉林西里小区入口建成一处街角公园；完成开阳里东巷、玉林东路路面整修和低洼积水区域排水管网改造；拆除东庄5号楼私搭乱建，完成东庄一至三巷背街小巷提升工程，在幸福路加装交通隔离设施，实施道路单循环改造，推进“智慧小区”建设试点工作。

（富 晶）

【劳动就业】 年内，举办专场招聘会10场，提供就业岗位800余个，成功推荐就业200余人；办理灵活就业200余人，地区城镇登记失业率低于全区0.43%；组织开展和谐劳动关系单位创建活动，对劳动用工情况实行网格化巡回监察，从9个方面对全地区50家单位劳动用工情况进行规范。

（富 晶）

【住房保障】 年内，受理新申请保障性住房家庭184户、市场租房补贴36户、公租房租金补贴23户；进行租房资格复核200余户、公租房租金补贴资格复核116户；发放选房通知单230户，其中办理入住92户。完成市场租房补贴家庭资格复核并续签补贴合同75户，发放补贴110余万元。

（富 晶）

【助老服务】 年内，发放智能“连心通”腕表482块，招募435名低龄老人志愿者，服务6906次，服务工时8572小时；办理老年证560张；为6000余名60～64周岁老年人开展北京通养老助残卡的信息录入及一卡通的发放工作；为80岁以上老年人发放养老助餐券38944人次391.03万元；为90岁以上老年人发放高龄津贴4059人次4.21万元；为95岁以上老年人报销医疗药费补助13人次1.23万元；为219名困难老年人发放助餐券、助浴券；为23名困难老年家庭开展适老化改造服务。

（富 晶）

【社会救助】 年内，新申请低保户11户14人，终止低保17户23人，享受最低生活保障325户591人，发放低保金720余万元；城市特困供养10人，医疗救助312人，发放救助资金82.81万元；重大疾病救助90人、大额救助44人、临时救助44人，共发放救助金60.04万元；组织开展“春风送暖”等活动，捐赠衣物165包，为31名60岁以上低保老人申请慈善医疗卡，为2名重点低保病人申请慈善捐赠救助。

（富 晶）

【社区建设】 年内，完成16个社区党委换届工作，新当选的社区书记平均年龄47岁、党委委员平均年龄40岁、大专及以上学历100%；对社区64名副职以上工作者开展“社区工作者团队建设和实务能力提升培训”；继续推进楼门长建设，有楼门长1585人，覆盖率100%；加强社会协商议事能力，通过“温暖你驿站”建设，解决“雪花小院”老年人就餐问题，根治东滨河路社区北微小院的环境等问题；坚持“社区立项、业务科室把关”原则，征集公益金336项和老旧小区资金项目41项，使52个老旧小区达到“四有”目标；

（富 晶）

【安全生产】 年内，开展各类安全生产检查近3000家次，整改隐患600余处；建立小微消防站31处，安装电动自行车充电柜7处；完成小微企业安全生产标准化创建27家、投保安责险企业68家、企业隐患清单编制 8 家；开展“四品一械”日常检查 448 家；受理食品药品类投诉举报 146 件，立案 24 例，罚没金额 135546.4 元。

（富　晶）

【非首都功能疏解】　年内，清理地下空间 15 处，治理群租房 36 处；封堵“开墙打洞”点位 41 处、整治占道经营点位 14 处，取缔无证经营单位 5 家，关停“散乱污”小企业 2 家；拆除各类违法建设 48 处 4800 余平方米，新增绿化带 480 平方米。

（富　晶）

【社会保障】　年内，发放地退人员退休工资 138.17 万元，超转人员工资 284.01 万元，军工工资 36.56 万元；为 640 人发放民政一卡通；报销一老一小药费 116.77 万元，为退休人员变更医院 3000 余人次，补（换）社保卡 3153 人次，为各类社会保障类人员报销药费 323 人次。

（富　晶）

【助残服务】　年内，完成 94 名残疾人两项补贴申报，215 名残疾人生活补贴及 738 名重度残疾人护理补贴的发放工作；办理残疾人证 45 个；审核发放残疾儿童少年康复补助 4.13 万元、残疾人机动车燃油补贴 6.56 万元；残疾人家庭收入调查 63 户；城乡居民养老保险复审 79 人；申报困难残疾人家庭居家服务 50 户；办理养老助残券申请 35 人；帮助 12 名残疾人实现再就业；走访慰问困难残疾人家庭 502 户，发放慰问金 30.8 万元、物品折款 3 万元。

（富　晶）

【精神文明创建】　年内，成立“新时代 新担当 新作为”百姓宣讲团和“新丰台快板文艺宣讲团”，巡讲 20 场；推荐“北京榜样”“最美丰台人”候选人 12 名；通过学雷锋志愿服务月、“扮靓右安我的家 清洁环境靠大家”等活动，培育和践行社会主义核心价值观；开展“排队日”宣传等活动 10 场。

（富　晶）

【双拥共建】　年内，为 6 名现役军人家庭发放义务兵优抚金 18.36 万元；慰问伤残军人、烈属等 47 人，为 19 户烈属和现役军人家庭悬挂光荣牌；发放革命伤残军警伤残抚恤金 34 人 83.93 万元，发放军工工资 6 人 36.56 万元，采集退役军人信息 1712 份。

（富　晶）

【文体活动】　年内，开展知识讲座、新春音乐会、百姓周末大舞台活动近 30 场，惠及群众 4000 余人次；围绕元宵、端午、重阳等传统节日，开展群众性文化活动 40 场；举办京台社区元宵视频连线、京台大讲堂和京台重阳音乐会；开展全民健身运动会、健步走等体育活动，推动开展地区全民健身活动。

（富　晶）

【矛盾排查】　年内，健全完善街道、社区两级矛盾纠纷排查调处机制和信访制度，定期对辖区各类矛盾纠纷进行自排、自查、自纠、自化。开展社会矛盾排查 16 次，受理各类来电来信来访 452 件，办结率 100%。

（富　晶）

马家堡街道

【概　况】　马家堡街道位于丰台区东南中部，东与西罗园街道、大红门街道接壤，西与新村街道相邻，南与南苑街道交界，北与右安门街道隔路相望；辖区内南三环中路、角门北路、角门路、嘉和路、枫竹路、南四环路、马家堡路、马家堡中路、马家堡西路和嘉园路贯穿东西南北，构成便利的交通网。辖区呈长方形，东西宽 1.53 公里，南北长 3.21 公里。2018 年，辖区面积 4.95 平方公里，居民小区 73 个，居民 56538 户，常住人口109112人，流动人口26231人，设16个社区居委会。

（金中波）

【社会综合管理】 年内，落实全国“两会”、青岛上合峰会、中非论坛等重点时段管控措施，做好17名社区服刑人员、60名刑释解教人员管理；加强市级社会治安重点地区挂账整治，在主要道路、小区门口安装爆闪警示灯90个、高清监控64路，封闭嘉园二里、西里一社区出入口，增援派出所保安30名加强巡逻频次，严格警务站人员值守。截至8月，扒窃案件同比下降94.2%，盗窃非机动车警情同比下降60.8%，完成销账指标；举行宣传日活动、综治大讲堂26次，发放张贴各类宣传提示1.5万张；动员社会力量推进嘉园二里智慧社区建设，在富卓苑、星河苑社区增设监控设施；整治群租房147处，清退挂账普通地下室1处、不在账人防工程1处，清理口部房15处，完成嘉园一里19号楼区级挂账任务，清理反弹地下室3处，拆除普通地下室隔断8处。群众安全感满意度与上年同期相比提高4.9个百分点，全区排名第10位。

（金中波）

【环境建设】 年内，拆除违法建设12289.31平方米，既有违法建设台账完成率183%；拆除新生违建10处2200平方米，动态清零；拆违腾退土地0.61公顷，任务完成率122%；整治无照经营点位15处，取缔非法收药黑窝点1处、无证餐饮16家。整治占道经营重点点位8处，罚款107630元。对190处“开墙打洞”开展回头看，整治反弹点位28处，持续巡检待提升点位45处。建设提升基本便民商业网点8个；完成嘉和路、镇国寺北街2条精品示范大街建设。拆除角门北路违法建设34处1300余平方米，拆除广告牌匾43块。拆除角门南路门头外接违建110平方米。拆除嘉园二里3号楼西侧违建90平方米，硬化安装体育健身设施。修建槐房新村路500米，绿化美化3700平方米，种植树木7种，安装路灯30盏；协调整修马家堡南街道路300米，安装排水设施和路灯；翻修马家堡西路32号院楼前道路260米，加装隔离护栏；拆除马家堡西里11号楼违法建设500余平方米，恢复绿地300平方米；拆除富卓苑社区内私搭乱建66处330平方米、违规护栏1000延米，清理垃圾150车；改造PM2.5监控子站小环境，建设市大颗粒物监控子站，检查重型柴油车917辆，处罚28辆；重污染天气预警13次，对施工工地、4家汽修4S店和1家印刷厂采取苫盖和停限产措施。检查施工工地66家次。回收散煤49户约25吨，硬化绿化裸地14825.5平方米，全年巡河50余人次，实现散乱污企业动态清零。

（金中波）

【劳动就业】 年内，实现再就业581人，任务完成率124%；实现灵活就业355人，任务完成率151%；采集空岗信息3806个，任务完成率224%；实现自主创业166人，任务完成率128%；推动创业带动就业214人，任务完成率130%；保持“零就业家庭”100%安置率；城镇登记失业率1.26%，低于年度任务指标。

（金中波）

【住房保障】 年内，完成626户家庭的住房保障服务，受理公租房申请329户、申请变更21户、复审502户、选房登记135户，租金补贴受理112户，发放选房通知88户，组织选房入住22户。

（金中波）

【助老服务】 年内，发放老年证654张，组织“敬老月”送温暖和老年维权活动，3人获“北京市孝星”光荣称号；完成三个养老驿站和一个养老照料中心的建设，总面积2282平方米，床位81张。新增一家养老驿站，面积806平方米，床位15张；组建连心通网络中心，签约服务商15家，提供党员志愿服务967次，养老服务65次，医疗服务95次。

（金中波）

【社会救助】 年内，报销医药费326.6万元，发放失业救济金206.6万元、低保金77万元；组织1300名社会化退休人员开展活动6次，走访慰问生活困难的城镇登记失业人员115人和高龄、重病、生活困难的退休人员394人；“两节”走访慰问重病、特困、高龄老人等困难群体400户。救助突发性、临时性生活困难582人次178万余元；为231名精神障碍患者家属发放监护补贴。对400名适龄妇女进行“两癌”筛查，对240个家庭开展慢性病体测。核实低保家庭383户；发放超转地退工资210.3万元、军工工资241万元，登记退役军人1600余人。完成民政对象“一卡通”100%覆盖任务。

（金中波）

【社区建设】 年内，投入28436元改造西里三农机小区东门，投入232478元完成角门东里西社区9号院和枫竹苑社区角门16号院内21处监控摄像头安装调试工作；完成枫竹苑社区规范化示范点建设。投入27133元扩大社区服务站面积，投入122360元在林枫公园建设集文化体育、环境保护、应急救援等宣传、体验为特色的主题园；完成双晨、富卓苑、嘉园三里、玉安园、嘉园二里5个社区的办公及服务用房屋顶防水改造工作；开展社会组织公益性活动440场次，服务5000余人次；创建富卓苑社区的“共同成长 自由飞翔”青少年心理服务项目和西里二社区的“启航方舟”和“西二吾爱学堂”项目；与赵登禹学校合作，成立包括面塑、兔爷、风筝、团扇、毛猴等15个类别的非遗项目体验、传承为内容的“社区之家”；指导镇国寺冬季星空小区和嘉园一里未来明珠小区成立业委会工作。

（金中波）

【安全生产监管】 年内，拆除社会面彩钢板建筑81处12746.24平方米，检查单位3128家次，排除安全隐患1021处，查封反弹单位2家；开展消防安全宣传“五进”活动，培训安全生产单位负责人和管理员500人，开展消防演练、安全用电知识培训、安康杯知识竞赛等活动，发放宣传品3.1万份。检修灭火器370个，更换18个，清理住户楼道、阳台垃圾25车；规范电动车停放充电及充电桩安装工作，印制通知2600张、温馨提示8000张，安装充电桩33个。夜查电动车经营单位5次，查封1家；完成春节、初五、十五禁放值守工作，完成4家清单编制企业隐患排查工作，普查涉及职业病危害因素的企业92家；加强交通安全宣传检查，停驶车辆26辆，走访单位150家次，货车尾气检测4次，检查车辆180余辆，处罚9辆。清理僵尸车47辆；超额完成26家小微企业达标创建工作，安责险投保107家；专家服务小型企业20家，与15家物业负责人进行座谈，完成“双百工程”。

（金中波）

【食药安全管理】 年内，检查“四品一械”经营单位1100余户次，举办食药安全宣传活动12场，办理投诉举报588件，抽检预包装食品、保健品、化妆品400余样次，受理行政许可86件，立案74件、罚没款24.86万元；完成学校周边食品、便利店、肉制品店、网络化妆品、疫苗及医疗器械等专项检查任务29项。在“元旦”“春节”“五一”“中秋”“国庆”等重要节日前后，检查超市、商户、餐饮单位46次。核对检查食品流通、药店、医疗器械经营、医疗机构504家，实现日常监管全覆盖，对10家违规企业依法予以警告；完成餐饮企业“阳光餐饮”和量化分级182户，完成率100%；通过丰台区创建食品安全区考核，完成食药示范所创建任务。

（金中波）

【精神文明建设】 年内，组织“幸福马家堡百姓宣讲团”“幸福生活讲师团”等进社区宣讲授课 59 场；开展“讲改革开放故事展马家堡人风采”活动。以“首都市民学习之星”和“北京榜样”为抓手，推选学习之星 9 名，道德楷模 12 名，1 人入围北京榜样周评选。开展“美丽街巷我的家”摄影作品征集和“我们的节日”系列活动，培育社会主义核心价值观；不断深化未成年人思想道德教育，推出“文明小使者”131 人，征集评选新童谣 10 余篇。推荐“文明有礼好乘客”72 名；完成时代风帆楼宇党委、嘉园三里社区的科普益民计划申报，深化科普阵地建设。

（金中波）

【文化体育卫生】 年内，投资 69 万元，修缮嘉园三里文化广场舞台，为 16 个社区、嘉囿公园安装室内外健身器材，培育特色文化团队 48 个。开展校园及周边文化市场和暑期网吧专项整治行动。开展重大节日文化活动 7 场，参与区级文化赛事 4 场，组织街道级文化活动 60 场，社区级文化活动 300 余场，受众 1 万余人。以“周末大舞台 唱响在丰台”百姓系列文化活动为平台，继续打造“一街一品”；创建全民健身示范街道，推广群众体育项目，在嘉囿城市休闲公园、嘉园三里文化广场、嘉禾公园、林枫公园、炫力骄阳健身俱乐部等处，建设全民健身晨操晚练辅导站 10 余个，创立社区体育组织 58 个，举办百人健步走、家庭定向越野、冰雪项目活动等，体育人口占比 37.2%；完成 198 名非本市户籍适龄儿童入学审核，摸排并定期检查 11 所无证自办园食品卫生、消防安全、防恐情况，促进校园安全。

（金中波）

【助残服务】 年内，办理养老助残卡 463 张；发放居家养老助残卡 6245 张、高龄津贴 17 万元；发放残疾人补贴 246 万元；为 125 位重残困难人员提供家政服务，完成 2234 名在册残疾人动态调查工作，完成 46 户肢体残疾人家庭无障碍改造，建立“一人一村一社区一家园”领导联系点制度，落实社区康复、居家康复服务、困难残疾人家庭走访慰问、温馨家园建设等残疾人工作。

（金中波）

【群团工作】 年内，办理职工互助保险 281 份，建立职工暖心驿站 32 个、职工之家 3 个。组织妇女儿童培训讲座 32 场，推荐丰台最美家庭 5 户，首都最美家庭 1 户。精准帮扶贫困学生、残疾青少年，完成 501 名社区团员报到工作。

（金中波）

【法治建设】 年内，开展“七五”普法宣传教育活动 16 次，律师参与调解各类矛盾纠纷 459 件，调处率 100%。在街道和社区微信平台开办“马家说法”栏目，实施会前学法、以案说法，提高法治意识。聘请律师审查合同 131 件，参与诉讼和行政复议案件 11 个。依申请信息公开事项 3 件，梳理公共服务事项 124 个，全程代理网上审批 562 件。

（金中波）

西罗园街道

【概　况】 西罗园街道位于丰台区东北部，东起木樨园立交桥中心线，西到右安门外大街草桥路口，北起北京南站东南侧，南至角门路。辖区面积 2.86 平方公里。凉水河由西北向东南蜿蜒过境，境内长 2 公里，马草河经海户西里汇入凉水河。辖区西北紧邻北京南站，南三环中路、马家堡东路、马家堡路、角门路纵横交错，交通便利。2018 年，辖区内常住人口 8.3 万人，流动人口 1.6 万人。下设 16 个社区居委会。有中小学校 5 所、职高 1 所、托幼园 10 所，医疗卫生机构5所，社区卫生站4所，养老院1所，驻辖区部队1个。中国评剧院和北京京剧院坐落于辖区内，中国评剧大剧院是集戏剧、歌舞、音乐、演出为一体的一所多功能文化场所。年内街道被评为“北京市全民健身示范街道”“北京市安全生产先进单位”和“北京市安全社区”。

（董　雪）

【社会综合管理】　年内，组织签订各类责任书915份，签订率100%。投入15万元为第二和第四社区增加视频监控设施，投入25万元改造三区视频监控系统。拆除既有违法建设30处6240平方米，完成率134%。治理开墙打洞18家300平方米，完成率100%，对拆后空地进行铺装和绿化。拆除各类违规广告牌匾96处，完成率166%。清理群租房161户，完成率166%；人防工程11处，完成率110%。制止2起“散乱污”反弹现象；投入308万元建立街道城市运行指挥中心，清理整治重点点位6处，查处占道经营、无照经营游商、黑摩的、店外经营等1231起。劝离违规停车2859辆、劝离两轮电动车520辆，张贴告知单63张、电子处罚违法停车5辆。社会服务管理平台热线数量3688件，回复率100%。关停拆除凉水河市场农贸区，完成马草河农贸市场升级改造。新增1处1000平方米以上超市和7处便民商业点，实现“1+7”便民服务品质提升的工作目标。街道被评为2018年丰台区群防群治先进单位。

（董　雪）

【环境建设】　年内，安装粗颗粒物检测点位2处、PM2.5监测仪16台，检查重型柴油车25次，查处544辆，全年PM2.5累计浓度为51微克每立方米，同比下降29.5%。街道级河长巡河70余次，社区级河长与“当班河长”巡河14000余人次，清运河岸垃圾400余次。拆除凉水河沿岸违法建设972平方米，完成角门东里二社区旱河22户拆迁工作。整改完成市级环保督查任务15项。建立街巷长和小巷管家组织保障体系，制定分级管理、属地负责，“一街多管家 一巷一管家”原则，为85条背街小巷和5条大街设置33名街巷长，招募小巷管家83人。推动背街小巷“一街一牌”管理，改造提升背街小巷8条。推广“门前三包联片管理”模式，与729家单位签订门前三包责任书。检查社区卫生164次、清理无主垃圾7530吨，处理各类环境投诉问题136件。

（董　雪）

【劳动就业】　年内，城镇登记失业率控制在1.55%；空岗信息采集1992人次，完成任务指标的143%。城乡劳动力就业601人，完成任务指标的128%；就业困难人员实现就业354人，完成任务指标的151%；企业建档数动态保持55家，完成任务指标的110%；百姓就业超市协调开通23户，完成任务指标的115%；扶持创业115人，完成任务指标的105%；带动就业147人，完成任务指标的102%；就业困难求职人员就业比例91%，完成任务指标的114%；创建充分就业社区达88%，完成任务指标的126%；职介推荐就业成功192人，完成任务指标的107%；职业培训39人，完成任务指标的130%；社区推荐安置就业325人，完成任务指标的109%。

（董　雪）

【住房保障】　年内，新增公租房申请228户、公租补贴32户、市场租房补贴28户。发放公租房备案单225户、公租房补贴备案通知单46户、市场补贴备案通知单14户。市场补贴转公租补贴5户。完成年度公租房补贴家庭复核137户，其中98户无变化、17户变更、12户终止、10户未申报；完成市场补贴家庭复核34户、廉租补贴家庭复核9户。完成公租房资格变更92户、解锁53户、退回21户。终止公租房资格20户、公租补贴资格15户，停发公租补贴4户；

终止经适房资格 12 户、公租房轮候资格 4 户；终止限价房资格 5 户、经适房轮候资格 7 户。市场租房补贴续签合同 25 户、新签 13 户、终止 11 户。发放补贴资格和市场补贴通知单 34 户、信息确认单 38 户、市场租房补贴各类变更 13 户，停发通知单 14 户，解锁 24 户。廉租补贴资格复核 7 户，终止廉租资格 7 户，暂停补贴资格 5 户，续签 6 户。实物配租资格复核 1 户、变更 2 户。复核已入住公租房家庭调房复核 6 户；合同到期复核 40 户；快速配租复核 224 户。调房复核 6 户。

（董　雪）

【助老服务】　年内，街道养老驿站 4 家，提供为老服务 220802 人次。完善“连心通”运行机制，向辖区空巢独居老人提供服务 3765 人次，其中，提供“党员服务”1970 人次、“养老服务”1584 人次，提供“医疗服务”174 人次、“生活服务”37 人次。链接周边医疗机构，为就医和转诊开辟绿色通道，建立连续性医疗和健康管理制度。定期开展健康讲座，为周边的老人进行义诊，服务 6022 人次。为行动不便老年人开展助行服务。开展“敬老爱老 公益志愿行”活动；开展“低龄帮高龄”志愿服务推广，新组建低龄志愿者队伍 4 支。适老化改造 11 户；为 74 名居家养老困难老人购买第三方服务，落实助餐、助浴服务项目。为 95 周岁及以上高龄老年人申请医疗补助 45303.64 元。为 77 名日常生活照料存在困难、有精神慰藉需求的独居、高龄老年人开展巡视探访服务。采集 60～64 岁老年人信息 5267 人次，发放北京通－养老助残卡 5030 张；办理老年证 459 张。

（董　雪）

【社会救助】　年内，撤销收入超标低保家庭 31 户，新增 19 户；低保审核 301 户 492 名，发放低保金 520.1 万元；申请低保医疗救助 129 人 37 万元；为低保家庭学生提供教育救助 6 人 2.67 万元；为 16 名无丧葬补助人员发放丧葬费 8 万元；为 160 名低保人员提供集中供暖补助 24.33 万元，申请报销退养药费 4.5 万元。为 310 名异地安置退休人员办理生存认证；为 15700 名退休人员报销药费 681 份 140 万余元，变更医院 2983 人次，办理挂失与补卡 962 人次，补换卡 2015 人次。办理城乡居民基本养老保险参保 272 人，为 446 名无保障待遇老年人发放保障金 29.3 万元、发放丧葬费 12 人 8 万元。办理“一老一小”新参保手续 1020 人、变更手续 2200 人、报销药费 230 人 42 万元。办理享受政策补贴续保 568 人，减员转出 182 人；为 195 名失业人员发放送温暖补助 9 万元。为 41 名退休死亡人员发放丧葬费 20.5 万元，清算账户 13 人 26.11 万元；追缴养老金 13.9 万元；办理失业人员街道退休 18 人。元旦、春节、五一、十一走访慰问劳模、建国前老职工、重病、特困人员 600 人。16 个捐助站点捐赠衣物 5200 余件、现金 14000 余元。

（董　雪）

【社区建设】　年内，为 16 个社区购置 32 台办公电脑、12 台空调、9 个移动硬盘以及数件办公家具，改善办公条件。为洋桥村社区、海户西里南社区、鑫福里社区位于立业大厦的联合办公区制作统一标志牌。为海户西里南社区解决服务用房。组织社工参加市、区级各类学习培训 300 余人次；联合专业社工机构开展“领头羊计划－社区治理创享行动”，指导实施 10 个小微项目。完善“多元参与 协商共治”社区治理模式，推进居民自治，指导社区发挥楼门长、党员和群众骨干带头作用。以“民情图”为蓝本，投入 48 万余元，向 7 个社区推广智能民情图平台，提高社区治理科学化水平。以规范化社区市级试点洋桥东里社区为典型，推进社区规范化建设试点工作。下拨丰台区老旧小区自我服务管理建设经费 169.7154 万元，完成项目17个。增强社区志愿服务组织能力，海户西里北社区和洋桥西里社区志愿服务站获得“首都学雷锋志愿服务站”称号，角门东里二社区“365天天岗”获得“首都学雷锋志愿服务岗”称号。海户西里北社区获得区“最美社工团队”称号。

（董　雪）

【文体活动】　年内，成立群众文化队伍55支，开展各类专业培训16次。组织居民参与戏曲进社区活动8次120人次；组织参与声乐培训4次60人次；组织参与基层文化骨干合唱指挥培训4次40人次；组织周末百姓大舞台演出11场。年初在中国评剧院小剧场举办第五届戏曲票友PK赛，40余人参赛，报名27个节目。举办“新春送福”笔会、“浓情年味”摄影比赛和“诗韵流长诵读经典”清明诵诗会。4月在万芳亭公园举办“奋进新时代 筑梦西罗园”迎“五一”文艺演出。端午节期间，街道及所辖各社区举办端午活动15场，参与900人次。7月，在中国评剧院上演街道原创的廉政评剧《梦惊三板》，100多名党员群众共同观看演出。举办中秋节活动14场。16个社区皆创建为北京市体育生活化社区，街道被评为“北京市全民健身示范街道”。组织全民健身讲座5场，以社区为主体开展春季运动会7场，秋季运动会2场，乒乓球赛4场，大步行4场。“六一”儿童节，举办街道第三届幼儿足球赛，300多个小朋友参加比赛。组织国民体质测试活动，200人参与。

（董　雪）

【矛盾排查调处】　年内，网上信访信息系统登记53件。其中网信23件，纸信21件23人次，来访9件17人次；去市、区信访办走访7批14人次，其中区信访办集体访1批5人次，反映城市管理的问题22件，小区管理6件，困难、求助3件，其它11件。办结事项46件。

（董　雪）

【助残服务】　年内，发放养老助残券421人42100元；办理城乡居民养老保险100人。申请残疾儿童少年康复训练经费9人143920元。六一儿童节，为0～6周岁的残疾儿童发放慰问金9人2700元。市残联为辖区0～6岁的残疾儿童发放慰问金4人1200元。为1名脑瘫儿童免费配发脑瘫儿童轮椅1台。组织参加茶艺、面点、手工制作和小儿推拿等残疾人职业技能培训13人次，取得茶艺初级证书2人；3名盲人参加市残联举办的盲人心理辅导、盲文培训和盲人护眼知识讲座；3人参加北京市第九届残疾人技能大赛，2人分别获得北京市茶艺师第一名和棒针编织组第四名。安置残疾人就业1人。职康站开展劳动项目，学员的全年人均劳动收入800元，15名学员康复稳定。元旦、春节走访慰问困难残疾人231户，发放慰问金196100元。完成丰台区残疾人基本需求和服务状况动态更新入户、调查及系统录入工作，更新调查2108人，调查录入率100%。开展春、秋两季残疾人趣味运动会，350余人参加。购买右安门体协健身康复服务项目45次，购买北京市知了社会发展中心职康站服务项目，为残疾人提供服务165次，受益780余人次。为残疾人家庭进行无障碍改造28户。开展“互联网+”康复平台服务，694人注册“北京市残疾人辅助器具综合服务平台”。为30名残疾人从平台申请护理用品。新受理各类残疾人办证105人；为肢体残疾人发放燃油补贴260人69160元。为41名肢体残疾、12名智力残疾和5名精神残疾人提供专业的康复训练。

（董　雪）

【精神文明建设】　年内，组织中心组理论学习20次，中心组扩大学习3次，专题读书活动1次，学习研讨4次，中心组成员撰写学习心得1篇。组织法律学习讲座2场。完成洋桥北里街心花园、西罗园四区健身广场、四路通十字路口3处宣传示范点建设。

结合“花椒树故事会”“学雷锋志愿服务月”“公共文明引导日”“北京榜样”等道德模范选树工作，开展“幸福生活大讲堂”“周末社区大讲堂”“丽泽大讲堂”“百姓宣讲”等活动59场，3000余人参与。入户宣传发放《致辖区居民的一封信》1.8万封。推荐“北京榜样”15人，印制张贴榜样人物事迹宣传海报112张。在人民网、北京日报、北京卫视、丰台报等主流媒体上刊登报道30余次。通过微信公众平台、官方微博等新媒体平台发布相关消息171条。

（董　雪）

【安全管理】　年内，走访生产经营单位887家，签订安全生产、消防安全等责任书1774份。检查各类企业2197次，下达限期整改通知单1040份，发现安全生产隐患2295处，整改2251处，整改率98%。开展电动自行车充电安全隐患整治工作，发放临时牌照2558个，在洋桥村和东丽温泉5号楼安装充电桩（柜）18个；对西罗园一区、海户西里北社区2处车棚进行升级改造。开展“三合一”“多合一”违法经营场所检查，组织消防演习48次，参与商户527家2000余人次；清理可燃物480.1吨；配发、安装独立式感烟报警器5100户。拆除彩钢板建筑37处5026.04平方米。强化食品药品安全管理，加强对“四品一械”生产经营单位监督，检查366户，同比增长130%。创建“阳光餐饮”单位114户，完成率100%。年内被评为“北京市安全生产先进单位”，完成“全国安全社区”复评工作，取得“北京市安全社区”称号。

（董　雪）

【网格化管理】　年内，组织新业务知识培训4次，参训200余人次。完成街道城市服务管理网格重新划分，街道网格数量由60个增加到80个。招聘和培训专职接线员12名。2月，“连心通”为老服务热线系统正式运行。接收信息化城市管理网格件5890件。其中列入区城指考核案卷643件，处理595件，未处理10件，超时处理38件，考核处理率93.93%。进行网格件周统计、周分析48次，月统计、月分析、月通报11次，召开环境周例会24次。接收社会服务管理平台热线3703件，其中12345热线3269件、96005热线365件、政府舆情25件、微信微博44件，“区长信箱”来件30期30件，“人民网地方领导留言版”4期4件，“市级重点督办件”22期34件。案卷回复率100%，排全区第1名。

（董　雪）

东铁匠营街道

【概　况】　东铁匠营街道是建国后北京市第一批街道之一，是北京市在丰台区的老工业基地，具有鲜明的经济时代特征。街道位于丰台区最东部，辖区总面积12.9平方公里，辖区北部与东城区（原崇文区）、方庄地区相邻，东部与朝阳区接壤，南部与大红门街道、南苑乡搭界，西部与东城区、西罗园街道相连。北部毗邻京津城际高速铁路，京广铁路，南二环路，南护城河。南三环路东西贯通辖区，地铁5号线、10号线、14号线、亦庄线纵贯辖区，蒲黄榆路、榴乡路南北横跨辖区，紧邻京津塘高速公路。2018年，社区居委会26个，常住人口16.95万人，户籍人口10.05万人，流动人口6.9万人。辖区有北京市同仁堂科技发展股份有限公司、北京地铁车辆装备有限公司、方庄污水处理厂、方庄供热厂、劳动午报社、北京联合大学特殊教育学院等中央、市属和非公企事业单位4800余家。

（冯　垚）

【社会综合管理】 年内，开展扫黑除恶专项斗争，组织出动警力，检查网吧150家次、KTV等娱乐场所100余家次、宾馆250余家次，抓获涉黄、涉赌、涉毒人员200余人；为派出所配备5辆电瓶车和15名巡防队员，加强物防建设；推进“雪亮工程”及智慧社区建设，强化老旧小区、公共区域视频覆盖率，协调中铁建集团为棚改区安装摄像头400余部；为26个社区投入群防群治经费52万元，出台《关于群防群治奖励办法》；在全国“两会”“中非论坛”等敏感节点，参与社会面防控人员11.5万余人次；街道和社区两级综治中心解决群众问题800余起，化解矛盾纠纷160余起；完成群租房整治147处，张贴群租房《告知书》近500份，张贴宣传板940余块；对宋家庄交通枢纽、刘家窑桥地铁、蒲黄榆地铁等重点地区，定期不定时对黑摩的运营情况进行排查，配合各执法力量对重点地区和点位，采取“守、巡、打、销”的方式进行动态管控和联合执法，处理黑摩的扰序人员248人次，查扣销毁380余辆；开展反恐演练、禁毒宣传、国家安全日宣传等各类宣传活动。

（冯　垚）

【环境建设】 年内，完成清理整治既有违法建设台账年度任务，实现新生违法建设零增长。完成开墙打洞任务659处，拆除既有违法建设10449.57平方米；出动社区、物业、保洁人员5500余人次，车辆800余车次，清运垃圾渣土、建筑垃圾30余吨、生活垃圾170余吨、清除小广告1400余起；处理举报600余次，检查规范环卫设施80处，规范门前三包2500余处；开展联合执法行动，出动2200余人次、执法车辆400余车次，专项整治点位150个，整治规模性5人以上乱点90个；设立宣传站点2处，宣传告诫1800人；取缔无照游商800起，查处非法运营400起，拆除地锁550余个，规范店外经营1900处；拆除违规户外广告牌及指路牌280块。

（冯　垚）

【劳动就业】 年内，接收失业人员档案888份，空岗信息采集2800人次。走访跟踪服务用人单位193家，对2700余人进行就业指导，举办“东方红”系列招聘会5场；办理失业登记1100人次，失业金发放248人次；新建档案70人，实现就业1237人次，完成率123.7%，失业率控制在0.92%以内；困难人员就业人数指标500人，完成726人，完成率145.29%；创业带动就业指标220人，完成222人，完成率100%。

（冯　垚）

【住房保障】 年内，上报申请保障住房资格审核备案385户；公共租赁住房租金补贴资格审核与发放38户；市场化租赁补贴资格审核与发放40户；保障性住房资格变更、终止、解锁285户；廉租房实物配租家庭年度资格复核176户；公共租赁住房租金补贴年度资格复核130户，发放公共租赁住房租金补贴信息确认单74户；保障性住房快速配租系统资格复核421户；发放郭公庄、未山苑、鸿业兴园等公租房项目选房通知单197份。

（冯　垚）

【助老服务】 年内，蒲安里第一社区建设养老驿站一家；组建一支“低龄帮高龄”志愿者服务队“东铁匠营帮帮团”，共267人，提供志愿者服务2000余人次；立项招投标聘请巡视探访机构，为160余名老人进行巡视探访；10月，为130余位失能失智老年人申请居家照顾者喘息式服务；建立“连心通”指挥中心，服务空巢老年人1500余次。

（冯　垚）

【社会救助】 年内，困难家庭享受医疗救助182人次44万元、享受临时救助116人次34万元；享受重性精神病监护补贴家庭469户、享受困境儿童生活补贴儿童2名、享受困难家庭入住社会福利机构补贴10户、享受城市特困供养待遇10人，发放低保金1000余万元，残疾人两项补贴500余万元，其他各项救助金额260余万元；

（冯 垚）

【社区建设】 年内，完成新建四方景园第二社区的两委选举工作；通过班子调整、社工储备、制度管理、技能提升四个方面进行队伍建设；建立社区工作者因私出境（京）审批办法，做到一事一备案；刘家窑第二社区创建市级规范化试点社区，四方景园社区创建“社区之家”示范点，挖掘辖区单位资源，开放活动场地，满足辖区居民文化、体育等生活服务需求；蒲安里第一社区、蒲黄榆第三社区、华苇景苑社区作为街道议事协商试点社区，解决突出矛盾和问题，打造共治共建共享社会治理格局；组织志愿者服务活动项目455项，举办活动1654场次，参与服务的志愿者11570名，服务对象122590人。

（冯 垚）

【安全生产】 年内，完成全部《安全生产目标管理责任书》量化指标任务。检查治理安全隐患100余次；检查单位5000家次，消除各类隐患5800余处，清理整治彩钢板建筑30000余平方米，推动区级挂账的宣祥家园消防安全隐患进行整改；开展生产、消防安全知识宣传咨询活动50场次，受众10000余人；印制、发放各类宣传材料10万余份；组织开展各类应急逃生和火灾扑救演练20余次；清理可燃物300余吨，投入经费56万元；为辖区60岁以上老年人安装独立感烟式火灾探测报警装置7900个；完成生产经营单位主要负责人和安全生产管理人员安全生产培训考核600人，完成6家隐患排查治理“一企一标准、一岗一清单”编制工作，完成安全生产责任险投保174家，完成率111%，开展小微企业安全生产标准化建设25家。全年未发生较大以上安全生产事故，在区防火委的年终考评中排名前列，2名干部被区防火委评为先进个人，1名专职安全员荣获市级“青年安监卫士”、安全生产领军人荣誉。

（冯 垚）

【宣传活动】 年内，以“疏解整治促提升”“街乡吹哨 部门报到”等工作为宣传重点，展现东铁营地区环境、民生等方面的成绩和变化，在人民网、中央电视台、北京电视台、千龙网等主流媒体上刊登报道124条，街道平台发布微博数335条，微信数228条，全年收集、处理各类舆情65条。

（冯 垚）

【社会保障】 年内，管理社会化退休人员13636人；享受社会保险补贴31200人次，月平均2600人次；年新增享受社会保险补贴952人，停止享受社会保险补贴963人；变更医疗信息5103人次；城乡居民养老保险管理525人，城镇无保障老人管理690人，城镇居民基本医疗保险管理10565人，新参保1060人，减员303人，社保卡发放1342人，临时社保卡发放622人；医药费报销1095人次，报销582万元；低保管理528户940人，新增低保34户56人，撤消低保116户220人；医疗救助419人次135.64万元，丧葬补贴20人10万元；服务网点申领、挂失、补卡、换卡等7940人次；协助非京籍儿童入学，监护人社会保险审核家庭92户186人次。

（冯 垚）

【非首都功能疏解】 年内，拆除违法建设10500平方米，疏解人口203人；封堵开墙打洞659处，疏解人口1977人；关停人防工程10处，疏解人口408人；清理地下室10处，疏解人口369人；拆除群租房144处，疏解人口744人；整治占道经营重点点位20个，疏解人口37人；关停无照经营47处，疏解人口141人；取缔无证餐饮175处，疏解人口525人；关停市场1家，疏解人口510人。

（冯 垚）

【助残服务】　年内，辖区残疾人 4674 名，为 802 名享受居家养老的残疾人发放助残券 962400 元。在开展城镇个体三险补贴工作中，为 169 名残疾人办理保险补贴，补贴金额 1558306.06 元；元旦、春节期间走访慰问残疾人 558 人 497500 元；残疾儿童少年康复补助 14 人 278954 元；发放残疾人燃油补贴 472 人 122200 元。

（冯　垚）

【文体活动】　年内，贯彻落实《中华人民共和国公共文化服务保障法》和《北京市全民健身条例》，创建首都公共文化服务示范区和创建全民健身示范街道工作 。策划组织主题为“同心筑梦创建未来 高歌奋进新时代”的迎新春文艺汇演；“品元宵 赏花灯 猜灯谜”元宵佳节灯会；“棕叶飘香 畅享端午”暨改革开放 40 周年诗词诵读文艺汇演活动。放映电影 50 余场；组织滑雪爱好者到万龙八易滑雪场进行“助力冬奥”全民健身滑雪体验活动；组织近百名群众和小学生体验冰雪大蓬车进基层活动；“六一”儿童节组织地区百组家庭在青龙湖开展亲子定向越野活动。首次参加北京市运动会群众体育项目，健美操舞乙组比赛获得二等奖。举办文体活动 120 余场。审核儿童入学资料，完成儿童入学电脑派位，入户核查 150 人，审核通过 140 人，有 3 名儿童家长补缴社保后进入民办校就读。

（冯　垚）

【来信来访受理】　年内，实现信访“三率”100%，受理和接访群众信访事项 130 件，其中街道自收群众来信 11 件，市区群众来信 31 件、市区来访 30 件、申请复查 3 件、批评建议 7 件、网上诉求 48 件；完成市、区联席会议交办件的上报 10 件，未发生未办或延期现象；组织开展“坚持以人民为中心 推动法治信访建设”为主题宣传日活动，张贴宣传画报 60 余张，发放宣传手册 4000 余册，受益群众 2000 多人次；全年报送信息 12 篇，报送信访调研报告 1 篇。

（冯　垚）

【劳动监察】　年内，完成 1642 家用工单位的日常巡查，对 129 家用人单位进行劳动用工材料的检查；完成 75 家用人单位网上书面审查。加大法律法规宣传力度，组织劳动法律知识讲座 2 次；开展普法宣传活动 4 次。全年受理各类投诉、举报案件 3 起，均协商解决。组织开展工资支付大检查、清理整顿人力资源市场秩序、整治非法使用童工打击违法犯罪专项行动、对建筑施工企业联合执法检查、用人单位遵守劳动用工和社会保险法律法规情况的专项宣传与检查等 8 次活动。东铁匠营街道办事处被评为北京市劳动保障监察工作先进单位

（冯　垚）

【食品药品监管】　年内，组织辖区“四品一械”单位监督检查 1641 户次；办理各类投诉举报 1139 件；一般程序立案 41 件，简易程序立案 27 件，罚没款 176.44 万元；受理许可 270 件，审批 261 件；组织大型宣传活动 10 次，受众 10000 人次，发放宣传材料 5000 份；组织培训活动 17 场，参加培训 2186 人次；监督抽检各类产品 405 件。查抄取缔无证餐饮 464 户次；组织联合执法 157 次，专项检查 53 次；准备迎检材料 500 余页，一次性通过创建食品安全示范区检查；完成阳光餐饮建设 281 户，区级示范店 30 户，市级示范店 11 户。

（冯　垚）

【法律服务】　年内，调解纠纷 621 起，成功 599 起，调解成功率 96%，其中婚姻纠纷 206 起，邻里纠纷 142 起，合同纠纷 23 起，物业纠纷 23 起，损害赔偿纠纷 16 起，其他纠纷 211 起；排查纠纷 171 次，预防纠纷 51 件，制止群体性上访 9 件；做好两类人员管控教育，走访两类人员家庭 527 人次，帮扶救助生活困难两类人员 3000 余元；开展法治宣传 331 场次，提供法律咨询服务 2000

余人次，发放法律宣传品4000余份。

（冯　垚）

方庄地区

【概　况】　方庄地区位于丰台区东部。成立于1985年5月。东起分钟寺桥，南起南三环辅路，西至蒲黄榆路，北至南二环辅路。2018年，辖区总面积5.53平方公里。下辖16个社区居委会。户籍人口23871户56781人，常住人口90101人，流动人口3310人，外籍人口227人，其中汉族人口占95.5%。年内，新出生92人，出生率0.16%；死亡440人，死亡率0.77%。有法人单位2144个，其中中央单位8家，市属单位6家，区属单位15家。有医院2所，社区卫生服务中心1个、社区卫生服务站5个。有技校2所，中学3所，小学5所，小学初中一贯制学校1所，幼儿园11所。有养老机构5家，其中养老驿站4家，养老照料中心1家。途经辖区公交线路26条，地铁5号、14号线贯穿辖区。地区整体绿化率22%。实现区级财政收入4.57亿元，同比增长2.47%，代征房产税367.68万元，同比增加2.15%。年内，获北京市就业创业先进工作集体、示范侨之家以及最美志愿服务社区奖。

（乌兰塔娜）

【社会综合管理】　年内，开展社会治安专项整治行动，开展扫黑除恶专项斗争，持续打击违法犯罪活动，不断推进反恐防暴和禁毒工作实体化，加强综治中心规范化建设，推进“雪亮工程”“智慧社区”建设，加强社会面常态化巡控，完成全国“两会”、青岛“上合峰会”“中非论坛”北京峰会等重大政治活动以及元旦、春节、国庆等重要节日期间的安保维稳任务；发动群防群治力量，织密立体化防控网络，“红袖标”队伍不断发展壮大；接待群众来访150人次，接办信访件39件，同比下降25%；开展社会矛盾纠纷专项排查调处，落实重点人“1＋N”实名管控措施，确保地区没有越级访和重点人到敏感地区上访事件。

（乌兰塔娜）

【环境建设】　年内，推进“疏解整治促提升”专项行动，拆除违法建设68处3151平方米，整治“开墙打洞”12处164平方米，治理“散乱污”企业38家，整治违规广告牌匾447块，整治背街小巷5条；完成地下空间市级挂账整治任务18处、群租房101处；查处无照经营、店外经营1000余起；清拆彩钢板建筑38处5648平方米，实现全面排查、限时整改、“动态清零”。探索地下空间公益化便民利用，建成方庄地区乒乓球活动室和科普教育体验馆，引进“美家美库”自助式微仓储空间。落实蓝天保卫战行动计划，加大重型柴油车、渣土车、施工工地扬尘检查力度，PM2.5平均浓度为50微克每立方米，同比下降25.8%。推行“街巷长制”“河长制”，地区12条主要大街、132条背街小巷、1条河道实施分片包干实名管理。

（乌兰塔娜）

【劳动就业】　年内，推行“全方位”服务管理，创新“互联网＋公共就业服务”模式，推进“百姓就业超市”建设，采集空岗信息2454个，组织招聘会4次，完成企业线上注册登记41家，实现城乡劳动力就业377人，保证地区无零就业家庭。加大辖区用工单位劳动合同履行情况监督检查力度，更新用工单位信息1300余家，受理劳动投诉举报案件8起，涉及职工100余人，追回拖欠工资40万元；开展劳动政策法律法规讲座8次，参加人数1000余人。

（乌兰塔娜）

【住房保障】　年内，在政务服务大厅设立住房保障窗口，接待来访来电咨询5310人次；受理新申请保障住房106户，变更50户，终止资格15户，解锁家庭125户，协查家庭75户，发放公租补贴46户、市场补贴86户。

（乌兰塔娜）

【助老服务】　年内，辖区有60岁以上老人19164人，80岁以上高龄老人4305人、空巢老人3651人、独居老人472人，办理老年证393张，发放80岁以上居家养老金39145人392.7万元、发放90岁以上高龄津贴3309人34.77万元，为95岁以上老人报销药费17人次12.54万元；继续开展困难老人助餐助浴审核工作，进行适老化改造家庭5户、巡视探访服务对象49人、发放特殊老人意外伤害保险单84份、摸底失能失智老年人89人；成立低龄帮高龄志愿者服务队，210名低龄志愿者为105名高龄老人提供服务；建成2家养老驿站，推动社区养老和生活服务功能集成，为空巢老人提供精准个性化服务。

（乌兰塔娜）

【社会救助】　年内，办理医疗、重大疾病救助29户95人次，发放救助金11.7万元；办理临时救助8户，发放临时救助金3.9万元；申请新生入学救助金1.6万元，发放因病致困救助金4人4.2万元；开展集中救助行动20次，疏导流浪乞讨人员15人次；落实残疾人保障政策，走访慰问困难残疾人212人，发放慰问款18.5万元；持续开展“一日、两月、三主题”系列捐赠活动，收到捐款6.65万元，募集衣物3000余件。

（乌兰塔娜）

【社区建设】　年内，完善社区议事协商制度，建立“社区听证会”“社区协调会”“社区评议会”“社区居务工作会”和“社区议事协商会”五个民主议事载体，搭建畅通民意、政务公开和居民自治的重要平台；采取“请进来 走出去”相结合的方式，对210名社区工作者进行专题培训；以创建“社区之家”为抓手，以“一刻钟服务圈”为建设单元和服务模式，新建“一站式”综合便民服务体“小象生鲜”综合超市，依托365生活管家，提供便民、便捷服务项目130个。

（乌兰塔娜）

【掌上四合院】　年内，区委书记汪先永4次到方庄地区调研，提出“搞好群众工作、做好群众身边的事，抓好环境、治安、交通‘三大秩序’”的具体要求。地区工委反复调研，确定“通过微信群联系服务群众，实现超大城市基层社会治理”的工作思路。方庄地区党员干部利用组织活动和走访服务居民的各种机会，通过线下互动交流，与居民拉家常、交朋友、问需求，添加居民为微信好友，邀请居民加入楼栋微信群，并实名入群注明房间号，入群居民超过2万户，223栋住宅楼成为居民手机里的223个“掌上四合院”。通过微信群组，方庄地区工委实现与区域党员群众大规模、扁平化、零距离、全天候的沟通联系服务渠道，引导广大群众积极参与社区事务。通过运用“掌上四合院”，在解决方庄餐饮街餐饮企业后厨垃圾问题、芳城园二区智能门禁系统、芳星园三区老旧小区改造工作中，工委和社区党委组织开展多次线上征求意见和线下座谈交流，逐步形成话题引出—方案起草—征求意见—专题协商—居民投票—方案修订—监督实施—效果评估等协商议事办理程序。在这个过程中，党组织主导，居民共同参与，话题集中，讨论充分，决策透明，全程留痕，方便快捷，把高楼打造成“掌上四合院”，探索新时期带领广大群众共建共治社区的路径方法，讲好新时代的基层治理故事。“掌上四合院”的做法，被写进区委十二届八次全会报告，中组部、内蒙等多家单位和省市前来调研学习。

（乌兰塔娜）

【安全生产】　年内，持续开展安全生产大

检查大排查大整治专项行动，排查生产经营单位和重点行业企业4088家，隐患整治完成率100%；开展消除安全隐患专项整治行动，拆除彩钢板建筑38处，整治火灾隐患450处；推进食品安全监管工程，开展“无证餐饮”“四品一械”等专项整治行动，推进市民满意的食品安全街道建设。

（乌兰塔娜）

【文教卫生】 年内，群众文体活动组织60个，参加活动群众3000人；推进文体惠民工程建设，建成以“古、城、群、星、东里”为基本建设单元的“一刻钟文体服务圈”，达到文体设施设备及场所的全覆盖；开展“周末百姓大舞台”等惠民文体活动140场，受益群众8.5万人；完善入学审核制度，做好非京籍适龄儿童入学、转学及高职考试审核工作；开展健康知识普及宣传活动，组织健康讲座16场；协助区体育局、文化馆举办“一起跳”广场健身操大赛和“文化四进”活动；开展学龄前流动儿童强化查漏补种及外来务工人员麻疹、流脑疫苗接种的宣传引导工作，完成目标儿童入户摸底率95%以上，补种率100%；组织辖区企业职工、社区居民257人无偿献血，献血量273袋；弘扬红十字精神，招募造血干细胞捐献志愿者13名，开展急救知识普及活动6场，培训初级急救员150名。

（乌兰塔娜）

【精神文明建设】 年内，开展“北京榜样”“新时代好少年”等系列活动；举办“方庄讲习堂”85场，参加的党员干部群众1万余人；围绕庆祝改革开放40周年，以“讲改革故事 展方庄风采”为主题，开展“我来写”“我来讲”“我来拍”系列活动；加大新闻宣传工作力度，在央级媒体刊发新闻21条、市级媒体19条、区级媒体23条，向区“两办”报送信息57条，以《方庄生活》微信公众号为平台，采写编发微信86期392条。

（乌兰塔娜）

【街乡吹哨 部门报到】 年内，推动党建引领“街乡吹哨 部门报到”工作，15项改革任务稳步实施。作为街道机构综合设置改革试点单位，按照大部门制、扁平化管理的工作要求和“精简、统一、效能”的原则，由原来21个科室改为“6部室+1纪工委+3中心+1队+1综合执法平台”模式，提高服务管理效能，街道管理体制改革全面完成。搭建“1+5”格局的综合执法平台，建立由公安、工商、城管、食药等部门组成的综合执法平台，实现综合执法全覆盖，推动城市运行、社会治安、社会服务等深度融合。持续开展基层党组织和在职党员“双报到”工作，接收回地区和各社区报到的党组织46个、在职党员3400名，集中开展多次志愿活动，形成“蓝马甲”党建品牌。全年解释回答政策咨询类问题2200余个，受理各类民生类诉求1500余个，接收各类问题线索792件。

（乌兰塔娜）

南苑街道

【概　况】 南苑街道位于京城正南，丰台区东南部，人称“天安门前第一镇”。历史上是元、明、清三代的皇家苑囿旧址，元称飞放泊，明称南海子，清称南苑。1954年南苑镇政府改为南苑镇办事处，1990年改为南苑街道办事处。东与东高地街道相接，西至南苑乡新宫村，北与和义街道为邻，南与大兴区交界。2018年，辖区面积13．62平方公里，下辖12个社区居委会。居民33440户，常住人口60168人，户籍人口24600户40952人，流动人口19216人，其中包括汉族、回族、满族、蒙古族、朝鲜族等13个民族。辖区内有市、区属单位24家，其中市级9家，区级15家，驻区部队37支。清真寺和基督教堂各1座，正规幼儿园4所、小学3所、中学2所、中专1所。医院1所，社区卫生服务站2个，养老照料中心，养老服务管理中心各1个，养老驿站3个。途经辖区公交线路22条。

（张 画）

【社会综合管理】 年内，围绕“全国两会”“五一”“上合峰会”“国庆”重要节点以及“开斋节”“圣诞节平安夜”等重大活动，启动社会面防控34天，针对群防群治146个巡逻点位出动志愿者近60000人次、安保3112人次，实现全年辖区零事故。疏解3家仓储和1处物流单位，清理服装业态23家，疏解人口100余人。对已清理整治过的10处普通地下室进行重点排查，防止反弹；投资29618.16元，拆除诚苑南里4号楼地下室隔断。网格信息平台上报案卷5811件，结案5764件，结案率99.19 %。整治群租房28处，完成全年任务的280%。居民满意度全区排名第13，比上年提升7个名次。

（张 画）

【环境建设】 年内，拆除违法建设57处113063.19平方米，治理占道经营重点点位6处。整治开墙打洞街巷11条，保持“散乱污”动态清零。完成警备路精品示范大街施工、槐房西路54号院、56号院自来水改造。诚苑中里小区建设充电车棚4处。完成龙和路、红房子路口雨水管线改造2处66平方米。完成小龙河支沟黑臭水体整治501米。开展周六环境卫生大扫除活动22次。联合执法185次，解决顺来福酒店、北里四区小龙河沿岸违法建设等大小问题69个。拆除户外违规广告牌匾160块。完成阳光星苑垃圾分类示范社区创建。摸排治理裸地21处399688.27平方米。检查重型柴油车1035辆，处罚49辆9800元。南苑中学大门两侧新建绿地160平方米。完成煤改电户内线施工25户。

（张 画）

【劳动就业】 年内，接收失业人员档案485份，转出失业人员档案568份，办理失业登记529人次，发放失业金933人次，新建档案25人。享受社会保险补贴13500余人次，新增享受社会保险补贴379人，停止享受398人；失业率实际控制在1.49%；城镇登记失业人员实现就业514人，完成率126.84%，困难人员就业344人，完成率149.57%；用人需求档案跟踪服务有效户数87户，完成率101%；创业带动就业95人，完成率119%；充分就业社区12个，完成率100%；空岗信息采集2086个，完成率149%；开展“一对一”进社区就业指导活动4场，举办专场招聘会5场，组织宣传活动6场，帮助500名失业人员实现就业。

（张 画）

【住房保障】 年内，受理保障性住房申请98户，市级备案通过57户；市场租金补贴申请45户，市级备案通过18户；公租房租金补贴申请15户，市级备案通过8户。经适房、限价房、廉租房、保障房资格变更15户，资格终止6户。廉租房租金补贴家庭资格复审53户；公租房租金补贴复核51户；市场租金补贴复核62户；廉租房实物配租复核115户。完成丰台区保障性住房轮候家庭快速配租工作，协助居民进行网上注册、登记84户，领取选房通知单并参加选房29户。

（张 画）

【助老服务】 年内，在诚苑社区建立B类养老服务驿站。为辖区的老人提供养老助餐、助洁、助浴、康复理疗、心理咨询、文化娱乐等居家养老服务。为49名四类老年人（托底保障群体、困境保障群体、重点保障群体和一般保障群体）以政府购买服务的方式开展助餐助浴补贴活动，将补贴券改为智能卡消费，实现消费数据的采集统计和信息过程的自动化。为 39 户 60 岁以上且为社区志愿者的空巢老人，提供冰箱清洗服务。

（张　画）

【社会救助】　年内，辖区有低保 459 户 826 人，低收入 4 户 8 人，特困人员 7 人。将医疗救助与重大疾病大额支出救助、临时救助相结合，与定点医院衔接实现零押金住院就医，加大医疗救助帮扶力度。医疗救助 623 人次 91.7 万元。重大疾病救助 138 人次 62.5 万元。审核重大疾病大额支出救助 23 人次，发放救助金 17 万元；临时救助 118 人次 54 万元。为城市特困人员发放价值 500 元的冬季服装。

（张　画）

【社区建设】　年内，为诚苑社区托修宿舍、红房子社区飞腾家园安装监控设备 35 套。在五爱屯西街、红房子路口、诚苑路、北京教育科学研究院丰台学校和嘉园一幼门前安装隔离墩、机动车禁停标识、隔离护栏、减速带、交通凸面镜等交通设施；清理社区“僵尸车”18 辆；安装电动自行车临时标识 4745 个。为 60 岁以上老人安装烟感报警器 1800 户；为翠海明苑微型消防站购置消防器材；为低收入群体更换消防器材 100 具；建设电动自行车充电桩 24 处；完成 51 处挂账安全隐患整改及复查工作；拆除彩钢板建筑 16 处 41964 平方米；清理可燃物 400 余车。

（张　画）

【双拥共建】　年内，组织“军民携手·筑梦南苑”庆“八一”文艺演出。对优抚对象进行走访活动。完成无军籍职工的基本养老金发放和补发工作，及 1993 年后无军籍职工的统发工作。开展微景观手工制作、生日会、健步走、趣味运动会、疗养等活动。

（张　画）

【文体建设】　年内，为 12 个社区安装体育生活化社区宣传栏，为阳光星苑社区安装体育健身器材 10 件，为机场社区新建篮球场地 3 块，举办周末百姓大舞台 11 场，百姓周末大舞台精品展演 2 场，电影放映 50 场，观看 4000 人次。文化四进演出 1 场，受众 600 余人次。组织南苑街道第一届全民健身运动会，18 个单位 600 多名运动员参加。开展全民健身知识大讲堂 10 次。组织居民 500 人参加国民体质测试。开展非京籍适龄儿童入学审核，网上审核登记 105 人，终审通过 103 人，比上年增加 5 人，未通过审核 2 人，申请就读民办校 7 人。

（张　画）

【安全生产】　年内，完成安责险投保任务 46 家；组织生产经营单位主要负责人和安全生产管理人员安全生产培训 100 人；指导小微企业安全生产标准化建设 20 家；组织 15 家重点单位负责人对话谈心；完成 3 家工业企业及建筑工地城市安全风险评估工作，制定安全风险隐患管控办法 4 套；正式启用城市安全隐患治理三年行动信息系统，上报重点安全隐患 2 项已全部销账，报送专项信息 12 篇；开展生产经营单位安全生产检查 2406 家次，开具隐患改正通知书 764 份，整改安全隐患 1015 处；专职安全员获 2018 年北京青年“安监卫士”称号 1 人。

（张　画）

【便民服务网点建设】　年内，辖区内有便民服务网点 154 家，连锁化率 43%。新建便民服务中心 1 处、蔬菜零售网点 13 处，新建或规范便民服务网点 18 家。

（张　画）

【宣传教育】　年内，开展中心组理论学习 27 次，组织观看教育电影、参观纪念马克思诞辰 200 周年主题展览、庆祝改革开放 40 周年大型展览，参加 1500 人次。街道工委被推荐为北京市第十四届思想政治工作优秀单位。开展南苑街道 2018 年“七一”党建朗诵会暨“阅读与分享”活动，成立全民“悦读南苑”阅读基地。在警备西路打造主题手绘文化墙 500 平方米，在西宏苑社区五爱屯小学东侧打造手绘文化墙175平方米。《丰台报》专版报道《南苑街道凝聚多部门合力打赢棚户区改造攻坚战》，中央电视台、《北京日报》《丰台报》、丰台有线等主流媒体发刊461条。情景剧《棚改圆梦》获丰台区第35届“五月的鲜花”职工文艺汇演特等奖，并获评丰台区“同心共筑中国梦 法治文艺京城行”2018年法治文艺优秀作品。以春节、元宵、端午、中秋等传统节日为契机，开展系列传统文化活动。对辖区315块阵地进行精准管理，做好传统节日、环境整治提升、扫黑除恶专项斗争宣传等相关环境布置。与12个社区签订《南苑街道宗教工作责任书》。召集辖区24家非公企业，成立南苑街道商会。

（张　画）

大红门街道

【概　况】　大红门街道位于丰台区东部，分布在南中轴线两侧，面积9.56平方公里，东接东铁营地区、朝阳区，西邻西罗园办事处、马家堡地区，南北在三、四环之间。2018年，有建制居民小区134个，划设32个社区，管辖户数79753户，常住人口20.04万人，在册流动人口8.04万人。辖区内有大红门派出所、石榴园派出所、商城派出所3处公安派出所，以及大红门交警队和大红门工商所。有公交线路30余条（含快速公交1号线），地铁线路2条，角门站、大红门站、石榴庄站地铁站3处；有社区医院2家；有小学4所、中学3所。

（康晓燕）

【社会综合管理】　年内，组织公安、城管、交通等部门，打击扒窃案件、入室盗等案件，重点整治大红门地铁站周边无照游商、非法运营等违法行为。投入35万余元，完成4个社区技防设施、1个社区门禁系统维护。组织力量对重点人进行入户走访300人次，组织各社区进行警示教育讲座20余次，销毁各类反宣品230余份，确保特殊时期未发生不良事件。

（康晓燕）

【环境建设】　年内，建立环境卫生工作群，以及环境卫生问题台账，由专业化保洁队逐一点位进行清理，清理问题点位及清洁日常垃圾5800余车。依托综合执法平台重新梳理“门前三包”，入户重申商家店铺“门前三包”职责范围，与1325家单位签订“门前三包”责任书，规范“门前三包”3600余家次。开展联合执法420余次，拆除户外广告牌匾460余处，取缔露天烧烤160余处，检查重型柴油车1081辆，处罚尾气超标柴油车70辆，罚款11300元；整治裸地69处174067.39平方米。

（康晓燕）

【劳动就业】　年内，完成失业人员就业指标900人及就业困难人员450人的工作任务。新增登记失业人员1042人，上年结转登记失业人员566人，当年就业1021人，实有城镇登记失业人员517人，登记失业人员就业率为63.50%，登记失业率为1.22%。实有城镇登记就业困难人员402人，上年结转468人，当年新增登记就业困难人员713人，当年就业人员707人，登记就业困难人员就业率59.86%。

（康晓燕）

【住房保障】　年内，初审新申请公租房及市场补贴家庭324户，公租房申请家庭备案272户，市场补贴申请家庭备案52户。发放高立庄、郭公庄一期、五期等七个公租房项目选房通知单394户。新入住公租房138户，已办理公租房补贴64户。各类资格终止34户、变更187户、复核复查612户。

廉租房补贴资格复核18户，续签合同3户，市场化补贴资格复核51户，市场补贴合同续签45户。

（康晓燕）

【助老服务】 年内，建立大红门街道“连心通”微信群，配备专职接线员，对接4家服务商、1个卫生服务中心。发展党员志愿者546人，“低龄帮高龄”志愿者265人，拓展为老志愿服务8项，生活养老服务9项，医疗服务4大项17小项。定期召开由安康通公司、养老服务驿站、大红门医院、社区干部、持腕表的老人参加的座谈会，沟通服务项目，便利服务形式，形成“1+N”的服务模式。全年志愿者服务615人次，生活服务201人次，养老服务1846人次，医疗服务63人次，共2725人次。建立失能失智老人喘息服务机制，探索特殊老人服务模式。办理60~64岁老年证1580张，受理新增80岁老人615人、90岁以上高龄津贴申请142人、高龄老人医疗补助33人次，发放医疗补助95353.43元。

（康晓燕）

【社会救助】 年内，补助低保及生活困难家庭644户1164人，开展两次半年复审工作；审核新申请家庭64户，变更128户，终止84户，核发低保及生活困难补助金14012620.04元、春节慰问金49300元、阶段电价补贴43436.88元。低保人员医疗救助387人次719918.3元；重大疾病救助158人397775.88元；临时救助260人728450元；住院押金减免7人21185元；大额救助25人48808元；低收入人员医疗救助3人4932.87元。发放低保人员冬季燃煤自采暖补贴66户66000元，发放清洁能源自采暖补贴53户72660.3元。办理无业居民丧葬补贴34人170000元。低保大学生新生救助8人35400元。

（康晓燕）

【社区建设】 年内，组织开展社区治理需求专题对接会，形成治理需求项目清单115项。列入老旧小区自我服务管理58项，全部完成审批施工，共使用资金215万元，拨付资金使用比例99.9%。全年有社区蔬菜零售网点47个，其中新建蔬菜零售网点9个，分属于9个社区。

（康晓燕）

【安全管理】 年内，核查上账点位105处，落实隐患治理措施。开展安责险制度推广工作，安责险投保企业193家。制定《大红门街道危墙消隐方案》，排查统计疑似危墙78处，鉴定71处，被评为危险构件58处，局部危险构件3处，非危险构件10处，对于已确定产权单位的42处危墙，发函37处，现场告知5处，督促产权单位对管辖范围内的危墙进行自拆，拆除无主危墙23处，翻建7处，加固维修7处。完成北京二商健力食品科技有限公司以及北京月盛斋清真食品有限公司涉氨重大危险源改造工作。对100家生产经营单位进行职业病危害基本情况普查，开展餐饮企业职业卫生抽查25家，排查职业健康危害因素，指导企业开展职业卫生防护工作。社会面彩钢板上账面积27052.11平方米，拆除15413.61平方米。

（康晓燕）

【劳动监察】 年内，与120家单位签订无拖欠工资责任书。对5家施工工地进行重点管理，确保不发生拖欠工资事件。协调解决拖欠工资案件20余起。完成3200家单位信息更新，开展春节前支付农民工工资执法大检查、清理整顿人力资源市场秩序行动、用人单位遵守劳动用工和社会保险法律法规情况专项检查、以及整治非法使用童工打击违法犯罪专项行动等专项执法检查。

（康晓燕）

【文体建设】 年内，组织周末百姓大舞台群众文化演出12场，与合生广场联合开展幼儿教育成果展示赛、社区才艺大比拼、写福字送春联献爱心活动、文化组织员拓展培训、快乐健身大篷车进社区、书香丰台流动图书进社区等文化活动。完善远洋文化广场功能设施建设，增加灯光照明设备，新建篮球场、笼式足球场，完成挡土墙、树木移植、下水道建设等配套工程。非京户籍少年儿童入学资格审核398人，审核材料2000余人次；依法关停非法幼儿园2家，取缔危险托幼园所1家，取缔非法教育培训机构3家。

（康晓燕）

【非首都功能疏解】 年内，完成88024.11平方米违建拆除及销账工作。出动执法人员3900余人次，开展联合执法160余次，取缔占道经营摊点700余个；完成10处人防工程、3处普通地下室的清整以及隔断拆除工作。拆除违法群租房129处，2017年“开墙打洞”待提升点位80处、2018年70处整治任务，全部完成销账工作。完成36处仓储集中点位、522处“居改商”中200余处仓储点位的清理整治，面积5万余平方米、房屋800余间。

（康晓燕）

东高地街道

【概　况】 东高地街道位于丰台区东南部。东南与大兴区接壤，西与南苑毗邻，北与和义相接。西北距丰台体育中心14公里。东高地城市建设始于建国初期，经过半个世纪的改建和新建，已形成布局合理的航天城。市政、生活、商服、文化、体育等设施配套齐全，被评为北京市花园式街道办事处。以南大红门路为界，路东为居住区，路西为科研生产区。地区交通方便，过境路有3条。南苑东路西接南苑路，通向市区和丰台镇。南大红门路是104国道的北起点。万源北路向东通往大兴。公共汽车线路有10余条。距南苑机场仅1公里。2018年，辖区面积约3.27平方公里，社区10个，常住人口4.6万人，汉族约占97%，有满、蒙古、朝鲜、苗、瑶、侗、藏、白、土家、锡伯、维吾尔、壮等少数民族。辖区内有中学3所，小学4所，一级一类幼儿园2所，青少年科技馆1所。有综合性医院1所，大型文化广场1处，文体中心1处，社区服务中心1处。主要单位有航天科技集团公司第一研究院、航天科技集团公司第五研究院508所、航天科技集团公司第九研究院、中国航空精密机械研究所（303所）、北京航天建筑工程公司第一分公司等。航天科技集团公司第一研究院被评为全国绿化先进单位。

（刘禹郗）

【社会综合管理】 年内，组织群防群治力量7.5万余人次，摸排教育培训机构20家，排除可能存在的非法培训机构，对精神控制类有害培训进行统计和上报，对违规售卖药品、举办讲座的药店责令整改。为社区居委会投入资金约18万元，安装高清监控摄像机36个。投入“智慧社区”建设启动资金20万元，用于铺设基础线路、安装网络设备等。发放各类禁毒宣传资料5000余份、禁毒材料1000余份。进行群租房清理宣传80场次1817人次，悬挂横幅8条，张贴通告2300张、宣传海报260张，发放宣传材料3.5万份。检查出租房屋1624户，开展督导检查47次。整改纳入违法群租房台账3户17人，整改老旧小区纳入违法群租房台账2户。接12345热线群众举报并核实线索4条，予以解决并回复举报人。

（刘禹郗）

【环境建设】 年内，处罚施工单位未采取有效防尘降尘措施4起，罚款16.2万元；处罚未做好施工期间压尘和清扫保洁4起，罚款10.8万元；处罚将建筑垃圾混入生活垃圾行为1起，罚款200元。立案处罚无准运证件运输 33 起，罚款 19000 元。走访宣传餐饮企业 50 余家，取缔露天烧烤行为 16 起，查扣烤箱 12 个。立案处罚露天烧烤 3 起，罚款 1500 元。走访主要大街 3 条、背街小巷 56 条。完成区挂账点位销账任务，拆除违法建设 4 万余平方米。拆除楼顶广告 19 块、违规电子显示屏 37 块、违规门头牌匾 72 块、门窗贴字 200 余张。走访商户 370 家次，规范门前三包问题 300 余起，督促清理堆物堆料 80 余起，立案处罚店外经营行为 8 起，罚款 2700 元。取缔无照经营 238 起，罚款 19100 元；查处非法运营行为 1 起，罚款 10000 元；处罚非法小广告 12 起，罚款 5200 元。

（刘禹郗）

【劳动就业】 年内，接收失业人员档案 370 份，失业登记 358 人，就业 353 人，完成全年就业指标的 118%；其中就业困难人员就业 245 人，完成全年就业指标的 163%；城镇登记失业率 0.91%。推荐城乡劳动力就业 107 人，完成指标的 107%；建立用工需求档案 113 户，完成指标的 226%；采集空岗信息 2243 个，完成指标的 102%；开通百姓就业超市 19 家，完成指标的 106%。安置社区失业人员就业 312 人，实现创业 75 人，带动就业 95 人，完成指标的 156%；就业困难人员 202 人，摸查 202 人，摸查率 100%；发挥“东方红”“东南和”集群效应，联手举办“就业援助月专场招聘会”“春风行动”和“民营企业月”专场招聘会 7 场，86 家企业提供 1360 个职位，招聘会惠及数百名求职者，当场达成就业意向 190 余人。北京生源高校毕业生 17 人，有就业意愿的 9 人实现就业。

（刘禹郗）

【住房保障】 年内，申请公租房 186 户，市场租房补贴 33 户，公租补贴 42 户，完成廉租房及补贴复核 114 户，公租补贴复核 51 户，市场租房补贴复核 74 户，公租房复核 116 户，办理变更、解锁，快速配租、入住等 275 户。补贴发放 201 人 343800 元。为困难家庭发放慈善救助款 15000 元，为 3 户低保有高中生家庭发放救助金 9000 元。

（刘禹郗）

【助老服务】 年内，有 417 名空巢老人享受理发、医疗、精神关怀、助餐、助洁、助浴、代购等服务。发放困难老人助困金 75150 元；落实困难残疾老人生活补贴和重度残疾老人护理补贴政策，享受护理补贴 5912 人次，生活补贴 1756 人次；完成对 80 岁养老券和 90 岁高龄津贴的审批、核对、充值，增减员 1065 人，充值 4798830 元；发放 95 岁高龄老人医疗补助 5 人次 32002.17 元；采集 60 至 64 岁老人信息 2364 条；办理老年优待证 342 张；发放北京民政一卡通 28 张。元宵节、端午节、中秋节、重阳节等传统节日走访慰问困难老人 293 人次。

（刘禹郗）

【社会救助】 年内，享受最低生活保障 230 户 464 人。医疗救助 79 人次 276848.7 元；临时救助 30 人 190400 元；救助高等新生教育 12 人 54000 元。

（刘禹郗）

【社区建设】 年内，成立居民代表绿地认养工作组，协调居民自主认领养护区域，签订认养协议，明确居民养护绿地的职责，并负责日常管理和监督。组织开展社区议事协商会 106 次、听证会 15 次，处理居民关心的热点和难点问题 36 件。和 704 所离退处活动站达成共建协议，将其现有的运动场、健身房、多功能厅、科普、教育、文化娱乐等设施面向居民开放，实现资源共建共享。开展公益活动 32 项，举办活动 164 场次，参与志愿者 4540 余人，惠及 3.1 万余人。在志愿北京平台注册志愿者 4378 名，新注册志愿服务项目 35 个，活动开展 296 次，参与人数 5170 人次，服务时长 26009 小时。

（刘禹郗）

【安全隐患专项整治】　年内，与相关单位签定安全生产责任书、消防安全责任书和交通安全责任书2000余份。组织75家生产经营单位负责人和安全管理人员培训，150人参加。完成小微企业标准化创建10家。对2家从事有限空间作业的单位明确管理要求，加强日常的监督检查。完成企业“一岗一标准，一岗一清单”工作2家。建立墙体隐患台账9处，加固1处。整治高风险电梯14部。拆除、改造彩钢板建筑9处3266平方米。为4100户60岁以上户籍老人安装独立感烟报警器。发放禁放烟花爆竹、电动车充电、交通安全、用火用电等安全提示、宣传材料2万余份。全年检查2024家次，发现安全隐患1005处，立即整改856处，限期整改149处，全部整改完毕。开展交通安全宣传教育活动80余次。

（刘禹郗）

【信访接待】　年内，接访56批次70人次，其中包括现场接访18批次，接收北京市信访信息系统转来信函7件、建议件1件、来访1件、网信1件，自收来访3件，电话接访30人次。

（刘禹郗）

【非首都功能疏解】　年内，销除挂账点位2处，占道经营举报数量月均10.3个，达到动态清零目标。出动检查600余人次，对42处点位检查260余次，未发现“散乱污”企业反弹现象。开展重型柴油车联合执法14次，检查车辆582辆，完成年度目标116.4%，处罚211辆42200元。完成裸地治理38块8.44万平方米。响应北京市空气重污染各级预警9次，出动人员280余人次，车辆70余台次，检查点位90余处。动用人力2300余人次、投入资金80余万元，出动车辆160台车次，清运生活垃圾及渣土150余吨。对330余个楼群院落乱堆乱放的杂物进行清理整治，清理垃圾280车次，清除新增“小广告”12000余条，清理卫生死角垃圾210处，清理绿地31万平方米，规范门前三包795家。拆除LED屏33块、违规牌匾47块，封堵“开墙打洞”商户5家，治理反弹商户6家、无照经营3家，拆除天际线广告牌匾15处，约谈、教育商户180家，清理小区内乱停车16辆次。全年拆除违建46344平方米。

（刘禹郗）

【双拥服务】　年内，节日慰问优抚对象65400元，发放防暑降温费400元，发放伤残军人生活补助506617元，报销医疗费5034元；组织军工人员休养2次；为现役军人和烈属家庭悬挂光荣牌；“八一”慰问95867部队、武警十支队并签订双拥共建协议书；组织航天火箭艺术团赴部队慰问演出；组织军工人员座谈会。

（刘禹郗）

【社区便民服务】　年内，新建便民服务网点19家，其中蔬菜网点3家，末端配送14家，美容美发1家，家政服务1家。有八项便民服务网点104家，其中蔬菜网点9家，家政网点6家，末端配送36家，美容美发23家，超市及便利店13家，洗染3家，早餐网点13家，再生资源回收网点1家。在社区管理信息系统（小红树系统）平台工作中被评为全市先进街道。

（刘禹郗）

【社会保障】　年内，发放失业保险金612人次855716元。清洁能源自采暖申请1人，发放补贴720元；两节送温暖慰问11人，发放慰问金5500元。891名享受社会保险补贴政策人员申请区灵活就业社会保险补贴564322.08元；报销药费27人419268.53元；为122人办理城乡居民养老保险；为579人办理享受无保障待遇，发放福利养老金3647700元；为17名无保障老人办理丧葬补助85000元；组织无保障人员免费体检263人次。享受低保待遇231户465人，发放低保金4749146.17元；新申请7户10人，变更109人次，终止13户28人；完成102户低保家庭和2户优抚家庭集中供暖材料的上报及24户自采暖发放补贴32909.85元，完成两残补贴材料的初审、录机和上报665人次；对242户492名低保人员进行半年复审，救助146人次337225.15元；发放低保户丧葬补贴8人30000元。

（刘禹郗）

【助残服务】 年内,残疾人证新办理126份、变更等级34份、增项4份、补证14份、残损换新5份、注销24份；组织1名残疾人参加《第九届北京社区残疾人艺术汇演》;组织6名残疾人参加丰台区第二届残疾人模拟冰壶球比赛,获得全区第十名;组织8名残疾人参加第二届残疾人运动会飞镖比赛,取得男子第一、第八名,女子第四名的成绩。

（刘禹郗）

【劳动监察】 年内，针对地区餐饮、建筑等农民工较集中的企业，作为重点检查对象，检查68家，涉及职工1500人次，签订劳动合同870余人，签订率96.%，接待咨询24人次，发放宣传材料200余份。接待劳动咨询38起、投诉案件12起，为48名农民工讨回工资84万余元。

（刘禹郗）

和义街道

【概　况】 和义街道位于丰台区东南部，东与大兴区旧宫镇树桥村、朝阳区小红门乡毗邻，东南与东高地街道相邻，西南与南苑街道接壤，北与南苑乡、大红门街道为邻，形成“你中有我、我中有你”“犬牙交错”的地域特点。和义地区原为大兴县行政区域，主要是北京市南郊农场用地，成立于1998年12月，并于1999年2月划入丰台区。街道东西最大距离约3.9公里，南北最大距离约2公里。2018年，辖区面积7.38平方公里，下辖9个社区，辖区常住人口4.5万人。辖区内有6条城市道路，其中南苑路和槐房路为主干路，大红门南路为次干路，通久路、久敬庄路和龙河路为支路。辖区内设有初中1所，小学2所，幼儿园4所，医疗卫生机构3家，公共图书馆（室）11个，爱心家园1个，社区服务站9个，文化体育活动室12处，驻区部队5家。年内辖区出生人口104人。

（李　雪）

【社会综合管理】 年内，建设街道、社区两级综治中心；开展“红袖标筑城”行动，实现每个社区100名以上治安巡逻员实名登记；完善社区物技防建设，投资45万元，安装视频监控探头49个，投资20万元为久敬佳园小区安装人脸识别监控系统；全年启动二级以上防控148天，组织专业力量和群众力量开展巡防6000余人次；开展扫黑除恶专项斗争；对各类不稳定因素，建立管理台账，分类制定方案，全面掌握动态，确保不发生问题。

（李　雪）

【环境建设】 年内，完成小龙河北支沟、和义东里支沟等黑臭水体的治理，对小龙河周边20户居民住房的污水管线进行改造，解决污水直排问题，在河道边安装防护网，防止垃圾乱扔，落实河长巡查机制，做到发现问题及时上报解决；落实蓝天保卫战行动计划，加强扬尘治理，对辖区裸地进行苫盖，面积约28万平方米，对部分裸地进行初步绿化；杜绝违法使用燃煤，对餐饮单位油烟净化情况开展执法检查，推广使用高效油烟净化设备；在空气重污染天气，组织人员洒水降尘、检查工地、开展宣传等，全年启动重污染应急响应措施18次；查处施工扬尘、道路遗撒、露天烧烤等大气污染类案件74起，罚款11.1万元；检查重型柴油车1339辆，处罚427辆，罚款8.76万元。为南苑北里、和义东里等老旧小区引入专业保洁力量；招募“小巷管家”57名，解决各类问题700余件；强化“脏乱点”的治理，清理铁路周边及小区内的积存垃圾2000余车，全年投入日常保洁、应急环境管理等经费150余万元；查处无照游商、占道经营、乱堆物料、违规牌匾等环境秩序问题，取缔无照游商800余起，规范门前三包3000余家次，制作执法案卷279卷，罚款约23万元；使用各类经费400余万元，对小区环境进行改善提升，解决南苑北里三栋楼房的漏雨问题，在各社区实施绿地改造、下水管线改造、道路修补、安装路灯、修建口袋公园等项目。

（李　雪）

【劳动就业】 年内，筛查就业困难人员153人，进行就业帮扶、跟踪回访，有针对性地对不同的失业人群进行分类及指导就业；联合其他街道共同举办“春风行动”专场招聘会，为求职者提供就业岗位200余个，吸引300余名求职者进场应聘，其中73名求职者与用人单位达成就业意向；办理市灵活就业人员220人，区灵活就业人员5人；接收失业人员档案296份，转出各类档案293份，报销失业人员药费6人次，办理失业金领取63人。

（李　雪）

【住房保障】 年内，办理新申请保障房142户，廉租房年度复核12户，续签合同12户，廉租房补贴98户6.8万元；办理市场补贴复核42户，新签合同68户，市场租房补贴475户64.66万元；发放公租房选房通知单170户，办理选房入住133户；已入住公租房年度复核60户；办理三房轮候家庭申请公租房4户，市场补贴与公租房补贴转换8户。

（李　雪）

【助老服务】 年内，正式运营和义街道东里第三社区养老服务驿站，为辖区老年人提供照料服务、助餐服务、健康指导服务、文化娱乐等服务；将社区养老驿站110项有偿服务投放至连心通平台，组织172名社区党员志愿者为持有连心通腕表的253位老人提供志愿服务，全年完成各类服务工单793单；为80周岁以上享受养老卡补助的1351位老人审批充值148万余元；为享受高龄津贴的115位90岁以上老人发放高龄津贴14万余元；发放养老助残卡2150张。

（李　雪）

【社会救助】 年内，为318户低保人员发放救助保障金683万余元；为151名严重精神障碍患者发放护理补贴26万余元；为396名低保人员发放医疗救助51万余元；发放重大疾病救助金62人49万余元；办理大额医疗报销16人次7.79万元；为12名优抚对象报销药费3.99万元；完成低收入家庭医疗救助9人次，药费报销1.9万元；为辖区7名大病特困人员办理大病住院押金借款38万余元；为低保困难户申请临时救助38万余元；为低保户办理住院押金减免11人次2.38万元；为低保户办理燃煤采暖补贴和清洁能源补贴4.65万元；为特困家庭办理慈善助老卡40张，救助金额1.65万元。

（李　雪）

【社区建设】 年内，完成1个社区规范化建设市级示范点的创建，建成“社区之家”示范点1处；依托孵化中心以及社会组织联合会，对辖区社会组织进行培育、指导，全年开展专题培训10余次，开展“金点子”志愿服务130余场；通过政府搭台整合资源、社区牵头征集居民意见的方式，引入专业停车管理公司对东里小区进行停车集中封闭管理；召开社区事务会商会100余次，协商解决环境、治安、便民服务等各类问题70余件。

（李　雪）

【精神文明建设】 年内，严格网站、微信、微博等新媒体的信息审查，提高网络舆情应对处置能力；重视正面宣传引导，发掘工作亮点、先进典型、身边的好人好事，开展宣传报道，全年编辑发布微信手机报及专刊80期，更新街道微博、网站信息300余条；完成环境建设宣传示范点建设项目，新增宣传栏18块、社会主义核心价值观等小品5处；推进文化惠民工作，依托“幸福生活讲师团”、周末大讲堂等平台，邀请专业老师为百姓讲解各类知识11次。

（李 雪）

【党风廉政建设】 年内，开展“四风”突出问题自查自纠工作，查找出12个问题并制定整改措施；组织机关、社区全体干部签订党风廉政建设责任书230份；对街道制度汇编进行集中修订；完成工程项目库、集中采购商家库的年度更新；对街道2017年度预算执行情况进行全面审计，开展垃圾清运专项调查，确保资金使用依法依规；畅通信访举报途径，开展案件调查核实，运用监督执纪第一种形态办理案件5件26人次；开展党风廉政及日常作风检查13次，社区党风廉政监督员开展明察暗访39批次，发现问题7大类，提出工作建议12条。

（李 雪）

【非首都功能疏解】 年内，关停建筑面积4.8万平方米183家商户的通久步云大厦。拆除违法建设35处8.6万平方米；查处整治无照经营41家，治理“开墙打洞”6户，取缔违法群租房15户，整治“住改商”问题42户，关停非法物流6家，腾退仓储点位7万平方米，完成11处占道经营重点点位销帐工作。

（李 雪）

【工会服务】 年内，新增会员165人，办理京卡165张；开展工会会员京卡专享活动7次，京卡刷卡服务项目4项，服务职工2427人次；组织召开职工沟通会、企业沟通会及混合沟通会12场，接待咨询500余人次，现场入会36人；完成辖区13家职工暖心驿站的建设，惠及职工500余人；代收非公企业税费19家，缴费金额12.02万元；为职工新增投保553人次，投保金额2.4万元。

（李 雪）

【公共安全管理】 年内，落实安全生产责任制，检查生产经营单位2246家次，督促整改隐患874处；做好重点单位安全风险评估、隐患清单编制、小微企业安全生产标准化创建等工作，完成24家小微企业安全生产标准化达标创建任务，对重点单位进行应急疏散演练7次；加强社区微型消防站建设，补充配备灭火器187个，对西里三个社区微型消防站进行规范化建设，组织社区消防拉动演练36次，安装独立式烟感火灾探测报警器1500个，建立电动自行车集中充电处13处；签订交通安全责任书74份，排查道路隐患12处；发放电动自行车临时标识3260块；做好食品药品日常监督管理，全年检查企业496户次，完成网络订餐食品安全、非洲猪瘟疫情防控等专项执法检查任务51项；推进48户“阳光餐饮”工作，完成率100%；治理无证餐饮企业11家，处理违法行为60起，罚没金额约23万元，做好全国两会供货单位驻场及社会面的保障工作，完成食品安全示范区的创建验收。

（李 雪）

【助残服务】 年内，打造地区残疾人的活动品牌“和美全家福”，开展各类康复服务活动90次，2000余人参与；完成新增残疾人录入办理第二代残疾人证101人，完成残疾证的补办、升级和换新申请86人；为残疾人办理一卡通残损换新申请和丢失补办业务58人；两节走访慰问贫困残疾人211人，发放慰问金、慰问品共18.35万元；发放残疾人机动轮椅车燃油补贴3.87万元；发放儿童康复补贴15.94万元；为56名残疾人发放城镇个体险补贴48.94万元；为困难残疾人家庭发放居家服务券40份。

（李　雪）

【社会保障】　年内，办理退休审批手续23人；接受社会化退休人员304人，医疗补缴198人，工伤劳动能力鉴定3人；办理异地人员生存认证101人；为退休人员办理人工报销药费360人次82.74万元；为城乡居民办理新参保503人，变更医保定点医院500人次，报销药费102份120万元；为318户低保户发放低保金717万余元；办理社保卡服务网点业务2237人次；办理退休人员定点医疗机构修改894人次；办理城镇居民丧葬费及死亡清算7人6.48万元；发放退休死亡丧葬费27人13.5万元；为71名领取失业金人员发放送温暖费3.55万元；发放工伤护理补贴10人次3.54万元。

（李　雪）

【文体建设】　年内，开放街道文化中心，并争取区级资金支持，启动文化中心的二期工程，增加使用面积、改善硬件环境。在南苑北里健身园修建多功能球场，各社区新添置室外健身器材139件和部分休闲桌椅；组织“健康丰台人”运动素质赛、周末大舞台、亲子运动会等活动20余场次，“五月的鲜花”歌咏比赛获得二等奖；发挥文化中心主阵地作用，组织开展群众性文化体育活动500余次，受众2万余人次。

（李　雪）

【公共卫生服务】　年内，组织健康卫生与防病、重点精神病患者安全防范与精神康复治疗等各类宣传与讲座50余场次；完成义务献血117人次，义务捐献造血干细胞5人次；募集红十字会“博爱在京城”善款2812元；免费为98名适龄妇女进行两癌筛查；发放精神病看护补贴167人26.51万元。

（李　雪）

【矛盾排查调解】　年内，针对市场疏解、拆违等工作，事前逐项开展社会稳定风险评估，事中坚持依法处置各类矛盾，做好信访接待工作；依托12345、96005等热线平台接收各类诉求1004件，进行处置并反馈，“三率两度”位居全区各街乡镇第6名；开展重点矛盾纠纷排查223次，调处民间纠纷290件，调解成功286件，纠纷调解率100%，调解成功率98%；制作规范化人民调解协议书12份、简易人民调解协议书33份，涉案金额为31.52万元；开展专题法制宣传活动50余场次；定期检查企业规范用工情况，调处违反劳动法规事件3起，辖区无拖欠工资、使用童工等现象。

（李　雪）

宛平城地区

【概　况】　宛平城地区位于丰台区中西部，东与新村街道、卢沟桥街道交界，南与大兴区接壤，西与房山区、长辛店街道、长辛店镇交界，北与石景山区毗邻。2018年，辖区面积42.67平方公里，有户籍居民人口19353户40778人，农业人口455户898人。下辖10个社区2个行政村，居民主要分布在高速路以南的楼房区和东关楼房区，农民集中居住于卢沟桥西、北天堂村、永合庄村，人口分布不均衡，73%以上人口居住在晓月苑地区，属于典型的城乡结合部。整个区域沿永定河呈西北至东南狭长地带，城内交通发达，路网密集，铁路、公路、城轨纵横交错，京广、京九、京石、京山、丰沙等专线贯穿境内。宛平地区是西山－永定河文化带的重要组成部分，也是永定河绿色生态发展带丰台段的核心区域。辖区内的宛平城、卢沟桥、赵登禹墓、抗日战争纪念馆和雕塑园，是重要的爱国主义教育基地，作为国家级历史文物保护单位，多次承接国际性、国家级纪念活动，景区年游客接待量百万人次。同时又有宛平湖、晓月湖、绿堤公园等生态旅游资源，毗邻丰台科技园区。从政治意义、地理位置、人口结构、城乡发展进程等各方面来看，都是一个非常有代表性的地区办事处。

（郭翔宇）

【社会综合管理】 年内，成立综合指挥中心，搭建综合执法平台、重大活动保障指挥平台、常态化议事平台，构建“一中心三平台”机制，将城市管理网、社会服务管理网、社会治安网、城市综合执法网等“多网”融合，整合“12345、96005、96310”“连心通”热线电话、群众举报等工作，实现一体化运行。为1353名在职党员设置便民利民等六大类27个岗位，参与各类志愿服务活动3163人次，办实事163件。吹哨131次，日常综合执法119次、专项综合执法12次，整治违规占道经营、开墙打洞封堵等问题。接收网格件及热线3980件，答复率100%，办结率、反馈率、解决率、契合度、满意度位居全区第二。

（郭翔宇）

【环境建设】 年内，地区环境考核综合排名第13名。打好蓝天保卫战，实施大气污染防治行动计划。全年PM2.5累计平均浓度58微克每立方米，同比下降11.2%。完成年度目标任务，全年浓度与目标值差值为-2，在全区排名第14名。对黄土岗灌渠、大兴灌渠沿线15处排污口进行封堵；召开河长制推进会6次，修订完善河、湖长制巡查制度等3项制度。各级河长使用河长APP264人次，巡河总长624.848公里，处理解决垃圾堆放、违规牌匾等问题30件。在全区年度内率先完成平原造林任务79亩。晓月中路精品示范大街工程已全部完工，利用拆除违法建设后的空白区域，建成文化、体育、景观等设施。

（郭翔宇）

【劳动就业】 年内，宛平城地区城镇登记失业率0.96%，完成就业250人，完成率100%。城乡就业困难人员指标数125人，完成173人，完成率138.4%。实现创业78人，带动就业108人，企业建档动态保持户数指标35户，完成率111%。办理市、区灵活就业193人。办理各类增员196人次。审批停止市区灵活就业217人。代收代缴区医疗、养老、失业险补贴金额56万余元。

（郭翔宇）

【住房保障】 年内，办理公租房312户，廉租房1户，市场租房补贴59户，公租房补贴145户，完成经适房、限价房配售。

（郭翔宇）

【助老服务】 年内，发放养老助残卡1451张，自筹资金近2.7万元，慰问辖区90岁以上高龄老人50名、困难家庭老人40名。组织开展“维护老年人合法权益”宣传和老年知识讲座，印制宣传品支出12000元。

（郭翔宇）

【社会救助】 年内，为低保户、低收入人群发放社会救助资金47.7万元。组织“春风送暖”“冬衣送暖”捐款活动，募得衣物3473件。为残疾人发放两项补贴318人次96.8万元。春节期间，为贫困残疾人家庭发放慰问金126户100500元。发放严重精神病监护人补贴132410元。

（郭翔宇）

【社区建设】 年内，在城内街探索开创“院儿长制”，形成“1街长-4片长-17巷长-247院儿长”的社会治理责任链，发挥居民自治的力量，动员开展“我爱我家 我家我管”主题活动，将机关和社区（村）干部全部下沉到网格中，担任207条背街小巷巷长。设置街长8名，巷长112名，招募“小巷管家”300名，做到城市服务管理任务延伸到网格、人员力量下沉到网格、工作职责落实到网格。

（郭翔宇）

【安全整治】 年内，落实安全生产责任制，推进城市安全隐患治理三年行动，11处挂账隐患全部通过四方签字验收，销账100%。拆除彩钢板房64处53361平方米，局部拆除4处2750平方米，全区排名第七。完成小微标准化创建25家，超额完成20%。加强消防安全管理，建立微型消防站3处；为1300户老年人家庭安装独立式感烟火灾探测报警器；设立电动车充电设备13处16台，可同时满足256台电动车充电。开展食品安全示范区创建工作，加强对食品药品的监督检查，做好"非洲猪瘟"防控应对工作。

（郭翔宇）

【党组织换届选举】 年内，落实处级领导包片责任制，主要领导联系指导两村，每名班子成员至少负责一个村或社区，全程参与选举。每周召开包片干部通气会、社区层面督导会"双例会"，制作"一表一图一账"，实现每个步骤、时间节点具体化。2个村、9个社区完成党组织换届选举工作，实现村社区党组织换届选举一次性和成功率"两个100%"，书记、副书记、委员均高票当选，班子成员结构进一步优化。

（郭翔宇）

【疏解整治促提升】 年内，拆除既有违法建设18处25037平方米，完成率166.4%。拆除新生违法建设22处2168平方米；实现占道经营"动态清零"。整治"开墙打洞"点位10处；整治在账无照无证经营27处；疏解制造业2家，完成新生"散乱污"整治12处，其中关停10处，整改2处；取缔违法群租房25处，完成率125%。综合整治历史遗留重大安全隐患区域715场站，拆除彩钢板房106间，拆除违建约3500平方米，清退租住人员200余人，对接消防支队建立微型消防站，改善周边环境。

（郭翔宇）

【安全服务保障】 年内，用好"科技＋人防"，实施雪亮工程，完成"全民族抗战爆发81周年重大纪念活动"、中非合作论坛北京峰会等重大活动和节日服务保障。设置探头395个，形成以重大活动安保为主的"圈格点"立体视频监控体系，实现重点区域全覆盖，发现问题立即启动应急流程，及时消除安全隐患。开发研制宛平城网络实时3D地图，整合城内的高清摄像头、网格件信息、居民信息，将煤气罐、电动车、宠物狗等信息逐步纳入3D地图，做到人、地、物、事、情一目了然。

（郭翔宇）

【化解矛盾纠纷】 年内，以建筑施工工地为重点，开展农民工工资支付情况大检查活动，处理各类劳动纠纷及工资拖欠事件，调解劳资纠纷事件10起，涉及农民工82人，涉工资款75万元。围绕地区重点工作开展信访调解，确保信访问题件件有回音，矛盾化解率90%以上。做好人民调解、行政调解、司法调解的衔接联动，深化"七五普法"工作，地区公益法律服务覆盖率100%。

（郭翔宇）

【老旧小区改造】 年内，卢沟桥北里2、3、4号楼回迁改造工作，为6栋450户居民楼安装抗震加固隐形护窗，成为老旧小区改造中首个无外挂式护栏的小区。开展"杂物换鲜花 美观消隐患"主题活动，美化楼院环境。为地区老旧小区和平房院落引进准物业管理，与专业保安、保洁公司开展合作。老旧小区实现"五有"目标。

（郭翔宇）

【便民服务】 年内，完成东关市场升级改造，打造完成3000平方米的"一站式"社区商业便民服务中心，新增及改造便民服务网点6家。抓好"菜篮子"工程，设立蔬菜直通车及蔬菜网点19个。引进1家24小时无人超市。在晓月苑第二社区新建晓月苑养老服务驿站。协调卢沟桥卫生服务中心在卢沟桥北里设立分点，解决周边居民看病难问题。

（郭翔宇）

【“美丽乡村”建设】 年内，完成永合庄村村巷道路翻修改造工程，翻修主路、小路9条。完成林地围墙翻新改造工程项目，实施村南坟地绿化升级工程，新建高标准篮球场1处，推动“海绵城市”生态林项目落户。完成清查整治大棚房39处，卢沟桥农场11处问题整改到位，通过中央检查组验收，建立巡查长效机制，制止非农利用现象产生。解决历史遗留问题，完成搬迁家庭1户，已进入搬迁流程家庭2户。

（郭翔宇）

【文体活动】 年内，开展“宛平大舞台 想上您就来”系列文艺活动为主的群众文化活动百余场，参与首都公共文化服务示范区创建工作。举办首届森林体育节，开展健步走、定向越野比赛、全民健身运动会等大型体育活动，推动地区全民健身活动的开展。建设学习型社区、科普工作宣传、筹建“晓阅时光”24小时阅读馆，提升公共文化服务品质。

（郭翔宇）

【宣传报道】 年内，扩大对外宣传，联系人民网、北京日报、北京晚报对“老旧小区改造”“院儿长制”等进行宣传报道。组织拍摄“院儿长制”、老旧小区改造宣传片。全年在市级以上媒体报道新闻32条、区级媒体报道17条。在《丰台信息》刊登数排名前五，在《丰台政务》排名前三。发挥微博、微信的新媒体传播优势，及时对外发布信息，发布微信公众号70条。

（郭翔宇）

长辛店街道

【概　况】 长辛店街道地处丰台区西南部，位于卢沟桥西侧。东临永定河、哑巴河、小清河、大宁水库，西至镇岗塔，与云岗街道、王佐镇相邻，南接王佐镇南岗洼，北到园博园，与石景山区、门头沟区接界。南北长、东西窄，西侧有南北走向的两道丘陵。地势西高东低，属城乡结合部。辖区内有京广铁路、京九铁路、京港澳高速、京周公路南北向穿过。街道以古镇文化、红色文化、铁路文化和军事文化著称。2018年，辖区面积46.63平方公里，下设29个社区，有长辛店大街、朱云路、玉陈路等主要道路，442条背街小巷，牤牛河、九子河、小清河三处河道。有户籍人口79920人，常住户数39027户，实有流动人口13692人。有医院2家，部队建制单位13家，国家级文物保护单位6处。

（邵晓洁）

【社会综合管理】 年内，按照“疏解整治促提升”行动目标，常住人口控制到9.3万人，流动人口降至13692人，出租房屋3146间。全年三类可防性案件发案46起，同比下降21%，安全感满意度指数保持在95%以上。为光明里、建设里、崔二里、陈庄、朱南、杜家坎、朱西、槐树岭、合成公、玉皇庄10个社区补充安装网络高清视频监控258路，高清视频监控增加到942路，实现高清视频监控覆盖率85%的目标。以朱家坟四里西区和东山坡15号院为试点，采用高清视频监控、人脸（车牌）识别智能门禁、智能充电车棚、智能化社区管理平台为技术手段，建设智慧社区，新增人脸识别及车牌识别监控29路。完成车辆厂、东南街综合执法站建设，为街道实现三级网络化、信息化管理奠定基础。

（邵晓洁）

【环境建设】 年内，集中开展环境整治，依托“在职党员回社区报到”、旧物置换等活动，发动辖区居民清理卫生死角及堆物堆料，组织力量对辖区废弃家具、环境脏乱点进行清理。投资200余万元，出动1万多人次，清理渣土及堆物堆料19853.7立方米。推进“楼门长制”“街巷长制”和“小巷管家”。对背街小巷按照“一扫两保”标准进行清理，完成196条街巷长台账和巡查日志制定工作，梳理登记196条小巷巷长公示牌的点位照片、四至范围。对61座旱厕进行日常保洁及清掏，对64个自管垃圾房进行保洁。

（邵晓洁）

【劳动就业】　年内，采取送政策、送岗位的方式帮扶二七车辆有限公司工人转岗就业，举办主题为“优环境 稳就业 送服务”二七北厂职工转岗就业专场招聘会，提供139类工种，岗位1024个，吸引830余名疏解分流职工、就业困难人员和失业人员参会，初步达成意向人数331人。全年举办招聘会6场，帮扶1249名失业人员就业，失业率控制在1.91%，完成20名北京市农村劳动力就业。

（邵晓洁）

【住房保障】　年内，358户住房保障资格申请通过市级备案，110户市场补贴申请通过市级备案，70户公租补贴申请通过市级备案。全年登记审核快速配租网上报名1578户，落实配租安置住房485户（套）。发放公租房补贴299户534.011万元，实发市场补贴382户551.88万元。完成棚改无房户审查、办理报批手续、安置176户。

（邵晓洁）

【助老服务】　年内，利用腾退土地建成车辆厂、建设里养老服务驿站两处，总面积680平方米，辐射周边8大社区。开展2018年街道敬老月活动，为60岁以上老人发放慰问品2.5万件，为5名百岁老人、130名高龄特困老人以及4名助老先进榜样发放慰问金7.4万元。为困难老人发放助洁、助餐卡1392张；推进空巢独居老人“连心通”工作，367名老人申请“连心通”腕表，服务空巢独居老人688人次。期间通过腕表呼叫，平台指挥，救助一名颅脑出血的老人。慰问60岁以上低保和残疾老人1816人、特困老人45人、高龄特困老人47人、90岁以上高龄老人295人，其中包括3名百岁老人。

（邵晓洁）

【社会救助】　年内，低保家庭复审2245户，为475户低保家庭发放低保金，教育救助23人，临时救助218人次，医疗救助462人次，重大疾病救助171人次。慰问残疾人家庭618名，残疾儿童35名。为1523名无业人员或个人存档人员发放独生子女父母奖励费，办理独生子女父母年老时一次性奖励541人、发放奖励费54.1万元，为独生子女家庭购买意外保险4800余户，开展“心灵家园”基地等系列活动。

（邵晓洁）

【社区建设】　年内，为26个社区建设“志愿者之家”，按照实际需求购置志愿者日常所需的药箱、服务工具、应急物品等。在全市、全区率先尝试构建志愿者和网格管理结合的工作机制。推荐北京市五星志愿者27名。探索槐树岭社区之家建设，与共建单位兵器第一研究所摸底对接，挖掘出健身场馆、活动场馆、科教文化设施、生活服务设施、卫生设施5大类14项共享资源，惠及0.8万人。

（邵晓洁）

【非首都功能疏解】　年内，落实“周调度、月通报、季小结”工作机制，汇总各项指标进度情况。绿化土地7.58公顷、疏解一般制造业企业1家，实现“动态摸排、动态清零”，完成云岗路精品示范大街建设、拆除违法建设29342平方米、腾退土地3.1公顷、清理整治占道经营重点点位7处、整治“开墙打洞”72处、整治无照经营117处、无证经营53处、完成长辛店棚户区改造4243户的交房结算搬迁工作。检查3222辆货车尾气污染、消除安全隐患1452处、消除地下空间1处，督促丰贸公司进行入户劝导，为地下室、楼梯通道加设消防器材。

（邵晓洁）

【整治提升工程】 年内，整治309总站周边“开墙打洞”，对道路两旁、三角地、废弃空地进行区域绿化，建成休闲小广场1处，修建围树座椅4处。针对光明楼楼间、陈庄社区1－2号楼楼间、建设一里4、5、6号楼楼间区域进行环境整治工程，新建停车区域，平整路面，粉刷墙面，推动居住环境大为改观。在东山坡15号院开展封闭小区试点工程，建设智能车棚，粉刷墙面400平方米，多角度安装监控摄像头，大门处安装道闸。在二七车辆厂17号楼南侧、43号楼北侧设立智能车棚2座。对东方龙珠至石油公司宿舍进行绿化提升绿化面积近千平方米。在腾退面积上完成建设一里4－5号楼楼间等区域环境提升工程3处，新增朱家坟五里河道旁绿化面积4900平方米口袋公园。

（邵晓洁）

【大气环境管理】 年内，定期排查14类涉气污染源上账点位，每月更新台账2次。各社区设立24小时散煤巡查岗，每天按时巡查并按月报送巡查记录表。为24个社区安装空气质量监测设备，完成张郭庄社区、张家坟社区2个涉农社区的拆迁工作，实时检测空气质量水平。全年空气PM2.5累计浓度为46微克每立方米。

（邵晓洁）

【落实“河长制”】 年内，打造基层巡河护卫队旗帜，为街道级和社区级河长安装河长制APP，街道级河长每月巡查一次，社区级河长每周巡查一次，巡查轨迹记录在河长制APP内。号召社区志愿者，组建“当班河长”巡河队伍，加大对河道监管力度，形成社会“共治 共商 共享”的工作机制。全年基层河长巡河里程760.791千米，巡河401人次，清理河道周边垃圾83车610吨。

（邵晓洁）

【棚户区改造】 9月15日，启动长辛店第二次棚改签约，完成签约4581户，占比92.3%。完成交房结算搬迁4243户，完成选房流程4390人，选房5605套。

（邵晓洁）

【安全监察】 年内，调整安全委员会并修订安全责任书，签订“三大安全”目标管理责任书1400份。为社区新购置灭火器310具，检测410具，安装独立烟感报警器6200个。拆除上账社会面彩钢板建筑84处24534.3平方米。检查生产经营单位2967家次，发现隐患1587处、消除隐患1580处，整改率99.6%，实现安全隐患动态清零。全年未发生生产经营性死亡事故和火灾亡人事故。

（邵晓洁）

【文体活动】 年内，完成芦井、珠光逸景2个社区文化室改造。联合长辛店镇共同举办2018年长辛店地区“融合杯”第一届全民运动会。举办周末百姓大舞台演出36场、群众文化活动341次、全民健身活动88次。放映电影50场，受众5.7万人次。关停无证幼儿园3家，协调引进丰台一幼长辛店分园，提升地区教育环境和质量。

（邵晓洁）

【网格化管理】 年内，搭建综合执法工作平台，创新“社区吹哨 科所队报到”机制。将辖区按照事务性工作重新划分107个网格，实现一格一支部，一格一手机，确定482名网格员，负责日常巡查，发现问题即时上报综指平台，形成“网格报单、中心派单、科室办单”的工作链条。依托网格开展大数据清查，统计街道基础数据25000余条，每月更新20%以上。选取朱南、西峰寺、珠光嘉园和东南街4个社区开展“智能民情图”数据收集工作，搭建“平台＋网格”覆盖式管理体系。

（邵晓洁）

【综合执法】 年内，将城管、工商、食药、交通以及公安五部门通过综指中心联动起来，每周二、四固定联合执法检查。全年出动执法人员980人次，动用执法车辆171车次，对夏季大排档露天烧烤、辖区商户店外经营、侵街占道、无照游商以及“五小七黑”等城市顽疾开展联合执法86次，查处各类违规案件1200件，关停“五小七黑”违规店铺10余家。重点时段启用“提前会商+预防巡查+联合执法”工作模式，集中开展保障工作，确保高考、中非合作论坛、中秋和国庆等重大活动期间城市平稳运行。

（邵晓洁）

云岗街道

【概　况】　云岗街道位于丰台区西南部，东与长辛店街、镇为邻，西与王佐镇相连，北与门头沟区接壤。2018年，辖区面积8.53平方公里，常住人口5.3万人，辖区内主要有航天科工集团第三研究院、航天科技集团十一院、航天六院101所、北京京丰燃气热电有限公司和新兴际华应急救援科技有限公司等47家中央、市区属单位；有1所中学，1所小学，1所北京市丰台区职业教育中心学校（云岗校区），1个青少年科技站，3所幼儿园以及航天三院教育中心。下设9个社区居委会。

（曹　玲）

【社会综合管理】　年内，投入2232名治安志愿者、巡防队、协管员等力量，完成“两会”“6.4”和“中非论坛”“国庆”等各类敏感期社会面防控工作，发动“红袖标护平安”行动，维护辖区平安稳定。完善大卖场、翠园社区、大灰厂监控设备，提高社区居民安全感；联系派出所，根据现场勘测，规划设计并安装人脸识别探头1个。

（何　丹）

【环境建设】　年内，落实小巷管家工作机制，选任河长11名、街巷长88名；完成“开墙打洞”封堵门店32家，粉刷封堵墙体4000平方米。拆除违法建设11处6222平方米。规范整治沿街门店50余家。清理居民区及主干道路两侧枯死树60多株，铺装裸露树坑1600余个，在飞航路北侧三角地种植月季200余株。绿化裸露地面3000余平方米。全年治理裸地19.8万平方米。建立完善污染源台账14类，查处重型柴油车2224辆。完成辖区社会单位“三供一业”机制转型工作及环境保洁工作社会化。新建真空移动公厕1座。

（何　丹）

【劳动就业】　年内，帮助失业人员实现就业281人，完成指标的104%；就业困难人员实现社区就业159人，完成指标的122%；实现创业75人，带动就业136人。为城镇登记失业人员申领、发放失业金235人178.1万元，报销失业期间门（急）诊药费、住院医疗费1.42万元；

（何　丹）

【住房保障】　年内，受理审核公共租赁住房新申请家庭105户、市场租房补贴家庭27户、公共租赁住房租金补贴家庭9户、三房轮候家庭转公租房7户、市场租房补贴转公租补贴2户、廉租补贴转公租补贴1户、廉租补贴转市场租房补贴5户。为市场租住平房家庭安排房屋安全鉴定12户，审核并发放廉租住房、公租房及市场租房三种租金补贴120余万元，受理变更家庭53户，资格复核与复查270余户。公租房轮候家庭取得选房或入住资格51户。

（何　丹）

【助老服务】　年内，开展“连心通”工作，全年服务2648人次；为306名60岁以上老年人办理老年证；每月为80岁以上老年人审核发放养老补贴 29153 人次 289.615 万元；审核发放高龄津贴 108 人 13 万元；开展 60～64 岁老人的信息采集及北京通卡发放工作，为 2173 名老年人发放北京通助残卡；完成“精准帮扶”入户调查 3344 户；推荐 4 名候选人评选北京市孝星；为 2 名老人家庭申请困难补助并进行慰问；为符合条件的 23 户困难和高龄老人家庭进行适老化改造。

（何 丹）

【社会救助】 年内，享受低保待遇 189 户 284 人；新增 13 户 19 人；终止 46 户 59 人；变更 74 户 120 人。发放低保金 344.3 万元；城乡临时救助 45 人 185650 元；医疗救助 332 人次 569555.19 元。组织开展献爱心活动，770 人捐赠衣物 288 包 6858 件、捐款 10350 元。新增严重精神残疾监护人补贴 13 人，全年发放补贴 127 人 228.47 万元；为地退、军休、超转、优抚对象发放工资 1174.3 万元。

（何 丹）

【社区建设】 年内，社区投入资金 10 万余元，建设路边排水通道 25 处；投资 16 万余元为大灰厂老旧小区安装门禁 48 处；在南二、北区社区各选择两个单元，投资 8 万元打造居民永久整洁楼道客厅。规范社区公益金管理使用，用于常态化项目、特色创新项目、临时性项目 206 项，支出 80 万元。构建指挥调度、协商会商、综合执法、问题搜集和应急响应五大机制，建立片长、街巷长、楼院长、楼栋长、单元长组成的社区发现发动管理队伍和社区党组织牵头，地区专业部门、物业、社会单位、网格员、志愿者等社会力量多方参与的社区发现发动、多元化的治理体系。建立 133 个微信群，第一时间回应百姓需求，实现“群众线上吹哨 政府线下报到”，吹哨 180 余次，出动人员 2100 余人次，解决问题 3040 个

（何 丹）

【发挥团组织作用】 年内，联合辖区单位团组织举办“携手志愿服务 争做新时代雷锋”学雷锋活动。有 37 支志愿者队伍近 200 名志愿者参与宣传活动，提供便民服务项目 20 多个；发放宣传资料 2000 多份，服务居民 500 多人次；开展团员回社区报到参与社区志愿服务。街道团工委对接五个高校院系团组织，接收回社区报到团员 454 人，开展各类志愿服务 100 余次。

（何 丹）

【宣传报道】 年内，开设“幸福云岗”官方微信公众号，发布综合微信报道 50 篇。在北京日报晚报 APP 、“北京丰台”官方微信、今日头条、千龙网刊登报道 18 篇。协同区委宣传部和相关部门处置舆情 9 次。完成刊播人民日报 2 篇、人民网 14 篇，北京电视台视频新闻 10 篇、《北京新闻》2 篇，北京日报 9 篇、北京晚报 3 篇、北京晨报 1 篇，丰台报 42 篇、区广电视频报道 19 篇。开展“我与改革开放 40 年”征文、摄影作品征集活动，征集征文 67 篇、摄影作品 123 幅，制成“摄影图片展板”在云岗路宣传栏和社区展出；建成“云岗路”户外宣传示范街，新建社会主义核心价值观造型小品 7 组、宣传栏 6 组等宣传阵地。

（何 丹）

【精神文明建设】 年内，推荐“北京榜样”候选人 12 名。设置“北京榜样”举荐榜 10 处，宣传榜样人物事迹 60 次。通过现场勘查街巷、实地走访商户，推荐飞航路和云岗幼儿园东侧路为丰台区文明街巷；签订意识形态工作安全责任书 70 份。

（何 丹）

【群团活动】 年内，获区“丰采杯”羽毛球比赛团体冠军，男双第一名，获区“丰采杯”乒乓球比赛团体亚军，第 35 届“五月鲜花”文艺汇演获三等奖。开展幸福家庭评选活动，翟蕊家庭被评为“首都职工幸福家庭”；建设暖心驿站 14 家，配备 33600 元物资；为 8 名困难职工发放慰问金 4 万余元，

金秋助学7万余元；开展夏送清凉冬送温暖抢送活动4万元；开展2018年度首都职工志愿服务岗创建活动，南一社区“你我相约志愿行”和北区社区“为老幸福汇”被评为优秀志愿服务岗并授牌，每户发放1800元物资；翠园社区在推选学雷锋志愿服务“五个100”先进典型活动中，被评为“最美志愿服务社区”。

（何　丹）

【社会保障】　年内，辖区有社会化管理退休人员1183人，五七工退养82人，享受城镇老年人福利养老金待遇481人，享受城乡居民养老保险待遇139人、医疗保险待遇5755人，其中“一小”4519人，“一老”902人，“残疾和无业居民”334人。全年办理社保卡挂失补换卡6893人次，修改变更定点医院1216人次。为退休人员、“一老一小”人员报销门（急）诊药费、住院医疗费305人次134.88万元。

（何　丹）

【热线网格案卷办理】　年内，落实“民有所呼 我有所应”，受理市长热线532件、网格875件，共1407件，市长热线的“三率两度”考核成绩位于全区首位。

（何　丹）

【安全管理】　年内，与重点单位签订安全生产、消防安全和安全燃放烟花爆竹等各项责任书200余份。完成24家小微企业标准化创建工作。对429家生产经营单位及建筑施工领域、人员密集场所进行隐患排查，出动检查4924人次，检查门店2475家次，整改906项。拆除彩钢板房24处2590平方米，安装电动自行车充电桩9处，安装独立烟感报警器2800户。开展以“减少灾害损失 创造美好生活”为主题的防灾减灾知识讲座、消防安全检查、消防工具使用培训等活动27场。开展为期一周的防灾减灾活动报备、公共安全报备49次。

（何　丹）

【劳动监管】　年内，完成举报、投诉案件21起，完成率100%，涉案18家单位125人，监督发放工资、保险金、经济补偿金等140余万元；巡查用人单位1614家次，涉及人数3015人次，健全劳动监察两网化信息平台，更新企业信息30余次。建立绿色工地工作群，将辖区内9个在施工地负责人加入工作群，全年发布特殊天气预警、空气重污染预警46条。

（何　丹）

【社区服务】　年内，辖区新增、提升蔬菜零售等八类便民商业网点25个，实现五分钟蔬菜圈。完成年度360名志愿者网上注册任务和服务工时录入。共有在册志愿者4545人，志愿服务组织57个，开展志愿服务项目28个，开展各类96156社区大讲堂32堂、志愿者培训5次。社会公益性就业组织全年办理退休14人，离职2人，新增2人，续签合同27人。为公益性岗位人员申请区级经费270万元、市级经费336万元，发放工资342万元。与结对帮扶的内蒙扎赉特旗阿拉达尔吐苏木签订结对协议，支持帮扶资金50万元。

（何　丹）

【助残服务】　年内，完成1008名残疾人基本需求和服务状况动态更新调查登记工作，并于春节期间开展走访慰问，共发放慰问金161000元，发放慰问品折合84451.2元。全年新增残疾人生活补贴16户16人，残疾人护理补贴27户27人，发放两项补贴156.6余万元。

（何　丹）

卢沟桥乡

【概　况】　卢沟桥乡位于丰台区北部，东

部紧邻二环，三环、四环和五环路平行贯穿南北，京港澳高速贯穿东西。西与长辛店镇为邻，北与石景山区、海淀区、西城区交界，东与右安门街道接壤，南与南苑乡、花乡、丰台镇为邻。乡辖区呈东西向长方形，东西长13公里，南北宽6.2公里，总面积56.3平方公里。1987年3月，经北京市政府批准撤销卢沟桥农村办事处，改建制为乡，原办事处所辖乡改为行政村。乡辖4个社区居委会，17个村委会。2018年，户籍人口38998人，常住人口74239人，流动人口35241人，有汉族72772人，少数民族1467人。有医院7所，社区卫生服务中心1个、社区卫生服务站18个。有大学1所，中学5所，小学9所，幼儿园9所。有养老机构3个。有200平方米为民服务大厅、2300平方米地区文化中心、12处文化广场。乡域绿化率17.36%。全乡集体经济总收入完成38.8亿元，同比减少33.5%；人均所得35488元，同比增长12.3%；实现留区税收6.9亿元，同比下降13.8%。年内，获北京市“疏解整治促提升”专项行动先进集体。

加强政治思想建设。坚决维护习近平总书记作为党中央的核心、全党的核心的地位，坚决维护以习近平同志为核心的党中央权威和集中统一领导，始终保持对以习近平同志为核心的党中央绝对忠诚，始终在思想上、政治上、行动上同以习近平同志为核心的党中央保持高度一致。牢固树立“四个意识”，依托“今日卢沟”微信公众号、《党建工作动态》等阵地唱响主旋律、弘扬正能量，全年发送微信公众号408条、《卢沟桥乡报》5万余份、《党建工作动态》15期，把全乡党员干部群众的政治意识统一到以习近平同志为核心的党中央周围。

推进基层党建。通过党建考核综合评价、签订党建责任书、基层书记党建述职评议考核、党建工作调研等途径，不断深化全乡党员干部党建引领意识。把学习贯彻党的十九大精神作为党建必修课，召开党委理论中心组学习18次，开设“卢沟讲堂”26场次，在全体党员中开展“百名书记讲党课”“千名党员践承诺”活动。构建党建智慧化平台，郭庄子、东管头、张仪村等社区服务APP系统上线，实现党建与社区治理融通、政情与民情互联。建立非公党建工作动态台账，办好“卢沟两新”年刊，成立“七站合一”恒泰中心商务楼宇工作站。打造小屯“新四军林”红色教育基地、党代表“3+2”模式岳各庄样板品牌，深入挖掘西局“工匠精神”村史文化及社会精细化管理方式，不断激发基层党建创新活力。郭庄子村“始之”服务平台荣获2018年北京市农村实用人才优秀创业项目。

突出标准育人才。以新一届村和社区党组织换届选举为契机，选优配强村级班子，实现一次性和成功率“两个100%”的目标，优化配强全乡干部队伍，全年任免105人次，其中任免乡机关干部67人次，任免基层干部38人次，为卢沟桥乡各项事业发展提供坚强的干部人才保障。依托人民大学教育基地“校乡联合办学”模式、青年读书会平台和后备干部“双培”机制，不断探索人才培养新机制。

加强党风廉政建设。把党风廉政建设摆在全局突出位置，强化党委主体责任和纪委监督责任，坚持党政同责、开展专项监督检查、前置监察执纪关口，不断加强对“慵懒散拖”问题的问责力度。建立“20+2”模式选派22名干部到基层单位担任监督员，成立两个监督检查组，形成乡纪委、派出监察办—乡监督检查组、乡监督员—村纪检小组和支部纪检委员的立体监督格局，实现对基层工作监督全覆盖，把握运用好“四种形态”，提醒谈话23人，函询2人，免职1人，立案6人，诫勉问责2人，通报问责8人。

推动经济稳步发展。把握稳中求进总基

调，发挥互联网引导和促进作用，畅通企业服务绿色通道，引进注册资金亿元以上企业18家，千万元以上企业187家。加快产业项目批量落地，西局09地块还建产业全部封顶，08地块开工建设。坚持“融入丽泽、服务丽泽”，加快推进D10、D05等商业项目建设，引导东管头村集体经济参与丽泽F22、F23地块投标工作。引导重点楼宇项目打造高端产业链，招商率80%以上。中都科技大厦打造高端智能孵化器典范工程，引进科技类、互联网+、军民融合企业。和谐广场引进《中国企业报》集团入驻，打造产融结合示范基地。中阳大厦与亿达科技新城管理有限公司合作，小屯国元通大酒店与中金汇隆达合作打造以教育为主的“京荟广场文化产业园”。小井村引入科技要素聚集企业，西局XJ－08地块地下及地上部分确定经营合作伙伴，恒泰中心招商率100%。

三资管理规范有序。全面开展农村集体资产清产核资工作，完成乡级合同统一整改，对全乡20个村（社区）主要负责人开展换届审计，加大对重大项目、专项资金和重点人的监管力度。推进集体经济产业项目挂牌交易，卢沟桥村等五个村集体经济产业项目通过产权交易平台成功完成挂牌交易。其中，卢沟桥村项目再创丰台区集体资产竞拍历史新高，为集体经济组织增加收入千万元。

疏解整治促提升。打赢玉泉万家顺综合市场、青塔西路食品批发市场、兴隆灯饰市场等疏解“攻坚战”，保持散乱污企业“动态清零”，拆除既有违法建设133处20万平方米。利用疏解腾退空间打造便民惠民设施，新建生活性服务业便民网点32家，8项便民服务在17个村和4个社区实现全覆盖，菜户营村“小门脸”出租房改建成村史馆和一站式服务大厅，小瓦窑村老旧厂房大院变身党群活动中心。启动城乡结合部整治，新增绿地134.68万平方米，完成平原造林工程161亩，实现“留白增绿”1.3公顷，建成老百姓家门口的公园绿地——瓦窑公园，完成小屯路精品示范街建设。

加速城市化进程。推动《卢沟桥乡城市化建设工作方案》落地实施，全年完成棚改项目住宅腾退16.75万平方米，实现非宅腾退50.78万平方米。其中，岳各庄村和靛厂村合并实施项目列入北京市棚改项目实施计划，规划调整方案进入公示阶段；小井村腾退1415户。加快推进重点村建设，西局村完成全部三期土地入市交易，并完成撤村建居初步工作，成立西局欣园社区；周庄子一期、小瓦窑一期完成入市交易。推进集体土地租赁房建设，全年完成租赁房地块腾退4.85万平方米，张仪村、小屯村、郭庄子村、西局村、东管头村租赁住房项目获得立项批复。

改善城乡环境。坚持以环境提升促发展，精准治理乡域环境，落实“街巷长”“河长制”。制定《卢沟桥乡环境整治工作方案》，完善专项督导检查机制、问题曝光机制、问题销账机制。推进美丽乡村建设，实施人居环境整治，对有村庄形态的村因地制宜编制规划和建设方案。狠抓大气精细化管理，形成“一表、一图、一报告”大气污染精细化管理，打好污染防治攻坚战，全年PM2.5平均值52微克每立方米。

吹哨报到解难题。把“街乡吹哨 部门报到”工作机制作为破解城市化进程及基层治理“最后一公里”难题的有力抓手。组建乡级城市运行指挥中心，成立城指中心党支部，接入96005、“连心通”等便民热线，不断深化党建引领、主动发现、问题导向、适时会商、弹性启动等一系列举措，形成“区—乡—村三级联动”综合执法合力。启动“吹哨、报到”378次，破解拆除丰管路5800平方米违建、打击非法收药团伙、关停玉泉万家顺综合市场等基层治理难题，做到“民有所呼 我有所应”。

民生保障上台阶。构建精准养老服务模式，推广养老服务“连心通”工程，城乡居民养老、医疗保险参保率实现100%。加大就业指导力度，帮助995名失业人员再就业，推荐城乡劳动力就业570人，提高乡域群众就业、择业能力。完善大病特困人员、高龄老人、重点优抚对象、烈士子女等多层面人员的社会救助，以西局村为试点开展低龄帮高龄志愿服务，切实做到“弱有所扶”。加装老旧小区电梯83部，完成13个村746个电动自行车充电桩安装工作，为2000户60岁以上老年人家庭安装烟感报警器。结对帮扶河北省涞源县王安镇、塔崖驿乡，内蒙古赤峰林西县，发挥乡域资源优势“帮到点、扶到根”，实现深度结对全覆盖。

维护稳定保大局。开展“安全生产十大专项行动”及“大排查大清理大整治专项行动”，排查、整改安全隐患，拆除彩钢板建筑，取缔非法幼小机构。夯实“阳光信访”平台建设，推进办理过程与结果双公开，全年信访办结率100%。严格食品药品监管，建成万丰路、靛厂路等4条示范街区，完成全乡659户餐饮单位“阳光餐饮”工程建设。做好全民族抗战爆发81周年纪念活动、全国“两会”、中非合作论坛峰会等重大活动期间的服务保障工作，维护乡域社会稳定。

文化惠民有特色。启动全乡村志续修工作，继承和弘扬传统文化。培育卢沟文创品牌，举办“中国农民丰收节”专场——郭庄子农时荟，发扬“留得住乡愁”“凝聚得到人心”的卢沟特色文化。举办第七届“万丰晓月杯”京剧票友大赛，打造“京城梨园第一乡”。举办第三届“璀璨卢沟”群众文化节、星火工程、百姓周末大舞台、第八届全民健身运动会等文体活动40余场，获“北京市体育特色乡镇”称号。

（耿玉倩）

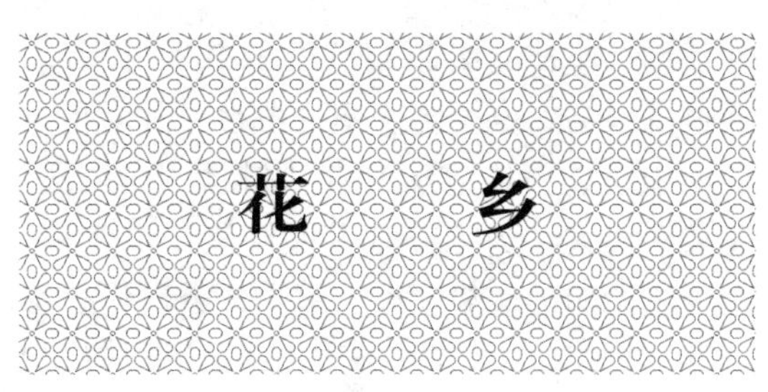

花　乡

【概　况】　花乡位于北京城区西南部，距天安门10余公里，区域面积50.3平方公里，东临南苑乡，西接宛平城地区，北与丰台街道、卢沟桥乡相邻，南与大兴区接壤。下辖黄土岗、草桥、白盆窑、新发地、郭公庄、六圈、羊坊、高立庄、葆台、纪家庙、樊家村、造甲村、看丹、榆树庄14个村，草桥欣园第一社区、草桥欣园第二社区、纪家庙社区、天伦锦城社区、郭公庄幸福家园社区、四合欣园社区、白盆窑天兴家园7个社区和1个总公司，下辖工业公司、农业公司、经贸公司和物资公司4个分公司。花乡种养花卉的历史有800年之久，是“中国花木之乡”和“国家重点花文化示范基地”。2018年，常住人口10.5万人，全乡实现总收入44.94亿元，同比增长14.1%，农民人均所得30135元，同比增长8.4%，实现留区税收6.8亿元。

以政治建设为统领，坚持党的集中统一领导。围绕党的十九大精神、新时代党的建设的总体要求，以习近平总书记系列重要讲话精神、十九大报告、《习近平谈治国理政》一二卷、《习近平新时代中国特色社会主义思想三十讲》为重点内容，开展座谈交流、集中研讨等活动。发挥乡党委领导核心作用，全年召开党委会、专题会43次，研究党建、社会发展、民生等各类议题273个；修改完善《中共花乡委员会工作规则》《中共花乡委员会重点工作议事制度》等84项规章制度；逐级逐层签订党建工作责任书，定期听取基层各项工作推进情况。

以思想建设为引导，全面落实意识形态

责任制。坚持处级领导班子集中学习制度，通过党委会、班子会、理论中心组及时传达学习中央、市区重大精神要求共50余次；邀请区人大、区纪委监委主要领导讲党课、做辅导，明确形势任务，组织各类研讨、培训24期（次）；坚持“将舆情风险评估作为民生问题决策前的前置环节，把舆情风险观念牢牢融入工作全过程”，在市场疏解、拆迁腾退等重大决策实施前，对可能引发的舆情进行预判，围绕大棚房整治、重点项目拆迁腾退、城市管理、民生保障、环境治理、依法治乡等方面处置舆情30余起，花乡公众号文章被主流媒体转发300余篇。

以组织建设为基础，持续优化干部队伍。贯彻落实市区精神要求，开展党组织换届选举工作，落实“五个好”“十不能”的用人导向和底线要求，组建专班、实地分析、提前谋划，针对重点村难点村，统筹安排，调动基层群防力量，协调属地派出所，为党组织换届选举保驾护航。完成全乡11个村和6个社区选举工作，选举产生107名新一届社区、村党组织班子成员。全年选拔任用科级干部19人，选调村级年轻干部16名到乡机关重点培养锻炼。

以作风建设为保障，营造良好政治生态。学习贯彻《廉洁自律准则》《纪律处分条例》等党纪党规，开展“为官不为”“为官乱为”和“严肃查处群众身边的不正之风和腐败问题”的专项治理工作，围绕春节、端午、中秋等“四风”问题易发多发的关键节点，采取“送纪律下基层”、典型案例通报、廉政谈话、明察暗访等措施办法，强化经常性党风廉政教育。运用执纪监督“四种形态”，全年诫勉谈话3人、批评教育1人、通报批评3人、提醒性谈话51人、党内警告处分2人、开除党籍处分3人。

以党建引领为指导，创建社会治理新机制。发挥“街乡吹哨 部门报到”和“党员双报到”机制作用，完善城市综合运行指挥中心、综合执法中心运行机制，坚持“民有所呼 我有所应”，切实解决“最后一公里”难题。全年“吹哨”165次、开展联合执法155次。坚持党管武装，连续8年完成征兵任务。支持乡人大、工青妇等群团组织依法开展工作。开展民族宗教工作，强化党对民族宗教工作的统一领导。

围绕城市总体规划，加快推进城市化建设。学习贯彻习近平总书记对北京城市总体规划的讲话精神，围绕北京城市总体规划和丰台区分区规划实施方案，以中部组团为切入点，加快推进花乡城市化统筹方案的先行先试。编制完成花乡城市化统筹方案和中部组团方案。配合南中轴及南苑－大红门地区规划的实施，完成草桥村、新发地村358个院落的腾退工作，涉及土地面积1140公顷，疏解人口3038人。在白盆窑村率先于全区完成规划绿地的基础上，将白盆窑村2400亩绿地纳入南苑湿地公园规划范围。加大土地上市力度，依规做好“三资”管理。2018年草桥村、新发地村、白盆窑村等9个项目在农村产权交易平台实现挂牌交易，交易额超2.2亿元，最高溢价率65.4%。葆台村集体土地租赁住房项目正式签约。实现京良路东段、六圈路、新机场线草桥站进场施工。

推进改善辖区环境，提升生活性服务业品质。完成939亩平原造林任务和9029亩林地养护工作；落实河长制和大气环境治理措施；推进“厕所革命”，升级改造19座环保公厕和57座旱厕、投资323万元完成184条背街小巷日常清洁维护工作、建设纪家庙村垃圾中转站、明确1100家单位“门前三包”职责任务、与179家餐饮单位签订餐厨垃圾清运合同、拆除屋顶广告牌匾等231块。丰富草桥镇国寺北街商业业态，完成天伦锦城社区“一刻钟便民服务圈”，实现基本便民商业网点231个，连锁率48%，建成蔬菜零售点18个。2018年，草桥镇国寺北街被评为北京中心城区首个生活性服务示范街区、北京市 10 条最美街巷之一，白盆窑村在全区率先建立自助售菜机。

不断优化营商环境，持续提升发展质量。全年疏解大型批发市场 3 家、一般制造业企业 2 家；消除市级挂账重点占道经营 12 个；清理开墙打洞 76 个、取缔无照经营点位 120 个、无证餐饮 39 家；拆除既有违法建设 18.5 万平方米，实现新生违法建设零增长；整治群租房 77 处；拆除各类大棚 28 个 15 万平方米。坚持“放管服”改革，深化开展“互联网+政务服务”活动，对接法官学院、天坛医院、首经贸大学等辖区单位，成立综合保障机构，围绕企业需求，开展环境、交通等综合整治行动，解决企业实际问题。全面完成乡级集体经济产权制度改革工作。按照市区要求，推进乡总公司产权制度改革工作，成立北京九城华宇有限公司，为壮大集体经济奠定基础。榆树庄国家数字出版基地、郭公庄“共享际”、花乡奥莱村、四合庄 51 号商业广场、樊家村劳动力安置项目等新兴产业不断崛起，纪家庙中关村军民融合创新工场试点运营。提升第三产业发展潜能，花木集团完成“一带一路”“中非论坛”、雄安副中心等重大活动和场所花卉景观和绿化工程建设，玉泉营北京花乡花卉市场已从传统的花卉市场转变为集购物、休闲、娱乐、文化、创意、生活于一体的花卉超市；榆构集团承接国家速滑馆——冰丝带预制清水混凝土弧线看台项目首段通过验收。

加快推进社保体系建设，充分实现劳动就业。以覆盖城乡居民的社会保障体系建设为主，实现新型农村合作医疗制度与社保体制并轨，保障人员、设备设施、资金等落实到位，全年全乡参保人员 17407 人。为 102 户困难人员实施资金帮扶约 13 万元。启动乡域首个医疗联合体建设，整合乡域医疗资源，促进花乡医院与天坛医院签订合作协议，建立急诊转诊转院通道，推动人才建设、技术支持、远程诊断等互利共赢。完成城乡劳动力就业指标 176%、困难人员就业指标 160%、创业指标 110%、推荐劳动力成功就业 367%。推进老旧小区改造，在草桥村小区加装外挂电梯 95 部，占全区新增电梯的 71%。依托“连心通”服务平台，接待并处理民生类接办件 388 件。

加强精神文明建设，打好精准脱贫攻坚战。开展群众性精神文明创建活动，完成北京市文明城区测评检查工作。2018 年，花乡荣获“首都文明乡镇”称号、草桥村荣获“全国文明村”称号、纪家庙村等 8 个村荣获“首都文明村”称号、花乡医院等 4 个单位被评为“首都文明单位”。筹建篮球场、网球场、笼式足球场、乒乓球长廊、社区综合文化室共 27 处，组织开展全民健身运动会、“全民健身从我做起”健步走等各种文化体育活动。与最高人民法院国家法官学院、司法案例研究院共同举办“案例大讲坛”活动。与河北涞源县、内蒙古扎赉特旗、赤峰林西县、青海玉树治多县实施对口帮扶支援，在内蒙古林西县建设合作基地近 3000 亩、暖棚 150 多个。与青海玉树治多县加吉博洛镇签署帮扶协议，邀请治多县文化工作者到世界公园参观并与演职人员一同演出。

开展安全隐患专项整治，维护辖区和谐稳定。强化各级领导干部安全责任意识，建立以党政主要领导为主的“党政同责”“一岗双责”工作机制，全年检查辖区企业 2749 家次、排查隐患 3200 处、拆除出租房屋 400 余间，仅中建一局出租大院就清退出租人员 1000 余人、清理各类冷库 5000 多平方米，全年未发生重大安全生产事故。推进“扫黑除恶”专项治理。开展“扫黑除恶”专项治理宣传活动，张贴宣传画、发放《一封信》等。加强群防群治，调动乡村力量，做好安全维稳、矛盾排查以及重点人稳控工作，完成中非合作论坛等重大活动安保维稳任务，全年接待受理群众来信466件、来访3300余人次。实现社会综合治理智能化服务，全国首个智能社区警务室在六圈村落地，实现“让数据多跑路 让群众少跑腿”。

（闫晓辉）

南 苑 乡

【概　况】 南苑乡位于北京市区南部，丰台区东部。北起南二环路，与西城区、东城区相接；南至南五环路，与大兴区接壤；西起京开高速路，与花乡、卢沟桥乡毗邻；东至丰台区东边界，与朝阳区相连。辖区内由北至南依次有南二、三、四环路，东西两侧有京开、京台和京沪高速公路，南部有南苑机场，西北部有北京南站，地理位置优越，交通便捷，距天安门5公里，素有天安门前第一乡之称。乡域总面积约60.2平方公里，其中乡辖面积约16.4平方公里，与南苑、东高地、和义、大红门、东铁营、马家堡、西罗园、方庄、右安门9个街道相邻，辖区内有9个派出所，7个税务所，4个工商所，是典型的城乡结合部地区。全乡下辖8个行政村、7个社区。2018年，全乡常住人口总数约8.7万人，户籍人口24987人，户籍农民10018人；全乡流动人口2.514万人；全乡经济组织成员股东24038人，劳动力13387人。全年实现集体总收入30.6亿元，上缴税金2.3亿元，人均劳动所得4.78万元，同比增长16.8%。留区税收4.23亿元，同比增长37.6%。细颗粒物年均浓度同比下降21%；年度绩效考核全区第一。

疏解整治促提升。全年拆除违法建设61.28万平方米；取缔违法群租房119处；整治无证无照经营276户；疏解提升区域性市场6家；实现新生违法建设、占道经营、散乱污企业“动态清零”。276条街巷保持“开墙打洞”无新增、无反弹。区级考核14项任务中，7项超额完成，5项完成量排名丰台区第一。南苑－大红门地区成立工作专班，每日会商、一线指挥，关停大红门早市，关拆鑫海品牌基地等13处点位，拆除面积21.23万平方米。加强“内控外管”，会同区现场指挥部、工商、街道组建联合检查组，持续开展自查、互查。围绕群众需求，完善基础便民设施，新建蔬菜零售、末端配送等便民服务精品网点14家。探索疏解腾退空间再利用，启动果园村福成大厦转型区级政务中心筹备工作。释放绿色生态空间，建设石榴庄南垣秋实公园、大红门花飞蝶舞公园、右安门嘉囿公园，打造槐房回迁房小区“精品小微绿地”。全年实现留白增绿19.29公顷，完成平原造林300亩。临泓路商业街等“精品大街”完成验收，新宫大街荣获2018年度北京“最美街巷”入围奖。

城市化建设稳步推进。做好首都商务新区－南苑森林湿地公园的分区规划编制。通过拆违、棚改、重点村等改造建设，腾退用地35公顷，为南中轴建设预留空间。系统研究重点村产业指标的调整落实，协调完成槐新组团上市用地规划调整论证，完成分中寺村上市地块规划调整申报。落实“大棚房”类农地非农用问题的巡查与整改，建立长效机制杜绝反弹。加大南苑村棚改拆除力度，拆除集体企业37万平方米。确定分中寺村棚改征地转居和国有住宅搬迁标准，加快拆迁腾退收尾。将右安门平房区纳入棚改项目，解决历史遗留的城中村问题。促进土地上市，槐新组团第七宗土地实现入市交易，石榴庄村三期土地已预挂牌，大红门村二期土地具备收储条件。启动成寿寺、果园村集体土地租赁住房项目，按照精品标准进行设计，成寿寺项目成为全市首个开工建设的集体土地租赁住房项目。亚林西回迁房全面实现入住，南苑村回迁房取得用地、立项、规划手续。保障轨道交通建设，地铁八号线顺利通车，地铁十九号线右外站、新宫车辆段施工稳步推进。全年实现开复工总面积249万平方米，完成区级重点建设项目建安投资19.8亿元，考核排名全区第一。

经济发展全面提质。开展“十三五”规划纲要实施中期评估，围绕既定目标，助推经济社会高质量发展。创新集体产业模式，成寿寺集体租赁房项目引入知名企业深度合作，打造集体产业新标杆。石榴庄村集体产业项目经多轮分析论证，确保功能业态提升。农村产权交易平台管理实现“应上尽上”，西铁营华润还建产业用房、马家堡鑫华鑫兴商场等4个项目放大资产效益，交易总金额8.5亿元，占全区成交总金额的51%。落实全区“放管服”改革，走访服务重点税源企业。执行《产业禁限目录》要求及南苑－大红门地区《临时性限制市场主体登记注册管理办法》，保障重点功能区建设。依托“京港洽谈会”等市、区招商平台，加强招商引资服务，规模企业持续增加。全年新登记注册企业222家，注册资金16.34亿元，其中引入千万元以上规模企业23家，亿元规模企业2家。进行2017年专项审计问题整改，加强“三资”管理。针对审计报告提出的193项问题，完成即时整改117项，涉及历史遗留问题需要分步实施的，制定整改方案，明确责任人和完成时间表。研究制定乡级文件细则3个，实施审批动用土地补偿费事项19件。开展“农村集体资产清产核资”与“第四次全国经济普查”，梳理乡域经济社会发展底账，为推动新一轮科学发展打下基础。

人居环境持续改善。树立“绿水青山就是金山银山”理念，全年完成裸地治理326万平方米，治理树坑1.36万个，查处重型柴油车1047辆。创新大气污染防治精细化管理，率先引入“绿色施工责任公示”管理机制。打造“村级环保责任人”和“绿色环保联盟”两只队伍，做好空气重污染应急保障工作，细颗粒物年均浓度实现大幅下降。落实“河长制”和总河长令，开展“清河行动”。清理河岸渣土面积2.55万平方米，清理河边围垦种植315平方米，拆除涉河违建1.79万平方米，实现非法排污“动态清零”，河道断面考核持续达标。全年巡河总里程数排名全区第一。开展“美丽乡村”环境整治，招募212名社会志愿者担任“小巷管家”，提高街面管控精细化水平。开展广告牌匾专项整治行动，拆除违规广告牌匾430余处。建立生活垃圾精细化管理体系，清理暴露垃圾和积存渣土80余吨。

社会治理见成效。落实党建引领“街乡吹哨 部门报到”机制。围绕11248社会治理新格局，建立信息化系统，建成实体化综合执法平台。公布南苑乡24小时热线电话，热线案件“接诉即办”。成立村级巡查处置中心23个，组建网格员队伍67人。建立城管、工商、食药、公安、交通常驻的综合执法队，落实平台工作机制。全年受理、办理各类案件7981件，“吹哨”执法122次。解决西铁营物流大院安全隐患等一批群众关心的热点问题。“三率两度”排名乡镇第二。开展黑公寓、彩钢板、电动车等专项整治工作，关停黑公寓5家，清退散租人员2000余人，拆除彩钢板建筑6万平方米，安全生产事故同比下降30%。开展安全大培训，持续提升群众安全意识。全面摸排，防控非洲猪瘟。取缔食品加工黑窝点4个，罚款151.2万元。发挥人民调解信息员作用，化解各类矛盾纠纷245件，办复信访事项243件。司法信访联动，解决新宫村、石榴庄村等一批信访积案；开展扫黑除恶专项斗争，专项治理环境乱象，查扣黑摩的600余辆，清理无照游商800余起。群众安全感、满意度排名全区第四。

民生福祉不断提高。利用“百姓就业超

市”，打造全天候互联网创业就业平台。开展劳动力技能培训，为基层单位申请各类就业补贴4000余万元，全年新增就业1057人，登记失业率不足2%，超额完成规范就业指标任务。完成城乡居民基本医疗保险、养老保险征缴工作。以南苑村为试点，建立“红色管家联盟”，打造“连心通”升级版。福海棠华苑社区建成全乡首家养老服务驿站。4家养老照料中心全部实现医养结合运营模式。开展残疾人需求状况调查，做好辅具适配等多项帮扶。设立军人优先窗口，落实“军人优先”政策。核发低保、优抚、拥军各类资金1.04亿元。开展“万企帮万村”行动，与扎赉特旗10个深度贫困村结对帮扶，投入资金420万元。东铁营村、西铁营村共同助力，向西王佐村投入扶持资金100万元。以创建首都公共文化服务示范区工作为引领，推进“一刻钟服务圈”建设，补足公共设施短板。争取财政资金1099万元，组织实施文化中心改造提升项目4个，新建户外活动场地7处，实现乡域内文体场地应建尽建。组织开展中顶庙民俗文化节等文体活动450余场次。做好辖区学前教育管理，规范校外培训机构26家。打击非法行医，完成乡级社区卫生服务中心更换，辖区公共卫生服务水平不断提升。乡机关干部带头献血，东罗园村齐雪峰成为全乡造血干细胞捐献志愿者第一人。加强社区规范化建设，打造双石一社区成为市级规范化社区试点，推进社区居委会和村委会换届选举工作，开展福海棠华苑“智慧型社区”试点工作，构建“三社一志”志愿服务新模式，打开社区治理新局面。

强化政府自身建设。树立“四个意识”，做到“两个维护”，落实政府系统全面从严治党责任。坚持依法行政，会前学法助力“七五”普法。针对工作中监管履职不到位问题，对乡、村两级6名领导干部问责处理。深化政务公开，公开政府信息540条，开展“政务公开日”活动，与地区人大代表、党代表、群众代表零距离接触。加强党风廉政建设，防止“四风”问题反弹。接受人大和社会监督，办理丰台区人大议案2件、南苑乡人大建议9件，办复率100%。

（卢　萍）

长辛店镇

【概　况】　长辛店镇位于北京市区西南、丰台区西部的永定河西岸。东距卢沟桥1公里，北隔永定河与石景山区相望，西北隔山和门头沟区相邻，西南与王佐镇和房山区接壤。长辛店镇是北京西南的交通咽喉，京石、京周、京原等公路，京广、京原、京九复线等铁路皆在镇域内穿过。长辛店镇属于燕山山脉浅山区，是离北京中心城区最近、地貌特征显著的丘陵地带。2018年，全镇总面积62.44平方公里，下有9个行政村、37个自然村，农民户籍人口约1.7万人。

农村集体经济总收入实现37210万元，同比增长17%；留区税收完成18710万元，同比增加88.8%；办理营业执照注册企业327家，其中亿元以上企业8家。

通过与各村签订目标责任书、制定工作方案、建立联动机制、实行工作周报等一系列工作举措，完成丰台区下达的12项目标任务。拆除既有违法建设55万平方米，完成率101.66%，新生违法建设实现“动态清零”。开展“大棚房”摸排及清理整治工作，完成44宗240栋违规“大棚房”清理整治及区级验收工作，其中18宗项目69栋违规“大棚房”完成市级验收。“散乱污”企业动态清零、完成占道经营重点点位及无证经营餐饮企业整治工作，调整退出一般制造业企业21家（全区任务量占比70%）、升级改造农副产品市场1家。推进棚户区改造项目，宅基地腾退比例97.95%。完成3个市级挂账城乡结合部重点地区突出治安问题和重大安全隐患整治任务。完成2017年京周路精品示范大街工程建设，并经区级验收。完成606亩平原造林任务及134亩留白增绿任务。推进全镇生活性服务业品质提升，完成便民服务业网点建设。

《长辛店镇统筹利用集体产业用地试点实施方案》经多次修改完善，报市规土委审批，以产业用地试点方案为突破，加快推进全镇总体规划实施方案编制。统筹利用腾退空间，对标新版城市总体规划，充分研究全镇三本账情况，编制《集体产业用地统筹方案》，坚持以需求和问题为导向，核算劳动力安置与产业规模，建设用地合理减量，通过镇域统筹综合实现镇域范围内产业化与城镇化同步推进。

按照“设计师驻村做规划 广泛征集民意做规划 统筹发展做规划 学科合理做规划”的原则，编制完成《丰台区长辛店镇大灰厂村村庄建设发展规划及实施方案》，并通过评审。

营商环境进一步优化。简化审批事项，优化政务服务流程，精准对接重点税源企业，实地走访镇内异地纳税企业大户，掌握企业发展现状，了解企业实际困难和需求，帮助企业解决问题，通过服务指导，稳定优化财源税源，促进财政收入持续增长。

成立北京京坤长兴有限责任公司，选举产生董事会和监事会成员，完成镇级产权制度改革工作。加强村级重大经济事项监督管理，按照“四议一审两公开”工作程序规范村级资金、资产、资源管理，降低投资风险，提升村级经济发展水平，全年审议议题23件。推进产权交易规范管理，建立市场化运作的产权交易制度，使村级经济做到公开透明，激活市场，促进农民增收。

加快园博退建项目后期运营模式研究，加大运营程序和风险把关，保障村集体经济利益和村民权益。开展经济薄弱村帮扶，制定新一轮帮扶工作实施方案。结合统筹试点政策促进大灰厂、赵辛店村产业转型，李家峪村产业项目与专业公司进行沟通并开展实地考察。

落实各级环保督查反馈问题整改，开展2016—2017年环保督查整改情况核查与再整改工作，完成2018年督查问题整改工作。制定并落实《长辛店镇蓝天保卫战2018年行动计划》《长辛店镇2018—2019年秋冬季大气污染综合治理攻坚行动方案》，明确任务台账及责任分工，制定“散乱污”企业动态清零、裸地扬尘治理、移动污染源监管、精细化管理等专项工作方案，建立环保问题闭环管理机制。PM2.5年平均浓度降至52微克每立方米，完成55微克每立方米目标浓度，同比下降6微克每立方米。

应对秋冬季空气重污染预警，出动人员1124人次，检查点位626处；通过苫盖、绿化、硬化等措施，完成158.8万平方米裸地整治；检查重型柴油车4316辆，完成全年4000辆重型柴油车检查任务的107.9%。26家上账非法砂石料厂完成清理整治，通过区级验收销账；落实工地“六个百分百”要求，建筑工地全面落实绿色施工；落实“一扫两保”要求，定期开展道路洒水降尘。深入落实“河长制”，加大排污口整治力度，对镇管河道封堵排污口365个。巩固“无煤化”工作成果，加强采暖季前后散煤管控工作，制定《长辛店镇散煤管控工作方案》，按照网格化管理模式，将划片包户逐户明确散煤管控负责人，并加强采暖季期间的巡查检查，确保无散煤复烧。

打响环境整治攻坚战，开展人居环境整治工作，加强督察督办。落实“街巷长”制，依托“志愿北京”平台试行“小巷管家”志愿者服务。开展清洁日活动，发动人员2310人次，企业120家。推行“门前三包”商户自律、自查、自管工作模式，推进垃圾分类，规范厨余垃圾收运。完成广告牌匾规范工作，拆除建筑物外立面及屋顶违规广告牌匾。加强拆迁区域的市容环境管理，对棚改区域砌筑围墙3300余米，与拟建成小区签订市容环境管理责任书。开展背街小巷整体提升及精品示范街创建工作，完成杜家坎至长辛店北口京周路段精品街建设工程。

城市安全治理能力逐步加强。城市管理中心正式运行使用。中心整合193路视频监控资源，通过纵向视频整合，提升全镇视频调度能力。配备电子终端设备，提高中心的综合协调能力和应急指挥能力。承接下派热线件1509件、网格件2149件，建立综合巡查机制开展日常巡查。开展“吹哨报道”工作65次，综合执法58次，应急处置7次，出动760余人次，针对镇域内的占道经营、无证无照经营、非法清洗维修车辆、出租房屋、违规广告牌匾等开展清理整治。落实安全生产责任制度，与各村、镇属企事业单位签订生产安全、消防安全、交通安全等各类责任书；做好今冬明春火灾防控工作，清理可燃物450余吨，清除堆积可燃物400余处；充分发挥专职安全检查队作用，检查生产经营单位3006家，发现各类安全生产隐患2733处，完成整改2724项，整改率99.67%。推进彩钢板建筑整治工作，彩钢板建筑总面积18.17万平方米，整改率96%。做好社会面防控工作，组织群防群治力量3万余人次参与辖区治安巡逻，发现并排查化解安全隐患30余起，完成重点时期保障任务。接待来信来访137批308人次，群体访58批1700余人次，办结率92%。推进“雪亮工程”建设，推进扫黑除恶专项行动，群众安全感满意度不断提升。

基础设施建设进一步完善。北辛庄路建设完工；牤牛河防洪治理工程及截污完成施工，已投入使用；蟒牛河防洪治理工程完成腾退工作；九子河截污全线完工，已投入使用；小清河北支沟河道治理工程部分河道进场施工；北宫220KV变电站、南营110KV变电站项目已陆续发电。完成东河沿回迁房回迁工作，入住率99.84%。推进棚户区改造工作，棚改涉及村宅基地腾退率95%以上；根据长辛店棚户区改造集体土地非宅腾退补偿工作意见，进行前期准备工作。张郭庄、张家坟回迁房建设基础工作全面展开。

（付宝奎）

王佐镇

【概　况】　王佐镇地处丰台区河西地区，北部毗邻门头沟区，南部、西部与房山区相连，东部与云岗街道、长辛店镇交界，镇域面积61.33平方公里，下辖8个行政村（36个自然村）、1个社区。截至2017年，户籍人口16787户36464人，其中农业户籍6213户14895人；非农户籍10574户21569人，流动人口2万人。年内，全镇集体经济总收入9.10444亿元，政府财政收入3.1118亿元，人均收入23595元，经济运行保持在合理区间。

镇域经济稳中求进。探索新型城镇化路径，选定王佐镇中心区为王佐镇产城核心区。以旅游业、现代观光农业、文化创意产业为代表的第三产业对镇域经济增长的贡献能力稳步提升，产业结构不断优化。村级集体产权制度深化改革，完成7个中心村资产清查及评估工作，并协调督促南宫村启动改制深化工作。开展村级和镇级集体经济组织清产核资工作。推进开展万企帮万村工作，针对3个薄弱村研究制定《王佐镇2018年经济薄弱村精准帮扶工作方案》，与涞源县银坊镇开展支援协作结对帮扶。申报支农、产业引导、科普益民惠农等项目，争取项目资金5890万元，为怪村田园童话综合体修建详细规划项目、怪村田园文化体验季活动等优质农业休闲产业项目转型升级提供有力保障。同时，推动佃起村、怪村、西庄店村、魏各庄村旅游产业引导资金项目及青龙湖公园旅游公共服务设施建设项目的申报工作。坚持招大引强选优，2018年新增注册企业80家（含个体），其中百万元以上企业37家，亿元以上企业1家。

功能疏解取得实效。执行市、区两级新增产业的禁止和限制目录，落实企业登记准入制度，全年退回不符合产业准入目录的企业21件。全年疏解一般制造业企业3家。全面做好散养畜禽的清退工作，全镇清退户数81.5%，其中生猪清退全面完成，全面做好“非洲猪瘟”的防控应对工作。结合城乡结合部整治、出租大院整治、无证无照经营取缔，疏解人口735人。整治占道经营重点点位2处，清理整顿无照餐饮企业30家，同时以中央和市区环保督察点位及105家已销账点位为重点排查治理区域，确保“动态清零”工作到位。全年拆除清理历史遗留违法用地违法建设120余处，建筑面积118166.575平方米，完成年度目标任务的130.4%，腾退200余亩土地作为“留白增绿”和“腾笼换鸟”的后备资源保障。对镇域73处731栋大棚逐棚建档、核实台账，整改验收标准划定的19项675栋大棚存在的问题，全部通过市级验收。坚持疏解整治与优化提升并重，完成留白增绿任务0.72公顷，新建和提升便民网点8处，全年有便民网点100家。云岗路（佃起村路段）精品大街建设项目竣工并通过验收。推进棚户区改造及环境整治项目，青龙湖棚户区改造项目南一区正式启动村民住宅拆迁腾退工作。完成庄户村等6个行政村的市容环境卫生管理社会化服务工作，启用庄户村生活垃圾中转站1座，修缮镇域破损垃圾房95个，消除旱厕建新厕选址79处。完成1373条背街小巷基础数据核查工作，在15条主要大街设置街长、40条背街小巷设置巷长，招募小巷管家志愿者9名，组建环境监察队。

环保治理取得实效。配合、协调建设完成市级粗颗粒物（TSP）监测站4个、区级细颗粒物（PM2.5）小微监测站9个。全年细颗粒物（PM2.5）累计浓度为52微克每立方米。抓好中央和市级环保督察反馈意见整改，全年按期办结各级环保督察机构移交的问题线索17件并全部完成整改任务。重点推进裸地扬尘污染治理，完成全镇95块裸地的整治任务，坚持整治与长效管理相结合，对镇域内散乱污企业、施工建筑工地、监测子站周边的重点区域开展执法检查。做好无煤化工作常态化监管，完成上年的散户、试点村煤改电工程验收及收尾工作，回收村民散煤4000余吨。做好河道断面水质监测和水污染防治工作，对全镇6条河道和6条支沟推行“一河一策”工作，全面落实“三查、三清、三治、三管”责任，建立河道排水口台帐，完成整改停止排污13处。提升西庄店美丽乡村工作，完成庄户村、西王佐村规划及实施方案编制，完成市级美丽乡村人居环境中期核验工作。完成庄户村、西王佐村、佃起村、魏各庄村农宅抗震节能改造。全年完成平原造林栽植面积415亩，园林绿化资源保护专项检查地块，已整地待补植地块13块，完成国家级森林督查变化图斑补植恢复地块4块。

民生福祉持续改善。镇域实现新增就业617人，登记失业率控制在2.22%，举办大型专场招聘会3场，参与单位93家2106个岗位。完成全镇原新农合12060人的参保工作，完成医疗救助211人，临时救助18人，无保障老年人丧葬补助和城乡无丧葬补助136人，镇级残疾人生活补助334人次。加强3个职康站的规范管理工作。新建翡翠山、山语城2个社区，完成居民事务服务全覆盖，推进南宫雅苑社区“一刻钟服务圈”的创建工作，加强汤泉墅业委会的筹建指导。开展退役军人和其他优抚对象信息采集工作。做好困难人群救助工作，新申请低保12户，撤销低保27户，为37名重点优抚对象办理药费减免146人次。完成镇级养老补助金发放7682人次，开展适老化改造、巡视探访、困难老年人喘息照护服务、“低龄帮高龄”队伍建设等工作，60岁老年人家庭独立式烟感报警器发放1500人次。“连心通”服务194人次。完成王佐老年综合服务中心公办民营改制备案和养老驿站选址工作。持续提升镇域教育资源品质，人大附中初中部初一、1+3项目正式开学，翰林院项目取得主体授权、土地预审、规划条件、立项批复等前期手续。加大对镇域内非法办园的管理和检查力度。开展包括家长学校、读书摄影、健康知识讲座等在内的引导性培训550人次，技能培训120人次。以创建首都公共文化示范区为契机，依托各村文化大院，开展各种演出及活动60场，各种公益培训活动35场，放映电影450场，完成笼式篮球场等活动场所建设8片。做好非物质文化遗产的保护和传承工作，太平鼓和高跷分别参加了北京端午文化节、丰台花开端午游园会、中国戏曲文化周等大型活动。开发旅游文化，做足全镇旅游历史文化、民俗文化、登山健身文化、养生文化、休闲文化、亲子文化的文章，促进文化与旅游的深度融合，将旅游资源的文化优势转化为旅游产品优势，从而形成产业优势。

城镇管理统筹发展。完成军方2527－3项目用地范围内20个非宅院落、7万余平方米地上物拆迁工作。完成牤牛河、佃起河截污治理工程拆迁及建设协调工作。完成鲁家山生物质能源厂配套工程中水管线、北湖变电站外电源、大灰厂燃气门站建设协调工作，各项目已正式投入使用。完成京港澳积水治理及配套排水沟工程2万平方米非宅地上物拆迁任务。配合丰台法院完成王佐法庭项目开工前各项准备工作，获得区政府及相关部门的审核批准。完成汉林院项目主体授权、土地预审、规划条件、立项批复等前期手续。协调区级相关部门推进青龙湖23号路、东王佐中路、大富庄路等主次干路前期手续办理工作，并列入市、区近三年政府投资计划。推进青龙湖棚改项目前期手续办理工作，配合实施主体筹措项目建设资金，启动区域内住宅拆迁工作。配合项目开发主体完成青龙湖C地块南区上市前各项准备工作，该项目正式挂牌上市。完成魏各庄、怪村集租房项目报审等各项准备工作，项目正式获得市政府审批通过。配合相关村推进村民自住楼手续办理工作，庄户、西王佐自住楼均开工建设，部分建筑完成主体封顶。镇域规划优化布局，协助市、区相关部门开展区域总体规划修编及两图合一的规划编制工作，核准相关规划内容，明确产业及市政等专项规划的开发与保护边界，打造镇域良好空间发展格局。协助开展西庄店村村庄保留规划设计方案编制工作，制定该区域规划发展定位。

城镇治理稳步推进。做好“街乡吹哨部门报到”机制的落实工作，平台搭建以来，“吹哨”62次，出动各类执法1792人次，完成重大事项3次，综合执法任务50次，解决各类问题47项。96005热线系统处理诉求案件3246件，区政府在线系统平台处理业务投诉、政风投诉等案件45件，网格化社会服务管理系统平台处理市容、秩序、环保、私搭乱建等案件2100余件，农村地区网格员上报自处理案件2.2万件。完成全国两会、上合峰会、中非论坛等重大活动安全稳定任务。重点抓好安全隐患排查治理，做好安全生产责任体系建设工作，针对人密场所、危化企业、建筑工地、学校幼儿园等行业开展专项检查17次，检查企业2200家次，消除各类安全生产隐患401条。推进彩钢板房隐患整治，区属内部彩钢板拆除16处7013.36平方米，社会面彩钢板拆除74处81735.97平方米。对镇内704栋单体大棚开展拉网式排查。深入开展道路交通隐患整治44次，处罚各类交通违法行为756起，排查并上报辖区内道路及设施隐患35处，完成移动污染源重型柴油车检查4429辆，完成资源能源保障、食品药品安全监管工作。推进企业安责险73家，完成“一企业一标准”“一岗位一清单”编制2家，启动“安全社区”创建工作，完成小微标准化创建15家。安全生产培训300人次，消防安全培训7950家次。

政府履职能力得到提升。开展“不忘初心 牢记使命”主题教育，坚定理想信念，全面履行党建、党风廉政建设、意识形态“一岗双责”。推进政府系统全面从严治党，严明政治纪律和政治规矩，抓好政治、思想、组织、作风、纪律建设。聘请专业法律顾问参与决策、规范行为并审查文书。解决区、镇人大代表、政协委员各类建议，全年共办理区、镇人大代表建议28件，区政协委员建议1件。严格执行“三重一大”有关制度要求，组织召开政府常务会24次、办公会26次、专题会44次，涉及议题792个。政府系统党风廉政建设，落实党风廉政建设责任制，履行主体责任和“一岗双责”，加大对政府采购、工程招投标等重点领域财政监管力度。规范“三资”管理，做好2017年村级公益事业金专项审计，完成2015—2017年村干部经济责任审计和征地补偿费专项审计工作。执行“三重一大”有关制度要求，修订和完善《镇人民政府工作规则》《镇专项督查事项办理办法》等相关制度。结合区政府对内控制度检查过程中提出的问题，完善《镇内控规范手册》。整肃庸政懒政怠政行为，强化督查问责，把群众满意度作为政府绩效考评的重要依据，提升政务服务水平。

（刘　静）

人　　物

组织机构负责人名　　单

中共北京市丰台区委员会

书　记　汪先永

副书记　冀　岩(2月免)　王力军(4月任)
　　　　钟百利(2月免)

常　委　张巨明(12月免)　肖辉利
　　　　狄　涛(9月免)　高　峰
　　　　吴继东　李正斌　李　岚(女)
　　　　李树元(2月任)

丰台区委工作机构负责人

区委办公室主任　李　岚(女)
组织部部长　张巨明
宣传部部长　狄　涛(9月免)
统战部部长　李　岚(女)
精神文明办公室主任　徐　鸾(女)
台湾工作办公室主任　房书勇(女)
区编办主任　许　民
区委区政府政策研究室主任　冯志成
区委区政府信访办公室主任
　　钱爱平(4月免)
　　王　凯(5月任)
保密局局长　尚保华(女)
区直机关工委书记　刘淑钰(女)
区委老干部局局长　朱运昌

中共北京市丰台区纪律检查委员会

书　记　李正斌

副书记　王和友　马若怡(女)　董明月(女)

常　委　鲍书田(女)　李　振　云　强
　　　　刘金鹏　蒋加强
　　　　曹　汐(女,挂职,5月任)
　　　　李　浩(挂职,5月任)

北京市丰台区监察委员会

主　任　李正斌

副主任　王和友　马若怡(女)　董明月(女)

委　员　李　振　云　强　刘金鹏
　　　　倪贵东　穆　健

丰台区第十六届人民代表大会常务委员会

主　任　张巨明

副主任　王建斌　王振华　李　屹
　　　　王百玲(女)　刘　颖(女,不驻会)

委　员　于临溏　王　丰
　　　　王诗雪　王　峻
　　　　巴恩来(满族)　成家军
　　　　毕永丰　刘　鹏
　　　　刘藏生(女)　孙培云(女)
　　　　芦　杰　李有毅(女)
　　　　李　江　李　军
　　　　李　琼(女)　杨中春
　　　　吴　燕(女)　邹　凌
　　　　辛殿军　迟　岚(女)
　　　　张世伟　张金豹
　　　　张建明　张俊峰
　　　　张雪梅(女,回族)
　　　　陈运柏　陈国林

陈春生　尚振国
赵万军　郝照平
钟媛媛(女,畲族)
俞亚茹(女)　骆增全
黄树森　黄秋莉(女,满族)
黄　磊　康至宁(女)

丰台区人大工作机构负责人

办公室主任　赵万军
研究室主任　刘藏生(女)
代表联络室主任　李　军
财政经济工作委员会主任　张世伟
内务司法工作委员会主任　巴恩来(满族)
教科文卫体工作委员会主任　毕永丰
城建环保工作委员会主任　俞亚茹(女)
农村工作委员会主任　尚振国

丰台区人民政府

区　长　冀　岩(4月免)　王力军(8月任)
副区长　肖辉利　吴继东　王新元
张　婕(女)　周新春　李春滨
张　鑫　韩　嵩(挂职干部,9月任)

丰台区政府工作机构负责人

政府办公室主任　连　宇(12月免)
杨　杰(12月任)
国有资产监督管理委员会党委书记
李大维
主任　王玉昌
经济和信息化委员会党组书记、主任
吴神赋
区委社会工委书记、社会办主任
李振茹
民政局党组书记、局长　裴玉珍(女)
人力资源和社会保障局党组书记、局长
肖　敬
投资促进局党组书记、局长　杨善华
商务委员会党组书记、主任　郭晓一(女)
旅游发展委员会党组书记、主任
王　萍(女)
住房城乡建设委员会党组书记、主任
刘　郦(女,9月免)
颉换成(9月任)
城市管理委员会党组书记、主任　姜东升
科学技术委员会党组书记、主任
朱京宁(7月免)
张永梅(女,7月任)
区委农工委书记、区农委主任　肖文燕(女)
文化委员会党组书记　史文彬
主任　樊　维(女)
区委教育工委书记　薛　红(女)
区教委主任　张　洋
教育督导室主任　张　婕(女)
房屋管理局党组书记、局长　苏　军
环境保护局党组书记、局长　隆　重
北京市规划和国土资源管理委员会丰台分局
党组书记、局长　李文忠(3月任)
园林绿化局党组书记、局长　王世义
绿化办主任　王世义
气象局党组书记、局长　冯永芳(女)
水务局党组书记　苏　烨(1月免)
阎一平(1月任)
局长　苏　烨(5月免)
赵　钢(5月任)
体育局党组书记、局长　纪亚辉(9月免)
中关村科技园区丰台园工委书记、管委会主任
周新春
丽泽金融商务区工委书记、管委会主任
马福江(3月免)
刘　郦(3月任)
金融办党组书记、主任　张尚玉
民族宗教事务办公室主任　马士有
发展和改革委员会党组书记、主任
刘怀生
安全生产监督管理局党组书记、局长
董铁铮(书记,4月免;局长,5月免)
贾效明(书记,4月任;局长,5月任)
统计局党组书记　刘庆文
局长　韩　伟
国家统计局丰台调查队队长　亓学霞
审计局党组书记、局长　陈　燃

质量技术监督局党组书记、局长　田宝林
财政局党组书记、局长　段德珍（女）
丰台区税务局党委书记、局长
金志雄（满族，10月任）
北京市工商局丰台分局局长　李广隆
卫生和计划生育委员会党委书记　李海秋
主任　刘婉莹
食品药品监督管理局党组书记、局长
李云鸿
法制工作办公室党组书记、主任　廉　峰
外事侨务办公室主任　梁彦梅（女）
城市管理综合行政执法监察局党组书记、局长
齐建明（7月免）
苏爱军（7月任）
丰台区城市管理监督指挥中心党组书记、主任
姜东升
北京南站地区管委会书记、主任
李春滨

政协北京市丰台区第十届委员会

主　席　刘　宇
副主席　李秀瑛（女）　连　宇　冯晓光
张兆旗（回族）　张振军　徐朝辉
秘书长　赵冬辰
常务委员（按姓氏笔画为序排列）
马士有（回族）　马建勋
王卫军　王艳霞（女）
邓继林　田秀华
田宝林　付学江
吕　剑　刘　红
刘少华　刘宝忠（回族）
许　翔（女）　孙士武
李　洁（女）　李小月（回族）
李云鸿　李宏卫（女）
杨　勇　杨秀龙
吴立群　余巨川（满族）
张　涓（女、藏族）　张少勇
张世平（女）　张昌斌
陈　丹　陈世福
陈景泉　金　铮（女）
金志雄（满族）　赵克强
洪　鑫（朝鲜族）　高广颖（女）
高立刚　郭媛媛　（女）
曹　莹（女、满族）　隆武华
韩　伟　韩秀娟（女）
温建东　温智勇
解明珠（女）　蔺　熠
樊　洪　樊　维（女）
穆慧妍（女）

丰台区政协工作机构及负责人

区政协办公室主任　张永金
区政协研究室主任（文史资料委员会）
杜彦奎
区政协专门委员会工作一室主任
（教文卫体委员会）　解明珠（女）
区政协专门委员会工作二室主任
（经济科技委员会）　刘少华
区政协专门委员会工作三室主任
（城乡建设和管理委员会）　付学江
区政协专门委员会工作四室主任
（社会法制委员会、民族宗教和港澳台侨委员会）　王卫军
区政协专门委员会工作五室主任
（提案委员会）　许　翔（女）
区政协专门委员会工作六室主任
（学习委员会）　文姜丽（女）

丰台区各民主党派负责人

民革丰台区工委主委　张兆旗（回族）
民进丰台区工委主委　徐朝辉
民盟丰台区工委主委　张振军
民建丰台区工委主委　李　奇（2月免）
张　婕（女，2月任）
农工民主党丰台区工委主委　韩秀娟（女）
九三学社丰台区工委主委　刘　颖
致公党丰台区工委主委　王艳霞（女）

丰台区社会团体负责人

丰台区总工会主席　王建斌
共青团北京市丰台区委员会书记
杨　勇

丰台区妇女联合会主席　　　姜　萍(女)
丰台区工商联主席　　　　　田秀华
　　　党组书记　　　　　　施晓义
区归国华侨联合会主席　　　洪　鑫
区红十字会会长　　　　　　张　鑫
区红十字会党组书记、常务副会长
　　　　　　　　　　　　　田秀文(女)
丰台区文学艺术界联合会主席　张小龙
科学技术协会党组书记、常务副主席
　　　　　　　　　　　　　邓继林
残疾人联合会主席　　　李　岚(女,4月免)
　　　　　　　　　　　张　鑫(4月任)
党组书记、执行理事会理事长
　　　　　　　　　　　　　姜兆祥(3月免)
　　　　　　　　　　　　　赵　勇(3月任)
区消费者协会会长　　　　　张　京
丰台区餐饮住宿服务行业协会会长
　　　　　　　　　　　　　穆慧妍(女)
丰台区维修服务行业协会会长　刘纯仁

丰台区事业单位负责人

区委党校常务副校长　　　　宋金忠(3月免)
　　　　　　　　　　　　　管洪波(3月任)
党史工作办公室(地方志办公室)主任
　　　　　　　　　　　　　刘怀广
机关事务管理处党组书记、处长
　　　　　　　　　　　　　白子荣
档案局党组书记、局长　　　李建刚
地震局党组书记、局长　　　李桂喜
融媒体中心党组书记、主任　乔晓鹏
环境卫生服务中心党组书记、主任
　　　　　　　　　　　　　杨桂红(女)
房屋经营管理服务中心党组书记、主任
　　　　　　　　　　　　　李　勇(11月免)
农村合作经济经营管理站党组书记、站长
　　　　　　　　　　　　　卢大文(2月任)
丰台区房屋征收中心党组书记、主任
　　　　　　　　　　　　　刘立宏
文化创意产业促进中心党组书记
　　　　　　　　　　　　　韩骏伟(7月免)

国家统计局丰台调查队队长
　　　　　　朱　南(2017年12月18日任)
北京汽车博物馆党组书记、馆长　杨　蕊
北京园博园管理中心党组副书记、主任
　　　　　　　　　　　　　花伟军
卢沟桥文化旅游区办事处党组书记、主任
　　　　　　　　　　　　　李　卫

丰台区企业负责人

丰台区烟草专卖局(公司)党组书记、局长(经理)　　　　　　　　曹　盛
北京丰贸投资经营管理有限公司党委书记、董事长　　　　　　　　张　达(7月任)
综合投资公司书记　郝永昶(3月任,11月免)
　　常务副总经理　朱克强(4月任)
丰台区城市建设综合开发集团有限公司党委书记、董事长　　　　　胡新鹏
世界公园总经理　　　　　张　军(1月免)
　　　　　　　　　　　　王　文(1月任)

丰台区政法军事机构负责人

政法委书记　　　　　　　高　峰
检察院检察长　　　　　　叶文胜
法院院长　　　　　　　　张　雯(12月免)
区人民武装部部长　　　　朱德友
　　　　　　政委　　　　李树元
民防局局长　　　　　　　刘　涛
司法局局长　　　　　　　张　悦(7月免)
公安分局局长　　　　　　王新元
　　　　政委　　　　　　孟晓威
交通支队支队长　　　　　赵宏伟
　　　　　政委　　　　　许春生
消防支队支队长　　　　　刘永利
　　　　　政委　　　　　雷永利

丰台区街道、乡(镇)负责人

大红门街道办事处
　　　　工委书记　张永梅(女,7月免)
　　　　　　　　　赵胜利(7月任)
　　　　主　　任　张晓光
东高地街道办事处
　　　　工委书记　孙学伟(6月免)

主　　任　高　松

东铁匠营街道办事处

工委书记　李广民(7月免)

凌佩利(7月任)

主　　任　李雪松

方庄地区办事处

工委书记　田秀文(女,3月免)

孙学伟(3月任)

主　　任　赵长河(8月免)

戴伟明(8月任)

丰台街道办事处

工委书记　赵　钢(5月免)

李广民(7月任)

主　　任　孙绪勇

和义街道办事处

工委书记　王　野

主　　任　张小玲(女,8月免)

熊柏华(8月任)

卢沟桥街道办事处

工委书记　高文娟(女)

主　　任　李　岩

马家堡街道办事处

工委书记　徐爱华

主　　任　王　涛

南苑街道办事处

工委书记　赵胜利(7月免)

刘立宏(7月任)

主　　任　李　忠(2月免)

杨建林(2月任)

太平桥街道办事处

工委书记　何岳飞

主　　任　范　祥(8月免)

杨国强(8月任)

西罗园街道办事处

工委书记　刘海东

主　　任　梁晓芳(女)

新村街道办事处

工委书记　李跃生(3月免)

穆志军(3月任)

主　　任　穆志军(3月免)

刘治国(4月任)

右安门街道办事处

工委书记　凌佩利(7月免)

赵长河(7月任)

主　　任　卢英博

长辛店街道办事处

工委书记　芦　杰

主　　任　苏晓文

云岗街道办事处

工委书记　李　忠(1月任)

主　　任　夏远峰

宛平城地区办事处

工委书记　杨　杰(12月免)

主　　任　薄　澜(女)

卢沟桥乡党委书记　李春生

人大主席　骆增全

乡　　长　郭新占

南苑乡党委书记　刘永宗

人大主席　辛殿军

乡　　长　杨　云

花乡党委书记　王　华

人大主席　康至宁

乡　　长　彭松涛

长辛店镇党委书记　蔡志强

人大主席　陈国林

镇　　长　张晓东

王佐镇党委书记　陈　阳

镇长　魏　楠(女)

丰台区部分金融单位负责人

中国工商银行北京市丰台支行行长　王智先

中国农业银行北京市丰台区支行行长

姜　华(女)

中国建设银行北京市丰台支行行长

周　蕾

中国银行股份有限公司北京丰台支行行长

韩　温

北京农村商业银行丰台支行行长

韩　军

荣誉栏

全国先进单位

全国文明单位
丰台供电公司
坚持发展“枫桥经验”实现矛盾不上交试点工作表现突出集体
卢沟桥街道人民调解委员会
全国五四红旗团委(团支部)
北京汽车博物馆
2017年度全国文物系统先进集体
北京汽车博物馆
2018中国国际科普作品大赛三等奖
北京汽车博物馆
国家二级博物馆
北京汽车博物馆
新时代旅游行业女性榜样模范团队
北京汽车博物馆
全国中小学生研学实践教育基地
北京汽车博物馆
2018年中国汽车设计创新盛典评选暨第七届中国汽车造型设计大赛特别支持奖
北京汽车博物馆
中国博物馆协会文创产品专业委员会会员单位
北京汽车博物馆
2018年全国科学实验展演汇演二等奖
北京汽车博物馆
中国汽车工业科学技术进步三等奖
北京汽车博物馆
全国工业博物馆联盟第一届理事会副理事单位
北京汽车博物馆
2018中国品牌旅游景区
北京汽车博物馆
全国应急管理新闻宣传暨学报用报模范单位(2017—2018年度)
区安全生产监督管理局
2018年全国清理整顿人力资源市场秩序专项行动成绩突出单位
区劳动保障监察队
全国人民调解工作先进单位
丰台法院诉前人民调解委员会
全国法院第五届微电影微视频“十佳微电影优秀奖”
丰台法院拍摄的《执行法官老左》
全国法院审判管理优秀业务单位
丰台法院
新媒体类十佳作品奖
丰台检察院
全国检察新媒体作品二十强
丰台检察院
最美志愿服务社区
方庄地区紫芳园社区
2018年第三届国际创新创业博览会优秀组织单位
区总工会
2017年度市级工会财务工作先进单位
区总工会
全国工人先锋号
区财政局预算科

全国先进个人

游向红事迹材料

游向红，女，1962年出生，1981年参加工作，中共党员，北京市特级教师。2002年至今任丰台第二幼儿园园长，坚守学前教育事业37年，在提升幼儿园办学质量、办人民满意的幼儿园等方面做出了卓有成效的工作，多次

获得“丰台区人民教师”、“丰台区好书记、好校长”、“丰台区优秀党务工作者”、“北京市学前教育辛勤育苗先进个人”等荣誉称号，2016年荣获全国“教书育人楷模”、“北京市三八红旗奖章”，2017年荣获“北京市人民教师”称号，2018年荣获“全国五一劳动奖章”。一系列成绩的背后，记载着她立足平凡岗位，辛勤耕耘，在促进学前教育事业发展中做出的突出贡献。

一、一心为公，忠于教育事业

2014年初春，游向红不慎摔倒，腿部骨折，手术后医生嘱咐她必须卧床静养，否则会对腿部的恢复以至今后的行走造成不可逆转的影响。术后一周，丰台区教育系统绩效工资改革工作启动，躺在病床上的她立即召开电话会议，研究、布置幼儿园里的各项工作。术后两周的她就拄着拐仗，毅然回到幼儿园，投入到工作中。绩效工资改革工作顺利完成，游向红却因为术后没能按要求休养，导致腿部栓塞，医生叮嘱她必需每天去医院做康复训练，她却没去，以致身体恢复很慢。当大家都为她的病情感到着急时，她却说：“没什么大不了的，离死远着呢！”游向红的行为凝聚着一名共产党员对教育事业的深情与热爱。

二、构建特色，办人民满意教育

自2002年游向红到丰台第二幼儿园，专注提高办园质量，引领教师贯彻《纲要》，落实《指南》，努力做好教学科研工作，历经十多年的努力，丰台二幼形成了“浸润爱延展趣陶冶美”的教育特色和“至真为乐”的园本活动课程体系，为幼儿教育提供了丰富的教学内容，实现了教师提高与幼儿发展双赢的局面。在她的带领下，幼儿园多项研究课题在市区级科研成果评选中获奖，编写出版了6本学前教育实践书籍，她出版了个人专著《园长札记》。幼儿园的教师们近200篇论文在各级论文评选中获奖，游向红个人34篇论文在市区级论文评选中获奖，12篇文章在《学前教育》、《幼儿教育》、《丰台教育》等杂志发表。

在游向红的带领下，丰台第二幼儿园发展成为丰台区示范幼儿园、北京市示范幼儿园，从一园多址园发展成为“丰台二幼教育集团”，2015年成功举办“丰台二幼至乐教育”办学实践研讨会，走在了全市学前教育领域的前列。幼儿园先后荣获“北京市辛勤育苗单位”、“北京市教科研先进集体”、“北京市精神文明单位”、“北京市青年文明先锋号”、“京城领军幼儿园”等称号。

三、精益求精，奉献赤诚之心

作为园长，游向红热爱自己的园所。多年来，为了园所的工作，她顾大家舍小家，常常和老师们一起备课到很晚，才想起自己的女儿还未吃饭；为了完成好争创市级示范园工作，她放弃了对女儿高考的辅导，自己一直战斗在教育第一线……

2015年丰台二幼申报承办“至乐教育”办学实践研讨会，时间紧任务重，她身先士卒，带领大家加班加点做准备工作，办学实践研讨会的召开，幼儿园的方方面面都得到参会老师和专家的称赞。为了提高幼儿园的教学质量，她每天深入到班级，了解班级的实际教学情况和教师的困惑与需要，帮助老师提升教学能力。节假日的她也时常不休息，为幼儿园的教育事业忙前跑后，始终充满激情和干劲。老师们看着她的忙碌身影，也精神百倍，全身心地投入到工作中。

游向红的无私、忘我、拼搏精神，深深的感染着幼儿园里的每一个人，在平凡的工作中，她用自己的行动为“楷模”写下了最美好、最生动的注释。

四、大爱无私，心系教育发展

多年以来，游向红心系学前教育整体发展。她组织带领幼儿园教师为社区居民提供早教服务，提升社区家长育儿水平。为了帮助姐妹幼儿园提高教学水平，建立起手拉手的关系，将自己的教学经验毫无保留的分享。

她关心边远地区学前教育，2017年亲自赴青海参加“精准扶贫”支教工作，为农村学前教育奉献智慧和汗水。她热心接待来自北京、山东、四川、湖南等地的骨干教师学习团，毫无保留传授教学经验。

她关心学前教育的未来与发展，到首都师范大学、中华女子学院等幼教师资培养学院进行讲座，传授自己的亲身经历和教学体会，鼓励青年学生们树立理想信念，她说：“我们不仅要在教育教学活动质量上精益求精，还要在对学生们的精神引领方面做到最好，要把对幼儿的爱，对幼儿教育事业的不懈追求和美好向往传递给这些学生们，因为她们是学前教育的未来和希望”。

游向红在干好幼儿园本职工作的同时，还兼任教委侨联主席、督导室兼职督导员、党建研究会研究员、教委工会委员、区政协委员等职，每项兼职工作都做得井井有条，让人佩服。

游向红，在教育工作岗位上无私奉献，尽心竭力，她那忙碌的身影里跳动的是一颗为了教育事业而不懈奋斗的心！

全国“五一”劳动奖章获得者

区教育委员会　游向红

全国第六届书香“三八”读书活动摄影三等奖

丰台供电公司　陈英姿

全国优秀工会工作者

区教育委员会　张红旗

全国最美家庭

丰台区妇女联合会　徐白仑　王淑荣

全国五好家庭

丰台区妇女联合会　黄继利　郭淑敏

全国青少年毒品预防教育“6·27”工程优秀校外辅导员

丰台公安分局　褚荣祥

消防部队优秀共产党员

丰台公安分局　马小卫

中国博物馆协会优秀志愿者

北京汽车博物馆　王晓晨

2017 年度优秀通讯员

区纪委　陈春燕　董　岩

丰台检察院　韩　雪

2018 年度全国基层理论宣讲先进个人

马家堡街道办事处　韩　青

全国法院少年法庭改革方向及路径研讨会优秀奖

丰台法院　徐晓丽

维护国防利益和军人军属合法权益工作先进个人

丰台法院　董利娟

全国知识产权审判工作先进个人

丰台法院　张　炎

第十三届“环渤海区域法治论坛”主题征文三等奖

丰台法院　康　莉

中国法学会审判理论研究会行政审判理论专业委员会 2018 年年会暨“行诉解释与新时代行政审判新作为”主题论坛二等奖

丰台法院　郑文静　王培松　冯黎明

中国法学会审判理论研究会行政审判理论专业委员会 2018 年年会暨“行诉解释与新时代行政审判新作为”主题论坛优秀奖

丰台法院　王培松　王　悦　杜明哲

全国法院系统 2018 年度优秀案例二等奖

丰台法院　赵　昭　毕凯丽

全国法院系统 2018 年度优秀案例三等奖

丰台法院　吕慧敏　赵晓蕾

全国法院系统 2018 年度优秀案例优秀奖

丰台法院　路　聪

全国法院第三十届学术讨论会二等奖

丰台法院　王红霞　徐晓丽　黄　昊
王培松　冯黎明　郑文静
赵　云

全国法院第三十届学术讨论会三等奖

丰台法院　李　异　徐斯博　薛碧晗

2017 年度全国检察宣传工作先进个人

丰台检察院　韩　雪

全国模范检察官

丰台检察院　金　朝

北京市先进单位

首都文明单位
丰台城管执法监察局
丰台消防支队
投资促进局
新村街道办事处
区广播电视中心
北京汽车博物馆
区司法局
太平桥街道办事处
原丰台区地方税务局稽查局、第一税务所、南苑税务所
原丰台区国家税务局第二税务所、第三税务所、第五税务所、
第八税务所、第九税务所
首都环境建设样板单位
南苑乡
太平桥街道办事处
首都绿化美化先进集体
南苑乡
区园林绿化局
首都绿化美化花园式社区
太平桥街道三路居社区
2017 年度北京市“疏解整治促提升”专项行动先进集体
花乡
南苑乡
东铁匠营街道办事处
卢沟桥乡
和义街道办事处
大红门街道办事处
丰台城管执法监察局
北京市第十一届全民健身体育节优秀组织奖
丰台城管执法监察局
2018 年北京市城管执法系统第一期新录用人员培训班“歌颂祖国，歌颂青春”歌咏比赛一等奖
丰台城管执法监察局
2017 年度积极参与无偿献血公益事业荣誉证书
区住建委
丰台城管执法监察局
北京市房地产开发企业资质审批工作标兵单位
区住建委
2017 年度安全生产管理先进监督单位
区住建委
2018 年建筑施工安全生产知识竞赛集体三等奖
区住建委
北京市 2017 年住房保障工作优秀单位
区住建委
首都环境保护先进集体
丰台供电公司
法制办
北京市交通安全先进单位
区安监局
区财政局
花乡
丰台供电公司
北京市“职工技协杯”职业技能竞赛优秀组织单位
丰台供电公司
首都劳动奖状
丰台区丰台第一小学
北京市工人先锋号
区纪委宣传部
丰台公安分局视频警务大队
长辛店镇农业服务中心森林防火瞭望组
北京市第十二中学创新人才培养研究中心
2017 年度农工民主党北京市委先进集体
农工党丰台区工委北京电力医院支部委员会
北京市五四红旗团委
东铁匠营街道办事处
首都文明单位标兵
原北京市丰台区国家税务局

原北京市丰台区地方税务局
丰台检察院
丰台供电公司
北京市三八红旗集体
北京市第十八中学
右安门街道开阳里第三居委会
原丰台区国家税务局货物与劳务税科
首都学雷锋志愿服务岗
原丰台区国家税务局第二税务所
北京汽车博物馆讲解服务岗
首都学雷锋志愿服务站
原丰台区国家税务局
原丰台区地方税务局第一税务所
首都职工志愿服务岗
丰台区税务局局机关
丰台区税务局第一税务所
北京市政府法制工作先进集体
法制办
北京市安全生产先进单位
丰台消防支队
丰台消防支队西客站中队
西罗园街道办事处
北京市公安局先进党支部
丰台消防支队方庄特勤中队
2018 年度工作任务目标考评优秀单位
丰台消防支队
北京市优秀科研工作组织奖
丰台区委党校
北京市区机关档案工作测评“市级优秀单位”
丰台区委党校
北京市党建研究会优秀课题三等奖
丰台区委党校
首都文明社区
右安门街道开阳里第三居委会
新村街道韩庄子第一社区居委会
北京市节水型单位
北京汽车博物馆
第 13 届中国(义乌)文化产品交易会博物馆特色文化创意奖
北京汽车博物馆
“携程口碑奖——国内旅游最佳景点”称号
北京汽车博物馆
2017 年北京科普讲解大赛优秀组织奖
北京汽车博物馆
北京市地方标准博物馆服务规范试点单位
北京汽车博物馆
北京市科普资源联盟会员单位
北京汽车博物馆
北京市中小学生社会大课堂先进集体
北京汽车博物馆
第十二届(2017)北京阳光少年活动优秀组织奖
北京汽车博物馆
北京社会科学普及基地
北京汽车博物馆
2018 第十五届“北京礼物”旅游商品大赛经典系列主题类优秀奖
北京汽车博物馆
京津冀博物馆“讲好燕赵故事”志愿者讲解大赛最佳组织奖
北京汽车博物馆
2018 北京科学达人秀活动年度三等奖
北京汽车博物馆
北京市民族团结进步先进集体
区委统战部
2018 年北京市防汛抗旱先进集体
区防汛办公室
北京市水务建设管理先进集体
区水政监察大队
北京市就业创业工作先进集体
区人力社保局
南苑乡
花乡
方庄地区办事处
区总工会
北京市 2017 年度劳动保障监察工作先进单位
区劳动保障监察队

北京市 2017 年度“无拖欠工资”工作先进单位
区劳动保障监察队
第三届中国创翼创业创新大赛北京市选拔赛暨创业北京创业创新大赛优秀组织奖
区人力社保局
2018 年度优秀气象服务先进集体
区气象局
北京市节水型小区
新村街道科学城第二社区
北京市综合减灾示范社区
新村街道科学城第二社区
北京市第十二届“和谐杯”乒乓球比赛优秀组织奖
南苑乡
北京市第三次全国农业普查先进集体
南苑乡
北京市扫黄打非先进集体
南苑乡
2017 年度北京市广播电视公益广告专项扶持项目一类传播机构
区广播电视中心
“美丽中国 地名寻梦”全国地名文化短视频征集与展播活动优秀奖
区广播电视中心选送的《北京市：千年古镇长辛店》短视频
2018 年北京市安全生产月优秀新闻报道奖
区广播电视中心
“第六届亚洲微电影艺术节金海棠奖”最佳作品奖
区广播电视中心选送的《槐树花开》
2018 年北京市理论宣讲示范基地
花乡
2015 – 2017 年度首都文明乡镇
花乡
长辛店镇
2018 年北京市安全生产月优秀组织奖
花乡
北京市第十五届运动会体育道德风尚奖
丰台区
北京市第一届冬季运动会体育道德风尚奖
丰台区
北京市第十五届运动会优秀承办单位（竞技组）
区体育局
北京市区级行业部门履行安全生产监管（管理）职责示范单位
区体育局
2016—2017 年度北京市发展改革系统市级青年文明集体
区发展和改革委员会综合协调办公室
北京市价格监测先进单位
区发展和改革委员会
北京市 2018 年住房保障工作先进单位
区发展改革委
北京市统计系统第八届文化艺术节文艺汇演二等奖
区统计局
北京市统计系统第八届文化艺术节优秀组织奖三等奖
区统计局
2016—2017 年度首都无偿献血工作先进单位
大红门街道办事处
第十四届北京市思想政治工作优秀单位
大红门街道办事处
2017—2018 年度北京市职业安全健康宣讲活动优秀组织单位
大红门街道办事处
北京市卫戍区“优秀基层建设先进单位”
花乡六圈村民兵营
北京市卫戍区“安全管理达标单位”
区人民武装部
北京市卫戍区“停偿工作先进单位”
区人民武装部
北京市法院第二十九届学术讨论会组织工作先进奖
丰台法院

北京市多元调解、速裁先进单位

丰台法院立案庭、速裁庭

北京法院 2017 年度《北京审判》刊物工作优秀单位

丰台法院

北京法院 2017 年度案例工作优秀单位

丰台法院

北京市法院信息工作先进单位

丰台法院

北京市法院 2017 年度调研成果三等奖

丰台法院

北京市法院 2017 年度调研成果优秀奖

丰台法院

2017 年北京市高级人民法院司法建议三等奖

丰台法院

北京市法院模范审判团队

丰台法院吕慧敏审判团队

北京市法院先进审判团队

丰台法院魏洪杰审判团队

丰台法院林风审判团队

2018 年北京市法治动漫微电影作品微视频三等奖

丰台法院选送的《失信于法 贻害未来》

2018 年北京市法治动漫微电影作品漫画类三等奖

丰台法院选送的《宪法宣传漫画》

北京市司法行政系统新闻宣传工作先进单位

区司法局

2013—2017 年度全国创建“平安医院”活动表现突出单位

区司法局

2018 年法治文艺大赛二等奖

区法宣办

2018 年法治文艺大赛组织奖

区法宣办

2018 年北京市法治动漫微电影征集展映活动图解类一等奖

区司法局

2018 年北京市法治动漫微电影征集展映活动动画类三等奖

区司法局

2018 年北京市法治动漫微电影征集优秀组织奖

区法宣办

北京市十佳司法所

花乡司法所

示范侨之家

方庄地区办事处

第八届“北京魅力社区”奖

花乡地区草桥欣园社区

丰台街道丰益花园社区

北京市第七十三次 QC 小组成果发表会三等奖

丰台烟草京丰鼎盛 QC 小组的《提高丰台烟草公司卷烟单箱销售额》QC 课题

2018 年度北京市安全社区

宛平城地区办事处

2014－2016 年度北京市文化工作先进集体

宛平城地区办事处

“七七”重大活动保障先进单位

宛平城地区办事处

北京市全民健身示范街道

西罗园街道办事处

首都文明村

长辛店镇李家峪村、太子峪村、张郭庄村

第八届首都民族团结进步先进集体

长辛店镇党委

“把微笑带回家为最美劳动者点赞”最佳组织奖

区总工会

北京市第十一届全民健身体育节优秀组织奖

区总工会

北京市总工会法制文艺大赛优秀组织奖

区总工会

2017 年度国有企业财务会计决算工作先进单位

区财政局

2017 年度北京市区机关档案工作测评市级优秀单位

区财政局

2017 年度决算工作优秀单位

区财政局

2017 年度首都控烟先进集体

区财政局

全国政府采购百题竞赛活动组织工作优秀区级财政部门

区财政局

北京财政学会 2017 年度优秀科研成果评比组织奖

区财政局

北京市先进个人

首都劳动奖章获得者

丰台公安分局　巴德实

北京汽车博物馆　杨　蕊

区园林绿化局　周宗宝

丰台区税务局　董　梅　戴建兵

和义街道办事处　张　杰

北京市三八红旗奖章获得者

区财政局　胡　婷

区教育委员会　焦素琴

丰台区税务局　李凤霞

丰台公安分局　宋　巍

北京汽车博物馆　刘月英

新村街道办事处　姜琳娜

北京京丰燃气发电有限责任公司热控工程师　杨丽华

2016—2017 年度首都无偿献血工作先进个人

大红门街道办事处　黄　威

右安门街道办事处　孔　洁

新村街道办事处　谷群山

北京市社会领域优秀党务工作者

王佐镇　李　闫

北京市第二届“最美社保人”

王佐镇　李丽雨

北京市“疏解整治促提升”专项行动先进个人

区住建委　鲁飞雄

东铁匠营街道办事处　李　智

区司法局　付紫雁

2018 年度北京市师德先锋

区教育委员会　薛凤彩　杨俐嘉　张为民　向秀梅　王　囡　嵇文红　张　杰　王　强　李　青　刘　瑾　齐风光

首都环境建设先进个人

丰台城管执法监察局　魏玉琳　罗建光　蒙海永

东铁匠营街道办事处　杜哲明　罗建成　徐学军

大红门街道办事处　严　诚　吴先超　付雪峰

太平桥街道办事处　霍建起　蒲寅京　尹冬梅

2018 年度首都文明家庭

丰台区税务局　张海伦家庭

2018 年度首都最美家庭

丰台区税务局　石冬冬家庭　许雁如家庭

云岗街道办事处　张若晖家庭

首都环境保护先进个人

卢沟桥街道办事处　姚　远

和义街道办事处　慕海涛

大红门街道办事处　吴先超

北京市交通安全优秀管理干部

卢沟桥街道办事处　任云壮

2018 年度首都绿化美化先进个人

卢沟桥街道办事处　魏贺岭

太平桥街道办事处　王旭坤

区园林局　韩立国

第五届首都公安杰出青年卫士

丰台公安分局　韩延昭

北京市公安局优秀共产党员

丰台公安分局　程良胜

首都民族团结进步先进个人

丰台公安分局　周　薇
民族宗教办公室　杨国红
首都公安最美家庭
丰台公安分局　黄　震　赵　伟　王继楠　李　勉　张　宪
2017年北京科普讲解大赛二等奖
北京汽车博物馆　张德智
2017年北京科普讲解大赛三等奖
北京汽车博物馆　张　涛
2017年北京科普讲解大赛“十佳科普使者”
北京汽车博物馆　张德智、张　涛
北京旅游行业榜样人物
北京汽车博物馆　杨　蕊
第九批首都市民学习之星
北京汽车博物馆　封　雷
“我与改革开放”故事征集活动文字作品优秀奖
北京汽车博物馆　曾红娟
北京市“幸福之家”获得者
北京汽车博物馆　封　雷
北京市社会领域优秀共产党员
助残社会组织:北京市丰台区馨翼教育中心负责人　刘燠函
北京市专门协会优秀主席
区残联　侯春华、柳春雨
北京市第九届残疾人职业技能竞赛优秀工作者
区残联　扈　琪
2016—2017年度水务系统水利建设质量工作表现突出个人
区水利工程质量与安全监督站站长　王庆亮
北京市水务建设管理先进个人
区水务局水环境管理科科长　李重阳
区供排水管理所所长　张春虎
区河道管理一所 副所长　丁洪伟
2018年北京市最美老干部工作者
区老干部局　丁海红
北京市第六届最美社工
马家堡街道办事处　马　英
首都无偿献血宣传组织动员工作先进个人
区广电中心　田　锐
首都职工幸福家庭
云岗街道办事处　翟蕊家庭
北京市法制系统先进个人
区法制办　张　薇
北京市价格监测先进个人
区发展改革委员会　孟佳循
北京市社会领域优秀共产党员
和义街道办事处　刘丽阳
第十四届北京市优秀思想政治工作者
丽泽金融商务区　陈　涛
“统计人心中的北京”摄影比赛二等奖
区统计局　董　敏
“统计人心中的北京”摄影比赛三等奖
区统计局　周　敏、白茹娟
“统计芳华”青年风采展示演讲比赛二等奖
区统计局　陈雪晴
北京市第三次全国农业普查工作先进个人
区统计局　周峰、王海堃　肖成军
2018年度北京市优秀统计分析报告评比区组形势分析类三等奖
区统计局　刘艳秋　李　森
2018年度北京市优秀统计分析报告评比区组专题分析类三等奖
区统计局　顾军晓
2014—2016年度北京市文化工作先进个人
大红门街道办事处　黄　威
2018年北京市优秀气象信息员
大红门街道办事处　章烈满
2018年北京市安监之星
大红门街道办事处　马　薇
北京市卫戍区“党管武装好书记”
区人武部党委第一书记、区委书记　汪先永
北京市卫戍区“优秀基层武装部长”
花乡武装部副部长　魏占海
北京市卫戍区“优秀民兵标兵”
岳各庄民兵双37高炮二营一连一班班长　徐　壮

北京市法院行政审判优秀文书一等奖
丰台法院 郑文静
立案工作先进个人
丰台法院 于 璇
2017 年北京法院优秀司法统计分析三等奖
丰台法院 王培松 杜明哲 王 悦
北京市法院行政审判司法建议三等奖
丰台法院 胡 亮
北京市法院行政审判调研成果二等奖
丰台法院 王培松 杜明哲 王 悦
北京市法院行政审判司法建议二等奖
丰台法院 冯黎明 胡 亮
北京市法院 2017 年《北京审判》优秀通讯员
丰台法院 李威娜 毕凯丽
《北京审判》稿件二等奖
丰台法院 李威娜 徐 冲 赵晓蕾
《北京审判》稿件三等奖
丰台法院 王伟娜 胡 海
2018 年北京市法治动漫微电影作品漫画类二等奖
丰台法院 陆露的《执行故事系列漫画》
第六届北京市法官兼职教师
丰台法院 高 原 王 娜 郭 威
李红华 崔秀春 张英婷
魏亚南 李冬冬
北京法院"新时代新担当新作为——努力让人民群众在每一个司法案件中感受到公平正义"主题宣讲活动最受欢迎奖
丰台法院 李 强
"我与改革开放"故事征集活动优秀奖
丰台法院 陆 露
2018 年北京市"百名法学家百场报告会"首都法学家专场报告会入围奖
丰台法院 杨 薇 毕凯丽 赵 云
杨 堃 毕凯丽 李 琳
康 莉 夏玉婷 康 莉
陈颖奇
北京市法学会行政法学研究会 2018 年年会暨首都城市治理法治化论坛二等奖
丰台法院 郑文静 王培松 冯黎明
刘荣华
第十届北京市"人民满意的政法干警"争创奖
区司法局 付紫雁
北京市十佳司法所长
区司法局 付紫雁
北京市司法行政系统新闻宣传工作先进个人
区司法局 裴莹莹
首都司法行政系统"法治好青年"(引领风尚好青年)
区司法局 曹小燕
首都司法行政系统"法治好青年"提名奖
区司法局 吕兰珍
"不忘初心、担当有为"优秀共产党员
丰台检察院 魏 建
党员先锋岗
丰台检察院 魏 建 邓洪涛 刘 亮
第六届"首都最美社工"奖
马家堡街道西里第二社区党委书记、居委会主任 马英
第六届"首都优秀社工"奖
太平桥街道西里社区党委书记 吴 萍
右安门街道开阳里第四社区党委书记
乔秀苹
2017 年度首都控烟工作先进个人
丰台烟草 李志显
烟草行业学术论文一等奖
丰台烟草卢曦撰写的《浅谈如何运用大数据信息开展涉烟案件调查和经营》
烟草行业学术论文二等奖
丰台烟草冯跃撰写的《以"三流清查法"有效提升互联网非法经营烟草专卖品案件查办力度研究》
丰台烟草张铁玲撰写的《论烟草商业企业情感营销在提升零售客户忠诚度方面的运用》
烟草行业学术论文三等奖
丰台烟草李芃撰写的《对利用互联网非法经营烟草专卖品的监督与治理》
丰台烟草李志显、熊婧霓撰写的《违法违规大

户治理研究》

烟草行业学术论文优秀奖

丰台烟草张铁玲撰写的《浅析商业企业如何强化内部监管确保卷烟规范经营》

丰台烟草吕海东撰写的《提升内部专卖管理监督信息系统预警处理效率研究》

丰台烟草李植、郭晨撰写的《丰台烟草违法违规大户监管现状与改进措施的研究》

丰台烟草李丹撰写的《谈 APCD 工作法与双随机、一公开工作的有效结合》

北京市树木修剪技能竞赛"金奖"

宛平城地区办事处　刘　山

北京市防汛抗旱工作先进个人

宛平城地区办事处　韩亚鑫

2018 年度北京市安全生产检查(督查检查)队队长标兵

宛平城地区办事处　刘爱华

2016—2018 年度先进会务工作者

区财政局　李　红

北京市安全生产先进个人

区财政局　许　行

首都控烟先进个人

区财政局　张新伟

统计资料

丰台区2018年主要经济和社会发展指标

项　　目	单　位	2018年	2017年	增长速度(%)
一、综合				
地区生产总值(GDP)	万元	15510550	14275390	6.4
第一产业	万元	9038	7444	19.6
第二产业	万元	3096845	2816717	5.7
第三产业	万元	12404667	11451229	6.5
财政收入	万元	2518840	2986918	-15.7
#一般公共预算收入	万元	1216034	1131147	7.5
#增值税	万元	410463	389775	5.3
企业所得税	万元	225089	206381	9.1
城市维护建设税	万元	98203	95783	2.5
房产税	万元	165640	146032	13.4
财政支出	万元	4299377	4944904	-13.1
二、人口与就业				
常住人口	万人	210.5	218.6	-3.7
男	万人	106.2	110.7	-4.1
女	万人	104.3	107.9	-3.3
出生率	‰	5.97	9.07	
死亡率	‰	5.70	5.01	
自然增长率	‰	0.27	4.06	
户籍人口	人	1149551	1138502	1.0
非私营法人单位从业人员	人	643847	680141	-5.3
#在岗职工	人	577869	614827	-6.0
从业人员平均工资	元	108812	93982	15.8
在岗职工平均工资	元	112274	97025	15.7
三、固定资产投资				
全社会固定资产投资	万元			-23.7
#房地产开发	万元			24.7

续表

项　　目	单　位	2018 年	2017 年	增长速度(%)
本年新增固定资产	万元			17.1
房屋建筑施工面积	平方米	18918661	17933908	5.5
房屋建筑竣工面积	平方米	2134284	2961985	-27.9
四、农业和农村经济				
农村从业人员	人	168361	175157	-3.9
耕地面积	公顷	2057.31	2054.09	0.2
农业机械总动力	千瓦	12073	16837	-28.3
农林牧渔业总产值	万元	22108.3	20797.0	6.3
农业	万元	5780.2	8839.8	-34.6
林业	万元	14218.6	9797.0	45.1
牧业	万元	694.4	745.1	-6.8
渔业	万元			
农林牧渔服务业	万元	1415.1	1415.1	持平
农作物播种面积	公顷	171.7	214.1	-19.8
粮食产量	吨	230.0	251.7	-8.6
蔬菜产量	吨	1509.1	2925.7	-48.4
禽蛋产量	吨	343.0	341.9	0.3
牛奶产量	吨	21.0	36.0	-41.7
肉类产量	吨	82.0	129.6	-36.7
#猪肉	吨	46.3	88.2	-47.5
干鲜果产量	吨	716.9	766.3	-6.4
农村经济总收入	万元	1276310	1469044	-13.1
利润总额	万元	54587.0	38318	42.5
税金总额	万元	98348	96361	2.1
提取盈余公积金	万元	5113	2012	154.1
农民人均所得	元	32946	29674	11.0
五、工业(规模以上)				
企业单位个数	个	125	152	-17.8
工业总产值	万元	2985889	4376097	-31.8
轻工业	万元	613905	871864	-29.6
重工业	万元	2371984	3504233	-32.3
主营业务收入	万元	3318997	4987686	-33.5
主营业务成本	万元	2513348	4038674	-37.8
主营业务税金及附加	万元	24920	26647	-6.5
利润总额	万元	72343	351509	-79.4
六、商业				
社会消费品零售额	万元	11708460	11347135	3.2

续表

项 目	单 位	2018年	2017年	增长速度(%)
限额以上	万元	8806238	8701666	1.2
限额以下	万元	2902222	2645469	9.7
七、外经外贸、旅游				
新批三资企业	个	38	27	40.7
合同外资金额	万美元	129107	3677	3411.2
实际利用外资	万美元	1455	10263	-85.8
海关进出口总额	万美元	2002555	1529964	30.9
进口	万美元	1525068	1162174	31.2
出口	万美元	477487	367790	29.8
旅游人数	万人	1271.9	1206.2	5.4
八、教育				
学校数	个	270	270	持平
#小学	个	75	77	-2.6
普通中学	个	47	48	-2.1
招生数	人	34836	35376	-1.5
#小学	人	12496	10760	16.1
初中	人	5419	5494	-1.4
高中	人	2219	2486	-10.7
在校学生数	人	132340	135080	-2.0
#小学	人	65112	65463	-0.5
初中	人	14889	14845	0.3
高中	人	7254	7488	-3.1
毕业生数	人	26209	27658	-5.2
#小学	人	9095	9211	-1.3
初中	人	3863	4728	-18.3
高中	人	2306	2195	5.1
幼儿园个数	个	140	137	2.2
在园幼儿	人	42431	44323	-4.3
九、文化				
文化馆(站)	个	20	20	持平
公共图书馆	个	2	2	持平
公共图书馆藏书	万册	110	106	3.8
区级以上重点文物保护单位	个	31	31	持平
十、卫生				
卫生机构个数	个	527	539	-2.2
#医院	个	75	74	1.4
床位数	张	12317	10554	16.7

续表

项　目	单　位	2018年	2017年	增长速度(%)
#医院	张	12067	10398	16.1
卫生技术人员	人	22345	19706	13.4
#执业(助理)医师	人	9158	7572	20.9
注册护士	人	9185	8237	11.5
十一、公用设施				
区级以上公园	个	14	14	持平
体育场地	个	1275	1275	持平

注释：1. 地区生产总值增长速度按可比价格计算。

2. 人口出生率、死亡率、自然增长率按常住人口计算。

3. 耕地面积为压年数据。

4. 旅游人数为A级及以上和重点旅游景区接待人数。

5. 体育场地个数为第六次全国体育场地普查数据，时点为2013年12月31日。

6. 规模以上工业数据为年度初步统计数据。

丰台区2018年国民经济和社会发展统计公报

2018年，全区人民在区委、区政府的坚强领导下，全面贯彻党的十九大和十九届二中、三中全会精神，以习近平新时代中国特色社会主义思想为指导，坚持稳中求进，牢固树立新发展理念，紧紧围绕首都城市战略定位，全面落实城市南部地区加快发展行动计划，统筹改革、发展、稳定各项工作，经济平稳健康发展，人民生活不断改善，社会和谐稳定。

一、综合

经济发展：初步核算，全年实现地区生产总值1551.1亿元，比上年增长6.4%。其中，第一产业增加值0.9亿元，增长19.6%；第二产业增加值309.7亿元，增长5.7%；第三产业增加值1240.5亿元，增长6.5%。三次产业结构为0.1：19.9：80.0。按常住人口计算，全区人均地区生产总值达到7.2万元，比上年增长12.5%。

表1 2018年地区生产总值

指　　标	绝对数(亿元)	比上年增长(%)
地区生产总值	1551.1	6.4
按产业分		
第一产业	0.9	19.6
第二产业	309.7	5.7
第三产业	1240.5	6.5
按行业分		
农、林、牧、渔业	0.9	18.4
工业	152.4	9.5
建筑业	158.2	2.1
批发和零倍业	118.9	0.6
交通运输、仓储和邮政业	61.2	15.0
住宿和餐饮业	31.3	2.8
信息传输、软件和信息技术服务业	61.3	0.4
金融业	180.7	3.7
房地产业	129.0	1.7
租赁和商务服务业	133.3	1.4
科学研究和技术服务业	278.6	15.9
水利、环境和公共设施管理业	17.6	3.4
居民服务、修理和其他服务业	18.9	2.4
教育	59.8	10.2
卫生和社会工作	47.8	6.4
文化、体育和娱乐业	34.1	9.8
公共管理、社会保障和社会组织	66.8	8.2

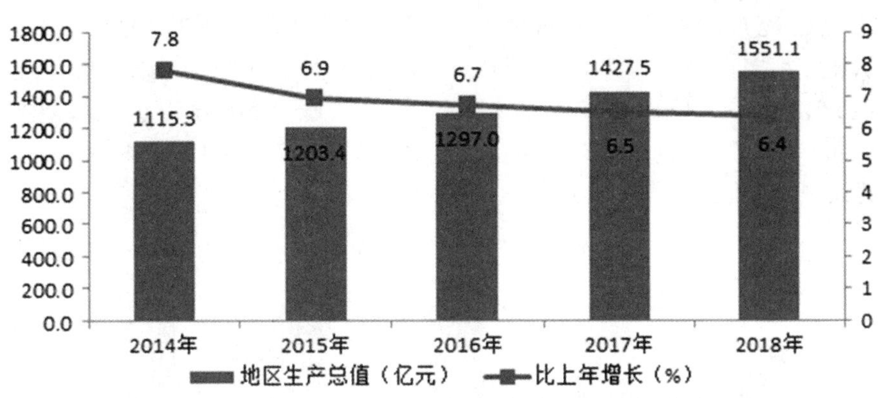

图 1 2014—2018 年地区生产总值及增长速度

人口:年末全区常住人口 210.5 万人,比上年末减少 8.1 万人。其中,常住外来人口 69.8 万人,比上年末减少 5.6 万人,占常住人口的比重为 33.2%,比上年末下降 1.3 个百分点。在常住人口中,城镇人口 210.1 万人,占常住人口的比重为 99.8%。全区常住人口出生率为 5.97‰,死亡率为 5.70‰,自然增长率为 0.27‰。常住人口密度为每平方公里 6890 人,比上年末减少 265 人。年末全区户籍人口 115 万人,比上年末增加 1.1 万人。

表 2 2018 年末常住人口及构成

指　　标	人数(万人)	比重(%)
常住人口	210.5	100.0
按城乡分		
城镇	210.1	99.8
乡村	0.4	0.2
按性别分		
男性	106.2	50.5
女性	104.3	49.5
按年龄组分		
0 - 14 岁	20.0	9.5
15 - 59 岁	154.7	73.5
60 岁及以上	35.8	17.0
其中: 65 岁以上	24.4	11.6

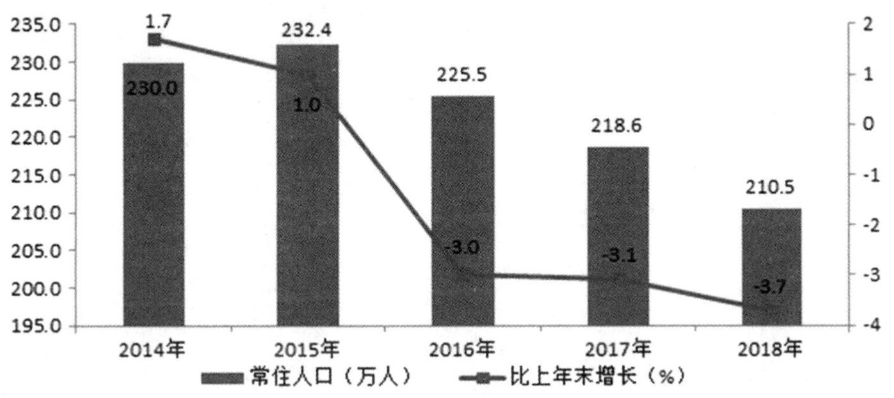

图 2 2014—2018 年常住人口及增长速度

财政：全区完成一般公共预算收入121.6亿元，比上年增长7.5%。其中，增值税41亿元，增长5.3%；企业所得税22.5亿元，增长9.1%；房产税16.6亿元，增长13.4%；城市维护建设税9.8亿元，增长2.5%。一般公共预算支出247.8亿元，比上年增长8.9%。其中，用于社会保障和就业、教育、一般公共服务、医疗卫生的支出分别增长28.7%、23.7%、9.1%和4.2%。

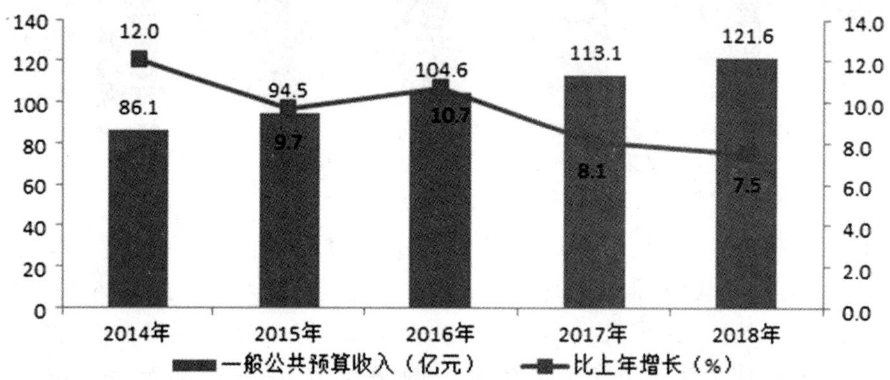

图3　2014—2018年一般公共预算收入及增长速度

二、农业

全年实现农林牧渔业总产值2.2亿元，比上年增长6.3%。其中，林业产值1.4亿元，增长45.1%；农业产值5780万元，下降34.6%。

全区11个农业观光园全年共接待262.9万人次，比上年下降0.8%；实现总收入1.9亿元，增长18.9%。

三、工业和建筑业

工业：全年规模以上工业企业实现工业总产值297.7亿元，比上年增长0.5%。其中，高技术产业产值105亿元，增长17.8%。从主要行业看，医药制造业增长31.1%，计算机、通信和其他电子设备制造业增长10.7%，铁路、船舶、航空航天和其他运输设备制造业下降33.1%，汽车制造业下降13.4%。

全年规模以上工业企业实现销售产值293.1亿元，比上年下降2.5%。其中，内销产值282.8亿元，下降2.9%；出口交货值10.3亿元，增长9.9%。

表3　2018年规模以上工业总产值

指　　标	绝对数(亿元)	比上年增长(%)
工业总产值	297.7	0.5
其中:现代制造业	152.2	-4.8
其中:高技术产业	105.0	17.8
其中:电力、热力生产和供应业	43.9	4.2
铁路、船舶、航空航天和其他运输设备制造业	37.6	-33.1
计算机、通信和其他电子设备制造业	37.3	10.7
医药制造业	32.3	31.1
专用设备制造业	24.4	8.3
非金司矿物制品业	22.9	27.2
仪器仪表制造业	18.5	0.7
有色金属冶炼及压延加工业	17.0	4.4

续表

指　　标	绝对数(亿元)	比上年增长(%)
汽车制造业	13.6	-13.4
印刷和记录媒介复制业	12.1	82.4

全年规模以上工业企业(剔除政策性停产等因素)实现利润总额24.4亿元,比上年增长2.8%。从主要行业利润实现情况看,电力、热力生产和供应业实现利润5.1亿元,比上年增长4.9%;医药制造业实现利润4.7亿元,下降2.9%;印刷和记录媒介复制业实现利润3.9亿元,增长5.5倍;计算机、通信和其他电子设备制造业实现利润3.9亿元,下降30.5%;仪器仪表制造业实现利润2.5亿元,增长11.7%;有色金属冶炼及压延加工业实现利润2.1亿元,增长26.1%。

建筑业:全区具有资质等级的总承包和专业承包建筑业企业完成总产值1917.1亿元,比上年增长17.8%。其中,在北京地区完成产值401.2亿元,增长7.2%;在外省完成产值1515.8亿元,增长21%。

四、金融

年末全区金融机构各项存款余额6485.3亿元,比上年末下降7.5%。其中,储蓄存款2325.1亿元,下降0.4%。各项贷款余额4524.7亿元,比上年末增长7.8%。

五、固定资产投资和房地产开发

固定资产投资:全年全社会固定资产投资比上年下降23.7%。其中,基础设施投资下降21.2%。分产业看,第一产业投资比上年增长12.4倍;第二产业投资下降27.2%;第三产业投资下降23.7%。

房地产开发:全年房地产开发投资比上年增长24.7%。其中,住宅投资增长15.9%;办公楼投资下降19.2%;商业营业用房投资下降13.3%。

年末全区商品房施工面积1531.5万平方米,比上年末增长0.6%。其中,本年新开工面积194.6万平方米,下降41.2%。全年商品房竣工面积103.9万平方米,下降57.6%。

表4　2018年房地产开发和销售主要指标

指　　标	单　位	绝对数	比上年增长(%)
商品房施工面积	万平方米	1511.5	0.6
其中:住宅	万平方米	733.4	3.5
其中:本年新开工	万平方米	194.6	-41.2
商品房竣工面积	万平方米	103.9	-57.6
其中:住宅	万平方米	40.5	-64.9
商品房销售面积	万平方米	73.2	-28.4
其中:住宅	万平方米	53.9	-29.0
商品房待倍面积	万平方米	141.9	-27.6
其中:住宅	万平方米	64.1	-29.0

六、市场消费

全年实现社会消费品零售额1170.8亿元,比上年增长3.2%。其中,实现网上零售额95.8亿元,增长47.3%。在限额以上批发和零售企业中,中西药品类实现零售额145.7亿元,比上年增长33.7%;汽车类实现零售额222.6亿元,下降15.7%。

表 5 2018 年社会消费品零售额

指　　标	零售额(亿元)	比上年增长(%)
社会消费品零售额	1170.8	3.2
按限额标准分		
限额以上	880.6	1.2
限额以下	290.2	9.7
按行业分		
批发业	279.8	8.7
零售业	798.3	0.7
住宿业	7.1	4.6
餐饮业	85.7	9.7

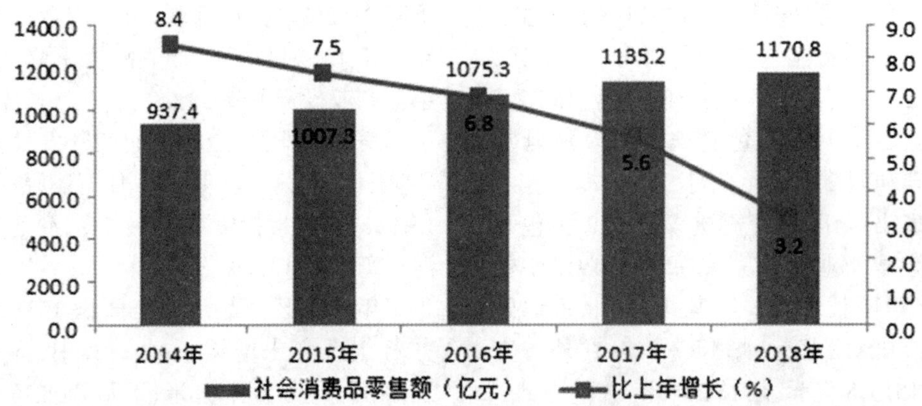

图 4 2014—2018 年社会消费品零售额及增长速度

全年限额以上批发和零售业实现商品购销总额 5024.6 亿元，比上年增长 0.5%。其中，商品购进总额 2462.3 亿元，增长 0.2%；商品销售总额 2562.3 亿元，增长 0.7%。

七、对外经济和旅游

对外经济：全年进出口总额200.3亿美元，比上年增长30.9%。其中，进口152.5亿美元，增长31.2%；出口47.7亿美元，增长 29.8%。

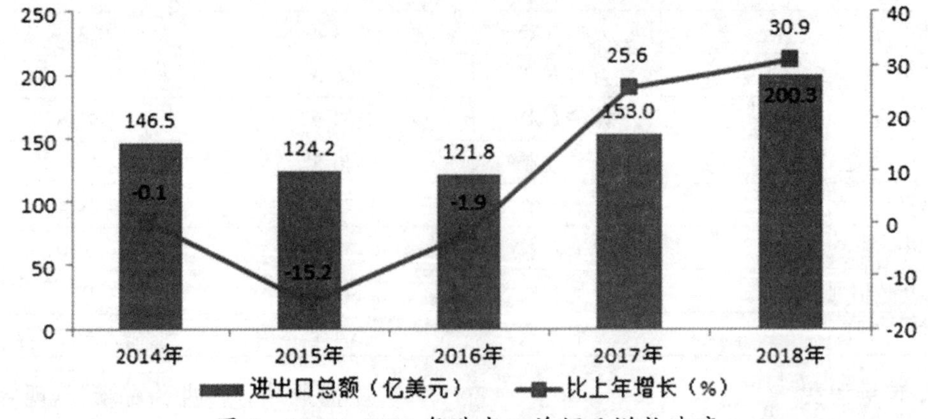

图 5 2014—2018 年进出口总额及增长速度

旅游：全区 A 级及以上和其他主要旅游区（点）全年接待游客 1271.9 万人次，比上年增长 5.4%。其中，入境游客 7.6 万人次，下降 2.7%。实现总收入 2.4 亿元，比上年增长20.5%。其中，门票收入1.7亿元，增长23.6%。

八、人民生活、就业和社会保障

人民生活：全年全区居民人均可支配收入60144元，比上年增长7.6%。全区居民人均消费支出40927元，比上年增长7.3%；恩格尔系数为19.6%，比上年下降1个百分点。全区居民人均住房建筑面积30.7平方米，比上年增加1.5平方米。

就业：全年城镇新增就业3.6万人。年末城镇登记失业率为1.53%，比上年末下降0.15个百分点。

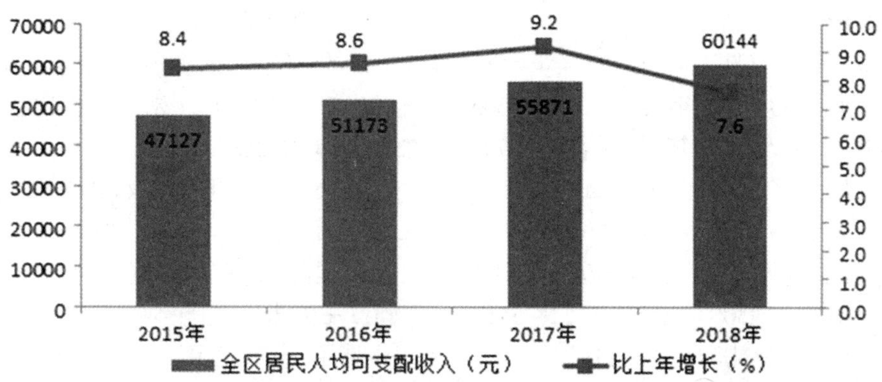

图6 2014—2018年全区居民人均可支配收入及增长速度

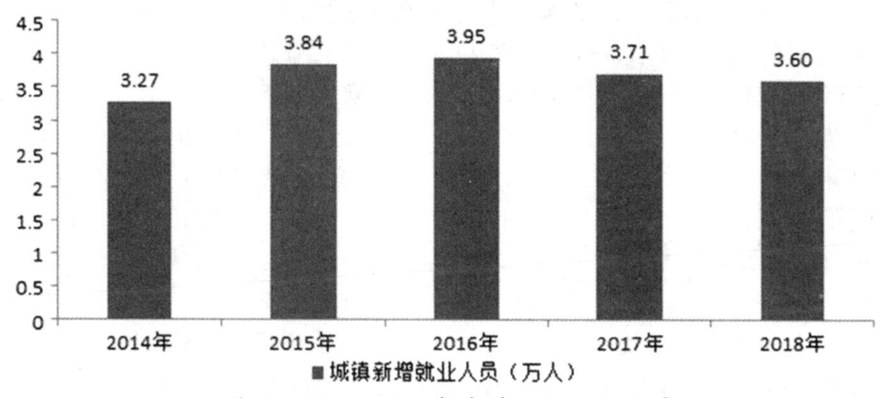

图7 2014—2018年城镇新增就业人员

社会保障：年末全区参加基本养老、基本医疗、失业、工伤和生育保险人数分别为98.3万人、106.6万人、71.6万人、70.8万人和65万人，分别比上年末增加5万人、3.8万人、4.3万人、2.9万人和4万人。年末参加城乡居民养老保险的农村居民为9.5万人，比上年末增加5417人。

全区享受城市最低生活保障的人数为9946人，享受农村最低生活保障的人数为235人。

表6 社会保障相关待遇标准变化情况 单位:元/月

指标	2018年	2017年
城市居民最低生活保障标准	1000	900
农村居民最低生活保障标准	1000	900
职工最低工资标准	2120	2000

年末全区有各类收养性单位38家,床位9575张,年末在院人数4600人。全区有社区服务中心17个。

九、科技、教育、文化、卫生、体育

科技:全年专利申请量与授权量分别为11423件和6744件,分别比上年增长1.1%和11.1%。其中,发明专利申请量与授权量分别为5438件和1834件,分别增长7.2%和下降10.7%。签订各类技术合同3470项,比上年增长9.9%;技术合同成交总额835.1亿元,增长18.5%。

年末中关村国家自主创新示范区丰台园投产开业企业1680家,全年实现总收入5500亿元,比上年增长7.8%。其中,技术收入700亿元,增长2.6%。全年实缴税费170亿元,增长10.2%。出口总额13.5亿美元,增长15.4%。

教育:全区普通高中招生2219人,在校生7254人,毕业生2306人。初中招生5419人,在校生14889人,毕业生3863人。小学招生12496人,在校生65112人,毕业生9095人。幼儿园入园幼儿13869人,在园幼儿42431人。职业教育招生440人,在校生1753人,毕业生838人。成人教育招生378人,在校生737人,毕业生191人。

文化:年末全区有公共图书馆2个,馆藏图书110万册;档案馆1个,馆藏案卷14.4万卷件。文化馆(站)20个,文化广场31个,各类群众文化团体1371个。非物质文化遗产保护项目44项,其中国家级2项。

卫生:年末全区共有卫生机构527个,比上年末减少12个;其中医院75个。医疗机构共有床位12317张,比上年末增加1763张;其中医院12067张。全区卫生技术人员22345人,比上年末增加2639人;其中执业(助理)医师9158人,注册护士9185人。全区医疗机构共诊疗2123.6万人次,健康检查65.3万人次。

体育:年末全区有体育场馆1275个,全民健身工程512个,社会体育指导员4401人。成功举办北京国际铁人三项赛、卢沟桥醒狮杯越野跑、全民运动会、欢乐冰雪季等赛事活动。我区运动员在全国和市级体育比赛中共获奖牌93枚,其中金牌23枚。

十、环境、能源和安全生产

环境:全区有密闭式清洁站236座,生活垃圾无害化处理率为100%。城市道路日清扫保洁面积2145万平方米。全区细颗粒物(PM2.5)和可吸入颗粒物(PM10)年均浓度值分别为53微克/立方米和83微克/立方米,分别比上年下降14.5%和7.8%。二氧化硫和二氧化氮年均浓度值分别为6微克/立方米和43微克/立方米,分别比上年下降33.3%和12.2%。

全区林木绿化率为40.29%,比上年提高0.44个百分点。城市绿化覆盖率为46.88%,比上年提高0.24个百分点。人均公园绿地面积8.7平方米,比上年增加0.5平方米。

能源:全年能源消费总量464.01万吨标准煤,比上年增长2.33%。万元地区生产总值能耗0.2992吨标准煤,按可比价格计算,比上年下降3.8%。

安全生产:全年共发生道路交通死亡事故70起,比上年增加2起;死亡72人,增加1人。发生生产安全死亡事故6起,死亡6人,均与上年持平。发生火灾279起,比上年增加22起;死亡2人,减少2人。

公报注释:

1. 本公报中数据均为初步统计数。

2. 地区生产总值及各产业、各行业增加值绝对数按现价计算,增长速度按可比价格计算。

3. 规模以上工业企业是指年主营业务收入2000万元及以上的全部法人工业企业。

4. 限额以上批发零售企业是指年主营业务收入2000万元及以上的批发企业和年主营业务收入500万元及以上的零售企业。

5. 恩格尔系数是指居民食品支出占消费支出总额的比重。

6. 体育场馆数为第六次全国体育场地普查数据(时点为2013年12月31日),包括标准和非标准的所有体育场地。

7. 因四舍五入关系,本公报数据存在分项与合计不等情况。

附　　录

中共北京市丰台区委主要文件目录

中共北京市丰台区委文件

京丰发〔2018〕1 号　中共北京市丰台区委关于印发《中共北京市丰台区委贯彻落实党的十九大精神深入推进全面从严治党的实施办法》的通知
京丰发〔2018〕2 号　中共北京市丰台区委关于印发《分管区领导落实管党治党主体责任工作制度》的通知
京丰发〔2018〕3 号　中共北京市丰台区委关于印发《区委常委会 2018 年工作要点》的通知
京丰发〔2018〕4 号　中共北京市丰台区委关于印发《区委常委会 2018 年议题计划》的通知
京丰发〔2018〕5 号　中共北京市丰台区委关于全面开展公益诉讼工作的意见
京丰发〔2018〕6 号　中共北京市丰台区委北京市丰台区人民政府关于加强和改进新形势下丰台区宗教工作的实施意见
京丰发〔2018〕7 号　中共北京市丰台区委北京市丰台区人民政府印发《丰台区关于开展扫黑除恶专项斗争的工作方案》的通知
京丰发〔2018〕8 号　中共北京市丰台区委印发《关于加强新形势下党的督促检查工作的实施办法》的通知
京丰发〔2018〕9 号　中共北京市丰台区委关于印发《丰台区 2018 年党建工作考核综合评价实施方案(试行)》的通知
京丰发〔2018〕10 号　中共北京市丰台区委关于成立北京市丰台区第十六届人民代表大会第五次会议临时党委的决定
京丰发〔2018〕11 号　中共北京市丰台区委关于北京市丰台区国家税务局、地方税务局联合党委改设北京市丰台区税务局党委的批复
京丰发〔2018〕12 号　中共北京市丰台区委北京市丰台区人民政府关于印发《丰台区推进安全生产领域改革发展的工作方案》的通知
京丰发〔2018〕13 号　中共北京市丰台区委关于区委常委调整分工的通知
京丰发〔2018〕14 号　中共北京市丰台区委关于建立区政府向区人大常委会报告国有资产管理情况制度的意见

中共北京市丰台区委办公室文件

京丰办发〔2018〕1 号　中共北京市丰台区委办公室北京市丰台区人民政府办公室关于印发《丰台区打击盗采和非法加工砂石专项行动方案》的通知
京丰办发〔2018〕2 号　中共北京市丰台区委办公室印发《中共北京市丰台区委关于进一步纠正“四风”持之以恒加强作风建设的工作

方案》的通知

京丰办发〔2018〕3 号　中共北京市丰台区委办公室关于印发《丰台区落实〈北京市 2016－2020 年基层党建工作基础保障规划〉重点项目责任分工方案》的通知

京丰办发〔2018〕4 号　中共北京市丰台区委办公室北京市丰台区人民政府办公室关于印发《关于进一步精简会议、改进文风的实施办法》《关于进一步规范公文制发及管理的实施办法》的通知

京丰办发〔2018〕5 号　中共北京市丰台区委大事记(2017 年 12 月)

京丰办发〔2018〕6 号　中共北京市丰台区委办公室关于做好《丰台史话》编纂工作的通知

京丰办发〔2018〕7 号　中共北京市丰台区委办公室北京市丰台区人民政府办公室关于印发《丰台区贯彻落实北京市环境保护督察反馈意见整改工作方案》的通知

京丰办发〔2018〕8 号　中共北京市丰台区委大事记(2018 年 1 月)

京丰办发〔2018〕9 号　中共北京市丰台区委办公室关于印发《中共北京市丰台区委常委班子 2017 年度民主生活会查摆问题整改方案》的通知

京丰办发〔2018〕10 号　中共北京市丰台区委办公室关于转发《中共北京市丰台区委党的建设工作领导小组 2018 年工作要点》的通知

京丰办发〔2018〕11 号　中共北京市丰台区委大事记(2018 年 2 月)

京丰办发〔2018〕12 号　中共北京市丰台区委办公室北京市丰台区人民政府办公室关于印发《丰台区 2018 年城乡环境建设管理工作方案》的通知

京丰办发〔2018〕13 号　中共北京市丰台区委办公室关于印发《丰台区政协 2018 年协商工作计划》的通知

京丰办发〔2018〕14 号　中共北京市丰台区委办公室北京市丰台区人民政府办公室关于印发《丰台区国资委监管企业调整重组方案》的通知

京丰办发〔2018〕15 号　中共北京市丰台区委大事记(2018 年 3 月)

京丰办发〔2018〕16 号　中共北京市丰台区委办公室北京市丰台区人民政府办公室关于印发《丰台区落实食品安全党政同责的实施方案》的通知

京丰办发〔2018〕17 号　中共北京市丰台区委办公室北京市丰台区人民政府办公室关于印发《丰台区对口帮扶内蒙河北脱贫攻坚三年行动计划(2018－2020 年)》的通知

京丰办发〔2018〕18 号　中共北京市丰台区委办公室北京市丰台区人民政府办公室印发《关于党建引领街乡管理体制机制创新实现“街乡吹哨、部门报到”的实施办法》的通知

京丰办发〔2018〕19 号　中共北京市丰台区委办公室北京市丰台区人民政府办公室关于调整丰台区疏解非首都功能协同发展领导小组工作机构和职责分工的通知

京丰办发〔2018〕20 号　中共北京市丰台区委大事记(2018 年 4 月)

京丰办发〔2018〕21 号　中共北京市丰台区委办公室北京市丰台区人民政府办公室印发《关于开展经济薄弱村精准帮扶工作的实施方案》的通知

京丰办发〔2018〕22 号　中共北京市丰台区委办公室北京市丰台区人民政府办公室关于印发《丰台区大红门地区综合整治工作方案》的通知

京丰办发〔2018〕23 号　中共北京市丰台区委办公室北京市丰台区人民政府办公室关于印发《丰台区生态文明建设目标评价考核办法》的通知

京丰办发〔2018〕24 号　中共北京市丰台区委大事记(2018 年 5 月)

京丰办发〔2018〕25 号　中共北京市丰台区委办公室北京市丰台区人民政府办公室关于印发《丰台区南苑—大红门地区疏解整治促提升工作方案》的通知

京丰办发〔2018〕26号　中共北京市丰台区委大事记(2018年6月)

京丰办发〔2018〕27号　中共北京市丰台区委办公室印发《丰台区关于加强新的社会阶层人士工作的实施意见》的通知

京丰办发〔2018〕28号　中共北京市丰台区委办公室北京市丰台区人民政府办公室关于印发《丰台区落实北京城市总体规划实施工作方案(2017年-2020年)》的通知

京丰办发〔2018〕29号　中共北京市丰台区委办公室关于印发《2018年丰台区全面从严治党主体责任检查考核工作方案》的通知

京丰办发〔2018〕30号　中共北京市丰台区委大事记(2018年7月)

京丰办发〔2018〕31号　中共北京市丰台区委办公室北京市丰台区人民政府办公室关于支持人民法院解决执行难增强司法公信力的意见

京丰办发〔2018〕32号　中共北京市丰台区委办公室转发《中共北京市丰台区人民法院党组关于为丰台区建设和谐宜居首都中心城区提供司法保障的实施意见》的通知

京丰办发〔2018〕33号　中共北京市丰台区委办公室北京市丰台区人民政府办公室关于印发《丰台区实施乡村振兴战略推进美丽乡村建设及人居环境整治专项工作方案(2018-2020年)》的通知

京丰办发〔2018〕34号　中共北京市丰台区委大事记(2018年8月)

京丰办发〔2018〕35号　中共北京市丰台区委办公室印发《关于建立丰台区党建工作协调委员会的实施方案》的通知

京丰办发〔2018〕36号　中共北京市丰台区委办公室北京市丰台区人民政府办公室关于加强和完善领导干部离京外出请假报备工作的通知

京丰办发〔2018〕37号　中共北京市丰台区委办公室印发《关于进一步提升丰台区群众安全感的工作措施》的通知

京丰办发〔2018〕38号　中共北京市丰台区委大事记(2018年9月)

京丰办发〔2018〕39号　中共北京市丰台区委办公室北京市丰台区人民政府办公室关于印发《丰台区"智慧家医"实施方案》的通知

京丰办发〔2018〕40号　中共北京市丰台区委办公室北京市丰台区人民政府办公室关于印发《关于认真做好全区村和社区"两委"换届选举工作的实施意见》的通知

京丰办发〔2018〕41号　中共北京市丰台区委大事记(2018年10月)

京丰办发〔2018〕42号　中共北京市丰台区委办公室北京市丰台区人民政府办公室关于印发《丰台区青年工作联席会议制度》的通知

京丰办发〔2018〕43号　中共北京市丰台区委办公室印发《关于加强新时代政协党的建设工作的实施意见》的通知

京丰办发〔2018〕44号　中共北京市丰台区委办公室关于认真学习贯彻《中国共产党支部工作条例(试行)》的通知

京丰办发〔2018〕46号　中共北京市丰台区委办公室关于印发《十二届丰台区委巡察工作规划》的通知

京丰办发〔2018〕47号　中共北京市丰台区委办公室关于印发《丰台区党内规范性文件备案审查实施细则(试行)》的通知

京丰办发〔2018〕48号　中共北京市丰台区委大事记(2018年11月)

丰台区人民政府主要文件目录

丰台区人民政府文件

丰政发〔2018〕1号　关于深入推进商标品牌战略的实施意见

丰政发〔2018〕2号　关于印发区十六届人大

四次会议审议批准的《北京市丰台区政府工作报告》的通知

丰政发〔2018〕3号　关于印发《加快推进残疾人小康进程的实施方案》的通知

丰政发〔2018〕4号　关于印发《2018年区政府工作报告重点工作分工方案》的通知

丰政发〔2018〕5号　关于印发丰台区2018年重要民生实事项目的通知

丰政发〔2018〕6号　关于印发《丰台区人民政府工作规则》的通知

丰政发〔2018〕7号　“关于认真做好丰台区第四次全国经济普查的通知”

丰政发〔2018〕8号　“印发丰台区国有企业负责人薪酬制度改革工作实施方案的通知”

丰政发〔2018〕9号　“关于印发《丰台区政务服务中心管理暂行办法》的通知”

丰政发〔2018〕10号　关于印发《北京市丰台区永久基本农田保护管理办法》的通知

丰政发〔2018〕11号　关于印发贯彻落实《北京市人民政府关于贯彻〈国家侨务工作发展纲要(2016－2020年)〉的实施意见》工作方案的通知

丰政发〔2018〕12号　关于印发《丰台区空气重污染应急预案(2018年修订)》的通知

丰政发〔2018〕13号　关于印发《丰台区关于优化营商环境的若干措施》的通知

丰政发〔2018〕14号　关于开展丰台区第三次全国国土调查的通知

丰台区人民政府办公室文件

丰政办发〔2018〕1号　关于印发《丰台区2018年度保障性安居工程用地供应计划》的通知

丰政办发〔2018〕2号　关于转发丰台区中小河道管护范围划定方案(2017年)的通知

丰政办发〔2018〕3号　关于印发《丰台区加快蔬菜零售网络建设工作方案》的通知

丰政办发〔2018〕4号　关于印发《丰台区生活垃圾分类实施方案》的通知

丰政办发〔2018〕5号　关于成立北京市丰台区人民政府教育督导委员会的通知

丰政办发〔2018〕6号　关于印发《中共丰台区人民政府党组2018年党建工作要点》的通知

丰政办发〔2018〕7号　关于印发丰台区关于落实《政府组织实施房屋征收拆迁强制执行工作的指导意见》的实施细则的通知

丰政办发〔2018〕8号　关于印发丰台区2018年重点工程计划的通知

丰政办发〔2018〕9号　关于印发《丰台区蓝天保卫战2018年行动计划》的通知

丰政办发〔2018〕10号　关于印发迎接北京市集中督导检查优化营商环境工作方案的通知

丰政办发〔2018〕11号　关于印发丰台区加强高风险电梯综合整治工作方案的通知

丰政办发〔2018〕12号　关于印发丰台区“疏解整治促提升”专项行动2018年实施计划的通知

丰政办发〔2018〕13号　关于印发《丰台区国家中医药综合改革试验区建设总体工作方案》的通知

丰政办发〔2018〕14号　关于印发《丰台区2018年经济社会重点指标任务分解方案》的通知

丰政办发〔2018〕15号　关于印发丰台区2018年非本市户籍适龄儿童少年接受义务教育证明证件材料审核实施细则的通知

丰政办发〔2018〕16号　“关于印发丰台区生活垃圾分类推进联席会议组建方案的通知”

丰政办发〔2018〕17号　关于印发《丰台区医药分开综合改革后续重点任务及分工方案》的通知

丰政办发〔2018〕18号　关于印发《丰台区建立街乡镇(科技园区、丽泽金融商务区、南站管委会)环境保护专职监察员队伍工作方案》的通知

丰政办发〔2018〕19号　关于代区长副区长区

长助理政府办主任工作分工的通知
丰政办发〔2018〕20号　关于临时调整区政府有关班子成员工作分工的通知
丰政办发〔2018〕21号　关于印发2018年区政府督查工作要点的通知
丰政办发〔2018〕22号　关于印发《丰台区2018年缓解交通拥堵行动计划》的通知
丰政办发〔2018〕23号　关于印发丰台区对利用“开墙打洞”房屋从事经营活动相关处理指导意见的通知
丰政办发〔2018〕24号　“关于印发丰台区校外培训机构专项治理行动实施方案的通知”
丰政办发〔2018〕25号　关于印发《丰台区土壤污染防治工作2018年重点任务实施方案》的通知
丰政办发〔2018〕26号　北京市丰台区人民政府办公室关于印发《北京市丰台区2018年政务公开工作要点》的通知
丰政办发〔2018〕27号　关于印发《丰台区2018年水污染防治工作实施方案》的通知
丰政办发〔2018〕28号　关于印发提高和完善丰台区征兵政策的实施办法(试行)的通知
丰政办发〔2018〕29号　关于印发《丰台区2018-2020年老旧小区综合整治工作方案》及《丰台区2018年老旧小区综合整治试点工作实施方案》的通知
丰政办发〔2018〕30号　关于印发《推进全区政务服务“一张网”建设(2018—2020年)实施方案》的通知
丰政办发〔2018〕31号　关于印发《丰台区2018-2020年“雪亮工程”建设工作实施方案》的通知
丰政办发〔2018〕32号　关于印发《北京市丰台区第三期学前教育行动计划(2018-2020年)》的通知
丰政办发〔2018〕33号　关于印发《丰台区2018年政务服务管理重点工作分工方案》的通知
丰政办发〔2018〕34号　关于印发《丰台区生态林养护管理办法》的通知
丰政办发〔2018〕35号　关于区长副区长区长助理政府办主任工作分工的通知
丰政办发〔2018〕36号　关于印发《丰台区大气污染防治精细化管理标准和要求》的通知
丰政办发〔2018〕37号　关于对重大、突出、区域性火灾隐患单位实施挂牌督办的通知
丰政办发〔2018〕38号　关于印发《丰台区城市安全隐患治理三年行动实施方案》的通知
丰政办发〔2018〕39号　关于印发《丰台区行政机关政策性文件公开发布和解读工作办法(试行)》的通知
丰政办发〔2018〕40号　关于印发《关于推进丰台区公共建筑节能绿色化改造相关工作的实施方案》的通知
丰政办发〔2018〕41号　关于对部分区政府挂牌督办重大、突出火灾隐患销账的通知
丰政办发〔2018〕42号　关于印发《丰台区落实〈北京市进一步优化营商环境行动计划(2018年-2020年)〉的工作方案》的通知
丰政办发〔2018〕43号　关于印发《近期食品药品安全监管重点工作安排》的通知
丰政办发〔2018〕44号　关于印发《丰台区打赢蓝天保卫战三年行动计划》的通知
丰政办发〔2018〕45号　关于成立丰台区协调劳动关系三方委员会的通知
丰政办发〔2018〕46号　关于印发《丰台区国家慢性病综合防控示范区建设工作实施方案》的通知

索　　引

说明： 1. 主题词首按汉语拼音序排列，首字相同按第二字音序，其余类推。

2. 主题词后的数字表示该词及内容页码，a、b 字母在双栏文中分别表示左、右栏。

3. 特载、附录部分不作索引。

A

B

C

D

E

F

G

H

J

K

L

M

N

Q

R

S

T

V

W

X

Y

Z